塚本哲三

現代文解釋法

論創社

緒　言

◇本書の初版が世に出たのは大正十四年一月の事で、それから七年目の昭和六年に新訂版が成り、茲にこの更訂（昭和十三年）を見るに至つた次第である。

◇所謂現代文とは明治以來の作品を概稱する言葉で、中等教育の國文題材として、從つて又入試問題の題材として、古文と相半ばするだけの重要性を持つたものである。

◇私はこの一年の間に三つの解釋法——國文と漢文とそしてこの現代文との更訂を完了した。これで私の『解釋法』は國漢文教科の、又國漢文入試準備の、鼎の三足として、ゆるぎなきものとなり得た事を確信する。

◇更訂版を一貫した精神は、「より正しく」「よりやさしく」「より効果的に」といふ事である。微力固より至らぬ點はあらうが、更訂版の三種が三種、皆この精神の具現に於て、少くも自分としては十全の努勉を致した事を告白して憚らない。

◇本書の題材はその半數を實際の入試問題から採つた。現代文問題の大多數は句讀つきであるが、今本書に於ては、學習上の見地と、一冊の書物としての統一の上とから、凡て句讀を取つて了つた。讀方に於ける句讀は私自身の見解に依つたもので、必ずしも出題のそれとは合つてゐない。特に出題者諸賢の御寛宥を冀つて置く次第である。

◇國文や漢文の更訂と相俟つて、この現代文の更訂が、果して私の期待したやうに、諸君の學習の上に「より正しく、よりやさしく、より効果的に」役立つ事が出來れば、それはひとり私のみの欣幸ではないであらう。

——著　者——

目次

總說篇

摘解篇

大意篇

要旨篇

解說篇

鑑賞篇

現代文解釋法

總說篇

現代文の種類　科としての國文に於ては、「現代文」といふ言葉は、一般に「明治時代から後の文」といふ解釋の下に用ひられてゐる。さういふ解釋の下に現代文を類別する時、少くも

漢文の系統を引いてゐる現代文
和文の系統を引いてゐる現代文
歐文の系統を引いてゐる現代文
それ等の融和した現行の現代文

といふ四つを認める事が出來よう。勿論この類別は頗る大ざツぱなものであるが、ごく大まかな見地に立つて明治以後の文を大局的に考察する時、

明治中期頃迄の文は概ね漢文系又は和文系
その後歐洲大戰頃までの文は概ね歐文系
歐洲大戰以後の文はそれ等の融和した現行の文

と見て大過ないであらう。これを端的にいへば、歐洲大戰以後の文は、その表現に於て割合に獨自性が

豊かになつて來たとも見られるし、「思想表現のための文」といふ考へ方が段々鮮かになつて、表現技巧が文の力點でなくなつて來たとも見られよう。何れにしても所謂「現代文」——科としての現代文、入試科目としての現代文の中には、如上各種の文體があつて、そのそれ〴〵に解釋上の困難を持つてゐるといふ事を考へて掛る必要があるのである。

　平家の滅亡は重盛の明を待つて知らざる也。

これは藤岡作太郎氏の文の一節であるが、嘗てこの文句を含んだ一文を國漢文講習會の試驗問題として提出した時、大多數の諸君は、丸で申合はせたかのやうに、

　平家の亡びる事は、重盛のやうなえらい人にも分らなかつたのである。

と解してゐた。それでは丸ツきり文意が逆になる。この一文節は、

　平家ノ之滅亡ハ不ルナリ下待ッテ二重盛ノ之明ヲ一而知ラ上也。

といふ漢文訓讀に由來したものであつて、

　平家の亡びる事は、重盛のやうなえらい人を待つて始めて分る事ではない——重盛のやうなえらい人を待つ迄もなく、ちやんと分りきつてゐる事である。

と解かれねばならぬのである。この種漢文訓讀に由來した明治中期迄の文は、實に入試問題としての「現代文」の大半を占めてゐる。この種の現代文を正しく解決する根柢は、漢文學習としての「訓讀より解釋へ」である。その意味に於て諸君は、ひとり漢文學習のためばかりでなく、現代文解釋のためにも『更訂漢文解釋法』をしつかり勉强する必要がある。

　遠くより音して歩み來るやうなる雨、近き板戸《いたど》に打ちつけの騷がしさ、いづれも淋しからぬかは。

　老いたる親の瘦せたる肩もむとて、骨の手に當りたるも、かゝる夜は、いとゞ心細さのやるかたな

し。

これは嘗て一高に出た文題である。誰しも古文と考へさうな文であるが、而もこれは現に本書の鑑賞篇中にも取扱つてゐる通り、明治期の代表作家たる樋口一葉《ひぐちいちえふ》の文で、所謂「現代文」に屬するものである。これが現代文である以上、『更訂國文解釋法』の勉強は、古文解釋のためばかりでなく、現代文解釋のためにも亦必要だといふ事が首肯されようではないか。

　私の眼は痛くなるほど太陽を追つた。何といふ眩暈《まぶ》しい光彩と、さかんな精力と、野蠻な舞踏とが、
　私の凝視を拒んだらう。

これは嘗ての島崎藤村氏の文である。『夜明け前』などの文に較べて、何と實に歐文系の鮮かなものがあるではないか。この種の文も所謂「現代文」の問題として出題される。斯ういふものを語句的に直解して、

　私の眼は痛くなるほど太陽を追ひました。何といふ目の廻るやうな光や色どりと、盛んな精力と、開けないダンスとが、私のじツと見るのを拒んだでせう。

と言ひ換へて見たところで、所詮落第以外の何ものでもあり得ないのである。漢文系や國文系の現代文にはまだ斯うした語句的直解の餘地が存しないではないが、歐文系の現代文に至つてはどうしても語句よりは思想である。語句をそのまゝ平明化する事でなくて、語句を通して內なる思想を平明化する事がその眼目でなくてはならぬのである。卽ち

　私は眼が痛くなるほどじツと太陽を見ようとした。然しまぶしくてたまらぬ程に強い光彩と、すてきな勢と、そして丸でめちやくちやに舞踏でもしてゐるやうにぐる〳〵と廻る感じのする光とのために、私はどうしてもそれを視つめる事が出來なかつた。

として始めて一應の通解が出來たものと謂へるのである。まして歐洲大戰以後の現代文——現行の現代文は思想本位である。語句の直解は斷じてこの種の現代文を平明化する所以ではないのである。『更訂國文解釋法』『更訂漢文解釋法』に於て、一問毎にその直解を示して、之を成解への前提とした私が、この『更訂現代文解釋法』に於て「直解」に代へるに「通解」を以てしたのは實にこれがためである。尤も漢文系や和文系の現代文には直解の餘地がなくはない。然し所詮それは解釋上の根柢であつて、その根柢は國文・漢文の兩解釋法に依つて遺憾なく涵養される筈である。されば諸君はこの書に於て「文通解」の態度をしつかり作り上げて、之を文考察のあらゆる方面に對する基調とする事を念とすればよいのである。

本書の意圖　本書の意圖する所は、中等教科としての現代文の正しい學習に資する事であり、同時に現下の激然な入試科目としての現代文の最も正しく最も效果的な對策たらしめる事である。その意味に於て題材の一半は明治以來の主流作品や國文教科書中から最も模範的であり基礎的であると信じられるものを擇び、他の一半は最近の入試問題中特に傾向的なものを擇ぶ事とした。書の全體を分つて、

摘解篇
大意篇
要旨篇
解説篇
鑑賞篇

の五つとし、而も文題の一切を「通解」から出發するやうに組織したのも、如上二つの意圖の具現に便

なるべきを信じたからに過ぎない。

入試問題の傾向　最近數年間の全國入試問題を網羅檢討した結果、現代文問題四百十四を得た。その内で單に解釋を要求してゐるものが二百十、いろ〳〵の條件を附してゐるものが二百四であつた。解釋の要求に對しては本書の「通解」が端的にその答案の標準であり得ると信ずる。特別の條件中には隨分變つたものが見受けられる。

世の中は三日見ぬ間に櫻かな

この句俗には「三日見ぬ間の」と傳へたれども矢張「見ぬ間に」と「に」の字の方よろし。「の」とすれば全く譬喩となりて味少く、「に」とすれば「櫻」が主となりて實景となる故に、多少の趣を生ずべし。

右は正岡子規の說なり。この說によりてこの句を平易なる口語にて解釋せよ。（京都醫大豫科）

解釋の對象そのものは人口に膾炙した古い句である。而もそれを解釋すべき條件の文は現代文である。面白い出題と謂へよう。或解書には、

（1）「三日見ぬ間に」とする場合

（2）「三日見ぬ間の」とする場合

と二つに分けて、

（1）時世は刻々に進展して片時も留ることなく、三日も見ぬ間に、世は櫻の眞盛りである。

（2）世の中の有爲轉變のはげしいことは、三日も見ぬ間に櫻の眞盛りであるやうなものであるよ。

と解してゐる。出題の要求は正岡子規の說によつてこの句を解釋せよといふのであるから、斯く二樣の

答案を與へるべきではない。なほ櫻の眞盛といふのもこの句の常識に反する。なるほど「世の中は……櫻かな」といふ言ひ廻はしはさういふ氣持に響かぬではないが、やはり人生の有爲轉變といふ寓意がこの句の常識だらう。その意味に於て子規の說を考へる時、「全くの譬喩」とは「の櫻かな」がの櫻の如きものかなの意、「櫻が主となりて實景となる」とは「に櫻かな」がに櫻も散りはてたるかなの意と了解して然るべきものと思ふ。即ちこの句は三日見ぬ間に櫻が散りはてたといふ淋しい實景に即しての人生無常觀人生轉變觀と考へてい丶筈である。かくてこの一問に對する答案は、

世の中はほんとにはかないものだ、僅か三日見ない內に、あのきれいな櫻も、もうすつかり散つて了つたなア。

とすべきものであらう。

左の文に於ける「文章」の意義を一行以內に記せ

文章を以て現はす藝術は小說でありますがしかし藝術といふものは生活を離れて存在するものではなく或る意味では何よりも生活と密接な關係があるのでありますから小說に使ふ文章こそ最も實際に卽したものでなければなりませんもし皆さんが小說には何か特別の云ひ方や書き方があるとお思ひになるのでしたら試みに現代の小說を孰れでもよいから讀んで御覽なさい小說に使ふ文章で他の所謂實用に役立たない文章はなく實用に使ふ文章で小說に役立たないものはないと云ふことが直きに御分りになるのであります（山形高校）

かなりな長文に對して思ひ切つて簡單な要求をしてゐる。而もその要求が相當に受驗者を惱ましたに違ひない。なぜかならば、この要求の文句は、

「文章」といふ言葉は色々の意義に使はれるが、左の文に於てはどういふ意義に使はれてゐるか。

といふやうに考へられる。然し更に觀點を變へて見れば、

左の文に於ていふ所の「文章」は何の文章の事で、それはどういふものでなくてはならぬといふのか。

といふやうにも考へられよう。前者のやうに考へたとすれば、

普通に所謂文章、卽ち人の思想を言語文字の上に表現したもの。

と答へる事になり、後者のやうに考へたとすれば、

小說の文章は生活の實際に卽して實際に役に立つものでなくてはならぬ。

と答へる事になつて、その何れが出題者の要求に合ふかといふ惱みの生ずべき餘地が存するからである。後者のやうな解答を要求するものとしたら、「全文の趣旨を一行以內に要約せよ」といふ風に條件附けるのが當り前であるから、私は前者を以てこの問題に對する適切な答案と信ずるのであるが、それではこの文の內容と交涉する所が頗る稀薄になるから、出題者の要求は寧ろ後者にあるのではないかと疑はれぬでもない。

氣品は、此の世には稀である。それ[1]は、地上[2]のものといふよりも、寧ろ、多く天上[3]のものであるからである。地上ではその本來の面目を汚されるといふのではないが、そこ[4]にあるのには餘りにそれ[5]が淸らか過ぎる。併し、それを地上に引下して己[6]の所有としたところに、人の魂の朗かさがある。地上から天上へと人の魂が架け渡した多くの橋梁の中の一つが、そこ[7]にあるといふことが出來る。それゆゑ[8]、氣品はどんな人にも親しまれ易い。

(問) 傍線を附した語句の內容を特に明かにして全文を解釋しなさい。(東京商船)

解說と解釋とを織り交ぜたやうな問題で、この出題についてもやはり、

a摘解的に解說を述べ別に通解を書いて置くか

b通解の中に解說をうまく加味してそこに該當の番號を附けて書くか

何れが順當だらうといふ惱みがあつたに違ひない。要求の文意がどらにも解し得られるからである。自分の見解としては、bの方を取つて、

氣品——俗ツ氣の微塵《みぢん》もない氣高い趣といふものは、此の世の中には稀である。[1]氣品といふものは、[2]この地上卽ち人間社會のものといふよりも、寧ろ、より多く[3]天上卽ち神の世界のものだからである。地上では氣品そのものの本來の面目が汚されてきたないものになるといふのではないが、元來[4]この地上にあるのには餘りに[5]氣品そのものが淸らかすぎる。併し、それを地上に引下して、[6]人間自らの持物としたところに、人の魂の明朗さがある。地上から天上へと人の魂が架け渡した多くの橋の中の一つ——人が魂をこめて、人間社會と神の世界とが通じ合ふやうにしたものは色々あるが、その中の一つが、[7]氣品といふものを天上から地上に引下した事にあるといひ得る。[8]斯くの如く氣品は人の魂と神の魂とが通じ合ふ所の魂の掛橋であるから、氣品はどんな人にも親しまれ易いのである。

とするのが出題精神にぴツたり合ふ事だと信ずるのであるが、一々番號まで打つて出した所から見れば出題者の考は或はaの方に存するのかも知れない。

　次の笑話に於けるをかしみを說明せよ。

「お父さま地面の下は水でせう」

「さうさ水だ井戸を掘ると水が出るからな」

「それぢやなぜ地面がおつこちないの」

「そりやお前落ちないさ」

「だつて下が水なら落ちる譯ぢやないの」

「さう旨くは行かないよ」（大阪外語）

これは要求の文意頗る明瞭である。が、この笑話に於ける「をかしみ」はどこにあるか、何といつて説明したらよいか。斯う考へて來ると仲々難物である。現に或解義書の如きは、眞面目に開き直つて、子供は、地面の下が水なら、土を水に投じたやうに、地面が水中に沒しさうなものだと考へる。所が地面の大に比して地下の水は小さいから、地面がその中におつこちる事は無い。父はそれを考へて答へてゐる。その兩者の考へ方の矛盾にをかしみがある。

と解してゐたのであつたが、それでは笑話としての輕い「をかしみ」ではない。そこに――理窟で片附けられぬ所にこの問題の難點があるとも見られよう。この一問に對する答案は、

「お父さま地面の下は水でせう」といふ第一問に對しての父の答は事理明晰な常識である。「それぢやなぜ地面がおつこちないの」に對しては、さう簡單に子供を納得させるやうな答は出來ぬ。父に取つては寧ろ奇想天外の問である。「そりやお前落ちないさ」と苦しいごまかしをやる外ない。然し子供はそんな事では承知しない。「だつて下が水なら落ちる譯ぢやないの」と突込む。父はいよ〳〵窮地に追詰められた形で、「さう旨くは行かないよ」と辛うじて身をかはした。子供はそれでよく分つたやうにケロ〳〵してゐる。おやぢはホツト胸をなで下す。そこに――一歩々々と眞面目に突き詰めて行つて、而もさらツと逃げて落した所に、この笑話の何ともいへぬをかしみがある。

斯ういふ風であるべきだと思ふ。

　次の文を平易なる語にて詳細に解釋し且讀後の感想を述べよ
人の創造の生長期とは何であらうそこには時代を導く情熱がある撓まず屈せざる心の革新がある素

朴なものへの愛がある眞に純粋なものを求めてやまない心がある人の創造の成熟期とはまた何であらうそこには絶えざる心の練磨がある美の享樂がある深い恍惚がある香氣の高い生の充實がある

（東京女高師）

まづ「詳細に」の要求で相當に心を惱ますであらう。「詳細」は程度の問題であるが、本書に示す所の「通解」よりはや丶精しくといふ心構への下に、

人の創造力がぐん〳〵と生長する時期とは何であらうかといふと、そこにはどこ迄もその時代を正しく導かうとする強い情熱がある。何物にも撓まず屈せず常に心を新しくして行く所の革新がある。生地《きぢ》のま丶で何の飾り氣もない素朴なものに對する愛情がある。眞に純粋な、一點のまざりツ氣もないものを求めて止まぬ強い心がある。さういふもののある時こそ、人の創造力はいくらでも生長して行くのだ。人の創造力がすつかり成熟した時期とは又何であらうかといふと、その時期には、心は絶えず練磨されて立派に磨き上げられて行く。心から美を樂しんでゐる。一切を忘れてうつとりとしたあこがれの氣分になつてゐる。生命は香り高く充實して、ほんとに氣高く張り切つて生きて居るのである。

といふやうに解したらよいであらう。更に「讀後の感想」を書くためには、より以上に心が惱むに違ひない。一通り文意が分つたといふ程度では「感想」は起らぬ。ほんとに文意が分つて、それをしみぐ〳〵と自己の生活經驗に結びつけて味得した所にその人獨自の「感想」が起るのであるから、その「深さ淺さ」「善さ惡さ」に依つて點數に等差がつくといふ事は、點を附ける人にも附けられる人にも、かなり心の惱みがあるに相違ないのである。試みに私自身の讀後感を書いて見れば、

この文を讀んで、顧みて自分自身の精神生活を反省する時、創造の生長期に見るやうな純眞な情熱

も乏しければ、まして創造の成熟期に見るが如き香氣の高い生の充實などは殆ど無くて、只因襲的な常識的な一日々々を暮してゐる事が、今更のやうに心恥しく思はれる。肉體は年取つても精神は常に若々しくなくてはならぬ。自分に創造の力などいふ立派なものは無いにしても、どうかさういふ力を持つた人の生長期に見るやうな純眞な情熱を以て、どこ迄も純粋なものを求めて止まぬやうに努力したい。そしてさういふ力を持つた人の成熟期に見るやうな氣高い生の充實を理想として、もつと〳〵眞劍に純眞に、自分の志す所に向つてたゆみなき歩みを進めて行きたい。

といふ事である。

左の文を平易なる口語文に改めよ

認識的志向は、何物かを知らむとする精神である。知らむとするには主觀の立場を捨てて對象に投じなければならぬ。自らを捨てて純粋に對象の中に沈潛する時、對象は始めて神祕の外衣を脱いで自らの姿を現し、こゝに始めて普遍妥當の眞理が把握される。（高知高校）

「平易なる口語文に改めよ」といふと、どうやら「平易に直解せよ」といふ要求のやうにも取れて、それだけ「解釋せよ」といふ要求とは違つた心の惱みがあらう。然しこの文が率直端的にそのまゝ平易な口語文に改められようとは思へぬ。畢竟「なるべく原文に卽して平明化せよ」といふ要求で、卽ち本書の「通解」に外ならぬのである。從つてこの一問に對する答案は、

物事を認識しようとする心持は、何物かを知らうとする心である。その物を知らうとするには、自分の氣持といふ立場を捨ててその物の中に心を投げ込まねばならぬ。自分を捨てて全くの白紙になつて向ふの物の中に深く〳〵這入り込む時、始めてその物のうはべの神祕が取れてそれ自體のほんとの姿が現はれ、そこに始めてそれ等一般に通ずる穩かな眞理が摑めるのである。

といふ程度のものでよい筈である。

斯く色々と趣の變つた、從つて受驗者の心を惱ますやうな出題も隨分見受けられはするが、畢竟それ等は根柢からの派生であつて、之を大局の上から大まかに煎じつめて見れば、入試問題としての現代文の要求するところは、

全文の平明化、卽ち通解
或部分の平明化、卽ち摘解
全文の大體の意味、卽ち大意
全文のかいつまんだ趣旨、卽ち要旨
全文又は或部分についての何等かの説明、卽ち解説

この五つに過ぎない。これは實に文を學習するについての根本的な態度であつて、これが問題の要求となつて現はれるのも固より當然の事である。入試問題の要求としてはあまり多く見當らぬのであるが、この外に更に重大な事が一つある。それは、
文としての情趣情調に徹してそのうまみを明かにすること、卽ち鑑賞
である。
通解は文讀解の結論として到着すべき最後の目標である。而も本書は各問毎にまづそれから出發する事とした。行き方が逆のやうであるが、
その文題に對してまづ正しい結論を摑み、更にいろ〳〵の方面から檢討考察する。
といふ事は、端的に有效に文解釋の實力を涵養する途として、正當にして賢明なる一つである事を確信するからである。摘解は通解の一部分で而もやゝ詳細なる解といふに過ぎないから、寧ろ通解からの派

生と見てもよい。然し「部分の綜合が全體だ」といふ見地からすれば、「摘解は通解の基礎である」ともいへなくはない。大意、要旨、解説、鑑賞は、凡そ一切の國文問題がその正しい通解に到着する迄に經由すべき順路であり道程である。或は通解を得た後に更に進んで突込むべき考察方面であるとも謂へよう。従つて各問毎にこれ等凡ての考察を下し解答を與へるのが本格であるが、姑く入試の實際や文題そのものの性質に基いて、題材の一切をこれ等の諸方面に分類し、それ〴〵の篇とした次第である。

本書の學び方　各問の「通解」や篇々の解答を機械的に暗記するが如きは、斷じて現代文解釋の實力を涵養する所以ではない。各篇の初頭に掲げてある「注意」を徹頭的に理解した後、その注意に基いて各問の考察を完全に了解し、眞に現代文讀解のあらゆる根柢に培《つちか》ふやうに努勉せられる時、本書の意圖する所は完全に諸君の學習受驗の上に具現するであらう。著者と讀者との魂のコーラスが高鳴る所にのみ、學問の花はその美しい成果を結ぶ事を思つて戴きたい。

摘解篇

【注意】 文中の或部分だけに對して解釋を要求するのを「摘解」といふ。卽ち「摘解」は文中の一部分の解であるから、常に通解の一部分といふ考を以てやらなくてはならない。が、一方からいへば、特に一部分について解釋を要求するといふ出題心理の中には、通解よりも精しく――なるべく叮嚀にといふ希望が含まれてゐるものと解せられるのも亦極めて自然の事である。卽ち

通解の一部分として、必要に應じては通解よりも叮嚀に

といふのが摘解に對する一般態度であつてよい筈である。「施線の部分を解釋せよ」とある場合にでも、「施線の部分を特に詳細に解釋せよ」とある場合にでも、共にこの態度でやればよいのであるが、「施線の部分について說明せよ」といつた風の要求になると、「摘解」でなくて「解說」の要求となるわけである。出題心理からいへば、或は「解釋」も「說明」も變りはないと考へられる場合もあらうが、學習上受驗上の嚴密な用意からいへば、「解釋」は文そのものの構成に卽しての平明化であり、「說明」は構

成を離れての解說であつて、そこに自ら別個の建前がなくてはならぬのである。殊に文中の單語と單語そのものの意義との如きは、その間にかなり甚しい違ひのある事を考へなくてはならぬ。

例へば、

瑠璃がしきりと囀る。

に於て瑠璃だけについての摘解を求めた場合、

七寶の一。美しい鑛物の名。鳥の名。又は、瑠璃色の略。

などとするのは「單語」としての解答であつて、この場合の「摘解」としては落第である。この文の場合だけについて語意を限定して、

鳥の名

と答へたとしても亦適切でない。「鳥の名」を通解の一部分として、

鳥の名がしきりと囀る。

とした時、丸で文意を成さぬ事になるからである。だから少くも、

瑠璃といふ鳥

と答へなければならぬ。更に一歩を進めて、

瑠璃鳥といつて、雀によく似てゐてやゝ大きく、羽は上面一體に鮮明な瑠璃色で頗る美しい鳥

と答へ得たとすれば、「摘解」として詳細を極めたものといふ事になるのである。斯く詳細に書いても通解の一部分として原文そのものの構成に卽してゐるといふ建前は失はないからである。ところが、

鳥の名

と答へ、乃至「瑠璃鳥といつて」の文句をオミツトし若しくはそれを「瑠璃鳥は」と改めて上記のやう

に答へたとすれば、それはこの文のその部分に對する「解説」といふ事になる。原文そのものの構成から離れた説明になつてゐるからである。結局同じやうな事ではあるが、この區別は嚴密に考慮の中に加へて置かねばならぬのである。まして文としての前後の關係を忘れて、單に要求された部分のみについて考へて、それ自體を獨立した一つの語句文章として解釋するが如きは、「摘解」として一番の邪道である事を牢記して置かなくてはならない。

◇本篇に採錄した文題は、凡て實際の入試問題から採つたもので、その要求の文言《もんごん》も亦出題のまゝである。尤も學習上の便宜のために出題の句讀だけは一切除去する事とした。要求の文言は色々であるが、要するに「摘解」の要求、又は「摘解」の要求を含んだものと考へられるものである。中には如上の態度通りに行き兼ねる風の出題もないではないが、兎に角諸君はこの實例を通してしつかり「摘解」の態度を作り上げなくてはならぬのである。

【一】　何人にも他に知られたき念あり(イ)一代の聲譽を煩はしと聞きすつるものもなほ知己を千載の後に期すしかも吾人は人の私心私情に知られんことを願はず公明の心に知られんことを願ふこゝに訴ふるものは他の個人意識にあらずして遍通意識なり(ロ)かくして吾人が他に知らるゝを求むる心の眞實なればなるほどその知己たるべき人の標準を高め竟に正確無謬の人とすされば人に知られたき心はやがて神に知らるるを求むる心にあらずや孔子は知己を人以上の境に求めて知我者其天乎と言へり

右傍線の部分をこの文に適應するやう解釋せよ（大阪外語）

【讀方】　何人《なにびと》にも他《た》に知《し》られたき念《ねん》あり。一代《いちだい》の聲譽《せいよ》を煩《わづら》はしと聞《き》きすつるものも、なほ知己《ちき》を千載《せんざい》の後《のち》に期《き》す。しかも吾人《ごじん》は人《ひと》の私心《ししん》私情《しじやう》に知《し》られんことを願《ねが》はず、公明《こうめい》の心《こゝろ》に知《し》られんことを願《ねが》ふ。こゝに訴《うつた》ふるものは、他《た》の個人《こじん》意識《いしき》にあらずして遍通《へんつう》意識《いしき》なり。かくして吾人《ごじん》が他《た》に知《し》らるゝを求《もと》むる心《こゝろ》の眞實《しんじつ》なればなるほど、その知己《ちき》たるべき人《ひと》の標準《へうじゆん》を高《たか》め、竟《つひ》に正確《せいかく》無謬《むびう》の人《ひと》とす。されば人《ひと》に知《し》られたき心《こゝろ》は、やがて神《かみ》に知《し》らるゝを求《もと》むる心《こゝろ》にあらずや。孔子《こうし》は知己《ちき》を人《ひと》以上《いじやう》の境《さかひ》に求《もと》めて、知《しる》レ我《われを》者《ものは》其《それ》天《てん》乎《か》と言《い》へり。

【通解】どんな人にでも人に知られたいといふ念がある。その世の名譽評判をうるさいと思つて耳にも入れぬ人でも、やはり遠い〳〵後世に於てほんとに自分を知つて呉れる人のあることを期待してゐる。而も吾々は人の私の心私の氣持に知られようとは願はないで、公明正大な心に知られたいと願ふ。卽ち知つて呉れと訴へるのは、他人の個人としての心ではなくて一般の人に通ずる遍通の心である。斯うして吾々が人に知られたいと求める心が眞實であればある程、その知己たるべき人の標準を高めて、しまひには正確で一點の誤もないほんとに完全無缺な人にする。だから人に知られたいといふ心は、卽ち神に知られるのを求める心ではないか。孔子は知己を人間以上のところに求めて、「自分を知つて呉れる者はそれは實に天であらうか」と言つた。

【考察】「この文に適應するやう解釋せよ」といふのが「摘解」としての當然の要求であつて、單に「傍線の部分を解釋せよ」と要求された場合に於ても、必ずこの要求の心得を以てやらねばならぬのである。○一代はその時代、自分の生存してゐるその世をいふ。○聲譽は名聲名譽、評判が高くなり人から譽めそやされる事である。○聞きすつるは耳にも入れぬ、少しも意に介しないの意。○知己はほんとに自分を知つて呉れる人。○千載の後に期すは遠い〳〵後世にその出現する事を期待するといふ意。○個人意識は個人としての心、その人一個だけの心。前の「私心私情」を云ひ換へた趣の語である。○遍通意識は一般に通ずる心、誰しもが同じやうに持つてゐる心。前の「公明の心」を云ひ換へた趣の語である。○やがてはそのまゝすぐにの意。○境は境地、ところ、もの。○知ㇾ我者其天乎は論語にある語で、世に孔子を知つて用ひる君主の無い事を歎じ、眞に我を知る者は天かと曰はれたお言葉である。
◇この文は海兵にも出てゐるが、その方は次の通りでこれとは大分違つてゐる。蓋しこの出題は大いに易化してゐるものと考へられる。

　他に知られんことを求むといふ。而も吾人は人の私心私情に知られんことを願はず。其の朗《ほが》らかなる公明の心に知られんことを願ふ。こゝに訴ふるものは他人の個人意識にあらずして遍通意識なり。主觀意識にあらずして客觀意識なり。かくして吾人が他に知らるゝを求むる心の眞實なればなるほど、其の知己たるべき人の標準を高うし醇化《じゆんくわ》し、竟に一切の徒《いたづら》なるうつろひ易く搖《ゆる》ぎ易き一時性、偶然性を抽《ぬ》き盡して、之を常恆不易《じやうこうふえき》、正確無謬の人とす。されば人に知らるゝを求むる心は、之を究竟《きうきやう》すれば、やがて神に知らるゝを求むる心にあらずや。

◇主觀意識は自分の心に斷うと感じ斷うと思ふ自分自身の心持をいひ、客觀意識は自分の心持を加へずに他のものをそのあるがまゝに觀る心の働をいふ。○一時性はその時限りの一時的のもの。偶然性は何の理由も根據もなくひよツと浮び出るやうなもの。○抽き盡すはすつかり取り去つて了ふ。○常恆不易はどんな場合にも變らぬの意。○究竟するは煎じつめる。海兵の要求は「左の文章の要旨を分り易く記せ」といふのであるから、

　吾々は人に知られたいと求めるといふ。然し吾々は人の私心私情に知られたいといふのでなくて、公明正大の心に知られたいのだ。卽ちその人一個の氣持に訴へないで、廣く一般に通ずる精神に訴へ

る。だからほんとに切實に人に知られたいと思ふ時、その知己たるべき人の標準を高めて、一點の誤もない神様のやうな人にしようとする。だから人に知られたいと求める心は、つまりは神に知られたいと求める心なのだ。

と答へればよい。これがこの一文の「要旨」である。

【摘解】（イ）その世の名聲評判を煩はしくうるさいと思つて耳にも入れぬ人でも、やはり遠い〳〵後世に於てほんとに自分を知つて呉れる人のある事を期待してゐる――さういふ世俗を超絶した人にでも他に知られたいといふ念はあるのである。

（ロ）斯うして吾々が他に知られたいと求める心が眞實であればある程、その知己たるべき人、ほんとに自分を知つて呉れるべき人の標準を高めて、しまひにはそれを正確で一點の誤もない完全な人にして、ほんとに完全無缺な人から知つて貰ひたいと求めるやうになる。

【三】正岡子規の「歌よみに與ふる書」は歌よみ達には解せぬのだ成程彼等とてもその綿々たる理論の絲は辿れたであらうだが子規の情熱は何としても辿れなかつたのである彼等には子規の言葉が子規の抜差ならぬ叫びであつた事が如何にしても解せなかつたのだ（イ）言葉を變じて理論とするは易い（ロ）理論を變じて言葉とするは難いのだ情熱的な言葉から理論を抽象するは易い（ハ）それを在る儘に享受するのは難いのだ

右の文中傍線を施した箇所について解釋せよ（大阪外語）

【讀方】正岡子規《まさをかしき》の「歌《うた》よみに與《あた》ふる書《しよ》」は、歌《うた》よみ達《たち》には解《げ》せぬのだ。成程《なるほど》、彼等《かれら》とても、その綿々《めん〳〵》たる理論《りろん》の絲《いと》は辿《たど》れたであらう。だが、子規《しき》の情熱《じやうねつ》は何《なん》としても辿《たど》れなかつたのである。彼等《かれら》には、子規《しき》の言葉《ことば》が、子規《しき》の抜差《ぬきさし》ならぬ叫《さけ》びであつた事《こと》が、如何《いか》にしても解《げ》せなかつたのだ。言葉《ことば》を變《へん》じて理論《りろん》とするは易《やす》い。理論《りろん》を變《へん》じて言葉《ことば》とするは難《かた》いのだ。情熱的《じやうねつてき》な言葉《ことば》から理論《りろん》を抽象《ちうしやう》するは易《やす》い。それを在《あ》る儘《まゝ》に享受《きやうじゆ》するのは難《かた》いのだ。

【通解】 正岡子規の書いた「歌よみに與ふる書」は、歌よみ達には分らぬのだ。成程、彼等歌よみ達だつても、その綿々と續いた細かい理論の筋はどうやら分つたであらう。然しながら、子規の情熱は何としても分らなかつたのである。彼等歌よみ達には、子規の言葉が、子規のどうにも斯うにもならぬ切實な叫びであつた事が、どうしても分らなかつたのである。溫い言葉を變へて冷い理論にするのはたやすい。冷い理論を變へて溫い言葉にするのはむづかしいのだ。情熱のこもつた言葉から冷かな理論をぬき出して考へる事はやさしい。情熱のこもつた言葉そのものを在るがまゝに受け入れるのはむつかしい事である。

【考察】 全文の構成を「易い」「難い」といふ立場から分けて見ると、

易
- a、成程、彼等とても、その綿々たる理論の絲は辿れたであらう。
- b、言葉を變じて理論とするは易い。
- c、情熱的な言葉から理論を抽象するは易い。

難
- a′、子規の情熱は何としても辿れなかつたのである。彼等には、子規の言葉が、子規の拔差ならぬ叫びであつた事が、如何にしても解せなかつたのだ。
- b′、理論を變じて言葉とするは難いのだ。
- c′、それ（情熱的な言葉）を在る儘に享受するのは難いのだ。

斯うしてａｂｃとa′b′c′との關係をよく考へて見れば、この文は、言葉は情熱的なもの、理論は冷いものといふ前提に立つてゐるのであつて、言葉を變じて理論とするといふのは、「人のいうた言葉を理論に變へる」といふ事、卽ち「情熱的な言葉から理論を抽象する」といふ事である。これは易しい事だから、歌人達にも「その綿々たる理論の絲は辿れた」のである。次に理論を變じて言葉とするといふのは、「或理論を言葉に變へて言葉としていひあらはす」といふ事で、語を換へて謂へば、「理論を情熱のこもつた言葉で述べる」といふ事である。それはむづかしい事で、子規のやうな情熱のある人で始めて出來る事であり、一般の讀書子では、それを在る儘に享受するのは難い事であるから、歌人たちには「子規の情熱は何としても辿れなかつた」のである。

【摘解】（イ）言葉を理論に變へる、卽ち溫い生命のこもつた言葉の中から冷い理論だけをぬき出す。○綿々たる理論の絲は細かく述べた理論の筋を絲に譬へて謂うたのである。○辿れたはよたよたながらもどうやら分つたといふ思想。○抽象はぬき出すこと、ぬき出して考へること。

（ロ）理論を言葉に變へる、卽ち冷い理論を生命のある言葉に變へて、情熱のこもつた言葉として表現する。

（ハ）情熱的な言葉をそのあるがまゝにそのまゝ受入れて、その言葉を通して、原作者が持つた情熱をそつくりそのまゝ自分の心に感じる。

【三】　次の文を通解し尙ほ傍線ある語句を解釋せよ。

四聖の中釋迦を除きてはいづれも轗軻不遇の中にその生を終へたり孔子は志を四方に得ずその經綸を抱いて空しく詠歎の間に歿せりソクラテースとキリストとはいづれも讒奸の手に罹り或は毒を仰ぎ或は盜賊と竝びて十字架上に磔殺せられたり慘憺たりと謂ふべし然れどもこれらの人々の志すところは天下後

世に在り現世の禍福と一身の安危とは毫もその顧慮するところにあらず故にその死に就くや晏如として猶ほ歸するが如し。（大阪高醫専）

【讀方】 四聖《しせい》の中《うち》、釋迦《しやか》を除《のぞ》きては、いづれも轗軻不遇《かんかふぐう》の中《うち》にその生《せい》を終《を》へたり。孔子《こうし》は志《こゝろざし》を四方《しはう》に得《え》ず、その經綸《けいりん》を抱《いだ》いて、空《むな》しく詠歎《えいたん》の間《あひだ》に歿《ぼつ》せり。ソクラテースとキリストとは、いづれも讒奸《ざんかん》の手《て》に罹《かゝ》り、或《あるひ》は毒《どく》を仰《あふ》ぎ、或《あるひ》は盗賊《たうぞく》と竝《なら》びて十字架上《じふじかじやう》に磔殺《たくさつ》せられたり。慘憺《さんたん》たりと謂《い》ふべし。然《しか》れどもこれらの人々《ひと〴〵》の志《こゝろざ》すところは天下後世《てんかこうせい》に在《あ》り。現世《げんせい》の禍福《くわふく》と一身《いつしん》の安危《あんき》とは毫《がう》もその顧慮《こりよ》するところにあらず。故《ゆゑ》にその死《し》に就《つ》くや、晏如《あんじよ》として猶《な》ほ歸《き》するが如《ごと》し。

【通解】 四人の聖人の中で、釋迦より外の人は、何れも皆不運不仕合せでその一生を終へた。孔子はその志を天下に行ふ事が出來ず、立派に天下ををさめる道についての考を心の中に持つてゐながら、只徒らに詩などを詠じて歎息しつゝ死んで了つた。ソクラテースとキリストとは、どちらも讒言を構へる奸人の手に罹つて、或は毒を飲み、或はどろぼうと並んで十字架の上にはりつけとなつて殺された。實にみじめ極まる事と謂ふべきだ。然しながらこれらの人々の志す所は天下をすくひ後々の世を正しくするに在る。この世の禍福や自分一身の安危などは少しも顧みるところではない。だからその人々が死ぬ時は、心靜かにゆつたりとして丸で安らかな我が家に歸るかやうであつた。

【考察】 高山樗牛の「世界の四聖」といふ文の一節。この摘解要求は殆ど單語的である。殊に「詠歎の間に」「晏如として」の如く、それだけで一つの語群を成してゐるものの中から「詠歎」「晏如」だけを要求してゐるのだから、摘解の第一義に立脚した答案——通解の一部分としての解を與へるわけには行かない。○轗軻は車の進まぬさまで、轉じて不遇の義にいふ。卽ちこゝは同義語の重用である。○四方は天下の義。○經綸は天下を營みをさめる事であるが、こゝはその道、更に詳細にいへば、その道についての考をいうたものと考へられる。○詠歎はうたひほめるといふ意の語、こゝは詩などを詠じて歎息するのをいつたのであらう。○讒奸は讒言を構へるよこしまな人。○毒を仰ぎはソクラテースのこと、十字架上はクリストの事で、磔殺ははりつけにして殺されること。○慘憺はむごくみじめなこと。○晏如は安んじておちついてゐる形容。○歸するが如しは安らかな我が家に歸するやうだの意で、心靜かに悠々としてゐるのをいふ。漢文に「視ルコト㆑死ヲ如シ㆑歸スルガ」といふ常套文句がある。

【摘解】 轗軻不遇＝不運不仕合せ。經綸＝天下ををさめ營むについての立派な考。詠歎＝詩などを歌つて歎息すること。讒奸＝讒言をするよこしまな人間。晏如＝心安らかにゆつたりとしてゐるさま。

【四】 左の文中傍線を施せる部分を解釋せよ。

早曉臥床をいでて心は寤寐の間に醒めおもひは意無意の際にある時(1)一鳥の弄聲を聽けば忽として我天涯に遊び(2)忽として我塵界に落つるの感あり我に返りて後其の聲を味へば凡常の野雀のみ然るに我が得たる(3)幽趣は地に就けるものならず爰に於て私に思ふは感應我を主として他を主とせざるを（大阪商大豫科）

【讀方】 早曉臥床《さうげうぐわしやう》をいでて、心《こゝろ》は寤寐《ごび》の間《あひだ》に醒《さ》め、おもひは意無意《いむい》の際《さい》にある時《とき》、一鳥《いつてう》の弄聲《ろうせい》を聽《き》けば、忽《こつ》として我天涯《われてんがい》に遊《あそ》び、忽《こつ》として我塵界《われぢんかい》に落《お》つるの感《かん》あり。我《われ》に返《かへ》りて後其《のちそ》の聲《こゑ》を味《あぢは》へば、凡常《ぼんじやう》の野雀《やじやく》のみ。然《しか》るに我《わ》が得《え》たる幽趣《いうしゆ》は、地《ち》に就《つ》けるものならず。爰《こゝ》に於《おい》て私《ひそか》に思《おも》ふは、感應我《かんおうわれ》を主《しゆ》として他《た》を主《しゆ》とせざるを。

【通解】 朝早く寢床を出て、心はまだ半分眠つてゐるやうにうつら〳〵として、意識があるやうな無いやうな心持でゐる時に、一つの鳥のさへづる聲を聽くと、忽然として自分は天上遠く遊び、忽然として又この俗世間に落ちて來るやうな感じがする。氣持がはつきりして後に其の聲をよく聽いて見れば、それは只普通の野雀に過ぎない。然るにそれを聽いて得た何ともいへぬ深い趣は、この地上に在る種類のものではない。そこで心ひそかに考へた、吾々の心が物に感應するのは自分自らが主であつて物が主であるのではない――どんな物でも自分の心次第で如何樣に深い感應でも得られるものだといふ事を。

【考察】　北村透谷の文である。原文は文末の「思ふは」が「思ふ」になつてゐる。○心は寤寐の間に醒めは、心が目覺めと眠りとの間に醒めるといふ事で、半醒半睡で心持がうつら〳〵としてゐる狀態をいふ。○おもひは意無意の際にある時は、心持が意識のあるやうな無いやうな所にある時である。○弄聲はさへづる聲。○天涯は天のはて。○塵界は塵の世界、この俗世間。○野雀は野に居る雀、普通の雀の事をいふ。○幽趣は何ともいへぬ奥深い趣。○感應は物に應じて感ずる心の働。○地に就けるものは、この地上に就いてゐるもの、卽ち普通に地上で見るやうな種類のもの。

【摘解】（1）心は半分さめて半分はまだ睡つてゐるやうな風で、意識があるやうな無いやうな、うつら〳〵とした心持でゐる時。

（2）忽ち自分はこの俗世間に落ちて來るやうな感じがする。

（3）そのやうに凡常の野雀の聲に過ぎないのに、それを聽いて自分の心に感じた何ともいへぬ奥深い趣は、この地上に就いたもの、卽ち地上で見られるやうな種類のものではない。そこで自分は心ひそかに考へて、吾々の心が物に應じて感ずるのは自分自らが主であつて物が主であるのではない――どんな物でも自分の心次第で如何様に深い感應でも得られるものだと思つたのであつた。

【五】 左の文中傍線を施せる部分を解釋せよ。

眼前に英雄的行動を見て之を(1)冷眼視する國民あらば(2)行尸走肉の徒のみ芝居を見義太夫を聽きて泣くものを泣蟲と笑ふ勿れ(3)兒女の情風雲の氣二にして一一にして二未だにはかに差別すべからず（大阪商大高商部）

【讀方】 眼前《がんぜん》に英雄的行動《えいゆうてきかうどう》を見《み》て、之《これ》を冷眼視《れいがんし》する國民《こくみん》あらば、行尸走肉《かうしさうにく》の徒《と》のみ。芝居《しばゐ》を見《み》、義太夫《ぎだいふ》を聽《き》きて泣《な》くものを、泣蟲《なきむし》と笑《わら》ふ勿《なか》れ。兒女《じぢよ》の情《じやう》、風雲《ふううん》の氣《き》、二《に》にして一《いつ》、一《いつ》にして二《に》、未《いま》だにはかに差別《さべつ》すべからず。

【通解】 目の前に英雄的な勇ましく立派な行動を見ながら、それをつめたい目で何の感激もなくつまらぬ物のやうに視る國民があつたら、それは只人間の形をしてゐるだけの無能の徒に過ぎない。芝居を見たり、義太夫を聽いたりして泣くものを、泣蟲といつて笑つてはならぬ。さうした女子供の感情と、機會に際會して奮ひ立つ英雄の意氣とは、別々のやうで同じやうな、區別があつて無いやうなもので、急に差別のつけられるものではない。

【考察】 ○英雄的行動とは進んで國難に殉ずるといふやうな雄々しく立派な行をいふ。○冷眼視するは冷淡な眼で視る、更に感激を持たず、つめたい氣持で、自分に何のかゝはりも無いつまらぬものだといふやうに冷かにそれを眺めてゐるのをいふ。○行尸走肉は死尸にして能く行き死肉にして能く走るの意で、形體はあつても何の働も無い者をいふ。○兒女の情は女子供の感情で、前に「芝居を見、義太夫を聴きて泣く」とある、さうした感情である。○風雲の氣は英雄が世の事變といふやうな機會に遭逢して感奮興起する意氣で、前に「英雄的行動」とある、さうした行動の源泉をなすものである。○二にして一、一にして二は別々のやうな同じのやうな、區別があつて無いやうなものだといふ思想の語。

【摘解】（1）冷淡な眼で視る、卽ち何等の感激も持たず、冷い心持で、つまらぬもののやうに視る。

（2）歩く尸走る肉といつたやうに、只人間の姿をしてゐるだけで何の働もないつまらぬ者共。

（3）芝居を見たり義太夫を聴いたりしてそれに感動して泣く女子供の感情と、世の事變といふやうな機運に遇つて奮ひ起つ英雄の意氣とは、別々のやうで同じやうな、同じやうで別々のやうな、區別があつて無いやうなものだ。

【六】　左の文中傍線を施せる部分を解釋せよ。

あらゆる國民的（1）資源資力を集結するの必要はわが國現在の非常時に當つても連りに叫ばれつゝあるのだが遺憾ながらわが國には（2）下から盛り上つて來る自發的協力は頗る力弱く主として上からの表皮的な形式的な強制的協力に終らうとする傾向がある（大阪商大高商部）

【讀方】あらゆる國民的資源資力《こくみんてきしげんしりよく》を集結《しふけつ》するの必要《ひつえう》は、わが國現在《くにげんざい》の非常時《ひじやうじ》に當《あた》つても、連《しき》りに叫《さけ》ばれつゝあるのだが、遺憾《ゐかん》ながら、わが國《くに》には、下《した》から盛《も》り上《あが》つて來《く》る自發的協力《じはつてきけふりよく》は頗《すこぶ》る力弱《ちからよわ》く、主《しゆ》として上《うへ》からの、表皮的《へうひてき》な、形式的《けいしきてき》な、強制的協力《きやうせいてきけふりよく》に終《をは》らうとする傾向《けいかう》がある。

【通解】あらゆる國民的な、一般國民の持つてゐる資源や資力を一つに集める事の必要さは、わが國現在の非常時に當つても、しきりと叫ばれてゐるのであるが、殘念ながら、我が國には、下からぐん〳〵とわき上つて來る自發的な協力——下々の者が進んで上と力を協《あは》せてやるといふ事は頗る力弱くて、主として上からやらされる、うはツつらだけの、形だけの、無理強ひの協力に終らうとする傾がある。

【考察】「集結する」といふ文句を「集結」でぷツつりと切つたり、上の「國民的」を省いたりした摘解の要求は、順當を缺く憾《うら》みがあるが仕方がない。○國民的資源資力は國民一般が持つてゐる資本の源泉や、資本の力である。これだけの文では、それがどんなものであるかと内容的に突込んでいふべき可能性もなく、又その必要もない。○自發的協力は自ら進んで力を協せること。○表皮的はうはツつらだけで本質に觸れてゐないこと。○形式的は形だけで精神がこもつてゐないこと。○強制的協力は強制して無理に協力させること。

【摘解】（1）資本の源泉や資本の力を一つに集めて大きいものにすること。

（2）下から協力しようといふ氣持がぐん〳〵とわき上つて來て、下の者が自發的に自ら進んで上と力を協せるといふ事は非常に力弱くて、主として上から無理やりにおしつけてやらされるうはツつらだけの、形だけの協力に終らうとする傾がある。

【七】左の文中の傍線を施せる部分を解釋せよ。

國を富ますは必ずしも國を弱むる所以にあらずされど動もすれば此の傾向あるを免れず貧且儉なる農業國の羅馬は地中海の商權を掌握したるカルタゴと戰ひて之を滅し而して東方を經略して其の殷富に奢るや忽ち北狄の爲に蹂躪せられたり今日の戰爭は昔日の戰爭にあらずされど其の士氣の振不振と勇怯とに於ては今猶古の如く古猶今の如し吾人若し戒心する所なくんば富國の後に至りて焉ぞ貧國の古を懷ふな

きを必せんや富を以て元氣と交換す吾人は更に其の得益たる所以を知るに苦しまずんばあらず（海機）

【讀方】國《くに》を富《と》ますは必《かなら》ずしも國《くに》を弱《よわ》むる所以《ゆゑん》にあらず。されど動《やゝ》もすれば此《こ》の傾向《けいかう》あるを免《まぬか》れず。貧且儉《ひんかつけん》なる農業國《のうげふこく》の羅馬《ローマ》は、地中海《ちちゆうかい》の商權《しやうけん》を掌握《しやうあく》したるカルタゴと戰《たゝか》ひて之《これ》を滅《ほろぼ》し、而《しか》して東方《とうはう》を經略《けいりやく》して、其《そ》の殷富《いんぷ》に奢《おご》るや、忽《たちま》ち北狄《ほくてき》の爲《ため》に蹂躙《じうりん》せられたり。今日《こんにち》の戰爭《せんさう》は昔日《せきじつ》の戰爭《せんさう》にあらず。されど其《そ》の士氣《しき》の振不振《しんふしん》と勇怯《ゆうけふ》とに於《おい》ては、今猶古《いまなほいにしへ》の如《ごと》く、古猶今《いにしへなほいま》の如《ごと》し。吾人《ごじん》若《も》し戒心《かいしん》する所《ところ》なくんば、富國《ふこく》の後《のち》に至《いた》りて、焉《いづくん》ぞ貧國《ひんこく》の古《いにしへ》を懷《おも》ふなきを必《ひつ》せんや。富《とみ》を以《もつ》て元氣《げんき》と交換《かうくわん》す、吾人《ごじん》は更《さら》に其《そ》の得益《とくえき》たる所以《ゆゑん》を知《し》るに苦《くる》しまずんばあらず。

【通解】國を富ますのは必ずしも國を弱くするわけ柄の事ではない。然しやゝもするとさういふ傾向がないわけに行かない。貧しくて儉約な農業國のローマは、地中海の商業權を握つてゐたカルタゴと戰つてそれを滅し、そして東方の國を取つて之を治め、そのにぎはしい富に奢るに至つて、忽ち北方の野蠻人にふみにじられて了つた。今の戰爭は昔の戰爭とは違ふ。然し其の士氣が振ふと振はぬと兵に勇氣があるか臆病であるかといふ事については、今もやはり昔の通り、昔もやはり今の通りだ。吾々が若し深く用心しなかつたならば、國が富んだ後になつて、國の貧しかつた古の事をしみ〴〵なつかしく思ひ出すといふ事がどうしてないと限らう。富を元氣と交換して、富んだがために元氣を失ふ、吾々は何でそれが利益であるか、更にそのわけを知るに苦しまないわけには行かない。

【考察】施線のない前半の文をよく讀む事によつて、施線中に於ける富國の後に至りて、焉ぞ貧國の古を懐ふなきを必せんや。

といふ意味がほんとによく分る。然しいくら摘解は叮嚀にといつても、そこへ前半に於けるローマの具體例をかつぎ出す必要はない。だから結果からいへば前半無施線の文は答案に殆ど交渉が無い事になるのである。○經略はをさめる、天下ををさめるといふ意だが、こゝには地を取つて之を治めるといふ意が含まれてゐる。○北狄は北方の夷狄、それがどこの何といふ蠻人であつたと迄突込む必要はない。○今日の戰爭は昔日の戰爭にあらずは、次の文句から見ると、今の戰爭は多分に機械の力に待つもので、昔のやうに兵士と兵士とが斬り合ふ戰爭とは違ふといふ事のやうに考へられるが、これもそこ迄突込んで解くべきではない。○戒心は心を戒め用心する。○貧國の古を懐ふは國の貧しかつた時代が戀しく思ひ出されるといふ意。○焉ぞ……必せんやはどうしてさうと限らうやの意の反語。○富を以て元氣と交換すは富を元氣と取換へる、富を得て元氣を失ふの意。○知るに苦しまずんばあらずは二重の否定で、知るに苦しむ、卽ちどうしても分らぬといふ意。

【摘解】 今日の戰爭は昔の戰爭ではない、今の戰爭と昔の戰爭とはすつかり變つてゐる。然しながら兵士の意氣が振ふと振はぬと、兵士が勇氣であると臆病であるとについては、今もやはり昔の通り、昔もやはり今の通りで、古今の戰爭に何の變りもない。吾々が若し深く心を戒めて用心しなかつたならば、戰勝の結果國が富んだ後に至つて、國の貧しかつた古を思ひ慕つて、貧國時代が戀しくなるといふ事がないとどうして限らう。富を元氣と取り換へて、富んだがために元氣を失ふ、吾々はそれが何で利益であるのか、更にそのわけを知るのに苦しまぬわけには行かない――どう考へて見てもそのわけが分らぬのである。

【八】 左の文を讀みて（イ）（ロ）に答へよ。

日本帝国が開闢以來絶海に孤立し世界の腐敗の外に超越し清潔美麗なる風土山川に薫化せられ君臣父子夫婦朋友の道正しく殆ど理想的國家を經營し來りたるもの他日大いに世界の腐敗を掃蕩するが爲にはあらざるか天下の微弱を扶持誘掖し驕傲無禮を掣肘抑壓し世界の私心を根絶し道德上の帝王となりて世界に君臨するは日本が其の特質上より世界の文明に對してなすべき最大寄與にはあらざるか吾人は日本が天地大道の化身となりて萬國民を警醒する大抱負大覺悟をなすべき時機の到來せるを見て欣喜措く能はざるものなり

（イ）全文の要旨を三十字以下で書け。

（ロ）傍線を施したる部分を解釋せよ（海機）

【讀方】　日本帝國《にっぽんていこく》が、開闢《かいびやく》以來《いらい》絶海《ぜっかい》に孤立《こりつ》し、世界《せかい》の腐敗《ふはい》の外《ほか》に超越《てうゑつ》し、清潔《せいけつ》美麗《びれい》なる風土《ふうど》山川《さんせん》に薫化《くんくわ》せられ、君臣《くんしん》父子《ふし》夫婦《ふうふ》朋友《ほういう》の道正《みちただ》しく、殆《ほとん》ど理想的國家《りさうてきこくか》を經營《けいえい》し來《きた》りたるもの、他日大《たじつおほ》いに世《せ》界《かい》の腐敗《ふはい》を掃蕩《さうとう》するが爲《ため》にはあらざるか。天下《てんか》の微弱《びじやく》を扶持《ふち》誘掖《いうえき》し、驕傲《けうがう》無禮《ぶれい》を掣肘抑壓《せいちうよくあつ》し、世界《せかい》の私心《ししん》を根絶《こんぜつ》し、道德上《だうとくじやう》の帝王《ていわう》となりて世界《せかい》に君臨《くんりん》するは、日本《にっぽん》が其《そ》の特質上《とくしつじやう》より世界《せかい》の文明《ぶんめい》に對《たい》してなすべき最大寄與《さいだいきよ》にはあらざるか。吾人《ごじん》は、日本《にっぽん》が天地大道《てんちたいだう》の化身《けしん》となりて萬國民《ばんこくみん》を警醒《けいせい》する大抱負大覺悟《だいはうふだいかくご》をなすべき時機《じき》の到來《たうらい》せるを見《み》て、欣喜措《きんきお》く能《あた》はざるものなり。

【通解】　日本帝國が、國の開け始めてからこの方遠く大陸から離れた海中に孤立して、世界の腐敗の外に超越してその中に捲き込まれず、清潔美麗な土地柄や山川に育てられ感化されて、君臣父子夫婦朋友の道が正しく、殆ど理想通りの國家を營んで來たのは、いつか大いに世界の腐敗をはらひ除くがためではないか。天下の小さな弱々しい國を助け導き、おごり高ぶつた無禮な國を押へつけて我儘をさせぬやうにし、世界の國々の私の心をすつかり根だやしして、道德上の帝王となつて、道德上の君主として世界の國々の上に臨む事は、日本が世界獨特の國として特別に持つた性質上から世界の文明に對して爲すべき最も大きな貢獻ではないか。吾々は、日本が天地大道の化身となつて萬國の民を警《いまし》めてその迷夢をさますといふ大きな抱負を持ち大きな覺悟をすべき時機がやつて來たのを見て、實に喜ばしくてたまらぬ者である。

【考察】 大西祝の文である。（イ）の「要旨を三十字以下で」といふ要求に對しては、全文の中心思想をしつかり摑んで、

日本の使命は世界の腐敗を掃蕩する事で、今こそその時機だ。

といふ程度に答へたらよいであらう。○開闢は國の開け始めること。○絕海は陸から遠く離れた海。○風土は土地柄、土地の狀態・氣候・地味をいふ語。○薰化は薰陶化育、その感化によつて正しく育て上げられるのをいふ。○理想的國家とは、國家は斯くありたいものだといふ理想に叶つた國家といふ義。○掃蕩ははらひ除くこと、うち掃ふこと。○扶持はさゝへ助けること、誘掖は導きたすけること。四字の對句として、助け導くと解すればよい。○驕傲はおごり高ぶること。○掣肘はおさへること、傍からひぢを引いて思ふやうに文句を書かせぬといふ事から出た語で、干渉して他の自由を妨げるのをいふ。抑壓もおさへるで、同義語の繰返しである。○根絕は根だやしする、すつかりたやすの義。○道德上の帝王は道德の上での帝王、道德を以て世界を支配するのをいふ。○君臨は君主として臨む、君主になる。○寄與は貢獻と同義で、そのために盡すこと。○天地大道の化身は天地が國の形になつたもの、大道が國

の形になつたもの、卽ち天地が國として現はれた國、大道が國として現はれた國といふ思想。「天地の大道」と考へても意味は通ずるが、原文の語調は「天地」と「大道」との對立と考へられる。○警醒はいましめて迷ひの夢をさます。○抱負は心の中に抱き持つこと、考へ、計畫。○措く能はざるはそつとして置けぬ、卽ち欣喜せずにはゐられぬといふ思想の慣用表現。○ものなりは上の「吾人は」に對して、「斯く〳〵の者だ」といつたのであつて、つまりの思想は「のである」といふ事である。

【摘解】天下の小さな弱い國を助け導き、驕り高ぶつた無禮な國を抑へつけて勝手なまねをさせぬやうにし、世界の國々の道に外れた私の心をすつかり根だやしして、道德を以て世界を支配して、道德上の帝王となつて高く世界の國々の上に臨む事は、日本が世界獨特の國として持つてゐる特別な性質上から世界の文明に對してしてやるべき最も大きな寄與貢獻ではないであらうか。

【九】左の文章を讀みて（イ）（ロ）二項に就き記せ。

人は未發の憂患を豫想して苦悶するの愚をなすが如く過去を悔恨して煩惱するの愚を免れ難し是兩つながら精神的解脫の大敵として之を防がざるべからず若し人過去と將來との重荷に壓迫せられんか如何にして現在に處するを得んや汝思ひ煩ふ勿れ今日の事は今日にて足れりとの言は決して現金主義の要旨なりとして之を閑却すべからず人は過去現在未來の三世に繋がるゝも人としての勤めは現在にある事を忘るべからず過去をして過去に葬らしめよ將來をして將來に任ぜしめよ我は現在に於て我が爲すべきことをなさんのみ精神に無用の重荷を堆積せしむるは精神の活動を極めて不自由ならしむる所以ならずや

（イ）傍線を施せる部分を解釋せよ。

（ロ）「精神的解脫」は如何なる意味に使はれ居るか。（海機）

【讀方】 人《ひと》は未發《みはつ》の憂患《いうくわん》を豫想《よさう》して苦悶《くもん》するの愚《ぐ》をなすが如《ごと》く、過去《くわこ》を悔恨《くわいこん》して煩惱《はんなう》するの愚《ぐ》を免《まぬが》れ難《がた》し。是《これ》兩《ふた》つながら精神的解脱《せいしんてきげだつ》の大敵《たいてき》として之《これ》を防《ふせ》がざるべからず。若《も》し人過去《ひとくわこ》と將來《しやうらい》との重荷《おもに》に壓迫《あつぱく》せられんか、如何《いか》にして現在《げんざい》に處《しよ》するを得《え》んや。「汝思《なんぢおも》ひ煩《わづら》ふ勿《なか》れ、今日《こんにち》の事《こと》は今日《こんにち》にて足《た》り」との言《げん》は、決《けつ》して現金主義《げんきんしゆぎ》の要旨《えうし》なりとして之《これ》を閑却《かんきやく》すべからず。人《ひと》は、過去《くわこ》、現在《げんざい》、未來《みらい》の三世《さんぜ》に繋《つな》がるゝも、人《ひと》としての勤《つと》めは現在《げんざい》にある事《こと》を忘《わす》るべからず。過去《くわこ》をして過去《くわこ》に葬《はうむ》らしめよ、將來《しやうらい》をして將來《しやうらい》に任《にん》ぜしめよ。我《われ》は現在《げんざい》に於《おい》て我《わ》が爲《な》すべきことをなさんのみ。精神《せいしん》に無用《むよう》の重荷《おもに》を堆積《たいせき》せしむるは、精神《せいしん》の活動《くわつどう》を極《きは》めて不自由《ふじいう》ならしむる所以《ゆゑん》ならずや。

【通解】 人はまだ起つても來ない心配事を豫想して色々と心を苦しめる愚かさをやるやうに、既に過ぎた事を悔い恨んで心を惱ます愚を免れる事が出來ない。是は兩方共に心の解脱――心が束縛から脱して自由に活動するやうになる上の大敵としてそれを防がなくてはならぬ。若し人がさうして過去と將來との重荷におさへつけられてゐたならば、どうして現在に處してうまくやつて行く事が出來よう。「汝思ひ煩ふな、今日の事は今日で澤山だ」といふ言葉は、決して現金主義の要旨だとして、それをおろそかにしてはいけない。人は、過去、現在、未來の三世に繋がれてはゐるが、人としての勤めは現在にある事を忘れてはならぬ。過去の事は過去に葬れ、將來の事は將來に任せて置け。自分は現在に於て自分のすべき事をするだけの事だ。心に無用の重荷を積み上げさせる事は、心の活動を極めて不自由にさせて、心の働きを妨げる事ではないか。

【考察】 （ロ）の要求は「解脱」である。單に

心が束縛から脱して自由に活動するやうになること

と答へただけでは「摘解」と大差なくて「如何なる意味に使はれ居るか」と開き直つて聞いてゐる出題精神に副ふまい。そこで本文中からこの語意を説明するにふさはしい文句を求めて見ると、

未發の憂患を豫想して苦悶するの愚
過去を悔恨して煩惱するの愚
是兩つながら精神的解脱の大敵として之を防がざるべからず

といふ前文節の文句と、

精神に無用の重荷を堆積せしむるは、精神の活動を極めて不自由ならしむる所以ならずや

といふ後文節の文句とが考へられる。この二つは精神的解脱の反對を述べたものであるから、これを適當に利用して、

心に過去や將來に對する苦悶悔恨といふやうな無用の重荷を堆積させず、さうした一切の束縛から脱して精神の活動を自由ならしめようとすること。

と答へたらよいであらう。○憂患はうれへなやみ、樣々の心配事。○煩惱は佛語としてはボンナウで、心神をわづらひなやましめる一切の妄念の事であるが、こゝは單に「わづらひなやむ」といふ動詞としての言葉になつてゐるから、漢音としてハンナウと讀むが順當だと思ふ。○現金主義は目前の利益や當座の勘定にのみ基いて事を處理するやり方の事であるが、慣用的な特殊語だから解としていきなりそんな風に言ひ換へて了ふのは宜しくない。○閑却はおろそかにして顧みぬこと。○三世は佛教上の語で、普通には前世・現世・來世の義であるが、單に過去・現在・未來の義にもいふ。こゝはその方である。○過去をして過去に葬らしめよは、過去の事は過去の事として葬つて了へ、過去の事について色々心を惱

ますなの意。即ち「過去を悔恨して煩惱するの愚」をするなといふのである。○將來をして將來に任ぜしめよは、將來の事は將來の事として成るに任せて置けの意。即ち「未發の憂患を豫想して苦悶するの愚」をするなといふのである。

◇數學的にいへば、一瞬の前は悉く過去であり一瞬の後は悉く未來であつて、「時」は畢竟過去と未來との連續だといふやうな理窟も立つが、吾々はやはり「現在」を認識する。「過去」は永遠に取返されぬものであり、「未來」は取らぬ狸《たぬき》である。その意味に於て「現在」のみが吾々に斯くあり得る事實として認識されるものである。畢竟吾々は 'The best at present moment' を盡す外ない。「最善の現在」は直ちに「悔恨なき過去」となる筈であり、從つて又「憂患なき未來」の基礎でもある筈だ。「悔なき一生」は「悔なき現在の連續」であるに違ひない。そこにのみ眞の「精神的解脫」があるわけである。吾々はこの一文を通して、斯ういふ了解を持つ時、この文の所說は更に一段の深さを以て我々の魂にこたへるであらう。

◇この文の所說は必ずしも「反省」を否定し「希望」を排除するものではない。「時」は斷層なき連續であるから、過去は過去、未來は未來として、現在と別に引離して考へられるものではない。だから過去の誤を悔恨して之を現在に生かし、未來の光明を見つめて之を現在の勵ましとするのは人として大いに美しく望ましい事である。「反省」や「希望」はさういふ意味に於ては尊い。又「深謀遠慮」といふ言葉のやうに、遠く將來を慮つて現在を戒愼する事も亦さういふ意味で尊い。本文の言ふ所は現在の勤めを忘れ、現在の勵みを失つて、只徒らに未來の豫想に苦悶し、過去の悔恨に煩惱して、現在に於ける精神活動を妨げるのは愚の甚しいものだといふのである。

【摘解】 若し人が過去を悔恨したり、將來を憂慮したりして、さうした過去と將來との重荷におさへつけられたならば、どうして現在に身を處して、現在の事を立派にやつて行く事が出來よう。「汝思ひ煩ふな、今日の事は今日で澤山だ――何も昨日や明日の事に心を勞する必要はない」といふ言葉は、決して現金主義の要旨だ、只目前の利害だけを考へて事を處して行かうとするやり方の要旨だとして、それをおろそかにしてはならない。

【一〇】 左の文中傍線の部分につきて下に問ふところ（（1）―（7））に答へ、且つ終にこの文の要旨を記せ。

(1)一代の聲望をあつめて天下の歡迎を受け平生文字に親しまざるものをすら讀者として數ふるを得るは固より成功の大なるものに外ならずと雖も同時に其の成功の程度を以て作家の才をはかるの尺度となし難きは無論なり成功は(2)個人たるわが意識と社會のそれとが一致するの謂に外ならずして此の一致は必ずしも才の高下を示すものとなし難ければなり既に(3)高下秀庸の尺度となす能はざるときは成功せる意識は天才のそれとも能才のそれとも又は(5)凡才のそれとも斷言しがたき場合少なからず否天才の意識は(6)獨創的内容にとむを常として個性的色彩を帶ぶる事強きが故に必ずしも現代意識の將來傾向を暗知して其の傾向の發展せんとする方向に輝揚するを期し難きのみならず(7)往々にして之と乖離して一般の嗤笑を買ふは明かなり

（1）解釋。（2）「わが」及び「それ」のさす內容を示せ。（3）解釋。（4）「成功せる」といふは如何にあるのをいふか。（5）解釋。（6）解釋。（7）解釋。（京都醫大豫科）

【讀方】 一代《いちだい》の聲望《せいばう》をあつめて天下《てんか》の歡迎《くわんげい》を受《う》け、平生文字《へいぜいもんじ》に親《した》しまざるものをすら讀者《どくしや》として數《かぞ》ふるを得《う》るは、固《もと》より成功《せいこう》の大《おほい》なるものに外《ほか》ならずと雖《いへど》も、同時《どうじ》に其《そ》の成功《せいこう》の程度《ていど》を以《もつ》て作家《さくか》の才《さい》をはかるの尺度《しやくど》となし難《がた》きは無論《むろん》なり。成功《せいこう》は個人《こじん》たるわが意識《いしき》と社會《しやくわい》のそれとが一致《いつち》するの謂《いひ》に外《ほか》ならずして、此《こ》の一致《いつち》は必《かなら》ずしも才《さい》の高下《かうげ》を示《しめ》すものとなし難《がた》ければなり。既《すで》に高下秀庸《かうげしうよう》の尺度《しやくど》となす能《あたは》ざるときは、成功《せいこう》せる意識《いしき》は天才《てんさい》のそれとも能才《のうさい》のそれとも又《また》は凡才《ぼんさい》のそれとも斷言《だんげん》しがたき場合少《ばあひすく》なからず。否《いな》、天才《てんさい》の意識《いしき》は獨創的内容《どくさうてきないよう》にとむを常《つね》として、個性的色彩《こせいてきしきさい》を帶《お》ぶる事強《ことつよ》きが故《ゆゑ》に、必《かなら》ずしも現代意識《げんだいいしき》の將來傾向《しやうらいけいかう》を暗知《あんち》して、其《そ》の傾向《けいかう》の發展《はつてん》せんとする方向《はうかう》に輝揚《きやう》するを期《き》し難《がた》きのみならず、往々《わう〳〵》にして之《これ》と乖離《くわいり》して一般《いつぱん》の嗤笑《しせう》を買《か》ふは明《あきら》かなり。

【通解】 その時代の名聲人望を一身に集めて天下の人々の歡迎を受け、ふだん本など讀まぬ者をすら讀者の中に數へる事の出來るのは、固より大きい成功には違ひないが、それと同時に其の成功の程度を以て作家の才の大小をはかる物指とし難い事は勿論である。成功は個人としての作家自身の意識と世の中の意識とが一致するといふ意味に過ぎなくて、この一致は必ずしもその作家の才の高下を示すものとはし難いからである。既にそれが才の高下秀才庸才の物指とする事が出來ぬとすれば、社會の意識とうまく一致して成功した意識は、天才の意識だとも能才の意識だとも又は凡才の意識だとも斷定の出來ぬ場合が少くない。いや、天才の意識は多分に獨創的な内容を持つてゐるのが普通で、個性の色彩を帶びてゐる事が強いから、必ずしも現代の社會の意識がこれからどうなつて行くかどんな傾向を持つてゐるかをよく知つて、その傾向の發展しようとする方向にその意識が發揮するといふ事を期待し難いばかりでなく、往々それとは反對の方向にそむいて行つて世間の物笑ひを受ける事は明かな事實である。

【考察】 世間的な成功は作家の才をはかる尺度にはならぬといふのがこの文の中心思想である。「要旨」の要求に對しては如上の中心思想だけを以て答へて置いてもよいが、今少し文の内容に突込んで、所謂成功とは、當人の意識と社會の意識とが一致して、世人に歡迎される事で、その程度如何は必ずしもその人の才の大小を測る尺度とはならない。天才は獨創的意識が強いから、世の意識と背馳して所謂成功を得られぬ事が多いものだ。

といふ程度に答へたら更によいであらう。（2）と（4）は解說である。よく前後の文義を考へた上で、

（2）「わが」はその作家自身、「それ」は意識。

（4）「成功せる」とは自分の意識が社會の意識と一致して、一代の聲望をあつめ天下の歡迎を受けてゐるのをいふ。

と答へればよい。○一代はその時代。○聲望は名聲輿望、世の中から受ける名譽評判。○文字に親しまざるは本などを餘り讀まぬのをいふ。○秀庸は秀才と庸才、すぐれた作家とつまらぬ作家。○能才は達者な才能を持つた作家。○獨創的内容は獨創的な意識の內容、卽ち自分獨自の考で新しいものを作り出さうとする考をいふ。○個性的色彩はその人の個性の現はれ、外の人と違つたその人獨自の性格の現はれ。○暗知はそらんじ知る、すつかり知る。○輝揚はかゞやきあげる、卽ち發揮するの意。○乖離はそむきはなれる。○嗤笑は物笑ひ、あざけり笑ふこと。

【摘解】（1）その時代の名譽評判を一身に集めて、天下の人々の歡迎を受け、世間からやんやと持てはやされて、ふだん餘り本など讀まぬ者をすら讀者の中に數へる事が出來て、さういふ人からまで愛讀されるのは、固より大きい成功には違ひないが、それと同時に、さうした成功の程度を以て、作家の才をはかる物指として、成功の度が大きいから大きい才だといふ風に考へる事の出來ないのは勿論である。

（3）才能が高いか低いか、人並すぐれてゐる作家かつまらぬ凡庸の作家であるかをはかる物指。

（5）平凡な才能を持つた作家の意識。

（6）獨創的な内容、即ち他の模倣でなく、自分獨自の考で新しいものを作り出さうとする考を多分に持つてゐる。

（7）往々にして現代意識の發展せんとする傾向とはそむき離れて全然あべこべの方向に向ひ、そのために世の一般の人々から馬鹿にして笑はれる。

【一一】 次の傍線の部の意味を述べ、且つ全文の要旨を簡單に記せ。

我等は自由人として理想を求める我等は理想の欣求者である而して理性によつて理想を確立せんとする哲學の本意は此處にあるのであるこれ則ち我等が止むに止まれぬ要求に動かされて學に志す所以である既に此の覺悟を以て進まむとする以上は日常の生活に於ても此の覺悟を忘れてはならぬ我等は物質化して時空の間に轉々するものとなつてはならぬ我等は動もすれば日常生活を以て些事となし多く顧みるに足らぬものなるかの如くに誤解し爲すべき日課もなさず荏苒晷を移すが如き傾がある併しながらこれは我等が本來の覺悟に乖戻するものである（京城高商）

【讀方】 我等《われら》は自由人《じいうじん》として理想《りさう》を求《もと》める。我等《われら》は理想《りさう》の欣求者《ごんぐしや》である。而《しか》して理性《りせい》によつて理想《りさう》を確立《かくりつ》せんとする。哲學《てつがく》の本意《ほんい》は此處《こゝ》にあるのである。これ則《すなは》ち我等《われら》が止《や》むに止《や》まれぬ要求《えうきう》に動《うご》かされて學《がく》に志《こゝろざ》す所以《ゆゑん》である。既《すで》に此《こ》の覺悟《かくご》を以《もつ》て進《すゝ》まむとする以上《いじやう》は、日常《にちじやう》の生活《せいくわつ》に於《おい》ても此《こ》の覺《かく》悟《ご》を忘《わす》れてはならぬ。我等《われら》は物質化《ぶつしつくわ》して時空《じくう》の間《あひだ》に轉々《てん〳〵》するものとなつてはならぬ。我等《われら》は動《やゝ》もすれば日常生活《にちじやうせいくわつ》を以《もつ》て些事《さじ》となし、多《おほ》く顧《かへり》みるに足《た》らぬものなるかの如《ごと》くに誤解《ごかい》し、爲《な》すべき日課《につくわ》もなさず、荏苒晷《じんぜんき》を移《うつ》すが如《ごと》き傾《かたむき》がある。併《しか》しながら、これは我等《われら》が本來《ほんらい》の覺悟《かくご》に乖戻《くわいれい》するものである。

【通解】　吾々は自由の人間として高い理想を求めて止まぬ者である。吾々は眞心から理想を求めて、そして正しく物事を考へ得る心の力によつて理想をしつかり立てようとする。哲學の精神はこゝにあるのだ。これが吾々がどうしても止める事の出來ぬ心からの要求に動かされて學問に志すわけである。既に吾々がこの覺悟で進まうとするからには、日常の生活に於ても此の覺悟を忘れてはならない。吾々は精神の無い單なる物質になつて空しく時間と空間卽ちこの宇宙の間に轉々としてゐるものになつてはならぬ。吾々はやゝもすると日常生活をつまらぬ小さい事とし、そんなに顧慮する程の値打はないものであるかのやうに誤解して、しなければならぬ日々の仕事もやらず、愚圖々々として空しく月日を移すやうな傾がある。併しながら、これは吾々が高い理想を求めようとする本來の覺悟にそむきもとるものである。

【考察】　五つの摘解――「意味を述べ」は解說とも考へられるが一般常識に從つて解釋の義とする――の外に「要旨を簡單に」といふ要求がある。その方は通解を要約し、全文の中心思想をしつかり摑んで、

吾々は自ら進んで理想を求め、そのために學に志す。だから日常生活にもその覺悟がいる。日常生活を些事として顧みぬのは、この覺悟に反する。

といふ程度に答へればよい。○自由人は意志の自由を持つてゐる人間といふ意。○理想は吾々が理智的にその實現の可能を信じ得る最高最善最美の想像境地である。この語はさうした了解の下に常用語化してゐるのであるから、「高い望み」などと云ひ換へるのは寧ろ不自然である。○欣求者はよろこび求める者、心から求めて止まぬ者。○理性は吾々が物事を考へる心の根本、正しく物事を考へ得る心の

力である。理性によつて理想を確立するといふのは、只一時の感情的興奮でなく冷靜な理智の判斷によつてしつかりと理想を立てるといふ事である。○哲學は自然と人生との根本原理を研究する學問。○物質化は精神もなく理想もない單なる物質になること。○時空の間は時間と空間の間、卽ち宇宙の間をいふ、宇宙は時間と空間とから成立つてゐるからである。○荏苒は愚圖々々してゐること。○晷は日影、日の光。時間卽ち月日の意味で用ひられてゐる。○乖戾はそむきもとること。

【摘解】 イ、吾々は意志の自由を持つてゐる人間として自ら進んで高い理想を求める。吾々は眞心から理想を求めて止まぬ者である。そして一時の感情でなく、正しく物事を考へ得る心の力によつて、理智的に考へて理想をほんとにしつかり立てようとする。

ロ、吾々は精神の無い單なる物質になつて了つて、何の理想もなく、只時間と空間との間卽ちこの宇宙の間に轉々としてゐるものになつてはならない。

ハ、や、ともすると――どうかするとぢきに。

ニ、ぐづ〳〵して空しく時を移し年月を過す。

ホ、そむきもとる。

【一二】 左の文の大意を述べ、傍線の語句を解釋せよ。

學藝に志ある者は能く外に受くる大賢の如くなる能はずとも勉めて(イ)己に克つて人に受くべし(ロ)饒舌の分疏は老婆の醜態(ハ)逆耳の言に聽かざるは好漢にあらじ縱令(ニ)滿面の垢辱堪へんとして堪ふる能はず筋張り血涌き劍を拔いて直ちに報いんと欲するに至るとも亦先づ(ホ)牙關を咬定して隱忍し頭を垂れ心を虛しくする工夫の裏より一天地を拓き得て笑つて立つて謝して牛溲馬勃をも(ヘ)我が藥籠中に收むるが如くならんを期すべし（京城高商）

【讀方】學藝《がくげい》に志《こゝろざし》ある者は、能《よ》く外《ほか》に受《う》くる、大賢《たいけん》の如《ごと》くなる能《あた》はずとも、勉《つと》めて己《おのれ》に克《か》つて人《ひと》に受《う》くべし。饒舌《ぜうぜつ》の分疏《ぶんそ》は老婆《らうば》の醜態《しうたい》、逆耳《ぎやくじ》の言《げん》に聽《き》かざるは好漢《かうかん》にあらじ。縱令《たとひ》、滿面《まんめん》の垢辱《こうじよく》、堪《た》へんとして堪《た》ふる能《あた》はず、筋張《きんは》り、血《ち》涌《わ》き、劍《けん》を拔いて直《たゞ》ちに報《むく》いんと欲《ほつ》するに至《いた》るとも、亦《また》先《ま》づ牙關《がくわん》を咬定《かうてい》して隱忍《いんにん》し、頭《かうべ》を垂《た》れ、心《こゝろ》を虛《むな》しくする工夫《くふう》の裏《うち》より一天地《いつてんち》を拓《ひら》き得《え》て、笑《わら》つて、立《た》つて、謝《しや》して、牛溲馬勃《ぎうしうばぼつ》をも我《わ》が藥籠中《やくろうちゆう》に收《をさ》むるが如《ごと》くならんを期《き》すべし。

【通解】學問技藝を修めようといふ志のある者は、よく外から受け入れること、彼の大賢人のやうである事は出來ぬにしても、勉めて自分を抑へて人から受け入れるがよい。くど〳〵と下らぬ言譯をするのは老婆の醜態であり、耳に逆ふやうな忠告に耳を傾けないのは男らしい男とはいへまい。よしんば、まともに面と向つて甚しい辱めを受けて、こらへようとしてもこらへられず、筋は張り、血は湧き立ち、劍を拔いてすぐさま仇を報いようと思ふ程になつたとしても、やはり先づじッと齒をくひしばつて辛抱し、頭を垂れ、虛心坦懷《きよしんたんくわい》になる工夫の中から一つの新しい天地を拓いて來て、笑つて、立つて、謝して、どんなつまらぬ藥でも自分の藥籠の中に取入れるといふやうに――どんな言葉でも皆取り入れて自分の修養の資にしようとするやうにするがよい。

【考察】幸田露伴の有名な文である。摘解の外に大意の要求がある。「大意篇」の注意に從つて、思想の段落を考へ、その各段落を要約して、次のやうに答へればよい。

學藝に志す者は、能く外から受け入れること、大賢の如くにはなれぬ迄も、勉めて自分を抑へて他人から受け入れるがよい。下らぬ言譯をするのは老婆の醜態、忠言に耳を傾け得ぬは好漢でない。たとひ烈しい惡罵を受けて、くやしくて〳〵我慢が出來ず、相手を斬つて了はうと思ふ程でも、まづ歯をくひしばつてじツと我慢し、己を虚しうして心機を一轉し、笑つてそれを自己修養の資に供しようとするがよい。

○外に受くるは外から受ける、外の物を自分に受け入れる。○己に克つては自己を抑制して、自己の慾念や自我の心を抑へて。○饒舌はおしやべり。○分疏はいひわけ、申しわけ。一々に箇條を分けて述べ立てるといふのが語の原義。○逆耳の言は忠告訓誡等の言。孔子家語《こうしけご》といふ書に「忠言ハ逆フ二於耳ニ一」とある。○好漢は男らしい男、愉快な役に立つ立派な男子。○滿面の垢辱は顏一杯のはづかしめ。面と向つてまともにひどい悪罵《あくば》をあびせ掛けられるのをいふ。○牙關は歯。歯は物が口に這入る時關所《せきしよ》のやうになつてゐるからの稱。○咬定はじツとくひしばる。○隱忍はこらへしのぶ、じツと我慢をする。○心を虚しくするは何も彼も忘れて虚心になる。○一天地は新しい天地、新しい境地。心機を一轉するのをいふ。○謝しては「すまぬ」といつてあやまり、「有難い」といつて感謝する、その兩義に亙つたものと考へられる。○牛溲馬勃は牛の小便や馬の糞。一説に、馬勃は馬屎菌《うまのくそたけ》といふ。何れにしてもごく粗末な藥品原料の意である。韓退之《かんたいし》の文に「牛溲馬勃、敗鼓ノ之皮、倶ニ収メ並ニ蓄ヘテ、待ツテ用ヲ無キレ遺ルル者ハ、醫師ノ之良ナルナリ也」とある。○藥籠中はくすり箱の中。自家の修養の資の義。「藥籠中ノ之物」「自家藥籠中ノ之物」といふ熟語があつて、それは自分に必要な人物、手なづけて自分の味方として置く人物といふ義に使はれる。然しそれをこゝに應用し、どんな詰らぬ人をも自分を諫めて呉れる味方とするなど解するのは甚しい曲解である。こゝの主題は「滿面の垢辱」である。人でなくて人の言である。よく平靜に前後の文意を考へて、それに叶ふやうに熟語の意味を解する用意が大切である。

【摘解】（イ）自分の私欲私情を抑へて人から受け入れるがよい。

（ロ）くど〳〵と下らぬ言譯をするのは老婆の見にくいさま。

（ハ）耳に逆ふやうな忠告にじツと耳を傾けないのは男らしい立派な男とはいへまい。

（ニ）面と向つてまともに非常な辱しめを受けて、こらへようとしてもこらへられず。

（ホ）じツと歯をくひしばつて辛抱し。

（ヘ）自分の薬箱の中に取入れる——自分の修養の資に供する。

【一三】 次の——線の部の意味を述べ、且つ‖線の語を解釋せよ。

（イ）神皇正統記は血を以て書かれたる歴史である單なる知識の羅列(1)の爲に机上に筆を弄したものではなく（ロ）著者の全人格をこゝに具象化したる結晶である神皇正統記は純日本的の魂により建國の精神を復活し神道の思想によりて佛説の惑溺(2)を斥け（ハ）正義によりて實益を打つ所の强烈なる意志によつて貫通せられたる歴史である而して（ニ）これこそ歴史の中に於て最も典型的なる歴史であるこの書は遠く溯つては建國當初の精神と照應(3)し當時にあつてはよく吉野朝五十年の命脈(4)を支へ後世に於ては大日本史を起し讀史餘論を起し日本外史を起しそしてやがて明治維新の大業を喚起(5)し來つたのである（京城高商）

【讀方】 神皇正統記《じんわうしやうとうき》は血《ち》を以《もつ》て書《か》かれたる歴史《れきし》である。單《たん》なる知識《ちしき》の羅列《られつ》の爲《ため》に机上《きじやう》に筆《ふで》を弄《ろう》したものではなく、著者《ちよしや》の全人格《ぜくじんかく》をこゝに具象化《ぐしやうくわ》したる結晶《けつしやう》である。神皇正統記《じんわうしやうとうき》は純日本的《じゆんにつぽんてき》の魂《たましひ》により、建國《けんこく》の精神《せいしん》を復活《ふくくわつ》し、神道《しんたう》の思想《しさう》によりて、佛説《ぶつせつ》の惑溺《わくでき》を斥《しりぞ》け、正義《せいぎ》によりて實益《じつえき》を打《う》つ所《ところ》の、强《きやう》烈《れつ》なる意志《いし》によつて貫通《くわんつう》せられたる歴史《れきし》である。而《しか》してこれこそ歴史《れきし》の中《うち》に於《おい》て最《もつと》も典型的《てんけいてき》なる歴史《れきし》である。この書《しよ》は、遠《とほ》く溯《さかのぼ》つては建國當初《けんこくたうしよ》の精神《せいしん》と照應《せうおう》し、當時《たうじ》にあつてはよく吉野朝《よしのてう》五十年《ごじふねん》の命脈《めいみやく》を支《ささ》へ、後世《こうせい》に於《おい》ては大日本史《だいにほんし》を起《おこ》し、讀史餘論《どくしよろん》を起《おこ》し、日本外史《にほんぐわいし》を起《おこ》し、そしてやがて明治《めいぢ》維新《ゐしん》の大業《たいげふ》を喚起《くわんき》し來《きた》つたのである。

【通解】　神皇正統記は血で書かれた——命掛けで心血を灑いで書いた歴史である。單なる知識を並べ立てるために机の上で筆を弄んで書いたものではなくて、著者の全人格をその上に形として現はした結晶物である。神皇正統記は純粋に日本的な魂によつて、日本が國を建てた時の精神を復活し、日本の神ながらの道の思想によつて、佛教の人心をまどはすのを排斥し、正義によつて實利實益を打ち破る所の、強く烈しい考に依つて貫かれてゐる歴史である。そしてこの書こそ歴史の中で一番典型的な、歴史のお手本とすべき歴史である。この書は、遠く昔に溯つては日本が國を建てたその初めの精神と照し合ひ、その當時の世に在つては吉野朝五十年の命が途切れぬやうに支へ、後々の世に於ては水戸の大日本史、新井白石の讀史餘論、賴山陽の日本外史のやうな、正しい史書史論を起し、そしてやがて明治維新の大事業をよび起して來たのである。

【考察】　「意味を述べ」と「解釋せよ」と、別々の線と言葉とで要求してゐる形から見ると、「意味を述べよ」が「解説せよ」であるとも、「解釋せよ」の方が却て「解説せよ」であるとも考へられなくはない。然し出題常識から見て、文句の意味と單語の解釋——要するに何れも摘解の要求と見てよいであらう。嚴密な意味での摘解——通解の一部分としての摘解は、斯うした單語的要求には不可能であるが、それは致し方の無い事である。〇血を以て書かれたるは心血を灑いで命掛けで書いたといふ意。神皇正統記は北畠親房《きたばたけちかふさ》が陣中に筆を取り、心血を傾倒して書いた史書で、建國の初から吉野朝に至る迄の史實に基いて、皇統の正潤を明かにし、純日本の思想精神を顯揚したものであること、正にこの文の論ずる通りである。〇筆を弄したは文章を作つた、書いたの意。〇具象化しは形として現はしの意。〇神道は日本の神ながらの道。〇正義によりて實益を打つは、

神道の思想によりて　佛說の惑溺を斥け
正義　　によりて　實益　を打つ

といふ對立表現から見て、正義によつて實利實益の觀念を打破する、世人が只實益にばかり走つてゐるのを正義の念で打破るといふ意に解すべきものと思ふ。「正しい筋道にのつとつて本當の利益を求める」と解した書もあるが首肯し難い。○典型的は歷史としてのかたによくはまつた、お手本とすべき程完全なの意。

【摘解】イ、神皇正統記は血で書かれた——ほんとに命掛けで著者の心血を灑いで書いた歷史である。ロ、著者の人格の全體を形として現はした結晶物、卽ち著者の全人格がそつくりそのまゝ形になつて現はれたものである。

ハ、正義によつて實利實益を打破る——世人が只實利實益にばかり走つてゐるのを正義の念で打破る。

ニ、この神皇正統記こそ實に歷史の中で一番完全な、歷史の手本とすべき歷史である。

1、つらねならべること。2、人を迷はし溺らせてその本心を失はせること。3、照し合ひ應じ合つてゐること。4、命のつな、命。5、よびおこす。

【一四】　次の文中漢字には其の右側に讀假名を附し、且摘出の語句の意味を書け。

秋は何等の天文地采の形式を借らざる裸體のまゝなる思想なりそは如々なり故に明瑩なり澄徹なり而して又充實なり豐贍なり春草の紗夏木の衣すべて名殘なく脫ぎすててあらはなる葛蘿の筋樹幹の骨健くも又雄々しき丈夫神の面影はげに秋にこそふさはしけれ若し秋に一味の文采ありとせば白蘋紅蓼の裳裾蘆花淺水の帶桔梗刈萱尾花が波の袂も輕き姿なるべしあはれ其の澹如たる涼しさは彼の哲人道士の婆娑たる一衣の高風にも似たるかな

（イ）天文地采の形式。（ロ）如々なり。（ハ）葛蘿の筋樹幹の骨。（ニ）澹如たる涼しさ。（ホ）婆娑たる一衣の高風。（京城高商）

【讀方】秋《あき》は何等《なんら》の天文《てんもん》・地采《ちさい》の形式《けいしき》を借《か》らざる裸體《らたい》のまゝなる思想《しさう》なり。そは如々《じよく〳〵》なり、故《ゆゑ》に明瑩《めいえい》なり、澄徹《ちようてつ》なり、而《しか》して又《また》充實《じゆうじつ》なり、豐贍《ほうせん》なり。春草《しゆんさう》の紗《さ》、夏木《かぼく》の衣《い》、すべて名殘《なごり》なく脫《ぬ》ぎすてて、あらはなる葛蘿《かつら》の筋《きん》、樹幹《じゆかん》の骨《こつ》、健《たけ》くも又《また》雄々《を〻》しき丈夫神《ますらをがみ》の面影《おもかげ》は、げに秋《あき》にこそふさはしけれ。若《も》し秋《あき》に一味《いちみ》の文采《ぶんさい》ありとせば、白蘋《はくひん》・紅蓼《こうれう》の裳裾《もすそ》、蘆花《ろくわ》・淺水《せんすゐ》の帶《おび》、桔梗《ききやう》・刈萱《かるかや》・尾花《をばな》が波《なみ》の袂《たもと》も輕《かろ》き姿《すがた》なるべし。あはれ其《そ》の澹如《たんじよ》たる涼《すゞ》しさは、彼《か》の哲人《てつじん》・道士《だうし》の婆娑《ばさ》たる一衣《いちえ》の高風《かうふう》にも似《に》たるかな。

【通解】秋は何一つ天のあやとか地の色どりとかいふ美しい形式を借りないすツぱだかのまゝのむき出しの思想である。それはあるがまゝ、本質そのまゝであるから、明かで、すみ通つて、そして又充實してゐて、豐かに滿ち足りてゐる。春の草の紗のやうな美しさも、衣のやうにきれいに茂つた夏の木の葉も、すべてすつかり脫ぎすてて了つて、葉一つないあらはな葛や蘿の筋、大きな木の幹の骨といふ姿、さうした健くをゝしい男神の姿は、ほんとに秋にこそ似合はしいものだ。若し秋に一寸した美しい模樣があるといふなら、それは裳裾にも似た白い浮草《うきぐさ》の花や赤い蓼《たで》の花、帶にも似た蘆の花や淺い水、袂の波打ちゆれてゐるのにも似た桔梗や刈萱やすゝきの穗、さうした輕やかな姿であらう。あゝそのさツぱりとした涼しさは、彼の高潔な哲人や道士のさばさばとした簡素な衣一つの氣高い姿にも似てゐる事だなア。

【考察】　綱島梁川の文である。本文のやうに漢字全體でないまでも、讀み假名についての要求は相當澤山出てゐる。本書の用意はそこにも在る事を思つて戴きたい。「秋はこれ〳〵の姿だ」と言はずに「思想だ」と書いてゐるのは、四季の姿は凡て天地の思想の現はれで、姿よりももつと本質的な内容を持つたものだといふやうな考へから來てゐるのであらう。凡て表現が技巧的で言葉の綾に富んでゐるから、よく通解と對比してその文意を了悟すると同時に、解の仕方をも了得して戴きたい。○天文地采は天のあや地の色どり、日月星晨草木山川、凡て天地間の美をなすものを總稱した言葉である。○如々はあるがまゝ、その本質のまゝ。「なり」といふたのは「如々そのものだ」といふ氣持からの措辭《そじ》だらう。○明瑩の瑩もアキラカ。○豐贍は内容が豐かに足り充ちてゐること。○春草の紗は春の草のしなやかに美しいのを織物の紗《しや》に譬へたのである。○葛蘿はくずやつたの類の蔓木。○澹如は淡くさらッとしたさま。○哲人は智慧が明かでよく道理に通じ氣高い思想を持つた人。○道士は道義に通曉し道を修め行ふ立派な人。○婆娑は本來は衣の裾のあがるさまを形容した語で、こゝはさば〳〵として輕いといふ心持である。

【摘解】（イ）日月星晨、山川草木といふやうな、美しい天のあや、地の色どりの形式。

（ロ）あるがまゝ、本質そのまゝである。

（ハ）くずやつたの筋、木のみきの骨——葉の散つた跡の蔓木の筋や喬木のみき。

（ニ）さつぱりとした涼しさ。

（ホ）さば〳〵とした衣一つの氣高い姿。

【一五】　左の文章中傍線を施したる部を解釋し且つ全文の要旨を述べよ。

住みにくい世から住みにくい煩を引拔いて有難い世界をまのあたりに寫すのが詩である畫である或は音樂彫刻である細かにいへば寫さないでもたゞまのあたりに見ればそこに詩も生き歌も湧く着想を紙に落[1]

さずとも鏗鏘の音は胸裏に起り[2]丹青を畫架に向つて塗抹せずとも五彩の絢爛は自ら眼に映るたゞおのが住む世をかく觀じ得て[3]靈臺方寸のカメラに澆季溷濁の俗界を清く麗かに收め得れば足りる此の故に[4]無聲の詩人には一句無く[5]無色の畫家には[6]尺縑無くともかく人生を觀じ得る點に於てかく[7]煩惱を解脱し得る點に於てかく[8]清淨界に出入し得る點に於て我利私慾の[9]羈絆を掃蕩し得る點に於てあらゆる[10]俗界の寵兒よりも幸福である　(平壤醫專)

【讀方】　住《す》みにくい世《よ》から住《す》みにくい煩《わづらひ》を引抜《ひきぬ》いて、有難《ありがた》い世界《せかい》をまのあたりに寫《うつ》すのが詩《し》である。畫《ぐわ》である。或《あるひ》は音樂《おんがく》・彫刻《てうこく》である。細《こま》かにいへば、寫《うつ》さないでも、たゞまのあたりに見《み》れば、そこに詩《し》も生《い》き、歌《うた》も湧《わ》く。着想《ちやくさう》を紙《かみ》に落《おと》さずとも、鏗鏘《かうさう》の音《おん》は胸裏《きようり》に起《おこ》り、丹青《たんせい》を畫架《ぐわか》に向《むか》つて塗抹《とまつ》せずとも、五彩《ごさい》の絢爛《けんらん》は自《おのづか》ら眼《め》に映《うつ》る。たゞおのが住《す》む世《よ》をかく觀《くわん》じ得《え》て、靈臺方寸《れいだいはうすん》のカメラに澆季溷濁《げうきこんだく》の俗界《ぞくかい》を清く麗《うらゝ》かに收《をさ》め得《う》れば足《た》りる。此《こ》の故《ゆゑ》に、無聲《むせい》の詩人《しじん》には一句無《いつくな》く、無色《むしよく》の畫《ぐわ》家《か》には尺縑無《せきけんな》くとも、かく人生《じんせい》を觀《くわん》じ得《う》る點《てん》に於《おい》て、かく煩惱《ぼんなう》を解脱《げだつ》し得《う》る點《てん》に於《おい》て、かく清淨界《しやうじやうかい》に出入《しゆつにふ》し得《う》る點《てん》に於《おい》て、我利私慾《がりしよく》の羈絆《きはん》を掃蕩《さうたう》し得《う》る點《てん》に於《おい》て、あらゆる俗界《ぞくかい》の寵兒《てうじ》よりも幸福《かうふく》である。

【通解】　住みにくい世の中から住みにくい煩はしさを取除いて、有難い世界をまざ〳〵と眼前に寫し出すのが詩である。畫である。或は音樂や彫刻である。細かにいへば、別段寫し出さないでも、只眼前に有難い世界を見れば、そこに詩も生じ、歌も湧く。思ひついた考を紙上に書き記さないでも、高い〳〵詩の響は胸の中に起り、ゑぎぬを張つたわくに向つて繪の具をぬりくらないでも、畫としての美しい色彩は自然に目に映ずる。只自分の住む世界を斯く有難いものと考へ得て、心のカメラに末世の濁つた俗世間をきれいに寫す事が出來ればそれで十分だ。さういふわけだから、歌はぬ詩人には一つの句も無く、描かぬ畫家には一尺の絹地が無くても、それでも斯く人生を美しく有難いものと考へ得る點に於て、斯くなやましい俗念からすつかり離れ得る點に於て、斯く淸らかな心の世界に出入し得る點に於て、我利私慾の邪念をすつかり拂ひ盡してそんなものに縛られずにゐられる點に於て、俗人世界にちやほやと寵愛されてゐるあらゆる人より幸福である。

【考察】 夏目漱石の「草枕」の一節で、頗る人口に膾炙《くわいしや》し、屢々試驗に出てゐる。神戶商船では中間を省略し、多少文句を變へて摘解を要求し、橫濱專門ではこのまゝの文で「解說せよ」と要求してゐる。こゝには摘解の外に要旨の要求がある。全體の思想をかいつまんで、

住みにくい世の中から、その住みにくい煩を引拔いて了へば、有難い世界になる。その有難い世界をまざ〳〵と寫出すのが藝術だ。更にいへば、敢て詩に作り繪に畫くにも及ばぬ。この世を有難いものと觀じ得て、濁つた俗界をきれいに心に映じ得ればそれでよい。だから心に藝術を感得する人は詩も作らず、繪も畫かないでも、人生を美化し、煩惱私慾から脫却し得る點に於て、世間的に成功した一切の人より遙かに幸福だ。

といふやうに答へればよい。「解說」も大體斯ういふものだが、今少し原文に近づいて思想を說明すればなほよい。○着想は斯う作らうと思ひついた考、構想、工夫。○鏗鏘はカチーンといふ金石の聲の形容、こゝでは詩の音調の形容に使つてゐる。○丹靑は赤と靑で、普通には繪畫の事にいふ詞であるが、こゝでは文字通りにゑのぐの意に使つてゐる。○畫架はゐぎぬを張つたわく。洋畫でいへばカンバス。○五彩の絢爛は目もあやなすやうな五色の美しい色。○靈臺方寸のカメラは心のカメラ。「靈臺方寸」

は方寸の靈臺卽ち心。心には外界の一切のものがよく映る。それを寫眞機に譬へていうたのである。カメラは暗箱《あんばこ》の事で、轉じて寫眞機全體の事にもいふ。○澆季溷濁は末世《まつせ》のにごりよごれ。「澆季」は人情の輕薄になつた末の世。○無聲の詩人は歌はぬ詩人、詩は作らぬが詩的の心を持つて俗界を超越してゐる人。無色の畫家もこれと同義。○尺縑は一尺のきぬ。縑はかとりぎぬ、又はふたこぎぬといつて、合はせた絲で堅く織つた絹で、繪絹として用ひられる。○煩惱は一切の俗的な心のなやみわづらひ。○清淨界はきよらかな世界、俗世間から超越した、きれいな心の世界。○羈絆は束縛、心がしばられること。○寵兒は寵愛されてゐる人、成功して世の中からちやほやともてはやされてゐる人。

【摘解】 1. 思ひついた思想を紙に書き現はさないでも、高い〳〵音調は胸の中に起つて、心の中に立派な詩が出來。

2. 赤や青の繪の具を繪絹のわくに向つてぬりくらないでも、目もあやなすやうな五色の美しい色は自然と目に映じて、心の中に立派な繪が出來る。

3. 心のカメラ——曇りの無い心の中に、この人情輕薄な末世のけがれ濁つた俗世間を淸く美しく寫す事が出來ればそれで十分だ。

4. 歌はぬ詩人——心に詩を感得してゐる人。

5. 描かぬ畫家——心に繪を感得してゐる人。

6. 僅か一尺の繪絹。

7. 俗的な心のなやみわづらひからすつかりぬけ出る。

8. 美しく淸らかな心の世界。

9. きづな束縛をすつかり掃ひのけて、そんなものに心が縛られなくなる。

10．俗世間で成功してちやほやともてはやされてゐる人。

【一六】 左の文の要旨を平易なる口語にて述べ、且つ傍線の部分を詳しく解釋せよ。

（一）凡そ内部に待つものなければ外力の來るに應ぜず東風春雨は草木發生の因となれども種子下に含むなくんば如何瘟疫の氣勢を逞しくするも健全にして内に惱む所なき身體を犯すこと能はず禪宗などの影響によりて美感の變遷を來せりといふと雖もこれに先ちて邦人の心に其の素なくんばあらず然り邦人は其の他の東洋人の如く初めより（二）絢爛を嫌ひて質樸を好み繁華を避けて靜寂に就き陽より陰に人より天なる性あり鎌倉室町に至りて始めて然るにあらず寧樂平安既に然り其の以前もまた然り神代よりして塗らざる家染めざる衣すべて純白なるものを喜ぶも一は此の心より出でしなるべし（七高）

【讀方】 凡《およ》そ内部《ないぶ》に待《ま》つものなければ、外力《ぐわいりよく》の來《きた》るに應《おう》ぜず。東風春雨《とうふうしゆんう》は草木發生《さうもくはつせい》の因《いん》となれども、種子《しゆし》下《した》に含《ふく》むなくんば如何《いかん》。瘟疫《をんえき》の氣勢《きせい》を逞《たくま》しくするも、健全《けんぜん》にして内《うち》に惱《なや》む所《ところ》なき身體《しんたい》を犯《おか》すこと能《あた》はず。禪宗《ぜんしう》などの影響《えいきやう》によりて、美感《びかん》の變遷《へんせん》を來《きた》せりといふと雖《いへど》も、これに先《さきだ》ちて邦人《はうじん》の心《こゝろ》に其《そ》の素《そ》なくんばあらず。然《しか》り、邦人《はうじん》は、其《そ》の他《た》の東洋人《とうやうじん》の如《ごと》く、初《はじ》めより絢爛《けんらん》を嫌《きら》ひて質樸《しつぼく》を好《この》み、繁華《はんくわ》を避《さ》けて靜寂《せいじやく》に就《つ》き、陽《やう》より陰《いん》に、人《ひと》より天《てん》なる性《せい》あり。鎌倉室町《かまくらむろまち》に至《いた》りて始《はじ》めて然《しか》るにあらず。寧樂平安既《ならへいあんすで》に然《しか》り、其《そ》の以前《いぜん》もまた然《しか》り。神代《かみよ》よりして、塗《ぬ》らざる家《いへ》、染《そ》めざる衣《ころも》、すべて純白《じゆんぱく》なるものを喜《よろこ》ぶも、一《いつ》は此《こ》の心《こゝろ》より出《い》でしなるべし。

【通解】 凡そ内の方に待ち構へてゐるものがなければ、外からどんな力が來てもそれに應じない。東風や春の雨は草木の發生するもとになるけれども、地下に種子がなかつたらどうだ。はやり病が逞しく氣勢を奮つても、健全で内部に何の惱む所もないからだを犯す事は出來ぬ。禪宗などの影響によつて、美の感じに移り變りが起つたといつた所で、それより先に日本人の心にその素因があつたに違ひない。さうだ、日本人はその外の東洋人のやうに、最初からけばけばしくきらびやかな事を嫌つて飾り氣のないのを好み、花やかに賑かな所を避けて靜かにひつそりとした方に就き、あらはな表面的な事よりもかくれた內面的な方面に、人間的人爲的な事よりも天然的な自然的な方面に向ふ性分がある。鎌倉時代室町時代になつて始めてさうだといふではない。奈良朝も平安朝も旣にさうだし、其の以前も亦さうだ。神代からして、塗らぬ家、染めぬ着物、凡てまつ白なものを喜ぶのも、一つはこの心から出たのであらう。

【考察】 藤岡作太郎の文。要旨は中心思想をかいつまんで、
何事によらず外力によつて動かされるのは、內部にそれに應ずるものがあるからである。鎌倉室町時代になつて、禪宗などの影響を受けて美感が變り、質朴、靜寂を愛し、內面的、自然的を喜ぶ傾向が生じたといふが、然し鎌倉室町の時代になつて始めてさうなつた譯でなくて、もともと日本人にはさういふ性分があつたもので、神代からして凡て純白なものを喜ぶのも、この心の一つの現はれに違ひない。

といふ程度に答へる。○瘟疫は流行病。○美感は美の感じ、美しいと感ずるその感じ方。○陽はあらはな、うはべに現はれた方面の事、陰は內面にかくれた方面の事。○人は人間的な人工的な、凡て人間界に屬すること、天は自然的な天然的な、凡て天に屬すること。

【摘解】 (一) 凡そ內の方に待ち構へてゐるものがなければ、外からどんな力が來てもそれに應じない。――外力に動かされるのは、內部にそれに應ずるものがあるからだ。東風や春の雨は草木の發生す

るもとになるけれども、種子が地下になかつたらどうだ。如何に東風春雨が來ても、種子の無い所に草木は發生しなからう。

（二）きらびやかにけばく〳〵しい事を嫌つて地味な飾り氣のない事を好み、花やかに賑やかな所を避けて靜かにひつそりとした方に就き、あらはな表面的なぱーツとした事よりもかくれた内面的なじーツとした方面に、人爲的人工的な事よりも天然的な自然的な方面に向ふ性分がある。

【一七】次の文中傍線を施したる部分を解釋せよ。

老將は兵を談ぜず[1]良賈は深く藏す言多きものは卑しとせられ[2]語少きものは憚らる言を以て招くは[3]無言を以て招くに如かず語を以て斥くるは無言を以て斥くるに如かず[4]桃李そも〳〵何を言ひて下自ら蹊をなせるか[5]宗廟そも〳〵何を語つて人敢へて瀆さざるか（神戸商船）

【讀方】老將《らうしやう》は兵《へい》を談《だん》ぜず、良賈《りやうこ》は深《ふか》く藏《ざう》す。言多《げんおほ》きものは卑《いや》しとせられ、語少《ごすくな》きものは憚《はゞか》らる。言《げん》を以《もつ》て招《まね》くは無言《むごん》を以《もつ》て招《まね》くに如《し》かず。語《ご》を以《もつ》て斥《しりぞ》くるは無言《むごん》を以《もつ》て斥《しりぞ》くるに如《し》かず。桃李《たうり》そも〳〵何《なに》を言《い》ひて下自《しもおのづか》ら蹊《けい》をなせるか。宗廟《そうべう》そも〳〵何《なに》を語《かた》つて人敢《ひとあ》へて瀆《けが》さざるか。

【通解】老練の將は兵法の話をせず、良い商人は品物を深くしまつて置く。言葉の多いものは卑しいとして見下げられ、口數の少いものは人に憚られる。言葉で人を招くよりは默つてゐて自然と人を引附ける方がよい。口先で人を斥けるより物を言はずに自然と人を斥ける方がよい。桃や李は一體何をいうて、下に人が集つて來て自然と小路がつくのであるか。先祖のおたまやは一體何を語つて、人が敢へてその尊嚴を瀆さうとしないのか――何れも皆不言不語の内に自然とさうなるではないか。

【考察】 有名な文でよく試驗に出る。大邱醫專では摘解。廣島高師では「要旨を四十字以内に」と要求してゐる。それは中心思想だけをしつかり摑んで、

言多き者は卑しめられ、語の少い者は憚られる。招くも斥くも凡て無言を以てするがよい。

といふ風に答へる。○老將は兵を談ぜずは老練の將は兵法の話をしない、凡て得々と語るのはほんとに其の道に通じない者のやる事だといふ思想。○良賈は深く藏すはよい商人は店先に品物を飾らぬといふ意で、君子は立派な德があつてもそれを表に現はさず、見掛けは愚かなやうだといふ喩。史記老子傳に「良賈ハ深ク藏シテ若レ虚シキガ、君子ハ盛德アリテ容貌若レ愚ナルガ」とある。○桃李云々は、桃李言はざれども下自ら蹊を成すといふ諺の引用で、桃や李には美しい花や實があるので、自然と人が寄つて來て下に小路が出來る。有德の君子は敢へて喋々しないでも自然と人が心服するといふ喩。○宗廟は祖宗のおたまや。書經に「社稷宗廟祇肅《ぎしゆく》せざるなし」とある。瀆さずは祇《つゝ》しみ肅《つゝ》しんでその神威を冒瀆しない事をいふ。

【摘解】 1. 良い商人は品物を深くしまひ込んで置いて、店頭に飾り立てない。

2. 言葉數の少い、やたらにしやべらぬ人は人に畏れ憚られる。

3. だまつてゐて自然と人を引附ける。

4. 桃や李は一體何をいつてあゝして下に自然と小路が出來るのか――別段何も言はないが、美しい花や實があるために自然と人が寄つて來て道がつくのである。

5. 祖宗のおたまやは一體何を物語つて人が敢へてその尊嚴を冒さぬのか――別段何も語りはせぬが、自然に備つたあらたかさのために、人は敢へて神威を冒さうとしないのだ。

【一八】 左の文中傍線を施せる箇所を摘出して解釈し、別に全文の大意を簡單に記せ。

我等は着實なる精神を以て學藝の根本的研究を勉めざるべからずかの徒に壯語するもの或は(イ)漫に専攻の美名を藉りて雄大なる氣宇無きを掩はんとするものともに皆非なり而して今人の(ロ)ひたすら新を喜び奇を趁ひ緊要なる思潮の本流を逸するものあるは(ハ)沙上屋を建つるが如き皮相の耳學に伴ふ必然の結果なり

（第二早高）

【讀方】 我等《われら》は着實《ちやくじつ》なる精神《せいしん》を以《もつ》て學藝《がくげい》の根本的研究《こんぽんてきけんきう》を勉《つと》めざるべからず。かの徒《いたづら》に壯語《さうご》するもの、或《あるひ》は漫《まん》に専攻《せんかう》の美名《びめい》を藉《か》りて雄大《ゆうだい》なる氣宇《きう》無《な》きを掩《おほ》はんとするもの、ともに皆非《みなひ》なり。而《しか》して今人《こんじん》の、ひたすら新《しん》を喜《よろこ》び奇《き》を趁《お》ひ、緊要《きんえう》なる思潮《してう》の本流《ほんりう》を逸《いつ》するものあるは、沙上屋《さじやうをく》を建《た》つるが如《ごと》き、皮相《ひさう》の耳學《じがく》に伴《ともな》ふ必然《ひつぜん》の結果《けつくわ》なり。

【通解】 吾々は着實なぢみちな精神で學問の根本を研究するやうに勉めなければならぬ。彼の徒に大言壯語して大きな事ばかり云つてゐる者、或は漫然と専門研究といふ美しい名を藉りて細かい事ばかりほじくつてゐて、雄大な氣象の無いのを掩ひかくしてごまかさうとする者、共に皆いけない。そして今時の人の、只一途に新しい事を喜び珍らしい物を追つて、ごく大切な思想の大本の流れを外れてゐる者のあるのは、砂の上に家を建てるやうな、しつかりした基礎のない、うはツつらの耳學問に伴ふ必然の結果である。

【考察】 大意を簡單にといふ要求もある。要旨と同じやうになりさうだが、やはり大意の根本信條に從つて、吾々は着實な精神で學藝の根本研究をやらねばならぬ。徒に壯語したり、專攻といつて雄大の氣の無いのをごまかしてゐたりしてはいけない。今の人が只新奇を喜んで根本を忘れてゐるのは、基礎の無い耳學問に伴ふ必然の結果だ。

といふ程度に答へる。○專攻の美名を藉りては、專攻々々と立派さうな事をいつて細かい事ばかりほじくつてゐるのをいふ。○雄大なる氣宇は學問の根本大局に徹する大きな氣象。○掩はんとするはごまかしかくさうとする。○沙上屋を建つるはしつかりした基礎の無い喩。○耳學は耳學問、聞き覺えの學問で、ほんとに心にしみ込んでゐない學問をいふ。

【摘解】（イ）たゞ漫然と專攻だといつて、專門研究の美名にかくれて、自分の雄大な氣象がなく、大きい根本的な研究の出來ないことをうまくごまかさうとする者。

（ロ）たゞ一途に新しい事を喜び珍しい事を追つて、極めて大切な思想の流れの大本を忘れる者。

（ハ）譬へば沙の上に家を建てるやうな、基礎根柢の無い、唯うはツつらの耳學問ばかりしてゐる者に伴ふ必然の結果で、あんな勉強をしてゐれば、勢ひ斯ういふ事にならざるを得ないのである。

【一九】 左の文の傍線を附したる箇所を解釋せよ。

平清盛は藤原氏の習慣的勢力に反撥して起れるなり因襲の久しき上下の階級おのづから定まりてその壓迫に堪へざればイこれを破りこれを倒して一面繁縟なる社會的形式を顚覆すると共にロ一面箝制束縛の境より自己を救ひ以て人生本然の要求に應じてその行動を自由にせむと試みたるなり（第二早高）

【讀方】 平清盛《たいらのきよもり》は藤原氏《ふぢはらし》の習慣的勢力《しふくわんてきせいりよく》に反撥《はんぱつ》して起《おこ》れるなり。因襲《いんしふ》の久《ひさ》しき、上下《じやうげ》の階級《かいきふ》おのづから定《さだ》まりて、その壓迫《あつぱく》に堪《た》へざれば、これを破《やぶ》り、これを倒《たふ》して、一面繁縟《いちめんはんじよく》なる社會的形式《しやくわいてきけいしき》を顚覆《てんぷく》すると共《とも》に、一面箝制束縛《いちめんかんせいそくばく》の境《さかひ》より自己《じこ》を救《すく》ひ、以《もつ》て人生本然《じんせいほんぜん》の要求《えうきう》に應《おう》じて、その行動《かうどう》を自由《じいう》にせむと試《こゝろ》みたるなり。

【通解】　平清盛は藤原氏の長い間に自然に出來た習慣的な勢力に反撥して、それをはねツ返して起つたのである。久しい間同じ事を承けついでやつて來た結果として、上下の階級が自然ときまつて了つて、その壓迫に堪へないので、これを打破り打倒して、一面に於てはくだ〳〵しい社會上の形式をひツくり返すと共に、一面に於ては手も足も出ぬやうに束縛されてゐる立場から自分を救つて、人間本來の要求に從つて、自分の行動を自由にしようと試みたのである。

【考察】　文初に

　平清盛は藤原氏の習慣的勢力に反撥して起れるなり。

とある。それが文の骨子で、以下はその說明である。藤原氏は長い間政權を握つてゐて、そこに一つの習慣的な勢力が出來てゐる。習慣的勢力の當然の結果として、階級が固定して、藤原氏でなければ人で無いといふやうに、その壓迫が烈しくなる。そして社會は色々と面倒臭い形式が生じて來る。清盛は、藤原氏の習慣的勢力を打破して、さうした社會的形式をひツくりかへすと同時に、さうした壓迫や束縛から自分自身を救つて、人間本然の欲求たる行動の自由を得ようとしたのだといふのが筆者の見解である。
○反撥ははねかへす、受附けぬの意。○因襲は昔からのまゝに從つてやること。○繁縟はくだ〳〵しく煩はしいこと。○社會的形式は禮儀禮法などいふ社會上の形式。○箝制はふさぎとゞめる、手も足も出ぬやうにおさへつけること。○人生本然の要求は人生に於て誰しもが本來から自然に持つてゐる要求。こゝは行動の自由を得たいといふ要求をいふ。

【摘解】 イ、これを——上下の階級の定まつた結果として生じて來たその壓迫を打破り打倒して、一方に於ては禮儀禮法などのくだ〳〵しく煩はしい社會上の形式をひツくりかへす。

ロ、一方に於ては、手も足も出ぬやうに抑へられ縛られてゐる立場から自分を救つて、人生の本然の要求——やたらに人に束縛もされず、自由に行動したいといふ、誰しもが生れながらに持つてゐる人間本來の要求に應じて、自分自身の行動を自由にしよう。

【二〇】 大意を記し傍線の部分を解釋せよ。

枝ぶりいたましげに瘦せたれど蒼龍の勢をくねりて矯々たる氣を吐く一もとの根あがり小松青苔の鉢して贈れる友の情をうれしくねんごろにその朝夕を護る夜はさびしき枕頭にわれらが瘦軀二つを侘びておなじ心に通ふ夢をたのしむあはれ枕頭の友よ汝がはかなき面影の中にしも星を育み月を養ふ大自然の慈恩の心はこもれるものをされば稷々として濤聲を荒海の濱に鼓し嵯峨として巖上の千秋の蘿月をかくる偉大の姿汝になくとも何をか傷み何をか歎かむ(一)譬ふれば汝と我とこの奇しき實在の大海原をたま〳〵この磯邊に(二)ながれあひてたま〳〵こゝに相得の歡をたのしむ汝もやせたり我もやせたり汝も物思ひ我も物おもふ汝は骨勁くして不羈の氣を吐き我は形骸を脫して高きを翔らむ心切なり(三)汝が婆娑たる燈火の影はわが枕頭の春となりて我に華さく愛の心さびしからず不言の情思一室の夜をこめて融々たる永年の樂にかよふ（臺北高校）

【讀方】 枝《えだ》ぶりいたましげに瘦《や》せたれど、蒼龍《さうりゆう》の勢《いきほひ》をくねりて、矯々《けう〳〵》たる氣《き》を吐《は》く一《ひと》もとの根《ね》あがり小松《こまつ》、青苔《あをごけ》の鉢《はち》して贈《おく》れる友《とも》の情《じやう》をうれしく、ねんごろにその朝夕《てうせき》を護《まも》る。夜《よ》はさびしき枕頭《ちんとう》に、われらが瘦軀《しうく》二《ふた》つを侘《わ》びて、おなじ心《こゝろ》に通《かよ》ふ夢《ゆめ》をたのしむ。あはれ枕頭《ちんとう》の友《とも》よ、汝《なんじ》がはかなき面影《おもかげ》の中《なか》にしも、星《ほし》を育《はぐく》み月《つき》を養《やしな》ふ大自然《だいしぜん》の慈恩《じおん》の心《こゝろ》はこもれるものを。されば稷々《しよく〳〵》として濤聲《たうせい》を荒海《あらうみ》の濱《ひん》に鼓《こ》し、嵯峨《さが》として巖上《がんじやう》の千秋《せんしう》の蘿月《らげつ》をかくる偉大《ゐだい》の姿《すがた》、汝《なんじ》になくとも、何《なに》をか傷《いた》み、何《なに》をか歎《なげ》かむ。譬《たと》ふれば、汝《なんぢ》と我《われ》と、この奇《く》しき實在《じつざい》の大海原《おほうなばら》を、たま〳〵この磯邊《いそべ》にながれあひて、たま〳〵こゝに相得《さうとく》の歡《くわん》をたのしむ。汝《なんぢ》もやせたり、我《われ》もやせたり。汝《なんぢ》も物思《ものおも》ひ、我《われ》も物《もの》おもふ。汝《なんぢ》は骨勁《ほねつよ》くして不羈《ふき》の氣《き》を吐《は》き、我《われ》は形骸《けいがい》を脱《だつ》して高《たか》きを翔《かけ》らむ心切《こゝろせつ》なり。汝《なんぢ》が婆娑《ばさ》たる燈火《ともしび》の影《かげ》は、わが枕頭《ちんとう》の春《はる》となりて、我《われ》に華《はな》さく愛《あい》の心《こゝろ》さびしからず、不言《ふげん》の情思一室《じやうしいつしつ》の夜《よ》をこめて、融々《ゆう〳〵》たる永年《えいねん》の樂《たのしみ》にかよふ。

【通解】 枝ぶりはいた〳〵しさうに痩せてゐるが、丸で青々とした龍のやうな勢をしてくね〳〵と曲つて、強い氣を吐いてゐる一本の根上り小松、それを青苔の生えた鉢に植ゑて贈つて呉れた友人の情を嬉しく思つて、朝夕ねんごろに大事にしてゐる。夜は寂しい枕許に、自分と小松と二つのやせたからだをわびしがつて、同じ心に通ひ合ふ夢を樂む。あゝ枕許の友なる小松よ、汝のはかない姿の中にサ、星や月を育み養ふ大自然の慈悲恩愛の心はこもつてゐるのだものなア。さればザザンザと鳴つて荒海のほとりに濤のやうな音を立て、嶮しく突立つて巖の上の蘿《つた》にかゝる千古の月をかけるやうな偉大な姿が汝に無くても、何の傷み歎く事があらう。譬へて見れば、汝と我とはこの不思議な實在の大海原――人生といふ大きな海を流れて、偶然この磯邊に、こんな病床に落合つて、たま〳〵こゝでお互に心を得合つた歡びを樂んでゐるのだ。汝もやせてゐる、我もやせてゐる。汝も物思ひをし、我も物思ひをする。汝は筋骨たくましくがんぢやうで何物にも屈しないといふまけぬ氣を發揮し、我は肉體を逃れ出て高い所に翔り高遠な思索に耽《ふけ》りたいといふ心が切實だ。汝のちら〳〵と舞ふやうな燈火の影は、我が枕許になごやかな春の氣分を生じて、私の胸に美しくきざす愛の心が寂しくない、そして口では何ともいはぬ心の思ひが一室の夜に一杯になつて、しつくりと融けきつた永年の樂にかよつて、いつまでも〳〵樂しい心持になつてゐられる。

【考察】 大意の要求に對しては、全文を思想の段落に分けて、その各段の意味を大摑みに考へて、大體次の程度に答へて置く。

枝ぶりは痩せてゐるが勢のすばらしい一本の根上りの小松を、青苔の鉢植にして贈つてくれた友人の情が嬉しくて、朝夕大切にしてゐる。夜は自分と同じくやせたその姿をまざ〳〵と夢に見て樂む。汝のはかない面影の中にも大自然の慈愛はこもつてゐる。されば堂々たる古松の姿が汝に無くとも何も歎く事はない。譬へば汝と我とこの大海原のやうな人生の一隅に出遇つて相樂んでゐるのだ。二人共にやせて、二人共に物思ひがある。汝は奇骨稜々として氣を吐き、我は切に形骸を脱して高遠の思ひに耽りたいと思ふ。汝の可愛い燈火の影を見て、私の心持も自然になごやかになり、永遠に樂しいやうな氣持になる。

○蒼龍は青々とした龍、老いてすごいやうな感じのする龍。○矯々はたけく強い形容。○おなじ心に通ふ夢は同じ心持で互に通ひ合ふ夢であるが、思想上の實義からいへば、自分の痩せたからだをわびしく思ふにつけて、小松の痩せた姿をしみ〴〵わびしく思つて、自然その姿を夢にまで見て樂むといふのである。○稷々は疾く早い形容、松風の音のザザンザと鳴る形容である。○嵯峨は山の嶮しい形容だが、こゝは松の嶮しく突立つたさまにいうてゐる。○千秋は永遠の義。○蘿月はつたに掛つた月。○實在の大海原は人生を海に譬へた語だらう。「實在」は宇宙の眞理をいひ、又神の事にもいふ語だが、こゝはさういふ特別の意味ではあるまい。○不羈の氣は何物にも束縛されぬといふまけぬ氣。○形骸はからだ、肉體。○高きを翔らむ心は高遠な事に思ひを馳せたいといふ心。○婆娑はちら〳〵と舞ふ形容。○華さくは美しくきざす。○不言の情思は口に出しては何ともいはぬ心の思ひ。○融々たる永年の樂はしつくりと融け切つた永遠の樂で、いつまでも〳〵樂しい心持の中にとけ切つてゐる思ひをいふ。

【摘解】（一）物に譬へて見れば、汝と我とが、この不思議な實在の大海原——人生といふ大きな海を流れて、偶然この磯邊に、こんな病床に落合つて、たま〳〵茲に互に心を相得てぴつたりと心の合つた歡びを樂しんでゐるといふわけだ。

（二）汝は筋骨が逞しくしつかりしてゐて、氣骨稜々として何物にも屈しないといふまけじ魂を發揮し、我は肉體から逃れ出て高い所を翔り高遠な思索に耽りたいといふ心が痛切だ。

（三）汝のちら〳〵と舞ふがやうな燈火の影は私の枕許になごやかな春の氣分を生じて、私の胸に美しくきざす愛の心が寂しくない。

【三一】　大意を摘記し、傍線の部を解釋せよ。

（一）無念無想なれといふは執着的偏固的私我的の念想を絶てよといふことなり決してで（二）枯木死灰となれといふことにあらず妄念邪想を離れて（三）眞正なる念想に從へといふものなり邪智巧慧を去りて（四）天眞爛漫の妙用を爲せといふものなり工夫を盡し盡して（五）工夫の絶したる心狀をいふものなり深く修養を加ふるにあらずば達し難き所なり（高岡高商）

【讀方】無念《むねん》無想《むさう》なれといふは、執着的《しふちやくてき》、偏固的《へんこてき》、私我的《しがてき》の念想《ねんさう》を絶《た》てよといふことなり。決《けつ》して枯木死灰《こぼくしくわい》となれといふことにあらず。妄念邪想《ばうねんじやさう》を離《はな》れて、眞正《しんせい》なる念想《ねんさう》に從《したが》へといふものなり。邪智巧慧を去《さ》りて、天眞爛漫《てんしんらんまん》の妙用《めうよう》を爲《な》せといふものなり。工夫《くふう》を盡《つく》し盡《つく》して、工夫《くふう》の絶《ぜつ》したる心狀《しんじやう》をいふものなり。深《ふか》く修養《しうやう》を加《くは》ふるにあらずば達《たつ》し難《がた》き所《ところ》なり。

【通解】無念無想であれ——心に何の想念も無くなれといふのは、物に執着した、一方にこり固まつた、自分に私するやうな思ひをなくしろといふ事である。決して枯木や冷え切つた灰のやうに人間らしい情味の無いものになれといふ事ではない。みだりなよこしまな思ひを離れて、ほんとに正しい心の思ひに従へといふものである。よこしまなたくんだ智恵を去つて、天から得たまゝがそつくり溢れ出た何ともいへぬ自然のまゝの心の働きをしろといふものである。さん〲に工夫をしつくした擧句工夫といふものから超越し切つた心の狀態をいふものである。これは深く修養を心に加へるでなくては到達し難い所である。

【考察】大意の要求に對しては、全文の大體の意味に基いて、

無念無想になれといふのは執着偏固私我の邪念を絕てといふ事で、無情の人間になれといふではない。邪念を去つて眞正の念に従ひ、巧智を去つて自然の妙用をしろといふのだ。工夫の極工夫を絕した心の狀態で、これは修養を積まなくては出來ぬ事だ。

といふ程度にやる。或は更に中心思想につゞめて、

無念無想であれといふのは、深く修養して、妄念邪思を離れ、ほんとに正しい、ほんとに天眞爛漫の心狀になれといふ事だ。

としてもよいが、それでは「要旨」といふ方に近くなる。

【摘解】一、無念無想であれ、心に何の想念も無く無心になれ。

二、枯木や火の消えた冷えきつた友のやうに、全く人間らしい情味の無いものになれ。

三、ほんとに正しい眞實な心の思ひに從へ。

四、天から得たまゝの性情がそつくりそのまゝ溢れ出た、何ともいへぬ自然のまゝの心の働きをしろ。

五、工夫の無くなつた、工夫といふものを超越し切つた心の狀態。

【二二】　左の文の大意を述べ、傍線を施せる部分を解釋せよ。

農業經濟の時代には國の本は山にありとする政が荒廢すれば山は禿げ川は涸れ大水を出し(1)旱魃の患がある國土草木の繁榮なくして人間獨り繁榮することは出來ぬ尊德翁の言の如く人が草木を養へば草木は欣々然として榮え草木が榮えて衣食住の料も自ら足る(2)この共存共榮の理は親子夫婦その他人倫に廣く通ずる故に人間道德の理は人と天物との間の道と一であつて(3)經濟道德不岐と見る農業經濟は人と天物との交渉が直接であつて人爲機械の存在が殆どないから經濟の眞理を知るに最も適してをる(4)この眞理は機械の介在が如何程擴がつても不易であるたゞ見難くなるまでであり、それだけ人が道德と經濟とを二にする

（高岡高商）

【讀方】　農業經濟《のうげふけいざい》の時代《じだい》には、國《くに》の本《もと》は山《やま》にありとする。政《まつりごと》が荒廢《くわうはい》すれば、山《やま》は禿《は》げ、川《かは》は涸《か》れ、大水《おほみづ》を出《いだ》し、旱魃《かんばつ》の患《くわん》がある。國土草木《こくどさうもく》の繁榮《はんえい》なくして、人間獨《にんげんひと》り繁榮《はんえい》することは出來《でき》ぬ。尊德翁《そんとくおう》の言《げん》の如《ごと》く、人《ひと》が草木《さうもく》を養へば、草木《さうもく》は欣々然《きんきんぜん》として榮《さか》え、草木《さうもく》が榮《さか》えて、衣食住《いしよくぢゆう》の料《れう》も自《おのづか》ら足《た》る。この共存共榮《きようそんきようえい》の理《り》は、親子夫婦《おやこふうふ》その他人倫《たじんりん》に廣《ひろ》く通《つう》ずる。故《ゆゑ》に人間道德《にんげんだうとく》の理《り》は、人《ひと》と天物《てんぶつ》との間《あひだ》の道《みち》と一《いつ》であつて、經濟道德不岐《けいざいだうとくふき》と見《み》る。農業經濟《のうげふけいざい》は人《ひと》と天物《てんぶつ》との交渉《かうせふ》が直接《ちよくせつ》であつて、人爲機械《じんゐきかい》の存在《そんざい》が殆《ほとん》どないから、經濟《けいざい》の眞理《しんり》を知《し》るに最《もつと》も適《てき》してをる。この眞理《しんり》は、機械《きかい》の介在《かいざい》が如何程擴《いかほどひろ》がつても不易《ふえき》である。たゞ見難《みにく》くなるまでであり、それだけ人《ひと》が道德《だうとく》と經濟《けいざい》とを二《に》にする。

【通解】　農業經濟卽ち國家經濟の大本が農業に在る時代には、國の根本は山にあるとする。政事が荒れすたれると、濫伐の弊が起つて、山は禿げ、川の水は涸れ、大水が出て、日でりで水が涸れる災がある。國土草木の繁榮なしに、人間だけが獨り繁榮する事は出來ない。尊德翁の言葉の通り、人が草木を養へば、草木はさも嬉しさうに榮え、草木が榮えた結果として人間の衣食住の資料も自然に足りる。この草木と人間とが共に存し共に榮えるといふ道理は、親子夫婦その外人間の關係に廣く通じる。だから人間同士の道德の理は、人間と天物との間の道と一つであつて、道德と經濟とは二つに分けられぬものと見る。農業經濟は人間と天物との交渉が直接で、その間に人間の作つた機械のはさまつてゐる事が殆ど無いから、經濟といふものの眞理――經濟と道德とは一つだといふ眞理を知るのに一番適してゐる。この眞理は、人間と天物との間に機械の介在する事がどれ程擴がつても更に變らぬものである。たゞそれが見難くなる迄であつて、見難くなるだけそれだけ人が道德と經濟とを別々なもの、やうに考へる。

【考察】　大意の要求に對しては、「經濟道德不岐」といふ中心思想をしつかり摑んで、文の構成を追つて、

農業經濟の時代には國の本は山で、政が荒廢すると濫伐のために旱魃の患が起る。斯く國土草木と人間とは共存共榮の關係を持つたものだ。この共存共榮の理は廣く人倫に通ずる。だから人間同士の道德の理は、人間對天物間の道と同一で、經濟と道德とは一つのものだ。農業經濟は人と天物との交渉が直接だからこの理が分り易いが、人爲機械の介在が擴がつて來ると、この不易の眞理が誤解され易くなる。

といふ程度に答へる。○旱魃はひでり、ひでりで田畑の水が涸れること。○人倫は人と人との間の關係。○天物は天の生ずる物、國土山川草木皆それである。○不岐は分れぬ、一つであつて別々でない。○介在は間にはさまつてゐること。

【摘解】（1）日でりで水の涸れる災害。

（2）この人間と草木とが互に助け合つて共に共存し共に繁榮するといふ理は、親子夫婦その外人間一般の間の關係に廣く通ずる。

（3）經濟と道德とは一つのもので二つに分ける事は出來ない。

（4）この經濟と道德とは二つに分けられぬものだといふ眞理は、人間と天物との間に機械のはさまつてゐる事がどれ程擴がつても更に變らぬのである。只それが見難くなるまでであつて、見難くなるだけそれだけ人は考へ違ひをして、道德と經濟とを二つにして、別々のものであるやうに考へる。

【二三】 左の文中傍線を施せる所を解釋せよ。

先生はその一方に武士的生活を攻擊するに拘らず[1]去就を嚴明にして處士自ら高うせる迹は儒敎の進退義節を言ふ者に類す[2]その自尊といふ敎訓を以て天爵を全くせんとするは孟軻の人々己に貴きものありといふに合し[3]その軒冕を泥塗にして王公に屈下せざる所は大人を藐視し晉楚の富と爵とに對する德と齒とを以てしたるに似たり先生は知識を歐米に博採せしが[4]その行實は蓋し幼時の儒學に涵養せられ唯俗儒の範圍を脱したる者の如し（高松高商）

【讀方】 先生《せんせい》はその一方《いつぱう》に武士的生活《ぶしてきせいくわつ》を攻擊《かうげき》するに拘《かゝは》らず、去就《きよしう》を嚴明《げんめい》にして、處士《しよし》自《みづか》ら高《たか》うせる迹《あと》は、儒敎《じゆけう》の進退《しんたい》義節《ぎせつ》を言《い》ふ者《もの》に類《るゐ》す。その自尊《じそん》といふ敎訓《けうくん》を以《もつ》て天爵《てんしやく》を全《まつた》くせんとするは、孟軻《まうか》の「人々己《ひとびとおのれ》に貴《たふと》きものあり」といふに合《がつ》し、その軒冕《けんべん》を泥塗《でいと》にして、王公《わうこう》に屈下《くつか》せざる所《ところ》は、大人《たいじん》を藐視《べうし》し、晉楚《しんそ》の富《とみ》と爵《しやく》とに對《たい》する、德《とく》と齒《し》とを以《もつ》てしたるに似《に》たり。先生《せんせい》は知識《ちしき》を歐米《おうべい》に博採《はくさい》せしが、その行實《かうじつ》は、蓋《けだ》し幼時《えうじ》の儒學《じゆがく》に涵養《かんやう》せられ、唯俗儒《たゞぞくじゆ》の範圍《はんゐ》を脱《だつ》したる者《もの》の如《ごと》し。

【通解】　先生は一方に於て武士的な生活を攻撃するに拘らず、身の去就を嚴格に明かにして、在野の士として自ら高く身を持してゐたその行跡《ぎやうせき》は、儒教の進むも退くも凡て正しい節に合ふといふ事を言ふのに類してゐる。先生が自尊といふ教訓を以て天賦の德性を全うしようとしたのは、孟子が「人々誰しも皆自分自身に貴いものを持つてゐる」といふのに一致し、先生が貴い位などはどろの如くつまらぬものとして、王公にも身を屈しない所は、孟子が尊貴の位に在る人物を輕く視、晉楚諸侯の富と爵とに對するのに、德と齡とを以てしたのに似てゐる。先生は博く知識を歐米から取つたが、その行の實は、恐らく幼時に學んだ儒學によつて養はれたもので、只世の俗儒者の範圍を脱してそんな人々のやうにはならなかつたもののやうである。

【考察】　島田三郎の福澤先生傳の一節である。○去就は退き去るか進んで就くか、即ち事に對する身の處置である。○處士は仕官せずに民間に在る人。在野の士。○進退義節は進むも退くも皆正しい節に合ふ、即ち進むべくして進み退くべくして退き、どこ迄も正しい節義を曲げぬといふこと。○自尊は自ら身を尊んで精神行爲を卑しくせぬといふ意。自分で威張るといふのではない。○天爵は孟子に「仁義忠信善を樂んで倦まざるは此れ天爵なり」とある通り、天賦の德性をいふ。○孟軻は孟子の名。○人々己に貴きものありは孟子告子上篇に「孟子曰ク、欲レスル貴キヲ者ハ、人之ノ同ジキ心也ナリ。人人有リ下貴キ於己ニ一者上。弗レルノミ思ハ耳」とあるのを指す。己に貴き者は即ち天爵である。○軒冕は貴い位をいふ。軒は大夫以上の乗る車、冕は貴人の冠である。それを泥塗にしたとは、貴い位をどろのやうにつまらぬものとしたといふのである。○大人は高貴の位に在る人。藐視はかろんずること。これも孟子に「說クニハ二大人ヲ一則チ藐《カロンズ》レ之ヲ」とあるに依る。○晉楚の富と爵云々も亦孟子から出た文句で、公孫丑下篇に「曾子曰く、晉楚の富は及ぶべからざるなり。彼は其の富を以てし、我は吾が仁を以てす。彼は其の爵を以てし、我は吾が義を以てす。吾何ぞ慊《けん》せんやと。夫れ豈に不義にして曾子之を言はんや。是れ或は一道なり。天下に達尊三有り、爵一、齒一、德一。朝廷は爵に如《し》くは莫し。鄕黨は齒に如くは莫し。世を輔け民に長たるは、德に如くは莫し。惡《いづくん》ぞ其の一を有して以て其の二を慢《あなど》ることを得んや」とあるに基づく。齒は年齡の高いこと。

【摘解】 1. 身の去就卽ち物事に對して退いて去ると進んで就くとを嚴格に明かにして、民間在野の士として自ら高く身を持してゐたその行跡は、儒教の進むも退くも皆正しい節に合ふ——進むべくして進み、退くべくして退き、どこ迄も正しい節を曲げぬといふ事を言ふのに類してゐる。

2. 先生が自尊といふ教訓を以て天爵卽ち天賦の德性を全うしようとするのは、孟子が「人々誰でも皆自分自身に貴いものを持つてゐる——天爵といふ尊いものが身に備つてゐる」といふのに一致し。

3. 先生が高貴の位などは泥の如くつまらぬものとして、王公にも身を屈し下らぬ所は、孟子が尊貴の位に在る人物を輕く視、晉楚諸侯の富と爵位とに對するのに德と齡とを以てしたのに似てゐる。

4. その行の實は、恐らく幼時に學んだ儒學によつて養はれたもので、只世の俗儒者の範圍から脫して、さういふ人々のやうにはならなかつたもののやうである。

【二四】 左の文を讀みて後の三問に答へよ。

若し夫れ明日は未得の寳なり今日は已得の寳なり諸君は已得の寳を利用して日々時々念々刹那全力を理

想の幾分成就に盡さざるべからず然らざれば明日病みて死なんとするに臨み後悔腸を斷つものあらん古人曰く朝に道をきいて夕に死すとも可也と旦に理想とする所を力の及ばん限夕までに實現し得ばたちどころに死ぬとも悔なかるべきなりむかし俳諧師芭蕉は我が年ごろよみすてたる句は皆以て我が辭世の句となすに足るといひきとか蓋し此の覺悟[1]ありければならん明日ありと思ふ天國と明日無しと思ふ天國と[2]其のいづれに偏するも墮獄の罪人なり諸君は此の二國の間を融會自在如意不斷に往來して片時も一處に止まるべからず

（第一問）本問中の芭蕉の話は何の爲に書きたるかを説明せよ。

（第二問）1の「此の覺悟」とは如何なる覺悟なるかを述べよ。

（第三問）2の右側に傍線を施したる部分のみを平易なる口語文にて解釋せよ。（津田英學塾）

【讀方】 若《も》し夫《そ》れ明日《みやうにち》は未得《みとく》の寶《たから》なり、今日《こんにち》は已得《いとく》の寶《たから》なり。諸君《しよくん》は已得《いとく》の寶《たから》を利用《りよう》して、日々《にち〳〵》時々《じゞ》念々《ねん〳〵》刹那《せつな》、全力《ぜんりよく》を理想《りさう》の幾分成就《いくぶんじやうじゆ》に盡《つく》さざるべからず。然《しか》らざれば、明日《みやうにち》病《や》みて死《し》なんとするに臨《のぞ》み、後悔腸《こうくわいはらわた》を斷《た》つものあらん。古人曰《こじんいは》く、「朝《あした》に道《みち》をきいて夕《ゆふべ》に死《し》すとも可也《かなり》」と。旦《あした》に理想《りさう》とする所《ところ》を、力《ちから》の及《およ》ばん限夕《かぎりゆふべ》までに實現《じつげん》し得《え》ば、たちどころに死《し》ぬとも悔《くい》なかるべきなり。むかし俳諧《はいかい》師芭蕉《しばせう》は、「我《わ》が年《とし》ごろよみすてたる句《く》は、皆以《みなもつ》て我《わ》が辭世《じせい》の句《く》となすに足《た》る」といひきとか。蓋《けだ》し此《こ》の覺悟《かくご》ありければならん。明日《みやうにち》ありと思《おも》ふ天國《てんごく》と、明日無《みやうにちな》しと思《おも》ふ天國《てんごく》と、其《そ》のいづれに偏《へん》するも、墮獄《だごく》の罪人《ざいにん》なり。諸君《しよくん》は此《こ》の二國《にこく》の間《あひだ》を融會自在如意不斷《ゆうくわいじざいによいふだん》に往來《わうらい》して、片時《かたとき》も一處《いつしよ》に止《とゞ》まるべからず。

【通解】 抑も明日はまだ得ぬ寶だ、今日は已に得た寶だ。諸君は已に得た寶である今日を利用して、その日その日、その時その時、その一瞬々々に全力を盡して、幾分でも理想を成就するやうにしなければならぬ。さうでなかつたら、將來病んで死なうとする時になつて、腸のちぎれるやうな後悔の思ひがあらう。古人は「朝に道を聞けば夕に死んでもよい」と曰つた。朝に理想とする所を、力の及ぶ限り夕方までに實現し得たら、そこですぐそのまゝ死んでも後悔はない筈である。昔俳人芭蕉は「私が年來詠み捨てた句は、皆自分の辭世の句とする事が出來る」と曰つたとかいふ事だ。思ふに芭蕉はいつ死んでも悔いぬといふこの覺悟があつたからであらう。明日があると思つて呑氣に構へてゐるのと、明日は無いと思つて今現在だけを樂しんでゐるのと、その何れに片寄つても、地獄におちる罪人だ。諸君はこの二つの氣持の間を、何のこだはりもなく自由自在に絶えず往き來して、片時も一ケ所に止つてゐてはならぬ。

【考察】　二つの解説がある。それについてはよく前後の關係を考察して、

（一）芭蕉の話は、その刹那々々に自己の道に向つて最善を盡して、理想の幾分成就に努め、いつ死んでも悔いぬ覺悟があるのは實に立派な事だといふ事を説明するための具體例として書いたのである。

（二）「此の覺悟」とは、「朝に道をきいて夕に死すとも可也」といふ覺悟で、その日その日に全力を盡して自分の理想とする所に精進し、之を實現し得れば、そのまゝ死んでもいゝといふ覺悟である。

といふやうに答へる。○念々刹那は同義の佛語で、共に極めて僅かの瞬間をいふ。○朝に道をきいて夕に死すとも可也は論語里仁篇の語で、原文は「子曰ク、朝ニ聞キテレ道ヲ夕ニ死ストモ可ナリ矣」である。○天國は樂しい國、こゝは樂しんで呑氣に構へてゐる心の狀態をいふ。○墮獄の罪人は前の「死なんとするに臨み後悔腸を斷つものあらん」に照應して、さういふ思想を比喩的に表現したもの。

【摘解】まだ明日があると考へて、明日を樂しみにのんきに構へてゐる天國と、反對に、明日といふ日があてになるものかと考へて、今の刹那を樂んでゐる天國と、即ち未來を樂む態度と、現在を樂む態度と、その二つの何れに偏しても、それは天國ではなくて、地獄に墮つべき罪人、即ち非常な後悔のために心を苦しめる憐な人間である。諸君はこの二つの天國——未來を樂む態度と現在を樂む態度と、その何れにも偏せず、何のこだはりもなく自由自在に兩者の間を往來して、片時も一處に止る事なく、理想の實現のためにその刹那々々に全力を盡して行かねばならない。

【二五】左の文の傍線の箇所を解釋せよ。

俚諺の特徴は概ね其の形式短小にして却て其の意義深長なる點に存す而してその妙味有るものに至りては對句《ついく》より成り或は諧調を成せるあり表現の如きも譬喩を以てせられ若しくは誇張を以てせらるされば名歌名文に比して遜色無きものあるも宜なりと謂ふべし殊に含蓄に富み諷刺教訓を帶ぶるものの如きは不朽の文學の觀ありとす而も我が俚諺は能く國民精神を反映せるを以て是亦國民文學の一種と目し得べきなり（東京高校）

【讀方】俚諺《りげん》の特徴《とくちよう》は、概《おほむ》ね其《そ》の形式短小《けいしきたんせう》にして、却《かへつ》て其《そ》の意義深長《いぎしんちやう》なる點《てん》に存《そん》す。而《しか》してその妙《め》味《うみ》有《あ》るものに至《いた》りては、對句《つゐく》より成《な》り、或《あるひ》は諧調《かいてう》を成《な》せるあり。表現《へうげん》の如《ごと》きも、譬喩《ひゆ》を以《もつ》てせられ、若《も》しくは誇張《こちやう》を以《もつ》てせらる。されば名歌《めいか》名文《めいぶん》に比《ひ》して遜色無《そんしよくな》きものあるも宜《むべ》なりと謂《い》ふべし。殊《こと》に含蓄《がんちく》に富《と》み、諷刺教訓《ふうしけうくん》を帶《お》ぶるものの如《ごと》きは、不朽《ふきう》の文學《ぶんがく》の觀《くわん》ありとす。而《しか》も我《わ》が俚諺《りげん》は、能《よ》く國《こく》民精神《みんせいしん》を反映《はんえい》せるを以《もつ》て、是亦國民文學《これまたこくみんぶんがく》の一種《いつしゆ》と目《もく》し得《う》べきなり。

【通解】世のことわざの特に他の文學と違つた所は、大抵はその現はす形が短かく小さくて、却て其の持つ意味が奥深いといふ所に在る。そしてその何ともいへぬ味のあるのに至つては、一對に對した句から出來て居り、或は又い丶調子をしてゐるものもある。言ひ現はし方なども、物のたとへでやつてあり、又は事實以上に大げさにいふやり方でしてある。だから立派な歌や文に較べて少しも見劣りの無いものがあるのも尤もといふべきである。殊に内に含まれた意味が豊かで、遠まはしにそしる事、或は敎へになる事を持つてゐるものなどは、いつまでも朽ちぬ堂々たる文學のやうに見えるのだ。而も我が國の諺は、能く國民の精神を映し出してゐるのであるから、これも亦國民文學の一種と認め得べきものである。

【考察】 殆ど單語問題といふに近い出題ぶりであるが、姑く正しい摘解を作るべき前提といふ心持で通解をやつて見た。大體こんな風に全文を易化して考へた上で、困つた所は獨立した單語のやうな心持で、大體次のやうな答案解を作ればよい。

【摘解】 俚諺＝世のことわざ。形式短小＝あらはす形が短く小さい。意義深長＝持つてゐる意味が奥深い。對句＝一對に揃つてゐる句。諧調＝い丶調子。表現＝言ひ現はし方。譬喩＝物のたとへ、物に喩へていふこと。誇張＝事實以上に大げさにいふ事。遜色無き＝劣つてゐて見劣のするやうな事がない。含蓄＝内に含まれた意味の深いこと。諷刺＝遠まはしにそしること、それとなくそしりさとすこと。敎訓＝をしへ、物事のをしへになること、人ををしへさとすこと。不朽＝いつ迄も朽ちない。國民精神を反映せる＝國民の精神を映し現はしてゐる。目し＝見、認め。

【二六】 左の文中の漢字に讀假名を附け、且つ施線の部を解釋せよ。

一江の野渡には對岸を虛無に封じて仙境の縹渺を欺き半衢の陋街には連屋を瓊瑤に包んで蜃樓の巍峨を

疑はしむ鶴毛亂れ飛び鷺毳飄り零つる雪の景色は見る眼もあやに美しき限なり（東京商大專門部）

【讀方】一江《いつかう》の野渡《やと》には、對岸《たいがん》を虛無《きよむ》に封《ふう》じて仙境《せんきやう》の縹渺《へうべう》を欺《あざむ》き、半衢《はんく》の陋街《ろうがい》には、連屋《れんをく》を瓊瑤《けいえう》に包《つゝ》んで蜃樓《しんろう》の巍峨《ぎが》を疑《うたが》はしむ。鶴毛亂《かくまうみだ》れ飛《と》び、鷺毳飄《ろせいひるがへ》り零《お》つる雪《ゆき》の景色《けしき》は、見《み》る眼《め》もあやに美《うつく》しき限《かぎり》なり。

【通解】川の野中の渡《わたし》では、向ふ岸を何一つ無い眞白な一色に降りこめて、まるで縹渺たる仙人の境ででもあるかのやうに思はせ、狹い町のむさくるしい往來では、立ち並んだ家々を美しい玉のやうに眞白に包んで、蜃氣樓が巍峨として聳えてゐるのではないかと疑はせる。鶴の毛が亂れ飛び、鷺のにこ毛がひら〱と舞ひ落ちるやうな雪の景色は、見る目もちらつく程で、この上もなく美しいものである。

【考察】漢語系の潤飾的な表現である。一江といひ半衢といひ、畢竟言葉の綾で、川といひ路といふ意、又は小さい川狹い町といふ意に過ぎない。○縹渺はかすかな趣、ひろくはてしの無い趣、こゝはその兩義に亙つてゐる。仙境の縹渺を欺きは縹渺たる仙境のやうに思はせるといふ思想。○瓊瑤は美しい玉。○眼もあやには餘りの美しさで目もちらつくやうだといふ意。

【摘解】雪は、川の野中の渡《わたし》では、向ふ岸を何一つ物も無い眞白な一色に降りこめて、まるで幽かにすーッとして果てしのない縹渺たる仙人の境ででもあるかのやうに思はせ、狹い町のむさくるしい往來では、ずーッと立ち並んだ家々を美しい玉のやうに眞白に包んで、蜃氣樓が巍峨として高く聳えてゐるのではないかと疑はせる。

【二七】　傍線を施せる部分のみを解釋せよ。

萬葉集は我が國に於ける最も古き歌集で其の興味の主なる一つは[1]眞情を磨いて現した點にあるであらう萬葉以前の歌謠は眞情直抒で眞情が現れては居るが[2]生の儘投げ出されたといふ形でまだ[3]藝術的洗煉の加へられぬ傾きがあつた萬葉以後の歌詠は至極の洗煉を加へられては居るが其の內容には生氣がなくして[4]月並の空感を調子のよい美辭に現したといふ嫌ひがあつた（東京女子大）

【讀方】　萬葉集《まんえふしふ》は我《わ》が國《くに》に於《お》ける最《もつと》も古《ふる》き歌集《かしふ》で、其《そ》の興味《きようみ》の主《しゆ》なる一《ひと》つは、眞情《しんじやう》を磨《みが》いて現《あらは》した點《てん》にあるであらう。萬葉以前《まんえふいぜん》の歌謠《かえう》は、眞情直抒《しんじやうちよくじよ》で、眞情《しんじやう》が現《あらは》れては居《ゐ》るが、生《き》の儘《まゝ》投《な》げ出《だ》されたといふ形《かたち》で、まだ藝術的洗煉《げいじゆつてきせんれん》の加《くは》へられぬ傾《かたむ》きがあつた。萬葉以後《まんえふいご》の歌詠《かえい》は、至極《しごく》の洗煉《せんれん》を加《くは》へられては居《ゐ》るが、其《そ》の內容《ないよう》には生氣《せいき》がなくして、月並《つきなみ》の空感《くうかん》を調子《てうし》のよい美辭《びじ》に現《あらは》したといふ嫌《きら》ひがあつた。

【通解】　萬葉集は我が國に於ける一番古い歌集で、其の興味の重なる一つは、ほんとに僞らざる感情を磨いて美しく現した點にあるだらう。萬葉以前の歌謠は、眞情をそのまゝまつすぐに述べたもので、眞情が現はれては居るが、それが生地のまゝそつくり投げ出されたといふ形で、まだ藝術としての洗煉が加へられてゐない傾きがあつた。萬葉以後の歌は、これ以上無いといふ程の洗煉を加へられては居るが、其の內容には生き〳〵した氣合がなくて、只ありきたりの空疎な感情を調子のよいきれいな言葉に現はしたといふ風に思へる缺點があつた。

【考察】　萬葉の特長は眞情が藝術的に洗煉されて現はれてゐる點にあるといふのが文の要旨である。

即ち

萬葉以前＝眞情だけで藝術的洗煉が無い

萬葉以後＝藝術的洗煉だけで眞情の充實がない

萬葉はその兩者を兼ねてゐるといふのである。○嫌ひとはそのやうに思はせるやうな缺點をいふ。

【摘解】 1. ほんとに僞らざる感情を、只そのまゝでなしに藝術的に美しく磨いて表現したところ。

2. 眞情が眞情として生地の儘でそつくり投げ出されてゐるといふ形。

3. 藝術としての洗煉、即ち一つの藝術品として鑑賞に値するやうに立派に磨き上げて表現すること。

4. 只ありきたりのからツぽな感情、即ち單に悲しいとか嬉しいとか面白いとかいふ風の、内容の充實を持たない感情を、調子のよいきれいな言葉に言ひ現はした。

【二八】 左の傍線を施したる部分を解釋せよ。

(イ)詩人は第二の造化なりといふ劇詩人に於て最も然り(ロ)手に眞宰の樞機を把りて生殺與奪心のまゝ機微の運命を描くこの刹那詩人の懷臆は江漢の廣きよりも廣く霽月の清きよりも清かるべし(ハ)偏執の見を將りて强ひて自家の人間を染め出さんとするが如きは固より客觀詩人の事にあらず(ニ)造化の心なきが如く劇詩人はた此の意に於て無心なるべきなり　(富山高校)

【讀方】 詩人《しじん》は第二《だいに》の造化《ざうくわ》なりといふ。劇詩人《げきしじん》に於《おい》て最《もつと》も然《しか》り。手《て》に眞宰《しんさい》の樞機《すうき》を把《と》りて、生殺與奪心《せいさつよだつこゝろ》のまゝ、機微《きび》の運命《うんめい》を描《ゑが》く。この刹那《せつな》、詩人《しじん》の懷臆《くわいをく》は、江漢《かうかん》の廣《ひろ》きよりも廣《ひろ》く、霽月《せいげつ》の清《きよ》きよりも清《きよ》かるべし。偏執《へんしふ》の見《けん》を將《と》りて、强《し》ひて自家《じか》の人間《にんげん》を染《そ》め出《いだ》さんとするが如《ごと》きは、固《もと》より客觀詩人《かくくわんしじん》の事《こと》にあらず。造化《ざうくわ》の心《こゝろ》なきが如《ごと》く、劇詩人《げきしじん》はた此《こ》の意《い》に於《おい》て無心《むしん》なるべきなり。

【通解】詩人は第二の造化だ、神についで人生を作り出すものだといふ。劇詩人に於て最もさうである。手に造化の神の妙機を握つて、生かさうと殺さうと與へようと奪はうと心のまゝで、實に微妙な人生の運命を描き出す。この瞬間、詩人の胸の中は、廣い揚子江や漢河よりも廣く、清い雨後の月よりも清くなくてはならぬ。片意地の見解を持つて、強ひて自分の思ふ通りの人間をにじみ出さうとするやうな事は、固より客觀的立場を取る詩人のする事ではない。天地創造の神が無心であるやうに、劇詩人も亦この意に於て無心でなくてはならぬのである。

【考察】劇詩人卽ちドラマを作る詩人が造化の如く無心でなくてはならぬ事を論じた文である。○眞宰は宇宙の主宰者、造物主、造化の神。○樞機は大切な妙機。○江漢は揚子江と漢河、共に支那の大河。○霽月は雨の上つた後のすが〳〵しい月。○自家の人間は自分の氣持だけにぴつたり合つた、自分の心で作り出した人間。○客觀詩人は世の中をあるがまゝに觀察してそのあるがまゝを歌ふ詩人。

【摘解】（イ）詩人は第二の造化で、神についで人生を創作するものだといふ。

（ロ）手に造化の神の大切な妙機を握つて、その劇中の人物を生かさうと殺さうと與へようと奪はうと全く心のまゝで、自分に絶對の權力を持つて、實に何ともいへぬ微妙な人生の運命を描き出す。

（ハ）自分にとらはれた片意地な見解を持つて、強ひて自分の心一つの人間を作つて現はし出さうとするやうな事は、固より客觀的な立場に立つて、人生をそのあるがまゝに觀、あるがまゝに歌はうとする詩人のする事ではない。

（ニ）造化の神が天地創造に於て全く無心であるやうに、劇を作る詩人も亦この意味に於て、自分の成心を去り主觀を捨てて全く無心であるべきものである。

【二九】 左の文の傍線の部分を解釋せよ。

複雜なる性格の君は(イ)世に處して婉曲を辭せず單純の余は偏に直截を好む(ロ)經世家として君は事功の上に立つ折衷讓步は事を成す者の金誡(ハ)君が一隻眼は常に利理の抱合點を離れず君が眼中より見れば文學の如きは唯經世の一手段のみ思想界に住む者は枉げざるを以て骨とす文學に籍を置く余は自づから文學の獨立を唱へ(ニ)美を通じて眞善境に彷徨せざるを得ず （富山高校）

【讀方】 複雜《ふくざつ》なる性格《せいかく》の君《きみ》は世《よ》に處《しよ》して婉曲《ゑんきよく》を辭《じ》せず。單純《たんじゆん》の余《よ》は偏《ひとへ》に直截《ちよくせつ》を好《この》む。經世家《けいせいか》として君《きみ》は事功《じかう》の上《うへ》に立《た》つ。折衷讓步《せつちゆうじやうほ》は事《こと》を成《な》す者《もの》の金誡《きんかい》。君《きみ》が一隻眼《いつせきがん》は常《つね》に利理《りり》の抱合點《はうがふてん》を離《はな》れず。君《きみ》が眼中《がんちゆう》より見《み》れば、文學《ぶんがく》の如《ごと》きは唯《たゞ》經世《けいせい》の一手段《いつしゆだん》のみ。思想界《しさうかい》に住《す》む者《もの》は枉《ま》げざるを以《もつ》て骨《ほね》とす。文學《ぶんがく》に籍《せき》を置《お》く余《よ》は、自《おの》づから文學《ぶんがく》の獨立《どくりつ》を唱《とな》へ、美《び》を通《つう》じて眞善境《しんぜんきやう》に彷徨《はうくわう》せざるを得《え》ず。

【通解】 複雜な性格を持つた君は、世の中に處して、事を婉曲に、おだやかにやつて行く事を厭はぬ。單純な自分は只一途にズバリと眞直にやる事を好む。世の中を經營する人物として、君は仕事の實際の成果といふ事の上に立つてゐる。うまく中を取り人に讓つてゐる事は事を成す者に取つて無上のいましめである。君の物事に對する一かどの見識は、常に利と理とがしツくりと抱き合つた點を離れず、何事も皆利益と道理とがぴツたりと合つた所にその見解を立ててゐる。君の眼から見れば、文學などは只世の中を經營するための一つの手段に過ぎない。思想界に住んで、思想本位で生きてゐる者は、自分の主張を枉げない事を骨子とする。文學に籍を置いてゐる自分は、自然に文學の獨立を唱へ、文學の建前たる美を通じて人生の窮極たる眞善の境地にさまよひ、常にさういふ事に心を使はずにはゐられない。

【考察】 文學者たる筆者が、經世家たる友人の事を擧げて、その生活態度の眞反對である事を述べてゐるのである。○婉曲はまるくおだやかに事をやる事。○直截はズバリと眞直にやる事。○經世家は世の中を經營して行く事を建前とする人物。○事功は仕事の實際の成果。○折衷はうまく中を取ること、彼此の説を取捨して適當なる所を取ること。○金誡はこの上もなく大事ないましめ。○一隻眼は一かどの見識。○利理の抱合點は利と理とがぴツたり合つて、利益であると同時に道理にも叶つてゐるといふ所。○文學の獨立とは、文學は文學として獨立してゐて、決して經世の手段ではないといふ事。○眞善境は眞善の境地、人生のほんとの眞底《しんそこ》である所の眞とか善とかいふ境地。○彷徨はさまよふ、こゝは色々と心を使つて思ひなやむのをいふ。

【摘解】（イ）世の中に處して、事を婉曲に、まるくおだやかにやつて行く事を厭はない。

（ロ）世の中を經營して行く事を建前とする人士として、君は事功の上に立場を持つて、いつも仕事の實際の成果といふ事を問題にしてゐる。

（ハ）君の一かどの見識は、常に利と理とのしツくりと抱き合つた點を離れず、何事も利益と道理とがぴツたり合つた所に見解を立ててゐる。

（ニ）文學の建前たる美を通じて、人生の窮極たる眞とか善とかの境地にさまよひ、常にさういふ事に心を勞してゐる。

【三〇】 左の文中傍線を施せる部分を解釋せよ。

徒然草の作者は書中到る所に巧妙な譬喩を借りて（一）無常迅速の世相を説き（二）名利に奔走して安き心のない

人々の愚さを愍み且つ之を戒めて居るのであるが一方に於ては(三)無慾恬淡にして物に執着しない老莊の思想にも共鳴し又中庸の道を説く聖賢の教にも屢々敬服して居るのである思ふに彼は偏狹頑迷な思想家でもなくまた脱俗の高僧でもなかつた(四)小我に囚はれず名利の奴隷とならざる解脱の境に到達すると共に現實生活に對しては別に彼獨得の趣味性に基づいて(五)中庸に安住する人生觀があり處世觀があつたのである（新潟高校）

【讀方】　徒然草《つれ〴〵ぐさ》の作者《さくしや》は、書中到《しよちゆういた》る所《ところ》に、巧妙《かうめう》な譬喩《ひゆ》を借《か》りて無常迅速《むじやうじんそく》の世相《せさう》を説《と》き、名利《めいり》に奔走《ほんさう》して安《やす》き心《こゝろ》のない人々《ひと〴〵》の愚《おろか》さを愍《あはれ》み、且《か》つ之《これ》を戒《いまし》めて居《ゐ》るのであるが、一方《いつぱう》に於《おい》ては、無慾恬淡《むよくてんたん》にして物《もの》に執着《しふちやく》しない老莊《らうさう》の思想《しさう》にも共鳴《きようめい》し、又中庸《またちゆうよう》の道《みち》を説《と》く聖賢《せいけん》の教《をしへ》にも屢々敬服《しば〳〵けいふく》して居《ゐ》るのである。思《おも》ふに彼《かれ》は偏狹頑迷《へんけふぐわんめい》な思想家《しさうか》でもなく、また脱俗《だつぞく》の高僧《かうそう》でもなかつた。小我《せうが》に囚《とら》はれず、名利《めいり》の奴隷《どれい》とならざる解脱《げだつ》の境《さかひ》に到達《たうたつ》すると共《とも》に、現實生活《げんじつせいくわつ》に對《たい》しては、別《べつ》に彼獨得《かれどくとく》の趣味性《しゆみせい》に基《もと》づいて、中庸《ちゆうよう》に安住《あんぢゆう》する人生觀《じんせいくわん》があり、處世觀《しよせいくわん》があつたのである。

【通解】　徒然草の作者は、書中どこへ行つても、實に巧な物の喩を借りて、速かに移り變つて定めない世のすがたを説き、名聞利益のために走り廻つて安らかな心のない世の人々の愚さを憐み、且つそれを戒めて居るのであるが、又一方に於ては、何の慾望もなくさらッとした態度で物に執着しない老子莊子の思想にも共鳴し、又中庸卽ち物事過不及の無かるべき道を説く所の聖賢の教にも屢々敬服して居るのである。思ふに彼は、心の狹く片寄つた一徹な分らずやの思想家でもなく、又全く世俗を脱しきつた高僧でもなかつた。自分の小さい私欲私情に囚はれず、名聞利益の奴となつてさういふ事にばかり心を勞してゐる事のない、ほんとに悟りきつた境地に達してゐると同時に、現在眼前の實際の生活に對しては、別に彼獨得の趣味上の性格に基づいて、中庸卽ち物事過不及のない點に心を安んじて少しもぐらつかぬ人生觀や處世觀があつた――彼は人生に對し社會に對してさういふしつかりした考を持つて、そこに心が安住してゐたのである。

【考察】 徒然草の作者の人物人生觀を論じたものである。○無常迅速は定めなく速かに移り變つて生ある者も忽ち死ぬといふこと。○世相は世の姿、世の有樣。○恬淡は心があはくさらツとしてゐること。○老莊は支那古代の思想家たる老子と莊子。○中庸は過不及なく常に變らず中正を守つてゐること。○小我は小さい我、自己の小さい私欲私情。○解脫は心が一切の束縛から脫し切つたこと、ほんとに悟り切つたこと。○獨得の趣味性は外の人と違つて物事について特別の趣味を感ずる性格。○安住は安かにそこに止つてゐて少しも心がぐらつかぬ。○人生觀は人生に對する考。○處世觀は世の中に處して行くについての考。

【摘解】（一）定めなく速かに移り變つて、生ある者も忽ち死ぬといふはかないこの世の姿。

（二）名聞利益のために走り廻つて安らかな心がなく、常にさういふ事のために惱み苦しんでゐる世の中の人々。

（三）何の欲望もなくあはくさらツとしてゐる。

（四）自己の小さい私欲私情に囚はれず、名聞利益の奴隷になつて、さういふ事にばかり心を勞するといふ事のない、ほんとに悟りきつた境地。

（五）中庸卽ち凡て過不及のない所に身を安んじて少しも心をぐらつかせぬといふ人生觀があり、處世觀があつた――彼は人生に對し社會に對して、さういふしつかりした考を持つてゐて、常に心がその一點に安住してゐたのである。

【三一】　左の文の要旨を記し、且つ傍線を施せる部分を解釋せよ。

繪畫道の語に氣韻生動といふことがある（一）渇筆一揮の墨畫は之を描寫の方面から見ると極めて粗略なものである形似を超越した幻奇なものである遠近を無視し大小に拘らず一線山を劃し一抹樹木を現はし空しく白いのは水であつて黑い點滴は鳥である（二）寫實主義の藝術論に養はれた中年の美術批評家に見せると一知半解の自然不自然の標準から手もなく排斥し去られる品物である然しながら此の水墨揮灑の一幅の繪畫に溢れて居る神韻は（三）暗はあやなき梅の園に浮動する清香のやうに又曉の靜けさの中に水を含んだ空氣を震はして遠く傳はり來る鐘の響のやうに其の一線一點の筆の跡から混々と流れ出る（新潟高校）

【讀方】　繪畫道《くわいぐわだう》の語《ご》に、氣韻生動《きゐんせいどう》といふことがある。渇筆一揮《かつぴついつき》の墨畫《ぼくぐわ》は、之《これ》を描寫《べうしや》の方面《はうめん》から見《み》ると、極《きは》めて粗略《そりやく》なものである。形似《けいじ》を超越《てうゑつ》した幻奇《げんき》なものである。遠近《ゑんきん》を無視《むし》し、大小《だいせう》に拘《かゝは》らず、一線山《いつせんやま》を劃《くわく》し、一抹樹木《いちまつじゆもく》を現《あら》はし、空《むな》しく白《しろ》いのは水《みづ》であつて、黑い點滴《てんてき》は鳥《とり》である。寫實主義《しやじつしゆぎ》の藝術論《げいじゆつろん》に養《やしな》はれた中年《ちゆうねん》の美術批評家《びじゆつひひやうか》に見《み》せると、一知半解《いつちはんかい》の自然不自然《しぜんふしぜん》の標準《へうじゆん》から、手《て》もなく排斥《はいせき》し去《さ》られる品物《しなもの》である。然《しか》しながら此《こ》の水墨揮灑《すゐぼくきさい》の一幅《いつぷく》の繪畫《くわいぐわ》に溢《あふ》れて居《ゐ》る神韻《しんゐん》は、暗《やみ》はあやなき梅《うめ》の園《その》に浮動《ふだう》する清香《せいかう》のやうに、又曉《またあかつき》の靜《しづ》けさの中《なか》に水《みづ》を含《ふく》んだ空氣《くうき》を震《ふる》はして遠《とほ》く傳《つた》はり來《く》る鐘《かね》の響《ひゞき》のやうに、其《そ》の一線一點《いつせんいつてん》の筆《ふで》の跡《あと》から混々《こん〱》と流《なが》れ出《で》る。

【通解】　繪の道に、氣韻生動――高雅な趣が見れば見る程生き〱と動くといふ事がある。さツと一筆かすれ書きに書いた墨畫は、それを描寫の方面から見ると、ごくあらツぽいものである。實際の形に似てゐる事などは丸で超越したまぼろしのやうな不可思議のものである。遠近を構はず、大

> 小などに頓着せず、すーッと線を一つ引いて山を出し、さツと一なすりして樹木を現はし、何もなく白いのは水であつて、ぽとツと落した黒い點は鳥である。寫實を第一とする主義の藝術論に養はれた四五十といふ年配の美術評論家に見せれば、なまはんかの自然とか不自然とかいふ標準から、簡單に排斥されて了ふ代物《しろもの》である。然しながらこのさツと書きなぐつた墨繪の一幅の繪に溢れてゐる何ともいへぬ氣韻は、春の夜の何の文彩も見えぬ梅園に漂つてゐる梅花の清い香のやうに、又明け方の靜けさの中に、水分を持つた空氣を震はせて遠く傳つて來る鐘の響のやうに、其の描いてある一線一點から混々とはてしなく流れ出るのである。

【考察】 岩城準太郎の「國文學の諸相」中の文で、別に要旨の要求もある。それについては全文の中心思想をしつかり摑んで、

渴筆一揮の墨畫は、描寫の方面から見ると極めて粗略で、寫實主義の藝術論に養はれた美術批評家からは不自然として排斥される品物だが、そこに何ともいへぬ神韻が漂つてゐて、所謂氣韻生動の概がある。

といふやうに答へる。○氣韻生動は高雅な趣が生き〱と動いてゐて、見れば見る程趣の深いのをいふ。○渴筆一揮はかすれ筆の一ふるひ、さツと一筆かすれ書きにしてあること。○劃しは區切る意で、一線を引いてそこが山の境になつてゐるといふ意。或はそれが山そのものを現はすの意と見てもよからう。○一知半解はなまはんかに知つてゐること。○水墨はすみゑ。○揮灑は筆をふるひそゝぐ、さツと描く。○暗はあやなきは「春の夜《よ》の暗はあやなし、梅の花、色こそ見えね、香《か》やはかくるゝ」の歌を背景とした文句で、歌の方のあやなしは條理がない、わけが分らぬの意であるが、こゝには文理文彩の義にいうて

ゐる。眞暗で何の綾も見えぬといふのである。

【摘解】（一）さツと一筆かすれ書きに書いた墨畫は、それを描寫といふ方面から見ると、ごくあらツぽいものである。實際の形に似てゐる事などは超越した、丸でまぼろしのやうな奇妙不思議なものである。

（二）寫實を第一とする主義の藝術論に養成された四十五十といふ年配の美術批評家に見せると、そのなまはんか知りかじつた自然とか不自然とかいふ標準から簡單に排斥されてしまふ代物である。

（三）春の夜の暗はあやなく、何の文理文彩も見えぬ梅園にたゞよつてゐる梅の花の清い香。

【三二】左の文章の要旨を述べ、且つ傍線を施せる箇所を解釋せよ。

内省は自己の長所を示すと共に又その短所を示す内省は自己の力を示すと共に又その弱小と矛盾と醜汚とを示す内省の眼は苟もそれが眞實である限り如何なる暗黒と空洞の前にも回避することを許さない故に内省は時として吾等を悲觀と絶望と猛烈なる自己嫌惡とに驅る眞實を視るの勇なき者が常に内省の前に面を背けてその人生を暗くする力を呪ふのは洵に無理もない次第である併し胸に暗黒を抱く者はその暗黒を凝視してその醜さを歎く誠を外にして暗黒から脱逸するの途がない眞實の直視から來る悲觀と絶望と自己嫌惡とは弱小なる者を生命の無限なる行程に驅るの善知識である（新潟高校）

【讀方】内省《ないせい》は自己《じこ》の長所《ちやうしよ》を示《しめ》すと共《とも》に、又《また》その短所《たんしよ》を示《しめ》す。内省《ないせい》は自己《じこ》の力《ちから》を示《しめ》すと共《とも》に、又《また》その弱小《じやくせう》と矛盾《むじゆん》と醜汚《しうを》を示《しめ》す。内省《ないせい》の眼《め》は、苟《いやしく》もそれが眞實《しんじつ》である限《かぎ》り、如何《いか》なる暗黒《あんこく》と空洞《くうどう》の前《まへ》にも回避《くわいひ》することを許《ゆる》さない。故《ゆゑ》に内省《ないせい》は時《とき》として吾等《われら》を悲觀《ひくわん》と絶望《ぜつばう》と猛烈《まうれつ》なる自己嫌惡《じこけんを》とに驅《か》る。眞實《しんじつ》を視《み》るの勇《ゆう》なき者《もの》が、常《つね》に内省《ないせい》の前《まへ》に面《おもて》を背《そむ》けて、その人生《じんせい》を暗《くら》くする力《ちから》を呪《のろ》ふのは、洵《まこと》に無理《むり》もない次第《しだい》である。併《しか》し胸《むね》に暗黒《あんこく》を抱《いだ》く者《もの》は、その暗黒《あんこく》を凝視《ぎようし》して、その醜《みにく》さを嘆《なげ》く誠《まこと》を外《ほか》にして、暗黒《あんこく》から脱逸《だついつ》するの途《みち》がない。眞實《しんじつ》の直視《しよくし》から來《く》る悲觀《ひくわん》と絶望《ぜつぼう》と自己嫌惡《じこけんを》とは、弱小《じやくせう》なる者を生命《せいめい》の無限《むげん》なる行程《かうてい》に驅《か》るの善知識《ぜんちしき》である。

【通解】 内に自ら省みると、自分の長所がよく分ると共に、又自分の短所もよく分る。内省すれば、自分の力が分ると共に、又自分の弱さ小ささ、矛盾してゐること、醜くきたない心である事もよく分る。内に自ら省る精神は、苟もそれがほんとに眞面目である限りは、どんな暗黒でも又どんなうつろなからツぽな所でも、どうしても避けてはゐられない。だから内省すると、時々吾々は悲觀し絶望し自分といふものが猛烈にいやになつて了ふ。眞實を視る勇氣の無い者が、常に内省する事を避けて、さうして人生を暗くする事を呪ひいやがつてゐるのは、如何にも尤もな事である。併し胸に暗黒を持つた者は、じツとその暗黒を視つめて、誠心誠意その醜さを嘆くより外に、その暗黒から脱れる途がない。眞實を直視すれば、悲觀もし、絶望もし、自分といふものがいやにもなるが、さうした氣持に導かれてこそ、弱小な者が無限の生命に向つてぐん〱と進んで行けるのである。

【考察】 内省の眞實性を强調した文である。表現が歐文風の活喩法的なものだから、殊更直解的態度を避ける必要がある。要旨としては、

内省すれば自分の長所と共に短所も分つて、我々は自己の醜さをまざ〱と見せつけられる。然し胸に醜惡を抱いてゐる以上、その醜惡をまともに凝視するより外にそれから脱する途はない。だから内省によつて自己の醜惡を正視して、それを悲觀し嫌惡する事によつてこそ、弱小なる者が無限の生命に向つて進んで行けるのである。

という風に答へる。○善知識は高僧の事で、「導く」といふ思想の活喩的表現である。

【摘解】然し胸に暗黒を特つてゐる者は、じーッとその暗黒を視つめて、誠心誠意その醜さを嘆くより外に、その暗黒から脱れる途がない。眞實を直視して、ほんとに自分の醜さをまともに視れば、悲觀もし、絶望もし、つく〴〵自分といふものがいやにもなるが、さうした心持に導かれてこそ、弱小な、心の弱く力の乏しい人間が無限の生命に向つてぐん〴〵と進んで行く事が出來るのである。

【三三】左の文中線を引ける部分を解釋せよ。

[1]君が西航の首途を横濱に送りたる日予は西の方凾嶺を踰えて駿州に入り清見潟の海樓に宿りて[2]離別の悶を遣りたりき其の夜月明かに星稀に[3]一灣の風光恍として夢の如し[4]中宵欄に憑りて靜かに君を思ひ[5]うた丶人生遭逢のはかなきを歎きぬ（日大專門部醫學科）

【讀方】君《きみ》が西航《せいかう》の首途《しゆと》を横濱《よこはま》に送《おく》りたる日《ひ》、予《よ》は西《にし》の方凾嶺《かたかんれい》を踰《こ》えて駿州《すんしう》に入《い》り、清見潟《きよみがた》の海樓《かうらう》に宿《やど》りて、離別《りべつ》の悶《もん》を遣《や》りたりき。其《そ》の夜月明《よつきあきら》かに星稀《ほしまれ》に、一灣《いちわん》の風光恍《ふうくわうくわう》として夢《ゆめ》の如《ごと》し。中宵欄《ちゆうせうらん》に憑《よ》りて靜《しづ》かに君《きみ》を思《おも》ひ、うた丶人生遭逢《じんせいさうほう》のはかなきを歎《なげ》きぬ。

【通解】君が西洋に行く門出を横濱に見送つた日、私は西の方箱根を踰えて駿河の國に入り、清見潟の海邊の樓に宿つて、別れの悲しさに悶える心を慰めたのであつた。其の夜は月はあかるく星は稀で、灣中の景色はぼーッとして丸で夢のやうであつた。夜中に手摺にもたれて靜かに君の事を考へ、思はず知らず人生相逢ふ事のはかないのを歎いたのであつた。

【考察】高山樗牛が姉崎嘲風に送つた文の一節。○西航は西洋に向つて航海すること。○首途は門出、出發。○遣りは晴し。○風光は景色。○恍としてはうつとりとして、ぼーッとして。○中宵は夜中。○遭逢のはかなきは互に逢ふ事のはかない事。折角心の合ふ友人に遭つたのに斯うして忽ち別れるやうになる、さうした事をいふ。

【摘解】 1. 君が西洋に向つて航海するその門出。

2. 君と別れた悲しさになやむ心のもだえを慰めたのであつた。

3. 清水灣一體の景色はぼーッとして丸で夢のやうだ。

4. 夜中に手摺にもたれてじーッと靜かに君の事を考へ。

5. 思はず知らず人生互に相逢ふ事のはかない事——折角心の合ふ友を得ても斯うして又すぐ別れねばならぬそのはかなさを歎いた。

【三四】 左の文章の要旨を述べ、且つ傍線を施せる箇所を解釋せよ。

吾人は決して外患を恐れざるなり若し眞に畏るべきものあらばそは內憂にあり內憂の中殊に畏るべきは國民的志趣の消磨にあり知らず我が國民は大死一番以て自ら新生命を贏ち得るの覺悟ある乎活裡死あり死中活あり生を欲する者は死死を敢てする者は生國家の前途を解決すべき祕機は只此の死生の二字中にあり（新潟高校）

【讀方】 吾人《ごじん》は決《けつ》して外患《ぐわいくわん》を恐《おそ》れざるなり。若《も》し眞《しん》に畏《おそ》るべきものあらば、そは內憂《ないいう》にあり。內憂《ないいう》の中殊《うちこと》に畏《おそ》るべきは、國民的志趣《こくみんてきししゆ》の消磨《せうま》にあり。知《し》らず、我《わ》が國民《こくみん》は大死一番《たいしいちばん》以《もつ》て自《みづか》ら新生命《しんせいめい》を贏《か》ち得《う》るの覺悟《かくご》ある乎《か》。活裡死《くわつりし》あり、死中活《しちゆうくわつ》あり。生《せい》を欲《ほつ》する者《もの》は死《し》、死《し》を敢《あへ》てする者《もの》は生《せい》。國家《こくか》の前途《ぜんと》を解決《かいけつ》すべき祕機《ひき》は、只此《たゞこ》の死生《しせい》の二字中《にじちゆう》にあり。

【通解】吾々は決して外國から來る患害を恐れないのである。若しほんとに畏れるべきものがあるとしたら、それは內憂卽ち國內にある憂だ。その內憂の中で殊に畏るべきは、國民一般の心の向き方がすつかり衰へきつた事である。一體全體、我が國民は、ウンと一つ命を投げ出して、それに依つて自ら新しい生命を獲得するだけの覺悟があるか。生中に死があり、死中に生がある。生きたい〳〵と思ふ者は死に、思ひきつて進んで死ぬ者は生きる。國家の前途を解決すべき機微なる一點は、只この死と生との二字の中にある。

【考察】德富蘇峰の文で、廣高師でも「知らず」以下を摘解として出してゐるが、そこではこの文の原典に戻つて、

　世界の歴史は進歩の歴史なり。改善の歴史なり。向上の歴史なり。吾人は如何に一方に痛歎號泣するが如き現象を見るも、他方には光明と平和との到來を疑ふ能はざるなり。たゞし之を果さんが爲には、非常なる危險、非常なる艱難、非常なる苦痛を經ざるべからず。卽ち今や吾人は此の一大試煉の時期に遭遇するものなり。

といふ、ずーツと前の方の一文節をその上に載せて、極めて自然に思想の續くやうにして出してゐる。新潟には要旨の要求もあるが、これは全文の思想をかいつまんで、

　外患は畏しくない。畏しいのは內憂、殊に國民精神の消磨だ。果して我が國民に死を賭して新しく活きる覺悟があるか。活裡に死があり、死中に活がある。國家の前途を解決する鍵は、この生死の二字以外にはない。

といふやうに答へる。○外患は外部からの患へ。こゝは國家として外國から蒙る患害をいふ。○內憂は

内部にあるうれへ。こゝは國内にあるうれへ。○志趣は心の向き方。○知らずは、抑も、一體全體といふ趣の慣用語。○大死一番はポーンと一命を投出しての意。○贏ち得るは取り得る、獲得する。○活裡死ありは生きる中に死があるの意。下に「生を欲する者は死」とあるのと同じ思想で、生きたい生きたいと思ふから却て死ぬといふのである。○祕機は神祕な機微。何ともいへぬ微妙な大切な一點といふ思想。

【摘解】生中に死があり、死中に生がある。生きたい生きたいと思ふ者は死に、思ひきつて進んで死ぬ者は生きる。國家の前途を解決すべき機微なる一點はこの生と死との二字の中にある――國民皆進んで死ぬの覺悟があれば國家の前途は安泰だが、國民の志が銷磨して皆生を欲するやうでは、國家の前途は實に心細いのである。

【三五】左の文中單線を引きたる部分は其の意味を、雙線を引きたる部分は其の讀み方と意味とを各番號順に記せ。

我が國の古典(1)や古き詩歌を顧みると大和民族の個性(2)には人間の天賦(3)である所の純無垢(4)なる眞善美を深愛する思想が汪溢(5)して居る卽ち自己の靈智(6)を以て眞理眞實を探求し善美なるものを以て神と爲す觀念が歷然と顯れて居る而してそれが普遍(7)となつて國民道德を生じ國家の理想信念となつて居る事が立派に證明されて居るのである（福岡高校）

【讀方】我《わ》が國《くに》の古典《こてん》や、古《ふる》き詩歌《しか》を顧《かへり》みると、大和民族《やまとみんぞく》の個性《こせい》には、人間《にんげん》の天賦《てんぷ》である所《ところ》の、純無垢《じゆんむく》なる眞善美《しんぜんび》を深愛《しんあい》する思想《しさう》が汪溢《わういつ》して居《ゐ》る。卽《すなは》ち自己《じこ》の靈智《れいち》を以《もつ》て眞理眞實《しんりしんじつ》を探求《たんきう》し、善美《ぜんび》なるものを以《もつ》て神《かみ》と爲《な》す觀念《くわんねん》が歷然《れきぜん》と顯《あらは》れて居《ゐ》る。而《しか》してそれが普遍《ふへん》となつて、國民道德《こくみんだうとく》を生《しやう》じ、國家《こくか》の理想信念《りさうしんねん》となつて居《ゐ》る事《こと》が、立派《りつぱ》に證明《しようめい》されて居《ゐ》るのである。

【通解】我が國の古い書物や、古い詩歌を振返つて見ると、大和民族の持つてゐる特別の性格には、人間が天から與へられた自然のもちまへである所の、純粹で何のけがれも無い眞善美を深く愛する思想が一杯に充ちあふれてゐる。即ち自分の靈妙な心の働きで眞理眞實を探し求め、善美なものを神とするといふ考が、ありく〜とあらはれて居る。そしてそれが一般に行きわたる事になつて、そこに國民の道德が生じ、それが國家の理想とも信念ともなつてゐる事が、立派に證明されて居るのである。


【考察】讀み方は本書では全文に施してゐるから凡て省略に從ふ。○古典は漢文の熟語としては、古代に行はれた書物で、道義信仰の典據となるもの、即ち我が國の神典や支那の經書の類をいふ言葉であるが、今日ではもつと廣く、而も特別の意味を以て、昔の文學上の書で歷史的の生命を有し、今日も藝術的の價値を失はずにゐるものを指す事になつてゐる。但しこゝは單に古い書物、昔の書物といふ程に輕く使つてゐると考へられる。○個性は個體の性質、個人の特性。こゝは國民としての特性である。

【摘解】（1）昔の書物、古い書物。（2）特つて居る特別の性格。（3）天から與へられた自然のもちまへ。（4）純粹で何一つのけがれもない。（5）一杯に充ち溢れる。（6）自分の靈妙な心の働を以て眞理眞實を深し求め、さうして得た善美なるものを神とするといふ考が、ありく〜とその書物や詩歌の上にあらはれてゐる。（7）神といふ觀念に限らずあまねく一般の事に行きわたるもの。


【三六】左の文中の傍線の部を解釋せよ。

嗚呼先生〔西鄕隆盛翁〕は一世の俊傑を以て(1)中興の興業を贊畫（す）し其の動績赫々として(2)典型を天下

後世に遺すもの尠からず且つ道貫〔野津陸軍大將〕等の先生に於ける鄕國を同じうし夙(3)にその誘掖を蒙（る）り後忝くも其の戎幕に參(4)（ず）じ今又三十七八年戰役に從ひ力を行間に致(5)（す）し幸に大過なき所以のもの實に先生匡益(6)の賜なり〔平壤醫專〕

【讀方】嗚呼《あゝ》先生《せんせい》は一世《いつせい》の俊傑《しゆんけつ》を以《もつ》て中興《ちゆうこう》の興業《こうげふ》を贊畫《さんくわく》し、其《そ》の勳績赫々《くんせきくわくくく》として典型《てんけい》を天下後世《てんかこうせい》に遺《のこ》すもの尠《すくな》からず。且《か》つ道貫《みちつら》等の先生《せんせい》に於《お》ける、鄕國《きようこく》を同《おな》じうし、夙《つと》にその誘掖《いうえき》を蒙《かうむ》り、後《のち》、忝《かたじけな》くも其《そ》の戎幕《じゆうばく》に參《さん》じ、今又《いままた》三十七八年戰役《ねんせんえき》に從《したが》ひ、力《ちから》を行間《かうかん》に致《いた》し、幸《さいはひ》に大過《たいくわ》なき所以《ゆゑん》のもの、實《じつ》に先生匡益《せんせいきやうえき》の賜《たまもの》なり。

【通解】嗚呼先生は一代の世に高くすぐれた立派な人物として一旦衰へた朝威が再び盛になつた所の維新の大業にあづかつて色々と畫策し、其の手柄は赫々と輝いて立派なお手本を天下後世に遺すものが少くない。それに又この道貫等が先生に對する、生れ故鄕が同じで、早くから先生の御指導御引立を蒙り、後、忝くも先生の軍幕に參じてその幕僚となり、今又三十七八年戰役に從軍して、軍中に力を盡し、幸に大した過のなかつたのは、實に先生の有難い御教への賜である。

【考察】陸軍大將野津道貫が、三十七八年戰役に從つて勳功を擧げた際に、師と仰ぐ西鄕翁の德をた、へた趣の文で、割註はその趣を明かにし、句々を獨立した文として摘解するに便じた、誠に親切な出題である。○中興の興業は一寸妙な文句だが、興業を盛業といふ心持にして見ればよい。中興は中頃盛にするでなくて、衰へたものが再び興る氣運に中《あた》るといふ意である。○贊畫はたすけて畫策する。○典型はのつとるべきかた、手本。○誘掖はいざなひたすける、引立て指導するをいふ。○戎幕は軍幕。それに參じたとは所謂幕僚となつた事である。○行間は軍中、行は行列の意。○匡益はたゞし益すること、教へ導くこと。

【摘解】（1）一旦衰へた朝威が再び盛になつた所の彼の維新の大業にあづかり力をそへて色々と畫策した。

（2）臣民ののつとるべき御手本を天下後世に遺した。

（3）早くから先生の御指導御引立を蒙つた。

（4）軍幕に參じ幕僚となつた。

（5）軍のために力を盡した。

（6）先生が正しく教へて下された有難い御教への賜である。

【三七】 左の文中の傍線の部を解釋せよ。

(1)糲米（玄米）の粗飯を餐し水を飲みて酒漿に代へ寢ぬるに枕褥なく肱を屈して之に當つ貧の最も甚しきものなりかくの如きの窮境本と樂しむべきに非ざるは言を俟たず然れども仰いで天に愧ぢず俯して人に恥ぢず先王の道を學び以て其の德を蓄ふ(2)貧窶すでに以て其の心を移す能はず樂孰れか此より大なる者あらむ若し夫れ(3)阿曲諂諛以て寵幸を獲て卿相の位に至る如き(4)人は得て永く有すべしと爲すものあらむ唯だ我を以て之を視れば(5)猶ほ浮雲その在を保つ能はざる如きのみ（平壤醫專）

【讀方】 糲米《れいまい》の粗飯《そはん》を餐《さん》し、水《みづ》を飲《の》みて酒漿《しゆしやう》に代《か》へ、寢《い》ぬるに枕褥《ちんじよく》なく、肱《ひぢ》を屈《くつ》して之《これ》に當《あ》つ。貧《ひん》の最《もつと》も甚《はなはだ》しきものなり。かくの如《ごと》きの窮境《きゆうきやう》、本《も》と樂《たの》しむべきに非《あら》ざるは言《げん》を俟《ま》たず。然《しか》れども、仰《あふ》いで天《てん》に愧《は》ぢず、俯《ふ》して人《ひと》に恥《は》ぢず、先王《せんわう》の道《みち》を學《まな》び、以《もつ》て其《そ》の德《とく》を蓄《やしな》ふ。貧窶《ひんく》すでに以《もつ》て其《そ》の心《こゝろ》を移《うつ》す能《あた》はず。樂孰《たのしみいづ》れか此《これ》より大《おほい》なる者《もの》あらむ。若《も》し夫《そ》れ阿曲諂諛《あきよくてんゆ》以《もつ》て寵幸《ちようかう》を獲《え》て卿相《けいしやう》の位《くらゐ》に至《いた》る如《ごと》き、人《ひと》は得《え》て永《なが》く有《いう》すべしと爲《な》すものあらむ。唯《た》だ我《われ》を以《もつ》て之《これ》を視《み》れば、猶《な》ほ浮雲《ふうん》のその在《ざい》を保《たも》つ能《あた》はざる如《ごと》きのみ。

【通解】　玄米の粗末な飯を食ひ、水を飲んで酒やおつゆ物の代りとし、寝るのにも枕や布團がなくて、肱を曲げてその代りにする。實に最も甚しい貧しさだ。このやうな貧窮の境涯は、もと〳〵樂しむべきでない事は言ふ迄もない。然しながら、仰いで天に愧ぢず、俯して人に恥ぢず、一點のやましい心もなくて、昔の聖天子の道を學んで、自分の徳を養ふ。どんなに貧しくてもその爲めに決して心が移らぬ。これより大きい樂みが外にあらうや。夫《か》の己を曲げておもねりへつらひ、それに依つて君主の寵愛を得て公卿大臣の高位に至るが如き、それを永く保つてゐられると思ふ人もあらう。唯だ私から見れば、そんなものは浮いてゐる雲がその存在を保ち得ぬやうに、實にはかないものに過ぎない。

【考察】　漢文訓讀調の文で、論語の「子曰く、賢なるかな回や。一箪の食《し》、一瓢の飲、陋巷《ろうかう》に在り。人は其の憂に堪へず。回や其の樂みを改めず。賢なるかな回や」とその趣を同じうした文である。○貧窶ですでに以て其の心を移す能はずは、直解すれば、貧乏がその力で其の人の心を移す事が出來ぬといふ事で、つまりは、どんなに貧乏でもそのために正しい心の守りは決して變らぬといふ意である。○阿曲はおもねりまげる。諂諛はこびへつらふ。○得て永く有すべしは可㆓得而永有㆒といふ漢文に由來した形で、「永く有するを得べし」といふに同じ。○浮雲は論語の「不義にして富み且つ貴きは我に於て浮雲の如し」とある思想。

【摘解】（1）玄米の粗末な飯を食ひ、水を飲んで酒やおつゆの代りとし、寝るのにも枕や布團がなくて、肱を曲げてその代りにする。

（2）どんなに貧しくてもそんな事のために心の正しい守りは決して變らぬ。

（3）君主におもねつて自分の正しい道を曲げ、こびへつらつて君主から寵愛を受け公卿大臣の高位に登る。

（4）永くその位置を保ち得るものと思ふ人もあらう。

（5）恰も浮いてゐる雲がその存在を保ち得ないやうに、そんな高位高官などは實にはかない束《つか》の間《ま》の榮華に過ぎないものだ。

【三八】　左の文中の傍線の部を解釋せよ。

(1)毀譽褒貶の海ともいふべき世の中に生れながら(2)はかなき人の品定に頓着するは初心の至なり但し必ず感謝して受くべきは惡評なり人間は誰も自矜の心あるを免れず(3)齒に衣着せぬ惡評を蒙ることなくば兎角善い氣になり易きものなり(4)人々も初ありて中終なく或は初中ありて終な（し）(5)きは諛評の爲に其の德を壞らるゝもの多ければなり　（平壤醫專）

【讀方】　毀譽褒貶《きよはうへん》の海《うみ》ともいふべき世《よ》の中《なか》に生《うま》れながら、はかなき人《ひと》の品定《しなさだめ》に頓着《とんちやく》するは初心《しよしん》の至《いたり》なり。但《たゞ》し、必《かなら》ず感謝《かんしや》して受《う》くべきは惡評《あくひやう》なり。人間《にんげん》は誰《たれ》も自矜《じきよう》の心《こゝろ》あるを免《まぬか》れず。齒《は》に衣着《きぬき》せぬ惡評《あくひやう》を蒙《かうむ》ることなくば、兎角《とかく》善《い》い氣《き》になり易《やす》きものなり。人々《ひとびと》も、初《はじめ》ありて中終《ちゆうしう》なく、或《あるひ》は初中《しよちゆう》ありて終《をはり》なきは、諛評《ゆひやう》の爲《ため》に其《そ》の德《とく》を壞《やぶ》らるゝもの多《おほ》ければなり。

【通解】　毀譽褒貶の海――丸でほめそしりの集り場所ともいふべきこの世の中に生れながら、人のつまらぬ品評にこだはつて色々と氣を使ふのはうぶの至りで誠につまらぬ事だ。但し、必ず感謝して受けねばならぬのは悪評である。人間は誰しもうぬぼれの心がないわけに行かぬ。遠慮なくつけ〳〵といふ悪評を蒙る事がないと、人は兎角い丶氣になり易いものだ。世の中の人々も、最初があつて中や終がなく、或は初めと中とあつて終のないのは、おべつかの批評のために其の德のそこなはれる者が多いからである。

【考察】 ○初心はうぶ、おぼこなどいふに同じく、世間見ずで心の修練の至らぬのをいふ。○自矜は自ら自己の才能にほこること、うぬぼれ。○齒に衣着せぬは何の遠慮會釋《ゑしやく》もなくつけ〳〵と物をいふのをいふ。○諛評はへつらつた批評、お世辭。

【摘解】 （1）そしりけなしや譽めたゝへる事が一杯に集つてゐる所。

（2）人の何でもないつまらぬ品評にこだはつて色々と氣を使ふのは、世間見ずのうぶの至りで誠につまらぬ事だ。

（3）遠慮會釋なくつけ〳〵と悪くいふやうな悪評を受ける事がないと、人は兎角い丶氣になつて増長し易いものだ。

（4）最初があつて、中や終がなく、或は最初と中とあつて終がない——兎角終を全うする者がない。

（5）へつらつた批評——うまいお世辭のために其の德をそこなはれて、つまらぬ人間になつて了ふ者が多いからである。

【三九】 左の文の傍線の部を解釋せよ。

頼み難きは我が心なり事あれば忽ちに移り事なきも亦動かんとす[1]生じ易きは魔の縁なり念を恣にすれば

直ちに發り念を正しうするも猶起らんとす此の故に心は大海の浪と搖ぎて定まる時なく緣は荒野の草と萌えて盡くる期あらねばたま〳〵大勇猛の意氣を鼓して[2]不退轉の果報を得んとするものも今日の緣にひかれて[3]舊年の心を失ふ輩はあたら舟を出して彼岸に到り得ず[4]憂くも道を迷ひて穢土に復還るに至るされば心を治むるは靈地に身をおくより好きは無く[5]緣を遮るは淨業に思ひを傾くるを最も優れたりとなす

（平壤醫專）

【讀方】 賴《たの》み難《がた》きは我《わ》が心《こゝろ》なり。事《こと》あれば忽《たちま》ちに移《うつ》り、事《こと》なきも亦動《またうご》かんとす。生《しやう》じ易《やす》きは魔《ま》の緣《えん》なり。念《ねん》を恣《ほしいまゝ》にすれば直《たゞ》ちに發《おこ》り、念《ねん》を正《たゞ》しうするも猶起《なほおこ》らんとす。此《こ》の故《ゆゑ》に、心《こゝろ》は大海《たいかい》の浪《なみ》と搖《ゆる》ぎて定《さだ》まる時《とき》なく、緣《えん》は荒野《くわうや》の草《くさ》と萌《も》えて盡《つ》くる期《ご》あらねば、たま〳〵大勇猛《だいゆうまう》の意氣《いき》を鼓《こ》して、不《ふ》退轉《たいてん》の果報《くわはう》を得《え》んとするものも、今日《こんにち》の緣《えん》にひかれて舊年《きうねん》の心《こゝろ》を失《うしな》ふ輩《ともがら》は、あたら舟《ふね》を出《いだ》して彼岸《ひがん》に到《いた》り得《え》ず、憂《う》くも道《みち》を迷《まよ》ひて穢土《ゑど》に復還《またかへ》るに至《いた》る。されば心《こゝろ》を治《をさ》むるは靈地《れいち》に身《み》をおくより好《よ》きは無《な》く、緣《えん》を遮《さへぎ》るは淨業《じやうごふ》に思《おも》ひを傾《かたむ》くるを最《もつと》も優《すぐ》れたりとなす。

【通解】 賴りにならぬものは自分の心である。何か事があれば忽ちに移り、別段事がなくてもやはり動かうとする。生じ易いのは善事を妨げ人心を邪道に導かうとする惡魔の緣である。氣儘な心持になればすぐに起つて來るし、念慮を正しくしてゐてもやはり起らうとする。さういふわけで、心は大海の浪の如くいつも動搖して定まる時なく、魔緣は荒野の草のやうに次から次にと生じて來て無くなる時がないので、たま〳〵非常な勇氣をふるひ起して、永遠に變らぬ立派な果報を得ようとする者も、目前の魔の緣に引かれて前日ふるひ起した勇猛心を失ふ連中は、あたら舟を出しても向ふの岸に到り得ず、志は立てゝも悟りの道に到達し得ずに、なさけなくも道を迷つてこの穢れた俗界に再び歸つて來るやうになる。だから心を治めるのは身をあらたかな地に置くに限るし、魔緣を防ぐのは清淨な佛道修業に心を傾けるのが一番よいのである。

【考察】 高山樗牛の「瀧口入道」の一節。心と緣とを對立的に敍してゐる。緣は原因を資《たす》けて結果を生ぜしめる作用事物で、

因×緣＝果

といふわけのものである。本文にいふ緣は魔の緣で、魔は惡魔卽ち善事に障害を與へる惡神である。從つて「魔の緣」は一切の惡事を起し修道をさまたげて人の心を邪道に導き惡果を生ぜしめる一切の事態である。○不退轉は功德善根の愈々增進して退失變轉することがないといふ意の佛語。○果報は因果の應報、行爲のむくい。○舊年は今年に對する昨年、こゝは「今日」に對して「その以前」卽ち「たまたま大勇猛の意氣を鼓して、不退轉の果報を得ん」としたその時を指す。○舟を出しての「て」は反戻の「而」で、出しながらの意。○彼岸は向ふの岸で、佛語としては悟道の絕對境地をいふ。○靈地はあらたかな地、尊い寺などのある所。○淨業は清淨の業、佛道修業をいふ。

【摘解】 1. 生じ易いものは惡魔の緣、卽ち善事を障げ人心を邪道に導くやうな色々の悪い動機である。

2. 功德善根を積んだ擧句の、永遠に變る事なき立派な報い。

3. その昔不退轉の果報を得んと奮ひ立つたその時の心をなくして了ふとともがらは。

4. なさけなくも中途で道を迷つて、悟道の絕對境地に達し得ず、このけがれた煩惱の俗世界に復も歸つて來るやうな事になる。

5. 悪魔の縁を防ぐには佛道修業の清浄な勤に思ひを傾けて一心不亂に精進するのが一番よいのである。

【四〇】 左の文の傍線の部を解釋せよ。

短き秋の日影もやゝ西に傾きて(1)風の音さへ澄み渡る(2)葉月半の夕暮の空前には閑庭を控へて左右は廻廊を繞らし青海の簾長く垂れこめて(3)微月(三日月)の銀鉤空しく懸れる一室は小松殿(平重盛)が居間なり内には寂然として人なきが如く(4)只簾を漏れて心細くも立迷ふ香煙一縷折々かすかに聞ゆる戞々の音は念珠を爪繰る響にや(5)主が消息を齎していと奥床し(平壌醫專)

【讀方】 短《みじか》き秋《あき》の日影《ひかげ》もやゝ西《にし》に傾《かたむ》きて、風《かぜ》の音《おと》さへ澄《す》み渡《わた》る、葉月半《はづきなかば》の夕暮《ゆふぐれ》の空《そら》、前《まへ》には閑庭《かんてい》を控《ひか》へて、左右《さいう》は廻廊《くわいらう》を繞《めぐ》らし、青海《せいかい》の簾長《すだれなが》く垂《た》れこめて、微月《びげつ》の銀鉤空《ぎんこうむな》しく懸《かゝ》れる一室《いつしつ》は、小松殿《こまつどの》が居間《ゐま》なり。内《うち》には寂然《じやくねん》として人《ひと》なきが如《ごと》く、只簾《たゞすだれ》を漏《も》れて心細《こゝろぼそ》くも立迷《たちまよ》ふ香煙一縷《かうえんいちる》、折々《をり〳〵》かすかに聞《きこ》ゆる戞々《かつ〳〵》の音《おと》は、念珠《ねんじゆ》を爪繰《つまぐ》る響《ひゞき》にや、主《しゆ》が消息《せうそく》を齎《もたら》していと奥床《おくゆか》し。

【通解】 短い秋の日影もやゝ西に傾いて、風の音までも澄み渡る、陰暦八月中ばの夕暮頃、前には静かな庭を控へて、左右は廻り縁がついてゐて、青い海のやうな簾を長くおろして、三ケ月形の銀の鉤が空しく懸つてゐる、さうした一室は、小松殿の居間である。内にはひツそりとして人がゐないやうで、只簾を漏れて香の煙が一筋心細く立迷つてゐて、折々サラ〳〵といふ音がかすかに聞える、それは珠數をつまぐる音であらうか、それに依つて主人の様子が忍ばれて誠に奥床しい。

【考察】 高山樗牛の瀧口入道の一節。東京醫專にも最後の「折々かすかに聞ゆる」からが出てゐる。

（1）ではさへの譯し方にでも特に注意させようといふ意味の出題だらうか。○青海の簾は何か特別の意味がありさうにも見えるが考へ當らぬ。姑く青々となびき垂れた形容として置く。○戞々は玉の打ち合ふ形容。

【摘解】（1）あたり一體の氣分が澄み渡つてゐる上に、風の音までもすうーッと澄み渡る。

（2）陰暦八月なかば。

（3）三ケ月形の銀の鉤――すだれを巻いて懸ける鉤が只空しくすだれの上に垂れてゐる一つの部屋。

（4）只簾を漏れて細い香の烟が一筋如何にも心細く立迷つてゐる。

（5）主人が何をしてゐるかといふその様子がそれに依つて知られて。

【四一】左の文中（1）傍線を施せる箇所を解釋し、且つ（2）の問に答へよ。

吾人の生息し居るところは現實世界なるをもつて現世を外にして人生あることなく社會の改善進歩は悉く皆現世についてなさるべきものとす若し世に理想といふものありとせばそはたゞ現實世界における進歩發達によつて到達せらるべき性質のものにして現實を無視せる理想は要するに空想に過ぎざるべし我が國民は古來この實際的傾向を有し夙に神孫降臨の事實を國民精神の最も偉大なる顯現として百世の臣民その遺業を奉體して怠らず故にその思想は純理の方面に深からざる嫌ひなきにあらざるも常識の圓滿なる發達と社會生活を尙び國民的團結を重んじ君民一家忠孝無二の道德を維持する國民性の特色は吾人が現世的國民として皇祖建國の偉業を大成すべき運命を擔へる所以を立證するものなり

（2）右の文により日本國民精神の特色について述べよ。（松本高校）

【讀方】吾人《ごじん》の生息《せいそく》し居《を》るところは現實世界《げんじつせかい》なるをもつて、現世《げんせい》を外《ほか》にして人生《じんせい》あることなく、社《しや》會《くわい》の改善《かいぜん》進歩《しんぽ》は悉《ことごと》く皆《みな》現世《げんせい》についてなさるべきものとす。若《も》し世《よ》に理想《りさう》といふものありとせば、そはたゞ現實《げんじつ》世界《せかい》における進歩《しんぽ》發達《はつたつ》によつて到達《たうたつ》せらるべき性質《せいしつ》のものにして、現實《げんじつ》を無視《むし》せる理想《りさう》は要《えう》するに空想《くうさう》に過《す》ぎざるべし。我《わ》が國民《こくみん》は古來《こらい》この實際的《じつさいてき》傾向《けいかう》を有《いう》し、夙《つと》に神孫《しんそん》降臨《かうりん》の事實《じじつ》を國民精神《こくみんせいしん》の最《もつと》も偉大《ゐだい》なる顯現《けんげん》として、百世《ひやくせい》の臣民《しんみん》その遺業《ゐげふ》を奉體《ほうたい》して怠《おこた》らず。故《ゆゑ》にその思想《しさう》は純理《じゆんり》の方面《はうめん》に深《ふか》からざる嫌《きら》ひなきにあらざるも、常識《じやうしき》の圓滿《ゑんまん》なる發達《はつたつ》と、社會生活《しやくわいせいくわつ》を尙《たつと》び、國民的《こくみんてき》團結《だんけつ》を重《おも》んじ、君民《くんみん》一家《いつか》忠孝《ちゆうかう》無二《むに》の道德《だうとく》を維持《ゐぢ》する國民性《こくみんせい》の特色《とくしよく》は、吾人《ごじん》が現世的《げんせいてき》國民《こくみん》として、皇祖《くわうそ》建國《けんこく》の偉業《ゐげふ》を大成《たいせい》すべき運命《うんめい》を擔《にな》へる所以《ゆゑん》を立證《りつしやう》するものなり。

【通解】　吾々の生きてゐる所は現實の世界であるから、この現在の世の中以外に人生といふものがある筈なく、社會の改善進歩は悉く皆この現在の世の中について成されるべきものである。若し世の中に理想といふものがあるとすれば、それは只現實の世界に於ける進歩發達によつて達し得べき性質のものであつて、現在の事實を無視した理想は要するに空想に過ぎないであらう。我が日本の國民は昔から斯ういふ實際的な傾きを持つてゐて、早くから天神の御子孫がこの土にお降りになつた事實を國民精神の最も偉大な現はれとして、後世の臣民は永くその遺された御事業を身にお守りして怠らない。だから日本國民の思想は純粹な理論の方面には深くないといふ缺點がないではないが、常識が圓滿に發達してゐる事、それから社會生活を尊重し、國民全體の一致團結を重んじ、君と民とは一家一門で忠と孝とは別々のものでないといふ道德をしつかり持ち續けてゐる國民性の特長は、吾々がどこ迄も現世の事實の上に立つ國民として、皇祖がこの日本國をお建てになつた偉大な御事業を大成すべき運命を擔つてゐるといふ事を證據立てゝゐるのである。

【考察】 前半は後半の思想——日本國民が實際的現世的な國民であるといふ事を述べるための序曲といつた形である。第二の質問はそこに多少の考慮を置いて、

日本國民精神の特色は、厭く迄現世的實際的で、現實を無視した理想は空想に過ぎぬものと考へ、神孫降臨の事實を國民精神の最も偉大な顯現として、君民一家忠孝無二の道德を維持し、國民的團結を重んじ、皇祖建國の偉業を大成しようとする所に在る。

と答へたらよからう。大體によく筋の通つた平明な文だが、只一個所

常識の圓滿なる發達と

の「と」に對する語句が明確を缺いてゐる。文法的には甚だ變であるが、

常識の圓滿なる發達と
社會生活を尙び國民的團結を重んじ　｝國民性の特色は…………
君民一家忠孝無二の道德を維持する

といふ文の筋と考へる外ないやうである。

【摘解】 君と民とは一家一門の間柄であり、忠と孝とはその本が一で決して別々のものではないといふ道德をしつかりと守つて失はずにゐる日本國民性の特長は、吾々日本人が、現世的な、どこ迄も現世の事實の上に立つてゐる國民として、皇祖がこの日本の國をお建てになつた偉大な御事業を大成して、完全にその御精神を具現すべき運命を擔つてゐるといふ事を證據立てゝゐるのである。

【四二】 左の文中（1）傍線を施せる箇所を解釋し、且つ（2）全文の要旨を簡明に述べよ。

社會の眞相は複雜であり深刻である表裏相矛盾し苦樂其の實を異にする者があるそこには生老病死の生理的苦痛があり貧窮不運の社會的苦惱がある經濟的思想的感情的な幾多の苦しみと悲しみとが出沒して

ゐる而も社會の實相は人類生活の發展と共に益々かう云ふ苦難を增加しつゝあるそれは生活の複雜化と深刻化とに伴ふ自然の勢ひである之を救濟し之を慰安し之を減殺する所に宗教的生活の社會的價値があるその社會的價値を獲得しようと努力する所に眞劍な宗教的情操が充實され人類愛同胞愛の心が湧いてくるのである（松本高校）

【讀方】 社會《しやくわい》の眞相《しんさう》は複雜《ふくざつ》であり深刻《しんこく》である。表裏相矛盾《へうりあひむじゆん》し、苦樂其《くらくそ》の實《じつ》を異《こと》にする者《もの》がある。そこには生老病死《しやうらうびやうし》の生理的苦痛《せいりてきくつう》があり、貧窮不運《ひんきゆうふうん》の社會的苦惱《しやくわいてきくなう》がある。經濟的《けいざいてき》・思想的《しさうてき》・感情的《かんじやうてき》な幾多《いくた》の苦《くる》しみと悲《かな》しみとが出沒《しゆつぼつ》してゐる。而《しか》も社會《しやくわい》の實相《じつさう》は、人類生活《じんるゐせいくわつ》の發展《はつてん》と共《とも》に、益々《ます〱》かう云《い》ふ苦難《くなん》を增加《ぞうか》しつゝある。それは生活《せいくわつ》の複雜化《ふくざつくわ》と深刻化《しんこくくわ》とに伴《ともな》ふ自然《しぜん》の勢《いきほ》ひである。之《これ》を救濟《きうさい》し、之《これ》を慰安《ゐあん》し、之《これ》を減殺《げんさい》する所《ところ》に、宗教的生活《しうけうてきせいくわつ》の社會的價値《しやくわいてきかち》がある。その社會的價値《しやくわいてきかち》を獲得《くわくとく》しようと努力《どりよく》する所《ところ》に、眞劍《しんけん》な宗教的情操《しうけうてきじやうさう》が充實《じゆうじつ》され、人類愛《じんるゐあい》・同胞愛《どうほうあい》の心《こゝろ》が湧《わ》いてくるのである。

【通解】 社會の眞實の姿は複雜深刻なものだ。表と裏とが互に矛盾し、苦樂が其の實を異にして、苦が却て樂であり樂が却て苦だといふやうな事實がある。そこには生れ老い病み死ぬといふ生理上の苦痛があり、貧窮不運といふ社會上のなやみ苦しみがある。經濟に關し思想に關し感情に關する澤山の苦しみと悲しみとが出たり引込んだりしてゐる。而も社會の實際の姿は、人類の生活が發達するにつれて、益々かういふ色々な苦難を增加して行つてゐる。それは生活が複雜になり深刻になるにつれての自然の成行きである。それを救ひ、それを慰め、それをへらす所に、宗教上の生活の社會に對する値打がある。その社會に對する値打をしつかり摑まうと努力する時、そこに眞劍な宗教的の美しい感情が充實され、全人類を愛し全同胞國民を愛するといふ心が湧いて來るのである。

【考察】河野省三の「國民道德」の一節で、よく筋の通つた文である。要旨は全文の思想を要約して、社會の眞相は複雜深刻で、色々の矛盾もあり種々樣々の苦難もある。而も人類生活の發展と共にその苦難は益々增加する。その苦難を救濟し慰安してそれを減ずるのが宗教的生活の社會的價値で、その價値を得ようと努める所に、宗教的情操が充實され、人類愛同胞愛の心が湧いて來る。といふやうに答へる。○生老病死は佛教上に所謂四苦《しく》といふもの、それで特に佛語としてシヤウといふ讀み方をして置く。○情操は高尚な觀念に伴つて發する最も複雜な感情。宗教を信じ道德に從ひ藝術を愛するやうな感情をいふ。○同胞は兄弟の事で、それから同一國民又は同一民族をいふ語。卽ち同胞愛は國民全體を我が兄弟のやうに愛する事である。時には全人類を兄弟と見るといふ見地から人類愛の義にもいふが、こゝはそれではない。

【摘解】斯うした苦難から人々を救ひ、斯うした苦難に惱む心を慰め、そして斯うした苦難をへらして行く所に、宗教上の生活が社會に取つて大いにためになるといふその價値がある。

【四三】左の文を熟讀して、試に之を三段に分ち、その箇處に』の符號を記し、且つ文後に摘出したる語句の意味を述べよ。

色々な古典的な文獻に現れた希臘の宗教及び神話若くはさうした宗教及び神話の主體となつた神々は近代文明の下に既に死滅し盡したであらうかはたかうした物質偏重の世界生活苦惱の世界にも猶生きつゞけてゐるであらうかもし生き續けてゐるとしたら民衆の心に懷かれてゐるそれ等の形態は昔のまゝであらうかはた驚目に價するほど變化してゐるであらうか凡そかうした問題は古典的な希臘の宗教及び神話

が泰西文明に與へた影響の著しかつただけに頗る興味ある考察の對象でなくてはならぬ

（イ）民衆の心に懷かれてゐるそれ等の形態　（ロ）頗る興味ある考察の對象でなくてはならぬ（松山高校）

【讀方】色々《いろ〱》な古典的《こてんてき》な文獻《ぶんけん》に現《あらは》れた希臘《ギリシヤ》の宗教及《しうけうおよ》び神話《しんわ》、若《も》しくはさうした宗教及《しうけうおよ》び神話《しんわ》の主體《しゆたい》となつた神々《かみ〲》は、近代文明《きんだいぶんめい》の下《もと》に既《すで》に死滅《しめつ》し盡《つく》したであらうか、はたかうした物質偏重《ぶつしつへんちよう》の世界《せかい》、生活苦惱《せいくわつくなう》の世界《せかい》にも、猶生《なほい》きつゞけてゐるであらうか、もし生《い》き續《つゞ》けてゐるとしたら、民衆《みんしう》の心《こゝろ》に懷《いだか》れてゐるそれ等《ら》の形態《けいたい》は、昔《むかし》のまゝであらうか、はた驚目《きやうもく》に價《あたひ》するほど變化《へんくわ》してゐるであらうか、凡《およ》そかうした問題《もんだい》は、古典的《こてんてき》な希臘《ギリシヤ》の宗教及《しうけうおよ》び神話《しんわ》が、泰西文明《たいせいぶんめい》に與《あた》へた影響《えいきやう》の著《いちじる》しかつただけに、頗《すこぶ》る興味《きようみ》ある考察《かうさつ》の對象《たいしやう》でなくてはならぬ。

【通解】色々な古典として見るべき書き物に現れた希臘の宗教と神話、又はさうした宗教や神話の主體となつてゐる神々は、近代文明の下では既にすつかり死んで了つて何等の生命も持たなくなつたか、それとも斯ういふ物質ばかりを重んずる世界、生活に惱み苦む世界に於ても、やはり生き續けてその生命を保つてゐるだらうか、若し生き續けてゐるとしたら、民衆の心の中に持たれてゐるそれ等の宗教や神話、又はその主體たる神々の形態は、昔のまゝであらうか、それとも驚いて目を見張らねばならぬ程に變つてゐるだらうか、凡そこのやうな問題は、古典として見るべき希臘の宗教や神話が、西洋文明に與へた影響が著しかつただけに、考察の對象物として頗る興味のあるものに相違ない。

【考察】段落を附けよといふ要求に對しては、靜かに構文を考へて、

色々な…………神々は、
　　近代文明の下に既に死滅したであらうか、
　　はた…………猶生きつゞけてゐるであらうか、』
もし…………形態は、
　　昔のまゝであらうか、
　　はた……變化してゐるであらうか、』
凡そ…………頗る興味ある考察の對象でなくてはならぬ。』

といふ風に解決する。○古典的なはこの文では「一つの古典として見るべき」といふ心持でいうた趣と考へられる。○文獻は書き物、特に昔の制度文物を知る上の典據となるやうな書き物をいふ。

【摘解】（イ）今日の一般民衆の心の中に考へられてゐる希朧の宗教及び神話、若しくはその主體となつた神々の姿形。

（ロ）考察の對象物として——色々と考察を下して見る問題として、頗る興味の多いものであるに相違ない。

【四四】（1）左の文の右側に傍線を施したる語句を解釋し、（2）平易なる口語を用ひて全文を解釋せよ。

嗚呼小兒の心か玲瓏玉の如く透徹[1]水の如く名聞[2]を求めず利養[3]を願はず形式方便[4]習慣に充ち滿てる一切現世の桎梏[5]を離れあらゆる人爲の繫縛に累はされずたゞ〳〵本然の至性を拔いて天眞の流露[6]に任すもの嗚呼獨り夫れ小兒の心か（山口高校）

【讀方】嗚呼《あゝ》小兒《せうに》の心《こゝろ》か。玲瓏玉《れいろうたま》の如《ごと》く、透徹水《とうてつみづ》の如《ごと》く、名聞《みやうもん》を求《もと》めず、利養《りやう》を願《ねが》はず、形式《けいしき》、方便《はうべん》、習慣《しふくわん》に充《み》ち滿《み》てる一切現世《いつさいげんせ》の桎梏《しつこく》を離《はな》れ、あらゆる人爲《じんゐ》の繫縛《けいばく》に累《わづら》はされず、たゞ〳〵本然《ほんぜん》の至性《しせい》を披《ひら》いて、天眞《てんしん》の流露《りうろ》に任《まか》すもの、嗚呼《あゝ》獨《ひと》り夫《そ》れ小兒《せうに》の心《こゝろ》か。

【通解】嗚呼それは實に小兒の心であるか。麗しいこと玉の如く、すき透つたこと水の如く、世の名譽評判を求めず、利益を貪つて身を養ふ事を願はず、色々な形式や、手段や、習はしなどで一杯になつてゐるこの世の一切の束縛を離れ、人間の作つたあらゆる束縛係累に身を累はされず、只々人間本然のほんとの天性をぱーッとひろげて、天から享けたまゝの眞情の現れ出るまゝに動いてゐるのは、嗚呼ひとりそれは只小兒の心であるか。

【考察】高山樗牛の「無題錄」の文である。やゝ面倒な語句の摘解と全文の通解との要求である。文初に「嗚呼小兒の心か」といひ、文末に「嗚呼獨り夫れ小兒の心か」と承けて、天眞爛漫、純眞無垢なる小兒の心を絶讃した文である事をしつかり摑む。

【摘解】1．透徹＝すき通ること、底の底まですき通つてはつきり見えること。2．名聞＝名譽評判。3．利養＝利益を貪つて身を養ふこと。4．方便＝手段、或目的を達するための便宜上の手だて。5．現世の桎梏＝この世の手かせ足かせ、この世の中で自分の自由を束縛する一切の厄介物。6．天眞の流露＝天から享け得たまゝの眞情の現れ出ること。

【四五】次の文の（a）傍線を施した部分を平易な口語で解釋し、（b）此の文の作者が「敷島の大和心」の歌を「攘夷家の口吻」と評した理由を解說してくれたまへ。

彼れ十七歲の時江戸に來るや富士山を詠じて云く

（1）來て見れば聞くより低し富士の山釋迦も孔子もかくやあるらむ

舜何人ぞ我何人ぞとの氣象此の短句に鬱勃たるを見るべし其の花見の歌に云く

(2)西北に風よけをして幔を張れ我が日の本の櫻見る人
其の眼識の國防上に及びたるを知るに足らむ又云く
敷島の大和心を人とはゞ蒙古のつかひ斬りし時宗
(3)攘夷家の口吻を免れずと雖も其の直截痛快なる懦夫をして起たしむるにあらずや（山口高校）

【讀方】 彼《か》れ十七歳《さい》の時《とき》江戸《えど》に來《きた》るや、富士山《ふじさん》を詠《えい》じて云《いは》く、
來《き》て見《み》れば、聞《き》くより低《ひく》し、富士《ふじ》の山《やま》、釋迦《しやか》も孔子《こうし》もかくやあるらむ。
舜何人《しゆんなんぴと》ぞ我何人《われなんぴと》ぞとの氣象《きしやう》、此《こ》の短句《たんく》に鬱勃《うつぼつ》たるを見《み》るべし。其《そ》の花見《はなみ》の歌《うた》に云《いは》く、
西北《にしきた》に風《かぜ》よけをして幔《まく》を張《は》れ、我《わ》が日《ひ》の本《もと》の櫻見《さくらみ》る人《ひと》。
其《そ》の眼識《がんしき》の國防上《こくばうじやう》に及《およ》びたるを知《し》るに足《た》らむ。又云《またいは》く、
敷島《しきしま》の大和心《やまとごゝろ》を人《ひと》とはゞ、蒙古《まうこ》のつかひ斬《き》りし時宗《ときむね》。
攘夷家《じやういか》の口吻《こうふん》を免《まぬか》れずと雖《いへど》も、其《そ》の直截痛快《ちよくせつつうくわい》なる、懦夫《だふ》をして起《た》たしむるにあらずや。

【通解】 彼が十七歳の時江戸に來た際、富士山を歌に詠んで曰く、
來て見れば……＝實際に來て見れば、富士の山は噂に聞いたよりは低い、釋迦も孔子もこんなわけのものであらうか。
舜が何だ自分が何だ――いくら聖人だつて結局舜も人間ならこのおれも人間だ、ナーニ聖人賢人といつてむやみに恐入る事はないといふ氣象が、この短い句の中に盛に溢れ切つてゐるのを見るであらう。彼の花見の歌に曰く、
西北に……＝西北の風があぶないから、我が日本の櫻を見る人は、その方面に幔幕を張れ――西

北方面の警戒を怠つて呑氣にしてゐては駄目だぞ。
この歌によつて、其の眼識が國防の上に及んでゐる事を知る事が出來よう。又曰く、
敷島の……＝我が日本の大和魂とはどんなものかと人が問うたら、蒙古の使者を斬つた時宗だと答へよう。攘夷家の口ぶりを免れないが、而し其の歌ふ所はいきなりズバリと急所に突込んで實に痛快で、意氣地なしをも奮ひ起たせるではないか。

【考察】 德富蘇峰の吉田松蔭傳の一節で「彼れ」とは長州の奇傑村田某の事をいうたのであるが、これだけの文では固よりそれは分らぬ。○舜何人ぞ我何人ぞは孟子に見えてゐる顔淵の言で、舜も同じ人類であり、自分も亦同じ人類であるといふ意。その原意は、舜の能くする所は吾亦之を能くすべしとして努めるといふ精神であるが、前の歌意から察すれば、こゝでは寧ろ「聖賢何ぞ必ずしも畏るゝに足らんや」の意でいつてゐるものと考へられる。（2）の摘解中の「西北」は當年のオロシヤ卽ち露國の事を指したものと考へられるが、そこ迄突込んで解くにも及ぶまい。解說の要求に對しては、

「蒙古のつかひ斬りし時宗」といつて、勇敢に外國の使を斬つて捨てた時宗こそ、實に大和心の權化だと讚美した所から、この筆者は「攘夷家の口吻」と評したのである。

と答へればよい。

【摘解】 （1）舜はどういふ人間か、自分はどういふ人間か、舜がいくら聖人であつても、結局は自分と同じ人間に過ぎない、舜に出來る事が自分に出來ぬ筈はない、聖賢といつてむやみに恐入る事はないといふ氣象が、この短い句の中に盛に溢れ切つてゐるのを見るであらう。

（2）西北の風があぶないからその方面に幔幕を張れ、我が日本の櫻を見る人よ——西北方面の警備

を忘れてのんきに花見などしてゐると日本の國は滅茶々々になるぞ。

（3）其の歌ふ所はいきなりズバリと急所に突込んで實に痛快で、意氣地なしをも奮ひ起たせるではないか。

【四六】 左の文を熟讀し、（1）右側に傍線を施したる語句を解釋し、（2）全文の大意を記せ。

聖上陛下には朝見の御儀[イ]におかせられて畏くも「模擬ヲ戒メ創造ヲ勗メ」と仰せられたひそかに拜察するにその含蓄する意義頗る重大なるものがある自由の精神と獨創的思索[ロ]は實に將來わが民族文化[ハ]の進展と國運の隆昌をもたらすべき鍵であつてこの精神に徹するならば思想上の缺陷[ニ]の一半はこれによつて救ふことが出來ると感じる次第である

ニは單に言葉の解釋にとゞめず、何が「思想上の缺陷」なるかを具體的に說明せよ。

大意は問題の文字と同じ位の大きさの文字で三・四行位の長さ。（山口高校）

【讀方】 聖上陛下《せいじやうへいか》には、朝見《てうけん》の御儀《おんぎ》におかせられて、畏《かしこ》くも「模擬《モギ》ヲ戒《イマシ》メ創造《サウザウ》ヲ勗《ツト》メ」と仰《おほ》せられた。ひそかに拜察《はいさつ》するに、その含蓄《がんちく》する意義《いぎ》頗《すこぶ》る重大《ぢゆうだい》なるものがある。自由《じいう》の精神《せいしん》と獨創的思索《どくさうてきしさく》は、實《じつ》に將來《しやうらい》わが民族文化《みんぞくぶんくわ》の進展《しんてん》と、國運《こくうん》の隆昌《りゆうしよう》をもたらすべき鍵《かぎ》であつて、この精神《せいしん》に徹《てつ》するならば、思想上《しさうじやう》の缺陷《けつくわん》の一半《いつぱん》は、これによつて救《すく》ふことが出來《でき》ると感《かん》じる次第《しだい》である。

【通解】 天皇陛下には、朝見の御儀におかせられて、おそれおほくも「模擬ヲ戒メ創造ヲ勗メ」と仰せられた。私かにその御言葉を察し奉るに、その內に含まれた意義は頗る重大なものがある。他の束縛を受けぬ自由の精神と、他の模倣でなく自分で新しく作り出すやうに考へる事とは、實にこれから先わが日本民族の文化が進展し、國運が益々盛になるやうになつて行くための鍵であつて、この精神に徹底したならば、日本人が持つてゐる思想の上の缺陥――兎角模倣的で獨創に乏しいといふ缺陥の半ばは、これに依つて救ふ事が出來ると感ずるのである。

【考察】 大阪毎日新聞所載の山内利之といふ人の文。大意については、

聖上陛下は朝見の御儀に「模擬ヲ戒メ創造ヲ勗メ」と仰せられた。その中に含まれた自由の精神、獨創的思索は、民族文化の進展、國運隆昌の基で、日本人の思想上の缺陥の一半もこの精神で救はれる。

といふ程度に答へる。○朝見は臣下が天子に拝謁する事をいふ語で、こゝは御即位の大體の一として始めて臣下に謁を賜つた御儀をいふ。○民族文化は、語句的に説明すれば、一國の國民の種族がその理想とする所を具現するために努力する過程といふやうになるが、民族とか文化とかいふ語は殆ど日常語のやうになりきつてゐるのだから、この要求はさういふ語句的説明ではなくて、民族が日本民族を意味する事に注意させる程度であらうと思ふ。

【摘解】 イ、即位の大典に於て始めて臣下に謁を賜はる御儀式。ロ、他の模倣でなく自分獨自の考で新しく作り出さうとして色々と考へること。ハ、日本民族自らの文化。ニ、日本人の思想上に缺けてゐること、即ち模擬的であつて獨創の思索に乏しいこと。

【四七】 （1）右側に傍線を施したる語句を解釋し、（2）平易なる口語を用ひて全文の大意（問題のと同じ大きさの文字で五、六行の長さ）を記し、（3）「なにごとのおはしますかは」云々の歌を詳しく釋け。

宮づくりの素朴と單一とはあの白木の檜の香はあの千木は檜皮葺の屋根部は御簾は榑段は何といふかうがうしさかさうして石の御手洗は鳥居は

なにごとのおはしますかは知らねども忝けなさに涙こぼる、

伊勢の神宮に詣でて感涙とゞめ得なかつたかの西行は何が故にかく尊崇の念に撲たれかく拜跪しずには言擧げしずにはゐられなかつたかなにごとのおはしますかは知らねどもまことにかの神苑の靈氣は不思議の外の貴さでなくてなんであらう（山口高校）

【讀方】 宮《みや》づくりの素朴《そぼく》と單一《たんいつ》とは、あの白木《しらき》の檜《ひ》の香《か》は、あの千木《ちぎ》は、檜皮葺《ひはだぶき》の屋根《やね》、蔀《しとみ》は、御簾《みす》は、榑段《くれはし》は、何《なん》といふかう〴〵しさか。さうして石《いし》の御手洗《みたらし》は、鳥居《とりゐ》は。

なにごとのおはしますかは知《し》らねども、忝《かたじ》けなさに涙《なみだ》こぼるゝ。

伊《い》勢《せ》の神宮《じんぐう》に詣《まう》でて、感涙《かんるゐ》とゞめ得《え》なかつたかの西行《さいぎやう》は、何《なに》が故《ゆゑ》にかく尊崇《そんすう》の念《ねん》に撲《う》たれ、かく拜《はい》跪《き》しずには、言擧《ことあ》げしずにはゐられなかつたか。なにごとのおはしますかは知《し》らねども。まことにかの神苑《しんゑん》の靈氣《れいき》は、不思議《ふしぎ》の外《ほか》の貴《たふと》さでなくてなんであらう。

【通解】 御宮の作り方の質素で純朴でそして單一であることは、あの御宮の白木の檜の香は、あの屋根の端に突出た千木は、檜皮で葺いた屋根は、日除けの蔀は、掛つてゐる御簾は、昇つて行く段々は、それ等凡てがまア何といふ神々しい事だ。さうして、石の御手洗鉢は、鳥居は。

なにごとの……＝何様がおいで遊ばすのか知らないが、只々もつたいなさに涙がこぼれる――どういふ有難い神様がいらせられるやら、そんな事は全く忘れて、只々もつたいなさ有難さに打たれて、知らず〳〵涙がこぼれる事であります。

伊勢の神宮に參詣して、斯うして感涙がとゞめ得なかつたかの西行は、なぜ斯く尊み崇める思ひに撲たれ、斯うしてじツとひざまづいて拜まずにはゐられなかつたのか。口に出して斯く歌ひた、へずにはゐられなかつたのか。「なにごとのおはしますかは知らねども」——實にその通りだ。ほんとに彼の伊勢神宮の境內の何ともいへぬあらたかな氣は、不思議といふ以外の、何とも彼とも曰ひやうのない貴さでなくて何であらう。

【考察】 北原白秋の「日本の花」の一節。大意は問題の文字大五六行とある。問題自體が六行であつたから、つまり原文とほぼ同長でよいわけである。うんと詰めて要旨のやうに書けば、

伊勢神宮は、御宮の造りの單純素朴さ、一切が實に神々しい。西行が感涙に咽んで「なにごとのおはしますかは知らねども」と詠んだ通り、只もうもつたいない、思慮を超越した貴さだ。

といふやうになるが、大意としての五六行といへば、

伊勢神宮は、御宮の造りの單純素朴さ、白木の檜の香、千木、檜皮葺の屋根、蔀、御簾、榑段、それから石の御手洗、鳥居等、凡てが何ともいへず神々しい。こゝに詣でて、感涙に咽んで「なにごとのおはしますかは知らねども」と詠んだ西行は、なぜ斯く尊崇の念に撲たれ、かく拜跪し、かく歌詠せずにはゐられなかつたか。只何といふ事なく尊いからだ。實に彼の神苑の靈氣は不思議以上の何ともいへぬ貴さだ。

といふ事になるのである。歌の詳解は通解中に示した程度でよい。歌中のなにごとは何樣、何といふお方の意。千木や蔀など專門的にいへばやかましい事になるが、國語常識として一通りの解でよい筈。○檜皮葺はまいはだといつて檜の內皮で屋根を葺くこと。○榑段は材木を横にした上り段。○不思議の外とは不思議といふよりもつと別の何ともいへぬ感じといふ心持と考へられる。

【摘解】 イ、きりむねの端の材を棟《むなぎ》の角《かど》から組合はせて高く空のへ突出したもの、神社などの棟の端

に高く角のやうに突出てゐるもの。ロ、日を除けたり風雨を防いだりするための特別の戸。ハ、何となく物さびて尊嚴に打たれるやうな趣。ニ、ひざまづいてをがむ、謹んで禮を盡す。ホ、不思議といふよりもつと外で、何とも彼ともいひやうの無い。

【四八】 左の文の大意を述べ、且つ傍線を施せる箇處を解釋せよ。

そも〱平安朝の貴紳淑女は（イ）鴨桂二川の流域數里の間を己が世界とし海も見ぬ天地に跼蹐して足畿外に出でず一生の經過極めて單調に感情を刺衝するものなかりければ隨つて思想の發展もあることとなし見聞するところは東山の花西山の紅葉いつも同じ京洛の風物より外に知らざれば詠ずるところの和歌も變化を見ず子は父を繼ぎ孫は祖を承けたゞ同じ詞花言葉を飾るのみにて累代繼承しゆけば和歌の思想辭句の上にもおのづから典型を生じて天眞を忘る實情を欺き虛僞に流れ浮華輕薄徒に形式を飾りて（ロ）燦爛たる錦囊その內容は空しく滔々として風を成せる時西行獨り蹶起して從來踏襲せる典型を簸却し自ら山水の間に逍遙して（ハ）直接に自然の隱微なる聲を聞き感得するところ萬朶の花と咲けり（横濱專門）

【讀方】 そも〱平安朝《へいあんてう》の貴紳淑女《きしんしゆくぢよ》は、鴨桂二川《あふけいにせん》の流域數里《りうゐきすうり》の間《あひだ》を己《おの》が世界《せかい》とし、海《うみ》も見《み》ぬ天地《てんち》に跼蹐《きよくせき》して、足畿外《あしきぐわい》に出《い》でず、一生《いつしやう》の經過極《けいくわきは》めて單調《たんてう》に、感情《かんじやう》を刺衝《ししよう》するものなかりければ、隨《したが》つて思想《しさう》の發展《はつてん》もあることとなし。見聞《けんぶん》するところは、東山《ひがしやま》の花《はな》、西山《にしやま》の紅葉《もみぢ》、いつも同《おな》じ京洛《きやうらく》の風物《ふうぶつ》より外《ほか》に知《し》らざれば、詠《えい》ずるところの和歌《わか》も變化《へんくわ》を見《み》ず。子《こ》は父《ちゝ》を繼《つ》ぎ、孫《まご》は祖《そ》を承《う》け、たゞ同《おな》じ詞花言葉《しくわげんえふ》を飾《かざ》るのみにて、累代繼承《るゐだいけいしよう》しゆけば、和歌《わか》の思想《しさう》、辭句《じく》の上《うへ》にも、おのづから典型《てんけい》を生《しやう》じて、天眞《てんしん》を忘《わす》る。實情《じつじやう》を欺《あざむ》き、虛僞《きよぎ》に流《なが》れ、浮華輕薄《ふくわけいはく》、徒《いたづら》に形式《けいしき》を飾《かざ》りて、燦爛《さんらん》たる錦囊《きんなう》、その內《ない》容《よう》は空《むな》しく、滔々《たう〱》として風《ふう》を成《な》せる時《とき》、西行獨《さいぎやうひと》り蹶起《けつき》して、從來踏襲《じゆうらいたふしう》せる典型《てんけい》を簸却《はきやく》し、自《みづか》ら山水《さんすゐ》の間《あひだ》に逍遙《せうえう》して、直接《ちよくせつ》に自然《しぜん》の隱微《いんび》なる聲《こゑ》を聞《き》き、感得《かんとく》するところ萬朶《まんだ》の花《はな》と咲《さ》けり。

【通解】 抑も平安朝の上流の男女たちは、鴨川と桂川の流れる區域數里の間を自分の世界とし、海も見ない天地にちゞこまつてゐて、一歩も畿內から外へ出ず、一生の經過がごく單調で、感情を刺戟するものがなかつたので、從つて思想が發展するといふ事もない。見たり聞いたりするものは、東山の花とか、西山の紅葉とかで、いつも同じ京都の季節々々の見ものより外に知らないので、詠む所の和歌も變化がない。子は父の跡を繼ぎ、孫は祖のあとを承けて、たゞ同じやうにきれいな言葉を飾るだけで、代々承けついで行くので、和歌の思想や、辭句の上にも、自然に一つの型が出來て、天然自然のほんとの氣持を忘れてゐる。實際の氣持を僞り、うそいつはりの方にばかり赴いて、ふわ〳〵として薄ツぺらで、只々形式を飾つて、きら〳〵と輝く錦の袋も、內味《なかみ》は何もないといふ有樣、世間一體の風が悉く皆さうなつてゐた時に、西行はひとり奮ひ起つて、これまで傳へ傳へてやつて來た型をすつかりかなぐり捨てゝ、自ら山水の間を步き廻つて、ぢかに自然そのもののかくれた微かな聲を聞き、自然の靈感を味つて、その感じ得たところは、澤山の枝に咲き匂ふ花のやうに見事な數々の歌となつてあらはれた。

【考察】 藤岡作太郎の文である。大意の答案は、

平安朝の上流人士は、あの狹い京都の天地にちゞこまつてゐて、單調な生活をしてゐたので、思想の發展もない。見聞する所はいつも同じ都の風物で、從つて詠ずる和歌にも變化がない。父子相繼いで、只言葉を飾るだけで、自然歌に一つの型が出來た。かくて、眞情の無い、只うはべの飾りが一般の風になつてゐた時、西行はひとり起つて從來の型を破り、自ら自然に接して、その感得する

所が見事な歌となつて現れた。

といふ程度にやる。○貴紳淑女は上流の男女。○蹈躋はせぐゝまり抜き足する、ちゞこまつてゐる。○京洛は京師、京都のみやこ。洛は支那の古都洛陽《らくやう》から來た語。○風物は四季の眺をなすもの、目に入るもの。○詞花言葉はきれいな言葉。○典型は一つのきまつた型。こゝはお手本といふよりも型の方。○實情を欺きは自分のほんとの氣持を僞り。○浮華輕薄はうはべを飾り薄ツぺらで實意のないこと。○燦爛たる錦嚢はきら〳〵と輝く錦の袋。歌のうはべの文句の美しいのを形容したのである。○滔々は水の盛に流れる形容。世間一體が皆さういふ有様だつたといふ意。○簸却はすつかり捨てゝ了ふ。○隱微はかくれてかすかな。○萬朶の花は澤山の枝に咲き匂ふ花。多くの立派な和歌に喩へた語。

【摘解】（イ）鴨川と桂川との流れる區域の、僅か數里の都の地を自分の世界とし、海も見ない都の天地にちゞこまつてゐて、一歩も畿內から外へ出ぬ。

（ロ）きら〳〵と輝く美しい錦の袋も、その內味はからツぽ——言葉は實に見事だが、思想の內容は少しも無いといふやうな歌が盛に行はれて、世の中一般の風となつてゐる時。

（ハ）ぢかに自然のかくれたかすかな聲を聞き、自然の靈感を味つて、その感じ得た所は澤山の枝々に咲き匂ふ美しい花のやうに、生々とした見事な歌となつて現れた。

【四九】　左の文の要旨を簡明に述べ、且つ傍線を附したる語句を解釋すべし。

信長は（一）亂世の英雄たるにふさはしき多くの奪鬪的素質を有したりき故に（二）一族骨肉を戮して尾張を定め將軍を逐ひて（三）京畿を定むるが如き權力主義を發揮することにおいて大いに得たりといへども雍々たる（四）王者の風を有する事なかりき彼には颯爽たる項羽の雄姿ありき然れども寛々たる劉邦の高風を缺きたり故に彼の性格は近畿における惡戰苦鬪には適當なりきといへども（五）居然として天下に號令せんと欲せば更に修

養を積むべき必要ありき然るに不幸にして光秀に對する峻酷は彼の修養のこゝに及ばざりしことを顯示す（陸經）

【讀方】信長《のぶなが》は亂世《らんせい》の英雄《えいゆう》たるにふさはしき多《おほ》くの奮鬪的素質《ふんたうてきそしつ》を有《いう》したりき。故《ゆゑ》に一族骨肉《いちぞくこつにく》を戮《りく》して尾張《をはり》を定《さだ》め、將軍《しやうぐん》を逐《お》ひて京畿《けいき》を定《さだ》むるが如《ごと》き、權力主義《けんりよくしゆぎ》を發揮《はつき》することにおいて大《おほ》いに得《え》たりといへども、雍々《よう〳〵》たる王者《わうしや》の風《ふう》を有《いう》する事《こと》なかりき。彼《かれ》には颯爽《さつさう》たる項羽《こうう》の雄姿《ゆうし》ありき。然《しか》れども寛々《くわん〳〵》たる劉邦《りうはう》の高風《かうふう》を缺《か》きたり。故《ゆゑ》に彼《かれ》の性格《せいかく》は近畿《きんき》における惡戰苦鬪《あくせんくたう》には適當《てきたう》なりきといへども、居然《きよぜん》として天下《てんか》に號令《がうれい》せんと欲《ほつ》せば、更《さら》に修養《しうやう》を積《つ》むべき必要《ひつえう》ありき。然《しか》るに不幸《ふかう》にして光秀《みつひで》に對《たい》する峻酷《しゆんこく》は、彼《かれ》の修養《しうやう》のこゝに及《およ》ばざりしことを顯示《げんじ》す。

【通解】信長は亂れた世の英雄たるに似合はしい多くの奮鬪的な素質を持つてゐた。だから一族身内を殺して尾張を平定し、將軍を逐つて京都畿内を平定するやうな、權力主義を發揮する點では大いにうまく出來たが、ゆるやかに安らかな王者の風格を有してはゐなかつた。彼には颯爽としてあたりを拂ふ項羽のやうな雄々しい姿はあつた。然しながらゆつたりとして自然に人を服せしめる劉邦のやうな氣高い風格が缺けてゐた。だから彼の性格は近畿の國々で散々苦勞して戰ふのには適當であつたが、どつしりと構へて天下を支配しようと思へば、更に修養を積む必要があつた。ところが不幸にして光秀に對してやつたきびしくむごい仕打は、彼の修養がそこに及ばなかつた事を明かに示してゐるのである。

【考察】要旨の要求に對しては、

信長は亂世の英雄たる素質を有し、權力主義の發揮には申分なかつたが、王者の風が缺けてゐた。だから性格上近畿の惡戰苦鬪には適したが、天下に號令するには更に修養を積む必要があつた。然しそれは出來ずに了つた。

形容。○王者は德を以て天下を統一する者。○寛々はゆつたりとしてゐる形容。○居然はどつしりと構へ込む形容。○定むは平定する、自分の勢力の下に置く。○雍々はゆるやかに、なごやかなといふ程度でよからう。○峻酷はきびしくむごい仕打。

【摘解】（一）亂れた世に腕を奮つて他を征服する英雄。（二）身內の者や親子兄弟。（三）京都及びその附近の國々を平定して自分の勢力の下に置く。（四）德を以て天下を統一する王者としての風格。（五）どつしりと構へて天下を統一支配する。

【五〇】　左の文を讀みて次の問に答へよ。

（一）傍線の部分を解釋せよ。

（二）次の語に意味の上より相對する語を文中に求めよ。

懷疑　空虛

（三）「舊いもの」とは、例へば如何なるものを指せるか。

（四）此の文は、如何なる事を主題として記せるか。

新を求める人の心は決して安らかなものでない內に新しい生命の充溢を感じてその澎湃激越に任す天才は知らず內なる空虛をどうにかしようと頻りに新しい刺戟を求める者の心には殆ど落着がない求める所の源に掘り當てないで頻りに西し東し又南し北する者は多端に疲れて簡約を望み淺躁を厭うて深沈を求め不安を去つて靜寂につかうとし懷疑に彷徨した末信仰を懷かしみ亂雜に飽いて整頓を欲する心があ

るこんな心は我等をして舊いものに(2)庇蔭を求めさせようとする舊いものの中には往々にして根柢の深い生命が簡朴な形の下に落着いて居る（陸士）

【讀方】新《しん》を求《もと》める人《ひと》の心《こゝろ》は決《けつ》して安《やす》らかなものでない。内《うち》に新《あたら》しい生命《せいめい》の充溢《じゆういつ》を感《かん》じて、その澎湃激越《ほうはいげきえつ》に任《まか》す天才《てんさい》は知《し》らず、内《うち》なる空虚《くうきよ》をどうにかしようと、頻《しき》りに新《あたら》しい刺戟《しげき》を求《もと》める者《もの》の心《こゝろ》には、殆《ほと》んど落着《おちつき》がない。求《もと》める所《ところ》の源《みなもと》に掘《ほ》り當《あ》てないで、頻《しき》りに西《にし》し東《ひがし》し又南《またみなみ》し北《きた》する者《もの》は、多《た》端《たん》に疲《つか》れて簡約《かんやく》を望《のぞ》み、淺躁《せんさう》を厭《いと》うて深沈《しんちん》を求《もと》め、不安《ふあん》を去《さ》つて靜寂《せいじやく》につかうとし、懷疑《くわいぎ》に彷徨《ほうくわう》した末信仰《すゑしんかう》を懷《なつ》かしみ、亂雜《らんざつ》に飽《あ》いて整頓《せいとん》を欲《ほつ》する心《こゝろ》がある。こんな心《こゝろ》は我等《われら》をして舊《ふる》いものに庇蔭《ひいん》を求《もと》めさせようとする。舊《ふる》いものの中《なか》には、往々《わう〳〵》にして根柢《こんてい》の深《ふか》い生命《せいめい》が、簡朴《かんぼく》な形《かたち》の下《した》に落着《おちつ》いて居《ゐ》る。

【通解】新奇なものを求める人の心は決して安らかなものでなく、いつも不安だ。自分の内心に新しい生命の充ち溢れてゐるのを感じて、それがすばらしい勢で活躍するまゝにやつてゐる天才は兎も角、内心が空ツぽで充たされないのを何とかしようとして、頻りに新しい刺戟を求める者の心には、殆んど落着がなくて、いつもいら〳〵したりそは〳〵したりしてゐる。自分が求める所の大本にぶツつからないで、西に東に南に北に頻りとうろつき廻つて求めてゐる者は、あまりごちや〳〵として面倒臭いのに疲れて、簡約なさらツとした事を求め、淺くさわがしく落着のない事がいやになつて、どつしりと深く落着いた事を求め、不安な氣持を去つてじーツと寂しい靜かな氣分にならうとし、散々色々に疑ひぬいた末に信仰が懷しくなり、亂雜なのにあき〳〵してきちんと整頓したのがほしい心持になる。こんな心になると、我々は舊いものの蔭にかくれて、それにかばはれて安心してゐたいといふ氣になる。舊いものの中には、往々にして根柢の深いしつかりした生命が、何の飾り氣もない單純な形の下にどつしりと落着いてがんばつてゐる。

【考察】（二）以下の解説については、全文をしつかり考へ、且つ常識を働かせて、

（一）懐疑——信仰　空虚——充溢

（三）「舊いもの」とは、例へば、舊い宗教、舊い習慣、舊い道德、舊い文學の類。

（四）この文は「新を求める人の惱みとその歸結」を主題として書いてゐる。

といふやうに答へる。○澎湃は波の湧き立つ形容、激越は烈しい勢で奮ひ立つこと。○淺躁は淺くさわがしいこと。○深沈は深くどつしりとしてゐること。○庇蔭は自分をかばふかげ。通解はこの語を全體の意味と結びつけて平明化して了つたが、摘解のやうな出題形式ではさうは行かぬ。やはり語を語として平明化して置く外ない。さういふ答案上の區別もしつかり摑んで戴きたい。

【摘解】（1）その新しい生命の、たとへば大きな波のわき立つやうに烈しく盛に活躍するがまゝにやつてゐる天才は知らない、さういふ大天才は別だが。

（2）自分をかばふかげ、卽ち自分が心から安心してゐられる所を求め。

【五一】　左の文を熟讀して次の問に答へよ。

（一）主意を極めて簡單に記せ。

（二）傍線の部分を解釋せよ。

（三）「これは」は何を受けてゐるか。

世間が正しいか自分が正しいかそれは個々の場合に當つて詳しく考へて見た上でなければ一概には何と

も言へぬ問題である唯自分達が忘れてならないことは自分が正しくない場合もあり得ることと世相が正しくない場合もあり得ることである前の場合の可能を忘れると自分達は（1）身の程を忘れた高慢に摑まれる併し後者を忘れると自分達は卑屈な狡猾な人間になる自分には前者の高慢も滑稽に見えるが（2）後者の卑しさも堪らない（3）眞實な心で善惡一切の判斷を自分自身の中に求めること自分の非を改めるほどの（4）坦懷を持つと共に（5）世評を超越して自分の信ずる處を守るほどの勇氣を保つこと――これは如何にもきまりきつた眞理で而も思つた程實行し易いことではない（陸士）

【讀方】 世間《せけん》が正《たゞ》しいか、自分《じぶん》が正《たゞ》しいか。それは個々《こゝ》の場合《ばあひ》に當《あた》つて、詳《くは》しく考《かんが》へて見《み》た上《うへ》でなければ、一概《いちがい》には何《なん》とも言《い》へぬ問題《もんだい》である。唯《たゞ》自分達《じぶんたち》が忘《わす》れてならないことは、自分《じぶん》が正《たゞ》しくない場合《ばあひ》もあり得《う》ることと、世間《せけん》が正《たゞ》しくない場合《ばあひ》もあり得《う》ることである。前《まへ》の場合《ばあひ》の可能《かのう》を忘《わす》れると、自分達《じぶんたち》は身《み》の程《ほど》を忘《わす》れた高慢《かうまん》に摑《つか》まれる。併《しか》し後者《こうしや》を忘《わす》れると、自分達《じぶんたち》は卑屈《ひくつ》な狡猾《かうくわつ》な人間《にんげん》になる。自分《じぶん》には前者《ぜんしや》の高慢《かうまん》も滑稽《こつけい》に見《み》えるが、後者《こうしや》の卑《いや》しさも堪《たま》らない。眞實《しんじつ》な心《こゝろ》で、善惡一切《ぜんあくいつさい》の判斷《はんだん》を自分自身《じぶんじしん》の中《うち》に求《もと》めること、自分《じぶん》の非《ひ》を改《あらた》めるほどの担懷《たんくわい》を持《も》つと共《とも》に、世評《せひやう》を超越《てうゑつ》して自分《じぶん》の信《しん》ずる處《ところ》を守《まも》るほどの勇氣《ゆうき》を保《たも》つこと――これは如何《いか》にもきまりきつた眞理《しんり》で、而《しか》も思《おも》つた程實行《ほどじつかう》し易《やす》いことではない。

【通解】 世間の方が正しいか、自分の方が正しいか、それはその一つ〳〵の場合に當つて、詳しく考へて見た上でなければ、一概にどつちとも言へぬ問題である。唯私達が忘れてならぬ事は、自分の方が正しくない場合もあり得る事と、同時に世間の方が正しくない場合もあり得る事とである。前の場合卽ち自分が正しくない場合のあり得る事を忘れると、私達は自分の身の程を忘れてえらい

> 氣になる。併し又後者卽ち世間が正しくない場合もあり得る事を忘れると、私達は卑屈な、づるい、世間にうまく迎合するやうな人間になる。私には前者の身の程を忘れた高慢も滑稽に見えるが、後者の世間に迎合する卑しさも我慢が出來ない。ほんとに僞らぬ心で、善いか惡いかの一切の判斷を自分自身の心の中に求めること、それから自分のよくない事を改める程の、平らな物にこだはらぬ心持を持つと同時に、世間の批評などは構はずそれを超越して自分の正しいと信ずる處を守る程の勇氣を失はずにゐること――この二つの事は如何にもきまりきつた眞理であつて、そのくせ思つた程實行し易いことではない、それを實行するには仲々骨が折れる。

【考察】 阿部次郎の文。(一)は所謂要旨の要求と考へて、

世間が正しいとも限らず、自分が正しいとも限らぬ。吾々は眞實な心で正しく善惡を判斷して、自分の非を改めると同時に、世評を超越して所信を守るべきだが、それは仲々實行しにくい事だ。

といふやうに答へる。(三)については

眞實な心で……求めること }
自分の非を……保つこと } これは

といふ文脈をしつかり摑んで、

「眞實な心で……勇氣を保つこと」の全體を受けてゐる。

と答へる。

【摘解】 (1)自分の身の程を忘れて、ひどくえらい氣になる。

(2)後者卽ち世間が正しくない場合もあり得る事を忘れて卑屈なづるい人間になつてゐるその卑し

さも我慢が出來ない。

（3）ほんとに僞らざる心で、善いか惡いかの一切の判斷を自分自身の心の中に求めて、自分の眞心で眞劍に善惡を判斷すること。

（4）平らで、物にこだはらぬ心。

（5）世間で何と評しようが、そんな事には構はず、それを超越して、どこ迄も自分が正しいと信ずる處を守る程の勇氣を常に失はずに保つてゐること。

【五二】 左の文に於て施線の部分（1）（3）（4）（5）は、それ〴〵意味を解釋し、（2）はそれが何れの語に係れるかを指摘せよ。

一たび(1)天地の父母の懷に身を委ねたるもの如何なればなほ遽々然として死を恐るゝか出でて野に咲く花を見ずやあす爐に投げいれらるゝ名なし小草だに惑はず疑はずおのがじし姿美しうけふの一日を咲き誇れるにあらずや(2)何ぞその(3)運命の拙きを忍びて渾身の誠を咲きいでたる彼等が生活の優にして氣高き(4)彼等は不朽を「時」に得ずしてその性を盡くす充實の生活に得たるなり彼等は(5)手弱けれども強く果敢なけれども朽ちずやさしけれども死を嘲りぬ（陸士）

【讀方】 一《ひと》たび天地《てんち》の父母《ふぼ》の懷《ふところ》に身《み》を委《ゆだ》ねたるもの、如何《いか》なればなほ遽々然《きよ〳〵ぜん》として死《し》を恐《おそ》るゝか。出《い》でて野《の》に咲《さ》く花《はな》を見《み》ずや。あす爐《ろ》に投《な》げいれらるゝ、名《な》なし小草《をぐさ》だに、惑《まど》はず、疑《うたが》はず、おのがじし姿美《すがたうつく》しう、けふの一日《ひとひ》を咲《さ》き誇《ほこ》れるにあらずや。何《なん》ぞその運命《うんめい》の拙《つたな》きを忍《しの》びて渾身《こんしん》の誠《まこと》を咲《さ》きいでたる彼等《かれら》が生活《せいくわつ》の優《いう》にして氣高《けだか》き。彼等《かれら》は不朽《ふきう》を「時《とき》」に得《え》ずして、その性《せい》を盡《つ》くす充實《じゆうじつ》の生活《せいくわつ》に得《え》たるなり。彼等《かれら》は手弱《たよわ》けれども強《つよ》く、果敢《はか》なけれども朽《く》ちず、やさしけれども死《し》を嘲《あざけ》りぬ。

【通解】一たび天地の間に生れて天地といふ父母の懐に身を委ねてゐるものが、何だつてなほもきよと〳〵として死を恐れるのか。外へ出て野に咲く花を見ないか。明日は爐に投げ入れられて燃されて了ふ名もない小さい草でも、迷はず、疑はず、銘々思ひ〳〵の姿美しく、今日の一日を見事に咲き誇つてゐるではないか。何とその運命の拙いのをじッとこらへて全身の誠を出して咲いてゐる彼等小草の生活のやさしくも亦氣高い事だ。彼等は不朽の生命を時間的には得ないで、天性を盡して充實し切つたその生活に得てゐる——時間的には彼等の生命は不朽ではないが、その天性を完全に發揮して充實しきつた生活を營んでゐる所に不朽の生命を得てゐるのだ。彼等小草は如何にもかよわいけれど而も強く、はかないけれども不朽で、やさしいけれども毅然として死を嘲つて平氣でゐる。

【考察】綱島梁川の「病間録」中の一節。(2)については、

何ぞ……氣高き

といふ疑問に對する第二終止法の呼應に目をつけて、

「優にして氣高き」に掛る。

と答へる。○天地の父母は天地といふ父母。○遽々然はきよと〳〵として落着かぬ形容。○運命の拙きは前の「あす爐に投げいれらるゝ」といふ文句を承けていうたもの。○不朽を「時」に得ずとはほんの僅かの間しか咲いて居られぬのであるから、時間的には不朽の生命は得ぬといふのである。○手弱けれども強くについては、摘解としては、上の「惑はず疑はずおのがじしの姿美しう」とか「運命の拙きを

忍びて渾身の誠を咲きいでたる」とかいふ文句に照應するものとして、その點を或程度まで解に取入れた方がよい。○果敢なけれども朽ちずは「彼等は不朽を時に得ずして、その性を盡す充實の生活に得たるなり」の抽象化である。○嘲りぬは嘲つたでなくて嘲つてゐるといふ完了強調の趣。

【摘解】（1）この天地の間に生れて、天地といふ父母の懷に身をまかせてゐるもの。

（3）折角咲いてもすぐに爐に投入れられて了ふやうな、その身の運命のはかなさ。

（4）野邊の名なし小草等は、忽ち爐に投入れられるやうな拙い運命だから、時間的には不朽の生命は得られないが、その代りに力一杯に咲いて天から與へられた自分の本性を完全に發揮し盡す、その充實した生活によつて不朽の生命を得てゐるのである。

（5）なよ〳〵として一見如何にも弱々しいが、而も力一杯その性を盡して咲いてゐる點に於て強くしつかりとしてゐて。

【五三】　左の文を通讀し別に書き拔きたる部分に就き解釋せよ。

花見といふ遊樂が年中行事の一つとなつて老幼男女貴賤貧富打連れて花下に遊ぶといふ風俗は西洋にも支那にもない全く日本獨得のことでそれがやがて日本趣味の一面を代表してゐるとも見られる蓋し世界に日本の櫻のやうな派手やかな花もなく又日本人ほど花の好きな國民もない支那の桃李も專ら詩人に歡ばれ西洋の薔薇や草花も主として上流社會の弄びである然るに日本では丁度和歌や發句や川柳が裏店にも床屋にも行はれるやうに花盛の噂は丁稚小僧も浮かれさせる日本は詩の國であり花の國である朝日に匂ふ山櫻のやうな大和心は畢竟その間から生れて來たのであるされば日本の和歌は千年の昔から何よりもまづ月花を好題目として取扱つた一千年卽ち十世紀の昔に世界の何處の隅にか花の美のみをうたつた歌があらうぞ

（イ）年中行事　（ロ）和歌　（ハ）和歌や發句や川柳が裏店にも床屋にも行はれる　（ニ）裏店　（ホ）朝日に匂ふ山櫻のやうな大和心　（ヘ）畢竟　（ト）好題目　（六高）

【讀方】花見《はなみ》といふ遊樂《いうらく》が年中行事《ねんぢゆうぎやうじ》の一《ひと》つとなつて、老幼男女《らうえうだんぢよ》、貴賤貧富《きせんひんぷ》、打連《うちつ》れて花下《くわか》に遊《あそ》ぶといふ風俗《ふうぞく》は、西洋《せいやう》にも支那《しな》にもない。全《まつた》く日本獨得《につぽんどくとく》のことで、それがやがて日本趣味《につぽんしゆみ》の一面《いちめん》を代表《だいへう》してゐるとも見《み》られる。蓋《けだ》し世界《せかい》に、日本《につぽん》の櫻《さくら》のやうな派手《はで》やかな花《はな》もなく、又日本人《またにつぽんじん》ほど花《はな》の好《す》きな國民《こくみん》もない。支那《しな》の桃李《たうり》も專《もつぱ》ら詩人《しじん》に歡《よろこ》ばれ、西洋《せいやう》の薔薇《ばら》や草花《くさばな》も、主《しゆ》として上流社會《じやうりうしやくわい》の弄《もてあそ》びである。然《しか》るに日本《につぽん》では、丁度《ちやうど》和歌《わか》や發句《ほつく》や川柳《せんりう》が、裏店《うらだな》にも床屋《とこや》にも行《おこな》はれるやうに、花盛《はなざかり》の噂《うはさ》は丁稚小僧《でつちこざう》も浮《う》かれさせる。日本《につぽん》は詩《し》の國《くに》であり、花《はな》の國《くに》である。朝日《あさひ》に匂《にほ》ふ山櫻《やまざくら》のやうな大和心《やまとごゝろ》は、畢竟《ひつきやう》その間《あひだ》から生《うま》れて來《き》たのである。されば日本《につぽん》の和歌《わか》は、千年《せんねん》の昔《むかし》から、何《なに》よりもまづ月花《つきはな》を好題目《かうだいもく》として取扱《とりあつか》つた。一千年《いつせんねん》、卽《すなは》ち十世紀《じつせいき》の昔《むかし》に、世界《せかい》の何處《どこ》の隅《すみ》にか、花《はな》の美《び》のみをうたつた歌《うた》があらうぞ。

【通解】　花見といふ遊樂が年々きまつてやる事の一つになつて、老幼男女、貴賤貧富、あらゆる人々が連立つて花の下で遊ぶといふ風俗は、西洋にも支那にもどこにも無い。全く日本だけの事で、それがそのまゝ日本趣味の一面を代表してゐるとも見られる。思ふに世界中に、日本の櫻のやうな花々しく美しい花もなく、又日本人くらゐ花の好きな國民もない。支那の桃や李《すもゝ》も專ら詩人に歡ばれ、西洋の薔薇や草花も、主として上流の人々が弄ぶもので、一般に歡ばれたり弄ばれたりしてはゐない。然るに日本では、恰も歌や發句や川柳が、裏店にも床屋にもどんな低い階級の社會にも行はれるやうに、花盛の噂を聞くと丁稚小僧もうき〳〵と浮れる。日本は詩の國、花の國で、實に風雅な國である。朝日に美しく映ずる山櫻のやうな、一點のけがれもない純眞な大和心は、つまりはその間から生れて來たのである。されば日本の歌は、千年の昔から、何よりも先づ月や花をいゝ題目として取扱つて、盛にそれを歌つた。一千年、即ち十世紀も前の世に、世界の何處の隅に、花の美だけを歌つた歌があらう、そんなものはどこにも無いのである。

【考察】「通讀し」は摘解を作るについての注意で、答案そのものには關係しない。而もその摘解が頗る單語句的であり、「和歌」だの「裏店」だの、あまり平語過ぎて却て面食《めんくら》ふやうな種類のものである。所謂國語常識の試驗と心得て、適當にやゝ說明的にやつて置くがよからう。

【摘解】(イ) 年々きまつて行ふ事。(ロ) 日本のうた、三十一文字のうた。(ハ) 和歌や発句や川柳が、裏店や床屋といふやうな、所謂知識階級でない、どんな庶民階級にも一般に行はれる。(ニ) 通りの裏の方の路次に建つてゐる小さい貸家、裏長家。(ホ) 朝日に映じて美しく咲き匂ふ山櫻のやうな、一點のけがれもない、純眞な、雄々しくも又いさぎよい日本魂。(ヘ) つまるところは、結局は。(ト) いゝ題目、歌に詠むにふさはしいもの。

【五四】 次の文を讀みて左の問に答へよ。

(イ) 傍線の箇所の讀み方と意義とを述べよ。

(ロ) 全文を三行位に要約すべし。

(1)伽藍はたゞ單に大きいといふだけではない(2)久遠の焔の様に(3)蒼空を指す高塔があるそれは人の心を高きに燃え上らせながらしかも(4)永遠なる(5)靜寂と安定とに根をおろさせるのである相重なつた屋根の線はゆつたりと緩く流れて大地の力と蒼空の(6)憧憬との間に(7)輕快奔放にしてしかも莊重高雅な力の(8)諧調を示してゐ

るその間にはなほ斗拱(9)や勾欄(10)の細やかな力の錯綜と調和とが音樂の如く人の心の隅々までも響き亘るのである（岩手醫專）

【讀方】 伽藍《がらん》はたゞ單《たん》に大《おほ》きいといふだけではない。久遠《くをん》の焔《ほのほ》の樣《やう》に蒼空《さうくう》を指《ゆびさ》す高塔《かうたふ》がある。それは人《ひと》の心《こゝろ》を高《たか》きに燃《も》え上《あが》らせながら、しかも永遠《えいゑん》なる靜寂《せいじやく》と安定《あんてい》とに根《ね》をおろさせるのである。相《あひ》重《かさ》なつた屋根《やね》の線《せん》は、ゆつたりと緩《ゆる》く流《なが》れて、大地《だいち》の力《ちから》と蒼空《さうくう》の憧憬《どうけい》との間《あひだ》に、輕快奔放《けいくわいほんぱう》にして、しかも莊重高雅《さうちようかうが》な力《ちから》の諧調《かいてう》を示《しめ》してゐる。その間《あひだ》には、なほ、斗拱《ときよう》や勾欄《こうらん》の細《こま》やかな力《ちから》の錯綜《さくさう》と調《てう》和《わ》とが、音樂《おんがく》の如《ごと》く、人《ひと》の心《こゝろ》の隅々《すみ〴〵》までも響《ひゞ》き亘《わた》るのである。

【通解】 寺は只單に大きいといふだけではない。永遠に燃え上る焔の樣に青空を指してゐる高い塔がある。それを見ると、人の心は高く〳〵上へ燃え上るやうな思ひをしながら、而も永遠にじーッと靜かにして安らかに落着いてゐられるやうなどつしりとした心持になる。お堂の重なり合つた屋根の線は、ゆつたりと緩やかに流れて、大地のどつしりとした力と大空のあこがれるやうな氣分との間に、輕くさわやかで自由自在に走り廻るやうな、而も重々しくどつしりとして氣高くみやびな力の、何ともいへぬよい調和を示してゐる。その間には、更に又、枡形《ますがた》や欄干《らんかん》の細やかな力が入りまじつてうまく調和してゐて、それが音樂のやうに、人の心の隅々までもしみ込むやうに深い感銘を與へるのである。

【考察】 和辻哲郎の文で、文末の所は少しく易化されてゐる。「三行位」は問題紙で見ると全文の約半分弱に當る。その心持で、文の要旨を摑んで、寺は大きいだけでなく、高い塔があつて、人の心を高く燃え上らせると同時に、どつしり落着かせる。重なつた屋根の線は天と地との間に輕快で莊重な力の諧調を示し、その間には斗拱や勾欄の細やかな力が快く調和して、人に深い感銘を與へる。

といふ程度に答へて置く。○伽藍は寺の梵語で、一般に寺の建物の全體を呼ぶ語になつてゐる。○高きに燃え上らせながらは、それを見ると心が高く〳〵空に引上げられて行くやうな感じを持つと同時にの意。焰に譬へたから「燃え上らせ」といつたのである。○永遠なる靜寂と安定とに根をおろさせるは、心が永遠に靜寂で安定してゐられる思ひがして、如何にもどつしりと落着いた感じを與へるといふ意であるが、この摘解のやうな出題樣式では語句そのまゝの平明化を與へて置く外ない。なほ「燃え上らせ」「おろさせる」の主語は「それは」卽ち「高塔は」で、所謂活喩法の表現である。○大地の力と蒼空の憧憬との間には、大地はどつしりとして居り、空は物にあこがれるやうな氣分を持つてゐる、その天と地との間にである。憧憬は天その物の形容で、人が天にあこがれるといふのではない。○力の諧調は力のよく調和した心持のよい調子。輕快奔放と莊重高雅と、相反したやうな二つの力がぴツたりと調和して實にいゝ感じがにじみ出てゐるといふのである。○斗拱はますがた。讀み方もマスガタとしてもよいが、勾欄に對して音讀した方が具合がよからう。○勾欄はてすり、らんかん。「打曲つたてすり」といふ解釋もあるが、必ずしもさうと限らず、一般にらんかんの事にいつてゐる。

【摘解】（1）寺、寺の建物。（2）永遠に消えないほのほ。（3）あをぞら、大空。（4）永遠に變らぬひツそりとした靜けさとぐらつかぬ安らかさ。（5）あこがれ、物にあこがれるやうな氣分。（6）輕く心持よく自由自在に走り廻るやうな趣。（7）おごそかに重々しく氣高くてみやびな趣。（8）よく調和した快よい調子。（9）柱の上のますがた。（10）てすり、らんかん。

【五五】　左記の全文の意を要約し、尚ほ傍線の箇所の讀み方と意義とを別に記せ。

たま〳〵海外形勢の變化に伴ひ英露の二國南北より窺ひ迫るに及び(1)桃源の(2)夢漸く破れ米艦浦賀に來るや攘夷の(3)論囂々たり大老井伊(4)一木の大廈を支《ささ》へんとして櫻田門外に果てゝ後幕威俄に傾きて尊王討幕の叫び(5)天下を席巻す(6)內憂外患此の如き時皇國の姿は再び(7)皇室を中軸として一大轉回しやがて(8)大政奉還となり(9)神武創業の古に復るの大號令は明治天皇によりて(10)煥發せられたり（岩手醫專）

【讀方】　たま〳〵海外形勢《かいぐわいけいせい》の變化《へんくわ》に伴《ともな》ひ、英露《えいろ》の二國南北《にこくなんぼく》より窺《うかゞ》ひ迫《せま》るに及《およ》び、桃源《たうげん》の夢漸《ゆめやうや》く破《やぶ》れ、米艦浦賀《べいくわんうらが》に來《きた》るや、攘夷《じやうい》の論囂《ろんがう》〳〵たり。大老井伊《たいらうゐい》一木《いちぼく》の大廈《たいか》を支《ささ》へんとして、櫻田門外《さくらだもんぐわい》に果《は》てゝ、後《のち》、幕威俄《ばくゐにはか》に傾《かたむ》きて、尊王討幕《そんわうたうばく》の叫《さけ》び天下《てんか》を席巻《せきけん》す。內憂外患《ないいうぐわいくわん》此《かく》の如《ごと》き時《とき》、皇國《くわうこく》の姿《すがた》は再《ふたゝ》び皇室《くわうしつ》を中軸《ちゆうぢく》として、一大轉回《いちだいてんくわい》し、やがて大政奉還《たいせいほうくわん》となり、神武創業《じんむさうげふ》の古《いにしへ》に復《かへ》るの大號令《だいがうれい》は、明治天皇《めいぢてんわう》によりて煥發《くわんぱつ》せられたり。

【通解】　たま〳〵外國の形勢が變化するに伴つて、英露の二國が南と北とから我が國のすきを窺つて迫つて來るに及んで、鎖國太平の呑氣な心持は漸く破れ、米國の軍艦が浦賀に來ると、夷狄をおツぱらへとの議論はがやがやとやかましく湧立つた。大老井伊は一本の木で大きな家を支へるやうに、自分一個の力で將に覆らんとする天下の大勢を支へようとして、その志が成らずに櫻田門外で殺されて了つて後、幕府の威力は俄に傾いて、王室を尊び幕府を討つといふ叫び聲が天下中に一杯になつた。國內の心配や外國からのなやみがこのやうである時、我が日本の姿は再び皇室を中心として、一つの大きい轉回をやつて、やがてそのまゝ徳川氏が預つてゐた政治上の大權を朝廷へお返し申上げる事になり、神武天皇が皇國の大業をお始めになつたその古に復るといふ大きな御命令は、明治天皇によつて明かに天下に發布された。

【考察】「意を要約し」は所謂要旨を要求したもので、
海外からの刺戟で太平の夢は覺め、攘夷論がやかましく、大老井伊の志は破れて、幕威衰へ、尊王討幕の叫びが天下に一杯になつた。かく內憂外患のある間に、天下の形勢は皇室を中心に一轉して、王政復古の大業は成つた。
といふ程度でよからう。○桃源は鎖國太平の呑氣な氣持をいふ。「挑源」は世間を離れた別天地をいふ語。○一木の大廈は文中子といふ書に「大廈の將に顚《たふ》れんとするは一木の支ふる所に非ず」とあつて、それは國家の將に覆らんとする危急の際には獨力では支へ難いといふ喩である。摘解の要求として「一本の大廈」だけ出したのは隨分變な出題振である。然し或程度まで如上の意味を加味して解くがよからう。

【摘解】(1)我が國のすきを窺つてじり〳〵と迫つて來る。(2)鎖國太平の呑氣な氣持。(3)がやがやとやかましく湧立つた。(4)一本の木で大きな家。——獨力で將に覆らんとする天下の大勢を支へようとしたのをいふ。(5)天下を片端から征服して、天下一杯になつて了つた。(6)國內の心配と國外からのなやみ。(7)皇國を中心。(8)今迄德川氏が預つてゐた政治上の大權を朝廷へ返上すること。(9)神武天皇が皇國の大業をお始めになつたこと。(10)明かに天下に發布。

【五六】次の文章を讀みて左の問に答へよ。
(イ)傍線の箇所の讀み方と意義とを別紙に記せ。
(ロ)全文の意味を三行位に要約し別紙に記せ。

我が國民は淡白(1)な國民である執着心(2)の薄い國民であるしたがつて物に凝滯(3)しないこの性情は外來文化(4)と

の接觸の場合に於てはその急激なる輸入となつて現はれて來る一たび他の文化の優秀なるを認めると一も二もなくこれに惑溺(5)して直ちにこれに傾倒(6)する傾倒の極度に達すると盲目的の崇拜といふべきほどのものになる熱しやすい國民はまたさめやすい國民である一たび外來文化心醉(7)の夢がさめると忽ち冷靜(8)な批判の眼をこれにそゝいで自家の面目を顧みるやうになる（岩手醫專）

【讀方】 我《わ》が國民《こくみん》は淡白《たんぱく》な國民《こくみん》である。執着心《しふちやくしん》の薄《うす》い國民《こくみん》である。したがつて物《もの》に凝滯《ぎようたい》しない。この性情《せいじやう》は、外來文化《ぐわいらいぶんくわ》との接觸《せつしよく》の場合《ばあひ》に於《おい》ては、その急激《きふげき》なる輸入《ゆにふ》となつて現《あら》はれて來《く》る。一《ひと》たび他《た》の文化《ぶんくわ》の優秀《いうしう》なるを認《みと》めると、一《いち》も二《に》もなくこれに惑溺《わくでき》して、直《たゞ》ちにこれに傾倒《けいたう》する。傾倒《けいたう》の極度《きよくど》に達《たつ》すると、盲目的《まうもくてき》の崇拜《すうはい》といふべきほどのものになる。熱《ねつ》しやすい國民《こくみん》は、またさめやすい國民《こくみん》である。一《ひと》たび外來文化心醉《ぐわいらいぶんくわしんすゐ》の夢《ゆめ》がさめると、忽《たちま》ち冷靜《れいせい》な批判《ひはん》の眼《め》をこれにそゝいで、自家《じか》の面目《めんぼく》を顧《かへり》みるやうになる。

【通解】 我が國民は淡白なさらツとした國民である。物事に深く執着する心の薄い國民である。從つて物にこだはつて滯つてゐない。この日本國民の性情は、外國から來た文化と觸れ合ふ場合に於ては、その急激な輸入となつて現はれて、忽ちそれを取入れて了ふ。そして一度他の文化の優れてゐる事を認めると、一も二もなくそれに迷ひおぼれて、すぐにそれに心を傾けて慕ひ込む。心を傾ける事が極度になると、盲目的な何の判斷もないめちやくちやな崇拜といふべき程ひどい事になる。然し熱しやすい國民は、同時にさめやすい國民である。一たび外國から來た文化に心醉して自分の心の自覺を失つてゐたその夢心地がさめると、忽ち冷靜な批判の眼をそれにそゝいで、冷かな眼でじッと正しくそれを批判して、自分自身の面目を顧みて、よく自己の體面を保つやうになる。

【考察】「三行位に要約し」は問題紙で見ると全文の約三分の一位である。そんなつもりで全文の要旨を摑んで、

我が國民は淡白で物に凝滯しないから、外來文化に觸れるとすぐ輸入し、その優秀を認めると、すつかりほれ込んで盲目的に崇拜するが、心醉の夢がさめると、忽ち又冷靜に批判して自分を顧みるやうになる。

といふ程度に答へて置く。○傾倒は文字通りの意味はかたむきたふれるで、それから內にあるものをすつかり傾け出す事にもいふが、こゝはそれ等と違つて、心を寄せてしまふといふ意の慣用義。

【摘解】（1）あつさりした、さらりとした。（2）物事に深く執着する心。（3）こだはつてじッと滯つてゐること。（4）外國からはひつて來た文化と觸れ合ふ。（5）迷ひ溺れる。（6）すつかり心を傾けて慕ひ込む。（7）心からすつかり醉ふ、心の自覺を失つてそれに夢中になる。（8）冷かに靜かにその善し惡しを批判し判斷する。

【五七】次の文を讀みて左の問に答へよ。

（イ）全文を三行位に要約せよ。

（ロ）傍線の箇所を拔き出して讀み方と意味とを記せ。

カーライルは何の爲に此の天に近き一室の經營(1)に苦心したか彼は彼の文章の示す如く電光的の人であつた(2)彼の癇癖は彼の身邊を圍繞して無遠慮に起る音響を無心に聞き流して著作に耽るの餘裕を與へなかつたと見える洋琴の聲犬の聲雞の聲(3)鸚鵡の聲一切の聲は悉く彼の鋭敏なる神經を(4)刺戟して(5)懊惱已む能は

ざらしめたる極遂に彼をして天に最も近く人に尤も遠ざかれる住居を此の四階の天井裏に求めしめたのである（岩手醫專）

【讀方】 カーライルは何《なん》の爲《ため》に此《こ》の天《てん》に近《ちか》き一室《いつしつ》の經營《けいえい》に苦心《くしん》したか。彼《かれ》は彼《かれ》の文章《ぶんしやう》の示《しめ》す如《ごと》く、電光的《でんくわうてき》の人《ひと》であつた。彼《かれ》の癇癖《かんぺき》は、彼《かれ》の身邊《しんぺん》を圍繞《ゐねう》して無遠慮《ぶゑんりよ》に起《おこ》る音響《おんきやう》を無心《むしん》に聞《き》き流《なが》して著作《ちよさく》に耽《ふけ》るの餘裕《よゆう》を與《あた》へなかつたと見《み》える。洋琴《やうきん》の聲《こゑ》、犬《いぬ》の聲《こゑ》、雞《にはとり》の聲《こゑ》、鸚鵡《あうむ》の聲《こゑ》、一切《いつさい》の聲《こゑ》は、悉《ことゞ》く彼《かれ》の鋭敏《えいびん》なる神經《しんけい》を刺戟《しげき》して、懊惱《あうなう》已《や》む能《あた》はざらしめたる極《きよく》、遂《つひ》に彼《かれ》をして、天《てん》に最《もつと》も近《ちか》く、人《ひと》に尤《もつと》も遠《とほ》ざかれる住居《ぢゆうきよ》を、此《こ》の四階《しかい》の天井裏《てんじやううら》に求《もと》めしめたのである。

【通解】 カーライルはどうして此の天に近い一室をこしらへるのに苦心したか。彼は彼の文章を見ても分るやうに、電光的な、パツと瞬間的に激しくアタマの働く人間であつた。彼は癇癖が強くて、いつもいら〱してゐたので、自分の身のまはりをぐるツと取廻いて遠慮會釋もなく起る音響を平氣で無心に聞き流して悠々と著作に耽つてゐる心の餘裕が持てなかつたらしい。ピアノの聲、犬の聲、雞の聲、鸚鵡の聲、さうした一切の聲は、殘らず彼のするどい神經を刺戟して、その刺戟になやみなやんでどうにもならなくなつた擧句、遂に彼は、天に最も近く、人に尤も遠ざかつた住居を、此の四階の天井裏に求めるやうになつたのである。

【考察】 この三行位は問題紙で見ると原文の約半分位である。何れにしても文意を要約して、カーライルは電光的の人で、癇癖が強く、周圍の騷しい音を聞き流して著作に耽る餘裕が持てなかつた。音の刺戟で苦しみぬいた擧句、彼は天に最も近く人に最も遠い住居として、四階の天井裏に居を營んだのだ。

といふやうに答へる。「彼の癇癖は」「一切の聲は」は共に活喩法としての主語である。前の方は一つの文句として纒つたものを摘解させてゐるから、それを副詞化して凡常の口語表現に改める事が出來るが、後の方は、「刺戟して」「懊惱已む能はざらしめたる極」といふやうに、語句の斷篇的摘解だから、どうしても通解の一部分といふモットー通りにはやれない事になる。それから「鸚鵡の聲」などいふ摘解もかなり受験者の心を惱ますものに違ひない。多分讀み方が主だらうが、これをオウムノコヱと讀めぬ人もあるまいし、さればといつてアウムといふ字音假名遣の要求とすれば、聊か無駄苦しめの觀がないわけには行かない。

【摘解】（1）つくりいとなむこと。

（2）彼は癇癖が強くいつもいら〳〵してゐたので、自分の身のまはりをぐるツと取りまいて遠慮會釋もなく雜然と起つて來る色々な音響を平氣で無心に聞き流して、悠々として著作に耽るといふやうな、ゆつたりした心の餘裕が持てなかつたものと見える。

（3）鸚鵡が口眞似をして鳴く聲。

（4）はげしくつゝいて。

（5）なやみになやんでどうにもならぬやうにさせて擧句のはてに。

【五八】 左の文を讀みて次の問に答へよ。

（イ）傍線の箇所の讀み方と意義とを認めよ。

（ロ）全體の意味を二行位に要約せよ。

古より梅花の譬喩（1）に引かるゝ二様の意義に於てす其の一は他に魁くる（2）こと其の二は節を守ることなり百

花に魁けて發き清香を放ちて凋落(3)するは人の明かに目睹(4)する所故に卒先(5)して險を冒す者ある卽ち引いて以て譬へらる而もその花や又能く風雪に堪へ危難に逢着(6)して毅然屈せざるの節にも比せらる（岩手醫專）

【讀方】 古《いにしへ》より梅花《ばいくわ》の譬喩《ひゆ》に引《ひ》かるゝ、二樣《にやう》の意義《いぎ》に於《お》てす。其《そ》の一《いつ》は他《た》に魁《さきが》くること、其《そ》の二《に》は節《せつ》を守《まも》ることとなり。百花《ひやくくわ》に魁《さきが》けて發《ひら》き、清香《せいかう》を放《はな》ちて凋落《てうらく》するは、人《ひと》の明《あきら》かに目睹《もくと》する所《ところ》、故《ゆゑ》に卒先《そつせん》して險《けん》を冒《おか》す者《もの》ある、卽《すなは》ち引《ひ》いて以《もつ》て譬《たと》へらる。而《しか》もその花《はな》や、又能《またよ》く風雪《ふうせつ》に堪《た》へ、危難《きなん》に逢着《ほうちやく》して毅然屈《きぜんくつ》せざるの節《せつ》にも比《ひ》せらる。

【通解】 古から梅の花が物の喩に引かれるのには、二た通りの意味で使はれる。其の一は他に魁けて眞先に立つてやる事であり、其の二はしつかりした操を守る事である。梅の花が百花に魁けて眞先に開き、清い香を放つてしぼんで了ふのは、人の明かに見るところであるから、卒先して危險を冒して立派な事をやるものがあると、すぐに梅の花はその譬に引出される。而も又梅の花は、能く風や雪に堪へて、そのために危難にあつてもしやんとして屈せずにゐる強い操にも比べられる。

【考察】 三宅雪嶺の文である。二行位の要約は、思ひきり文の中心思想に徹して、

梅は他に魁けると節を守るとの二義に喩へられる。卽ち卒先して險を冒す者と、危難に屈せぬ節との譬に引かれる。

といふ程度に答へて置く。○節は操、立て通す行ひ、どんな事にも曲げずに或一つの行ひを守つてそれを立て通すのをいふ。

【摘解】 （1）物のたとへ。（2）眞先に立つてやる。（3）しぼんで散る。（4）目で見る。（5）眞先

に立つ。(6)出あふ。

大意篇

【注意】「大意」は大體の意味である。言葉を換へていへば大まかな通解である。文の構成に從つて、思想の筋を通すのがその建前であると考へられる。だから「大意」の答案を作るには、まづ全文を思想の段落に分けて、その一段一段の大體の意味を順次簡明に書き現はし、それを綴つて一文とすればよいのである。「大意」の答案は、原則として「通解」の答案より短いものであるべき事、固より言を俟たざる所であるが、それが原文より必ず短いものであり得るとは限らない。原文の表現が非常に難澁であつたり簡潔であつたりする場合、それを平明化して分りやすくするためには、いくら「大意」でもさう〳〵短くは書き現はし難い事がいくらもあるからである。然るに入試の實際に於ては、往々にして非常な長文に對して思ひ切つて短い制限を附して「大意」を書けと要求する事例が見受けられる。それは「大意」を「要旨」と考へての出題であらう。吾人は「大意」は大體の意味、「要旨」はかいつまんだ意味として、事實上之を區別してゐるのであるが、世には、「大體の意味」といひ「かいつまんだ意味」といつた所で、要するに程度問題で畢竟同じやうなものだと、ごく大まかに考へてゐる向も尠くないやうである。如上の出題は正にさういふ考へ方の所産であらう。さうした例外は姑く別として、之を學習者の立場からいへば、どこ迄も原則の上に立つて、區別のあるものは區別して考へるのが本格である。即ち「通解」は構文に即して、一語一句も苟もせず、而も思想の平明化を主眼とした解であり、

> 「大意」は構文に即して、必ずしも一語一句に拘らず、思想の筋を通す事を眼目とした解

であり、そして「要旨」は構文から離れて、全文の中心思想を大きくかいつまんだ解であるといふやうに、しつかりした原則の上に立つて學習しなければならぬのである。

【五九】 總ては行く處へ行着いたそれも單に復讐の擧が成就したと云ふばかりではない總てが彼の道德上の要求と殆ど完全に一致するやうな形式で成就した彼は事業を完成した滿足を味つたばかりでなく道德を體現した滿足をも同時に味ふことが出來たのである而も其の滿足は復讐の目的から考へても手段から考へても良心の疚しさに曇らされる所は少しもない彼として是以上の滿足があり得ようか（芥川龍之介）

> **【讀方】** 總《すべ》ては行《ゆ》く處《ところ》へ行着《ゆきつ》いた。それも單《たん》に復讐《ふくしう》の擧《きよ》が成就《じやうじゆ》したと云《い》ふばかりではない。總《すべ》てが彼《かれ》の道德上《だうとくじやう》の要求《えうきう》と殆《ほとん》ど完全《くわんぜん》に一致《いつち》するやうな形式《けいしき》で成就《じやうじゆ》した。彼《かれ》は事業《じげふ》を完成《くわんせい》した滿足《まんぞく》を味《あぢは》つたばかりでなく、道德《だうとく》を體現《たいげん》した滿足《まんぞく》をも同時《どうじ》に味《あぢは》ふことが出來《でき》たのである。而《しか》も其《そ》の滿足《まんぞく》は、復讐《ふくしう》の目的《もくてき》から考《かんが》へても、手段《しゆだん》から考《かんが》へても、良心《りやうしん》の疚《やま》しさに曇《くも》らされる所《ところ》は少《すこ》しもない。彼《かれ》として是以上《これいじやう》の滿足《まんぞく》があり得《え》ようか。

【通解】何も彼も行く處へ行着いて、すつかりすんで了つた。それも只仇討《あだうち》の企が成就したといふだけではない。萬事が道徳上斯うありたいと自ら求めてゐた所と殆ど完全に一致するやうな風に成就した。彼は仕事を成就した滿足を味つた外に、更に道徳を實際に自分の身に行つた滿足をも同時に味ふ事が出來たのである。而も其の滿足は、仇討の目的から考へても、そのために取つた手段から考へても、良心に疚しい所の一點もない、何の曇りもない、晴れ〴〵とした滿足である。彼として是以上の滿足はあり得ないのである。

【考察】復讐がすんだ後の大石良雄の心の滿足を述べたもので、

總ては……形式で成就した。
彼は……出來たのである。 ｝彼として……あり得ようか。
而も……少しもない。

斯ういふ構文である。○道徳上の要求とは、道徳上斯くあらねばならぬと求める所。良雄は、仇討をするにつけても、道徳上斯くあらねばならぬ、かくあつてはならぬといふ心の要求を持つてゐた。所が仇討はその要求と殆ど完全に一致した形式に於て成就した。卽ち自分等のした仇討は、自分の道徳上の見地から見て、殆ど一點の非を打つ所もない完全な形に於て遂行されたといふのである。○體現は自分のからだにあらはす。道徳といふ抽象的なものを我が身の實行によつて事實の上に現はす。つまり道徳を實際に身に行つたといふのである。○良心の疚しさに云々とは、良心に疚しい所があれば滿足しながらもその滿足の心に曇りがある、所が今はそんな曇りは少しもない、晴れ〴〵した、ほんとに完全な滿足だといふのである。

【大意】 すべてが片付いて、復讐の擧は、道徳上自ら求めて居た所と殆ど完全に一致した形式で成就した。彼は事業完成の満足と共に、道徳體現の満足をも味ひ得た。而もその満足に對して良心に一點の疚しさもない。彼として是以上の満足はあり得ないのだ。

【六〇】 一年の中最もよく余の心と調べを等しくするのは春の微かに動き始める頃吹く風に遠山の雪の冷さを傳へながらも日の光の肌に親しき頃ぬくみ始めたる細流のほとりに青きものの漸く芽ぐむ頃であるその時自然の生命の營みは猶半ば大地の下に行はれて中に籠る力はたゆたひつゝ、羞ぢらひつゝ、しかも怠るところなき伸張を續けて行く生命の車は未だ全力を盡して急轉することをせずに前途の遙けさを豫想しつゝ、その靜かな緩かな廻轉を開始する外に發するよりも内に籠ることを愛する余は懶惰にして急調の旋轉に堪へざる余は而も内より漲る力を自覺せずには生き甲斐を感ずることを得ざる余は一年の中この季節に於て最も自己の本然の姿にあることを感ずるのである（阿部次郎）

【讀方】 一年《いちねん》の中《うち》、最《もつと》もよく余《よ》の心《こゝろ》と調《しら》べを等《ひと》しくするのは、春《はる》の微《かす》かに動《うご》き始《はじ》める頃《ころ》、吹《ふ》く風《かぜ》に遠山《とほやま》の雪《ゆき》の冷《つめた》さを傳《つた》へながらも、日《ひ》の光《ひかり》の肌《はだへ》に親《した》しき頃《ころ》、ぬくみ始《そ》めたる細流《さいりう》のほとりに青《あを》きものの漸《やうや》く芽《め》ぐむ頃《ころ》である。その時《とき》自然《しぜん》の生命《せいめい》の營《いとな》みは猶半《なほなか》ば大地《だいち》の下《した》に行《おこな》はれて、中《うち》に籠《こも》る力《ちから》は、たゆたひつゝ、羞《は》ぢらひつゝ、しかも怠《おこた》るところなき伸張《しんちやう》を續《つゞ》けて行《ゆ》く。生命《せいめい》の車《くるま》は、未《いま》だ全力《ぜんりよく》を盡《つく》して急轉《きふてん》することをせずに、前途《ぜんと》の遙《はる》けさを豫想《よさう》しつゝ、その靜《しづ》かな緩《ゆるや》かな廻轉《くわいてん》を開始《かいし》する。外《ほか》に發《はつ》するよりも内《うち》に籠《こも》ることを愛《あい》する余《よ》は、懶惰《らんだ》にして急調《きふてう》の旋轉《せんてん》に堪《た》へざる余《よ》は、而《しか》も内《うち》より漲《あたゝ》む力《ちから》を自覺《じかく》せずには生《い》き甲斐《がひ》を感《かん》ずることを得《え》ざる余《よ》は、一年《いちねん》の中《うち》、この季節《きせつ》に於《おい》て、最《もつと》も自己《じこ》の本然《ほんぜん》の姿《すがた》にあることを感《かん》ずるのである。

【通解】一年の中で、一番よく自分の心と調子の合ふのは、春が微かに動き出して少し春めいて來る頃、吹く風にはまだ遠山の雪の冷さが這入つてゐながらも、日の光がぽか〳〵として肌《はだ》に親しみを覺える頃、少しぬるみ掛けた細い小川の邊の青いものがぽつ〳〵と芽ぐみ出す頃である。その時分自然の生命の活動はまだ半分は地の下で行はれて、内部に籠つてゐる力は、上に出す事をためらひながら、又羞ぢらひながら、而も怠らずにぐんぐんと伸び續けて行く。生命の活動を車に喩へて見れば、それはまだ全力を出して急に廻轉する事をしないで、これから先の遙かに遠い事を豫想しながら、靜かにゆつくりと廻轉し出すといつたやうなものである。自分は、外部に發するよりも内部にとぢ込めて置く方がすきだし、とかく物事がものうく臆劫《おくくふ》で急な調子でくるくる廻るやうな風《ふう》の事はやれないし、そのくせ内部に溫める力を持つてゐるといふ自覺を持たないと何だか生き甲斐のないやうに思ふ性分《しやうぶん》なので、一年中で、斯うした初春の季節に於て、自分が一番ほんとの自分らしい姿をしてゐるやうな感じがするのである。

【考察】構文上から考へて見ると、まづ第一段は、一年の中、最もよく余の心と調べを等しくするのは、

春の微かに動き始める頃、
吹く風に遠山の雪の冷さを傳へながらも、日の光の肌に親しき頃、
ぬくみ始めたる細流のほとりに青きものの漸く芽ぐむ頃

である。

で、要約すれば、一年中で一番自分の氣持とぴツたり合ふのは春の始の頃だといふ事である。次は、

その時自然の生命の營みは猶半ば大地の下に行はれて、

中に籠る力は、{たゆたひつゝ、／羞ぢらひつゝ、}しかも怠るところなき伸張を續けて行く。

で、自然の生命は地下でせつせと伸びて行くといふ事である。次は、

生命の車は、

{未だ全力を盡して急轉することをせずに、／前途の遙けさを豫想しつゝ、}

その靜かな緩かな廻轉を開始する。

で、自然の生命は徐々に動き出すといふ事である。最後は、

{外に發するよりも内に籠ることを愛する余は、／懶惰にして急調の旋轉に堪へざる余は、／而も内より溫むる力を自覺せずには生き甲斐を感ずることを得ざる余は、}

一年の中、この季節に於て、

最も自己の本然の姿にあることを感ずるのである。

で、自分の内攻的な性分がこの季節と一番しつくり合ふといふのである。この最後の句中の「自己の」は漢文直譯調の文なら「自己が」といふ主格であるが、斯うした文調に於ては領格と認めて、

余は（主）　［（自己が）（主）　自己の本然の姿に（補）　ある（述）］（形容句）　事を（客）　感ずる（述）

といふ文の筋と考へるべきであらう。○調べを等しくするは同じやうな調子になる。ぴッたり合ふ。○自然の生命の營みは草木その他一切の自然物が伸びようとする働。○生命の車は生命の活動を車に喩へた語で、從つて下に「急轉」「廻轉」等の語が用ひられてゐるのである。○内より溫む力は内部から溫めて生命を伸張させる力、卽ち前に「中に籠る力」とあるのと同じやうな意味の力。

【大意】一年中で自分の氣持と一番ぴツたり合ふのは、春の初、うすら寒い中に段々ぬくみ出す頃だ。その時自然の生命は地下でせつ、せと伸び出す。然しその活動は急でなくて徐々に動き出す。自分は、内面的な事がすきで、急轉する事が出來なくて、そのくせ内部に持つてゐる力を自覺せずには生きてゐられぬ男だから、一年中で、この初春の季節に於て、一番自分がほんとに自分らしい姿をしてゐるやうに感じる。

【六一】秋の眺めはやはり霜に晴れて空の高く澄んだ日の方がよい雨の秋は暖かなれば櫻の季節に紅葉が戸迷ひして顏を出したやうに思はれ寒ければ枯れた葉が雪の時節まで散りこぼれて枝に留つたやうに思はれるなど考へながら常磐木の間に立ち交つた雨中の紅葉を見てゐると雨は雨でさすがに又捨て難い味ひがある（五十嵐力）

【讀方】秋《あき》の眺《なが》めは、やはり霜《しも》に晴《は》れて、空《そら》の高《たか》く澄《す》んだ日《ひ》の方《はう》がよい、雨《あめ》の秋《あき》は、暖《あたゝ》かなれば、櫻《さくら》の季節《きせつ》に紅葉《もみぢ》が戸迷《とまよ》ひして顏《かほ》を出《だ》したやうに思《おも》はれ、寒《さむ》ければ、枯《か》れた葉《は》が雪《ゆき》の時節《じせつ》まで散《ち》りこぼれて枝《えだ》に留《とゞま》つたやうに思《おも》はれるなど考《かんが》へながら、常磐木《ときはぎ》の間《あひだ》に立《た》ち交《まじは》つた雨中《うちゆう》の紅葉《もみぢ》を見《み》てゐると、雨《あめ》は雨《あめ》で、さすがに又捨《またすて》て難《がた》い味《あぢは》ひがある。

【通解】秋の眺めは、やはり眞白に霜がおりて、空のがからツと晴れて、高く澄みきつた日の方がよい、雨降りの秋の日は、暖かだと、妙にぽか〳〵して、櫻の咲く季節に紅葉が戸惑《とまど》ひして出て來たやうに思はれ、寒いと、妙にぞく〳〵して、雪の降る時節まで枯れツ葉が散りそびれて木の枝に留つてゐるやうに思はれるなどと考へながら、常磐木の間に立ち交つてゐる雨の中の紅葉を見てゐると、雨は雨で、さうはいふもののやツぱり又捨てられぬいゝ趣がある。

【考察】 構文的に見ると、

『秋の眺めは、やはり霜に晴れて、空の高く澄んだ日の方がよい。
雨の秋は、｛暖かなれば、…………やうに思はれ、
　　　　　　寒ければ、…………やうに思はれる。』
など考へながら、常磐木の間に立ち交つた雨中の紅葉を見てゐると、
雨は雨で、さすがに又捨て難い味ひがある。

斯ういふ事になる。○霜に晴れてとは、秋の朝からツと晴れるやうな日にはきつと霜が降りてゐる、その趣をいふ。○櫻の季節に云々は、ぽか〳〵暖いと、何だか櫻の季節のやうな氣がするのに、そこに紅葉が見えてゐる、そこで、紅葉が戸惑ひしてこんな所に顔を出したかと思はれるといふのである。○枯れた葉が云々は、寒いと何だかもう雪の降る時節のやうな氣がするのに、見れば木には紅葉の葉がある、そこで、枯れツ葉がこんな寒い時節まで散りこぢれて枝にくツついてゐるかと思はれるといふのである。

【大意】 秋の眺めはからツと晴れた日の方がよい、雨が降ると、それが暖かいにつけ、寒いにつけ、妙に季節外れのやうな氣がする、などと考へながら、常磐木の間に交つた雨中の紅葉を見てゐると、雨は雨で、やはり又いゝ味ひがある。

【六二】 一代の人心を擧げて美の一筋を追はんとする程にあらずば美術の旺盛は期し難く胸にあまる情熱を傾けて詩神の祭壇に跪かずば誰かよくアポロの子たることを得べき美術を味はんと欲せばこれを愛すべしこれを慕ふべしこれを戀ふべし殊に況や自ら技藝の人たらんとするにおいてをや（上田敏）

【讀方】 一代《いちだい》の人心《じんしん》を擧《あ》げて、美《び》の一筋《ひとすぢ》を追《お》はんとする程《ほど》にあらずば、美術《びじゆつ》の旺盛《わうせい》は期《き》し難《がた》く、胸《むね》にあまる情熱《じやうねつ》を傾《かたむ》けて、詩神《ししん》の祭壇《さいだん》に跪《ひざまづ》かずば、誰《たれ》かよくアポロの子《こ》たることを得《う》べき。美術《びじゆつ》を味《あぢは》はんと欲《ほつ》せば、これを愛《あい》すべし、これを慕《した》ふべし、これを戀《こ》ふべし。殊《こと》に況《いはん》や自《みづか》ら技藝《ぎげい》の人《ひと》たらんとするにおいてをや。

【通解】 その時代の人々の心が皆一齊に、只々美の一筋を追はうとする程でなくては、美術の盛になる事は望まれないし、胸一杯に溢れる程の烈しい情愛を以て、詩の神の祭壇に跪く――といふやうに非常な情熱で詩を尊崇するでなくては、どうしてアポロの子即ち詩の神の寵兒となつて、ほんとに美術を解し、美術を作る事が出來よう。美術を味はうと思つたら、それを愛するがよい、慕ふがよい、戀ふがよい。殊に自ら技藝を以て立つ人とならうとするのには、なほ更さうなくてはならぬのである。

【考察】 思想上から文の段落を分けて見ると、

（第一段） 一代の人心を擧げて……………期し難く、（社會上）

（第二段） 胸にあまる情熱を傾けて……………たることを得べき。（個人上）

（第三段） 美術を味はんと欲せば……………戀ふべし。（味ふ者）

(爲す者)

(第四段) 殊に況や………おいてをや。

である。○美の一筋は只もう美ばかりといふ意。○美術は美を具體的客観的に表現する技術又はその製作品で、本來は藝術といふのと同義の語であるが、今日普通には特に有形美術、卽ち繪畫彫刻建築等をいふ事になつてゐる。○アポロは希臘神話中ジュピターに次ぐ主神で、太陽の神、詩歌音樂の神、豫言の神として尊ばれてゐる。こゝは詩の神、藝術の神として言うたもので、その子となるとは、藝術に惠まれて、ほんとに藝術の味が分り、又は自ら藝術家となるのをいふ。

【大意】 一代の人心が悉く美の一筋を追求する程でなくては、美術の旺盛は期し難い。燃えるやうな熱情で藝術を尊崇しなくては、藝術に惠まれる事は出來ぬ。美術を味ひたければ、愛し慕ひ戀はねばならぬ。まして自ら藝術家たらうとする者は尙更だ。

【六三】 西歐の文化は其の廣袤に於て其の深邃に於て人類文明の秀れたるものなれば吾等の胸奧に染みて既に自家のものとなれるは何ぞ我が國民美術の上に表彰するを憚らむ故に吾等は日本美術の保存を說くと共に西歐藝術の移植を大に奬勵す唯彼の一時の成功を急ぎて蕪雜なる折衷を說く者には斷乎たる反對あるのみ (上田敏)

【讀方】 西歐《せいおう》の文化《ぶんくわ》は、其《そ》の廣袤《くわうぼう》に於《おい》て、其《そ》の深邃《しんすゐ》に於《おい》て、人類文明《じんるゐぶんめい》の秀《すぐ》れたるものなれば、吾等《われら》の胸奧《きようあう》に染《そ》みて、既《すで》に自家《じか》のものとなれるは、何《なん》ぞ我《わ》が國民美術《こくみんびじゆつ》の上《うへ》に表彰《へうしやう》するを憚《はゞか》らむ。故《ゆゑ》に吾等《われら》は、日本美術《につぽんびじゆつ》の保存《ほぞん》を說《と》くと共《とも》に、西歐藝術《せいおうげいじゆつ》の移植《いしよく》を大《おほい》に奬勵《しやうれい》す。唯《たゞ》彼《か》の一時《いちじ》の成功《せいこう》を急《いそ》ぎて、蕪雜《ぶざつ》なる折衷《せつちゆう》を說《と》く者《もの》には、斷乎《だんこ》たる反對《はんたい》あるのみ。

【通解】 歐羅巴の文化は、その廣さからいつても、その深さからいつても、人類文明の優秀なものだから、それが吾々の胸の奥に深くしみ込んで、すつかり自分のものになつてゐるものは、それを我が國民の美術の上に明かにあらはすのに何の憚る事があらう。だから吾々は、日本美術を保存せよと說くと同時に、歐羅巴の美術を我が國に移植する事を大に奬勵する。唯彼の一時的の成功を急いで、お互に特色を失つて了ふやうな、あらツぽい大ざツぱな折衷を說く者には、どこ迄も斷乎として反對する外ないのである。

【考察】 構文は、

（一）西歐の文化は…………憚らむ。

（二）故に…………奬勵す。

（三）唯…………反對あるのみ。

といふ三段仕立の極めて明瞭な筋である。○文化と文明は殆ど同義に使はれて、一口にいへば、世の中の開けた事であるが、嚴密にいへば、人類が原始の狀態から進んでよりよき生活を營むために努力する、その努力によつて世の中がよりよい狀態に進んで來る、その狀態を全般的に見て文化といひ、文化の當然の結果として現はれて來た諸般の事實事態を文明といふのである。○廣袤ははゞと長さ、卽ち廣さ。こゝでは文化の及んでゐる地理的の廣さでなくて、文化そのものの廣さ、所謂間口《まぐち》が廣いといふ意味と考へられる。○深邃はおく深いこと、文化そのものの奥行《おくゆき》の深い事をいふ。○國民美術は國民一般に共通するその國民特有の美術。○蕪雜なる折衷とは、お互の特長を發揮しようとせず、唯むやみに兩者の中間を取つて程よいものを作らうとすること。

【大意】 西洋文化は、廣さ深さ共に立派なものだから、ほんとに自分のものになつたものなら、それを我が國民美術の上に現はして少しも差支ない。だから吾々は、日本美術の保存と共に西歐藝術の移植を奬勵する。只一時的の成功を急いでむやみに兩者を折衷しようとする者には斷然反対する。

【六四】 生物は物界の花理想的生活は生物界の花なり花はうつろひ易し生物は死し易し曾て吾人の理想を實現せしめたるものも永久なる能はず吾人の曾て正義と見善美と見て造り出したるものも今は既に老朽して更に改造せられむことを要す改造して更に改造せざるべからず空間時間を以て裹まれたる吾人の此の世界に哲人の成就し得る理想は到底するに圓滿なる能はず故に改造は窮りなかるべし吾人の世界に永久のものあるなし唯永久なるは進んで止まざる理想的改造のみ此の無窮の理想的生活こそ吾人の眞個の生活なれ（大西祝）

【讀方】 生物《せいぶつ》は物界《ぶつかい》の花《はな》、理想的生活《りさうてきせいくわつ》は生物界《せいぶつかい》の花《はな》なり。花《はな》はうつろひ易《やす》し、生物《せいぶつ》は死《し》し易《やす》し。曾《かつ》て吾人《ごじん》の理想《りさう》を實現《じつげん》せしめたるものも、永久《えいきう》なる能《あた》はず。吾人《ごじん》の曾《かつ》て正義《せいぎ》を見《み》、善美《ぜんび》と見《み》て、造《つく》り出《いだ》したるものも、今《いま》は既《すで》に老朽《らうきう》して、更《さら》に改造《かいざう》せられむことを要《えう》す。改造《かいざう》して更《さら》に改造《かいざう》せざるべからず。空間時間《くうかんじかん》を以《もつ》て裹《つゝ》まれたる吾人《ごじん》の此《こ》の世界《せかい》に、吾人《ごじん》の成就《じやうじゆ》し得《う》る理想《りさう》は、到底《たうてい》するに圓滿《ゑんまん》なる能《あた》はず。故《ゆゑ》に改造《かいざう》は窮《きはま》りなかるべし。吾人《ごじん》の世界《せかい》に永久《えいきう》のものあるなし。唯永久《たゞえいきう》なるは、進《すゝ》んで止《や》まざる理想的改造《りさうてきかいざう》のみ。此《こ》の無窮《むきゆう》の理想的生活《りさうてきせいくわつ》こそ、吾人《ごじん》の眞個《しんこ》の生活《せいくわつ》なれ。

【通解】 生物は物の世界での花であり、理想の生活は生物の世界での花である。花はうつろひ易い、生物は死に易い。曾て吾々の理想を實現させて、これこそ吾々の理想だとして喜んだものも、永久の生命を保つてはゐられぬ。吾々が一度は正義と思ひ、善美と思つて、造り出したものも、今日では既に老朽して、更に改造される必要がある。改造して更に又改造しなければならぬ。吾人の此の世界は無限の空間と時間とに包まれてゐるのであるから、この世界に於て吾々の成就し得る理想は、どこ迄行つても結局圓滿である事は出來ない。だから改造は窮りない筈である。吾々の世界に永久の生命のあるものはない。唯永久に生命のあるのは、どこ迄も進んで止まぬ理想的の改造だけである。此の窮り無く改造して行く理想的の生活こそ、吾々のほんとの生活なのである。

【考察】 時間空間に包まれた此の世界に於て、吾々の成就し得る理想は、所詮圓滿ではあり得ない。だから無窮に改造して行く必要がある。それが吾々の眞の生活だ――といふのである。改造は改良や進歩とは違つて、一つの基礎の上に造られた既成の形を打こはして、その上に別の新しい形を作る事である。一部分の改作でなくて、全體の改造である。それが人間に與へられた最高の力で、基礎根柢から全然新しく作る所の眞の創造は神の事である。だから人間の理想的生活、眞個の生活は無窮にその最高の力を發揮して改造を續けて行く事だといふ主旨の文と考へられる。○生物は物界の花とは生物はあらゆる物の中で一番美しいもので、草木に喩へて見れば恰も花のやうなものだといふのである。○理想的生活は生物界の花とは、生物界の一番の美は理想の生活をする事だといふ意。この文で謂ふ所の理想的生活は、吾々が理想を實現しようとして無窮に改造を續けて行くその生活である。○吾人の理想を實現せしめたるものとは、その上に吾々の理想を實現させたもの、卽ちこれこそ吾々の理想の實現だとして喜んだものといふ思想。卽ちものはソノ物自體であつて、サウサセタ他ノ者ではない。○空間時間を以て裹まれたる吾人の此の世界とは空間と時間とで包まれてゐる人生の意。――人生は空間と時間とから成立つてゐる。そして空間時間にはこれだけといふ限界はない。從つて此の世界は無限である。若し有限の世界なら、その限度一杯の理想を實現すれば、それで圓滿の理想に到達したわけであるが、無限の世界である以上、如何程高い理想が成就しても、これで圓滿だとはいへない。從つて或一つの理想が實現すれば、やがて又それに對する不滿が生ずる。だから理想を實現しては改造し、改造しては更に又改造して行く。さうした無窮の改造のみが人生に永久の意味を持つてゐて、それを行つてゆくのが人類の理想的生活だといふのである。

【大意】 生物は物界の花、理想的生活は生物界の花だ。花はうつろひ易く、生物は死に易い。だから吾人の理想を實現させたものも、永久ではあり得ない。吾人が正義とし善美として造り出したものも、今は既に老朽して改造の必要に迫つてゐる。此の無限の世界に於て、いくら吾々が理想を成就し得ても、それが圓滿である筈はない。だから改造は無窮につゞく筈。卽ち人生に於て永久なものは、進んで止まぬ理想的改造のみで、それを無窮に續けて行く生活が、吾人の眞の生活である。

【六五】 梅に取るべきは其の香奇古なる其の幹花の色は白きを尙ぶ赤きは俗なり一園內に行儀正しく列植するは折角の梅花を俗了す竹外籬畔臥龍の影を清淺の水に橫へ黃昏一片の月を添へて暗香四野に浮動すこれ既に林和靖に言ひつくされたれど梅花此の境を得て始めて奇をあらはし此の境梅花を得て始めて俗氣を脫す（大町桂月）

【讀方】 梅《うめ》に取《と》るべきは其《そ》の香《か》、奇古《きこ》なる其《そ》の幹《みき》。花《はな》の色《いろ》は白《しろ》きを尙《たふと》ぶ。赤《あか》きは俗《ぞく》なり。一園內《いちえんない》に行儀《ぎやうぎ》正《ただ》しく列植《れつしよく》するは、折角《せつかく》の梅花《ばいくわ》を俗了《ぞくれう》す。竹外籬畔《ちくぐわいりはん》、臥龍《ぐわりよう》の影《かげ》を清淺《せいせん》の水《みづ》に橫《よこた》へ、黃昏一片《くわうこんいつぺん》の月《つき》を添《そ》へて、暗香四野《あんかうしや》に浮動《ふどう》す。これ既《すで》に林和靖《りんくわせい》に言《い》ひつくされたれど、梅花《ばいくわ》此《こ》の境《きやう》を得《え》て始《はじ》めて奇《き》をあらはし、此《こ》の境梅花《きやうばいくわ》を得《え》て始《はじ》めて俗氣《ぞくき》を脫《だつ》す。

【通解】 梅のいゝ所は其の香と、古びて趣の變つた幹とである。花の色は白がよい。赤いのは俗だ。

一つの園内に行儀正しく列べて植ゑるのは、折角の梅の花をすつかり俗ツぽくして了ふ。竹藪の外とかまがきのほとりとかに在つて、龍の臥したやうな影をきれいな淺い水に映し、そこに夕暮の月が一寸添つて、どこからともなく薫る香があたりに漂つてゐる。この趣は既に林和靖が言ひつくした所であるが、梅の花は斯うした場所を得て始めて珍しい趣があらはれ、斯うした場所も亦梅の花があつて始めて俗ツぽい所がすつかり無くなる。

【考察】 林和靖の詩趣を中心としての梅花の鑑賞である。○取るべきはよいとして取上げるべき價値のある所の意。○奇古は趣が變つてゐて古々しい。櫻に見るやうな、若々しくしなやかな趣の反對で、何となく古々しくごつ〳〵してゐるやうで、そこに又何ともいへぬ味があるといふのである。○臥龍の影は梅の木の影を形容した文句。林和靖の山園小梅の詩句に、「衆芳搖落《しうはうえうらく》して獨《ひと》り暄妍《けんけん》、風情《ふうじやう》を占《し》め盡《つ》くして小園《せうゑん》に向《むか》ふ。疎影《そえい》横斜《わうしや》水《みづ》清淺《せいせん》、暗香《あんかう》浮《ふ》動《どう》月《つき》黄昏《くわうこん》」とある。本文の前後の文句はそれに基づいたものである。○黄昏一片の月は夕月の影。黄昏は夕方の薄くらがり。○暗香はどこからとも知れぬ香。花は見えないで香だけが高くたゞよつてゐるのをいふ。○四野はあたり、その邊一面。

【大意】 梅のいゝ所は香と幹の具合だ。花は白がいゝ。赤は俗だ。一園内に行儀よく列べて植ゑるのは俗。竹藪の外やまがきのそばに在つて、樹影を淺い水に映し、夕月の影も添つて、暗香があたりに漂ふ。既に林和靖の言ひ盡した趣だが、梅は斯ういふ所を得て始めて奇、斯ういふ所も梅が在つてこそ俗氣を脱する。

【六六】 櫻は多きをよしとす一目千本滿山みな櫻朝陽と相映發す何等の美觀ぞやされど人跡絶えたる山奥清水ちよろ〳〵と流るゝあたりよしや事を解せざる詩人は紅葉と共に夜の錦になずらふとも其の梢

とも見えざりし一本の櫻の花にあらはるゝも亦興なからずや（大町桂月）

【讀方】 櫻《さくら》は多《おほ》きをよしとす。一目《ひとめ》千本《せんぼん》、滿山《まんざん》みな櫻《さくら》、朝陽《てうやう》と相映發《あひえいはつ》す、何等《なんら》の美觀《びくわん》ぞや。されど、人跡絶《ひとあとた》えたる山奥《やまおく》、清水《しみづ》ちよろ〳〵と流《なが》るゝあたり、よしや、事《こと》を解《かい》せざる詩人《しじん》は、紅葉《もみぢ》と共《とも》に夜《よる》の錦《にしき》になずらふとも、其《そ》の梢《こずゑ》とも見《み》えざりし一本《ひともと》の櫻《さくら》の、花《はな》にあらはるゝも、亦興《またきよう》なからずや。

【通解】 櫻は多いのがいゝ。一目に千本も見渡され、山全體が皆櫻で、それが朝日と映り合つてぱッと美しく輝く、それは何といふ美しい眺めである事だ。然し又これとは反對に、人跡の絶えた山奥の、清水のちよろちよろと流れる邊にある一本の櫻、よしやそれをば、事の趣の分らぬ詩人は、紅葉と同樣に夜の綿に比して、見る人がないからつまらぬなどと歌ふにしても、さうした所に在つて、櫻の枝とも見えなかつた一本の櫻が、花によつて始めてそれと知れるなども、亦仲々面白いではないか。

【考察】 櫻は多いがいゝが、山奥の一本の櫻も亦興があるといふのである。紅葉と共に夜の錦になずらふは古今集、紀貫之の「見る人もなくて散りぬる奥山の紅葉は夜の錦なりけり」を背景とし、其の梢とも見えざりし一本の櫻は、詞花集、源頼政の「み山木のその梢とも見えざりし櫻は花にあらはれにけり」を背景にしたもので、この二つの歌が未知では文意が不徹底の憾みはあるが、然し「流るゝあたり……一本の櫻の」と大きく文の筋を續けて考へて行けば、大體に於て通解程度の解が出來る筈。さういふアタマの涵養が實に重要である。

○一目千本は一目に千本も見えること。吉野山にさういふ地があるが、こゝはそれに限つた言葉ではない。○相映發すは互にうつりきらめく、相映じて美しく見える。○何等の美觀ぞやは、實に美しい光景だといふのを疑問的に表現した修辭。○事を解せざるは事の趣の分らぬ――只一本氣で、趣の變つた事には理解が持てぬといふ思想。○夜の錦は人に知られぬからつまらぬといふ意。漢書、項籍傳に「富貴にして故郷に歸らざるは、錦を衣《き》て夜行《よるゆ》くが如し」とあるに基づく。○花にあらはるは花によつて櫻である事があらはれる。

【大意】櫻は多いがよい。滿山の櫻花が朝日と相映ずるなど、實に美觀だ。然し山奥の清水の邊に一本位あつて、詩人には夜の錦と憐まれても、櫻とも思はれなかつたその枝が、花によつてそれと知れるなども、亦仲々興がある。

【六七】あをによし奈良の都は荒れはてて伽藍徒に古の名殘を留め星月夜鎌倉の府は廢れつくして陰鬼空しく雨に哭す英雄の骨も朽ちてはまた土塊と擇ばず美人の髑髏時に鋤犂に觸れて出づるも誰か當年の俤を認めむ東流の水一たび逝いて復返らず人間の富貴果してよく幾時かあらむ塞翁の馬上歳月徒に過ぎて邯鄲の枕頭芳夢はやく覺めぬ（大町桂月）

【讀方】あをによし奈良《なら》の都《みやこ》は荒《あ》れはてて、伽藍徒《がらんいたづら》に古《いにしへ》の名殘《なごり》を留《とゞ》め、星月夜鎌倉《ほしづくよかまくら》の府《ふ》は廢《すた》れつくして、陰鬼空《いんきむな》しく雨《あめ》に哭《こく》す。英雄《えいゆう》の骨《ほね》も朽《く》ちてはまた土塊《どくわい》と擇《えら》ばず、美人《びじん》の髑髏時《どくろとき》に鋤犂《じよれい》に觸《ふ》れて出《い》づるも、誰《たれ》か當年《たうねん》の俤《おもかげ》を認《みと》めむ。東流《とうりう》の水一《みづひと》たび逝《ゆ》いて復返《またかへ》らず、人間《にんげん》の富貴《ふうき》、果《はた》してよく幾時《いくとき》かあらむ。塞翁《さいをう》の馬上《ばじやう》、歳月徒《さいげついたづら》に過《す》ぎて、邯鄲《かんたん》の枕頭《ちんとう》、芳夢《はうむ》はやく覺《さ》めぬ。

【通解】美しく榮えた奈良の都は荒れて了つて、只寺のみが空しく古の榮華の面影を留めて居り、鎌倉の幕府はすつかりすたれて了つて、人の亡き魂が空しく雨の中に哭してゐるといつた風に實に荒涼たるものだ。英雄の骨も朽ちてはまるツきり土くれと變る事なく、美人のされかうべが時として農夫のすきに觸れて出て來ても、誰が昔の美しい姿を認めよう。川の流れは一たび逝いては復返らず、人生の富貴も、果してよくどれだけ續かう。人間萬事塞翁の馬といふ喩の通り、禍福定めない世の中に月日は空しく過ぎて行き、盧生が邯鄲で一代の榮華を夢みたといふ故事の如く、人生の榮華は一場の夢のやうに忽ちさめて了ふ。

【考察】 昔の榮華は夢のやうに過ぎて了ひ、その跡には只寂寞の悲哀を留めるのみ、人生は實にはかないものだといふ趣旨の文。○あをによしは奈良の枕詞。青丹美《あおによ》しで、都としての色彩の美しさをいうたものだらう。その外にも諸說あるがそんな事はどうでもよい。「あをによし奈良の都は、咲く花のにほふが如く今盛りなり」といふ有名な歌があつて、自然この枕詞が「美しく榮えてゐる」といふやうな感じを吾々に與へる。全然オミツトして解しても勿論結構である。○伽藍は寺。○星月夜は鎌倉の枕詞。ホシヅキヨとも讀む。闇夜に星が月のやうに見えるといふ意から、鎌倉の「倉」を「暗い」意に取つて冠した枕詞といふ。これは勿論オミツトして解すべきもの。○陰鬼雨に哭すは人の亡魂が雨の中で泣いてゐるとの意で、その地が荒涼として物凄い感じがするといふ心持で書いた文句。○髑髏はされかうべ。雨にさらされた頭骸骨。○鋤犂はすき。○當年は美人として生きてゐたその當時。○東流は川の流。支那の川は東に流れるので川の流の事を一般に東流といふ。○塞翁の馬上は「人間萬事塞翁が馬」といふ故事。塞翁とは國境のほとりの塞《とりで》の邊に住んでゐた翁《おきな》といふ事で、その人の馬が逃げたり、又別の馬を連れて歸つて來たり、その馬で息子が負傷したり、そのお蔭で戰爭に出る事を免れたり、色々と禍福の變轉した話が淮南子《ゑなんじ》といふ書にあつて、それから人生の禍福定めない喩にいふ。○邯鄲の枕頭は、盧生《ろせい》が趙の都の邯鄲に行く途中で旅亭に休んだ時、道士から枕を借りて眠つて、そこの亭主が黄粱をたいてまだそれのむれぬ内に、一生の榮華のさまを夢に見て了つたといふ有名な故事。人生榮華のはかなさに喩へる。枕頭は枕もと。芳夢は芳しい夢、榮華の夢。○覺めぬの「ぬ」は完了の强勢。

【大意】美しかりし奈良の都は荒れ果てて、寺だけが昔の形見に殘つて居り、鎌倉の府は廢れつくして、荒涼寂寞の姿を留めて居る。英雄も美人も朽ちては皆土くれ同様。人生は實にはかない、富貴も短い間の事だ。禍福定めなき人生に月日はどん〱と過ぎ、榮華の夢は忽ち覺めて了ふ。

【六八】荒涼たる山河當年の殘礎を覔めむとしても又得べからず歌舞の地鳥雀空しく悲しみ古塔月影の寒きに銷し蔓草武夫の夢を封ず夕陽に昔を問へば悲風千里より來り荒墳に英雄を弔へば零露長へに冷かなり（大町桂月）

【讀方】荒涼《くわうりやう》たる山河《さんか》、當年《たうねん》の殘礎《ざんそ》を覔《もと》めむとしても又得《またう》べからず。歌舞《かぶ》の地《ち》、鳥雀空《てうじやくむな》しく悲《かな》しみ、古塔月影《こたふげつえい》の寒《さむ》きに銷《せう》し、蔓草武夫《まんさうぶふ》の夢《ゆめ》を封《ふう》ず。夕陽《せきやう》に昔《むかし》を問《と》へば、悲風千里《ひふうせんり》より來《きた》り、荒墳《くわうふん》に英雄《えいゆう》を弔《とむら》へば、零露長《れいろとこしな》へに冷《ひや》かなり。

【通解】荒れはてて寂しい山や河に、その昔の礎の跡を探し出さうとしてももうそれは見當らない。歌ひつ舞ひつ賑やかな榮華に耽つた地も、今は荒れはてて小鳥雀が只悲しげに鳴いて居り、古い塔は冷たい月影の中に段々と磨滅して行き、武士の夢の跡には蔓草が一杯に生えてゐる。夕日のさす中に昔の跡を尋ねれば、只悲しげな風が遙か遠くから吹いて來るばかり、荒れはてた塚に向つて英雄を弔へば、いつも變らず露が冷かにこぼれ落ちてゐるのみである。

【考察】　古跡の荒涼たるさまを色々と述べた文。○荒涼はあれはてて寂しい。○山河は山や河、土地。○當年の殘礎はその昔の建物の土臺石で今に殘つてゐるもの。○覓めむは探し求めよう。○歌舞の地は歌や舞をして賑かな榮華に耽つた地。○鳥雀は雀などの小鳥。○寒きには寒い中に、冷たい光を受けてその中に。○銷しはきえる、磨滅して段々となくなつて行く。冷たい月光に古塔がきえて行くといふのは、長い年月の間に段々高い塔も磨滅する事を洒落れて表現したもの。○蔓草武夫の夢を封ずは芭蕉の「夏草やつはものどもが夢の跡」の句を背景とした文。○夕陽に昔を問へばは夕日のさす中に昔の跡を尋ねて行けば。「夕陽に」は夕日に向つてとも取れるが、文の眞意はその方ではあるまい。○悲風千里より來りは悲しさうな風が遠くから吹いて來る。風蕭々として一入悲しい思をさせるのみだといふ意。○零露はこぼれる露。○長へに冷かなりはいつも變らず冷たい。露がいつも變らず冷かにこぼれてゐるのみだの意で、これも寂寥たる悲哀の趣である。

【大意】　山河荒涼、昔の跡は尋ねても得られぬ。榮華の巷もすつかり寂れはて、古塔は段々と銷磨して、武夫の夢の跡には草が茂つてゐる。古跡古墳、只風悲しく露冷かに、人の心を痛ましめるのみだ。

【六九】　歌が當時の先進國の韻文卽ち漢詩と異なるが如く草假名は漢字とは同じくない歌の天下は獨り我が國に於てのみ認められると同時に草假名の世界もまた日本を基礎としてのみ存在する歌を見るのに漢詩を見る眼を以てしてはいかぬと同様に草假名を味はふのに漢字の趣を基としてはならぬ勿論根源がそれにあるのであるから全然風馬牛ではない一脈相通ずるものがあるにはあるが其の一脈を擴張して唯一の大道としてしまふと大なる誤謬に陷るのである然るに世間往々草假名は漢字から來た漢字と違つた假名はあるべきではないとなしてひたすら漢字を似て假名を律しようとする人のあるのは株を守り舟に刻するの類で思はざること甚だしいものである（尾上柴舟）

【讀方】 歌《うた》が、當時《たうじ》の先進國《せんしんこく》の韻文《ゐんぶん》卽《すなは》ち漢詩《かんし》と異《こと》なるが如《ごと》く、草假名《さうがな》は漢字《かんじ》とは同《おな》じくない。歌《うた》の天下《てんか》は、獨《ひと》り我《わ》が國《くに》に於《おい》てのみ認《みと》められると同時《どうじ》に、草假名《さうがな》の世界《せかい》も、また日本《につぽん》を基礎《きそ》としてのみ存在《そんざい》する。歌《うた》を見《み》るのに、漢詩《かんし》を見《み》る眼《め》を以《もつ》てしてはいかぬと同樣《どうやう》に、草假名《さうがな》を味《あぢ》はふのに、漢字《かんじ》の趣《おもむき》を基《もとゐ》としてはならぬ。勿論《もちろん》、根源《こんげん》がそれにあるのであるから、全然《ぜんぜん》風馬牛《ふうばぎう》ではない、一脈相通《いちみやくあひつう》ずるものがあるにはあるが、其《そ》の一脈《いちみやく》を擴張《くわくちやう》して、唯一《ゆゐいつ》の大道《たいだう》としてしまふと、大《おほい》なる誤謬《ごびう》に陷《おちい》るのである。然《しか》るに、世間往々《せけんわう〳〵》、草假名《さうがな》は漢字《かんじ》から來《き》た、漢字《かんじ》と違《ちが》つた假名《かな》はあるべきではないとなして、ひたすら漢字《かんじ》を以《もつ》て假名《かな》を律《りつ》しようとする人《ひと》のあるのは、株《くひぜ》を守《まも》り、舟《ふね》に刻《こく》するの類《るゐ》で、思《おも》はざること甚《はなは》だしいものである。

【通解】 歌が、その當時の先進國たる支那の韻文卽ち漢詩と違ふやうに、草假名は漢字とは同じくない。歌が堂々と行はれる天下は、只獨り我が日本の國に於てばかり認められると同時に、草假名の成立つ天地も、また日本を基礎としてだけ存在して、日本といふ土臺なしには假名は成立しない。歌を見るのに、漢詩を見る眼で見てはいかぬと同じやうに、草假名の趣を味はふのに、漢字の趣を涉ではない、その間に細く通じ合つた一本の筋はあるにはあるが、其の細い一筋を擴げて、兩者を通ずる只一つの大きな道にして了つて、兩者が堂々と大きく通じ合つてゐるやうに考へると、大きな誤に陷るのである。然るに、世の中には往々にして、草假名は漢字から來たものだ、漢字と違つた假名はあるべきではないときめ込んで、漢字が斯うだから假名も斯うなくてはならぬといふ風に、只もう一途に漢字で假名をきめつけようとする人のあるのは、恰も、兎が木の切り株で首の骨を折つて死んだからといつて、再び兎を得ようとしてその切り株の番をし、こゝから劍を落したからといつて舟に刻み目をつけて置いて、舟が他に停つた時、その刻み目を目印として劍を探したといふ昔話の類で、甚だ以て囚はれ過ぎた次第、事理を思はざるの甚しきものである。

【考察】 草假名はもと漢字から來たものだが、而も日本獨自の基礎の上に出來上つたものだから、漢字とは全然別の趣があるといふ事を強調した文で、

歌が…………漢字の趣を基としてはならぬ。

までは、歌と漢詩とを例證として、草假名と漢字が全然別個の立場を持つ事を主張したもの、

勿論…………大なる誤謬に陷るのである。

までは、草假名の根源が漢字にあるから、兩者の間に一脈相通ずるものはあるが、それを唯一の大道の如く考へてはならぬといふ主張、

然るに…………思はざること甚だしいものである。

までは、漢字を以て假名を律しようとする世間一般の人々の陋見を強く難じたものである。この末節に於て單に「假名」といつてゐるのは勿論草假名の略と考へられる。片假名の方は論議の主題となつてゐないのである。

○先進國は文明の先に進んだ國。○歌の天下は歌が大手を振つて堂々と行はれる所といふ意。草假名の世界もさういふ心持ではあるが、この方は「日本を基礎としてのみ存在する」といふのであるから、草假名が立派に成立つ所といふ思想のやうに考へられる。○草假名は漢字の草體を根源として我が國で創作した略劃文字で、所謂平假名や變體假名等の概稱。○風馬牛は無關係なこと。左傳に「風《ふう》する馬牛も

相及ばず」といふ文句があつて、それはさかりがついて牝牡相慕つて逸散する馬や牛も互に追附かぬ程遠くへだたつてゐる意。それが略されて出來た熟語である。○律しようは定めよう、きめよう。○株を守りは舊習を守つて變通を知らぬ喩にいふ語。通解に示したやうな話が韓非子《かんぴし》といふ書にある。○舟に刻するも事物に拘泥して變通を知らぬ喩。前者と共に所謂融通が利かず囚はれ過ぎた事に喩へられる有名な話で、通解に書いたやうな話が呂氏春秋《りよししゆんじう》といふ書にある。

【大意】　歌が漢詩と異なるやうに、草假名と漢字とは同じくない。歌が我が國獨自のものであるやうに、草假名も日本を基礎としてのみ成立つ。漢詩を見る眼で歌を見てはいけないやうに、漢字の趣を基として草假名を味つてはならぬ。草假名の根源が漢字にあるから、其の間に一脈相通ずるものはあるが、それを唯一の大道と考へるのは大間違だ。然るに世には草假名が漢字から來たといふ理由で、漢字を以て假名を律しようとする人がある、實に囚はれ過ぎた話だ。

【七〇】　私は藝術が藝術である所以はそこに藝術的表現があるかないかに依つて定まると思ふがその定まつた藝術が人生に對して重大な價値があるかどうかは一にその作品の內容的價値生活的價値に依つて定まると思ふ私の理想の作品といへば內容的價値と藝術的價値とを兼備した作品である語を換へて言へば我々の藝術的評價に及第すると共に我々の內容的評價に及第する作品である（菊池寛）

【讀方】　私《わたくし》は、藝術《げいじゆつ》が藝術《げいじゆつ》である所以《ゆゑん》は、そこに藝術的表現《げいじゆつてきへうげん》があるかないかに依《よ》つて定《さだ》まると思《おも》ふ。が、その定《さだ》まつた藝術《げいじゆつ》が、人生《じんせい》に對《たい》して重大《ぢゆうだい》な價値《かち》があるかどうかは、一《いつ》にその作品《さくひん》の內容的價値《ないようてきかち》、生活的價値《せいくわつてきかち》に依《よ》つて定《さだ》まると思《おも》ふ。私《わたくし》の理想《りさう》の作品《さくひん》といへば、內容的價値《ないようてきかち》と藝術的價値《げいじゆつてきかち》とを兼備《けんび》した作品《さくひん》である。語《ご》を換《か》へて言《い》へば、我々《われ〳〵》の藝術的評價《げいじゆつてきひやうか》に及第《きふだい》すると共《とも》に、我々《われ〳〵》の內容的評價《ないようてきひやうか》に及第する作品《さくひん》である。

【通解】　私は、藝術が藝術であるといふわけは、そこに藝術としての表現があるか無いかできまると思ふ。が然し、藝術としての表現があつてたしかに藝術だときまつたその藝術が、人生に對して重大な値打があるかどうかは、只その作品の內容が持つてゐる價値、生活上に及ぼす價値によつてきまると思ふ。私の理想とする作品はどんなものかといへば、內容上の價値と藝術としての表現上の價値とを兼ね備へた作品である。別の言葉でいへば、我々が藝術として見る評價に及第すると同時に、又我々が內容上に下す評價に及第する作品である。

【考察】　筆者は藝術を表現の上にだけ認めて、內容と表現とを二單位のものと考へてゐる。內容については「人生に對して重大な價値があるかどうか」というてゐるのでよく分る。卽ち筆者の所謂內容的價値とは、その中に盛込んだ內容が、人生を向上せしめ、それを讀む人の生活を美化し善化して吳れるやうな事をいふものと考へられる。表現については藝術的表現といふだけで、それ以上の說明がない。姑く世間一般の常識に基いて藝術といふ言葉を考へると、それは「美を現はす事を唯一の目的とする技術及び作品」「人間の美的欲求そのものを如實に表現する事それ自體を目的とする技術及び作品」である。筆者も恐らくさういふ見解の上に立つていうてゐるのであらう。卽ち吾々の美的欲求を充すに足りるやうな表現を持つものが藝術だといふわけである。

【大意】　或作品が藝術であるか無いかは、それに藝術的表現があるか無いかできまる。然しいくら藝術ときまつても、その作品に內容的價値、生活的價値がなくては、人生に對して重大な價値はない。私の理想の作品は、立派な芸術的價値があると同時に立派な內容的價値をも持つたものだ。

【七二】 病みて他郷にある人の身の上を氣遣ふは人も我も變らじされど我は常に健全なる人のたまたま病みて臥床するを祝せんとはするなり病なき人の道に入ることの難きは富める人の道に入り難きに等しからん世には體健かなるがために心健かならざるもの多ければ常に健かなるものの十日二十日病床に臥すはさまで恨むべきにあらずましてこの秋の物色に對して命運を學ぶこよなきたよりあるをやかく我は眞意を以て微恙ある友に書きおくれり（北村透谷）

【讀方】 病《や》みて他郷《たきやう》にある人《ひと》の身《み》の上《うへ》を氣遣《きづか》ふは、人《ひと》も我《われ》も變《かは》らじ。されど、我《われ》は、常《つね》に健全《けんぜん》なる人《ひと》のたまたま病《や》みて臥床《ぐわしやう》するを祝《しゆく》せんとはするなり。病《やまひ》なき人《ひと》の道《みち》に入《い》ることの難《かた》きは、富《と》める人《ひと》の道《みち》に入《い》り難《がた》きに等《ひと》しからん。世《よ》には體健《たいすこや》かなるがために心健《こゝろすこや》かならざるもの多《おほ》ければ、常《つね》に健《すこや》かなるものの、十日二十日《とをかはつか》病床《びやうしやう》に臥《ふ》すは、さまで恨《うら》むべきにあらず。ましてこの秋《あき》の物色《ぶつしよく》に對《たい》して、命運《めいうん》を學《まな》ぶ、こよなきたよりあるをや。かく、我《われ》は、眞意《しんい》を以《もつ》て、微恙《びやう》ある友《とも》に書《か》きおくれり。

【通解】 他郷に居て病氣をしてゐる人の身の上を色々に心配する事は、他人だつて私だつて變りはないでせう。然し、私は、いつも達者な人が、たまには病氣になつて寢る事を祝ひたいと思ふのだ。病氣のない人が道に入り難いのは、恰も金持の人が道に入り難いのと同樣だらう。世にはからだが健全なために心が健全でなくて、溫い同情心もなく、道に入る敬虔な心もない人が多いから、ふだん達者な者が、十日や二十日病床に寢るのは、さう何も恨むべき事ではない。ましてこの秋の色々な物の姿に對して、しみぐ\人生といふものは斯うしたものだといふ事を學ぶのに、殊によい便宜があるのだからなほ更以て結構だ。——斯う、私は、眞心から、一寸煩つてゐる人の所へ書いてやつた。

【考察】丈夫で病氣一つしない人には、道に進む健全な心が無い。だから丈夫な人がたまに煩つてしみぐ〵人生を考へるのは結構な事だ、といふのが筆者の主張で、それを微恙ある人の所へ書きおくつたといふのである。「健全なる精神は健全なる身體に宿る」といふのは明かに一つの眞理だが、筆者のいふ通り、からだが丈夫なために却て心が不健全になつて、細かく辿り深い心が無くなるといふ事も、亦人生の嚴かな事實である。○物色は一體の物のけはひ。○命運は宿命宿運。人生といふものは斯うしたものだといふその定め。○微恙は一寸した病氣。

【大意】他鄕で病氣してゐる人の事を案じるのは、誰しも同じだらう。然し常に健全な人がたまに寢るのは結構だと思ふ。金持が道に入り難いやうに、病氣の無い人は仲々道に入れぬものだ。世にはからだが健全なために心の健全でない人が多いから、いつも達者な人が十日や二十日煩ふのはいゝ事だ。まして今頃だと、秋の風物に對して人生の命運が學べるから尙更よい。——斯う私は微恙ある人の所へ書いてやつた。

【七二】旦に平氏あり夕べに源氏あり飄忽として去り飄忽として來る一潮山を噬んで一世紀沒し一潮退き盡きて他世紀來る歷史の載するところ一潮每に葉數を減じ古苔むしつくして英雄の遺魄日に寒し嗚呼人生の短期なるきのふの紅顏けふの白頭忙々促々として眼前の事に營々たるもの悠々綽々として千載の事を慮るもの同じくこれ大暮の同寐霜は香菊を厭はず風は幽蘭を容さず忽ち逝き忽ち消え邈冥として踪ぬべからざるを致す（北村透谷）

【讀方】 旦《あした》に平氏《へいし》あり、夕《ゆふ》べに源氏《げんじ》あり、飄忽《へうこつ》として去《さ》り、飄忽《へうこつ》として來《きた》る。一潮山《いつてうやま》を噬《か》んで一世《いつせい》紀沒《きぼつ》し、一潮退《いつてうしりぞ》き盡《つ》きて他世紀來《たせいききた》る。歴史《れきし》の載《の》するところ、一潮毎《いつてうごと》に葉數《えふすう》を減《げん》じ、古苔《こたい》むしつくして、英雄《えいゆう》の遺魄《ゐはく》日《ひ》に寒《さむ》し。嗚呼《あゝ》、人生《じんせい》の短期《たんき》なる、きのふの紅顔《こうがん》けふの白頭《はくとう》。忙々促々《ばう〱そく〱》として眼前《がんぜん》の事《こと》に營々《えい〱》たるもの、悠々綽々《いう〱しやく〱》として千載《せんざい》の事《こと》を慮《おもんぱか》るもの、同《おな》じくこれ大暮《たいぼ》の同寐《どうび》。霜《しも》は香菊《かうきく》を厭《いと》はず、風《かぜ》は幽蘭《いうらん》を容《ゆる》さず。忽《たちま》ち逝《ゆ》き忽《たちま》ち消《き》え、邈冥《ばくめい》として蹤《たづ》ぬべからざるを致《いた》す。

【通解】 朝には平氏があるかと思へば、夕べには源氏があるといふ風に、凡ては忽ちにして去り、忽ちにして來る。一つの潮が山を噬むやうな勢で押し寄せるやうに、一つの大きな勢力事態が起つて來るとその一世紀はそれに捲き込まれて了ひ、その勢力事態がすつかり去つて了ふと又他の世紀が現はれて來る。歴史の記載は、その一つの勢力事態の記録に段々頁數《ぺーずすう》を減じて行くやうに、一さわぎ毎に時代は段々と過去に葬り去られ、英雄の墳墓にはすつかり苔がむして、英雄のたましひも日々にはかなくなつて行く。嗚呼、人生の如何にも短い事、昨日の紅顔も今日は白頭となつて誰も彼も忽ち老い朽ちて了ふ。せはしくそゝくさとして目先の小事にあくせくしてゐる者も、悠々と落着いて遠い〱後世の事を考へる者も、同じく皆大きい眠に就いて死んでしまふ。霜は香しい菊も厭はず枯らし、風は奧ゆかしい蘭をも容赦なく枯らして了ふ。世の中の凡ては忽ち逝き忽ち消えて、どこにどうなつた事やら丸で分らなくなるのである。

【考察】 人生の無常を史的見地から强調した文。○旦・夕べは移り變りの早い事をいうたのである。○飄忽は風のやうにさツと。○一潮山を噬んでは一つの潮が山を噬むやうに押寄せて來て。或大きな勢力事態が世に起つて來てといふ意の比喩と考へられる。○一世紀沒しはその時代がその中に沈んで了ふの意。こゝの一世紀は百年と年數を限つて言つたのではない。○歷史の載するところ一潮毎に葉數を減じは歷史の記載する全體のペーヂが一事件毎に段々減じて行くといふ意だらう。言ひ換へれば、一事件毎にそれが記載されて歷史の頁をへらして行く、つまり一事件毎に時代はどん／＼過去に葬られて行くといふのである。一事件毎に段々それを書くために使ふペーヂが少くなるといふやうにも取れるが、それでは全文の思想と無關係になる。○遺魄はなきたましひ。魂は陽のたましひ、魄は陰のたましひであるが、こゝは英雄も空しく朽ちはてて了つたといふ迄である。○日に寒しは日々に寂しい、段々と弔祭も絕えて寂しくなつて行く。「日に」は日々にの意。日中に、日光の下でではない。○大暮の同寐は日がすつかり暮れると皆同じやうに眠るの意で、同じく皆死んで了ふといふ喩。○厭はずは構はずに枯らして了ふ。○幽蘭は奥ゆかしく薰つてゐる蘭。漢文の熟語としては奥深い谷間の蘭といふ意に取るのが普通だが、こゝは「香菊」の對句だからさうは取れない。菊と蘭は、英雄や紅顏や、世の賞美する者を喩へたのであらう。○容さずは容赦せずに枯らして了ふ。○邈冥はぼーツとして暗い形容。○踪ぬべからずはどうなつたか分らなくなつて了ふ。

【大意】 今平氏が榮えるかと思へば、忽ち源氏の世と變る。一つの大きな勢力が來るとその時代はそれに卷き込まれ、その勢力が去ると又別の時代が來る。斯くて時代は推移し、當年の英雄も空しく地下に朽ちて了ふ。人生は實に短くて、紅顏の美少年も忽ち白髮の老人になる。眼前の事にあくせくする者も、悠々として遠い將來を考へる者も、同じく皆死んで了ふ。菊も枯れ蘭も枯れる。凡ては忽ち逝いて分らなくなつて了ふ。

【七三】 夢の世界に於て我等は決して眠つて居るのではなく眞の意味に於て實は目覺めて居るのだ否

覺醒時よりももつと人としてまた藝術家として——さうだ其の時は如何なる人も皆藝術家だ——純眞な活動をなすことが出來るのだ意識狀態が更に銳く集注的となつて恰も或物象の上に強い光線が投じられた時と同じく一層際立つた明暗の度がつき平素は氣付かないやうな陰影の微さへも捉へ姿形動きなどが精妙を極めて心に映ずる肉眼を見開いて居る時よりも自分の心の一層深い處にはつきりと現實の相を捉へることが出來る內に向つて靈界に向つて銳く見開かれた心眼が隈なく冴渡つた時の狀態だ文學者が筆を執る時俳優が舞臺に立つ時彫塑家が鑿を執つて大理石に向ふ時更に又詩歌小說を讀んで強い感激に打たれる時悲劇を觀て袖を絞る時名畫に對して恍然として醉はされる時總べて鑑賞に於てもまた創作に於ても此の夢の心境にまで踏入らない者はまだ藝術の三昧境に入つたものでない（厨川白村）

【讀方】 夢《ゆめ》の世界《せかい》に於《おい》て、我等《われら》は決《けつ》して眠《ねむ》つて居《ゐ》るのではなく、眞《しん》の意味《いみ》に於《おい》て實《じつ》は目覺《めざ》めて居《ゐ》るのだ。否《いな》、覺醒時《かくせいじ》よりももつと人《ひと》としてまた藝術家《げいじゆつか》として、——さうだ、其《そ》の時《とき》は如何《いか》なる人《ひと》も皆藝術家《みなげいじゆつか》だ。——純眞《じゆんしん》な活動《くわつどう》をなし、觀照《くわんせう》をなすことが出來《でき》るのだ。意識狀態《いしきじやうたい》が更《さら》に銳《するど》く集注的《しふちゆうてき》となつて、恰《あたか》も或物象《あるぶつしやう》の上《うへ》に強《つよ》い光線《くわうせん》が投《とう》じられた時《とき》と同《おな》じく、一層際立《いつそうきは》だつた明暗《めいあん》の度《ど》がつき、平素《へいそ》は氣付《きづ》かないやうな陰影《いんえい》の微《び》さへも捉《とら》へ、姿《すがた》・形《かたち》・動《うご》きなどが精妙《せいめう》を極《きは》めて心《こゝろ》に映《えい》ずる。肉眼《にくがん》を見《み》開《ひら》いて居《ゐ》る時《とき》よりも、自分《じぶん》の心《こゝろ》の一層深《いつそうふか》い處《ところ》に、はつきりと現實《げんじつ》の相《すがた》を捉《とら》へることが出來《でき》る。內《うち》に向《むか》つて、靈界《れいかい》に向《むか》つて、銳《するど》く見開《みひら》かれた心眼《しんがん》が、隈《くま》なく冴渡《さえわた》つた時《とき》の狀態《じやうたい》だ。文學者《ぶんがくしや》が筆《ふで》を執《と》る時《とき》、俳優《はいいう》が舞臺《ぶたい》に立《た》つ時《とき》、彫塑家《てうそか》が鑿《のみ》を執《と》つて大理石《だいりせき》に向《むか》ふ時《とき》、更《さら》に又詩歌小說《またしかせうせつ》を讀《よ》んで強《つよ》い感激《かんげき》に打《う》たれる時《とき》、悲劇《ひげき》を觀《み》て袖《そで》を絞《しぼ》る時《とき》、名畫《めいぐわ》に對《たい》して恍然《くわうぜん》として醉《よ》はされる時《とき》、總《す》べて鑑賞《かんしやう》に於《おい》ても創作《さうさく》に於《おい》ても、此《こ》の夢《ゆめ》の心境《しんきやう》にまで踏入《ふみい》らない者《もの》は、まだ藝術《げいじゆつ》の三昧境《さんまいきやう》に入《い》つたものでない。

【通解】　夢を見てゐる時に、吾々は決して眠つてゐるのでなくて、ほんとの意味に於て實は目が覺めてゐるのだ。否、目が覺めてゐる時よりも一層人として藝術家として、――事實、夢を見てゐる時はどんな人でも皆藝術家だ。――ほんとに純な活動をし、ほんとに離れて物を正しく觀る事が出來るのだ。アタマの狀態が一層鋭く或一點に集注するやうになつて、恰度或物の形の上に強い光線が當つた時と同樣に、一層際立つた明暗の度がついて、物の明暗がはつきりと分り、ふだんは氣付かぬやうなごく微《かす》かな陰影までもつかまへ、物の姿や形や動きなどが實に細かく心に映る。肉眼を見開いて見てゐる時よりも、自分の心のもつと〳〵深い處に、現在あるものの姿をはつきりと捉へる事が出來る。それは內の方の魂の世界に向つて、強く見開かれた心の眼が、屆かぬ隈もなくずう―ツと冴え渡つた時の狀態である。文學者が筆を取つて文學を作る時、俳優が舞臺に立つて技を演ずる時、彫塑家が鑿を執つて大理石に向つて塑像を作る時、それから又詩歌や小說を讀んで強く〳〵感じた時、悲劇を觀てうんと泣く時、名畫に對してうつとりとして醉はされる時、すべて鑑賞をする場合にでも創作をする場合にでも、この夢を見る時のやうな心の狀態にまでふんごんで行かない者は、まだほんとに藝術に對して絕對專念の妙境に迄入つたものではない。

【考察】　夢の心境がほんとの藝術の心境だ、夢の心境を以て藝術を創作し鑑賞する者こそ、眞に藝術の三昧境に入つた者だといふ主張である。〇皆藝術家だは、誰しも夢では實利實際から離れて眞に純眞な藝術家の心になつてゐるといふ意。藝術は藝術自體が目的であるから、藝術家は只藝術そのものに精通するだけで、他の一際の目的を持つてはならぬ筈である。夢を見てゐる時だけは誰でも皆さういふ心境だといふのである。〇觀照は一切の主觀を去り對象から遠く離れて、ほんとにそのもののあるがまゝの姿を観ること。○意識狀態は物事を意識する心の狀態。○集注的は或一點に集注して散漫でなくなつてゐること。○物象は物の形態。○明暗の度は明いと暗いとの度合の差。○陰影の微はごくかすかなかげ。○現實の相は實際に目の前に見る所の事實の姿形。○靈界は心の世界、魂の世界。○心眼は肉眼に對する語で、正しく深く物を觀察する心の働きを眼に喩へたのである。○鑑賞はそのあるがまゝの善さを純眞な氣持で味ひ賞すること。○三昧境は心をその一所に安住させて、正しく邪念を離れた狀態。こゝでいへば、全く藝術に專念し、その中の人になりきつて、一點の邪念も無い心境である。

【大意】　夢を見てゐる時、吾々は眠つてゐるのでなくて、眞の意味で目覺めてゐるのだ。否、目の覺めてゐる時よりもつと人として藝術家として、純眞な活動觀照が出來る。アタマの働きが鋭く集注的になつて、物象の上に強い光線が當つた時のやうに、どんな細かい陰影でもよく分つて、物の姿や形や動きなどが精妙に心に映る。肉眼で見る時よりも、もつと心の深い處に現實の姿が捉へられる。實に心の眼が心靈の世界に向つて冴え渡つた狀態だ。文學者、俳優、彫塑家がそれ〴〵の創作に向ふ時、又吾々が詩歌小說悲劇名畫等に打たれる時、凡て創作も鑑賞もこの夢の心境にまで踏み込まなくては、ほんとに藝術の三昧境に入つたとはいへない。

【七四】　花に醉ひたりし昨日の夢の今日簾外の青山に覺めて白磁の小盌に心靜けく新茶を喫する午過の閑居に庭前の若葉の梢吹きしをる風の音の獵々颯々として勇ましき聞きたる胸すきていさぎよし天は暖め地は養ひて氣は加はり物は長ずる頃とて枝は靭かにして折れず葉は水を含みて柔かなれば打聞きには正しく木の聲ながらよく味へば水の聲ありて或は淙々として或は澎々として響きて鳴る夏の嵐の耳に快く心に涼しき一つは正にこれがためなるべし（幸田露伴）

【讀方】 花《はな》に醉《ゑ》ひたりし昨日《きのふ》の夢《ゆめ》の、今日《けふ》簾外《れんぐわい》の青山《せいざん》に覺《さ》めて、白磁《はくじ》の小盌《せうわん》に心靜《こゝろしづ》けく新茶《しんちや》を喫《きつ》する午過《ごくわ》の閑居《かんきよ》に、庭前《ていぜん》の若葉《わかば》の梢吹《こずゑふ》きしをる風《かぜ》の音《おと》の、獵々颯々《れふ〳〵さつ〳〵》として勇《いさ》ましき聞《き》きたる、胸《むね》すきていさぎよし。天《てん》は暖《あたゝ》め、地《ち》は養《やしな》ひて、氣《き》は加《くは》はり、物《もの》は長《ちやう》ずる頃《ころ》とて、枝《えだ》は靱《しなや》かにして折《を》れず、葉《は》は水《みづ》を含《ふく》みて柔《やはら》かなれば、打聞《うちぎ》きには正《まさ》しく木《き》の聲《こゑ》ながら、よく味《あぢは》へば水《みづ》の聲《こゑ》ありて、或《あるひ》は淙々《そう〳〵》として響《ひゞ》き、或《あるひ》は澎々《はう〳〵》として鳴《な》る。夏《なつ》の嵐《あらし》の、耳《みゝ》に快《こゝろよ》く、心《こゝろ》に涼《すゞ》しき、一《ひと》つは正《まさ》にこれがためなるべし。

【通解】 醉つたやうな氣分で花を眺めてゐた昨日までの夢心地も、今日は簾の外に見える青々とした山のすがすがしい綠ですつかり覺めて、白磁の小さい茶碗で心靜かに新茶を飲みながらおひる過ぎ獨り靜かに坐つてゐる時、庭さきの若葉の枝を吹きたわめる風の音の、さーさーツとして勇ましいのを聞いてゐると、胸がすうーツとして如何にもさば〳〵する。天は暖め、地は草木を養つて、氣は盛になり、物は生長する頃なので、木の枝はしなやかで折れず、葉は水分を含んで柔かであるから、一寸聞いた所では正に木の聲であるが、よく味つて見るとその中に水の聲があつて、或はさら〳〵として水の流れるやうに響き、或はどう〳〵として波の打ち合ふやうに鳴る。夏の嵐が、耳に快く聞え、心に涼しく感じるのは、一つはたしかにそのためであらう。

【考察】 すが〳〵しい初夏の氣分、それから夏の風には木の音の外に水の聲も含んでゐて、それがために特に涼しく快く聞えるといふ事を述べてゐる。○花に醉ひたりし昨日の夢は花に浮れてうつら〳〵と醉ふやうに過して來た昨日までの氣分。花見の酒に醉つたとか、醉つた夢を見たとかいふ事では勿論ない。○簾外の青山はすだれの外に見える青々とした山、向ふに見える山の新緑をいふ。○白磁は支那産の純白な磁器。○午過の閑居はひる過ぎ静かに坐つてゐる時。○吹きしをるは吹きたわめる、盛に吹く。○獵々颯々は元氣のよい風の音の形容。○聞きたるは「聞きたるは」の連體省略。○いさぎよしはさば〳〵とした氣持になる。○氣は加はりは天地生々の氣が加はりの意で、凡ての物が勢づいて來るのをいふ。○靭かは柔かで而も強いのをいふ。○打聞きにはは一寸聞いた所では、いきなり聞いた所では。○木の聲は木が風に吹かれて出す聲。○淙々は水の流れる音。○澎々は水波の相撃つ音。○心に涼しきは「心に涼しきは」の連體省略。

【大意】花に醉つてゐた氣分も新緑のすが〳〵しさにすつかり覺めて、心靜かに新茶を飲む午過の閑居に、庭前の若葉を吹く勇ましい風の音を聞くと、胸がすうーッとする。天地生々の氣が盛で、物の長ずる時だから、木に水分があつて、木を吹く風の音にも水の聲が含まれ、或は水の流れる如く、或は波の打ち合ふ如く聞える。夏の風の特に快く涼しいのは、一つはそのためだらう。

【七五】秋風の音は人もいひふるしたれど疎林に星の夜を騒ぎ荒野に薄墨の夕べを吹くいづれかあはれに悲しからざらむ長谿の霧霽れて崕に這へる葛の葉のざわ〳〵と鳴る初秋高天雲飛んで黄蘆蕭々と岸に折偃さむとする晩秋皆人の心を動かし思を惹くに足る（幸田露伴）

【讀方】秋風《あきかぜ》の音《おと》は、人《ひと》もいひふるしたれど、疎林《そりん》に星《ほし》の夜《よ》を騒《さわ》ぎ、荒野《くわうや》に薄墨《うすずみ》の夕《ゆふ》べを吹《ふ》く、いづれかあはれに悲《かな》しからざらむ。長谿《ちやうけい》の霧霽《きりは》れて、崕《がけ》に這《は》へる葛《くず》の葉《は》のざわ〳〵と鳴《な》る初秋《しよしう》、高天《かうてん》雲《くも》飛《と》んで、黄蘆蕭々《くわうろせう〳〵》と岸《きし》に折偃《をれふ》さむとする晩秋《ばんしう》、皆《みな》、人《ひと》の心《こゝろ》を動《うご》かし、思《おもひ》を惹《ひ》くに足《た》る。

【通解】秋風の音については、人もいろ〳〵いひふるしてゐるが、それが星のきら〳〵と輝いてゐる夜葉の落ちてまばらになつた林に吹きさわぎ、薄墨色に暮れて行く夕方荒れ野に寂しく吹いてゐるなど、どれがしみじみと物悲しく感じなからう。長い谷川にかゝつた霧がはれて、崕に這つてゐる葛の葉が風に吹かれてざわ〳〵と鳴る秋の初め、高い空に雲がちぎれ飛び、黄ばんだ蘆が物寂しく風に吹かれて岸に打伏さうとする秋の末、何れも皆、人の心を動かし、しみ〴〵物を思はせるに足るものだ。

【考察】 秋風の物寂しい情調である。○いひふるしたれどは古來色々と言ひふるされて珍しげがないやうだがやはりいゝといふ心持の表現。○疎林に星の夜をは「星の夜疎林に」と凡化して考へればよく分る。○黄蘆は段々と枯れて來て黄色になつたあし。○蕭々とは寂しく風に吹かれて。○思を惹くはそれが人の思を惹きつける、卽ち、それがためにいろ〳〵と物を思はせる。

【大意】 秋風の音は、人もいひふるしたが、星の夜の疎林の秋風、薄墨の夕べの荒野の秋風、何れも哀調が深い。谷川の霧が霽れて、崖の葛の葉のざわつく初秋、雲飛び、黄蘆打伏す晩秋、皆しみ〴〵と人の心を動かす。

【七六】 評の性は多く褒貶毀譽を具し人の情は常に譽を愛し褒を愛して毀を惡み貶を惡むこゝに於て毀譽褒貶の我が頭上に加へらるゝや大丈夫の覺悟なきもの或は徒に懼れ或は徒に驕り或は人を恨み或は自ら足れりとして惜むべし堂々たる六尺の身他人の簸弄する所となり了りたるを悟らず人を飃風にし我を粃糠にす實に自ら待つの薄きのみならず抑もまた學藝に負くこと多しといふべし（幸田露伴）

【讀方】 評《ひやう》の性《せい》は、多《おほ》く褒貶毀譽《はうへんきよ》を具《ぐ》し、人《ひと》の情《じやう》は、常《つね》に譽《よ》を愛《あい》し褒《はう》を愛《あい》して、毀《き》を惡《にく》み貶《へん》を惡《にく》む。

こゝに於《おい》て毀譽褒貶《きよはうへん》の我《わ》が頭上《づじやう》に加《くは》へらるゝや、大丈夫《だいぢやうふ》の覺悟《かくご》なきもの、或《あるひ》は徒《いたづら》に懼《おそ》れ、或《あるひ》は徒《いたづら》に驕《おご》り、或《あるひ》は人《ひと》を恨《うら》み、或《あるひ》は自《みづか》ら足《た》れりとして、惜《をし》むべし、堂々《だう〳〵》たる六尺《ろくしやく》の身《み》、他人《たにん》の簸弄《はろう》する所《ところ》となり了《をは》りたるを悟《さと》らず、人《ひと》を飈風《へうふう》にし、我《われ》を粃糠《ひかう》にす。實《じつ》に自《みづか》ら待《ま》つの薄《うす》きのみならず、抑《そもそ》もまた學藝《がくげい》に負《そむ》くこと多《おほ》しといふべし。

【通解】 批評といふものは、多くは人を譽めそやしたり毀りけなしたりする性質を具へて居り、そして人の情は、常に譽めそやされる事を喜んで、毀りけなされる事をいやがるものだ。そこで世の毀譽褒貶が自分の頭の上に加はつて來ると、堂々たる男子としてのしつかりした覺悟のない者は、或はむやみとびく〳〵し、或はむやみにえらい氣になり、或は人を恨み、或は自らこれで十分だとして、惜しいかな、立派な六尺のからだが、他人にあふられおもちやにされてゐるのに心附かず、人をつむじ風にし、自分をしひなやぬかにして、恰も風に吹き上げられるしひなやぬかのやうに、人に飜弄されきつてゐる。それは實に自身自ら身を輕くもて扱つてゐるばかりでなく、實にどうも學問技藝の精神に反する所が多いといふべきである。

【考察】 評に對する世人の態度の誤を痛言してゐる。○簸弄はあふり揚げる、箕であふつて糠や塵を去るやうに、人にあふられ弄ばれてゐるのをいふ。○飈風はつむじかぜ。○粃糠はしひなとぬか。○自ら待つの薄きは自ら身を待遇する事が薄い、即ち自分を輕く扱ふ。○學藝に負くは學問技藝の眞精神に反する。

【大意】 評の性質は多く褒貶毀譽を具へ、人は常に褒譽を愛し、毀貶をいやがる。そこで人から評せられる時、餘程しつかりしてゐないと、毀られて懼れ恨み、譽められて驕り自慢して、丸で風に吹き立てられる粃糠のやうに、堂々たる六尺の身を他人の翫弄に任せて知らずに居る。實に自ら待つ事薄く、又實に學の精神に負くものだ。

【七七】 大丈夫當に受發の二途に於て大丈夫の覺悟を以て立ち而して學藝に盡すあるべし子思曰く能く其の心に勝つ人に勝つに於て何かあらん能く其の心に勝たず人に勝つを如何せんと爲す所ありて美とせられず內に求めずして人に責むる其の情は憫むべし其の爲は悲しむべし我豈に人の勝つを好むを陋とするのみならんや我また實に之を愧づ倣はんかな海や百川それ海を如何せん（幸田露伴）

【讀方】 大丈夫《だいぢやうふ》當《まさ》に受發《じゆはつ》の二途《にと》に於《おい》て、大丈夫《だいぢやうふ》の覺悟《かくご》を以《もつ》て立《た》ち、而《しか》して學藝《がくげい》に盡《つく》すあるべし。子《し》思《し》曰《いは》く、「能《よ》く其《そ》の心《こゝろ》に勝《か》つ、人《ひと》に勝《か》つに於《おい》て何《なに》かあらん。能《よ》く其《そ》の心《こゝろ》に勝《か》たず、人《ひと》に勝《か》つを如何《いかん》せん」と。爲《な》す所《ところ》ありて美《び》とせられず、內《うち》に求《もと》めずして人《ひと》に責《せ》むる、其《そ》の情《じやう》は憫《あはれ》むべし、其《そ》の爲《ゐ》は悲《かな》しむべし。我《われ》豈《あ》に人《ひと》の勝《か》つを好《この》むを陋《ろう》とするのみならんや、我《われ》また實《じつ》に之《これ》を愧《は》づ。倣《なら》はんかな海《うみ》や。百川《ひやくせん》それ海《うみ》を如何《いかん》せん。

【通解】 堂々たる男子たる者はどこ迄も自分に受け容れると自分から出すと——人の言行を受け容れると自ら言行するとの二つの途に於て、男子としての立派な覺悟を以て立ち、そして學問技藝に盡す所がなくてはならない。子思曰く、「能く自分の心に勝てば、人に勝つなどは何でもない。自分の心に勝つ事が出來ぬとすれば、人に勝つた所で何にならう」と。何か事をやつて人に譽められない時、それを自分の心の內に反求しないで他人を責めるのは、其の心持は同情すべきだが、その行爲は悲しむべきである。自分は決して人が勝つ事を好むのを卑しいと思ふだけではない、自分自身も亦さうした行爲を心から恥しく思ふ。どうか海に倣ひたいものだ。百川の水も海をどうする事が出來よう。――人も海のやうに大きな心で一切を受け容れてゐれば、人はそれをどうする事も出來ぬのだ。

【考察】受發の二途――吾々は他の言行を受け容れるか、自ら言行を發するか、この二つの途より外にはない。ここはそれについて專ら自ら己に勝つて欲を制し、他に勝つの陋を敢てせざらん事を强調してゐるのである。○子思は孔子の孫で、四書の一たる中庸の著者。但、この語は中庸には見當らない。○人に勝つに於て何かあらんは人に勝つは何でもない、いと易く出來るの意。○人に勝つを如何せんは人に勝つ事が何にならう、人に勝つても何にもならぬの意。○其の情は憫むべしは其の心は可哀さうで同情に値するがの意。「情は憫むべく、爲は悲しむべし」と全然對立的に考へると、「其の心持はあはれむべきであり、其の行爲は悲しむべきである」となるが、こゝの文調はさうは響かぬと思ふ。○我また實に之を愧づは自分自身も亦人に勝つを好むを恥しく思ふの意。

【大意】男子たる者は受發の二途にしつかりした覺悟が必要だ。子思は、「己の心に勝てば、人に勝つなど何でもない。己の心に勝てぬ者が、人に勝つてどうしよう」と曰つた。何かして譽められぬ時、自ら内省せずに人を責めるのは悲しむべき事だ。私は勝つ事を好む人を陋とし、又自ら之を恥ぢる。どうか容るゝ事海の如くありたいものだ。

【七八】人貶すれば便ち受けずして胡言亂說し人讃すれば便ち默受して欣々たる如きは闐閤の兒女に在つては咎むべくもなし學藝の士に在つては甚だ鄙しむべしとす古に曰く峻谷に入るものは當に葛藟を攀ぢて以て顚墜を免るべし時俗に居るものは當に道義に據りて而して後以て自立するを得んと學藝に遊ぶものは當に反求の功に賴るべし漸く深造するあらんたゞ反求の功に賴る則ち揚げらるゝも自滿せず抑

へらるれば愈々奮ふに足らん（幸田露伴）

【讀方】人貶《ひとへん》すれば、便《すなは》ち受《う》けずして胡言亂説《こげんらんせつ》し、人讃《ひとさん》すれば、便《すなは》ち默受《もくじゆ》して欣〳〵《きん〳〵》たる如《ごと》きは、閨閤《けいかふ》の兒女《じぢよ》に在《あ》つては咎《とが》むべくもなし。學藝《がくげい》の士《し》に在《あ》つては甚《はなは》だ鄙《いや》しむべしとす。古《いにしへ》に曰《いは》く、「峻谷《しゆんこく》に入《い》るものは、當《まさ》に葛藟《かつるゐ》を攀《よ》ぢて、以《もつ》て顚墜《てんつゐ》を免《まぬか》るべし。時俗《じぞく》に居《を》るものは、當《まさ》に道義《だうぎ》に據《よ》りて、而《しか》して後以《のちもつ》て自立《じりつ》するを得《え》ん」と。學藝《がくげい》に遊《あそ》ぶものは、當《まさ》に反求《はんきう》の功《かう》に頼《よ》るべし。漸《やうや》く深造《しんざう》するあらん。たゞ反求《はんきう》の功《かう》に頼《よ》る、則《すなは》ち揚《あ》げらるゝも自滿《じまん》せず、抑《おさ》へらるれば愈々奮《いよ〳〵ふる》ふに足《た》らん。

【通解】人がけなすと、いきなりそれを受け入れないで下らぬ言ひわけをし、人が譽めると、そのまゝ默つて受け入れてにこ〳〵としてゐる如き事は、奥部屋住ひの女子供なら別に咎めやうもないが、學問技藝を修める士としては甚だ鄙しむべき事だ。古語に曰く、「けはしい谷に入る者は、つたかづらにすがつて、それでころげ落ちないやうにするがよい。此の世に處して居るものは、どこ迄も道義に據るべきであつて、さうして後始めて自立することが出來よう」と。學問技藝をやる者は、當に自己に省み求める所の工夫にたよるべきである。さうしてこそ段々と深く學藝に達する事が出來よう。たゞ一途に自己反省の工夫によつてゐれば、人から賞揚されても自らこれでいゝとして滿足せず、人から抑へられゝば愈々奮ひ立つ事が出來るであらう。

【考察】反求の功——自己を反省し自ら内に求める努力の必要を強調してゐる。○胡言亂説はでたらめの事をいふこと。こゝではやたらに言ひわけをすること。○閨閤は婦人の居間や寝室。奥の方の部屋に住むといふ思想の語。○葛藟はつたかづら、つる。○時俗はその時の俗、世の中。○學藝に遊ぶは學藝を學び修める。論語に「子曰く、道に志し、德に據り、仁に依り、藝に遊ぶ」とある、それは心から六藝を樂むといふ思想だが、こゝはそれ程深い氣持の表現とは考へられない。○深造は深くいたる、學藝を學んでその奥に達する。

【大意】 人がけなせば辯解し、ほめれば欣んで受ける、それは婦女子の事で、學藝の士としては甚だ鄙しい。古人も、世に處する者は道義に據れと曰つた。學藝に遊ぶものは、當に自己反省に努むべきで、さうすれば譽められてもいゝ氣にならず、抑へられゝば益々奮ひ立つのである。

【七九】 沈默は愚人の甲冑なり奸者の城塞なり明白々の心地溫煦々の胸郭ならば千言萬語すとも何の不可かあらむ債鬼を怖るゝ者は門を閉づる堅く醜婦を蓄ふるものは窓を開くを忌むと是れ亦一説なり

（幸田露伴）

【讀方】 沈默《ちんもく》は愚人《ぐじん》の甲冑《かつちう》なり、奸者《かんじや》の城塞《じやうさい》なり。明白々《めいはくく》の心地《しんち》、溫煦々《をんくく》の胸郭《きやうくわく》ならば、千言萬語《せんげんまんご》すとも何《なん》の不可《ふか》かあらむ。債鬼《さいき》を怖《おそ》るゝ者《もの》は門《もん》を閉《と》づる堅《かた》く、醜婦《しうふ》を蓄《たくは》ふるものは窓《まど》を開《ひら》くを忌《い》むと。是《こ》れ亦一説《またいつせつ》なり。

【通解】 じツとだまつてゐれば馬鹿も知れず、胸中の奸邪もあらはれずにすむ、實に沈默は愚者の身を守るよろひかぶとであり、よこしまな奴の城塞である。明くて何のわだかまりも無い心、溫くて親切な胸の中であつたら、どんなに多く物を言つたとて何のいけない事があらう。借金取をこはがる者は堅く門を閉ぢ、見にくい女房を持つた者は人に見られるのがいやさに窓を開く事を厭ふものだ——だまつてゐるのは心にうしろ暗い所があるからだと。これも亦一つの意見だ。

【考察】多言を戒め、沈默を美德とするのに反對した一つの意見である。○甲冑・城塞は共に身を守るものの喩。但し人の非難攻擊を防ぎ守るためといふよりも、寧ろ自己の愚と奸とを外に現はさぬための守りといふ方である。○奸者はわるがしこくよこしまな奴。○明白々の心地は明かにいさぎよくて少しもわだかまりのない心。こゝの心地は心、心の中。コヽチ——心持といふのとは違ふ。○溫煦々の胸郭は溫くやさしい胸の中。他人に對して親切な溫い情愛を抱いてゐるのをいふ。○債鬼は借金取。きびしく債務を責めるのを鬼に譬へた語。○醜婦はみにくい女、みにくい妻。

【大意】沈默は愚者奸者の安全地帶だ。明かな溫い心なら、いくら喋つてもいゝ筈。默つて物も言はずにゐるのは、債鬼を畏れて門を閉ぢ、醜婦を持つて窓を開くを忌む類だ、といふ人もある。これも亦一說だ。

【八〇】趣味は人の嗜好なり見識なり思想なり氣品なり性情なり性情は陶冶せざるべからず氣品は須らく清高なるべし思想に汚下ならざるを要す見識は卑陋なるなきを欲す嗜好はひとふしありたし趣味の無下に低く淺きは口惜しきことなり自ら培ひ自ら養ひ自ら生ふし立てて我がおのづからなる心の色の花と生り出づべき趣味をば秀で榮えしむべきなり（幸田露伴）

【讀方】趣味《しゆみ》は人《ひと》の嗜好《しかう》なり、見識《けんしき》なり、思想《しさう》なり、氣品《きひん》なり、性情《せいじやう》なり。性情《せいじやう》は陶冶《たうや》せざるべからず。氣品《きひん》は須《すべか》らく清高《せいかう》なるべし。思想《しさう》は汚下《をか》ならざるを要《えう》す。見識《けんしき》は卑陋《ひろう》なるなきを欲《ほつ》す。嗜好《しかう》はひとふしありたし。趣味《しゆみ》の無下《むげ》に低《ひく》く淺《あさ》きは口惜《くちを》しきことなり。自《みづか》ら培《つちか》ひ、自《みづか》ら養《やしな》ひ、自《みづか》ら生《お》ふし立《た》てて、我《わ》がおのづからなる心《こゝろ》の色《いろ》の、花《はな》と生《な》り出《い》づべき趣味《しゆみ》をば、秀《ひい》で榮《さか》えしむべきなり。

【通解】趣味は人の嗜好であり、見識であり、思想であり、氣品であり、性情である。——趣味は實に人のすきこのみ、考へ、あたま、品格、氣だての現はれである。性情はよく教養して行かなくてはならぬ。氣品は清く氣高い事が大切だ。思想は低くきたなくないやうにあらねばならぬ。見識はいやしくないやうにありたい。嗜好は一かどのこれはといふ點がほしい。趣味のひどく低く淺薄なのは歎かはしい事だ。よく自ら培ひ、自ら養ひ、自ら育て上げて、自分自らの心の美しさが、花となつてあらはれて出るやうな美しい趣味をば、見事に發揮せしめるべきである。

【考察】　趣味といふ言葉は二様に使はれる。一つは「仲々趣味のある花だ」といふやうに、物自體に人の感興を引くやうな趣や味ひのあるのをいひ、一つは「文學に趣味がある」といふやうに、何か物に對して特に興味を持つて、その深い趣を味ひ喜ぶ心の狀態をいふ。こゝはこの第二の方について論じてゐるのである。○嗜好はすきこのみ。○見識は物事について批判的に抱いてゐる考。○思想は心の中にまとまつてゐる考、あたま。○氣品は人間の中に自然に備つてゐる品位品格。○性情は其の人の心の高い低い様々の狀態、氣だて。○陶治は陶工が器を作り、鍛工が金を鑄るやうに教養して立派なものにして行くのをいふ。○ひとふしは特にこれはといふ一點。○無下には非常に。○自ら培ひ云々は、美しい趣味を養成する事を植木などを培養するのに喩へた表現。○おのづからなる心の花は自然のままの心の美しさ。○花と生り出づべき趣味は花となつて開くべき趣味、花のやうに美しく現はれるべきよい趣味。○秀で榮えしむは、花の咲き出るやうに立派に發揮させる。

【大意】　趣味は人の嗜好、見識、思想、氣品、性情、さうした凡ての心の働きの現はれだ。性情は陶治すべく、氣品は淸高なるべく、思想は低級ならず、見識は高く、嗜好は一かどありたい。趣味のひどく低いのはなさけない。よく自分の心の自然の美を育て上げて、立派な美しい趣味を發揮すべきものだ。

【八一】 足らざることを知るは満つるに到る路なり至らざるを悟るは上に向ふ途なり我が趣味の猶ほ足らざるを知り猶ほ至らざるを悟るものは幸なり其の人の趣味将に漸く進み漸く長ぜんとす我が趣味の稚きをも省みで我が善しとするものを必ず善しとし我がをかしとするものを何時もをかしとして高きに遷り卑きを改むることをせぬものは幸なし其の人の心の花既に石と化して生命を失ひ居ればなり（幸田露伴）

【讀方】 足《た》らざることを知《し》るは満《み》つるに到《いた》る路《みち》なり、至《いた》らざるを悟《さと》るは上《うへ》に向《むか》ふ途《みち》なり。我《わ》が趣味《しゆみ》の猶《な》ほ足《た》らざるを知《し》り、猶《な》ほ至《いた》らざるを悟《さと》るものは幸《さいはひ》なり。其《そ》の人《ひと》の趣味《しゆみ》将《まさ》に漸《やうや》く進《すゝ》み漸《やうや》く長《ちやう》ぜんとす。我《わ》が趣味《しゆみ》の稚《をさな》きをも省《かへり》みで、我《わ》が善《よ》しとするものを必《かなら》ず善《よ》しとし、我《わ》がをかしとするものを何時《いつ》もをかしとして、高《たか》きに遷《うつ》り卑《ひく》きを改《あらた》むることをせぬものは幸《さいはひ》なし。其《そ》の人《ひと》の心《こゝろ》の花《はな》既《すで》に石《いし》と化《くわ》して、生命《せいめい》を失《うしな》ひ居《を》ればなり。

【通解】 自分の足らぬ事を知るのは満ちるやうになる路であり、至らぬ事を悟るのは向上する途である。自分の趣味のまだ足らぬ事を知り、まだ至らぬ事を悟るものは仕合だ。それによつて其の人の趣味は段々と進み段々と發達して行くだらう。自分の趣味の幼稚なのをも省みず、自分が善いと思ふものを必ず善いときめ、自分が面白いと思ふものをいつも面白いときめて、高い趣味に移り卑い趣味を改める事をしないものは不幸だ。さういふ人は其の人の心の花――趣味の源泉たる美しい心がもはや石のやうになつて了つて、生命を失つてゐるからである。

【考察】 自己の趣味の足らず至らぬ事を悟るものは幸福、自己の氣持のあるがまゝに満足していゝ氣になつてゐるものは不幸だといふのである。○足らざることを云々とは、自分はまだ足らぬ至らぬと知れば、當然努力して之を満たさうとする、だからそれは満ちるやうになり、向上するやうになる所の道程であり手順であるといふのである。○をかしとするは面白いと思ふ。○心の花旣に石と化してとは、趣味は人の心の花卽ち美しい心のあらはれであるが、その趣味を現在あるがまゝでいゝとして、それ以上に高めて行く事がなければ、その人の心の美はそこで永久に生長が止まつて了つて、その狀態のまゝで化石して生命を失つてゐるわけだといふのである。

【大意】　足らぬ事を知るは滿つるに到る路、至らぬを悟るは向上の途だ。自分の趣味の足らず至らぬ事を悟る人は幸福で、その人の趣味は益々立派になる。自分の趣味の幼稚なのも構はず、何でも自分のいゝと思ふ事をいゝとして、趣味の向上を念としないものは不幸だ。其の人の心の美は旣に化石して、生命を失つて居る。

【八二】　大家族的精神で貫かれてゐる日本精神は正反合といふやうな意味の辨證法的のものではない父性や母性の中に矛盾や反對が含まれて居らないむしろ父性の中には母性に正しく合一せんとする同似性があり母性の中には父性に正しく融合せんとする同似性が働いて居る親心と子心とに於てもまた然りであるこれらの中には反對も矛盾も含まれて居るものではないむしろ各自にそれ〴〵互に正しく合一し融合せんとする敬愛信などの基本精神を含んで居るものであるこの意味に於て日本精神は文化の創造發展の基本精神と見ることも出來る日本精神は大きな意味に於て文化を生んでこれを育て上げる母性のやうなものであるそれゆゑ儒教でも佛教でも基督教でも日本精神によつて同化されたのみでなくそれぞれまた新しい生命を吹込まれてゐる日本精神は實に苟も眞實なるものに對してはこれを粗末にせずに敬愛信の態度を以て眞實の精神を以て愛育して居るのである吾々が廣く知識を世界に求むるのもこれがため

である（小西重直）

【讀方】大家族的精神《だいかぞくてきせいしん》で貫《つらぬ》かれてゐる日本精神《につぽんせいしん》は、正反合《せいはんがふ》といふやうな意味《いみ》の辨證法的《べんしようはふてき》のものではない。父性《ふせい》や母性《ぼせい》の中《なか》に矛盾《むじゆん》や反對《はんたい》が含《ふく》まれて居《を》らない。むしろ父性《ふせい》の中《なか》には母性《ぼせい》に正《たゞ》しく合一《がふいつ》せんとする同似性《どうじせい》があり、母性《ぼせい》の中《なか》には父性《ふせい》に正《たゞ》しく融合《ゆうがふ》せんとする同似性《どうじせい》が働《はたら》いて居《ゐ》る。親心《おやごゝろ》と子心《こゝろ》とに於《お》てもまた然《しか》りである。これらの中《なか》には反對《はんたい》も矛盾《むじゆん》も含《ふく》まれて居《を》るものではない、むしろ各自《かくじ》にそれぐ\互《たがひ》に正《たゞ》しく合一《がふいつ》し融合《ゆうがふ》せんとする敬《けい》・愛《あい》・信《しん》などの基本精神《きほんせいしん》を含《ふく》んで居《を》るものである。この意味《いみ》に於《お》て日本精神《につぽんせいしん》は文化《ぶんくわ》の創造發展《さうざうはつてん》の基本精神《きほんせいしん》と見《み》ることも出來《でき》る。日本精神《につぽんせいしん》は大《おほ》きな意味《いみ》に於《お》て文化《ぶんくわ》を生《う》んでこれを育《そだ》て上《あ》げる母性《ぼせい》のやうなものである。それゆゑ、儒教《じゆけう》でも、佛教《ぶつけう》でも、基督教《キリストけう》でも、日本精神《につぽんせいしん》によつて同化《どうくわ》されたのみでなく、それぐ\また新《あたら》しい生命《せいめい》を吹込《ふきこ》まれてゐる。日本精神《につぽんせいしん》は實《じつ》に苟《いやしく》も眞實《しんじつ》なるものに對《たい》してはこれを粗末《そまつ》にせずに、敬《けい》・愛《あい》・信《しん》の態度《たいど》を以《もつ》て、眞實《しんじつ》の精神《せいしん》を以《もつ》て愛育《あいいく》して居《ゐ》るのである。吾々《われ〳〵》が廣《ひろ》く知識《ちしき》を世界《せかい》に求《もと》むるのもこれがためである。

【通解】全國民が一つの大きな家族だといふ精神で一貫されてゐる日本精神は、正があつてそれに對する反があり、その兩者の鬪爭から合が生じて來るといふやうな意味の辨證法で立證するやうなものではない。父としての性や母としての性の中にお互に矛盾したり反對したりするものは含まれて居ない。それどころか父性の中には母性にぴツたり合して一つにならうとする同似性があり、母性の中には父性とぴツたり融け合はうとする同似性が働いてゐる。親の心と子の心とに於てもやはりさうだ。これ等の中には反對も矛盾も含まれて居るものでなくて、むしろ銘々が互に正しく一つになり融け合はうとする敬とか愛とか信とかの基本的な精神を含んでゐるものである。この意味に於て日本精神は文化を新しく造り出し又發展させて行く基本の精神だと見る事も出來る。卽ち日本精神は大きな意味で文化を生んでそれを育て上げる母親のやうなものだ。だから、外國から來た儒教でも、佛教でも、基督教でも、日本精神によつて同化されたばかりでなく、別に又新しい生命を吹込まれて今迄とは違つたものになつてゐる。日本精神は實に假にも眞實なものに對してはそれを粗末にせずに、敬ひ愛し信ずる態度で、ほんとに眞心からそれを愛育して居る。吾々が廣く知識を世界に求めるのも日本精神が斯うしたものであるからである。

【考察】 日本精神の大きい同化性を强調したもので、

　大家族精神で貫かれてゐる日本精神は……敬・愛・信などの基本精神を含んで居るものである。

までは、日本精神にはどこにも矛盾や反對は含まれてゐない、寧ろ合一融合の基本精神が含まれてゐるといふこと、

　この意味に於て日本精神は……新しい生命を吹込まれてゐる。

までは、日本精神は大きい意味で文化創造發展の母だといふこと、

　日本精神は……これがためである。

までは、日本精神は苟も眞實なものは皆之を愛育するといふこと。○正反合は正に對する反があつて、その二者の戰ひから合が生ずるといふ事。卽ち、甲とその反對の乙との矛盾と闘爭から新しい第三の立場に立つて行くといふ事。○辨證法はその正反合の必然性を示す理論。この辨證法は最も嚴密な科學的論理法で、何事でもそれ自體さうだといふ絕對的なものと認めずに、正面と反面との矛盾からさういふ事實となつた事を立證しようとする。所が日本精神には始めから聊かの矛盾もない、それ自體常に融和

合一である。卽ち辨證法的なものではないといふのである。○父性・母性は男女が父とし又母として持つ肉體精神一切の特徴をいふ。○同似性は互に相同じくなり相似ようとする性質。○敬・愛・信などの基本精神とは、二者が合一融合するためにはお互に敬し合ひ愛し合ひ信じ合はねばならぬ、卽ち敬・愛・信は合一融和の基本となる精神だといふのである。○文化の創造發展の基本精神とは、凡ての物が融和する所に文化が創造發展するのだから、日本精神は文化を創造し發展させる基本の精神だといふのである。

【大意】 大家族的精神で貫かれた日本精神は辨證法的な正反合などいふものではない。父性と母性と、親心と子心と、凡てその間に矛盾も反對もなく、互に合一融和しようとする敬・愛・信等の基本精神を含んでゐる。この意味で日本精神は文化の創造發展の基本精神ともいふべく、實に日本精神は文化を生んで育てる母性だ。だから儒教も佛教も基督教も、日本精神に依つて同化され、更に新生命を吹込まれた。日本精神は苟も眞實なものなら、心から大切に之を愛育してゐる。吾々が廣く知識を世界に求めるのもそのためだ。

【八三】 私は最近に於ける我が國の社會思想の傾向が人間生活乃至は社會生活の過度な分析と解剖とであることに氣づき始めた私は今直ぐにさうと斷定してしまふことが出來ないがその點をもつとよく追ひつめて行つて見たい私達の不安は何一つ自發的に働きかけるやうなものを持たないでたゞ／＼受け身の位置にあることを暗示せられるところから來る鋭いと思ふ言説の多くに接することは出來ても眞に私達の心を動かして呉れるやうな強い綜合の力に遭遇しないところから來る（島崎藤村）

【讀方】 私《わたくし》は最近《さいきん》に於《お》ける我《わ》が國《くに》の社會思想《しやくわいしさう》の傾向《けいかう》が、人間生活乃至《にんげんせいくわつないし》は社會生活《しやくわいせいくわつ》の過度《くわど》な分析《ぶんせき》と解《かい》剖《ばう》とであることに氣《き》づき始《はじ》めた。私《わたくし》は今直《います》ぐにさうと斷定《だんてい》してしまふことが出來《でき》ないが、その點《てん》をもつとよく追《お》ひつめて行《い》つて見《み》たい。私達《わたくしたち》の不安《ふあん》は、何一《なにひと》つ自發的《じはつてき》に働《はたら》きかけるやうなものを持《も》たないで、たゞ〳〵受《う》け身《み》の位置《ゐち》にあることを暗示《あんじ》せられるところから來《く》る。鋭《するど》いと思《おも》ふ言説《げんせつ》の多《おほ》くに接《せつ》することは出來《でき》ても、眞《しん》に私達《わたくしたち》の心《こゝろ》を動《うご》かして呉《く》れるやうな、強《つよ》い綜合《そうがふ》の力《ちから》に遭遇《さうぐう》しないところから來《く》る。

【通解】 私は最近に於ける我が國の社會一般の思想が、人間生活或は社會生活をあまり過度に分析したり解剖したりする傾向を持つてゐる事に氣づき始めた。私は今すぐにさうだときめて了ふ事は出來ないが、その點をもつとよく追求して確めて見たい。私達は皆不安を感じてゐるがその不安は、何一つ自ら進んで他に働き掛けるやうな力強い物を持たないで、只々他から働き掛けられるやうな受身の位置に在る事をさうした社會思想から暗々の中に示される所から來る。又鋭いなと思ふ言論にはいくらも接し得られるが、ほんとに私達の心を動かして呉れるやうな、何も彼もを一つに綜合する強い大きな力に出遇はない所から來るのである。

【考察】 現在の社會思想は、凡てが論理的に細かく鋭く分析し解剖して人の胸をゑぐるやうな傾向を帶びて來た。從つて誰しもが、自發的に他に働き掛けるやうな力は無くて、いつも受け身の立場に在る事を感じさせられる。言論の凡てが分析解剖であるから、鋭いとは思へるが、大きい綜合の力としてほんとに吾々の心を動かして呉れるものはない。そのために吾々は常に不安を感じるといふのである。
○社會思想は社會一般に行はれてゐる物の考へ方。○人間生活は人間各個の生活。○社會生活は社會即ち人間の大きな集團としての生活。○分析は概念を其の構成要素に分解すること、解剖は事物の條理を細密に分解すること、要するに兩者共に物事を細かく〳〵分けようとする事である。○綜合は部分々々を纏め合はせて一つにすること。

【大意】　我が國最近の社會思想は、人間生活や社會生活の過度な分析解剖に傾いてゐるやうに思ふ。さうとすぐ斷定は出來ぬが、その點をもつと確めて見たい。吾々は、何等自發的なものを持たず、常に受け身の位置に在る事を暗示され、又鋭いと思ふ言說はいくらもあるが、ほんとに力強い綜合の力に出遇はぬ所から、常に不安を感ずる。

【八四】　眞の人間を書くことに骨折りたいとトルストイは言つたといふ或時は人間を天使にまで持ちあげ或時は人間を惡漢として踏みつけるやうなさういふ見地から書かれたものは假令その人間の衝動がどんなに生き〳〵と書かれてあつても長く私達の心をひかないそしてさういふ衝動が色濃く塗つてあればあるほど眞の人間といふものから遠いやうに思はれる（島崎藤村）

【讀方】　「眞《しん》の人間《にんげん》を書《か》くことに骨《ほね》折《を》りたい」とトルストイは言《い》つたといふ。或時《あるとき》は人間《にんげん》を天使《てんし》にまで持《も》ちあげ、或時《あるとき》は人間《にんげん》を惡漢《あくかん》として踏《ふ》みつけるやうな、さういふ見地《けんち》から書《か》かれたものは、假令《たとひ》その人間《にんげん》の衝動《しようどう》がどんなに生《い》き〳〵と書《か》かれてあつても、長《なが》く私達《わたくしたち》の心《こゝろ》をひかない。そして、さういふ衝動《しようどう》が色濃《いろこ》く塗《ぬ》つてあればあるほど、眞《しん》の人間《にんげん》といふものから遠《とほ》いやうに思《おも》はれる。

【通解】　「ほんとの人間、人間らしい人間を書く事に骨折りたい」とトルストイは言つたさうだ。時には人間を天使のやうな純潔無垢のものにまで持上げ、時には人間をひどく惡ものとして踏みつけにするといふやうな、そんな極端な考から書かれたものは、よしやその描いてある人間の衝動――止むに止まれず自然にこみ上げて來る行動云爲がどんなに生き〳〵と書かれてゐても、長く吾々の心をひきつけはしない。そして、さういふ衝動が濃厚に書いてあればある程、ほんとの人間といふものから遠く掛離れてゐるやうに思はれる。

【考察】　小說などで餘りにも人間ばなれのした極端な書き方をする事を非難してゐるのである。○天使はクリスト教で天帝から派遣された使者をいふ語。高潔無垢な喩。○見地は考、物事に對する考へ方の態度。○衝動は刺戟に應じて自然とこみ上げて來る行動。○色濃く塗つては濃厚に書いての意で、繪畫に喩へていうたもの。

【大意】　ほんとの人間を書く事に努力したいとトルストイは言つた。人間を極端に善くしたり、極端に惡くしたりするやうな考へで書いたものは、その人間の衝動がいくら生き〳〵と書いてあつても、長く心を引かない。さういふ衝動が濃厚に出てゐればゐる程、益々眞人間から遠いやうに思ふ。

【八五】　下り行く奔湍激流に舟は右に曲り左に折れながら一瀉千里と走り行く兩岸の山々煙雨を帶びて模糊たる中に瑠璃が頻りと囀る時々林の間から喟々と雉子が啼く又遠くでひゆら〳〵と溪蛙が鳴きかはす川幅開けて湖とばかり水の淀むと見る間に兩山相逼つて道あはや此處に窮しぬと狹まる山角屹として川中に突出でたるをするりと周れば呀然として巨巖の大口を開いてわが行く舟を一呑と水の灣入した處へ出る水馴竿の一突々々每に四邊の風光は倏忽に幾變化して宛ら目まぐるしいばかり（杉村楚人冠）

【讀方】　下《くだ》り行《ゆ》く奔湍激流《ほんたんげきりう》に、舟《ふね》は右《みぎ》に曲《まが》り左《ひだり》に折《お》れながら、一瀉千里《いつしやせんり》と走《はし》り行《ゆ》く。兩岸《りやうがん》の山々《やま〳〵》煙《えん》雨《う》を帶《お》びて模糊《もこ》たる中《なか》に、瑠璃《るり》が頻《しき》りと囀《さへづ》る。時々《ときぐ〵》林《はやし》の間《あひだ》から喟々《きゝ》と雉子《きじ》が啼《な》く。又遠《またとほ》くでひゆら〳〵と溪蛙《たにかはづ》が鳴《な》きかはす。川幅《かははゞ》開《ひら》けて、湖《みづうみ》とばかり水《みづ》の淀《よど》むと見《み》る間《ま》に、兩山相逼《りやうざんあひせま》つて、道《みち》あはや此處《こゝ》に窮《きゆう》しぬと狹《せば》まる。山角屹《さんかくきつ》と川中《かはなか》に突出《つきい》でたるをするりと周《めぐ》れば、呀然《かぜん》として巨巖《きよがん》の大口《たいこう》を開《ひら》いて、わが行《ゆ》く舟《ふね》を一呑《ひとのみ》と、水《みづ》の灣入《わんにふ》した處《ところ》へ出《で》る。水馴竿《みなれざを》の一突々々毎《ひとつき〱〱ごと》に、四邊《しへん》の風光《ふうくわう》は倏忽《しゆくこつ》に幾變化《いくへんくわ》して、宛《さなが》ら目《め》まぐるしいばかり。

【通解】下つて行く早瀬や激しい流れに、船は右に曲り左に折れながら、非常な快速力でさーッと走つて行く。兩岸の山々は煙のやうな雨が掛つてぼーッとしてゐる中に、瑠璃鳥が頻りに囀る。時々林の間からケン〱と雉子が啼く。又遠くでひゆら〱と溪蛙が鳴きかはす。川幅が廣くなつて、湖かと思はれる程に水がゆつたりと淀んでゐるなと見てゐる內に、今度は兩方から山が迫つて來て、おや！これはもう此處で道が行き詰つたなと思はれる程に狹くなる。山のかどが屹と川中に突出てゐる所をするりとまはると、大きな巖がぱかツと大きい口を開いて、吾々の乘つて行く船を一呑にしようとするやうな風に、水がわんぐりと入り込んだ處へ出る。舟竿で一突々々船を突き進める度毎に、あたりの景色は瞬く間に幾度となく變つて、まるで目まぐるしい程だ。

【考察】山間の急流――紀州の九里峽を船で下る光景である。○奔湍は早瀬、水が激しく早く流れてゐる處。○一瀉千里は水が一瀉《ひとそゝぎ》に千里も行くといふ意で、快速に走つて行く形容。普通には筆力辯舌などの奔放快利な形容にいふ語だが、こゝは船の早く走る形容。○模糊はぼーッとして分明でないさま。糢糊とも書く。○瑠璃は瑠璃鳥。雀位の大きさで、頭背翅が紺碧色《るりいろ》を爲し、頰から胸に至るまでは黑く、腹は白く、能く囀る。○溪蛙は溪流の蛙。かじかの事か。○呀然は大きな口を開くさま。○水馴竿は水に浸りなれた竿の義で、舟の棹をいふ。船頭が馴れた手つきで使ふ棹といふ事ではない。○目まぐるしいは目のまへにちらついてせはしく感ずるといふ意。目がまはる、目まひがするといふのとは言葉の感じが違ふ。

【大意】 すばらしい早瀬を船は右に左に曲つて快速に走つて行く。雨で煙つた兩岸の山中では瑠璃鳥が囀る。時々林の中で雉子が啼く。遠くで溪蛙が鳴く。川幅が廣くて湖のやうになつたかと思ふと、道がこゝで行詰つたかと思ふ程急に狭くなる。川中に突出た山角をまはると、大きな巖がぱかッと口をあいて、舟を一呑にしさうに水の灣入した所に出る。棹の一突毎に風光は忽ち變化して、目まぐるしい程だ。

【八六】 こゝに鳳闕の礎むなしく殘り椒房の嵐夜々悲しむ保元このかた天下の榮華を盡したる花の都の故郷を焼野の原とかへりみて末も煙の波路をば行方も知らずさすらふらん直衣束帶の身にも今は黑金の衣を着けたれども詠歎の餘哀になれて誰かは弓矢の譽を勵むべき（高山樗牛）

【讀方】 こゝに鳳闕《ほうけつ》の礎《いしづゑ》むなしく殘《のこ》り、椒房《せうばう》の嵐夜々《あらしよゝ》悲《かな》しむ。保元《ほうげん》このかた、天下《てんか》の榮華《えいぐわ》を盡《つく》したる花《はな》の都《みやこ》の故郷《ふるさと》を、焼野《やけの》の原《はら》とかへりみて、末《すゑ》も煙《けむり》の波路《なみぢ》をば、行方《ゆくへ》も知《し》らずさすらふらん。直衣《なほし》・束帶《そくたい》の身《み》にも、今《いま》は黑金《くろがね》の衣《ころも》を着《つ》けたれども、詠歎《えいたん》の餘哀《よあい》になれて、誰《たれ》かは弓矢《ゆみや》の譽《ほまれ》を勵《はげ》むべき。

【通解】 かうして御所も焼かれて土臺石ばかりが空しく殘り、後宮に吹く風も夜々物悲しげに聞えるといふ有様となつた。保元以來、天下の榮華を極めて住み馴れて來た花の都に別れて、あとを振りかへれば都は焼野原となつてゐる始末、これから先はずうーッと一面にもやの立ちこめた海上をば、行先のあてどもなくさまよふ事であらう。直衣や束帶——公卿貴族としての服裝をしてゐた身も、今日は武人として鎧を身に着けはしたものの、歌などばかり詠んで物の哀れを叙べてゐた文弱の弊に狎れて、誰一人武勳を立てようと勵む者のあらう筈もない。

【考察】 平家の末路を叙した文。○鳳闕は宮門、宮城。○礎むなしく殘りは次に「燒野の原」とあるから、燒き拂はれて土臺石ばかりになつたといふ文意と考へられる。○椒房は後宮、皇后の御所。昔支那で實《み》即ち子が蔓延するといふ意味で、山椒の實を取つて後宮の壁に塗つて、溫暖を取り、惡氣を除くの用に供したといふ故事から出た語。○燒野の原と云々は平經盛の歌に、「故郷を燒野の原とかへり見て、末も煙の波路をぞ行く」とあるのを取つて書いた文句。○煙の波路はもやの立ちこめた海上。漢語の「煙波」を譯した語。○直衣はノオシと讀む、主上を始め攝家大臣等の通常服、束帶は正式の裝束即ち大禮服、兩方共に公卿貴族としての服裝をいふ。○黑金の衣は鐵の衣、鎧。○詠歎の餘哀になれては文弱の弊に狎れて。歌を詠じて物の哀を樂しんでゐたその名殘が今も身にしみついてゐてといふ意。○弓矢の譽は武勳、武功。

【大意】 御所は燒け、後宮は寂れ、保元以來榮華を極めた都は、忽ち燒野の原となつた。その荒廢の古都をあとにして、平家一門は煙波渺茫たる海上に漂浪する。朝衣の身に軍服を着けはしたものの、文弱に狎れた身として、誰一人軍功を立てようと勵む者もない。

【八七】 宗教とは生きんがための教に非ずして死せんがための悟なり釋迦は人生の四苦に感じて解脫の道を說きぬ耶蘇は同胞の宿罪を贖うて永生の道を開きぬ解脫や永生や死を外にして何の意義かある最も賢き人の說ける哲學の旨趣も亦これに外ならざるなり天地人生の理法を明かにするは人をして安心立命の地を得しむるにあり安心立命とは所詮死を安からしむるの謂にあらずや（高山樗牛）

【讀方】宗教《しうけう》とは生《い》きんがための教《をしへ》に非《あら》ずして、死《し》せんがための悟《さとり》なり。釋迦《しやか》は人生《じんせい》の四苦《しく》に感《かん》じて、解脱《げだつ》の道《みち》を說《と》きぬ。耶蘇《やそ》は同胞《どうはう》の宿罪《しゆくざい》を贖《あがな》うて、永生《えいせい》の道《みち》を開《ひら》きぬ。解脱《げだつ》や永生《えいせい》や、死《し》を外《ほか》にして何《なん》の意義《いぎ》かある。最《もつと》も賢《かしこ》き人《ひと》の說ける哲學《てつがく》の旨趣《ししゆ》も、亦《また》これに外《ほか》ならざるなり。天地人生《てんちじんせい》の理《り》法《はふ》を明《あきら》かにするは、人《ひと》をして安心立命《あんじんりつめい》の地《ち》を得《え》しむるにあり。安心立命《あんじんりつめい》とは、所詮死《しよせんし》を安《やす》からしむるの謂《いひ》にあらずや。

【通解】宗教とは生きようがための教ではなくて、死なうがための悟である。釋迦は人生に於て生老病死の四種の苦しみに感じて、解脱の道卽ち煩惱の束縛を離れて世俗から脫却し絕對の境地に入るべき悟の道を說いた。耶蘇は人類同胞が生れながらに持つてゐる前々の世からの罪を贖つて、永生卽ち永遠無窮の生命を保つべき道を開いた。この解脱だの永生だのは、死といふ事を引離して考へて見て何の意味があるか。最も賢い人の說いた哲學の趣意精神も、やはり亦これに外ならぬのだ。天地や人生の原理原則を明かにするのは、人に安心立命卽ち心を安住し天命に安ずる所の立場を得させるためである。その安心立命といふのは、つまりは心安らかに死ねるといふ意味ではないか。

【考察】宗教や哲學は所詮死を安からしめるための悟だといふのである。○宗教は吾人が人生を超越した或崇高偉大なものを崇敬する感情から起つて、それに神とか佛とかいふ實在的人格を與へて、それを禮拜信仰するについて特定の形式を持ち、一つの教義となつたものの稱である。○四苦は生病老死といふ人生の四つの苦しみ。○解脱は悟を開いて俗世間の苦から脫却すること。○同胞は全人類を兄弟と見なしていふ語。○宿罪は所謂オリヂナル・シンで、人類の祖アダム、イヴが智慧の木の實を食つて墮落した結果として、人類が生れながらにして負はされてゐる罪をいふ。○贖うては自らそれに代つて十字架上に死んだ事をいふ。○永生は所謂エターナル・ライフで、肉體は死んでも靈魂は永久に存する、卽ち所謂靈魂不滅の事である。○最も賢き人とは靈魂不滅を立證したカントなどを指すのであるが、然し必ずしも或特定の人と限つて見るべき筆致ではない。○哲學は宇宙の理法を究め眞理を考究する學問。○安心立命は心を敎法の上に安住し天命を知つて之に安立するといふ意。つまり信仰によつて心の安住を得る事である。○地は立場、よりどころ。○所詮はつまり、結局。

【大意】 宗教は生きるための教でなくて、死ぬための悟だ。釋迦は人生の四苦に感じて解脱の道を説き、耶蘇は人類の宿罪を贖つて永生の道を開いた。解脱も永生も、死を離れては意義は無い。哲人の説いた哲學の趣旨もやはりさうだ。天地人生の理法を明かにするのは、人に安心立命を得させるためで、安心立命は結局死を安からしめるといふ事だ。

【八八】 自然を師とするものは自然を解する法を知らざるべからず自然を解する法唯己を虚しうするにあるのみ山岳の瑰琦河海の浩茫風雲雷霆の奇觀心を虚しうして之に對すること久しければ一氣自ら恍惚として直に造化の樞機に參し身世共に遺れ去りて天地我と一體たり（高山樗牛）

【讀方】 自然《しぜん》を師《し》とするものは、自然《しぜん》を解《かい》する法《はふ》を知《し》らざるべからず。自然《しぜん》を解《かい》する法《はふ》、唯己《たゞおのれ》を虚《むな》しうするにあるのみ。山岳《さんがく》の瑰琦《くわいき》、河海《かかい》の浩茫《かうばう》、風雲雷霆《ふううんらいてい》の奇觀《きくわん》、心《こゝろ》を虚《むな》しうして之《これ》に對《たい》すること久《ひさ》しければ、一氣自《いつきおのづか》ら恍惚《くわうこつ》として、直《たゞち》に造化《ざうくわ》の樞機《すうき》に參《さん》し、身世共《しんせいとも》に遺《わす》れ去《さ》りて、天地我《てんちわれ》と一體《いつたい》たり。

【通解】 自然を師とする者は、自然を理解する法を知らなくてはならぬ。自然を理解する法は、只自分といふものをなくして了ふ外ない。山のすぐれて大きく珍しい形、河や海のはてしなく廣々とした趣、風や雲や雷電の奇《く》しきながめは、自分の心を空にして長くそれに對してゐれば、氣分が自然にうつとりとして、直に天地自然の奥妙な内に這入つて、身も世も共に忘れて了つて、天地と自分とが一體になつて了ふ。

【考察】 自然を解するは己を虚しうするにあるといふのである。○己を虚しうするとは、自分といふ觀念を去り、凡ての私心私欲を脱却して全く空な心になるのをいふ。○瑰琦はすぐれて大きく珍しいさま。○雷霆はかみなりといなびかり。○一氣は自分の氣分氣合のすべて。○造化の樞機に參しは天地自然の奥妙な所に入り込む。樞機に參すは政治に參與する事にもいふ。從つて天地の神が宇宙を經營するその妙機にあづかるといふやうにも取れるが、こゝは深く自然の妙機に接するといふ氣持の方が主であらう。○身世は我が身の事も浮世の事も。

【大意】 自然を學ぶのには自然を解しなければならぬ。自然を解する法は、只己を虚しくするにある。自我を去つて、じツと久しく山岳や河海や風雲雷霆に對してゐれば、恍惚として自然の妙機に接し、身も世も忘れて天地と一體になる。

【八九】 國破れて山河ありといふとも而も天上の明月の長へに渝らざるに較べば山河も尙ほ桑滄の變あるを免れじされば人生古今の盛衰を瞰下して而もみづから一分の隆替をも感ぜざる月が過去世の追憶に際して最も有力なる媒介者たるは極めて自然の事なるべく月によりて遠人を懷慕する情も同一の起原を有すべし（高山樗牛）

【讀方】國破《くにやぶ》れて山河《さんか》ありといふとも、而《しか》も天上《てんじやう》の明月《めいげつ》の長《とこしな》へに渝《かは》らざるに較《くら》べば、山河《さんか》も尚《な》ほ桑《さう》滄《さう》の變《へん》あるを免《まぬか》れじ。されば人生古今《じんせいここん》の盛衰《せいすゐ》を瞰下《かんか》して、而《しか》もみづから一分《いちぶ》の隆替《りゆうたい》をも感《かん》ぜざる月《つき》が、過去世《くわこせい》の追憶《つゐをく》に際《さい》して、最《もつと》も有力《いうりよく》なる媒介者《ばいかいしや》たるは、極《きは》めて自然《しぜん》の事《こと》なるべく、月《つき》によりて遠《ゑん》人《じん》を懐慕《くわいぼ》する情《じやう》も、同一《どういつ》の起原《きげん》を有《いう》すべし。

【通解】國は亡びても山や河は昔のまゝに存してゐるというた所で、それも天上の月のいつも變らぬのに較べたら、山や河もやはり桑畑が滄海に變るといふやうな變遷のある事は免れまい。だから人生古今の盛衰を眼下に見下して、而も自分自身には少しの盛衰をも感じない月が、人が過去の世を追憶する際に、最も力強い仲立《なかだち》となるのは、ごく自然の事だらうし、月によつて遠く離れてゐる人を思ひ慕ふ心持も、やはり同じ意味から起つて來たのであらう。

【考察】月の永久性を強調したのである。○國破れて山河ありは杜甫の春望の詩にある有名な句で、人生の無常に對して自然の恒久を歌つたもの。○桑滄の變は桑田變じて蒼海となるといふ事で、時勢の變遷にいふ語だが、こゝは自然の山河そのものの變遷をいふ。○隆替はおこるとすたれると、盛衰。

【大意】國破れて山河ありといふ、而も月の永久不變なのに較べれば、山河にも變遷がある。從つて人が過去を追憶する時、いつも變らず人生の盛衰を見下してゐる月をその仲立とするのは極めて自然の事で、月を見て遠人を慕ふ情を起すのも、やはりそこに起因してゐよう。

【九〇】孔子既に志を魯に得ず乃ち慨然として故國を出で大義名分を天下に唱へて狂瀾を既倒に回さんとす志や高且つ大なりと謂ふべしかくの如くにして四方を漂浪すること十三年時非にして道容れられ

ず世また耳を名教に傾くる者なしこゝに於て已むを得ず老脚蹉跎として再び魯に歸り歎じていはく嗚呼わが道遂に窮す世遂にわれを知る者なきかと（高山樗牛）

【讀方】 孔子《こうし》既《すで》に志《こゝろざし》を魯《ろ》に得《え》ず。乃《すなは》ち慨然《がいぜん》として故國《ここく》を出《い》で、大義名分《たいぎめいぶん》を天下《てんか》に唱《とな》へて、狂瀾《きやうらん》を既《き》倒《たう》に回《かへ》さんとす。志《こゝろざし》や高《かう》且《か》つ大《だい》なりと謂《い》ふべし。かくの如《ごと》くにして四方《しはう》を漂浪《へうらう》すること十三年《ねん》、時《とき》非《ひ》にして道《みち》容《い》れられず、世《よ》また耳《みゝ》を名教《めいけう》に傾《かたむ》くる者《もの》なし。こゝに於《おい》て、已《や》むを得《え》ず、老脚蹉跎《らうきやくさた》として再《ふた》び魯《ろ》に歸《かへ》り、歎《たん》じていはく、「嗚呼《あゝ》、わが道遂《みちつひ》に窮《きゆう》す。世遂《よつひ》にわれを知《し》る者《もの》なきか」と。

【通解】 孔子は自分の志を魯の國で行ふ事が出來なくなつて了つた。そこで深く歎いて故鄕の魯の國を出で、人の守るべき大道を天下に唱へて、既にすたれきつた世の中の大勢をもと通りにしようとした。その志は實に高く大きいと謂ふべきである。斯樣にしてあちらこちらをさまよひ歩くこと十三年、時の運がわるくてその唱へる大道は世に用ひられず、世の中に一人としてその立派な人倫道義の教に耳を傾ける者がない。そこで、仕方なしに、老いの歩みのとぼ〳〵と又再び魯に歸つて、歎息して曰ふやう、「あゝ、わが道は遂に行き詰つた。世の中には遂に我を知る者はないのか」と。

【考察】 孔子の道が世に容れられなかつた次第を略叙したものである。○大義名分は大きな筋道と人として守るべき分限。我が國では專ら臣下として君國に盡すべき忠義の道と、臣下として守るべき分限との義にいふのであるが、孔子の教義としては、もつと廣く、人倫の大道をいふのである。○狂瀾を既倒に回さんとすはあれ狂ふ大浪のザブリと倒れて了つたのをもとに回さうとするといふ意で、大勢の已に傾いて了つたものをもと通りにしようとする義に慣用される。○時非にしてはその時勢が自分に有利でなくて、自分に都合のよくない時勢で。○名教は聖人の教、人倫の教。五倫五常の如くそれ〴〵名目を立てて明かにする教の意。○蹉跎はつまづく。轉じて志を得ぬ義にもいふ語。年取つた足がつまづいてなどいふ直譯は斷じていけない。

【大意】 孔子は故國魯に志を得ず、去つて大道を天下に唱へ、世の頽勢を挽回せんとの大志を抱いて、漂浪十三年、時非にして道は容れられず、名教に耳を傾ける者は一人もない。志遂に成らず、老脚蹉跎として再び魯に歸り、道の行はれぬ事を深く歎じた。

【九一】 釋迦の當時印度には幾多の哲學ありきされど徒に思索の高遠を欣びて人生の疑問に適切ならず偏に幽玄なる談理と慘憺たる苦行とによりて安心の道を求めたりその流派を樹てて相爭ふ所は畢竟名目上の優劣のみいまだ一世の元々をして歸命の大道に就かしむるに足らず釋迦この間にうまれその洪大なる慈悲と無邊なる智慧とを以て一世の木鐸となり民をしてその歸依する所を知らしめたり（高山樗牛）

【讀方】 釋迦《しやか》の當時《たうじ》、印度《いんど》には幾多《いくた》の哲學《てつがく》ありき。されど徒《いたづら》に思索《しさく》の高遠《かうゑん》を欣《よろこ》びて、人生《じんせい》の疑問《ぎもん》に適切《てきせつ》ならず、偏《ひとへ》に幽玄《いうげん》なる談理《だんり》と慘憺《さんたん》たる苦行《くぎやう》とによりて、安心《あんじん》の道《みち》を求《もと》めたり。その流派《りうは》を樹《た》てて相爭《あひあらそ》ふ所《ところ》は、畢竟名目上《ひつきやうめいもくじやう》の優劣《いうれつ》のみ。いまだ一世《いつせい》の元々《げんげん》をして、歸命《きみやう》の大道《たいだう》に就《つ》かしむるに足《た》らず。釋迦《しやか》この間《あひだ》にうまれ、その洪大《こうだい》なる慈悲《じひ》と無邊《むへん》なる智慧《ちえ》とを以《もつ》て、一世《いつせい》の木鐸《ぼくたく》となり、民《たみ》をしてその歸依《きえ》する所《ところ》を知《し》らしめたり。

【通解】 釋迦の出た頃、印度には幾多の哲學があつた。然し只むやみと高遠な事を考へるのを喜んで、人生の疑問に適切でなく、只偏に奥深い哲理を談ずる事と實に痛ましい苦難の行をする事とによつて、心を安住する道を求めてゐた。それ等幾多の哲學が流派をおしたてて互に爭ふ所は、つまりは只名目上の優劣で實質上の事ではなかつた。從つて何れも未だ世の中の人民をして、眞に全生命を擧げて信仰するといふやうな大きな道に就かせる事は出來なかつた。釋迦はさういふ間に生れて、その洪大な慈悲とはてしない智慧とで、世の指導者となり、人民をしてほんとに信仰歸託する所を知らしめたのである。

【考察】 釋迦の偉業を讃仰した文。○思索は考へること、主として實行を離れて純理を考へる事にいふ。○人生の疑問は、人生の意義如何、人生の目的如何、生とは何ぞ、死とは何ぞといふ如き、誰しもが人生に對して抱いてゐる疑問をいふ。○元々は人民、百姓。○歸命は絶對にそれに順ふこと、ほんとに心から信仰すること。○洪大なる慈悲と無邊なる智慧——これ實に釋迦が創始した佛教の教義の大根柢である。慈悲は宇宙一切を包容してその凡てを濟《すく》つて成佛させるといふ程に洪大であり、智慧は時間空間有形無形の凡てを照破して一點の曇もない程に無邊である。それが釋迦その人の人格であり、釋迦の立てた佛教その物でもあつた。○木鐸は世を指導する人。語の本義は木の舌のある鈴の稱で、昔支那で政教を布く時に振つて衆を警めたものである。○歸依は信仰して自己の生命の凡てをそれによせきつて了ふこと。

【大意】 釋迦の當時、印度には幾多の哲學があつたが、只高遠な思索を欣んで、人生の疑問に適切でなく、哲理を談じ苦行を積む事によつて安心の道を求めてゐた。諸派の爭もつまりは名目の上に過ぎなかつた。だから一世の人民をして絶對信仰の大道に入らせる事は出來なかつた。そこへ釋迦が出て、洪大無邊な慈悲と智慧とで一世を指導し、人民に歸依する所を知らしめた。

【九二】 新しさからあらゆる事が始まる新しさには力がある湧出しても湧出しても盡きない力がある

常に新しければ常に心が活動してゐる決して倦怠を覺えない古人が汚れた衣を洗ふやうに常に心を洗濯することが必要であるといつたのもそれである私は常に新しいといふことを祝福したい（田山花袋）

【讀方】新《あたら》しさからあらゆる事《こと》が始《はじ》まる。新《あたら》しさには力《ちから》がある。湧出《わきだ》しても湧出《わきだ》しても盡《つ》きない力《ちから》がある。常《つね》に新《あたら》しければ、常《つね》に心《こゝろ》が活動《くわつどう》してゐる。決《けつ》して倦怠《けんたい》を覺《おぼ》えない。古人《こじん》が、「汚《よご》れた衣《ころも》を洗《あら》ふやうに、常《つね》に心《こゝろ》を洗濯《せんたく》することが必要《ひつえう》である」といつたのも、それである。私《わたくし》は常《つね》に新《あたら》しいといふことを祝福《しゆくふく》したい。

【通解】新しさから一切の事が始まる。新しさには力がある。湧いても湧いても盡きない無限の力がある。いつも新しければ、いつも心が活動してゐる。だから決して倦怠して人生にあきた平凡に退屈したといふやうな氣分を起す事はない。古人が、「汚れた着物を洗ふやうに、いつも心を洗濯する事が大切だ」といつたのも、その意味である。私はいつも新しいといふ事を祝福して益々新しくあるやうに祈りたい。

【考察】筆者のいふ新しさは漢文に所謂日新で、舊態に安んぜず常に新しい生命を以て新しく一切の事を見直し考へ直す事である。そこに無限の力が湧き、絶えざる心の活動があるのである。○倦怠はあき〳〵すること、退屈すること。○祝福は基督教では特に神の惠を祈り求めることにいふ。こゝもさう解してよいが、寧ろそれを何よりよい事として、その事の益々盛んであるやうに祈りたいといふ心持の方であらう。

【大意】凡ての事は新しさから始まる。新しさには無限の力がある。常に新しければ、心が活動してゐて倦怠を感じない。古人が心の洗濯の必要を説いたのもそれだ。私は新しさを祝福したい。

【九三】 見よ秋の潭に淵默の智あり秋の空に剛明の象あり月は清輝を帶び星に聲あり落葉にうづもる枯井の水猶ほ鬚眉を鑑すべく夢を歌ふ滿園の蟲しぐれ人の深省を誘ふ空際きはやかに走る波濤の山極目鮮かにくねる一河の帶樹間の聲の錚々として勁き天籟地籟の砰湃として厲しきあはれ秋の萬象何物かすべてこれ透明照徹剛克雄健の一氣を以て貫かざる何物かすべてこれ哲人の雄姿道士の風岸を以て人に迫らざる秋は夢に非ずして事實なり人は秋に立つて直ちに事實に面相接するなり（綱島梁川）

【讀方】 見《み》よ、秋《あき》の潭《ふち》に淵默《ゑんもく》の智《ち》あり、秋《あき》の空《そら》に剛明《がうめい》の象《しやう》あり。月《つき》は清輝《せいき》を帶《お》び、星《ほし》に聲《こゑ》あり。落《お》葉《ば》にうづもる、枯井《こせい》の水《みづ》、猶《な》ほ鬚眉《しゆび》を鑑《かん》すべく、夢《ゆめ》を歌《うた》ふ滿園《まんゑん》の蟲《むし》しぐれ、人《ひと》の深省《しんせい》を誘《いざな》ふ。空際《くうさい》きはやかに走《はし》る波濤《はたう》の山《やま》、極目鮮《きよくもくあざや》かにくねる一河《いつか》の帶《おび》、樹間《じゆかん》の聲《こゑ》の錚々《さう〳〵》として勁《つよ》き、天籟《てんらい》・地籟《ちらい》の砰湃《ほうはい》として厲《はげ》しき、あはれ秋《あき》の萬象《ばんしやう》、何物《なにもの》かすべてこれ透明《とうめい》・照徹《せうてつ》・剛克《がうこく》・雄健《ゆうけん》の一氣《いつき》を以《もつ》て貫《つらぬ》かざる。何物《なにもの》かすべてこれ哲人《てつじん》の雄姿《ゆうし》、道士《だうし》の風岸《ふうがん》を以《もつ》て人《ひと》に迫《せま》らざる。秋《あき》は夢《ゆめ》に非《あら》ずして事實《じじつ》なり。人《ひと》は秋《あき》に立《た》つて、直《たゞ》ちに事實《じじつ》に面相接《めんあひせつ》するなり。

【通解】 見よ、秋の川の淵には深い沈默の智を湛へた趣があり、秋の空には如何にもつよく明かな形が現はれてゐる。月は清い光を帶び、星はきら〳〵として何事かを啓示してゐるやうだ。落葉に埋つてゐる古井戸の水も、きれいに澄んで鬚《ひげ》や眉をうつして見る事が出來、夢を歌つてゐるやうな庭園一面の蟲の盛んに鳴く聲は、人に深い反省の氣分を起させる。空のところにくツきりと走つてゐる波のやうな山、目の屆く限り鮮かにくねつてゐる帶のやうな一筋の河、さら〳〵として強く鳴つてゐる樹々《きゞ》の間の聲、波の打合ふやうにはげしい音を立ててゐる天地の間の自然の聲、あゝ、秋の凡ての物の姿は、何一つとして透明な、底の底まで照しぬくやうな、剛い、雄々しい一つの氣で貫いて居らぬものは無い。何一つとして物の眞理に通達した哲人の雄々しい姿、道を修する道士の氣高い姿を以て人に迫らぬものはない。秋は夢でなくてしつかりした事實だ。人は秋に立つて、直ちに事實と相面し事實その物を見るのである。

【考察】　秋の事象を評論的に述べてゐる。○潭は淵、水の深くたゝへた所。○淵默の智は深くだまつてゐる智。智者はやたらにペラ〳〵喋らぬ、じツと默つてゐる中に深い智が窺はれる、さうした趣があるといふのである。○剛明はつよく明かなこと。○星に聲ありは星の光も澄みきつて何かを啓示する聲が聞えるやうだといふ意。○夢を歌ふはその鳴く聲が夢のやうに感じられるといふ形容。○蟲しぐれは蟲の聲が時雨の降るやうに聞えるのをいふ。○空際はそらの所。○極目は目の届く限り。○錚々は金の相打つ聲の形容。○天籟は天の聲、地籟は地の聲、風などの如き天地の間の自然の音聲をいふ。○砰湃は波の烈しく相擊つ形容。○照徹は底の底まで照しぬくこと。○剛克は力づよく他に克つやうな趣。○哲人は識見が高く智慧が明かで事理に通じた人。○道士は支那の道教を修行する人の稱。轉じては一般に道を修する人。こゝもその方の意味。○風岸はかど立つて親しみ難い性質。こゝは氣高く畏敬すべき姿の意で用ひてゐる。

【大意】　秋の潭は深い沈默、秋の空は強い明かさ。月も星も清く輝き、枯井戸の水も澄みきつて、蟲の聲々も人の深省を促すやう。遠くに見える山や河の姿、天地自然の強い聲、秋は凡てが皆透明・照徹・剛克・雄健の氣で貫かれて、恰も哲人道士の氣高い姿に接する感がある。秋の氣分は夢でなくて事實だ。人は秋に於て事實に直面する。

【九四】 詩を讀みて當然起り來る美意識以外心はいつしか一歩その奥を辿りて覺えず實在と撞着して嗚呼神よと叫ぶことあり神に一念の誠をさゝぐる刹那心はいつしか歎美の態度にすべりてあはれ〳〵と風月の情そゞろなることあり詩よりして神に之き神よりして詩に之く此の如きは辿りふかき人の經驗する事實なり（綱島梁川）

【讀方】 詩《し》を讀《よ》みて當然起《たうぜんおこ》り來《く》る美意識以外《びいしきいぐわい》、心《こゝろ》はいつしか一歩《いつぽ》その奥《おく》を辿《たど》りて、覺《おぼ》えず實在《じつざい》と撞《どう》着《ちやく》して、嗚呼《ああ》神《かみ》よと叫《さけ》ぶことあり。神《かみ》に一念《いちねん》の誠《まこと》をさゝぐる刹那《せつな》、心《こゝろ》はいつしか歎美《たんび》の態度《たいど》にすべりて、あはれ〳〵と風月《ふうげつ》の情《じやう》そゞろなることあり。詩《し》よりして神《かみ》に之《ゆ》き、神《かみ》よりして詩《し》に之《ゆ》く。此《かく》の如《ごと》きは、辿《たど》りふかき人《ひと》の經驗《けいけん》する事實《じじつ》なり。

【通解】 詩を讀む時當然起つて來る美といふ意識の外に、心はいつの間にか一歩深くその奥に這入り込んで、思はず宇宙の實在とぶツつかつて、嗚呼神よと叫ぶ事がある。又一心にまごゝろをこめて神に祈を捧げてゐる瞬間に、心はいつの間にか美を歎賞する態度の方にそれて、あゝ〳〵と深く自然の美にあこがれて風雅の情が催して來て禁じ難い事がある。詩から神の方にゆき、神から詩の方にゆく。斯ういふ事は、物事を深く味ひ考へて生活してゐる人の經驗する事實である。

【考察】 詩と神と太源は一で、辿り深い人は屢々詩から神に之き神から詩に之くものだといふ主張である。○美意識は美をはつきり認識する心の働き。○實在は認識の主觀から獨立して自存するもの、即ち有ると思ふから有るでなく眞に存在してゐるものの義で、宇宙の現象の奥にある眞の實在、哲學的にいへば唯一の眞理、宗教的にいへば神である。宗教上の信仰はその實在たる神を信ずる事である。○撞着はぶツつかること。自家撞着といふ時は、自分自身が矛盾してあとさきの揃はぬ義であるが、こゝはそれではない。詩を讀んでゐる內に眞の實在にぶツつかつて、明かに神を認識するといふのである。○風月の情は自然の美にあこがれる風雅の心。○そゞろなるは自然に催して禁じ難い。○辿りふかき人は、上すべりでなく、深く〳〵物事を味ひ考へて精神的に生活してゐる人。

【大意】詩を讀めば當然美意識が起るが、心はそれ以外に更に一步深く這入つて、思はず宇宙の實在にぶツつかつて、嗚呼神よと叫ぶ事がある。又一心に神を拜んでゐる時、心がいつか美にあこがれて風月の情を催す事がある。辿り深い人は、斯く詩から神にゆき、神から詩にゆくものだ。

【九五】意ふに詩と神と太源一なり有象有形に執する詩人もし一たびその根柢に深潛せば肅然としてその權威にぬかづくべし宗敎家もし神の姿を分明に描出せんとせば卽ち彼等が機根さまぐ〳〵に如來と現じ天父と顯はれ慈悲と垂れ光明と輝きあるは天上淸輝の星とさゝやきあるは籬落微韻の花と點ずべし詩を無限に繙けば實在の神となり神を有限に織り出づれば縹渺の詩となる詩は直ちに神に薄り神はおぼろに詩を照返すげに詩人と宗敎家とは宇宙を家とする最も親しきはらからなりけり（綱島梁川）

【讀方】意《おも》ふに詩《し》と神《かみ》と太源一《たいげんいつ》なり。有象有形《いうしやういうけい》に執《しふ》する詩人《しじん》、もし一《ひと》たびその根柢《こんてい》に深潛《しんせん》せば、肅《しゆく》然《ぜん》としてその權威《けんゐ》にぬかづくべし。宗敎家《しうけうか》もし神《かみ》の姿《すがた》を分明《ぶんみやう》に描出《べうしゆつ》せんとせば、卽《すなは》ち彼等《かれら》が機根《きこん》さまぐ〳〵に、如來《によらい》と現《げん》じ、天父《てんぷ》と顯《あら》はれ、慈悲《じひ》と垂《た》れ、光明《くわうみやう》と輝《かゞや》き、あるは天上淸輝《てんじやうせいき》の星《ほし》とさゝやき、あるは籬落微韻《りらくびゐん》の花《はな》と點《てん》ずべし。詩《し》を無限《むげん》に繙《ひもと》けば實在《じつざい》の神《かみ》となり、神《かみ》を有限《いうげん》に織《お》り出《い》づれば縹渺《へうべう》の詩《し》となる。詩《し》は直《たゞ》ちに神《かみ》に薄《せま》り、神《かみ》はおぼろに詩《し》を照返《てりかへ》す。げに詩人《しじん》と宗敎家《しうけうか》とは、宇宙《うちう》を家《いへ》とする最《もつと》も親《した》しきはらからなりけり。

【通解】　考へて見るに詩と神とはその一番の大元は一つである。姿形のあるものに執着する詩人も、若し一たびその姿や形の根柢に深く思ひを潜めたならば、粛然と襟を正してその根柢に横つてゐる神の權威の前に頭を下げるに違ひない。宗教家が若し神の姿をはつきりと心に描き出さうとしたら、卽ち彼等が神の教化を受け得る心の力次第で、或は佛として現はれ、或は天にまします父なる神として顯はれ、或は佛の慈悲として垂れ、或は神の光明として輝き、或は天上にきら〳〵と輝く星のさゝやきとなり、或は垣根の下にほのかに薫る花となつて目にうつるであらう。詩を無限に味つて行けば實在の神になり、神を形の上に美しく出せば神韻縹渺たる微妙の詩になる。詩は直ちに神の所にゆき、神はおぼろげに詩に照り返して幽かに詩の上にその姿を現ずる。ほんとに詩人と宗教家とは、宇宙を家とする一番親しい兄弟であるのだ。

【考察】　前問と同一思想で、更に之を詳悉したものである。○有象有形は目に見える姿や形。○執するは執着する、一心にそれを描かうとする。○根柢は根もと、奥そこ。○深潛はじツと深く思ひをひそめること。○その權威は形象の根柢にある實在たる神の威力。○機根は人の心中に具有してゐて、神佛の教化を受けて發動する能力。○如來は佛の稱。○天父は基督教の神。○籬落はまがき、かきね。○微韻はかすかにかをる。○花と點ずは花と咲く、花となつて現はれる。○有限に織り出づればは、或限度を以て織り出せば。神は無限のものだが姑くそれに限度を與へて形として描き出せばといふ意。○縹渺はかすかに奥ゆかしい趣。○神はおぼろに詩を照返すとは神の光がおぼろに詩の上に照返して、詩の上に幽かに神の姿が現はれるといふ思想。

【大意】　詩と神とその本源は一つだ。物の形を詠ずる詩人も、更に深く思ひをその根柢に潛めれば、必ず其の奥に横はる神の威力に頭が下る。宗教家が神の姿をあり〱と見ようとすれば、その人の機根次第で、佛となり、神となり、星とさゝやき、花と點ずる。詩の極致は神であり、神の形は詩である。詩は神に接し、神はおぼろに詩に映ずる。詩人と宗教家は大宇宙を家とする最も親しい兄弟だ。

【九六】 芭蕉は一俳人なりされど五十年の生涯を自然の渇仰にさゝげてあるは奥羽象潟の時雨に腸を絞りあるは佐渡北海の荒波に魂を削りて一樹の假の宿りにもとく〱の雫結びもあへず旅魂そゞろに枯野の風雲を追へりし彼が姿をしのぶもの誰かその魂に鏤められたる實の一字を否むべき彼は自ら謙して花鳥に情を役してこの一すぢに繫るといへりしかも行々しば〱大自然の幽玄の一路に分け入りて覺えず涙下りしその意識よあはれ彼は趣味の門より入りて趣味の太源と道交しぬ（綱島梁川）

【讀方】 芭蕉《ばせを》は一俳人《いつはいじん》なり。されど五十年《ごじふねん》の生涯《しやうがい》を自然《しぜん》の渇仰《かつがう》にさゝげて、あるは奥羽象潟《あううきさがた》の時雨《しぐれ》に腸《はらわた》を絞《しぼ》り、あるは佐渡北海《さどほくかい》の荒波《あらなみ》に魂《たましひ》を削《けづ》りて、一樹《いちじゆ》の假《かり》の宿《やど》りにも、とく〱の雫結《しづくむす》びもあへず、旅魂《りよこん》そゞろに枯野《かれの》の風雲《ふううん》を追《お》へりし彼《かれ》が姿《すがた》をしのぶもの、誰《たれ》かその魂《たましひ》に鏤《ちりば》められたる實《じつ》の一字《いちじ》を否《いな》むべき。彼《かれ》は自《みづか》ら謙《けん》して、「花鳥《くわてう》に情《じやう》を役《えき》して、この一《ひと》すぢに繫《つなが》る」といへり。しかも行々《かう〱》しば〱大自然《だいしぜん》の幽玄《いうげん》の一路《いちろ》に分《わ》け入《い》りて、覺《おぼ》えず涙下《なみだくだ》りしその意識《いしき》よ。あはれ、彼《かれ》は趣味《しゆみ》の門《もん》より入《い》りて、趣味《しゆみ》の太源《たいげん》と道交《だうかう》しぬ。

【通解】 芭蕉は一個の俳人である。けれども五十年の生涯を捧げて自然を仰ぎ慕ひ、或は奥羽象潟の時雨に腸を絞るやうな思ひをして句を詠じ、或は佐渡北海の荒波に魂も削られるやうな思ひをして句を詠じ、一本の樹蔭の假の宿りにも、とく〱と滴る水の雫をすくひもおほせず、旅の思ひのそゞろに枯野に風雲を追ひまはした——旅中に病臥してそゞろに思ひを枯野の趣に馳せて句を詠じた彼の姿をじツと考へる者は、誰がその魂に深くゑりつけられた實の一字——實在の意識を否定する事が出來よう。彼は自ら謙遜して、「花鳥自然の趣に心を使つて、この俳諧の一筋に引掛つてゐる」といつた。而も行く先々で屢々大自然の深い〳〵奥の方の何ともいへぬ妙境に分け入つて、思はず涙を流したその意識の尊さよ。あゝ、彼は趣味の門卽ち俳諧といふ自分の趣味から這入つて行つて、趣味の大元たる實在の神と交り通じてしつくりと融合したのである。

【考察】 俳人芭蕉の句や文を背景として、彼が自然にあこがれ、句作に精進して、俳諧から這入つて遂にその奥に實在する神と道交したといふ事を强調してゐる。假に背景の句や文が全然分らぬとしても、通解の如き答案は出來べきものである事に留意せよ。○渴仰は一心に仰ぎ慕ふこと。○奥羽象潟の時雨は芭蕉の「象潟や雨に西施《せいし》がねぶの花」といふ句を指す。時雨は秋冬の候にパラ〳〵と降る雨の事、この句は夏の雨の趣であるが、文飾上斯んな風に書いたのである。この句は、ねぶの花が雨に打たれてゐる一種凄慘な象潟の光景は、譬へば美人西施が雨下に眠つてゐるやうな趣だといふ意味で、その中に「腸を絞り」といふ趣が窺はれるのである。○佐渡北海の荒海は「荒海や佐渡に横ふ天の川」の句を指す。荒涼たる北國の海、佐渡の天には一筋の天の川が横つてゐる、さうした壯大にして而も凄慘な光景は正に「魂を削」らしめるに違ひない。○一樹の假の宿りは「まづ頼む椎《しひ》の木もあり夏木立《なつこだち》」の句によつた立文。○とく〳〵の雫は芭蕉の幻住庵《げんぢゆうあん》の記に「たま〳〵心まめなる時は、谷の流れを汲みて自ら炊《かし》ぐ、とく〳〵の雫を侘《わ》びて、一爐の備へいと輕《かろ》し」とあり、「露とく〳〵試みに浮世すゝがばや」といふ句もある。これ等の文や句はすべて西行の「とく〳〵と落つる岩間《いはま》の苔清水、汲みほす程もなき住ひかな」といふ歌を背景にしたものである。○結びもあへずはすくひもおほせず。ゆつくり掬つてゐる間ももどかしく、更に立つて旅を重ねるといふ思想。○旅魂は旅の心、旅の思ひ。○そゞろに枯野の風雲を追へりしは、「旅に病んで、夢は枯野をかけめぐる」の句を指す。風雲は風や雲、自然の趣。○實の一字は實在の實をいふ。誠實、眞實の實として輕く見ては下文の「趣味の太源と道交しぬ」と合はない。彼の魂は宇宙の實在をしつかり意識してゐたといふのである。○花鳥に情を役しては、幻住庵の記に「たよりなき風雲に身をせめ、花鳥に情を勞して、しばらく生涯の計《はかりごと》とさへなれば、無能無力にして、この一筋につながる」とあるのをいふ。○行々は行く〳〵、道々、行く先々。○幽玄の一路は何ともいへず奧深い一本の路、奧の奧の深い處。○趣味の門は趣味といふ門、卽ち自己の趣味たる俳諧から這入つての意。○趣味の太源は趣味の一番の大本、趣味の奧の奧に橫つてゐる實在。前問を參照して考へたら趣味の太源が實在の神であるといふことが了解されるであらう。○道交は佛語の「感應道交」の略で、衆生《しゆじやう》と佛とその至誠の心が互に交り通じて融合するのをいふ。

【大意】　芭蕉は一俳人だ。然し彼は五十年の生涯を捧げて自然を慕ひ、奧羽象潟に佐渡北海に、腸を絞り魂を削るやうな思ひをして句を詠じ、一樹の假の宿りにも落着く暇なく、旅魂そゞろに枯野の風雲を追つて句を詠じた彼の魂には、明かに宇宙の實在が強く印象されてゐたのだ。彼は自然にあこがれて俳諧の一筋に繫がれるといつたが、行く先々屢々大自然の幽玄な妙境に入つて涙を流した、その尊い意識から見れば、彼は趣味から入つて、趣味の根源たる實在の神と交つたのだ。

【九七】　今の世には何ぞ熱情をもて友を求むるものの少き世は澆漓儇薄の流れに漂ひてかゝる美しき熱情をも失へるか嗚呼友は人生最高の無價寳なり花の前月の下の假初に結べる友垣だに嬉しきものなるを金蘭の友の如何ばかり貴きぞ人は子孫に生き又は事業に生くといふされど眞に生くるは友のみ眞の我は唯友の中にありて生き榮え光輝を放つ（綱島梁川）

【讀方】今《いま》の世《よ》には、何《なん》ぞ熱情《ねつじやう》をもて友《とも》を求《もと》むるものの少《すくな》き。世《よ》は澆漓儇薄《げうりけんぱく》の流《なが》れに漂《たゞよ》ひて、かゝる美《うつく》しき熱情《ねつじやう》をも失《うしな》へるか。嗚呼《あゝ》、友《とも》は人生最高《じんせいさいかう》の無價寶《むかはう》なり。花《はな》の前《まへ》、月《つき》の下《もと》の、假初《かりそめ》に結《むす》べる友垣《ともがき》だに嬉《うれ》しきものなるを、金蘭《きんらん》の友《とも》の如何《いか》ばかり貴《たふと》きぞ。人《ひと》は子孫《しそん》に生《い》き、又《また》は事業《じげふ》に生《い》くといふ。されど、眞《しん》に生《い》くるは友《とも》のみ。眞《しん》の我《われ》は唯友《たゞとも》の中《うち》にありて生《い》き、榮《さか》え、光輝《くわうき》を放《はな》つ。

【通解】 今日の世には、どうして斯うも熱情で友を求める者が少いのか。世はすつかり人情輕薄になつて了つて、斯ういふ美しい熱情をも失つたのか。嗚呼、友は人生最高の無限の寶だ。花を眺め、月を見る時、つひ假初に結んだ友情でも嬉しいものだのに、まして親しく堅く契つた友はどれ程貴い事だ。人は子孫に生きるといひ、又事業に生きるといふ。然し、ほんとに生きるのは友だけだ。眞の自分は唯友の中にあつて生き、榮え、輝しい光を放つのだ。

【考察】 世に交友の熱情が衰頽した事を歎き、親友の貴さを强調してゐる。○澆漓はうすい、人情の輕薄なのをいふ。○儇薄は小ざかしく輕薄だの意。○流れに漂ひは世の中が一般に皆さうなつたといふ思想。○無價寶は評價の出來ぬ無限の寶。○友垣は友達、又友の交り。○金蘭は親しく固い交りの喩。易の繫辭《けいじ》に「二人心を同じうすれば、其の利、金を斷《た》ち、同心の言は其の臭《か》蘭の如し」とある、その金と蘭とを合せて作つた熟語。○子孫に生きはよい子孫を後世に殘す事を自己の眞生命とし、そこに生き甲斐を感ずるといふ意。○眞の我は唯友の中にありて生きはほんとの自分は只友によつて生きる。吾々の眞の生命は只友人と相交はる事によつてのみ榮え輝いて生きてゐるのだといふ思想。

【大意】 今日はどうして斯う熱情で友を求める者が少いだらう。世は輕薄に流れてさういふ美しい熱情も無くなつたのか。友は人生最高の寳だ。花前月下の假初の友でも嬉しい。まして親友の貴さ。子孫に生きる、事業に生きるなどいふ人もあるが、吾々がほんとに生きるのは只友の中に於てのみだ。

【九八】 わが國の詩人文人の四季に對する感想はおしなべてかたよりたり彼等の四季を歌ふや前半は常に樂しかれど後半は常に悲愴なりこれ一つには和漢の詩歌のとかくに事物の客觀に泥みて相を詠ずるを主とせるによりまた二つには中ごろ佛教の渡り來て無常變轉のことわりを教へ秋冬の景物をもてその無常觀の好比喩となせるに由るならめどその觀のとかくに悲哀に偏したるは事實なり（坪内逍遙）

【讀方】 わが國《くに》の詩人文人《しじんぶんじん》の四季《しき》に對《たい》する感想《かんさう》は、おしなべてかたよりたり。彼等《かれら》の四季《しき》を歌《うた》ふや、前半《ぜんぱん》は常《つね》に樂《たの》しかれど、後半《こうはん》は常《つね》に悲愴《ひさう》なり。これ一《ひと》つには和漢《わかん》の詩歌《しか》の、とかくに事物《じぶつ》の客觀《かくくわん》に泥《なづ》みて、相《さう》を詠《えい》ずるを主《しゆ》とせるにより、また二《ふた》つには、中《なか》ごろ佛教《ぶつけう》の渡《わた》り來《き》て、無常變轉《むじやうへんてん》のことわりを教《をし》へ、秋冬《しうとう》の景物《けいぶつ》をもて、その無常觀《むじやうくわん》の好比喩《かうひゆ》となせるに由《よ》るならめど、その觀《くわん》のとかくに悲哀《ひあい》に偏《へん》したるは事實《じじつ》なり。

【通解】 わが國の詩人や文人の四季に對する心の感じは、概して一方に偏してゐる。彼等が四季を歌ふ時、前半の春夏はいつも樂しげだが、後半の秋冬はいつも悲しくいたく〵しげだ。それは一つには、日本や支那の詩歌が、とかく物事のあるがまゝの形に拘泥して、その表面の形を詠ずる事を主としたのにより、又二つには、中世の頃佛教が渡來して、人生の無常變轉の理を教へ、秋冬の風景を成すものをば、人生は無常だといふその思想をあらはすいゝ喩として使つたからでもあらうが、兎に角彼等詩人文人の見方考へ方がとかく悲哀に片寄つてゐるのは事實である。

【考察】 我が歌人文人が四季を歌ふのに、秋冬が悲哀に偏してゐる事實を擧げ、それについて二つの原因を考へてゐる。その一つは和漢の詩が客觀に泥んで相を詠ずる事を主とした事、他の一つは佛教が秋冬の景物を好比喩として無常觀を教へた事である。後者は明瞭である。前者については次の第九九問以下をも參照せよ。秋冬は木の葉も散り凡てが凋落寂寞の相を呈するから、相を主として歌へば悲愴にならざるを得ぬのである。○感想は心に抱く感じ。○客觀はこゝでは目に映ずる其の物のあるがまゝの形の意でいつてゐる。○相は形、外面にあらはれてゐる姿。○無常變轉は世の中は定めなくて、いつも變化して止まぬといふこと。○景物は景を成すもの、それによつて景の生ずる物。○無常觀は人生は無常だといふ考へ方。觀は物の見方考へ方。

【大意】 日本の詩人文人は季節感が偏してゐて、春夏は樂しく、秋冬は悲愴に歌ふ。それは和漢の詩歌が兎角外面的に物の形を詠ずるのを主としたためであり、又佛教が渡つて來て、秋冬の景物を好比喩として無常觀を教へたためでもあらうが、とにかく秋冬に對する觀方が悲哀に偏して居る事は事實だ。

【九九】 人は秋季の美しきをひたすらに哀しきものに思ひなして年老い精神衰へ苦痛身にあまりながらなほ死にやらぬ老人のいと淺ましげなるに思ひ寄すれど我が眼にはしか見えず秋の長閑にして物靜かなるはたとへば肉體は衰へたれど精神はなほ健かなる人の後世の信心堅固にして老いていよ〳〵心の花の開けたらむがごとし（坪内逍遙）

【讀方】 人《ひと》は、秋季《しうき》の美《うつく》しきを、ひたすらに哀《かな》しきものに思《おも》ひなして、年老《としお》い精神衰《せいしんおとろ》へ、苦痛身《くつうみ》にあまりながら、なほ死《し》にやらぬ老人《おいびと》の、いと淺《あさ》ましげなるに思《おも》ひ寄《よ》すれど、我《わ》が眼《め》にはしか見《み》えず。秋《あき》の長閑《のどか》にして物靜《ものしづ》かなるは、たとへば、肉體《にくたい》は衰《おとろ》へたれど、精神《せいしん》はなほ健《すこや》かなる人《ひと》の、後世《ごせ》の信《しん》心堅固《じんけんご》にして、老《お》いていよ〳〵心《こゝろ》の花《はな》の開《ひら》けたらむがごとし。

【通解】人は、秋の季節の美しいのを、只一途に悲しいものと考へて了つて、年取つて精神が衰へ、苦痛が身に餘つてゐながら、而もなほ死なずに居る老人の、實に淺ましくなさけない様子に思ひ寄せるのであるが、私の目にはさうは見えない。秋の長閑で如何にも物靜かなのは、たとへば、肉體は衰へたが、精神はまだしつかりしてゐる人が、來世の信心が堅固で、老いて益々美しい心の悟りの開けたやうなものだ。

【考察】秋季の美しさに對する、人と筆者との主觀の相違である。○死にやらぬはまだ死なぬ、死んで了はぬ。○淺ましげなるは實になさけない様子。○後世の信心は來世卽ち死んだ後の世のために佛を念ずる心。○心の花はこゝは佛教で「心華《しんくわ》明を發し、十方刹《せつ》を照す」といふ語のやうに、心の美しくて立派に悟を開いた狀をいうたものと考へられる。

【大意】人は秋の美を只一途に悲しいものとして、譬へば老衰して精神も衰へた人の哀な姿のやうに思ふ。然し自分から見れば、その長閑さは、肉體は衰へても精神は健かで、後世の信心固く、老いて益々美しい悟の開けた人のやうに思へる。

【一〇〇】げにや秋の想は蕭殺慘憺たる者なれどその洽く萬物をして豐熟せしむる精神は頗る樂觀を喚び起すべきにあらずや秋の風の淅瀝として蕭颯たる恐らくは人をして悚然たらしめむ然れどもその所謂小春日和の脫々として舒緩なるなどかわが歌人の快感を惹かざりけむ（坪内逍遙）

【讀方】げにや秋《あき》の想《さう》は蕭殺慘憺《せうさつさんたん》たる者《もの》なれど、その洽《あまね》く萬物《ばんぶつ》をして豐熟《ほうじゆく》せしむる精神《せいしん》は、頗《すこぶ》る樂觀《らくくわん》を喚《よ》び起《おこ》すべきにあらずや。秋《あき》の風《かぜ》の淅瀝《せきれき》として蕭颯《せうさつ》たる、恐《おそ》らくは人《ひと》をして悚然《しようぜん》たらしめむ。然《しか》れども、その所謂《いはゆる》小春日和《こはるびより》の脱々《たい〱》として舒緩《じよくわん》なる、などかわが歌人《かじん》の快感《くわいかん》を惹《ひ》かざりけむ。

【通解】 成程如何にも秋の氣分はしーんとして物淋しいものではあるが、然し秋があまねく萬物をみのらせる精神は、頗る物事を樂しいものと觀る考へを呼び起すべきではないか。秋の風のヒュー〳〵として物淋しく吹いてゐるのは、恐らく人をしてぞーッと身ぶるひをして立ちすくむ思ひをさせよう。然しながら、所謂小春日和ののび〳〵としてゆるやかな趣が、どうして我が歌人の快く樂しい感じを惹きおこさなかつたのであらう。

【考察】 秋には凄慘な趣があるが、一面には又樂しい靜けさがある。わが歌人はどうして悲愴な方ばかり見て、樂しいといふ氣持を起さなかつたらうといふのである。○想はおもひ、氣分。秋そのものの氣分である。○蕭殺慘憺は如何にも物淋しくて人の心を痛めるさま。○樂觀は凡ての物を樂しいものと見る觀方、考へ方。○淅瀝は風の強く物悲しく吹く音の形容。○蕭颯はもの淋しい音を立てて吹いてゐること。○悚然はぞーッとして立ちすくむやうな心のさま。○小春日和は陰暦十月卽ち初冬の頃ののどかに暖かな天候。○脱々はのびやかなさま。しづかに行くさま、又悅ぶさまにもいふ。詩經召南《せうなん》に「舒《しづか》にして脱々《たい〱》たれ」といふ句がある。この時の音はダツではない。

【大意】 秋はほんとに淋しい、然しその萬物を豊熟させる精神は、人に樂觀の念を起さすべきだ。秋風はぞーッとする程深刻に淋しい。然し又長閑な小春日和もある。どうしてそれが我が歌人の快感を惹かなかつたらう。

【一〇一】 春の長閑に和げる夏の夕暮の風の涼しき秋の風の錦なす森にわたるいづれ美しからぬはな

けれど寂寞にして靜かなる冬の景色のさながら造化の禪定したらむやうなるこそ平靜なる心には樂しけれ（坪内逍遙）

【讀方】春《はる》の長閑《のどか》に和《やはら》げる、夏《なつ》の夕暮《ゆふぐれ》の風《かぜ》の涼《すゞ》しき、秋《あき》の風《かぜ》の錦《にしき》なす森《もり》にわたたる、いづれ美《うつく》しからぬはなけれど、寂寞《じやくまく》にして靜《しづ》かなる冬《ふゆ》の景色《けしき》の、さながら造化《ざうくわ》の禪定《ぜんぢやう》したらむやうなるこそ、平靜《へいせい》なる心《こゝろ》には樂《たの》しけれ。

【通解】春ののんびりとしてやはらいでゐるのや、夏の夕暮の風の涼しいのや、秋の風の錦のやうに美しく紅葉した森に吹き渡るのや、どれも美しくないのはないが、如何にも寂しくひつそりとして靜かな冬の景色の、丸で天地自然がじーッと入定《にふぢやう》してゐるやうであるのこそ、平靜な心には誠に樂しいのである。

【考察】冬の靜かさを造化の禪定と見たのがこの文の一大特色である。○錦なすは錦のやうなの意で、紅葉の美しいのをいふ。造化は天地創造の神だが、こゝは天地自然そのものを指してゐる。○禪定は佛教上の語で、心を安定して、所謂精神統一の状態に於てじッと眞理を觀じてゐるのをいふ。

【大意】春の長閑さ、夏の夕暮の風の涼しさ、秋風の紅葉の林に渡る光景、何れも美しいが、寂寞な冬景色の、じーッと靜かなのが、平靜な心には一番樂しい。

【一〇二】余が冬を愛するは多年の數奇不幸のためにわが心の悒鬱に傾けるに由るならめどしかもその落莫たる頽廢と凛烈なる風雪とは暗に余が心を高めて偉大崇高なるものに同感するに便ならしむ覆載の間いまだ陰雲空を掩ふ冬の日に寒林の蔭に逍遙し北風の怒つて樹間に吼え野にわたりて怒號するを聞

くばかり心地よきことなし冬は余が無上の歸依節なり余が心は恍惚としてひとへに彼を渇仰せむとす古詩人の言によれば彼は風翼に駕して行くとかや余は實に冬において彼に熱誠を感ぜむとするなり（坪内逍遙）

【讀方】 余《よ》が冬《ふゆ》を愛《あい》するは、多年《たねん》の數奇不幸《すうきふかう》のために、わが心《こゝろ》の悒欝《いふうつ》に傾《かたむ》けるに由《よ》るならめど、しかもその落莫《らくばく》たる頽廢《たいはい》と、凛烈《りんれつ》なる風雪《ふうせつ》とは、暗《あん》に余《よ》が心《こゝろ》を高《たか》めて、偉大崇高《ゐだいすうかう》なるものに同感《どうかん》するに便《べん》ならしむ。覆載《ふさい》の間《あひだ》いまだ陰雲空《いんうんそら》を掩《おほ》ふ冬《ふゆ》の日《ひ》に、寒林《かんりん》の蔭《かげ》に逍遙《せうえう》し、北風《ほくふう》の怒《いか》つて樹間《じゆかん》に吼《ほ》え、野《の》にわたりて怒號《どがう》するを聞《き》くばかり、心地《こゝち》よきことなし。冬《ふゆ》は余《よ》が無上《むじやう》の歸依節《きえせつ》なり。余《よ》が心《こゝろ》は恍惚《くわうこつ》としてひとへに彼《かれ》を渇仰《かつがふ》せむとす。古詩人《こしじん》の言《げん》によれば、彼《かれ》は風翼《ふうよく》に駕《が》して行《ゆ》くとかや。余《よ》は實《じつ》に冬《ふゆ》において彼《かれ》に熱誠《ねつせい》を感《かん》ぜむとするなり。

【通解】 私が冬を好むのは、永い間の不運不幸のために、私の心がふさぎ勝ちになつてゐるからでもあらうが、それにしても冬の寂しく衰へすさんだ姿と、寒さ烈しく身にしみ渡るやうな風や雪とは、知らぬ間に私の心を高めて、偉大な氣高いもの——神に同感するのに都合よくさせる。天地の間にまだ陰氣な雲が空一杯になつてゐる冬の日に、葉の枯れ落ちた寂しい林の蔭をぶら〳〵と歩いて、北風が激しい音を立てて樹々の間に吹き、野に渡つて怒り叫ぶのを聞くくらゐ、氣持のいゝ事はない。冬は私が神に對してこの上もなく歸依信仰する念の深くなる季節である。私の心はうつとりとして只ひとへに神を慕ひ仰がうとする。昔の詩人の言葉によると、神は風の翼に乗つて行くとかいふ。私は實に冬に於て、彼れ神に熱誠の思を捧げたくなるのである。

【考察】冬の寂寞に依つて心が高められて、特にその季節に於て神に熱誠を感ずるといふのである。彼はHeの譯語で、「神」――特に造化の神、自然の神をいうたものと考へられる。○數奇は不運、不仕合。○悒欝は心が憂へ氣がふさぐこと。○落莫は物寂しいさま。○頽廢はすつかり衰へきつてゐること。○凛烈は寒さの烈しいこと。○覆載は天地。「天は覆《おほ》ひ地は載《の》す」といふ意の漢文系の熟語。○寒林は冬の林、木の葉の散つた寂しい林。○逍遙はぶら〳〵と歩く。○歸依節は歸依心を起すシーズン。歸依は深く神佛を信仰して身を歸託するのをいふ。○渴仰は一心に仰ぎ慕ふ。○風翼に駕して行くとは風は神の乘り物だといふ心持と考へられる。だから特に風のピユーピユーと吹く冬に於て神に熱誠を感ずるといふのである。○熱誠を感ぜむとすとは、特に熱誠をこめて渴仰したい氣になるといふ意。

【大意】自分が冬を愛するのは、多年の不運不幸で、心が陰氣になつてゐるせいもあらうが、而も寂寞たる冬の姿と、烈しい風雪とは、私の心を高めて神に同感させる。寂しい冬の日に、寒林の蔭に逍遙し、北風の吹きまくるのを聞くくらゐ、愉快な事はない。私は冬に於て特に深く神を信仰し、神に對して熱誠を感ずる。

【一〇三】凡そ人の其の趣味性に適合せる文學若しくは藝術に接するや少くとも其の當座暫くは心陶然として醉へるが如きを覺ゆべしこれを刹那の忘我と名づく名畫に見入り巧なる音樂を聽き又は面白き演劇を觀面白き小說を讀める瞬間の感じ卽ちこれなり（坪內逍遙）

【讀方】凡《およ》そ人《ひと》の、其《そ》の趣味性《しゆみせい》に適合《てきがふ》せる文學《ぶんがく》、若《も》しくは藝術《げいじゆつ》に接《せつ》するや、少《すく》くとも其《そ》の當座暫《たうざしばら》くは、心陶然《こゝろたうぜん》として醉《ゑ》へるが如《ごと》きを覺《おぼ》ゆべし。これを刹那《せつな》の忘我《ばうが》と名《な》づく。名畫《めいぐわ》に見入《みい》り、巧《たくみ》なる音《おん》樂《がく》を聴《き》き、又《また》は面白《おもしろ》き演劇《ゑんげき》を觀《み》、面白《おもしろ》き小說《せうせつ》を讀《よ》める瞬間《しゆんかん》の感《かん》じ卽《すなは》ちこれなり。

【通解】　凡そ人が、自分の趣味の氣持にぴツたり合つた文學や、又は藝術に接すると、少くも其の接した當座暫くの間は、心がうつとりとして醉つたやうな氣分になるだらう。これを刹那の忘我——或瞬間全く自分といふものを忘れきつた——と名づける。じツと名畫を眺め、うまい音樂に耳を傾け、又は面白い芝居を見、面白い小說を讀んでゐる瞬間の感じがそれである。

【考察】　筆者の所謂「刹那の忘我」を說明したものである。○文學若しくは藝術と分けて言へば、文學は詩歌小說脚本等凡て文字に依つて表現されたものをいひ、藝術は繪畫、彫刻、音樂、演劇等文字以外のもので表現されたものをいふ。○陶然は心が樂しくうつとりとするさま。

【大意】　人は自分の趣味に合つた文學や藝術に接すると、暫くは陶然として醉つたやうになる。それを刹那の忘我といふ。い、繪畫、音樂、演劇、小說等に見とれ聞き惚れてゐる瞬間の感じがそれだ。

【一〇四】　この宇宙ほど不思議なるはあらずはてしなきの時間とはてしなきの空間凡百の運動凡百の法則生死而して小さき星の一なる此の地球に於ける人類其の歴史げに此のわれの生命ほど不思議なるはなかるべしこれ誰も知る處なり而して千百億人中殆ど一人たりとも此の不思議を痛感する能はざるなり友人の死したる時など獨り蒼天の星を仰ぎたる時など時には驚異の念に打たるゝ事あるは人々の經驗する處なりされどこはしばしの感情にして永續せずわが願は絕えず此の強き深き感情のうちにあらんことなり（國木田獨歩）

【讀方】　この宇宙《うちう》ほど不思議《ふしぎ》なるはあらず。はてしなきの時間《じかん》と、はてしなきの空間《くうかん》、凡百《ぼんぴやく》の運動《うんどう》、凡百《ぼんぴやく》の法則《はふそく》、生死《せいし》、而《しか》して小《ちひ》さき星《ほし》の一《いつ》なる此《こ》の地球《ちきう》に於《お》ける人類《じんるゐ》、其《そ》の歴史《れきし》、げに此《こ》のわれの生命《せいめい》ほど不思議《ふしぎ》なるはなかるべし。これ誰《たれ》も知《し》る處《ところ》なり。而《しか》して千百億人中《せんひやくをくにんちゆう》、殆《ほとん》ど一人《いちにん》たりとも此《こ》の不思議《ふしぎ》を痛感《つうかん》する能《あた》はざるなり。友人《いうじん》の死《し》したる時《とき》など、獨《ひと》り蒼天《さうてん》の星《ほし》を仰《あふ》ぎたる時《とき》など、時《とき》には驚異《きやうい》の念《ねん》に打《う》たるゝ事《こと》あるは、人々《ひと〴〵》の經驗《けいけん》する處《ところ》なり。されどこはしばしの感情《かんじやう》にして永續《えいぞく》せず。わが願《ねがひ》は、絶《た》えず此《こ》の強《つよ》き深《ふか》き感情《かんじやう》のうちにあらんことなり。

【通解】 この宇宙くらゐ不思議なものはない。はてしのない時間と、はてしのない空間、あらゆる運動、あらゆる法則、生死、そして宇宙間の小さい星の一つである所の此の地球上に於ける人類、其の人類の歴史、ほんとに此の自分の生命ほど不思議なものはないであらう。これは誰も知つてゐる事である。そして千百億人の中、殆ど一人でもこの不思議を心に痛感する事は出來ないのである。友人の死んだ時など、或は獨り青空の星を仰ぎ見た時など、時には驚きあやしむ思ひに打たれて、ア、實に不思議だなアと驚く事のあるのは、人々の經驗する所である。然しこれはほんの暫くの感情で永くは續かない。私の願は、絶えず此の強い深い驚異の感情の中に包まれてゐたいといふ事である。

【考察】 宇宙は實に不思議なものだ。何も彼もが皆不思議だ。誰しもさうとは知つてゐながら、さてそれが痛感されない。時には驚異の念に打たれる事があつても、それが永續しない。筆者は常にその強い深い感情に包まれてゐたいといふのである。○凡百はあらゆる、一切のの意。○うちにあらんはその中に包まれてゐたいの意。

【大意】 宇宙は實に不思議なものだ。無限の時間と空間、あらゆる運動、法則、生死、そして小さい星の一なる此の地球上の人類、その歴史、實に人間の生命位不思議なものはあるまい。これは誰も知る事ながら、殆ど一人も之を痛感し得ない。友人の死んだ時、蒼天の星を仰いだ時、時には驚異の念に打たれもするが、その感情は永續しない。自分は絶えず此の強い深い驚異の感情に包まれて居たいと思ふ。

【一〇五】 楊巨源の詩に曰く詩家清景在新春柳嫩鵞黄色未匀若待上林花似錦出門皆是看花人と龍を見て龍となす難きにあらず一寸の蛇を見てはやくもその雲を起し霧を吐き茫洋として玄間を窮め日月に薄るを知るこれ難きなり知己の難きはいまだ發達せざる時において他日の發達をトすることの難きにありその見はれたる嬉笑怒罵の外に隱れたる胸間の神祕を會得することの難きにあり（德富蘇峰）

【讀方】 楊巨源《やうきよげん》の詩《し》に曰《いは》く、「詩家《しか》の清景《せいけい》は新春《しんしゆん》に在《あ》り、柳嫩《りうどん》の鵞黄色《がくわういろ》未《いま》だ匀《とゝの》はず。若《も》し上林《じやうりん》の花《はな》の錦《にしき》に似《に》たるを待《ま》たば、門《もん》を出《い》づるは皆是《みなこ》れ花《はな》を看《み》るの人《ひと》」と。龍《りゆう》を見《み》て龍《りゆう》となす、難《かた》きにあらず。一寸《いつすん》の蛇《へび》を見《み》て、はやくもその雲《くも》を起《おこ》し、霧《きり》を吐《は》き、茫洋《ばうやう》として玄間《げんかん》を窮《きは》め、日月《じつげつ》に薄《せま》るを知《し》る、これ難《かた》きなり。知己《ちき》の難《かた》きは、いまだ發達《はつたつ》せざる時《とき》において、他日《たじつ》の發達《はつたつ》を卜《ぼく》することの難《かた》きにあり。その見《あら》はれたる嬉笑怒罵《きせうどば》の外《ほか》に、隱《かく》れたる胸間《きようかん》の神祕《しんぴ》を會得《ゑとく》することの難《かた》きにあり。

【通解】 楊巨源の詩に曰く、「詩人の賞すべき清新な景色は春の早い頃に在る、その頃は柳の若芽の鵞鳥の雛のやうに黃色い色もまだ十分に色づかぬ、そこがすてきにいゝのである。若し御所《ごしよ》の御庭の花が錦のやうに美しく咲き亂れる迄待つてゐたら、門を出てあるく程の人は皆花見の客で、何の珍しい詩趣もあるまい」と。龍を見て龍とするのは、むづかしい事ではない。一寸の蛇を見て、はやくもそれがやがて龍となつて雲を起し、霧を吐き、ずうーツとはてしなく天まで昇りつめ、日月にまでも迫つて行く事を知るのが、實にむづかしいのである。眞に心を知る友たる事のむづかしいのは、まだ其の人が發達しない時に於て、他日必ず發達するものと見きはめるのがむづかしいのである。其の人の表面に現はれてゐる喜び笑ひ怒り罵りの外に、隱れてゐる胸の中の深い〳〵祕密をほんとによく理解するのがむづかしいのである。

【考察】楊巨源の詩を引いて、知己の難きは、其の未だ發達せざる中に他日の發達をトし、其の現はれざる胸中の神祕を會得するの難きに存する所以を强調してゐる。この詩について、謝疊山《しやでふざん》は「此の詩、士大夫の人を知るは、當に孤寒貧賤の中に於て之を求むべし、若し其の名譽の彰聞するを待ちて始めて奬拔するを知るは、特《ひと》り衆人の智にして、人を知るを言ふに足らざるに喩ふ」と評してゐる。筆者も亦この評の趣旨を以てこゝにこの詩を引いたものと考へられる。然しこの詩自體は必ずしもさういふ寓意の作とは考へられない。○楊巨源は支那中唐の詩人。○嫩は嫩芽、わか芽。○鵞黄は鵞鳥の雛の黄色、柳の若芽の美しい黄色に比したのである。○勻はずは揃はぬ、十分に色づかぬの意。勻は齊の義で音イン。○上林は秦代の御苑で、漢の武帝が增し廣めてすてきに大きなものとした苑の名。轉じて廣く天子の御苑にいふ。○茫洋はひろ〴〵として際《はて》のないさま。○玄間は天の間。「茫洋として玄間を窮め、日月に薄る」は韓退之の雜說の文句を引出したもの。○知己はほんとに心の底まで知りぬいてゐる友。

【大意】楊巨源の詩にも、詩人の本領は凡俗の喜ぶお花見頃と違つて、柳の若芽もまだ十分色づかぬ早春に在ると曰つてゐる。龍を見て龍とするのは何でもない。一寸の蛇を見て、それがやがて龍となつてすばらしい活躍をする事を知るのがむづかしいのだ。知己もその通りで、まだ發達しない內に他日の發達をトし、表面に現はれぬ胸中の神祕を知る所に、知己たるの難が存するのである。

【一〇六】知己は敵人にあるのみならず生面の人にもあり或は古人に對してもあり知己の交感は時を

問はず處を論ぜず賈生が屈原を慕ひ孟軻が孔子を慕ひしかして孔子が周公を慕ひて我また夢に周公を見ずといひしが如きその言の沈痛深切感ずべきにあらずやキケロ曰く余に對してはスキピオなほ生けるなりしかして以て常に生くべしと嗚呼宇宙茫々たゞ知己ありて以て繫ぐところあり知己なくば人生は荒野のみ荊棘のみ（德富蘇峰）

【讀方】 知己《ちき》は敵人《てきじん》にあるのみならず、生面《せいめん》の人《ひと》にもあり。或《あるひ》は古人《こじん》に對《たい》してもあり。知己《ちき》の交感《かうかん》は、時《とき》を問《と》はず、處《ところ》を論《ろん》ぜず。賈生《かせい》が屈原《くつげん》を慕《した》ひ、孟軻《まうか》が孔子《こうし》を慕《した》ひ、しかして孔子《こうし》が周公《しうこう》を慕《した》ひて、「我《われ》また夢《ゆめ》に周公《しうこう》を見《み》ず」といひしが如《ごと》き、その言《げん》の沈痛深切《ちんつうしんせつ》、感《かん》ずべきにあらずや。キケロ曰《いは》く、「余《よ》に對《たい》してはスキピオなほ生《い》けるなり。しかして以《もつ》て常《つね》に生《い》くべし」と。嗚呼《あゝ》、宇宙茫々《うちうばう〳〵》、たゞ知己《ちき》ありて以《もつ》て繫《つな》ぐところあり。知己《ちき》なくば、人生《じんせい》は荒野《くわうや》のみ、荊棘《けいきよく》のみ。

【通解】 知己は敵にあるばかりでなく、初對面の人にもある。或は古人に對してもある。知己のお互に感じあふ事は、時を問はず、處を論じない。賈生が屈原を慕ひ、孟子が孔子を慕ひ、そして孔子が周公を慕つて、「自分は此の頃すつかり氣力が衰へて、もう丸で夢に周公の事を見なくなつた」というた如き、その言のしんみりとして深く痛切なこと、實に感ずべきではないか。キケロは「自分に取つてはスキピオはまだ生きてゐるのだ。そしてこの通りいつも生きてゐるに違ひない」と曰つた。嗚呼、この茫々たる宇宙、只知己があつて始めて身のよりどころがあるのだ。若し知己がなかつたら、人生は荒野に過ぎない、いばらに過ぎない、その寂寞苦痛はとても堪へられるものではないのである。

【考察】 知己は時と處とを超越して存する、知己なき人生は苦痛そのものだといふのである。○生面の人ははじめて面會する人、初對面の人。○交感はお互に感じ合ふこと。交りと感じと二つに分けて考へてはならぬ。○賈生は漢の洛陽の人、貶せられて湘水《しやうすゐ》を渡り、詩賦を作つて屈原を弔した事がある。○我また夢に周公を見ずは論語にある文句で、「子曰く、甚しいかな、吾が衰へたるや、久しいかな、吾復た夢に周公を見ず」とある。孔子は周公をお手本として修養を重ねてゐた、然るに段々氣力が衰へて周公の夢を見なくなつた、それをしみ〴〵歎息されたのである。○キケロはローマの雄辯家、政治家、哲學者で、執政官であつた人。○スキピオはザマの野にハンニバルを破つた有名なローマの將軍。キケロより約百三十年前の人。○宇宙茫々は宇宙は茫としてはてしなくとりとめがないといふ意。○繫ぐところありは身をしつかりつないで置く所がある、身のよりどころがあるの意。それで持つてゐるのだといふ思想。

【大意】 知己は敵中にあるばかりでなく、初對面の人にもあり、古人に對してもある。知己の交感は時と處を問はない。賈生は屈原を慕ひ、孟子は孔子を慕ひ、孔子は痛切に周公を慕つて、「我また夢に周公を見ず」といひ、キケロは「私に取つてはスキピオは永久に生きてゐる」と曰うた。嗚呼、茫々たる宇宙は只知己があつて持つてゐる。知己が無ければ、人生は只寂寞荒涼そのものに過ぎない。

【一〇七】 思を陳ぶる何ぞ必ずしも三寸の舌のみならんや情を敍づる何ぞ唯一枝の筆のみならんや總て眼に閃き顏に映じ手に觸れ體に作る者皆是れ我が深微なる幽懷を述ぶる一の文章と謂はざる可からずエマーソン曰く人は書かんがために生れたる者なりと若しそれ細かに人間の擧動を諦視せば一指頭の微動する所一唇角の微觸する所必ず千萬無量の情感を發揮するの大文章あるべし（德富蘇峰）

【讀方】 思《おもひ》を陳《の》ぶる、何《なん》ぞ必《かなら》ずしも三寸《さんずん》の舌《した》のみならんや。情《じやう》を敍《つい》づる、何《なん》ぞ唯一枝《たゞいつし》の筆《ふで》のみならんや。總《すべ》て眼《まなこ》に閃《ひらめ》き、顏《かほ》に映《えい》じ、手《て》に觸《ふ》れ、體《たい》に作《おこ》る者《もの》、皆是《みなこ》れ我《わ》が深微《しんび》なる幽懷《いうくわい》を述《の》ぶる一《いつ》の文《ぶん》章《しやう》と謂《い》はざる可《べ》からず。エマーソン曰《いは》く、「人《ひと》は書《か》かんがために生《うま》れたる者《もの》なり」と。若《も》しそれ細《こま》かに人間《にんげん》の擧動《きよどう》を諦視《ていし》せば、一指頭《いつしとう》の微動《びどう》する所《ところ》、一唇角《いつしんかく》の微觸《びしよく》する所《ところ》、必《かなら》ず千萬無量《せんまんむりやう》の情感《じやうかん》を發《はつ》揮《き》するの大文章《だいぶんしやう》あるべし。

【通解】 思を陳べるのは、何で必ずしも三寸の舌にのみ限らう。情を現はすのは、どうして一本の筆だけであらう。總て眼にひらめき、顏にうつり、手に觸れ、からだに起る者は、皆深くかくれてゐる自己の胸中の幽かな思を述べる一個の文章だと謂はなければならぬ。エマーソンは、「人は書かんがために生れた者だ――人は常に何とかして自分の心を語らうとしてゐる者だ」と曰つた。若し細かく人間の擧動を視つめたら、指のさきの一寸動く所にも、唇のかどの一寸さはる所にも、そこに必ず量り知れぬ程の深いさまぐ〳〵な心の感じを十分に現はしてゐる所の大きな文章があるであらう。

【考察】 人の思を述べ情を現はすのは言語文章だけではない、一擧一動皆情感發揮の文章であるといふのである。○深微は深くかすかな。○幽懷は人知れず深く胸中に抱いてゐる思。○エマーソンは一千八百年代にゐた米國の有名な論說家。その言葉は“Men are born to write.”である。○諦視は視つめる、明かに見る。

【大意】 思想感情を表現するのは言語文字のみとは限らぬ。眼に閃き、顏に映じ、手に觸れ、體に作るもの、皆深く祕めた胸中の思を現はすものだ。エマーソンは、人は書かんがために生れた者だといつたが、實際よく注意して見れば、一寸した動作の中にも、その人の千萬無量の情感の發揮が見られるであらう。

【一〇八】 人天然と親しむ時に於ては面上三斗の塵忽焉として消失するなり胸中一片の靈火勃然として燃え來るなり若し夫れ愈々邃く愈々親しみ道通天地有形外思入風雲變態中に至つては是れ實に天然と同化したるなり然れども天然と親しむは未だ幽寂の極にあらず寧ろ如かんや一室の裡又玄又默意象極めて分明なるに是の時に於て意志收縮凝りて氷の如し水晶の如し爛星の如し敬虔警發身は上帝の聖壇に近づきたるを覺ゆるのみ（德富蘇峰）

【讀方】 人天然《ひとてんねん》と親《した》しむ時《とき》に於《お》ては、面上三斗《めんじやうさんど》の塵《ちり》、忽焉《こつえん》として消失《せうしつ》するなり。胸中一片《きようちゆういつぺん》の靈火《れいくわ》、勃然《ぼつぜん》として燃《も》え來《きた》るなり。若《も》し夫《そ》れ愈々邃《いよ〳〵ふか》く愈々親《いよ〳〵した》しみ、「道《みち》は天地有形《てんちいうけい》の外《ほか》に通《つう》じ、思《おもひ》は風雲變態《ふううんへんたい》の中《うち》に入《い》る」に至《いた》つては、是《こ》れ實《じつ》に天然《てんねん》と同化《どうくわ》したるなり。然《しか》れども天然《てんねん》と親《した》しむは未《いま》だ幽寂《いうじやく》の極《きよく》にあらず。寧《むし》ろ如《し》かんや、一室《いつしつ》の裡《うち》、又玄又默《またげんまたもく》、意象極《いしやうきは》めて分明《ぶんみやう》なるに。是《こ》の時《とき》に於《お》いて、意志收縮《いししうしゆく》、凝《こ》りて氷《こほり》の如《ごと》し、水晶《すゐしやう》の如《ごと》し、爛星《らんせい》の如《ごと》し。敬虔《けいけん》、警發《けいはつ》、身《み》は上帝《じやうてい》の聖壇《せいだん》に近《ちか》づきたるを覺《おぼ》ゆるのみ。

【通解】 人は自然と親しんでゐる時には、數々の浮世の俗念は、忽ち消え失せて了ふ。そして胸中の一片の靈火が、盛な勢で燃えて來る――胸中に靈妙な感想が盛に起つて來るのだ。若し天然と愈々益々深く親しんで、「道は無形の眞理に通じ、思は風雲の變幻極りなき姿の中に入る」に至つては、是れ實に天然と同化したのである。併し天然と親しむのはまだ〳〵幽寂の極ではない。それよりも寧ろ、一室の內に居て、じーツと深く沈默して、而も心の働きが非常にはつきりと澄んでゐる境地の方がよい。この時には、心はじツと內に縮まつて、凝り固つて氷の如く、水晶の如く、きら〳〵と輝く星のやうだ。つゝましやかに、深く自ら警《いまし》めて、恰も自分の身は天帝の祭壇に近づいてゐるやうに感ずるのみである。

【考察】 自然に親しむは心を淨化する所以だが、更に一室裡にじツと默して意志分明なるに至つては、眞に幽寂の極致だといふのである。○面上三斗の塵は顏の上の多量の塵で、數々の世俗の事態念慮をいふ。俗事の念は深く胸中に在るものでなく、表面的なものだから「面上」といつたのだらう。目の前にちらつく俗事といふ事ではない。○胸中一片の靈火は胸中に生ずる靈妙の想念、所謂靈感といふやうなものを火に喩へた語。○勃然は盛に起るさま。○道は天地有形の外に通じ云々は宋の程顥《ていかう》の「秋日偶成」の詩の句。自分の守る所の道は天地無形の眞理に通じ、思は千變萬化する風雲の中に入つて齷齪しないといふのである。○幽寂は全く世の中から離れた何ともいへぬ奧深い寂しみ。○又玄又默は玄默即ちじーツと默つて思ひを奧深く馳せてゐること。老子が道を形容して「玄の又玄、衆妙の門」といつたやうに、身を絕對境地に置いて只じーツと冥想して一念なく一語なき狀態に在るをいふ。○意象分明は心の働きがはつきりしてゐる。すうーツと心が澄渡つて全心的に働いてゐる心の狀態をいふ。○意志收縮は心が外に散らずじツと內に縮まつてゐること。○敬虔は神などに對するつゝましさをいふ。○警發はいましめおこすの意、深く自ら身をいましめ愼むをいふ。○上帝は天帝、天の神。○聖壇はあらたかな祭壇。

【大意】 人は自然と親しむ時、俗念が忽ち消えて、胸中に靈感が盛に起つて來る。そして親しむ事愈々深く、心が天地自然と相通ずるに至れば、全く自然と同化したものだ。然しそれにもまして幽寂なのは、一室の中に在つてじーッと默してゐて、意象極めて分明な時だ。この時には意志全く內に收つて、その身は天帝の聖壇に近づく思がある。

【一〇九】 年中の景物凡そ首夏の新樹と晩秋の黃葉といづれをか選ぶべきこの時節兩つながら夕陽甚だ美なり一は密葉の間を染めて友禪の如く一は黃葉に映じて錦繡《きんしう》の如し然れども新綠は花にも似て束の間の眺めなりその軟かき綠は長からず梅雨晴の日の光漸く強くなり行くに隨ひ綠は黑ずみて終に盛夏の塵を浴ぶやがていつともなく朝夕の寒さ身にしみ來れば風うち騷ぐ梢のいたゞきより木の葉はその緣漸く黃ばみ出して次第に日蔭の小枝にも及ぶほどに初めに色變へし木の葉まづひら〳〵と閃き落つ（永井荷風）

【讀方】 年中《ねんちゆう》の景物《けいぶつ》、凡《およ》そ首夏《しゆか》の新樹《しんじゆ》と晩秋《ばんしう》の黃葉《くわうえふ》と、いづれをか選《えら》ぶべき。この時節《じせつ》、兩《ふた》つながら夕陽《せきやう》甚《はなは》だ美《び》なり。一《いつ》は密葉《みつえふ》の間《あひだ》を染《そ》めて友禪《いうぜん》の如《ごと》く、一《いつ》は黃葉《くわうえふ》に映《えい》じて錦繡《きんしう》の如《ごと》し。然《しか》れども新綠《しんりよく》は花《はな》にも似《に》て束《つか》の間《ま》の眺《なが》めなり。その軟《やはら》かき綠《みどり》は長《なが》からず。梅雨晴《つゆばれ》の日《ひ》の光《ひかり》漸《やうや》く強《つよ》くなり行《ゆ》くに隨《したが》ひ、綠《みどり》は黑《くろ》ずみて、終《つひ》に盛夏《せいか》の塵《ちり》を浴《あ》ぶ。やがていつともなく朝夕《あさゆふ》の寒《さむ》さ身《み》にしみ來《く》れば、風《かぜ》うち騷《さわ》ぐ梢《こずゑ》のいたゞきより、木《こ》の葉《は》はその緣《へり》漸《やうや》く黃《き》ばみ出《いだ》して、次第《しだい》に日蔭《ひかげ》の小枝《こえだ》にも及《およ》ぶほどに、初《はじ》めに色變《いろか》へし木《こ》の葉《は》、まづひら〳〵と閃《ひらめ》き落《お》つ。

【通解】 一年中の景色を成す物の中で、凡そ夏の初めの新綠の樹と秋の末の黃葉と、どちらをよいと曰はうか——どちらをどちらとも曰へない。この新樹の時節も黃葉の時節も、兩方共に夕日が非常に美しい。一方は夕日がみッしりと茂つた葉の間を染めて恰も友禪の如く、一方は夕日が黃葉に映じて金襴のやうだ。然しながら新綠は花にも似てほんの僅かの間の眺めである。その軟かな綠は長くない。梅雨が上つて日光が段々と強くなつて行くにつれて、綠の色は黒ずんで、終に眞夏の塵を浴びる。その中にいつともなしに朝夕の寒さが身にしみて來ると、風の吹き騒ぐ枝の上の方から、木の葉はその綠が段々と黄ばみ出して、それが次第に日蔭の小枝にも及んで、日の當らぬ小枝まで色づく頃になると、最初に色を變へた木の葉が、まづひら〳〵と閃いて落ちる。

【考察】新樹と黄葉の美しさ、それから新樹が黄葉となつてやがて散り行く趣の描寫である。「いづれをか選ぶべき」は疑問中に反語の趣をも含めたものと考へられる。○友禪は友禪染の略。種々の染料を用ひて人物花鳥等の模樣を鮮明に染め出したもの。京都祇園の畫工梅丸友禪の創始にかゝるといふ。○錦繡はにしきとぬひとり。

【大意】一年中の景物で、初夏の新樹と晩秋の黄葉と、どちらがよいとも曰へぬ。この時節は、共に夕日が甚だ美しい。一は友禪、一は錦繡のやうだ。然し新綠の眺めは束の間で、梅雨晴の日光が強くなるにつれて、軟かい綠は黒ずみ、終に眞夏の塵を浴びる。その內いつとなく朝夕の寒さが身にしみて來ると、枝の上から木の葉の綠が黄ばみ出し、次第に日蔭の小枝まで色づくと、最初に色の變つた木の葉が、まづひら〳〵と散り出す。

【一一〇】生命は最も偉大な謎であり生活體は確かに宇宙の驚異である土に落ちる一粒の種子たとひそれには眞珠の光がなく寶玉の輝きがなくとも靜かにこれを觀ずる時我等はそのものに於て眞珠よりも寶玉よりもより尊く驚くべき或ものの存在を認めずに居られない日が溫め露が潤す時愛らしい雙葉が芽ざす絹のやうな白い根がおろされる伸びる太る眼も眩むばかり美しい花を開く枝もたわゝに實を結ぶ彼は實に命のない土から命のあるものを造り出すそして枯死するさりながら常に新たな第二の我を生じて

終に永遠に生延びるのである一粒の種子――その中には永への命の力を祕めて居る（永井潛）

【讀方】生命《せいめい》は最《もつと》も偉大《ゐだい》な謎《なぞ》であり、生活體《せいくわつたい》は確《たし》かに宇宙《うちう》の驚異《きやうい》である。土《つち》に落《お》ちる一粒《いちりふ》の種子《しゆし》、たとひそれには眞珠《しんじゆ》の光《ひかり》がなく、寶玉《はうぎよく》の輝《かゞや》きがなくとも、靜《しづ》かにこれを觀《くわん》ずる時《とき》、我等《われら》はそのものに於《おい》て、眞珠《しんじゆ》よりも、寶玉《はうぎよく》よりも、より尊《たふと》く驚《おどろ》くべき或《ある》ものの存在《そんざい》を認《みと》めずに居《を》られない。日《ひ》が溫《あたゝ》め、露《つゆ》が潤《うるほ》す時《とき》、愛《あい》らしい雙葉《ふたば》が芽《め》ざす。絹《きぬ》のやうな白《しろ》い根《ね》がおろされる。伸《の》びる。太《ふと》る。眼《め》も眩《くら》むばかり美《うつく》しい花《はな》を開《ひら》く。枝《えだ》もたわゝに實《み》を結《むす》ぶ。彼《かれ》は實《じつ》に、命《いのち》のない土《つち》から命《いのち》のあるものを造《つく》り出《だ》す。そして枯死《こし》する。さりながら、常《つね》に新《あら》たな第二《だいに》の我《われ》を生《しやう》じて、終《つひ》に永遠《えいゑん》に生延《いきの》びるのである。一粒《いちりふ》の種子《しゆし》――その中《なか》には永《とこし》への命《いのち》の力《ちから》を祕《ひ》めて居《ゐ》る。

【通解】生命は最も偉大な謎で、實に不可解な大きな存在であり、生命を持つて生きてゐる物は確かに天地間の驚くべき不思議である。土に落ちる一粒の種には、たとひそれには眞珠のやうな美しい光がなく、寶玉のやうな美事な光輝がないにしても、靜かにそれを觀る時、吾々はその物の中に、眞珠よりも、寶玉よりも、もつと尊く驚くべき或物――生命といふ不思議なものの存する事を認めないわけには行かぬ。それが日に溫められ露に潤されると、愛らしい雙葉が芽を出す。絹のやうな白い根が生える。それから伸びる。太る。眼もまばゆい程の美しい花が咲く。枝もたわむほどに實がなる。一粒の種は實に、命のない土から命のあるものを造り出す。そして枯れて了ふ。枯れては了ふが、いつも新しい第二の自分――自分の命を承け繼ぐものを生じて、たうとう永遠に生延びて行くのである。只一粒の種――その中には永遠に亡びない生命の力を深くかくして持つてゐるのである。

【考察】一粒の種子を例として生命の驚異を強調してゐる。○偉大な謎は非常に大きな疑問、不可解な大きな存在の意。○生活體は生命があつて自ら生活を營んでゐるもの。○宇宙の驚異は天地間に於ける驚くべき不思議。○第二の我は自分の生命を受けて自分の次に生じて來るもの。

【大意】生命は偉大な謎、生活體は宇宙の驚異だ。例へば土に落ちる一粒の種子には、眞珠や寶玉のやうな光輝はないが、それ以上に尊い或物がある。種は日に溫まり、露に潤つて、芽が出て、根が生えて、生長して美事な花を開き、一杯に實を結ぶ。斯く種子は命の無い土から命のある物を造り出し、そして枯死するが、而も常に後繼者を生じて、永遠に生延びる。一粒の種子には永遠の生命力を祕めてゐる。

【一一一】自分の我執と他人の我執とがかち合つて世の中には爭も起り鬪も始まるそれも達觀すれば苟も生を享けた者が此の娑婆世界の濁つた壺の底の方から明るい瑠璃光の空を慕うて浮び上らう浮び上らうと互にもがきあがく阿呍の息吹機根のはづみで唯一圖にその爭が醜いともその鬪が呪はしいとも云ひ切れませぬ泥土の底をくゞつて來なければ清淨無垢の蓮華は咲かない砂礫の中からも摩泥の寶珠が拾はれぬものでもない世に常住の善もなく不斷の惡もなく凡てが裁かれるのは唯盡未來際期の彌勒の出世を待たねばなりますまい（中村吉藏）

【讀方】自分《じぶん》の我執《がしふ》と他人《たにん》の我執《がしふ》とがかち合《あ》つて、世《よ》の中《なか》には爭《あらそひ》も起《おこ》り鬪《たゝかひ》も始《はじ》まる。それも達觀《たつくわん》すれば、苟《いやしく》も生《せい》を享《う》けた者《もの》が、此《こ》の娑婆世界《しやばせかい》の濁《にご》つた壺《つぼ》の底《そこ》の方《はう》から、明《あか》るい瑠璃光《るりくわう》の空《そら》を慕《した》うて、浮《うか》び上《あが》らう、浮《うか》び上《あが》らうと、互《たがひ》にもがきあがく、阿吽《あうん》の息吹《いぶき》、機根《きこん》のはづみで、唯一圖《たゞいちづ》に、その争《あらそひ》が醜《みにく》いとも、その闘《たゝかひ》が呪《のろ》はしいとも、云《い》ひ切《き》れませぬ。泥土《どろ》の底《そこ》をくゞつて來《こ》なければ、清淨無垢《しやうじやうむく》の蓮華《れんげ》は咲《さ》かない。砂礫《されき》の中《なか》からも摩泥《まに》の寶珠《はうじゆ》が拾《ひろ》はれぬものでもない。世《よ》に常住《じやうぢゆう》の善《ぜん》もなく、不斷《ふだん》の惡《あく》もなく、凡《すべ》てが裁《さば》かれるのは、唯盡未來際期《たゞじんみらいさいご》の彌勒《みろく》の出世《しゆつせ》を待《ま》たねばなりますまい。

【通解】自分の我《が》と人の我《が》とがかち合つて、世の中には色々な争闘が起つて來る。然しそれも大きく觀れば、假にも此の世の中に生れた者が、この濁つたせゝこましい俗世間の中から、明るい美しい空を慕つて、浮び上らう、浮び上らうと、お互にもがき合ふ、その烈しい呼吸の息づかひであり、心の力のはづみで、唯一圖に、その争が醜いとも、その闘が呪はしいものだとも、云ひ切る事は出來ませぬ。泥の底をくゞつて來なければ、少しのけがれもない清らかな蓮華は咲かない。砂や小石の中からも如意の寶珠が拾はれぬとも限らぬ。――どんなものでも只一概に醜悪として排し去るべきではない。世の中に永遠の善もなく、無窮の悪もなく、凡ての物がほんとに善とか悪とかの裁きを受けるのは、唯無限永遠の未來に於て彌勒佛が世に出現するまで待たなくては出來ない事でせう。

【考察】我執と我執のかち合ひから世に様々の争闘が起るが、大観すればそれも一概に醜悪とはいはれない。世に絶對の善も悪もない、ほんとの裁きは人間の力の及ばぬ事だといふ思想。○我執は自分の心に執着すること、所謂「おれがおれが」の心である。○達觀は大きい立場に立つて物事を大局的に觀察すること。○娑婆世界はこの世の中、吾人の住する世界の總稱。○壺の底はせゝこましい狭い所といふ意の比喩。○瑠璃光の空は美しく光り輝いてゐる空。自分の理想とする美しい世界といふ思想。○阿呿は吐く息と吸ふ息。○息吹は烈しい息使ひ。○機根は佛の教化を受け得べき心の能力。こゝでは單に心の力といふ意。○泥土の底云々は、清淨無垢の蓮華が咲くためには泥土の底をくゞる必要がある、して見れば泥土も亦一概に醜いものとして排するわけには行かぬといふ思想の措辭。○摩泥は寶珠の名。龍王の胸から出るといふ、その珠を得れば何でも願が叶ふといふ所から、譯して如意珠《によいしゅ》といふ。○常住不斷は永久不變といふ意。○盡未來際期は未來永遠の世。○彌勒は菩薩《ぼさつ》の名。佛說によると、この菩薩は、釋迦に先だつこと四十二劫の過去に於て、善思佛の下に在つて發心し、今現に兜率《とそつ》の內院にゐる、そして釋迦入滅の後五十六億七千萬年たつと成佛して娑婆に出で、釋迦の後を補ひ、人天を化益するのだといふ。こゝの文意はどんなえらい人間でも眞の善惡の裁きは出來ぬといふのである。

【大意】 お互の我執から世の中に爭鬪が起る。然しそれも達觀すれば、お互によりよい世界に出ようとする努力に外ならぬ、とすればそれも一概に醜い呪はしいともいへない。泥中の蓮、砂中の玉、世に絕對の善もなく惡もない、善惡の眞の裁きはこの人生でつけられるものではない。

【一一二】 天地創造の時は斯うでもあつたらうか流石の大都會今は全く眠りに落ちて其處に醜惡なる人間の聲は絕えて聞えない唯もう皎々たる天上の月と滔々たる水の流れの盡きせず絕えざる永劫の相を示してゐるのである――と思ふと何だか氣高い神聖な感じが骨の髓に浸み入るやうであるが一念自分の身の罪惡の塊であるといふことに思ひ至れば忽ち今は正に世界滅亡の時で此の寂莫此の幽靜は人類が全く葬り去られた大なる墓場のそれであるかのやうな氣がしてならぬ自分は最も罪惡の深い且大なる惡魔の王であるからそれで最も終まで取殘されて最も嚴酷なる罰を受けるのであらうと斯う考へ來つては胸が張裂けるやうで不思議に四邊が見返られるのであつた（中村吉藏）

【讀方】 天地《てんち》創造《さうざう》の時《とき》は斯《か》うでもあつたらうか。流石《さすが》の大都會《だいとくわい》、今《いま》は全《まつた》く眠《ねむ》りに落《お》ちて、其處《そこ》に醜《しう》悪《あく》なる人間《にんげん》の聲《こゑ》は絶《た》えて聞《きこ》えない。唯《たゞ》もう皎々《けう〳〵》たる天上《てんじやう》の月《つき》と、滔々《たう〳〵》たる水《みづ》の流《なが》れの、盡《つ》きせず、磨《ま》せず、絶《た》えざる永劫《えいごふ》の相《さう》を示《しめ》してゐるのである――と思《おも》ふと、何《なん》だか氣高《けだか》い神聖《しんせい》な感《かん》じが骨《ほね》の髓《ずゐ》に浸《し》み入《い》るやうであるが、一念《いちねん》自分《じぶん》の身《み》の罪悪《ざいあく》の塊《かたまり》であるといふことに思《おも》ひ至《いた》れば、忽《たちま》ち今《いま》は正《まさ》に世界滅亡《せかいめつばう》の時《とき》で、此《こ》の寂莫《せきばく》、此《こ》の幽靜《いうせい》は、人類《じんるゐ》が全《まつた》く葬《はうむ》り去《さ》られた大《だい》なる墓場《はかば》のそれであるかのやうな氣《き》がしてならぬ。自分《じぶん》は最《もつと》も罪悪《ざいあく》の深《ふか》い、且大《かつだい》なる悪魔《あくま》の王《わう》であるから、それで最《もつと》も終《をはり》まで取《とり》残《のこ》されて、最《もつと》も嚴酷《げんこく》なる罰《ばつ》を受《う》けるのであらうと、斯《か》う考《かんが》へ來《きた》つては、胸《むね》が張裂《はりさ》けるやうで、不思《ふし》議《ぎ》に四邊《しへん》が見返《みかへ》られるのであつた。

【通解】 神が始めて天地を造つた時はこのやうでもあつたらうか。流石の大都會も、今は全くしーンとして、そこに醜悪な人間の聲は少しも聞えない。只もう皎々たる天上の月と、滔々たる水の流れとが、盡きる事なく、磨滅する事なく、絶える事のない永遠不滅の姿を示してゐる――と思ふと、何だか神々《かう〴〵》しい感じが骨のしんに浸み込むやうであるが、ふと自分の身が罪の塊であるといふ事に考へ及ぶと、忽ち今は恰度世界が亡びる時で、此の寂しさ、此の靜けさは、人類が全く葬られて了つた大きい墓場の寂しさ靜けさであるかのやうに思はれてならない。自分は一番罪の深く、且つ大きな悪魔の大王であるから、それで斯く最後まで殘されて、一番きびしい罰を受けるのであらうと、斯う考へて來ると、何だか胸が張裂けるやうで、自分ながら不思議とあたりが見返られるのであつた。

【考察】　深夜月下に獨り深刻に自己の罪業を反省してゐる人の心境である。○天地創造は神が始めて天地を造つたこと。○皎々は明かに照り輝いてゐる形容。普通コウ〳〵といふがこの字の正音はケウ。○滔々は水の盛に流れる形容。○永劫の相は永久に不變不滅である姿。○神聖は神々しく淸らかで少しの穢れもないこと。○一念は思ひ、考へ。「一念が……といふことに思ひ至れば」といふ文の筋。○墓場のそれの「それ」は上の「寂莫」「幽靜」を指す。○不思議に四邊が見返られるとは、實に淋しい、恐しい感じのために、なぜさうするのか自分でも不思議なくらゐに獨りでにあたりを見返るやうになるといふ意。

【大意】　天地創造の時のやうにも思へて、流石の大都會もしーンとして、汚れた人間の聲は無い。只皎々たる月光と滔々たる水の音とが、永遠不滅の相を示してゐる。さう思ふと、神々しい感じが身に浸み入るやうだが、飜つて身の罪深い事に思ひ至ると、忽ちに、今は世界滅亡の時で、人類は皆葬られた墓場の寂しさのやうな氣がする。自分は特に罪が深くて、最後まで殘されて最も嚴しい刑罰を受けるのだらうと、斯う考へて來ると、胸も張裂けるやうで、不思議にあたりが見返られるのだつた。

【一一三】　春は眠くなる猫は鼠を捕ることを忘れ人間は借金のあることを忘れる時には自分の魂の居所さへ忘れて正體が無くなるたゞ菜の花を遠く望んだ時に眼がさめる雲雀の聲を聞いた時に魂の在所が判然する雲雀の鳴くのは口で鳴くのではない魂全體で鳴くのだ魂の活動が聲にあらはれたものの中であれ程元氣のあるものは無いあゝ愉快だかう思つてかう愉快になるのが詩である（夏目漱石）

【讀方】　春《はる》は眠《ねむ》くなる。猫《ねこ》は鼠《ねずみ》を捕《と》ることを忘《わす》れ、人間《にんげん》は借金《しやくきん》のあることを忘《わす》れる。時《とき》には自分《じぶん》の魂《たましひ》の居所《ゐどころ》さへ忘《わす》れて、正體《しやうたい》が無《な》くなる。たゞ菜《な》の花《はな》を遠《とほ》く望《のぞ》んだ時《とき》に眼《め》がさめる。雲雀《ひばり》の聲《こゑ》を聞《き》いた時《とき》に、魂《たましひ》の在所《ありか》が判然《はんぜん》する。雲雀《ひばり》の鳴《な》くのは、口《くち》で鳴《な》くのではない、魂全體《たましひぜんたい》で鳴《な》くのだ。魂《たましひ》の活動《くわつどう》が聲《こゑ》にあらはれたものの中《なか》で、あれ程元氣《ほどげんき》のあるものは無《な》い。あ、愉快《ゆくわい》だ。かう思《おも》つてかう愉快《ゆくわい》になるのが詩《し》である。

【通解】 春はうつとりとして眠くなる。猫は鼠を捕る事を忘れ、人間は借金のある事を忘れて、凡てがのんびりしてゐる。時には自分の魂の居所さへ忘れて、正體もなくぽかんとしてゐる。只菜の花のぱツと眞黄色に咲いたのを遠く眺めた時にはツと眼がさめる。雲雀の聲を聞いた時に、自分の魂の在り場所がはつきりしてはツと正氣づく。雲雀の鳴くのは、口で鳴くのではなくて、魂全體で——精魂をこめて鳴くのだ。魂の活動が聲として現はれたものの中で、あの雲雀の聲くらゐ元氣のあるものは無い。あ、實に愉快だ。斯う思つてかう愉快になるのがそれが卽ち詩なのだ。

【考察】 春の恍惚たる氣分が菜の花で目覺め、雲雀の聲で覺醒する。そしてむやみ愉快になる。さうした浮世の煩はしさから解放された、心からの愉快が、それが卽ち詩だ、藝術だといふのである。○猫は鼠を捕ることを忘れは特に人口に膾炙した句だ、春らしいのんびりした氣分が實によく出てゐる。○魂といふ語は、新しい文藝では一般に、生命の根源とか、生きてゐる自己の知覺の本體とかいふ心持でいつてゐる。心とか精神とかいふ詞よりももつと「生」といふ考に卽してゐるのである。

【大意】 春は眠くなる。一切がぼーツとしてのんびりしてゐる。時には生きてゐるといふ自覺もなくなる。只眞黄色な菜の花を遠く眺めた時、ぱツと眼がさめる。雲雀の聲を聞いた時、急に正氣づく。雲雀の鳴くのは、口でなくて魂だ。雲雀の聲くらゐ元氣な魂の聲はない。實に愉快だ。斯う思つて斯う愉快になるのが卽ち詩だ。

【一一四】茫々たる薄墨色の世界を幾條の銀箭が斜に走るなかをひたぶるに濡れて行くわれをわれならぬ人の姿と思へば詩にもなる句にも詠まれる有體なる己を忘れ盡して純客觀に眼をつくる時始めてわれは畫中の人物として自然の景物と美しき調和を保つ只降る雨の心苦しくて踏む足の疲れたるを氣に掛ける瞬間にわれは既に詩中の人にもあらず畫裡の人にもあらず依然として市井の一豎子に過ぎぬ雲烟飛動の趣も眼に入らぬ落花啼鳥の情も心に浮ばぬ蕭々として獨り春山を行く吾のいかに美しきかは猶更解せぬ（夏目漱石）

【讀方】茫々《ばう〱》たる薄墨色《うすずみいろ》の世界《せかい》を、幾條《いくでう》の銀箭《ぎんせん》が斜《なゝめ》に走《はし》るなかを、ひたぶるに濡《ぬ》れて行《ゆ》くわれを、われならぬ人《ひと》の姿《すがた》と思《おも》へば、詩《し》にもなる、句《く》にも詠《よ》まれる。有體《ありてい》なる己《おのれ》を忘《わす》れ盡《つく》して、純客觀《じゆんかくくわん》に眼《め》をつくる時《とき》、始《はじ》めてわれは畫中《ぐわちゆう》の人物《じんぶつ》として、自然《しぜん》の景物《けいぶつ》と美《うつく》しき調和《てうわ》を保《たも》つ。只《たゞ》降《ふ》る雨《あめ》の心苦《こゝろぐる》しくて、踏《ふ》む足《あし》の疲《つか》れたるを氣《き》に掛《か》ける瞬間《しゆんかん》に、われは既《すで》に詩中《しちゆう》の人《ひと》にもあらず、畫裡《ぐわり》の人《ひと》にもあらず、依然《いぜん》として市井《しせい》の一豎子《いつじゆし》に過《す》ぎぬ。雲烟《うんえん》飛動《ひどう》の趣《おもむき》も眼《め》に入《い》らぬ、落花啼鳥《らくくわていてう》の情《じやう》も心《こゝろ》に浮《うか》ばぬ。蕭々《せう〱》として獨《ひと》り春山《しゆんざん》を行《ゆ》く吾《われ》のいかに美《うつく》しきかは、猶更《なほさら》解《げ》せぬ。

【通解】ぼーッとして薄墨のやうな色をしてゐる所を、幾筋の銀の矢のやうな雨が風に吹きつけられて斜に走つてゐる、さうしたなかを、只一途にぴしやぴしやと濡れて行く自分を、自分でない他人の姿と考へれば、その姿が詩にもなる、句にも詠まれる。あるがまゝの自分をすつかり忘れて了つて、全くの無我になつて只周圍の光景に見入つてゐる時、自分は始めて繪の中の人物として、自然の景色と美しく調和する。只降る雨がつらくて、踏む足の勞れたのを氣にするその瞬間に、自分はもう詩の中の人間でもなく、繪の中の人間でもない。相《あひ》も變らず世間並のつまらぬ一個の小僧ツ子に過ぎない。烟のやうな雲の飛動する趣も眼に入らず、花が散り鳥が啼く自然の風情《ふぜい》も心に浮ばぬ。しツぽりとして獨り寂しく春の山を歩いて行く自分がどんなに美しいかは、なほ更以て分りやうがない。

【考察】所謂非人情の藝術觀で、藝術は世間並の人情に囚はれてゐては出て來ない、眞の藝術境地は、主觀を沒却して、自分を客觀的に見、自分が客觀と融一した所にのみ生ずるといふ主張である。○銀箭は銀の矢。雨の降る形容。○ひたぶるには只一途に。○有體なるはあるがまゝの、さうして濡れて行くそのあるがまゝのである。○純客觀は全く自分の主觀をまじへない只あるがまゝの外物。主觀は物を見る自分の心、客觀は見られる物である。純客觀に眼をつくるといふ文句を、自分を全然外物のやうに考へると解した書もあるが、それは前の「われならぬ人の姿と思へば」の方で、この文句はさうは考へられない。全然我を忘れて外物を眺めてゐるといふのである。○市井の一豎子は民間の一個の小僧ッ子。世間並のつまらぬ俗人といふ意。○蕭々は寂しい形容。雨に濡れて寂しくしツぽりとしてゐるさまである。

【大意】四邊の薄暗い中に、雨は銀の矢のやうに斜に降る、その中をぴしゃ〳〵と濡れて行く自分を、他人の姿と思へば、詩にもなり、句にもなる。自分といふものを忘れて了つて、無心にあたりの光景に見入つてゐる時、自分は畫中の人物になつて、自然の景物と美しく調和する。只雨がつらい、足が勞れたと、斯う思ふ瞬間に、自分はもう一個の俗物になつて了つて、自然の景物の美しさも面白さも分らなくなる。まして獨り寂しく春の山を行く自分の美しさなどは、なほ更分らない。

【一一五】親の愛は純粹である其の間一毫も利害得失の念を挾む餘地がないたゞ亡兒の俤を思ひ出すにつけて無限に懷しく可愛くどうかして生きてゐてくれゝばよかつたと思ふ老いも若きも死ぬのが人生

の常だ死んだのは我が子ばかりでないと思へば理に於ては少しも悲しむ所はない併し人生の常事であつても悲しいことは悲しい飢渇は人間の自然であつても飢渇は飢渇であるやうに死んだものは何としても還らぬから諦めよ忘れよといつてくれる人がある併しこれは子を失つた親に取つては堪へがたい苦痛である時は凡ての傷を癒すといふのは自然の恵でもあらうが一方から見ればそれは人間の不人情である何とかして忘れたくない何か記念を殘してやりたいせめて我が一生だけは思ひ出してやりたいといふのが親の誠である（西田幾太郎）

【讀方】 親《おや》の愛《あい》は純粋《じゆんすゐ》である。其《そ》の間一毫《かんいちがう》も利害得失《りがいとくしつ》の念《ねん》を挾《さしはさ》む餘地《よち》がない。たゞ亡兒《ばうじ》の俤《おもかげ》を思《おも》ひ出《だ》すにつけて、無限《むげん》に懷《なつか》しく、可愛《かあい》く、どうかして生《い》きてゐてくれゝばよかつたと思《おも》ふ。老《お》いも若《わか》きも死《し》ぬのが人生《じんせい》の常《つね》だ、死《し》んだのは我《わ》が子《こ》ばかりでないと思《おも》へば、理《り》に於《おい》ては少《すこ》しも悲《かな》しむ所《ところ》はない。併《しか》し人生《じんせい》の常事《じやうじ》であつても、悲《かな》しいことは悲《かな》しい。飢渇《きかつ》は人間《にんげん》の自然《しぜん》であつても、飢渇《きかつ》は飢《き》渇《かつ》であるやうに。「死《し》んだものは何《なん》としても還《かへ》らぬから諦《あきら》めよ、忘《わす》れよ」といつてくれる人《ひと》がある。併《しか》しこれは子《こ》を失《うしな》つた親《おや》に取《と》つては堪《た》へがたい苦痛《くつう》である。時《とき》は凡《すべ》ての傷《きず》を癒《いや》すといふのは、自然《しぜん》の恵《めぐみ》でもあらうが、一方《いつぱう》から見《み》れば、それは人間《にんげん》の不人情《ふにんじやう》である。何《なん》とかして忘《わす》れたくない、何《なに》か記念《きねん》を殘《のこ》してやりたい、せめて我《わ》が一生《いつしやう》だけは思《おも》ひ出《だ》してやりたいといふのが親《おや》の誠《まこと》である。

【通解】 親の愛は純粋だ。その間に毛一本程も利害得失といふ考を容れる餘地がない。只死んだ子の様子を思ひ出すにつけて、限りなく懷しく、可愛く、どうかして生きてゐてくれたらよかつたのにと思ふ。年寄も若い者も死ぬのが此の世の常だ、死んだのは自分の子だけではないと考へれば、理窟の上では少しも悲しむべき所はない。併しいくらそれが人生の常でも、悲しい事は矢張り悲しい。それは恰もひもじいのが人間の自然であつても、ひもじいはひもじいで矢張り苦しいのと同じ事だ。「死んだものはどうしても還らぬから諦めなさい、忘れなさい」と言つてくれる人がある。併しそれは子をなくした親に取つては堪へられぬ苦痛だ。時がたてば凡ての痛手《いたで》は癒えるといふのは、自然の恵でもあらうが、一方から見れば、それは人間の不人情で、誠に薄情な話だ。何とかして死んだ子を忘れたくない、何かあの子の形身を殘してやりたい、せめて自分の一生だけは思ひ出してやりたいといふのが親の誠だ。

【考察】　子をなくした親の哀切の情を如實に書いた文である。○時は凡ての傷を癒すは活喩法の表現で、時がたてば何でも自然と癒えて、子を失つた心の悲しみも自然と忘れるといふ思想。

【大意】　親の愛は至純だ。利害の念などは少しも雜らぬ。亡兒の姿を思ひ出せば、只無限に可愛く懷しい。死は人生の常だといふ理窟は分つてゐても、悲しいものはやはり悲しい。死んだものは還らぬから諦めよなど言はれるのは實に苦痛だ。時がたてば心の痛手も忘れるといふ、それが自然の恵かも知れぬが、一方からいへば誠に不人情な話だ。忘れたくない、形見を殘してやりたい、せめて自分の一生だけは思ひ出してやりたいといふのが親の誠だ。

【一一六】　煌々たる活動の日の光西に沈めば玲瓏たる一輪の月休息の夜を照す月の光は溫和で日光のやうに峻烈ではない日は赫々として仰いで見る事も出來ないが月は眺めて親しみ易い太陽が一たび出づれば群陰皆影を伏して大小の有象無象は悉く照破せられるが月輪は萬象を一つに包んで貴賤貧富の差別を失はせてしまふ。（芳賀矢一）

【讀方】 煌々《くわう〳〵》たる活動《くわつどう》の日《ひ》の光西《ひかりにし》に沈《しづ》めば、玲瓏《れいろう》たる一輪《いちりん》の月休息《つききうそく》の夜《よ》を照《てら》す。月《つき》の光《ひかり》は溫和《をんわ》で、日光《につくわう》のやうに峻烈《しゆんれつ》ではない。日《ひ》は赫々《かく〳〵》として仰《あふ》いで見《み》る事《こと》も出來《でき》ないが、月《つき》は眺《なが》めて親《した》しみ易《やす》い。太陽《たいやう》が一《ひと》たび出《い》づれば、群陰皆影《ぐんいんみなかげ》を伏《ふ》して、大小《だいせう》の有象無象《うざうむざう》は悉《こと〴〵》く照破《せうは》せられるが、月輪《げつりん》は萬象《ばんしやう》を一《ひと》つに包《つゝ》んで、貴賤貧富《きせんひんぷ》の差別《さべつ》を失《うしな》はせてしまふ。

【通解】 きら〳〵と輝く活動の日の光が西に沈むと、玉のやうに澄みきつた一輪の月が凡ての物の休息してゐる夜を照す。月の光はおだやかにやはらかで、日光のやうに強く烈しくはない。日は眞赤に輝いてゐて仰いで見る事も出來ないが、月は氣安く眺めて親しむ事が出來る。一たび太陽が出ると、あらゆる暗いものは皆姿をかくして、大小一切の物がすつかり照し出されてしまふが、月はあらゆる物を一つに包んで、貴賤だの貧富だのといふ差別をなくなさせてしまふ。

【考察】 太陽と違つた月の趣を敍した文。○煌々はきら〳〵と輝く形容。○活動の日の光は活動を意味する日光。語調からいへば下の「休息の夜を照す」と相對した趣だが、文意としては活動の日を照す光といふ事ではなくて、それ自體活き〳〵として活動を意味してゐる日光といふ事である。○玲瓏は玉のやうに美しく澄んでゐる形容。○休息の夜は凡てが休息の狀態に入つてゐる夜の世界。○峻烈はきびしくはげしい。○群陰はすべての陰、あらゆる暗いもの。○影を伏しては影をかくして、見えなくなつて。○有象無象は形のあるものと無いものと、卽ちあらゆる一切の物。○照破はすつかり照らされて了ふ。○萬象は凡ての形、凡ての物。

【大意】 活動の日が西に沈むと、月が休息の夜を照す。日の光は峻烈で、仰いで見る事も出來ぬが、月の光は温和で親しみ易い。太陽が出ると、凡てがぱーッと照し出されるが、月は凡てを一つに包んで、貴賤貧富といふやうな差別をなくして了ふ。

【一一七】 凡そ我等人間を救濟するものが三つある第一は文學の力で第二は道德の力第三は宗教の力である文學は感情によつて直觀的に救濟の任務を果さうとし道德は意志によつて漸進的に救濟しようとし宗教は其の中間に立つて半面は情により半面は意志によつて救濟せんとするものである此の三者は此の如く分け登る麓の路に於てこそ違へつまりは同じ高嶺の月を見んとするものであるかやうに考へれば其の何れの道によつて救濟を求むるも其の人々の自由であつて必ずしも己に同じき者に黨して異なる者を伐つの必要がないことは明かである（藤井健治郎）

【讀方】 凡《およ》そ我等《われら》人間《にんげん》を救濟《きうさい》するものが三《みつ》つある。第一《だいいち》は文學《ぶんがく》の力《ちから》で、第二《だいに》は道德《だうとく》の力《ちから》、第三《だいさん》は宗《しう》教《けう》の力《ちから》である。文學《ぶんがく》は感情《かんじやう》によつて直觀的《ちよくくわんてき》に救濟《きうさい》の任務《にんむ》を果《はた》さうとし、道德《だうとく》は意志《いし》によつて漸進的《ぜんしんてき》に救濟《きうさい》しようとし、宗教《しうけう》は其《そ》の中間《ちゆうかん》に立《た》つて、半面《はんめん》は情《じやう》により半面《はんめん》は意志《いし》によつて救濟《きうさい》せんとするものである。此《こ》の三者《さんしや》は、此《かく》の如《ごと》く分《わ》け登《のぼ》る麓《ふもと》の路《みち》に於《おい》てこそ違《ちが》へ、つまりは同《おな》じ高嶺《たかね》の月《つき》を見《み》んとするものである。かやうに考《かんが》へれば、其《そ》の何《いづ》れの道《みち》によつて救濟《きうさい》を求《もと》むるも、其《そ》の人々《ひとびと》の自由《じいう》であつて、必《かなら》ずしも己《おのれ》に同《おな》じき者《もの》に黨《たう》して、異《こと》なる者《もの》を伐《う》つ必要《ひつえう》がないことは明《あきら》かである。

【通解】 凡そ吾々人間を救ふものが三つある。第一は文學の力で、第二は道德の力、第三は宗教の力である。文學は感情によつて思考といふものを容れずいきなりズバリと人を救ふ務を果さうとし、道德は意志によつて一歩々々と人を救はうとし、宗教はその二つの中間に立つて、半面は情により半面は意志によつて人を救はうとするのである。此の三つは、このやうに進んで行く路はそれ〴〵

に違ふが、結局は人間を救ふといふ同一の目的を達しようとするものである。斯う考へれば、三つの中のどの道によつて救を求めても、それは其の人々の自由であつて、必ずしも自分と同じ道を取る者にくみし、異なつた道を取る者を攻撃するといふ必要がない事は明瞭である。

【考察】　人間救濟の三つの道——文學・道德・宗教、その行き方は違つても目的に變りはないから、何れに依つて救はれても構はぬといふ主張である。○分け登る麓の路は道歌の「分けのぼる麓の路は多けれど、同じ高根の月を見るかな」に依つたもので、手段は違つても目的は同じだといふのである。○己に同じき者に黨して異なる者を伐つは漢文の黨同伐異の直譯で、味方同志相くみして他の黨を攻撃すること、互に門戸を張つて爭ふことである。

【大意】　人間救濟に三つの道がある。それは文學と道德と宗教だ。文學は感情に訴へて直觀的に救はうとし、道德は意志に訴へて漸進的に救はうとし、宗教は感情と意志と半々で救はうとする。道は斯う違つても、結局人を救ふといふに變りはない。だから何れに救濟を求めるのも各人の自由で、自分と意見が違ふからといつて攻撃する必要などは更にない。

【一一八】　變幻出沒極りないのが人生の姿であるこれが人生であるかと見れば忽ち其の姿をかへそれが眞相かと見れば又忽ち消えて跡を晦ます凡手は容易にこれを捉へることが出來ず凡眼はなか〱其の眞相を認めることが出來ないしかも捉へることがむづかしければむづかしいほど認めにくければ認めにくいほどこれを捉へたい認めたいと思ふのは誰しもの人情であるしかるに詩人といふものは其の鋭敏な眼と靈的な腕とを以てその認め難い人生の眞相をしつかりと捉へて來てそれを世人の前に示すのであるこれが文學である（藤井健治郎）

【讀方】 變幻出沒極《へんげんしゆつぼつきはま》りないのが人生《じんせい》の姿《すがた》である。これが人生《じんせい》であるかと見《み》れば、忽《たちま》ち其《そ》の姿《すがた》をかへ、それが眞相《しんさう》かと見《み》れば、又忽《またたちま》ち消《き》えて跡《あと》を晦《くら》ます。凡手《ぼんしゆ》は容易《ようい》にこれを捉《とら》へることが出來《でき》ず、凡眼《ぼんがん》はなか〳〵其《そ》の眞相《しんさう》を認《みと》めることが出來《でき》ない。しかも捉《とら》へることがむづかしければむづかしいほど、認《みと》めにくければ認《みと》めにくいほど、これを捉《とら》へたい認《みと》めたいと思《おも》ふのは、誰《たれ》しもの人情《にんじやう》である。しかるに詩人《しじん》といふものは、其《そ》の鋭敏《えいびん》な眼《まなこ》と靈的《れいてき》な腕《うで》とを以《もつ》て、その認《みと》め難《がた》い人生《じんせい》の眞相《しんさう》をしつかりと捉《とら》へて來《き》て、それを世人《せじん》の前《まへ》に示《しめ》すのである。これが文學《ぶんがく》である。

【通解】 忽ち現はれ忽ち消えて變化極りないのが人生の姿である。これが人生かなと思つて見ると、忽ち其の姿が變り、それが人生の眞の姿かと思ふと、すぐ又どこかへ行つてなくなつて了ふ。凡常の手では容易に人生を捉へる事が出來ず、凡常の眼では仲々人生の眞相を認める事が出來ない。而も捉へる事が困難であればある程、認めにくければにくい程、何とかしてそれを捉へたい認めたいと思ふのは、誰しもが持つ人情である。所が詩人といふものは、その非常に鋭い眼力と何ともいへぬ靈妙な手腕とを以て、さういふ不思議な人生の眞相をしつかりとつかまへて來て、それを世人の前に示すのである。かく人生の眞相を捉へてまざ〳〵と人に見せるものが文學である。

【考察】 變幻極りなき人生の眞相を詩人の敏眼靈腕によつてまざ〳〵と人に示すものが文學だといふのである。○變幻出沒は出沒變化が迅速で、忽ち現れ忽ち沒してその實體が捉へ難くその眞相が認め難いのをいふ。○鋭敏な眼と靈的な腕は詩人の非常に優れた觀察力と表現力とをいふのであるが、同時に鋭い眼で眞相を認め、靈的な腕で人生そのものを捉へるといふ實義的な心持も働いてゐる書き方である。

【大意】人生は變幻極りなくして、到底凡人にはその眞相が分らぬ。分らぬとなると愈々知りたいと思ふのが人情である。所が詩人は、その鋭い眼と靈妙な腕で、さうした不思議な人生の眞相をしつかり捉へて來て、まざ〳〵と世人に示す。それが卽ち文學だ。

【一一九】余輩が歴史上の事實を一の戯曲として最も興味を感ずるは壯大なる偉人と時代の思潮と交渉する際に衝突を生じ破綻を起すところにあり社會より離れて孤立せる人物は敢て與らず紛々擾々たる群衆の蛙鳴蟬噪も敢て與らず（藤岡作太郎）

【讀方】余輩《よはい》が歴史上《れきしじやう》の事實《じじつ》を一《いつ》の戯曲《ぎきよく》として最《もつと》も興味《きようみ》を感《かん》ずるは、壯大《さうだい》なる偉人《ゐじん》と時代《じだい》の思潮《してう》と交渉《かうせふ》する際《さい》に、衝突《しようとつ》を生《しやう》じ、破綻《はたん》を起《おこ》すところにあり。社會《しやくわい》より離《はな》れて孤立《こりつ》せる人物《じんぶつ》は敢《あへ》て與《あづか》らず、紛々《ふんぷん》擾々《ぜう〳〵》たる群衆《ぐんしう》の蛙鳴蝉噪《あめいせんさう》も敢《あへ》て與《あづか》らず。

【通解】吾々が歴史上の事實を一つの芝居の筋として見て一番面白く感ずる場合は、すぐれて大きなえらい人物と其の時代を支配する思想の流れとの間に何等かの關係が起る際に、その間がうまく行かなくて、衝突が起り、破綻が起る所にある。世の中から掛け離れて孤立してゐる人物はそれと何の關係もなく、ごた〳〵ざわ〳〵としてまとまりの無い世の多くの人々のわい〳〵とさわぎ立てるのもそれに何の關係もない――そんなものには一向に戯曲としての興味が感じられない。

【考察】○戯曲はドラマ、脚本、芝居の筋。○時代思潮はその時代の一般の人の心を支配してゐる思想。○交渉するはかゝり合ふ、關係する。○破綻は破れてつゞまりがつかなくなること。英雄の仕事が破れて成就せぬといふのでなくて、英雄のする事と時代思潮の間に調和しない所が出來るといふ方の思想である。○紛々擾々はごた〳〵としてまとまりの無いのをいふ。○與らずは關與しない。戲曲として興味を感ずる事には與らぬといふのである。○蛙鳴蟬噪は蛙や蟬のさわがしく鳴くやうに、只がや〳〵とさわぎ立てること。

【大意】 歷史上の事實を一つの戲曲として見て一番面白い場面は、大人物と時代思潮と交涉して、衝突破綻を生ずる所にある。世と沒交涉な人物や、群衆のがや〳〵と騷ぎ立てる事などは、戲曲としての興味に關係が無い。

【一二〇】 祇園精舍の聲沙羅雙樹の花の色卷を開いてまづ響く琅々の調は流麗にしてまた凄慘なり二十年の榮華の夢昨日は樓臺の花の宴に盃を廻らし今日は海上に楫を枕に月に泣く有爲轉變の世の習とはいひながら榮枯盛衰掌を覆すこと平家の一門の如きは古今東西に例少くありの儘の事實は詩人の空想を待たずしてさながらの戲曲なりその局面の波瀾に富めるは卽ち平家物語の七百年後の今日もなほ世人に愛讀せらる丶所以にして一篇の樞軸たる大人物はいふまでもなく太政入道淨海なり（藤岡作太郎）

【讀方】 祇園精舍《ぎをんしやうじや》の鐘《かね》の聲《こゑ》、沙羅雙樹《さらさうじゆ》の花《はな》の色《いろ》、卷《くわん》を開《ひら》いてまづ響《ひゞ》く琅々《らう〳〵》の調《しらべ》は、流麗《りうれい》にしてまた凄慘《せいさん》なり。二十年《にじふねん》の榮華《えいぐわ》の夢《ゆめ》、昨日《きのふ》は樓臺《らうだい》の花《はな》の宴《うたげ》に盃《さかづき》を廻《めぐ》らし、今日《けふ》は海上《かいじやう》に楫《かぢ》を枕《まくら》に月《つき》に泣《な》く。有爲轉變《うゐてんぺん》の世《よ》の習《ならひ》とはいひながら、榮枯盛衰《えいこせいすゐ》掌《たなごゝろ》を覆《くつがへ》すこと、平家《へいけ》の一門《いちもん》の如《ごと》きは、古今東西《ここんとうざい》に例《れい》少《すくな》く、ありの儘《まゝ》の事實《じじつ》は、詩人《しじん》の空想《くうさう》を待《ま》たずして、さながらの戲曲《ぎきよく》なり。その局面《きよくめん》の波瀾《はらん》に富《と》めるは、卽《すなは》ち平家物語《へいけものがたり》の、七百年後《しちひやくねんご》の今日《こんにち》もなほ世人《せじん》に愛讀《あいどく》せらる丶所以《ゆゑん》にして、一篇《いつぺん》の樞軸《すうぢく》たる大《だい》人物《じんぶつ》は、いふまでもなく太政入道淨海《だじやうにふだうじやうかい》なり。

【通解】 祇園精舍の鐘の聲、沙羅雙樹の花の色――と、卷を開いてまづ響く玉のやうな文の調子は、さら〳〵と麗しく而も又實にいたましい。二十年の榮華は丸で一場の夢で、昨日は高樓の上で花見の宴に盃を廻らしたかと思へば、今日は海上で楫を枕にして月下に泣くといふ有樣。變轉して定めない世の習はしとはいひながら、榮枯盛衰が手のうらをかへすやうにがらりと變つたこと、平家一門のやうなのは、古今東西に例が少くて、ありのまゝの事實は、詩人の空想を待つまでもなく、そつくりそのまゝ一つの戯曲である。その場面のひどく變化に富んでゐる事は、卽ち平家物語が、七百年後の今日も相變らず世人に愛讀される譯であつて、その物語の中心になつてゐる大人物は、いふ迄もなく太政入道淨海である。

【考察】 平家物語評論の一節で、平家の榮枯盛衰が事實そのまゝ一篇の戯曲だから、その記錄たる平家物語が波瀾に富んで永く世人に愛讀されるのだといふ主張である。○祇園精舍の鐘の聲沙羅雙樹の花の色は平家物語開卷第一に「祇園精舍の鐘の聲、諸行無常の響《ひゞき》あり、沙羅雙樹の花の色、盛者必衰《せいじやひつす》の理《ことわり》を顯《あら》はす」とあるのをいふ。祇園精舍は昔印度で須達《すだつ》長者が釋迦のために建てた寺の名、沙羅雙樹は釋迦がその樹間で入滅したといふ樹。○琅々は金玉の相擊つ聲の形容。○凄慘は深く人の心を痛ませるやうな哀調を持つてゐるのをいふ。○有爲轉變は物事の轉變して定めないのをいふ。有爲は諸種の因緣の和合して作爲された諸現象の事で、人生は卽ちそれである。○掌を覆すは手のうらをかへす、がらりと變る。○局面は物事の成行きの有樣。○波瀾に富めるは非常な變化を持つてゐる。○樞軸は中心、一番重要な地位にある者。○淨海は清盛の法名。

【大意】 平家物語は開卷第一の詞からして實に流麗凄慘な文調だ。二十年の榮華は丸で一場の夢で、都で榮華を盡してゐた平家は、忽ち海上に泣く有樣。いくら無常の世でも、あんなに榮枯盛衰の烈しく變轉した事は、どこの歴史にも類例がなく、事實そのまゝが一篇の戯曲だ。その局面の變化に富んでゐるのが、七百年後の今日なほ平家物語の愛讀される所以で、その一篇の主人公は勿論清盛である。

【一二】 清盛は縱橫無碍に奮戰し喜怒發するにまかせ直ちに鐵の如き手を以て痛打一番また顧みず藤氏を抑壓し源氏を牢籠し莊園を沒收し寺院を掠略し從來の習慣凡俗の迷信は一噱にだも値することとなしとす渠はたゞ我意の赴くところを斷行して平然たり一切歷史の束縛を打破し新時代を代表して傍若無人に馳驅する樣極めて悲壯の觀あり天人呆然として爲すところを知らずしばらく手を束ねてこの自然主義の巨人の橫行に任す（藤岡作太郎）

【讀方】 清盛《きよもり》は縱橫無碍《じゆうわうむげ》に奮戰《ふんせん》し、喜怒發《きどはつ》するにまかせ、直《たゞ》ちに鐵《てつ》の如《ごと》き手《て》を以《もつ》て、痛打一番《つうだいちばん》また顧《かへり》みず。藤氏《とうし》を抑壓《よくあつ》し、源氏《げんじ》を牢籠《らうろう》し、莊園《しやうゑん》を沒收《ぼつしう》し、寺院《じゐん》を掠略《りやくりやく》し、從來《じゆうらい》の習慣《しふくわん》、凡俗《ぼんぞく》の迷信《めいしん》は、一噱《いつきやく》にだも値《あたひ》することとなしとす。渠《かれ》はたゞ我意《がい》の赴《おもむ》くところを斷行《だんかう》して平然《へいぜん》たり。一切歷史《いつさいれきし》の束縛《そくばく》を打破《だは》し、新時代《しんじだい》を代表《だいへう》して傍若無人《ばうじやくぶじん》に馳驅《ちく》する樣《さま》、極《きは》めて悲壯《ひさう》の觀《くわん》あり。天人呆然《てんじんぼうぜん》として爲《な》すところを知《し》らず、しばらく手《て》を束《つか》ねて、この自然主義《しぜんしゆぎ》の巨人《きよじん》の橫行《わうかう》に任《まか》す。

【通解】 清盛は縱橫無盡自由自在に奮戰し、自分の感情のまゝに喜びもし怒りもし、怒れば直ちに鐵のやうな手で、うんとどやしつけて平氣でゐる――すぐに武力に訴へて委細構はぬ。藤原氏をおさへつけ、源氏をおしこめ、人の私有地を取上げ、寺の財を掠奪し、これまでの習慣や、世の俗人共の迷信などは、一笑する程の値打もないと思つてゐた。彼はたゞ自分の思ふ通りに斷行して平氣でゐる。これまでのしきたりの一切の束縛を打破り、新しい時代を代表して人もなげに大膽不遜に振舞つた樣は、實に悲壯なものである。天も人もあッけに取られてどうにもしやうがなく、暫くじツと手を引いて、この自然のまゝを發揮しようとするどえらい人間のするがまゝにさせて置いた。

【考察】 筆者の清盛觀で、清盛を以て自然主義の巨人とした所にその見地が認められるのである。○縱横無碍は自由自在で何の障碍もないのをいふ。○痛打一番はうんと一つどやしつけること。○牢籠はおしこめる。其の勢力を押へつけて手も足も出させなかつた事をいふ。○掠略は奪略。○一噱は一笑。噱は笑ふ。○悲壯は一種の哀調を帶びた勇ましさをいふ。○自然主義はこゝでは自己を僞らず飾らず何でも彼でも我意通り自然のまゝに押し通さうとする主義の意に使はれてゐる。

【大意】 清盛は徹頭徹尾我意を押し通して、少しも自分の感情を曲げず、氣に入らなければすぐどやしつける。藤原氏を壓し、源氏をおしこめ、莊園を取上げ、寺を略奪し、習慣や迷信などは屁とも思はず、新時代を代表して思ふまゝに振舞つた有樣は、實に悲壯だ。天も人もあきれかへつて手も足も出ず、只この自然主義の巨人の横行に任せてゐた。

【一二二】 西行は生れながらの歌よみにして歌を作るものにあらず天籟吹き來つて松濤すなはち鳴るその聲必ず自然を離れず平易率直を旨とすれども風凄じければ鳴ることとまた強し時に婉曲の響あれどもことさらに人爲の巧を加へねば天成の詩美は千歳の下いよ〳〵光を增して後人をして渇仰止まざらしむ

（藤岡作太郎）

【讀方】 西行《さいぎやう》は生《うま》れながらの歌《うた》よみにして、歌《うた》を作《つく》るものにあらず。天籟《てんらい》吹《ふ》き來《きた》つて松濤《しようたう》すなはち鳴《な》る。その聲《こゑ》必《かなら》ず自然《しぜん》を離《はな》れず。平易率直《へいいそつちよく》を旨《むね》とすれども、風凄《かぜすさま》じければ鳴《な》ることとまた強《つよ》し。時《とき》に婉曲《ゑんきよく》の響《ひゞき》あれども、ことさらに人爲《じんゐ》の巧《かう》を加《くは》へねば、天成《てんせい》の詩美《しび》は、千歳《せんざい》の下《もと》いよ〳〵光《ひかり》を增《ま》して、後人《こうじん》をして渇仰《かつがう》止《や》まざらしむ。

【通解】西行は生れながらの歌よみであつて、歌を拵へるといふ人ではない。風が吹いて來て松風の音がそれに應じて鳴る。その聲は必ず自然を離れない、といつたやうに、その歌調は、どこ迄も自然のまゝである。彼の歌はやすらかで飾り氣なく生《き》一本《いつぽん》である事を旨としてゐるが、風が凄じい時には松風の鳴るのも亦強い、といふやうに、感興が烈しいと自然に歌調も強くなる。時には柔くしなやかな調もあるが、わざと人爲的の技巧を加へないので、自然と備つたその歌の美しさは、永く後世に至つて益々光輝を増して、後々の人々がどこ迄も仰ぎ慕はずにはゐられないのである。

【考察】西行が天成の詩人である事を強調してゐる。譬喩と實義とを錯綜した表現であるから、通解に於ては特にその兩義の闡明《せんめい》に努めなければならぬ。然し大意は實義だけについて言へばよい。○天籟は天の音、風の事をいふ。○松濤は松風の音。○率直は生一本で飾り氣の無い事。○婉曲はしなやかでやさしい、女性的な趣をいふ。○人爲の巧は技巧をいふ。○天成の詩美は天の成した詩の美しさ、自然に備つた歌の美。○渇仰は一心に仰ぎ慕ふこと。

【大意】西行は先天的の歌人で、人爲的に歌を作る人ではない。彼の歌はどこ迄も自然のまゝである。平易率直を旨としてゐるが、感興が高調すると歌調も強い。時には婉曲の調もあるが、それとても人爲的の技巧でないから、その天成の詩美は、後世に至つて益々輝いて、長く後人から渇仰されてゐる。

【一二三】藤原俊成の詠ずるところ艶麗にして幽婉しかも力めて高雅の趣を脱せざらんことを期す渾然たる美玉毫も斧鑿の痕なきが如しといへどもこれなほ琢磨の果なり天授の才なりといへども放縱の才にあらずして折衷の才なり學を積み想を練り苦心慘澹として遂に一家を成すかれの歌は村舍の白梅東風

に野香を恣にするものにあらずして瓶裏の紅梅枝を矯めて形を正せるものなり（藤岡作太郎）

【讀方】藤原俊成《ふじわらしゆんぜい》の詠《えい》ずるところ、艶麗《えんれい》にして幽婉《いうゑん》、しかも力《つと》めて高雅《かうが》の趣《おもむき》を脱《だつ》せざらんことを期《き》す。渾然《こんぜん》たる美玉《びぎよく》、毫《がう》も斧鑿《ふさく》の痕《あと》なきが如《ごと》しといへども、これなほ琢磨《たくま》の果《はて》なり。天授《てんじゆ》の才《さい》なりといへども、放縦《はうじゆう》の才《さい》にあらずして、折衷《せつちゆう》の才《さい》なり。學《がく》を積《つ》み、想《さう》を練《ね》り、苦心慘澹《くしんさんたん》として遂《つひ》に一家《いつか》を成《な》す。かれの歌《うた》は、村舍《そんしや》の白梅《はくばい》、東風《とうふう》に野香《やかう》を恣《ほしいまゝ》にするものにあらずして、瓶裏《へいり》の紅梅《こうばい》、枝《えだ》を矯《た》めて形《かたち》を正《たゞ》せるものなり。

【通解】藤原俊成の詠む歌は、花やかで美しく奥ぶかくしなやかな趣で、而もどこ迄も氣高くみやびな趣を失ふまいとしてゐる。まんまるで美しい玉の、少しも人工を加へた痕がないといつた風ではあるが、やはりそれは磨きに磨いた果である。天から授かつた才には違ひないが、心のまゝの創意を自由勝手に發揮するといふ才ではなくて、他の長短を取捨して程よい所を取るといふ方の才である。學問を積み、想を練り、非常な苦心を重ねて遂に一かどの立派な歌人となつたのである。彼の歌は、田舍家《ゐなかや》の白梅の、春風に吹かれて思ふがまゝに野趣《やしゆ》の滿ちた香を放つてゐるといふ趣ではなくて、花瓶に活けた紅梅の、枝を矯め形を正しくしたといふ趣である——美は美だが、自然のまゝの美でなくて、人工を加へた美である。

【考察】俊成の歌は人工の極致としての美だといふ見解である。○幽婉は奥ふかく幽かでしなやかに美しい趣。○渾然はまんまるで少しのかどもないさま。○斧鑿の痕は斧や鑿《のみ》で削り穿つたあと、即ち人工を加へた痕跡。詩文に手を入れて色々と飾つたり直したりするのをいふ常套文句。○琢磨はうつたりみがいたりすること。○天授の才は天が授けた才、天才。○放縱の才は自由奔放の才、自由勝手に創意を發揮する才。○折衷の才は他の長所短所を研究してそれを折衷し、程よい所を取る才。○慘憺は色々と苦心して心を痛め考へるさま。慘憺はものすごくくらい形容にもいふ。○野香は野趣に富んだ香、如何にも田舍の自然のまゝだといふ感じのするにほひ。

【大意】俊成の歌は、艷麗で幽婉、而も力めて高雅の趣を保たうとしてゐる。全く人工を加へぬ自然の美玉の樣に見えるが、實は磨きに磨いた果だ。天才には違ひないが、自由奔放の才ではなくて、長短を折衷する方の才だ。彼は苦心研究の極一家を成した。その歌は、自然のまゝの美でなくて、人工的の美だ。

【一二四】一體歲晩から年頭にかけて我々の心は二つの方面に向つて動く一つの方向は後である是が過ぎ去る年の回顧であり經驗して來た長い過去の追想であるそこには憂鬱がある悔恨がある懺悔がある悲哀がある暗黑がある併しまた懷しさもある喜びもある詩もあるこの回顧の眼と共に前を望む瞳には將來が映るそこには勇躍がある憧憬がある希望がある光明がある理想がある併しまた浮かれがある冒險がある野心もある詩もある斯うして回顧の左の眼を以て舊年を送り希望の右の眼を以て新年を迎へる此の右の眼の働く限り我々は希望理想の光を見失はないそして此の光に釣られて何時まで行つても盡きない眼界の末を望みながら崢嶸の山を越え淼漫の海を渡り廣漠の野を過ぎて進み進んで行く喘ぎつゝ歎ちつゝ泣きつゝも辿り行く君これが我々の生活だ現實だ人生だ（藤村作）

【讀方】一體歲晩《いつたいさいばん》から年頭《ねんとう》にかけて、我々《われ〳〵》の心《こゝろ》は二《ふた》つの方面《はうめん》に向《むか》つて動《うご》く。一《ひと》つの方向《はうかう》は後《うしろ》である。是《これ》が過《す》ぎ去《さ》る年《とし》の回顧《くわいこ》であり、經驗《けいけん》して來《き》た長《なが》い過去《くわこ》の追想《つゐさう》である。そこには憂鬱《いううつ》がある、悔恨《くわいこん》がある、懺悔《ざんげ》がある、悲哀《ひあい》がある、暗黑《あんこく》がある。併《しか》しまた懷《なつか》しさもある、喜《よろこ》びもある、詩《し》もある。この回顧《くわいこ》の眼《め》と共《とも》に、前《まへ》を望《のぞ》む瞳《ひとみ》には將來《しやうらい》が映《うつ》る。そこには勇躍《ゆうやく》がある、憧憬《どうけい》がある、希望《きばう》がある、光明《くわうみやう》がある、理想《りさう》がある。併《しか》しまた浮《う》かれがある、冒險《ばうけん》がある、野心《やしん》もある、詩《し》もある。斯《か》うして回顧《くわいこ》の左《ひだり》の眼《め》を以《もつ》て舊年《きうねん》を送《おく》り、希望《きばう》の右《みぎ》の眼《め》を以《もつ》て新年《しんねん》を迎《むか》へる。此《こ》の右《みぎ》の眼《め》の働《はたら》く限《かぎ》り、我々《われ〳〵》は希望《きばう》・理想《りさう》の光《ひかり》を見失《みうしな》はない。そして此《こ》の光《ひかり》に釣《つ》られて、何時《いつ》まで行《い》つても盡《つ》きない眼界《がんかい》の末《すゑ》を望《のぞ》みながら、崢嶸《さうくわう》の山《やま》を越《こ》え、淼漫《べうまん》の海《うみ》を渡《わた》り、廣漠《くわうばく》の野《の》を過《す》ぎて、進《すゝ》み進《すゝ》んで行《ゆ》く。喘《あへ》ぎつゝ、歎《かこ》ちつゝ、泣《な》きつゝも辿《たど》り行《ゆ》く。君《きみ》、これが我々《われ〳〵》の生活《せいくわつ》だ、現實《げんじつ》だ、人生《じんせい》だ。

【通解】 一體年の暮から正月へ掛けて、我々の心は二つの方面に向つて動く。一つの方向は後の方である。これが過ぎ去る年をふり返つて見る事であり、今迄經驗して來た長い過去をあとから考へて見る事である。そこには憂鬱な晴れ〴〵とせぬ氣分がある、悔い恨む心持がある、罪に對する懺悔がある、悲しみがある、くらやみがある――凡て暗い悲しい氣分だ。併し又懷しい氣持もある、喜びもある、詩的な情味もある。このうしろを振り返る眼と共に、又別に前の方を眺める瞳にはこれからさきの事が映る。そこには勇み立つてをどり上るやうな氣分がある、あこがれの心持がある、希望がある、輝しい光がある、理想がある――凡て明い、望みに滿ちた氣分だ。併し又どつしりと落着かぬ浮かれ氣分がある、冒險がある、野心もある、詩的な情味もある。斯うしてうしろを振り返る左の目で舊い年を送り、これから先に望を掛ける右の眼で新しい年を迎へる。此の右の眼の働く限り、吾々は希望や理想の光を見失はずにちやんとそれを認めてゐる。そしてこの希望や理想の光に釣られて、何時まで行つても盡きない先の先の方を眺めながら、嶮しい山を越え、淼々たる大海を渡り、ひろ〴〵として果てしのない野を通つて、どこ迄も〳〵進んで行く。息を切りながら、歎きながら、泣きながらも辿つて行く。君、これが我々の生活なのだ、現在の事實なのだ、人生なのだ。

【考察】 年末年始に於て後を回顧し、前を望む。その氣持を詳悉して、そこから人生の現實に說き及んでゐる。「左の眼」「右の眼」は心の働く二つの方向をいうたもの、「崢嶸の山」「淼漫の海」「廣漠の野」は凡て人生の限りなき苦難に喩へたものであるが、全體が比喩的に表現された文だから、通解としてはやはり原文通りに取扱つて置くべきものである。文末に「君」とある、これは勿論人を呼び掛けた詞で、この文は甲が乙に向つて話してゐる詞の一節だから、自然このやうな詞が出てゐるのである。〇懺悔はサンゲとも讀む、罪を告白してくい改めること。〇崢嶸は嶮しい形容。〇淼漫は一杯に水の漲つてゐる形容。

【大意】 年末から年始へ掛けて、人の心は二つの方面に働く。一つは過去を回顧する事で、一つは未來を望む事だ。過去を回顧すると、憂欝な暗い悲しい氣分になる。然しそれにはなつかしみもあり、詩的の味もある。未來を考へると、前途の光明にあこがれる氣分が湧く。然しそこにはどつしりと落着かぬ浮かれ氣分があり、冒險があり、野心もあり、詩的の味もある。こんな風にして、人は回顧を以て舊年を送り、希望を以て新年を迎へる。この將來に對する心の働いてゐる間は、いつも輝しい希望や理想がある。それに釣られて、我々は果てしのない前途を望みながら、様々な苦難の中をどこ迄も〱苦しみ〱進んで行く。それが我々の生活であり、現實であり、人生である。

【一二五】 人間性に乏しい硬化された化石的社會がそれ自らに於て不幸であるばかりでなく呪はれるべき社會であることは改めて言ふまでもないこの意味から見ても今日の社會は先づ大いに文藝的教養を

積む必要即ち社會が大いに文藝化される必要がありはしないか（本間久雄）

【讀方】人間性《にんげんせい》に乏《とぼ》しい、硬化《かうくわ》された化石的社會《くわせきてきしやくわい》が、それ自《みづか》らに於《お》て不幸《ふかう》であるばかりでなく、呪《のろ》はれるべき社會《しやくわい》であることは、改《あらた》めて言《い》ふまでもない。この意味《いみ》から見《み》ても、今日《こんにち》の社會《しやくわい》は、先《ま》づ大《おほ》いに文藝的教養《ぶんげいてきけうやう》を積《つ》む必要《ひつえう》、即《すなは》ち社會《しやくわい》が大《おほ》いに文藝化《ぶんげいくわ》される必要《ひつえう》がありはしないか。

【通解】人間としての本性――人間らしい柔か味が乏しくて、化石のやうに硬《かた》く冷たくなつた社會が、それ自身不幸であるばかりでなく、誠に呪はしい社會である事は、改めて言ふまでもない。この意味から見ても、今の社會が、先づ以て大いに文藝上の教養を積む必要、即ち社會がもつと〱文藝的になつて來る必要がありはしなからうか。

【考察】人間性は人間としての本性、人間らしい柔か味である。由來社會は人間の有機的集團だから、當然人間性が饒かであるべきだのに、機械文明の進む結果として、やゝもするとそれが乏しくて、硬い冷かなものになる。さうした社會は不幸な呪はしいものだ。今日の社會は正にそれである。文藝は人間性の現はれであるから、今日の社會を救ふためには、もつと〱社會が文藝的教養を積んで、大いに文藝化される必要があるといふのである。○硬化はかたくなること。柔か味がなくなつて冷たいこち〱の社會となるといふ意。○化石的社會は化石のやうな社會。溫い生命のない、柔か味のない、冷たい社會をいふ。○文藝化は文藝的になる。文藝を理解し、文藝を享樂するやうになるといふ意。

【大意】人間らしい柔か味がなくなつて、丸で化石のやうになつた社會は、不幸な、呪はしい社會である。今の社會は正にその觀がある。だから今日の社會は、もつと文藝的教養を積んで、大いに文藝化されねばならぬ。

【一二六】　秋に入りて草木多く色を變じ光彩燦爛一時の壯觀を盡し然る後飄零凋殘し去るとはいへ是等多くの草木を外にして更に松柏の凋むに後る丶あり固より萬木悉く然りとし一を以て總てを律すべきにあらず彼の松柏の屬四時を貫きて綠を變へず目を眩するの紅彩人を悅ばすの麗色を缺き一歳の間特に觀て賞美するの時なしと雖も其の蒼幹數十丈亭々として空を凌ぎ天に參り枝條は四方に張りて蓋の如く蓊鬱として烟霧を籠め隆冬を經霜雪を冒し長へに青を更めざる實に變化の外に出づるものと謂ふべしこれあるかこれあるかこれ亦察せずんば有るべからず（三宅雪嶺）

【讀方】　秋《あき》に入《い》りて草木多《さうもくおほ》く色《いろ》を變《へん》じ、光彩燦爛一時《くわうさいさんらんいちじ》の壯觀《さうくわん》を盡《つく》し、然《しか》る後飄零凋殘《のちへうれいてうざん》し去《さ》るとはいへ、是等多《これらおほ》くの草木《さうもく》を外《ほか》にして、更《さら》に松柏《しようはく》の凋《しぼ》むに後《おく》る丶あり。固《もと》より萬木悉《ばんぼくことごと》く然《しか》りとし、一《いつ》を以《もつ》て總《すべ》てを律《りつ》すべきにあらず。彼《か》の松柏《しようはく》の屬《ぞく》、四時《しじ》を貫《つらぬ》きて綠《みどり》を變《か》へず、目《め》を眩《げん》するの紅彩《こうさい》、人《ひと》を悅《よろこ》ばすの麗色《れいしよく》を缺《か》き、一歳《いつさい》の間特《あひだとく》に觀《み》て賞美《しやうび》するの時《とき》なしと雖《いへど》も、其《そ》の蒼幹數十丈《さうかんすうじふぢやう》、亭々《ていてい》として空《そら》を凌《しの》ぎ、天《てん》に參《いた》り、枝條《しでう》は四方《しはう》に張《は》りて蓋《かさ》の如《ごと》く、蓊鬱《をううつ》として烟霧《えんむ》を籠《こ》め、隆冬《りゆうとう》を經《へ》、霜雪《さうせつ》を冒《おか》し、長《とこしな》へに青《せい》を更《あらた》めざる、實《じつ》に變化《へんくわ》の外《ほか》に出《い》づるものと謂《い》ふべし。これあるか、これあるか、これ亦察《またさつ》せずんば有《あ》るべからず。

【通解】　秋に入つて草木は多く色を變へて紅葉し、美しくきら〳〵として一時のすばらしい眺を盡して、それから後に皆ひら〳〵と枯れ落ちて了ふとはいへ、これ等多くの草木とは又別に、更に松柏の凋まずに殘つてゐるのがある。だから萬木悉くさうだとして、一つを以て總てを片附けて了ふべきではない。彼の松柏の類の、四季一貫して綠の色を變へず、目をくらますやうなきれいな色どりや、人を悦ばせるやうな麗しい色がなくて、一年中特に觀て賞美するといふ時はないけれども、其のあをい幹は數十丈、高くそびえて空をしのぎ、天までも屆いて、枝は四方に張つてきぬがさの如く、こんもりとして霧が立ちこめ、眞冬を經て、霜や雪を冒し、いつまでも青々として色を變へずにゐるのは、實に變化の外に超越してゐるものと謂ふべきである。なるほどこれ！これ！これ亦よく考へて見なくてはならぬのである。

【考察】これは全文比喩の文で、その本義は、必ずしも花々しく散るばかりが英雄ではない、松柏のやうに變化の外に超越して、殊更目に立つ點はなくても、高く人生に立つて節を通してゐる人の中に、やはり立派な人物はあるといふ事であるが、これだけ獨立した一問としてはそれは少しも現れてゐない。だから通解も大意もそこに言及すべきではない。解說的に「この文の思想を人生に結びつけて見たらどうなるか」と問はれた時、始めてさういふ答案が作製せられるのである。○光彩燦爛は輝かしい色どりがきら〱と美しく輝くの意。○壯觀はさかんな眺、立派な光景。○飄零凋殘はひら〱と散つて枯れて了ふ。○凋むに後るるは、松柏が極寒にも屈せず、萬木の凋んだ後に青々としてゐるのをいふ。それを後凋の節といつて、節操の堅い喩にいふ。○一を以て總てを律すは一つの事實に依つて總ての物を皆さうだときめるといふ意。秋は多くの草木が紅葉するからといつて、萬木皆紅葉するといふ風に、一概にきめるわけには行かぬといふのである。○紅彩は美しい色どり。○亭々は高く聳える形容。○空を凌ぎはぐツと空に突立つてゐるといふ意。○參りは至り、屆き。○蓋はきぬがさ、車のかさ。○蓊欝は青々としてこんもりと茂つてゐるさま。○隆冬は眞冬、嚴しい寒さの節。○これあるかこれあるかは成程これだ〱といふ意の咏歎的表現で、「か」は疑問といふよりも「かな」の方に近い趣と考へられる。

【大意】 秋になつて草木は多く紅葉し、一時の壯觀を盡して、やがて散つて了ふが、その外に松柏の如く凋まずに殘つてゐるのもあるから、一概に秋は皆紅葉するとばかりも言へない。松柏は四時を貫いて綠の色を變へず、特に美しいといつて賞美する時はないが、その亭々鬱蒼として常に綠を變へぬのは、變化の外に超越するものとして、亦大いに考察の必要がある。

【一二七】 舟のゆくては杳茫たる蒼海にしてその抵る所はシチリアの島なりあらず亞弗利加の岸なりゆんでの方は巖石屹立したる伊太利の西岸にして所々に大いなる洞穴あり舷下の水は碧くして油の如し舟の影の水に落ちたるは極めて濃き青色にして艪の影は濃淡の紋理ある青蛇を畫けりわれは聲を放ちて叫びぬげに美しきは海なるかな若し彼蒼の大いなるを除かば何物かよく之と美をくらぶべき（森鷗外）

【讀方】 舟《ふね》のゆくては杳茫《えうばう》たる蒼海《さうかい》にして、その抵《いた》る所《ところ》はシチリアの島《しま》なり。あらず、亞弗利加《アフリカ》の岸《きし》なり。ゆんでの方《かた》は巖石屹立《がんせききつりつ》したる伊太利《イタリー》の西岸《せいがん》にして、所々《ところどころ》に大《おほ》いなる洞穴《ほらあな》あり。舷下《げんか》の水《みづ》は碧《あを》くして油《あぶら》の如《ごと》し。舟《ふね》の影《かげ》の水《みづ》に落《お》ちたるは、極《きは》めて濃《こ》き青色《あをいろ》にして、艪《ろ》の影《かげ》は濃淡《のうたん》の紋理《もんり》ある青《せい》蛇《だ》を畫《ゑが》けり。われは聲《こゑ》を放《はな》ちて叫《さけ》びぬ。げに美《うつく》しきは海《うみ》なるかな。若《も》し彼《ひ》蒼《さう》の大《おほ》いなるを除《のぞ》かば、何物《なにもの》かよく之《これ》と美《び》をくらぶべき。

【通解】 舟の行く先ははてしなく廣々とした青海原《あをうなばら》で、その行き止りはシチリアの島である。いやさうではない、アフリカの岸である。左手の方は巖石の突立つた伊太利の西岸であつて、所々に大きな洞穴がある。舟《ふな》べりの下の水は眞青で靜かで油のやうにとろツとしてゐる。舟の影の水に映つてゐる所は、ごく濃い青色で、艪の影は濃淡の模樣のある青い蛇のやうな形を畫いてゐる。私は思はず大きな聲を出して叫んだ。「ほんとに美しいものは海だなア、若しあの大きい青空をのけたら、外に何がよくこの海と美しさを較べる事が出來よう」と。

【考察】 舟の中から見た海の美しさである。○杳茫は果てしなく廣々としてゐるさま。○抵る所は至り當る所、ぶツつかる所、ゆきどまりの所。その蒼海の陸に接する行きどまり、即ち舟の至り届く所の意であるが、然し今自分の乘つてゐる舟の至り届く所、即ちこの舟の行き先といふ思想ではない。○艪の影は濃淡の紋理ある青蛇を畫けりといふのは、舟の方は常に濃い青色であるが、艪の方は盛に動いて水をかいて進むので、自然その影に濃淡の紋理が出來て、それがずうーツと青く長く横つたさまが、恰も青い蛇のやうに見えるといふのである。紋理は模樣、縞《しま》。○彼蒼は天、蒼空《あをぞら》。カノサウと讀んでもよいが、漢文の熟語として通例ヒサウと音讀する。詩經に「彼の蒼なる者は天」とある所から出た語。なほこゝの文句は「天より外には海と美を比すべきものはない」といふのである。「彼蒼の大いなる」は「大なる彼蒼」、「を除かば」は「より外には」と考へればさうした文意がよく分る。天を此の世から取り去ればなどと誤解してはならぬ。

◇一寸した事であるが、「その抵る所はシチリアの島なり。あらず、亞弗利加の岸なり」といふ文に於て、「島なり。あらず」を「島ではなくて」と口譯して了ふと、原文の文調に副はない。「島だ。いやさうぢやない」といふやうに、一應斷定して置いて、すぐ又訂正する所に「島にあらず」とは別の趣があるのである。

【大意】 舟のゆく手は果てしなき蒼海で、その突當りはシチリア島だ。いやアフリカの岸だ。左手は伊太利の西岸で、巖石が屹立して大きい洞穴がある。海の水はとろツとして青い。舟の影は濃い青色で、艪の影は縞模樣のある青蛇のやうだ。自分は「あゝ美しい。あの蒼空以外にこんな美しいものは、一つもない」と叫んだ。

【一二八】　眞人間といふことを除いては藝術家はあり得ない筈だ自分のすべてをさらけ出して掛るところに藝術の光があり命がある筈だ少しでも自分の魂に小悧巧な曇りが掛つた以上は其の人の藝術は傷つけられなければならぬ作家にとつては本を讀むことも必要であらう思索をすることは更に必要であらうしかし眞人間の心を失はないやうに努めて行くことは更に大切なことでなければならぬ（吉田絃二郎）

【讀方】　眞人間《まにんげん》といふことを除《のぞ》いては、藝術家《げいじゆつか》はあり得《え》ない筈《はず》だ。自分《じぶん》のすべてをさらけ出《だ》して掛《か》るところに、藝術《げいじゆつ》の光《ひかり》があり、命《いのち》がある筈《はず》だ。少《すこ》しでも自分《じぶん》の魂《たましひ》に小悧巧《こりかう》な曇《くも》りが掛《か》つた以上《いじやう》は、其《そ》の人《ひと》の藝術《げいじゆつ》は傷《きず》つけられなければならぬ。作家《さくか》にとつては、本《ほん》を讀《よ》むことも必要《ひつえう》であらう。思索《しさく》をすることは更《さら》に必要《ひつえう》であらう。しかし眞人間《まにんげん》の心《こゝろ》を失《うしな》はないやうに努《つと》めて行《ゆ》くことは、更《さら》に大切《たいせつ》なことでなければならぬ。

【通解】　眞人間といふ事をぬきにしては、藝術家はあり得ぬ筈だ。――藝術家であるといふ事は、眞人間であるといふ事に外ならぬのだ。自分の一切を少しも僞らずにさらけ出して掛る所に、藝術の値打があり、生命がある筈だ。少しでも悧巧ぶつた心持が働いてそのために自分の魂に曇りが掛つたからには、もう其の人の藝術に傷がつかぬわけには行かない。藝術を作る人に取つては、讀書も必要だらう。物事を深く考へる事はなほ一層必要だらう。然しほんとの人間の心持を失はぬやうに努力して行く事は、それよりももつと〱大切な事でなくてはならない。

【考察】　眞人間――少しも自分の心を僞らず、ほんとに自分の魂のまゝに生きてゐる純眞な人間、それが藝術家の本領だといふ主張である。

【大意】　藝術家の藝術家たる所以は、眞人間である所に存する。赤裸々の自己をぶちまけてぶツつかつて行く所に、藝術の光があり、生命がある。小悧巧な心持が働いて魂が曇る時、其の人の藝術には傷がつく。作家に取つては、讀書も必要だらうし、思索も必要だらう。然し更に必要な事は、眞人間の心を失はぬ努力だ。

【一二九】　試に見よその圓い滑らかな肩の美しさ淸楚なしかもふくよかなその胸の神々しさ淸らかなのび〳〵した圓い腕肢體を包んで靜かに垂直に垂れた衣さうして柔かな無限の慈悲を湛へてゐるやうなその顏――そこには命の美しさが波の立たない底知れぬ深淵のやうに靜かに凝止してゐるそれは表に現はれた優しさの底に隱れる無限の力强さである人間のあらゆる尊さ美しさは間髮を容れず人間の肉體によつて現はされ直ちに逆に人間の肉體を人間以上の神々しい淸らかさにまで高めてゐるそれは自然に卽して而も自然の奧祕を掘出したものである（和辻哲郎）

【讀方】　試《こゝろみ》に見《み》よ。その圓《まる》い滑《なめ》らかな肩《かた》の美《うつく》しさ。淸楚《せいそ》なしかもふくよかなその胸《むね》の神々《かうぐ》しさ。淸《きよ》らかな、のびのびした圓《まる》い腕《うで》。肢體《したい》を包《つゝ》んで靜《しづ》かに垂直《すゐちよく》に垂《た》れた衣《ころも》。さうして柔《やはら》かな、無限《むげん》の慈悲《じひ》を湛《たゝ》へてゐるやうなその顏《かほ》――そこには命《いのち》の美《うつく》しさが、波《なみ》の立《た》たない底知《そこし》れぬ深淵《しんゑん》のやうに、靜《しづ》かに凝止《ぎようし》してゐる。それは表《おもて》に現《あら》はれた優《やさ》しさの底《そこ》に隱《かく》れる無限《むげん》の力强《ちからづよ》さである。人間《にんげん》のあらゆる尊《たふと》さ美《うつく》しさは、間髮《かんはつ》を容《い》れず、人間《にんげん》の肉體《にくたい》によつて現《あら》はされ、直《たゞ》ちに逆《ぎやく》に、人間《にんげん》の肉體《にくたい》を人間以上《にんげんいじやう》の神々《かうぐ》しい淸《きよ》らかさにまで高《たか》めてゐる。それは自然《しぜん》に卽《そく》して、而《しか》も自然《しぜん》の奧祕《あうひ》を掘出《ほりだ》したものである。

【通解】　まア一つこの佛像を見て御覽。圓くて滑らかな肩の美しさ。淸くすが〳〵しくて而もふつくりとした胸の神々しさ。如何にもきれいな、のんびりとした圓い腕。からだを包んで靜かに眞直に垂れた衣。それから柔かな、無限の慈悲を一杯に湛へてゐるやうなその顏――そこには生命の美しさが、ほんとに活々とした美しさが、波の立たぬ底知れぬ深い〳〵淵のやうに、靜かにじーツと止つてゐる。それは表面に現はれた優しさの底に潛んでゐる無限の力强さなのだ。人間の持つ一切の尊さ美しさは、髮の毛一筋容れるすき間もない程ぴツたりと、人間の肉體そのまゝの姿で現はされて、すぐまた逆に、人間の肉體を高めて人間以上の神々しい淸らかさにまでしてゐる。それは自然にぴツたりついてゐて、而も自然の深い神祕を掘出し、自然の深遠な哲理をまざ〳〵と眼前に示したものである。

【考察】 佛像を讃美した文である。○淸楚は淸くさツぱりとしてすが〳〵しいこと。○そこには必ずしも顏だけについてでなく、上からの文句の全體を承けていうたものと考へられる。○命の美しさは生命そのものの美しさで、如何にも活き〳〵とした美しさをいふ。○間髮を容れずは間に毛一本容れるすきまもなく、ぴツたりとの意。○人間の肉體によつて現はされは人間の肉體そのまゝの姿で現はされての意。その佛像は決して超人間的な不自然なものでなくて、人間の肉體そのまゝの姿、間髮を容れぬ程にぴツたり人間の肉體そのものと合つたものだといふのである。○直ちに逆に云々は、而も人間そのまゝの姿がすぐそのまゝ逆に人間の肉體を人間以上に尊く淸らかなものに高めてゐるといふ意で、もつと分り易くいへば、その佛像は人間そのまゝの姿でありながら而も人間以上に神々しく淸らかだといふのである。○自然に卽しては自然にぴツたりとついての意で、人間の肉體そのまゝの姿である事を指す。○自然の奧祕は自然の奧深い神祕、自然の深遠な哲理。それを「掘出した」とは、人間のあらゆる尊さ美しさをまざ〳〵と現はして、人間以上の神々しい淸らかさにまで高めてゐる事實を指したのである。

【大意】 佛像を見ると、圓く滑らかな肩の美しさ、淸楚でふくよかな胸の神々しさ、淸らかにのびのびとした圓い腕、からだを包んで靜かに垂れた衣、無限の慈悲を湛へたやうな柔かい顏――そこに生命その物の美が、底知れぬ深淵のやうにじツと止つてゐる。それは表面に現はれた優しさの底に隱れた無限の力强さだ。人間の一切の尊さ美しさが、そつくりそのまゝ人間の肉體で現はされて、而も人間以上に神々しく淸らかだ。それは自然に卽して、而も自然の深い神祕を掘出したものだ。

【一三〇】 左の文の大意を記し且つ傍線の部を説明せよ。

今や世界國際の關係國民の交渉は實に近く且つ密である(イ)一隅を叩けば他の隅々へ直に響を傳へる我が國に於ても時を同じうして各種改造運動と共に(ロ)古典復興國文學研究の風潮が何處からともなく起つて來た(ハ)老年達が無自覺に拜外の鈍い空氣の中に逡巡して舊習舊慣の保守に腐心してゐる中に却つて若い人達の中に自覺的な活動思索がいろ〳〵と起りかけてゐる改造の聲の中に(ニ)外國の束縛を脫して自國民の生命を擴充して行かうとする聲が聞かれるこの强い精神は老人達の中でなくて若い人達の中に聞かれるやうになつた(臺北高商)

【讀方】 今《いま》や、世界國際《せかいこくさい》の關係《くわんけい》、國民《こくみん》の交渉《かうせふ》は、實《じつ》に近《ちか》く且《か》つ密《みつ》である。一隅《いちぐう》を叩《たゝ》けば、他《た》の隅々《すみ〴〵》へ直《たゞち》に響《ひびき》を傳《つた》へる。我《わ》が國《くに》に於《おい》ても、時《とき》を同《おな》じうして、各種改造運動《かくしゆかいざううんどう》と共《とも》に、古典復興《こてんふくこう》、國文學研究《こくぶんがくけんきう》の風潮《ふうてう》が、何處《どこ》からともなく起《おこ》つて來《き》た。拜外《はいぐわい》の迷夢《めいむ》は、先《ま》づ若《わか》い人達《ひとたち》の中《なか》から覺《さ》めかけて來《き》た。老年達《らうねんたち》が、無自覺《むじかく》に、拜外《はいぐわい》の鈍《にぶ》い空氣《くうき》の中《なか》に逡巡《しゆんじゆん》して、舊習舊慣《きうしふきうくわん》の保守《ほしゆ》に腐心《ふしん》してゐる中《うち》に、却《かへ》つて若《わか》い人達《ひとたち》の中《なか》に、自覺的《じかくてき》な活動《くわつどう》、思索《しさく》が、いろ〳〵と起《おこ》りかけてゐる。改造《かいざう》の聲《こゑ》の中《なか》に、外國《ぐわいこく》の束縛《そくばく》を脱《だつ》して、自國民《じこくみん》の生命《せいめい》を擴充《くわくじゆう》して行《ゆ》かうとする聲《こゑ》が聞《き》かれる。この強《つよ》い精神《せいしん》は、老人達《らうじんたち》の中《なか》でなくて、若《わか》い人達《ひとたち》の中《なか》に聞《き》かれるやうになつた。

【通解】 今日では、世界の國と國との關係や、國民同志のか、はり合ひは、實に近く且つ密接だ。一つの隅を叩くと、他の隅々へすぐに響が傳はる——世界のどこかに何か事が起ると、すぐ世界中の隅々にまでそれが影響する。我が國でも、諸外國と同じ時に、色々な改造運動に伴つて、昔の文藝を復び盛にし、國自體の文學を研究しようとする風潮が、どこからともなく起つて來た。外國崇拜の迷ひの夢は、先づ若い人々の中から覺めかけて、若い人々は外國崇拜の愚かさを悟り掛けて來た。老人達が、何の自覺もなく、外國崇拜といふ鈍いどんよりした氣分の中にもじ〳〵してゐて、只々舊い習慣を守らう〳〵と一生懸命に苦心してゐる間に、却つて若い人々の中に、自覺を持つた活動や、深く物を考へる事が、色々と起り掛けてゐる。改造しなければならぬといふ聲の中に、外國の束縛からのがれて、我が國民自身の生命を擴大充實してもつと〳〵強く大きく日本魂を働かせて行かうとする叫び聲が聞かれ、さうした氣運が強く盛になつて來た。この強い精神は、老人達の中でなくて、若い人々の中に見出されるやうになつた。

【考察】 大意の中に傍線部の說明がある。「說明」は解說と認められるが、然し斯うした出題形式では畢竟「摘解」と變らぬわけで、上掲の通解中から所要の部分を摘出して答へて置くか、若しくはそれを說明的の書き方にして置けば十分である。○時を同じうしては表現がや、簡に過ぎる憾みがあるが、前の方の文句に結びつけて考へれば、世界に各種の改造運動が起り、古典復興、國文學研究の風潮が湧いて來たのと時を同じくしての意と解するのが至當であらう。さう見ないと、そこまでの文は全文の思想の上に何の交渉もない事になつて了ふ。○古典復興は古い文藝を復び盛にすること。○風潮は世の中の一般の風、一般の思想傾向。○逡巡はしりごみ、あとずさりの意だが、こゝではその中に愚圖々々してゐる意と考へられる。○腐心は昔の熟語としては心を痛めなやますの意だが、今日普通には、一心にやる、一生懸命にやるの意に使ふ、こゝもその例である。○聲は氣運の動きを象徴的に表現した言葉である。

【大意】 今や國際の關係、國民の交渉が近密で、打てば響くといふ有樣。我が國でも世界の國々と同時に、各種の改造運動と共に古典復興國文學研究の風潮が湧いて來た。その結果、拜外の夢は先づ若人から覺めかけ、老人達が拜外に逡巡し、保守に腐心してゐる間に、却て若人の間に自覺的な活動や思索が起り掛けた。改造序でに、外國の束縛を脱して、我が國民自體の生命を擴充しようとする氣運が、老人達の中でなく、若人達の中に強く動き出した。

【一三二】 大意を摘記し、傍線の部を説明せよ。

勞働は(一)人生夢幻觀と撞着す世界と人生との夢幻視せらるゝ所には何の眞面目なる勞働かあらんやこゝに働くは夢みるなり描くなり(二)行く水に空華の影を追ふなり勞働の觀念は嚴に之と相容れず勞働は眞面目なり嚴肅なり直に(三)吾人の心魂に響く力の聲なり事實の聲なり(四)勞働は天地人生を莊嚴なる事實と觀ずる根本的豫想の上に榮ゆべき生命の大樹なりそは勞働なる者が莊嚴なる事實なればなり人生夢幻觀は竟に眞面目なる又偉大なる勞働を產出するの國土にあらざるなり（高岡高商）

【讀方】 勞働《らうどう》は人生《じんせい》夢幻觀《むげんくわん》と撞着《どうちやく》す。世界《せかい》と人生《じんせい》との夢幻視《むげんし》せらるゝ所《ところ》には、何《なん》の眞面目《まじめ》なる勞働《らうどう》かあらんや。こゝに働《はたら》くは夢《ゆめ》みるなり、描《ゑが》くなり、行《ゆ》く水《みづ》に空華《くうげ》の影《かげ》を追《お》ふなり。勞働《らうどう》の觀念《くわんねん》は嚴《げん》に之《これ》と相容《あひい》れず。勞働《らうどう》は眞面目《まじめ》なり、嚴肅《げんしゆく》なり、直《たゞち》に吾人《ごじん》の心魂《しんこん》に響《ひゞ》く力《ちから》の聲《こゑ》なり、事實《じじつ》の聲《こゑ》なり。勞働《らうどう》は天地人生《てんちじんせい》を莊嚴《さうごん》なる事實《じじつ》と觀《くわん》ずる根本的豫想《こんぽんてきよさう》の上《うへ》に榮《さか》ゆべき生命《せいめい》の大樹《たいじゆ》なり。そは勞働《らうどう》なる者《もの》が莊嚴《さうごん》なる事實《じじつ》なればなり。人生夢幻觀《じんせいむげんくわん》は竟《つひ》に眞面目《まじめ》なる又偉大《またゐだい》なる勞働《らうどう》を產出《さんしゆつ》するの國土《こくど》にあらざるなり。

【通解】 勞働は人生を夢まぼろしのやうなはかないものだと觀る見方とは一致しない。世界と人生とが夢まぼろしのやうに視られる所に、何の眞面目な勞働があらうや。さういふ所で働くのは夢を見るのだ、繪をかくのだ、流れて行く水に空しく映る花の影を追ふのだ——決して森嚴《しんげん》な事實ではない。勞働といふ觀念は嚴密にそれと反したものだ。勞働は眞面目だ、おごそかなものだ、直に吾々の魂に響く力の聲——力強く魂に反響するものだ、事實の聲卽ち森嚴な事實だ。勞働は天地人生をおごそかな事實と考へる根本的な豫想の上に榮えるべき生命の大樹——生命のこもつた大きな事實で、ほんとに天地人生を莊嚴な事實と考へて生命を打込んで眞劍に働く所にのみ勞働そのものが榮えて行くのである。それは勞働といふものが莊嚴な事實だからである。人生を夢まぼろしのやうなはかないものと見る所には畢竟眞面目な又偉大な勞働は產出されないのである。

【考察】 この一文は通解問題として廣島高師にも出てゐる。

勞働は人生を夢幻の如く觀ずる考とは一致しない。勞働は莊嚴な事實だから、人生を莊嚴な事實と考へる所にのみ榮える。

といふのがこの一文の根本思想である。大意はこの要旨をしつかり摑んだ上で今一步原文に近くやる。四つの傍線部の說明は大體上記通解中からその當該部分を摘記すればよいのであるが、更に答案の範として書いて見れば次のやうな事になる。つまり一歩「說明」といふ方に進むといふわけである。
(一) 人生を夢まぼろしのやうなはかないものと觀る見方。
(二) 流れて行く水に空しく映ずる花の影を追ふ――有りもせぬものを有ると見てそれにあこがれるといふ意。
(三) 吾々の魂に響いて來る力の聲――ぐん〳〵と力強く魂に反響する嚴かな事實だといふ意。
(四) 勞働は天地人生を莊嚴な事實と觀るといふ事を根本の豫想とするもので、さういふ根本の豫想の上に立つて始めて榮えるべき生命の大きな樹――生命のこもつた大きな事實だ。天地人生をどこ迄も莊嚴な事實と觀て、さうした考への下に眞劍に生命を打込んで働かなくては、勞働そのものは榮えて行かないといふのである。
○撞着はぶツつかつて一致しないこと。○空華は佛語として煩惱の滿ちた心に色々の妄想の現はれることをいふ。ここもさうした語感の上に立つて、事實水中にありもせぬ花の影といふ心持で言つてゐるのである。○聲は「存在」とか「もの」とかいふ思想を象徵的にいうた語。○國土は所の意。人生を夢幻と見る所からは勞働は產れ出ないといふその「所」である。
【大意】 勞働は人生を夢幻のやうに觀る見方とは一致しない。世界人生を夢幻と視る所には眞面目な勞働はない。人生を夢幻と視れば、働くのは美しい夢を見る事だ。勞働はそんなものでなくて、眞面目な嚴肅なものだ。だから勞働は天地人生を莊嚴な事實と考へる所にのみ榮える。人生を夢幻と視る所からは眞面目な偉大な勞働は產れ出ない。
【一三二】 全文の大意を摘記し、傍線の部を說明せよ。
現在の生活が吾々の終局なのか或は又這ふか攀ぢるか人間の足を試す出發點なのか見たところ茲には

色々の障礙がある低きより高きに跳び(一)躓く石を却つて階段にしようといふ人には罪悪や障礙は恐るゝに足らない(二)暗黒あるが故に光明あり夜あるが故に晝がある(三)悪あつてこそ始めて善があるのだ(四)破壊なくして建設はないわけだ(五)現在の缺陥や不完全はさういふ意味に於て確かに人生の光榮であるとかういふ風にブラウニングは考へた（高岡高商）

【讀方】 現在《げんざい》の生活《せいくわつ》が吾々《われ〳〵》の終局《しゆうきよく》なのか。或《あるひ》は又《また》這《は》ふか攀《よ》ぢるか、人間《にんげん》の足《あし》を試《ため》す出發點《しゆつぱつてん》なのか。見《み》たところ茲《こゝ》には色々《いろ〳〵》の障礙《しやうがい》がある。低《ひく》きより高《たか》きに跳《と》び、躓《つまづ》く石《いし》を却《かへ》つて階段《かいだん》にしようといふ人《ひと》には、罪悪《ざいあく》や障礙《しやうがい》は恐《おそ》るゝに足《た》らない。暗黒《あんこく》あるが故《ゆゑ》に光明《くわうみやう》あり、夜《よる》あるが故《ゆゑ》に晝《ひる》がある。悪《あく》あつてこそ始《はじ》めて善《ぜん》があるのだ。破壊《はくわい》なくして建設《けんせつ》はないわけだ。現在《げんざい》の缺陥《けつくわん》や不完全《ふくわんぜん》は、さういふ意《い》味《み》に於《おい》て確《たし》かに人生《じんせい》の光榮《くわうえい》である。と、かういふ風《ふう》にブラウニングは考《かんが》へた。

【通解】 今現在の生活が吾々のおしまひなのか。それとも又這ふとか攀ぢるとか、何とかして更に一歩でも前へ出るやうに人間の足を試して見る出發點なのか。見た所現在の吾々の生活には色々な邪魔物がある。然し低い所から高い所へ跳び上り、躓く石を却つて階段にしてそれを利用して上へ上らうといふ人に取つては、世の中の罪悪や邪魔物は恐れるに足りない。くらやみがあるから光明があり、夜があるから晝がある。悪があればこそ善があるのだ。打ちこはす事がなくては建設はないわけだ。今現に生活上に在る所の缺陥や不完全は、さういふ意味で確かに人生の光榮だ。――と、こんな風にブラウニングは考へた。

【考察】 現在の生活は吾々の終局ではない。吾々の現在の生活には幾多の障礙があり、暗黒がある。それを利用し克服して進んで行く所に人生の意義がある。さう考へれば人生の暗黒は寧ろ人生の光榮だといふのがこの文の正味の思想である。この問題では、ごく平明な所に施線して説明を求めてゐるから、通解の拔き書きでは答案として十分でない。

（一）躓く石を寧ろ上へ上る階段として利用しようの意、何か失敗する毎にその失敗をうまく活用して、そのまゝそれを進歩向上の資に供するといふのである。

（二）暗黒があるから光明がある、どこにも暗黒がないとすれば光明は考へられない。

（三）惡があつてこそ善がある、凡てが善で惡といふものがないとすれば、善も惡もないのだから、改めて善を善と考へる事は出來ない。

（四）打ちこはすからこそ新しい建設があるわけで、破壞がなければ建設はない。

（五）現在に缺陷があり不完全な所があるからこそ、それを完全な缺陷のないものにしようとして努力する、その努力によつてこの人生が進歩し向上して行くのであるから、その意味に於て現在の缺陷や不完全は確かに人生の光榮であるといふのである。

大體こんな程度でよからう。更にいへば（二）（三）（四）は結局同じ思想で、この人生に若し暗黒だの惡だの破壞だのといふ一切の罪惡や障礙がないとすれば、それはもう人生の終局で、それ自體完全無缺なのだから、そこには光明も善も建設も何も無いわけで、從つて進歩も無ければ向上もない。

といふ事である。こゝまで突込んで解けば一層前後の思想が明かになるが、斯うして一つ一つ分けて施線した出題に對しては、そこ迄突込んで答へるのは適切でないやうだ。

【大意】 現在の生活が吾々の終局か、それとも何とかして一歩を進めるべき出發點なのか。見ると現在の生活には色々障礙がある。併し何とかして進歩向上しようとする人には、罪悪や障礙は何でもない。暗黒があり悪があり破壊があればこそ、光明もあり善もあり建設もあるわけだ。現在の缺陥や不完全は、光明への、善への、建設への道程であるから、その意味に於てそれは確かに人生の光榮だ。——とブラウニングは考へた。

【一三三】 全文の大意を摘記し、傍線の部を説明せよ。

人生の意義は人間が人間を超越するところにある人間が眞正に人間になるにはその(一)人間性を征服してしまはなければならないこの點に於て私は(二)基督の弟子でありカントの弟子であり又ニイチェの弟子である(三)凡ての人をこの長い大きい悲壯な戰に驅り出す事を外にして眞正な愛はある譯がない自己を愛する最眞の途も亦自己の惰弱を鞭つてこの戰に赴かせる點に窮極しなければならない甘やかさせたり増長させたりするのは(四)哲學的な愛の正反對である（高岡高商）

【讀方】 人生《じんせい》の意義《いぎ》は人間《にんげん》が人間《にんげん》を超越《てうゑつ》するところにある。人間《にんげん》が眞正《しんせい》に人間《にんげん》になるには、その人間性《にんげんせい》を征服《せいふく》してしまはなければならない。この點《てん》に於《おい》て、私《わたくし》は基督《キリスト》の弟子《でし》であり、カントの弟子《でし》であり、又《また》ニイチェの弟子《でし》である。凡《すべ》ての人《ひと》をこの長《なが》い大《おほ》きい悲壯《ひさう》な戰《たゝかひ》に驅《か》り出《だ》す事《こと》を外《ほか》にして、眞正《しんせい》な愛《あい》はある譯《わけ》がない。自己《じこ》を愛《あい》する最眞《さいしん》の途《みち》も、亦自己《またじこ》の惰弱《だじやく》を鞭《むち》つてこの戰《たゝかひ》に赴《おもむ》かせる點《てん》に窮極《きゆうきよく》しなければならない。甘《あま》やかさせたり、増長《ぞうちやう》させたりするのは、哲學的《てつがくてき》な愛《あい》の正反對《せいはんたい》である。

【通解】 人生の意義は人間が人間を超越して人間以上に出るところにある。人間がほんとに人間になるのには、その人間性——人間として持つてゐる本能的な欲情を征服してそれに支配されぬやうにしてしまはなければならぬ。この點で、私は基督を學び、カントを學び、又ニイチェを學ぶのである。凡ての人を驅り立てて人間性の征服といふこの長い大きい悲壯な戰をやらせる事より外に、ほんとの愛はある譯がない。自分を愛する最も正しい途も、亦自分の惰弱な氣持を激勵して人間性の征服といふ悲壯な戰をやらせるといふ點に窮極しなくてはならぬ。甘やかさせたり、增長させたりして、人間性の働くまゝにさせて置くのは、ほんとに正しい哲學的な愛の眞反對である。

【考察】 筆者の主張する所を通して見れば、筆者の所謂人間性は人間が一般に持つ所の本能的な欲情を指し、哲學的な愛は人生の意義を具現せしめるやうな人類愛を意味し、そして基督やカントやニイチェはその權化ともいふべき大偉人大哲學者だといふことが明かに考へられる筈である。施線の部分については

(一) 人間が持つてゐる本能的な欲情を征服してそれに打克つて了ふこと。

(二) 基督やカントやニイチェはほんとに人間性を征服した大哲人だから、私はその點に於てどこ迄もこの人々に學ぶといふ意。

(三) 人間性を征服する事は容易な事ではない、正に長い大きい悲壯な戰だ、人を勵まし立ててその深刻な戰をやらせるといふ事の意。

(四) 人生の意義をほんとに具現させようとする眞の意味での大きい愛をいふ。

といふ程度に說明して置けばよい。○窮極といふ語はどんづめの義、又はどんづめ迄おしきはめるの意にいふ。こゝも自己を愛するにつけて、そのどんづめの所は、自己の惰弱を鞭うつてこの戰に赴かせるといふ點に置かなくてはならぬといふ思想と考へられる。

【大意】 人生の意義は人間が人間性を征服してほんとに正しい人間になる事だ。この點で私は基督やカントやニイチェに學ぶ。人に對する眞愛も自己に對する眞愛も、只その人間性を征服すべく奮戰させ

る事以外にはない。甘やかしたり増長させたりする事は、ほんとの意味の愛ではない。

【一三四】 次の文の大意を述べ、且つ傍線の部分を詳説せよ。

芭蕉の生涯は旅人の生涯であつたばかりでなく飄泊者の生涯であつた飄泊の思やまずと道の記の中に力強く書いてあつたと思ふ芭蕉に行かうとするものはあの言葉の光を捉へることを忘れてはなるまい芭蕉は精神上の旅人でもあつた西行へも旅し定家へも旅し萬葉の諸歌人へも旅し李白へも旅し杜子美へも旅し寒山へも旅した飄泊に徹したこの詩人は一歩は一歩より動搖の上に靜坐する精神的の生活を創造して行つたやうに見える（東京女高師）

【讀方】 芭蕉《ばせを》の生涯《しやうがい》は旅人《たびびと》の生涯《しやうがい》であつたばかりでなく、飄泊者《へうはくしや》の生涯《しやうがい》であつた。「飄泊《へうはく》の思《おもひ》やまず」と、道《みち》の記《き》の中《なか》に力強《ちからづよ》く書《か》いてあつたと思《おも》ふ。芭蕉《ばせを》に行《ゆ》かうとするものは、あの言葉《ことば》の光《ひかり》を捉《とら》へることを忘《わす》れてはなるまい。芭蕉《ばせを》は精神上《せいしんじやう》の旅人《たびびと》でもあつた。西行《さいぎやう》へも旅《たび》し、定家《ていか》へも旅《たび》し、萬《まん》葉《えふ》の諸歌人《しよかじん》へも旅《たび》し、李白《りはく》へも旅《たび》し、杜子美《としび》へも旅《たび》し、寒山《かんざん》へも旅《たび》した。飄泊《へうはく》に徹《てつ》したこの詩人《しじん》は、一歩《いつぽ》は一歩《いつぽ》より、動搖《どうえう》の上《うへ》に靜坐《せいざ》する精神的《せいしんてき》の生活《せいくわつ》を創造《さうざう》して行《い》つたやうに見《み》える。

【通解】 芭蕉の生涯は旅人としての生涯であつたばかりでなくて、さすらつて歩く者の生涯であつた。「さすらひまはる思が止まぬ」と、その旅行記の中に力強く書いてあつたと思ふ。芭蕉を慕ひ芭蕉を學ばうとするものは、あの言葉の光をしつかり捉へてほんとにその言葉の意味を味ふ事を忘れてはならぬだらう。芭蕉はからだの上の旅人であるばかりでなく心の上の旅人でもあつた。西行へも旅をし、定家へも旅をし、萬葉集の諸歌人へも旅をし、李白へも旅をし、杜子美へも旅をし、寒山へも旅をして、深くさうした作家の中に入り込んでその作品を味ひ學んだ。徹底的に漂泊の人であつたこの詩人芭蕉は、一歩は一歩と、動搖するといふ事それ自體の上に安らかに身を置いて、動搖しつゝ、而もゆつたりと落着いた氣持でゐるといふやうな精神上の生活を自ら新しく作り上げて行つたやうである。

【考察】 島崎藤村の文で、靜高では「左の文の內容を平易に說明せよ」といふ解說の要求を以て出題してゐる。要するに、

芭蕉は飄泊に徹した詩人で、その生涯は旅人でもあり飄泊者でもあつた。そして又心の上でも常に東西の詩人に向つて旅をして、深くそれ等作家の作品の中に這入り込んで行つた。卽ち芭蕉は飄泊しつゝ、而もそれに靜坐して、常に安らかな氣分でゐたのだ。

といふ思想である。○西行と定家は有名な日本の歌人、李白と杜子美は支那第一流の詩人、寒山は支那唐代の有名な高僧で、やはり詩を善くした。○飄泊に徹したとは徹頭徹尾飄泊者として一生を終へたといふ意。○動搖の上に靜坐する精神的生活といふのは、色々の人に深く這入り込んで行けば自然心は動搖する、而も芭蕉の心は泰然として誠に靜かなものであつた、卽ち彼の心の生活は、動搖そのものの上にじツと靜坐してゐたのだといふのである。施線の部は特に「詳說せよ」といふのであるから、

芭蕉は心の上の旅人でもあつた。卽ち彼は自分の敬慕する和漢の詩人の作品の中に深く辿り入つて、譬へば自然の風景に眺め入るやうに、深く〳〵それ等の作品を味つて、甲から乙へ、乙から丙へと、常にそれにあこがれ廻つてゐたといふのである。

といふやうに說明して置く。

【大意】 芭蕉の生涯は旅人であると同時に飄泊者の生涯だつた。だから芭蕉を知らうとする者は、彼

自ら「飄泊の思止まず」と書いた力強い言葉の光を捉へなくては駄目だ。芭蕉は又和漢の詩人の作品へも旅をし、心から之に辿り入つた。彼は心身共に飄泊に徹して、そこに動揺しつゝ、而も安定した心の生活を創造して行つたやうだ。

【一三五】左の文章の大意を記せ。

自由といふことを單に無干渉といふ意味に解釋し何等制限を與へずといふ意味に解釋するならばこは消極的自由といふことになるのであつて之を以て自由の眞意義を發揮すると見ることは出來ない自由といふことには尙積極的の意義があり隨つて道德上大なる意義を有するものであることを忘れてはならない卽ち自由といふことの中には道德的存在物としての人間の性能を十分に且つ適當に修養し發展さするの自由といふことを含蓄せしめるやうに解釋しなければならない若しかゝる意義に解釋するならば道德的存在物としての吾人の性能を理想的に發展さするに必要なる種々の條件を與へ妨害となる如き種々の條件を抑へる必要があり隨つて何等干渉を加へないといふ消極的態度に立つにあらずして或種の干渉を加へ制限を與ふることが理想的實現に缺くべからざる場合には積極的自由の見地よりすれば却つて之を加へ之を與ふるが當然であると認むるのである（八高）

【讀方】　自由《じいう》といふことを、單《たん》に無干渉《むかんせふ》といふ意味《いみ》に解釋《かいしやく》し、何等制限《なんらせいげん》を與《あた》へずといふ意味《いみ》に解釋《かいしやく》するならば、こは消極的自由《せうきよくてきじいう》といふことになるのであって、之《これ》を以《もつ》て自由《じいう》の眞意義《しんいぎ》を發揮《はくき》すると見《み》ることは出來《でき》ない。自由《じいう》といふことには、尙積極的《なほせつきよくてき》の意義《いぎ》があり、隨《したが》つて道德上大《だうとくじやうおほい》なる意義《いぎ》を有《いう》するものであることを忘《わす》れてはならない。卽《すなは》ち自由《じいう》といふことの中《なか》には、道德的存在物《だうとくてきそんざいぶつ》としての人間《にんげん》の性能《せいのう》を、十分《じふぶん》に且《か》つ適當《てきたう》に修養《しうやう》し發展《はつてん》さするの自由《じいう》といふことを含蓄《がんちく》せしめるやうに解釋《かいしやく》しなければならない。若《も》しかゝる意義《いぎ》に解釋《かいしやく》するならば、道徳的存在物《だうとくてきそんざいぶつ》としての吾人《ごじん》の性能《せいのう》を理想的《りさうてき》に發《はつ》展《てん》さするに必要《ひつえう》なる種々《しゆぐ》の條件《でうけん》を與《あた》へ、妨害《ばうがい》となる如《ごと》き種々《しゆぐ》の條件《でうけん》を抑《おさ》へる必要《ひつえう》があり、隨《したが》つて何《なん》等《ら》干渉《かんせふ》を加《くは》へないといふ消極的態度《せうきよくてきたいど》に立《た》つにあらずして、或種《あるしゆ》の干渉《かんせふ》を加《くは》へ、制限《せいげん》を與《あた》ふることが、理想的實現《りさうてきじつげん》に缺《か》くべからざる場合《ばあひ》には、積極的自由《せつきよくてきじいう》の見地《けんち》よりすれば、却《かへ》つて之《これ》を加《くは》へ之《これ》を與《あた》ふるが當然《たうぜん》であると認《みと》むるのである。

【通解】 自由といふ事を、單に干渉をしないといふ意味に解釋し、何の制限も與へないといふ意味に解釋すると、それは消極的な自由といふ事になるのであつて、それを以て自由のほんとの意味を發揮したと見る事は出來ない。自由といふ事は、もつと積極的な意味があり、隨つて道德上に大きい意義を持つてゐるものだといふ事を忘れてはならぬ。卽ち自由といふ事の中には、道德的な存在である所の人間の性能を、十分に且つ適當に修養したり發展させたりする事の自由といふ意味を含ませるやうに解釋しなくてはならぬ。若し自由といふものを斯ういふ意味に解釋するなら、道德的の存在である所の吾々人間の性能を理想的に發展させるのに必要な様々の條件を與へ、それの妨げになるやうな色々な條件を抑へる必要があり、隨つて何の干渉をも加へぬといふ消極的な態度に立つでなくて、或種類の干渉を加へたり、制限を與へたりする事が、吾々の性能を理想的に實現する上に缺く事の出來ぬ場合には、さうした積極的な自由の立場から見れば、却つてその干渉を加へ、その制限を與へるのが當然だと認めるのである。

【考察】 吉田靜致の文である。「自由」といふ事は、よく無干涉無制限の意味に解釋されるが、それは消極的で自由の眞義に合はぬ。「自由」の中には人間の道德性を十分に適當に修養發展する自由といふ事が含まれねばならぬ。それがほんとの積極的の自由である。自由の意義をさう解釋する時、人間の道德性の理想的實現に必要な干涉を加へ制限を與へる方が寧ろ當然で、その方が眞の意味の自由だといふのである。この文は後半特に嚴正を期する意味に於てかなりゴミ〳〵してゐる。だから以上の文旨をしつかり摑み、原文の構成に卽して、而もそれを簡約にする態度で大意の答案を作る。なほ文末の「理想的實現」は「道德的存在物として吾人の性能を理想的に發展さする」事であり、「之を加へ之を與ふる」は「或種の干涉を加へ制限を與ふる」事である點に留意せよ。○道德的存在物とは道德を實行するやうに出來てゐて、その意味を以て世の中に存在してゐる物といふ意。○消極的は「しない」といふ打消の引込む方の態度、積極的は「進んでやる」といふ方の態度をいふ。

【大意】自由といふ事を單に無干涉無制限の意味に解釋すると、消極的な自由となつて、自由の眞義に叶はぬ。自由といふことには更に積極的な道德上の意義がある。卽ち自由といふことの中には、道德的存在物としての人間の性能を理想的に修養發展させる自由といふ事を含めて解釋しなければならぬ。自由といふことを斯く解釋すれば、無干涉無制限といふ消極的な態度でなくて、道德的存在物としての人間の性能を理想的に發展させるに必要な干涉を加へ、妨害になる事を制限するの必要が當然認められる。

【一三六】　左の文章の大意を記せ。

人汝を傷けて汝之を怒るとき其の人汝をあざけりて局量偏小なりといふ彼等は因果の法則を無視して人の世に處せんとする狡獪の徒なり汝をあざけるはあざけられたる汝が彼に相當の復讐を與へん事を辭すといふの換言に過ぎず我をして思ふまゝに汝を傷けしめよ而して一毫も汝の我を傷くることを許さずとの利己主義を最も狡猾なる手段にて表現せる言語に過ぎずかくの如くにして局量偏小なりといはるゝを

恐る丶ものは至當の成敗を渠が頭に加ふるを躕躇せんとす白癡も玆に至つて極まれり彼の立脚地より見て汝を許せる語を以て汝が立脚地より汝に應用せんとするは盜賊の汝の財をかすめて仁者なりといふに甘んじて仁者の名を成さんが爲に汝の金庫の鍵を賊に與ふるが如し（八高）

【讀方】 人汝《ひとなんぢ》を傷《きずつ》けて、汝之《なんぢこれ》を怒《いか》るとき、其《そ》の人汝《ひとなんぢ》をあざけりて、「局量偏小《きよくりやうへんせう》なり」といふ。彼等《かれら》は因果《いんぐわ》の法則《はふそく》を無視《むし》して人《ひと》の世《よ》に處《しよ》せんとする狡獪《かうくわい》の徒《と》なり。汝《なんぢ》をあざけるは、あざけられたる汝《なんぢ》が彼《かれ》に相當《さうたう》の復讐《ふくしう》を與《あた》へん事《こと》を辭《じ》すといふの換言《くわんげん》に過《す》ぎず。「我《われ》をして思《おも》ふまゝに汝《なんぢ》を傷《きずつ》けしめよ。而《しか》して一毫《いちがう》も汝《なんぢ》の我《われ》を傷《きずつ》くることを許《ゆる》さず」との利己主義《りこしゆぎ》を、最《もつと》も狡猾《かうくわつ》なる手段《しゆだん》にて表現《へうげん》せる言語《げんご》に過《す》ぎず。かくの如《ごと》くにして、局量偏小《きよくりやうへんせう》なりといはるゝを恐《おそ》るゝものは、至當《したう》の成敗《せいばい》を渠《かれ》が頭《かうべ》に加《くは》ふるを躕躇《ちうちよ》せんとす。白癡《はくち》も玆《こゝ》に至《いた》つて極《きは》まれり。彼《かれ》の立脚地《りつきやくち》より見《み》て汝《なんぢ》を評《ひやう》せる語《ご》を以《もつ》て、汝《なんぢ》が立脚地《りつきやくち》より汝《なんぢ》に應用《おうよう》せんとするは、盜賊《たうぞく》の、汝《なんぢ》の財《ざい》をかすめて、仁者《じんしや》なりといふに甘《あま》んじて、仁者《じんしや》の名《な》を成《な》さんが爲《ため》に、汝《なんぢ》の金庫《きんこ》の鍵《かぎ》を賊《ぞく》に與《あた》ふるが如《ごと》し。

【通解】 人が汝を傷けて、汝がそれを怒る時、その人が汝を嘲つて、度量が狹いといふ。さういふ人間共は何か原因があれば必ずそれ相當の結果が來るものだといふ因果の法則を無視して人世に處して行かうとするずるい人間である。さういつて汝を嘲るのは、嘲られた汝が彼にそれ相當の復讐を與へる事をお斷りするといふ意味を別の言葉で言ひ現はしたのに過ぎない。「おれは思ふまゝに汝を傷ける。そして毛一筋たりとも汝が己を傷ける事は許さない」といふ利己主義を、最もずるい手段で現はした言葉に過ぎない。こんな風にして、度量が狹いといはれるのを恐れる者は、至當の制裁を自分を傷けたやつの頭上に加へるのを躕躇しようとする。たわけも斯うなつては實にその極だ。

そんな風に向ふのやつの立場から見て汝を批評した言葉を、汝の立場から汝自身に應用しようとするのは、恰もどろぼうが、汝の財をぬすんで置いて、あなたは仁者だといふのに氣をよくして、もつと仁者といはれようがために、汝の金庫の鍵を賊に呉れてやるやうなものだ。

【考察】 夏目漱石の文で、文旨を要約すれば、

人を傷けて置いて、その人が怒ると、「お前は局量が小い」と嘲る。それは當然の復讐を避けるずるい手段だ。そんな嘲りを恐れて、そのまゝ泣き寝入りになるのは、泥棒に仁者だといはれたからとて、いゝ氣になつて、金庫の鍵までやるやうなものだ。

といふ事であるが、大意としては更に原文の構成に卽して、思想の束々を要約すべき事勿論である。○局量は度量といふに同じ。○成敗はさばき、處分、制裁。

【大意】 人が汝を傷けて、汝がそれを怒る時、その奴が「お前は度量が小い」と嘲る。それは因果の法測を無視したずるい奴で、さういつてうまく汝の復讐をことわるわけだ。さういふ言葉は「おれは勝手にお前を傷けるが、お前は少しもおれを傷けてはならぬ」といふ利己主義を、ずるい手段で表現したものだ。「度量が小い」といはれるのを恐れる者は、斯うして相手に至當の制裁を加へる事をも躊躇する。實にこけの骨頂だ。向ふの立場から汝を許した語を、そのまゝ自分に應用するのは、泥棒が「あなたは仁者だ」といふのに氣をよくして、益々仁者づらをして金庫の鍵を泥棒にやるやうなものだ。

【一三七】 左の文章の大意を記せ。

人類生活の深い意義から見れば人生そのものは本來廣い意味に於ける戰鬪であり戰場である所謂醉生夢死は決して人生の本體ではなく困難と戰ひ罪惡と戰ひ惡戰に惡戰を重ね苦闘に苦闘を重ねて行くが寧ろ

眞の人生である言葉通り爲すことも無い無事泰平全く內容を缺いた空虛な平和は決して人生の實相でもなければ又人心の自然の歸趨でもない人間は勇敢であればあるほど人間らしく生死の巷に出入すればするほど深い人生味を味はふことが出來る故に彼の常識的な平和主義殊に平和主義と銘打つた常套的な平和主義ほど人生を誤り易いものは無い戰鬪的氣分を挫いて無緊張な弛んだ生氣なくだらしない氣分に人心を誘惑するが誤れる世の平和主義である吾々はどこまでもかやうな淺薄な平和主義を驅逐しなければならぬ（八高）

【讀方】 人類生活《じんるゐせいくわつ》の深《ふか》い意義《いぎ》から見《み》れば、人生《じんせい》そのものは、本來廣《ほんらいひろ》い意味《いみ》に於《お》ける戰鬪《せんたう》であり、戰場《せんぢやう》である。所謂醉生夢死《いはゆるすゐせいむし》は、決《けつ》して人生《じんせい》の本體《ほんたい》ではなく、困難《こんなん》と戰《たゝか》ひ、罪惡《ざいあく》と戰《たゝか》ひ、惡戰《あくせん》に惡戰《あくせん》を重《かさ》ね、苦鬪《くたう》に苦鬪《くたう》を重《かさ》ねて行《ゆ》くが、寧《むし》ろ眞《しん》の人生《じんせい》である。言葉通《ことばどほ》り、爲《な》すことも無《な》い無事泰平《ぶじたいへい》、全《まつた》く內容《ないよう》を缺《か》いた空虛《くうきよ》な平和《へいわ》は、決《けつ》して人生《じんせい》の實相《じつさう》でもなければ、又人心《またじんしん》の自然《しぜん》の歸趨《きすう》でもない。人間《にんげん》は、勇敢《ゆうかん》であればあるほど人間《にんげん》らしく、生死《せいし》の巷《ちまた》に出入《しゆつにふ》すればするほど深《ふか》い人生味《じんせいみ》を味《あぢ》はふことが出來《でき》る。故《ゆゑ》に彼《か》の常識的《じやうしきてき》な平和主義《へいわしゆぎ》、殊《こと》に平和主義《へいわしゆぎ》と銘打《めいう》つた常套的《じやうたうてき》な平和主義《へいわしゆぎ》ほど、人生《じんせい》を誤《あやま》り易《やす》いものは無《な》い。戰鬪的氣分《せんたうてききぶん》を挫《くぢ》いて、無緊張《むきんちやう》な、弛《ゆる》んだ、生氣《せいき》なく、だらしない氣分《きぶん》に、人心《じんしん》を誘惑《いうわく》するが、誤《あやま》れる世《よ》の平和主義《へいわしゆぎ》である。吾々《われ〱》はどこまでもかやうな淺薄《せんぱく》な平和主義《へいわしゆぎ》を驅逐《くちく》しなければならぬ。

【通解】 人類の生活の深い意味から見れば、人生といふものは、本來廣い意味での戰鬪であり、戰場である。醉生夢死といふやうに呑氣に暮すのは、決して人生の本體ではなくて、困難や罪惡と戰つて、どこ迄も惡戰苦鬪を重ねて行くのが、寧ろほんとの人生だ。文字通りに、何の爲す事も無い無事泰平で、丸ツきり內容の無いからツぽな平和は、決して人生のほんとの姿でもなければ、又人間の心が自然に趨いて行く所でもない。人間は、勇敢であればあるほど益々人間らしく、生死の境地に出入すればする程益々深く人生の味を味はふ事が出來る。だから彼の常識的な世上にありふれた平和主義、殊に平和主義と銘を打つたありきたりの平和主義くらゐ、人生を誤りやすいものはない。戰鬪的な氣分を挫いて、緊張のない、だらけた、生氣のない、だらしない氣分に、人の心を引張り込むのが、世の中の誤つた平和主義である。吾々はどこ迄も斯ういふ薄ツぺらな平和主義を追拂つて了はなければならぬ。

【考察】 金子馬治の文。人生は廣い意味での戰鬪だ。困難と戰ひ罪惡と戰ふのが眞の人生だ。所が世の中には戰爭を罪惡だとして否定する平和主義がある。その常識的なやつ、常套的なやつになると、只無條件に凡そ一切の戰を否定しようとする。そんなものにかぶれると、人心は緊張を失つてだらけ切つて了ふ。この位人生を誤るものはないから、吾々は斷じてそれを驅逐しなければならぬといふのである。

（一）人類生活の深い意義から見れば…………戰場である。
（二）所謂醉生夢死は…………眞の人生である。
（三）言葉通り…………自然の歸趨でもない。
（四）人間は…………出來る。
（五）故に…………平和主義である。
（六）吾々は…………驅逐しなければならぬ。

といふやうに思想の段落を分けて、各文節の意味を要約すれば大意の答案が得られる。○醉生夢死は何の爲す所もなく空しく呑氣に一生を終ること。〇歸趨はおもむきおちつくところ。

【大意】人生は廣い意味での戰だ。困難や罪惡と戰つて惡戰苦闘するのが眞の人生だ。ほんとの無事泰平、空虚な平和は、人生の實相でもなく、人心の向ふ所でもない。人間は勇敢に戰ふ程眞に深い人生が味へる。彼の常識的なありきたりの平和主義くらゐ人生を誤り、人心をだらしなくするものはない。吾々は斷然薄ツぺらな平和主義を追拂はなくてはならぬ。

【一三八】 左の文章の大意を記せ。

皇紀二千五百九十四年之を天地の悠久より觀れば勿論長からずとはいへど飜つて此の紀間に於ける世界列國興亡起伏の跡を考ふれば前榮後落環の端なき如く先微後大風車の廻るが如し更に東方諸國の國運を顧れば唯對岸老大國の舊來の體面を維持する有るのみにして他は殆んど見る影もなき國狀となり或は呑噬せられ或は合倂せられ悉く他の主權の下に屈伏し昔日東方民族が歐亞の天地を震撼せしといふ壯圖は夢寐にも見ること能はざる姿である然るに何の幸ぞ我が大日本帝國のみ永き歲月の風波に簸蕩せられしに拘らず悠然として新日本の光威を發揮し他をして一指だも染めしめず益々昌運の域に進みつゝあるは是れ一には大瀛の波濤が大陸との交渉を自由ならしめざるにも因りしなるべけれど一には我が國性の特別の發達を成し來つた爲である（八高）

【讀方】皇紀二千五百九十四年《くわうきにせんごひやくきうじふよねん》、之《これ》を天地《てんち》の悠久《いうきう》より觀《み》れば、勿論長《もちろんなが》からずとはいへど、飜《ひるがへ》つて此《こ》の紀間《きかん》に於《お》ける世界列國興亡起伏《せかいれつこくこうばうきふく》の跡《あと》を考《かんが》ふれば、前榮後落《ぜんえいこうらく》、環《たまき》の端《はし》なき如《ごと》く、先微後大《せんびこうだい》、風車《かざぐるま》の廻《めぐ》るが如《ごと》し。更《さら》に東方諸國《とうほうしよこく》の國運《こくうん》を顧《かへりみ》れば、唯對岸老大國《たゞたいがんらうだいこく》の、舊來《きうらい》の體面《たいめん》を維持《ゐぢ》する有《あ》るのみにして、他《た》は殆《ほと》んど見《み》る影《かげ》もなき國狀《こくじやう》となり、或《あるひ》は呑噬《どんぜい》せられ、或《あるひ》は合倂《がつぺい》せられ、悉《ことごと》く他《た》の主權《しゆけん》の下《した》に屈伏《くつぷく》し、昔日東方民族《せきじつとうはうみんぞく》が歐亞《おうあ》の天地《てんち》を震憾《しんかん》せしといふ壯圖《さうと》は、夢寐《むび》にも見《み》ること能《あた》はざる姿《すがた》である。然《しか》るに何《なん》の幸《さいはひ》ぞ、我《わ》が大日本帝國《だいにつぽんていこく》のみ、永《なが》き歲月《さいげつ》の風波《ふうは》に簸蕩《はたう》せられしに拘《かゝは》らず、悠然《いうぜん》として新日本《しんにつぽん》の光威《くわうゐ》を發揮《はつき》し、他《た》をして一指《いつし》だも染《そ》めしめず、益々昌運《ます〳〵しやううん》の域《ゐき》に進《すゝ》みつゝあるは、是《こ》れ一《いつ》には大瀛《たいえい》の波濤《はたう》が大陸《たいりく》との交渉《かうせふ》を自由《じいう》ならしめざるにも因《よ》りしなるべけれど、一《いつ》には我《わ》が國性《こくせい》の特別《とくべつ》の發達《はつたつ》を成《な》し來《きた》つた爲《ため》である。

【通解】 我が國の紀元二千五百九十四年、それを天地の無限に久しい事から觀れば、勿論長くはないが、飜つて此の皇紀二千五百有餘年の間に於ける世界の國々の興つたり亡びたりした跡を考へて見ると、前に榮え後に衰へて、丸で環の端のないやうに循環し、先に微小で後に大きく、丸で風車がぐる〳〵と廻つてゐるやうなものだ。更に東方亞細亞諸國の國運を見てみると、唯向ふ岸の老大國支那が、これまでの體面を保つてゐるのがあるだけで、他の國は殆ど見る影もない憐な姿となり、或は奪ひ取られ、或は合併されて、一つ殘らず他の國の權力の下に屈伏して、昔東方の民族が歐洲から亞細亞の天地を震ひ動かしたといふ勇ましい事業は、夢にも見る事の出來ぬ有樣である。然るに何といふ幸福か、我が大日本帝國ばかりは、永い年月の風や波に吹かれもまれて色々な目に逢つたにも拘らず、悠々として新日本の輝しい威力を發揮して、他の國に指一本附けさせず、益々國運隆昌の立場に進んで行つてゐるのは、一つには大海の波が大陸との交渉を距てて自由にさせなかつたからでもあらうが、又一つには我が日本の國の性質が他國と違つて特別の發達を遂げて來たためである。

【考察】 皇紀二千五百九十四年——この文はその年に書かれたもので、その間、世界列國の興亡常なきなかに、獨り日本が益々昌運を加へつゝある所以を强調した文である。○起伏も興亡と同義。○前榮後落と先微後大とは、榮えたり衰へたり、微小な國であつたり大きな國になつたりといふ意で、必ずしも前に榮えた國は後に衰微し、先に微小であつた國は後に大きくなるといふやうに限定した思想ではない。○環の端なき如くと風車の廻るが如しとは、同じやうな榮枯盛衰がいつまでも限りなく繰返されてゐるといふ意の比喩。○壯圖はさかんな事業。○風波に簸蕩せられは色々の艱難な事態に苦しめられたといふ意の比喩。○大瀛の波濤は大海の大なみ。日本が海を以て大陸から距つてゐるのをいふ。

【大意】　皇紀二千五百九十四年、天地の悠久に比すれば何でもないが、その間に世界列國は目まぐるしい興亡起伏を繰返してゐる。更に東方諸國を見ると、對岸の老大國支那が舊來の體面を保つてゐるだけで、他は悉く外の國に屈伏し、昔東方民族が歐亞の天地を撼《うご》かしたといふ壯圖は、今は夢にも見られぬ。然るに幸にも大日本帝國が長い間に色んな目に遇ひながら益々悠々と榮えてゐるのは、海を距てて大陸との交渉が不便だからでもあつたが、一方には我が國性が特別の發達を成したが爲である。

【一三九】　左の文章の大意を記せ。

由來人生は藝術である創作である人格なる生きた塑像の彫刻の過程である然らば人格の向上人格の創成そは如何にしてなされるのであるか古への苦行者の如く僧院に趨り山に入り人間的生活と縁を絶つて之を成し遂げることが出來るのであるかあらず人格の創成は社會生活なる材料を必須とする人格を離れて社會なきが如く社會を離れて人格はあり得ない社會を離れて個性に立て籠りたる孤獨の人は火消壺に投入られた榾火と同樣自我の烟に窒息して生の光を滅却するものであるされば人格創造の工場は常に社會生活の熱火に被はれてゐなくてはならぬ吾等はあらゆる誘惑に充ち滿てる汚濁の泥中から花蓮の淸き美しき人格の匂ひを發揚せんと努力してゐるのである（八高）

【讀方】 由來人生《ゆらいじんせい》は藝術《げいじゆつ》である、創作《さうさく》である。人格《じんかく》なる生《い》きた塑像《そざう》の彫刻《てうこく》の過程《くわてい》である。然《しか》らば人《じん》格《かく》の向上《かうじやう》、人格《じんかく》の創成《さうせい》、それは如何《いか》にしてなされるのであるか。古《いにし》への苦行者《くぎやうしや》の如《ごと》く、僧院《そうゐん》に趨《はし》り、山《やま》に入《い》り、人間的生活《にんげんてきせいくわつ》と緣《えん》を絶《た》つて之《これ》を成《な》し遂《と》げることが出來《でき》るのであるか。あらず、人格《じんかく》の創成《さうせい》は、社會生活《しやくわいせいくわつ》なる材料《ざいれう》を必須《ひつしゆ》とする。人格《じんかく》を離《はな》れて社會《しやくわい》なきが如《ごと》く、社會《しやくわい》を離《はな》れて人格《じんかく》はあり得《え》ない。社會《しやくわい》を離《はな》れて個性《こせい》に立《た》て籠《こも》りたる孤獨《こどく》の人《ひと》は、火消壺《ひけしつぼ》に投入《なげい》られた榾火《ほたび》と同樣《どうやう》、自我《じが》の烟《けむり》に窒《ちつ》息《そく》して、生《せい》の光《ひかり》を滅却《めつきやく》するものである。されば人格創造《じんかくさうざう》の工場《こうぢやう》は、常《つね》に社會生活《しやくわいせいくわつ》の熱火《ねつくわ》に被《おほ》はれてゐなくてはならぬ。吾等《われら》はあらゆる誘惑《いうわく》に充《み》ち滿《み》てる汚濁《をだく》の泥中《でいちゆう》から、花蓮《はなはちす》の淸《きよ》き美《うつく》しき人格《じんかく》の匂《にほ》ひを發揚《はつやう》せんと努力《どりよく》してゐるのである。

【通解】 抑も人生は藝術であり、創作である。人格といふ生きた塑像を彫刻する過程で、彫刻家が塑像を作り上げるやうに、人格を創成し向上させて行くのが人生の意義である。然らば人格の向上や創成は、どうして出來るのであるか。古への難行苦行をした行者《ぎやうじや》のやうに、或は寺に行き、或は山に入り、人間的な生活と緣を切つてそれを成し遂げる事が出來るのであるか。決してさうではない、人格を創成するのには、社會生活といふ材料が是非共必要である。社會は人間の集團だから人格を離れては社會はないやうに、人は社會的の動物だから社會を離れては人格はあり得ない。社會を離れて自分だけの個性の中に立て籠つてゐる孤獨の人間は、火消壺の中に投入られた燠《おき》みたいなもので、自分自身の烟に窒息して、自我のために生命の光が消されて了ふものだ。だから人格を創造するのには、常に燃えるやうに活き〳〵とした社會生活の中に生きてゐなくてはならぬ。吾々はあらゆる誘惑に滿ちた汚れ濁つたこの世の中から、譬へば泥の中から美しく咲き出す蓮の花のやうな清い美しい人格の匂ひを發揚しようと努力してゐるのだ。

【考察】 人生は人格創造の藝術だといふ主張である。藝術はそれ自體が目的でありそして魂の表現としての創作がその生命である。人生もその通りだ。人生自體が人生の目的であり、そして人間各個がその魂の表現としての人格を創造し向上させて行くのが人生そのものである。筆者の主張は斯ういふ論據に立つてゐるものと考へられる。そしてそのためには常に活きた社會の中に生活してゐて、汚れた社會の中から美しい人格を作り出して行くやうに努力しなければならぬといふのが筆者の主張である。○榾火はほた卽ち薪にする木の切れ端をたく火、所謂たき火の事であるが、こゝはその薪の火卽ちおきの事である。○自我の烟は自分自身の烟といふ文字通りの意味と、自我といふ小さい私情私念といふ譬喩的の意味と、その兩義に亘つてゐるやうだ。○社會生活の熱火は燃えるやうに活き／＼とした社會生活の事で、「人格創造の工場」といつたのに對して「熱火」といつたのである。

【大意】 人生は人格といふ生きた塑像を彫刻する創作過程だ。人格の向上創成は、古への苦行者の如く、人間的生活と絶縁して出來るものではなくて、社會生活がその必須な材料である。社會生活を離れては人格はない。社會を離れて孤立してゐる人は、自我のために生の光が消えて了ふ。人格を創造するには常に活きた社會の中に生活してゐなくてはならぬ。吾々は穢れ切つた社會の中から清い人格を發揚しようと努力してゐるのだ。

【一四〇】 左の文章の大意を記せ。

同じく輸入超過といふ中にも二樣の意味がある現に輸入超過たりと雖もそれが後の發達の基礎となり資本となるものであらばその超過たるや決して憂ふるに足らぬのである之に反して奢侈贅澤な消耗品など

が澤山輸入されることは國に取つては何の利益もないのみかこれこそ貧乏國をして一層貧乏ならしめる原因である換言すれば輸入品といふ中にも必要な輸入品と不必要な輸入品とがあるわけであるが必要輸入品と共に不必要輸入品も亦輸入せられるのが普通の情態であるこれは國民として最も注意しなければならぬ事である精神界の輸入物に就いても必要不必要を甄別することが大切である國の發達に利益のあるものと國の發達に害のあるものとを辨別しなければならぬ西洋で行はれるものならば何でもよいといふのは大間違であるどんな物でもどんな事でも西洋にあるものは學ぶべしと思ふのは心醉とか眩惑とかいふべき類に屬する新に就くのは進歩であるが徒らに新を趁ふのはよろしくない他と融合するのはよいが我といふものを虚しくしてはならぬ輸入超過必ずしも忌むべきにあらず唯不必要なものを避けねばならぬ（八高）

【讀方】 同《おな》じく輸入超過《ゆにふてうくわ》といふ中《なか》にも、二様《にやう》の意味《いみ》がある。現《げん》に輸入超過《ゆにふてうくわ》たりと雖《いへど》も、それが後《のち》の發達《はつたつ》の基礎《きそ》となり資本《しほん》となるものであらば、その超過《てうくわ》たるや決《けつ》して憂《うれ》ふるに足《た》らぬのである。之《これ》に反《はん》して、奢侈贅澤《しやしぜいたく》な消耗品《せうまうひん》などが澤山輸入《たくさんゆにふ》されることは、國《くに》に取《と》つては何《なん》の利益《りえき》もないのみか、これこそ貧乏國《びんばふこく》をして一層貧乏《いつそうびんばふ》ならしめる原因《げんいん》である。換言《くわんげん》すれば、輸入品《ゆにふひん》といふ中《なか》にも、必要《ひつえう》な輸入品《ゆにふひん》と不必要《ふひつえう》な輸入品《ゆにふひん》とがあるわけであるが、必要輸入品《ひつえうゆにふひん》と共《とも》に不必要輸入品《ふひつえうゆにふひん》も亦輸入《またゆにふ》せられるのが、普通《ふつう》の情態《じやうたい》である。これは國民《こくみん》として最《もつと》も注意《ちゆうい》しなければならぬ事《こと》である。精神界《せいしんかい》の輸入物《ゆにふぶつ》に就《つ》いても、必要不必要《ひつえうふひつえう》を甄別《けんべつ》することが大切《たいせつ》である。國《くに》の發達《はつたつ》に利益《りえき》のあるものと、國《くに》の發達《はつたつ》に害《がい》のあるものとを辨別《べんべつ》しなければならぬ。西洋《せいやう》で行《おこな》はれるものならば何《なん》でもよいといふのは大間違《おほまちがひ》である。どんな物《もの》でも、どんな事《こと》でも、西洋《せいやう》にあるものは學《まな》ぶべしと思《おも》ふのは、心醉《しんすゐ》とか眩惑《げんわく》とかいふべき類《たぐひ》に屬《ぞく》する。新《しん》に就《つ》くのは進歩《しんぽ》であるが、徒《いたづ》らに新《しん》を趁《お》ふのはよろしくない。他《た》と融合《ゆうがふ》するのはよいが、我《われ》といふものを虚《むな》しくしてはならぬ。輸入超過《ゆにふてうくわ》必《かなら》ずしも忌《い》むべきにあらず、唯不必要《たゞふひつえう》なものを避《さ》けねばならぬ。

【通解】 同じく輸入超過といつても、その中に二色の意味がある。現在輸入超過であつても、それが後々國家の發達する基礎となり元手となるものであるなら、その超過は決して憂へるに足りない。之に反して、奢侈品とか贅澤品といふやうな必要のない消耗品が澤山輸入される事は、國家に取つて何の利益もないばかりでなく、これ實に貧乏な國を一層貧乏にさせる原因である。言ひ換へて見れば、輸入品といふ中にも、國家に取つて必要な輸入品と不必要な輸入品とがあるわけだが、必要な輸入品と一緒に不必要な輸入品も亦這入つて來るのが、一般普通の實情である。これは國民として最も注意しなくてはならぬ事だ。物資だけでなく學問文藝思想といふやうな精神上の輸入物についても、必要か不必要かをはツきり見別ける事が大切である。國の發達に利益のあるものと、それに害のあるものとをしつかり區別しなければならぬ。西洋で行はれるものなら何でもよいといふのは大間違だ。どんな物でも、どんな事でも、西洋にあるものは皆學ぶがよいと思ふのは、心醉とか眩惑とかいふべき類で、正しい認識を失つてそれに迷ひ切つてゐるといふものである。新しい事物に就くのは進歩であるが、只徒らに新奇を趁つてむやみと新しものずきになるのはよろしくない。他と融け合ふのはいゝが、自分といふものを無くしてしまつてはならぬ。輸入の超過するのは必ずしも忌むべき事ではない、唯不必要なものを輸入する事を避けなくてはならぬ。

【考察】 輸入超過——一國の物資の外國に輸出される總量よりも、外國から輸入される總量の方が多いといふ場合について、必要と不必要の二種を認めて之を強調し、精神界の輸入超過に言及して、力點をその方に置いて不必要な輸入の非を切言してゐるのである。○甄別は明かに見分けること。

【大意】 輸入超過に二種ある。今は輸入超過でも、それが將來發達のもとになるものなら構はぬ。反對に奢侈贅澤な消耗品が澤山輸入されては大變だ。即ち輸入品といふ中に必要品と不必要品とあるわけで、必要品と共に不必要品も輸入されるのが普通だから、國民はその點に最も注意しなければならぬ。精神上の輸入物も同じ事で、それが國の發達に有利か有害かを辨別しなければならぬ。西洋の物なら何でもよい、何でも學ぶべしとするのは大間違で、それは心醉とか眩惑とかいふ類のものだ。新に就くはよいが、徒らに新をおふのはいけない。他と融合するのはよいが、自分といふものを無くしてはならぬ。輸入超過必ずしも悪くない、只不必要な物を避ける事が大切だ。

【一四二】 解釋し、別に大意を述べよ。

詩人の詠物畫家の寫生は同一機軸なり形似はやゝ易く傳神は難し故に宋人寫生を論じて曰く其の形を寫すは必ず其の神を寫すしからざれば君子小人貌同じく心異に貴賤忠奸何によりてわかたん形は似たりといへども何の益かあると故に曰く心を寫すことこれ難しと（姫路高校）

【讀方】 詩人《しじん》の詠物《えいぶつ》、畫家《ぐわか》の寫生《しやせい》は、同一機軸《どういつきぢく》なり。形似《けいじ》はやゝ易《やす》く、傳神《でんしん》は難《かた》し。故《ゆゑ》に宋人寫生《そうじんしやせい》を論《ろん》じて曰《いは》く、「其《そ》の形《かたち》を寫《うつ》すは必《かなら》ず其《そ》の神《しん》を寫《うつ》す。しからざれば、君子小人貌同《くんしせうじんばうおな》じく心異《こゝろこと》に、貴賤忠奸何《きせんちゆうかんなに》によりてわかたん。形《かたち》は似《に》たりといへども何《なん》の益《えき》かある」と。故《ゆゑ》に曰《いは》く心《こゝろ》を寫《うつ》すことこれ難《かた》しと。

【通解】 詩人の詠物即ち物のあるがまゝの姿を詩に詠ずるのと、畫家の寫生即ち物の姿をそのまゝ寫し描くのとは、同一の態度工夫によるものである。どちらも形を似せる事はいくらか易しくて、精神を傳へる事はむづかしい。だから宋人が寫生を論じて曰ふやう、「其の形を寫すのには必ずその精神を寫す。さうでなくては、君子と小人と容貌は同じでも心が違ふ、その心の違ひを寫さずに只容貌だけ寫したのでは貴と賤と忠と奸と何に依つて辨別する事が出來よう。形が似てゐたとてそれが何の役に立つものか」と。だから詠物寫生共に心を寫すことが實にむづかしいと曰ふのである。

【考察】 詠物でも寫生でも形を寫すだけでなくて心を寫す事が大切で、それが實にむづかしいといふのである。○機軸は組立て、組立ての中心、又は活動の中心の義であるが、こゝはやり方、工夫、態度といふ心持と考へられる。

◇こゝでは解釋と大意とを要求してゐる。解釋は前掲の通解でよい。大意は寧ろ要旨といふに近い要求とも考へられるが、やはり次のやうな程度でよからう。

【大意】 詩人の詠物も畫家の寫生も同じ事で、形を似せるのはやさしいが、精神を傳へるのはむづかしい。宋人も、形だけ寫したのでは、君子小人貴賤忠奸の別もつかぬ、そんな寫生は何の役にも立たぬと論じてゐる。心を寫すのは實にむづかしい。

【一四二】 左の文の大意を述べ、且つ傍線の部分を説明すべし。

一國民の言ひ慣れたる俚諺の内容を深く研究すればその國民の歷史氣質風俗人情學術宗教等その一切の生活とその生活の理想とに就いて發見する所多々あるべしこの點に於て諸國民の俚諺を比較するはいと興味あることとなり我が俚諺の中今卽座に想ひ出づるもの二三を掲げんに花は櫻木人は武士と云ふ美しき諺は言ふも更なり(一)武士は食はねど高楊子 (二)武士は相見互ひと云ふ如きは我が國の歷史に一大光彩を放て

る武士の理想を窺ふに足るべく又これによりて此の如き理想を愛重したりし全國民の氣風を察し得べし（横濱専門）

【讀方】一國民《いつこくみん》の言《い》ひ慣《な》れたる俚諺《りげん》の内容《ないよう》を深《ふか》く研究《けんきう》すれば、その國民《こくみん》の歴史《れきし》・氣質《きしつ》・風俗《ふうぞく》・人情《にんじやう》・學術《がくじゆつ》・宗教等《しうけうとう》、その一切《いつさい》の生活《せいくわつ》と、その生活《せいくわつ》の理想《りさう》とに就《つ》いて、發見《はつけん》する所《ところ》多々《たゝ》あるべし。この點《てん》に於《おい》て、諸國民《しよこくみん》の俚諺《りげん》を比較《ひかく》するは、いと興味《きようみ》あることなり。我《わ》が俚諺《りげん》の中《うち》、今卽座《いまそくざ》に想《おも》ひ出《い》づるもの二三《にさん》を掲《かゝ》げんに、「花《はな》は櫻木《さくらぎ》、人《ひと》は武士《ぶし》」と云《い》ふ美《うつく》しき諺《ことわざ》は言《い》ふも更《さら》なり、「武士《ぶし》は食《く》はねど高《たか》楊子《やうじ》」「武士《ぶし》は相見互《あひみたが》ひ」と云《い》ふ如《ごと》きは、我《わ》が國《くに》の歴史《れきし》に一大光彩《いちだいくわうさい》を放《はな》てる武士《ぶし》の理想《りさう》を窺《うかゞ》ふに足《た》るべく、又《また》これによりて、此《かく》の如《ごと》き理想《りさう》を愛重《あいちよう》したりし全國民《ぜんこくみん》の氣風《きふう》を察《さつ》し得《う》べし。

【通解】一つの國民の云ひ慣れてゐる諺の内容を深く研究して見れば、その國民の歴史や氣質や風俗や人情や學術や宗教など、そのあらゆる生活と、その生活上の理想とに就いて、色々と澤山發見する事があるだらう。この點に於て、方々の國民の俚諺を比較して見るのは、誠に興味のある事だ。我が國民の諺の中で、今こゝですぐ想ひ出すものを二つ三つ擧げて見れば、「花は櫻木、人は武士」——花の中では櫻が一番だし、人の中では武士が一番だといふ美しい諺は更めて言ふまでもなく、「武士は食はねど高楊子」——武士は食はなくても高々と楊子を使つてゐる、どんなに貧しくても節を屈し體面を傷ける事はない、「武士は相見互ひ」——武士は相見て互に相助ける、一見舊知の如く互に助け合ふといふやうなのは、我が國の歴史に一つの大きな光彩を放つた武士の理想を窺ひ知る事が出來ようし、又これによつて、斯ういふ理想を愛し重んじた全國民の氣分を察する事が出來よう。

【考察】　大西祝の俚諺論の一節である。二つの俚諺の説明は前記通解の抜き書き程度でもよいが、更に説明的に、

（一）武士は食はなくても高々と楊子を使つてゐるの意で、貧苦に屈せず、節を持し利を賤んで、専ら體面を重んじた武士の態度をいつたもの。

（二）武士は相見て互に助け合ふの意で、信義を重んじて、一見舊知の如く、互に義を以て助け合ふ武士の風格をいうたもの。

とやれば上乘の答案といへよう。

【大意】　一國民の言ひ慣れた俚諺を研究すると、その國民のあらゆる生活と、その生活の理想とについて色々發見される。この點で俚諺の比較研究は面白い。我が二三の俚諺について見るに、「花は櫻木、人は武士」は勿論、「武士は食はねど高楊子」「武士は相見互ひ」の如き、國史上に一大光彩を放つた武士の理想も窺はれるし、又かゝる理想を愛重した國民の氣風も察しられる。

【一四三】　大丈夫苟も身を學藝に委ねんとせばまづ受發の二途に於て大丈夫の覺悟あるを要す發とは外に內の發するなり受とは內の外に受くるなり受くることは（一）須く大海の百川を呑むが如くなるべし發することは（二）宜しく甘雨の八方に澆ぐか如くなるべし受くることの多からざらんことを嫌ひて川の大川の小を嫌はず發することの豐かならざらんことを恐れて方の東方の西を問はずこれを受發二途に於ける大丈夫の覺悟とす受くるに嫌ふところあり發するに問ふところあるは兒女の情のみ大丈夫の覺悟にあらず

（横濱専門）

【讀方】大丈夫《だいぢやうふ》苟《いやしく》も身《み》を學藝《がくげい》に委《ゆだ》ねんとせば、まづ受發《じゆはつ》の二途《にと》に於《おい》て大丈夫《だいぢやうふ》の覺悟《かくご》あるを要《えう》す。發《はつ》とは外《ほか》に內《うち》の發《はつ》するなり。受《じゆ》とは內《うち》の外《ほか》に受《う》くるなり。受《う》くることは、須《すべから》く大海《たいかい》の百川《ひやくせん》を呑《の》むが如《ごと》くなるべし。發《はつ》することは、宜《よろ》しく甘雨《かんう》の八方《はつぱう》に澆《そゝ》ぐが如《ごと》くなるべし。受《う》くることの多《おほ》からざらんことを嫌《きら》ひて、川《かは》の大《だい》、川《かは》の小《せう》を嫌《きら》はず、發《はつ》することの豐《ゆた》かならざらんことを恐《おそ》れて、方《はう》の東《ひがし》、方《はう》の西《にし》を問《と》はず。これを受發二途《じゆはつにと》に於《お》ける大丈夫《だいぢやうふ》の覺悟《かくご》とす。受《う》くるに嫌《きら》ふところあり、發《はつ》するに問《と》ふところあるは、兒女《じぢよ》の情《じやう》のみ、大丈夫《だいぢやうふ》の覺悟《かくご》にあらず。

【通解】堂々たる男子として苟も一心に學藝をやらうとしたら、まづ受發の二つの途に於て男子たるの覺悟を持つ必要がある。發とは外に向つて內部が出すのである。受とは內部が外から受けるのである。外から受ける事は、大海があらゆる川の水を呑むやうであらねばならぬ。內から出す事は、草木を育てる慈雨の八方にそゝぐやうであるが宜しい。受ける事の多くないのを嫌つて、受け入れる川の大小は嫌はず、出す事の豐かでないのを恐れて、出す方角の東西を問題にしない。何でも彼でもどし〳〵と受け入れ、どこに向つても構はずどしどしと出す、これが受發の二つの途に於ける男子の覺悟である。受けるのにこんなものから受けるのはいやだといつて嫌ふところがあり、出すのにこんなやつに向つて出すのはつまらぬといつて文句をいふ所のあるのは、女子供の氣持に過ぎなくて、堂々たる男子の覺悟ではない。

【考察】幸田露伴の有名な文の一節。施線の部分については、

（一）大海が大小あらゆる川の水を呑むやうに、どんなものでも構はずどし〳〵と受け入れる事が大

切だといふ意。

（二）草木の生長を助ける慈雨が所嫌はず八方に降りそゝぐやうに、相手構はずどこへ向つてもどしどしと發するがよろしいといふ意。

○甘雨は草木を育てて生長させる慈雨をいふ。

【大意】 堂々たる男子が身を學藝に委ねようとすれば、まづ受發の二途に於て大きな覺悟がいる。發は内から外に出すこと。受は外から内に受ける事だ。受けるのは大海の百川を呑むやう、發するのは甘雨の八方を潤すやうにすべきである。受ける事の多きを欲してその大小を嫌はず、發する事の豊かならんを欲してその相手を問はぬのが、受發に於ける大丈夫の覺悟だ。受けるのによりきらひがあり、發するのに相手を問ふのは、女子供の情で、大丈夫の覺悟ではない。

【一四四】 左の文の大意を述べ、且つ傍線を施せる箇處を解釋せよ。

郷土の魅力は今更ながら不思議なものである一方に（イ）羇旅邊土の行脚捨身無常の觀念道路に死なんこれ天の命なりなどといつてゐたかの芭蕉翁でさへ他方に於ては我今は初の老も四とせ過ぎて何事につけても昔の懐かしきまゝに初冬の空のうち時雨るゝ頃より雪を重ね霜を經て師走の末伊陽の山中に至るなほ父母のいまそがりせばと慈愛の昔も悲しく思ふことのみあまたありて（ロ）ふるさとや臍の緒に泣く年の暮などといつてゐる（ハ）又ふるさとは蠅まで人をさしにけりといつた風に永い間自分の故郷を詛つて旅から旅へと漂泊してゐたあのすねもの一茶ですら晩年には（ニ）これがまあつひの棲所か雪五尺などと驚きながらもその雪の深い信州柏原の郷里に歸り住んでそこで一生を終へた（横濱專門）

【讀方】 郷土《きやうど》の魅力《みりよく》は、今更《いまさら》ながら不思議《ふしぎ》なものである。一方《いつぱう》に「羇旅邊土《きりよへんど》の行脚《あんぎや》、捨身無常《しやしんむじやう》の觀《くわん》念《ねん》、道路《だうろ》に死《し》なん、これ天《てん》の命《めい》なり」などといつてゐたかの芭蕉翁《ばせをおう》でさへ、他方《たはう》に於《おい》ては「我今《われいま》は初《はつ》の老《おい》も四《よ》とせ過《す》ぎて、何事《なにごと》につけても昔《むかし》の懐《なつ》かしきまゝに、初冬《はつふゆ》の空《そら》のうち時《し》雨《ぐ》るゝ頃《ころ》より、雪《ゆき》を重《かさ》ね霜《しも》を經《へ》て、師走《しはす》の末伊陽《すゑいやう》の山中《やまなか》に至《いた》る。なほ父母《ちゝはゝ》のいまそがりせばと、慈愛《じあい》の昔《むかし》も悲《かな》しく、思《おも》ふことのみあまたありて、ふるさとや、臍《ほぞ》の緒《を》に泣《な》く年《とし》の暮《くれ》」などといつてゐる。又《また》「ふるさとは、蠅《はへ》まで人《ひと》をさしにけり」といつた風《ふう》に、永《なが》い間自分《あひだじぶん》の故郷《こきやう》を詛《のろ》つて、旅《たび》から旅《たび》へと漂泊《へうはく》してゐたあのすねもの一茶《いつさ》ですら、晩年《ばんねん》には「これがまあつひの棲所《すみか》か、雪五尺《ゆきごしやく》」などと驚《おどろ》きながらも、その雪《ゆき》の深《ふか》い信州柏原《しんしうかしはばら》の郷里《きやうり》に歸《かへ》り住《す》んで、そこで一生《いつしやう》を終《を》へた。

【通解】 生れ故郷が人を引きつける魅力は、今更ながら不思議なものだ。一方では「旅をして邊鄙な土地を行脚してあるいて、身を捨てて佛門に入り世を無常と觀じてゐるこの身は、道ばたでのたれ死《じに》をするのが、それが卽ち自分の天命なのだ」などと言つてゐた彼の芭蕉翁でさへ、他方では又「私は今初老四十を四つも過ぎて、何事につけても昔の事が懐かしいので、初冬の空の時雨が降り出す頃から、雪や霜の中に日を重ねて歩いて行つて、十二月の末伊賀の山の中に届いた。今もなほ父母が御存命であつたらと、慈愛を蒙つた昔の事を思ひ出すのも悲しく、色々と思ふ事ばかり澤山あつて、故郷へ歸つて來て、斯うして年の暮につくぐ亡き父母の慈愛の昔を思ひ出して、自分の臍の緒書きを見て泣く事である」などと言つてゐる。又「故郷は人といふ人が自分につれない、さういへばおまけに蠅までも意地悪く人を刺すのであつた」といつた風に、永い間自分の故郷を詛つて、旅から旅へとさすらつてゐたあのすねものの一茶でさへ、年取つてからは「これがまア私の最後の棲所かなア、雪の五尺も積つたこの信州がサ」などといつて驚きながらも、その雪の深い信州柏原の郷里に歸り住んで、そこで一生を終へたものだ。

【考察】 故郷の魅力を強調し、その證據物件として芭蕉の文や一茶の句を引いてゐる。大意に於てはその引用は思想的に要約されてよいのである。傍線の個所は摘解だが、前掲通解の中から當該部分を摘記した程度で十分であらう。句の解などは敷衍すればどれ程長くもなる。例へばニの如き、

　雪が五尺も積つてゐる寒い〳〵この信州、これがまア自分の最後の棲家なのか、己の一生は結局斯うした故郷の雪の中で終るのかなア。

といふ風に書けようが、さうまで突込んだ答案を要求するものとも考へられない。○羈旅は旅。○邊土は邊鄙な田舍の地。○行脚は修業をして歩くこと。○捨身無常の觀念は身を捨てて出家の姿となり深く無常を觀じてゐるといふ意。○道路に死なんは論語にある字面で、死んで葬られぬのをいふ、道ばたでのたれ死をするといふのである。「死なん」は「死なんは」の心持で下に響く文調。○雪を重ね霜を經ては雪の降る日を重ね霜の降《お》りた日を經ての意で、雪や霜の中に月日を重ねて旅をして行つてといふ思想。○いまそがりせばは若しおいでになつたならばといふ假設の思想。この表現によつて父母が既に亡くなつた事が明かにされてゐる。○慈愛の昔は父母の慈愛を受けた昔。○臍の緒はほぞの緒書きの事で、嬰兒の脱落した臍の緒に生年月日などを記したもの。今自分のほぞの緒が殘つてゐて、それを見てなき父母の戀しさに泣いたといふのである。○つひの棲所は最後の住處、こゝで一生を終へるべき住家。

【大意】 故郷の魅力は實に不思議だ。旅に死ぬのが自分の天命だといつた芭蕉も、四十四の冬故郷の伊賀に歸つて亡き父母を慕ひ臍の緒書きを見て泣いたといつてゐる。蠅まで人をさすなどといつて散々故郷を詛つて放浪した一茶でさへ、晩年は雪の深さに驚きながらもその雪深き信州柏原に住んでそこに

一生を終へた。

要旨篇

【注意】 文の要旨を言へとか、文意を約説せよとかいふ種類の要求に對する考察である。要旨は大意と違つて、かいつまんだ意味であり、中心の思想である。だから構文の順序に卽する必要はない。まして表現に捉はれる必要などは少しもないが、その文の思想の個性を沒却して、只大づかみに、「忠孝の事を論じた文だ」「旅行記の一節だ」といふ風にいつたのでは要旨の答案にならぬ。それは題目的解說とでも稱すべきものである。要旨は原文の思想の核心をかいつまんで述べる事である。從つて原則として原文より短かかるべきは勿論だが、それがために原文の思想的個性を無視してはいけないのである。

【一四五】 人間の心には互に矛盾した二つの感情がある勿論他人の不幸に同情しない者はない所がその人がその不幸をどうにかして切拔ける事が出來ると今度はこつちで何となく物足りないやうな心もちがする少し誇張して言へばもう一度その人を同じ不幸に陷れて見たいやうな氣にさへなるさうして何時の間にか消極的ではあるが或敵意をその人に對して抱くやうな事になる（芥川龍之介）

【讀方】人間《にんげん》の心《こゝろ》には互《たがひ》に矛盾《むじゆん》した二《ふた》つの感情《かんじやう》がある。勿論他人《もちろんたにん》の不幸《ふかう》に同情《どうじやう》しない者《もの》はない。所《ところ》がその人《ひと》がその不幸《ふかう》をどうにかして切抜《きりぬ》ける事《こと》が出來《でき》ると、今度《こんど》はこつちで何《なん》となく物足《ものた》りないやうな心《こゝろ》もちがする。少《すこ》し誇張《こちやう》して言《い》へば、もう一度《いちど》その人《ひと》を同《おな》じ不幸《ふかう》に陷《おとしい》れて見《み》たいやうな氣《き》にさへなる。さうして何時《いつ》の間《ま》にか、消極的《せうきよくてき》ではあるが、或敵意《あるてきい》をその人《ひと》に對《たい》して抱《いだ》くやうな事《こと》になる。

【通解】人間の心には互に一致しない二つの感情がある。いふ迄もなく他人の不幸に同情しない人はない。所がその人がどうにかしてその不幸を切抜けられると、今度はこつちで何となく物足りなくてつまらぬやうな氣がする。少し大げさにいへば、もう一度その人を同じ不幸に陥れて見たいやうなむごい氣持にさへなる。さうして何時の間にか、進んでどう斯うしようといふ程ではないが、何だかその人に對して一種の敵意を持つて、妙にその人がにくらしくて敵對して見たいやうな氣持がするやうになる。

【考察】人間の矛盾した感情を率直に述べてゐる。○矛盾したは合はない、一致しない。○誇張しては大げさに、事實以上に大げさにして。○消極的は進んで事をしようといふ態度でないのをいふ。こゝでいへば、その人を悪んで、攻めるとか、戰ふとかいふ程ではないが、何となくその人がにくらしくて、敵對して見たいやうな氣分になるといふのである。○敵意は敵として相抗する心持。

【要旨】誰しも人の不幸に同情するが、さてその人間がその不幸を切り抜けると、何だか物足りなくて、妙に癪にさはつてにくらしくさへなる。人間の心にはさうした矛盾した二つの感情がある。

【一四六】眞正に強さを示すものはその實現である敵對力の征服であるこの實現なしに強者は自己に

對してもその强さを承認させることが出來ない筈である少くとも思想上にその强さを實現して見なければ――これはおれは强いぞと繰返すことではなくて頭の中で想定した敵對力を實際に征服することでなければならぬ――自分は强いとは言はれない筈である若しこの順序を經ずだしぬけにおれは强いぞと言ふ人があれば私はその人の力の意識が內省の缺乏に因してゐることを何の疑惑もなく斷言することが出來る若し又その事業によりその實現によつて眞正の强さを示す人があるならば私はその人の前に跪かうと思ふさうしてその人が自分の强さに就いて沈默すればする程私は愈々その人を崇敬する（阿部次郎）

【讀方】 眞正《しんせい》に强《つよ》さを示《しめ》すものは、その實現《じつげん》である。敵對力《てきたいりよく》の征服《せいふく》である。この實現《じつげん》なしに、强者《きようしや》は自己《じこ》に對《たい》してもその强《つよ》さを承認《しようにん》させることが出來《でき》ない筈《はず》である。少《すく》くとも思想上《しさうじやう》にその强《つよ》さを實現《じつげん》して見《み》なければ――これは、おれは强《つよ》いぞと繰返《くりかへ》すことではなくて、頭《あたま》の中《なか》で想定《さうてい》した敵對力《てきたいりよく》を實際《じつさい》に征服《せいふく》することでなければならぬ――自分《じぶん》は强《つよ》いとは言《い》はれない筈《はず》である。若《も》しこの順序《じゆんじよ》を經《へ》ず、だしぬけにおれは强《つよ》いぞと言《い》ふ人《ひと》があれば、私《わたくし》はその人《ひと》の力《ちから》の意識《いしき》が、內省《ないせい》の缺乏《けつぼふ》に因《いん》してゐることを、何《なん》の疑惑《ぎわく》もなく斷言《だんげん》することが出來《でき》る。若《も》し又《また》その事業《じげふ》により、その實現《じつげん》によつて、眞正《しんせい》の强《つよ》さを示《しめ》す人《ひと》があるならば、私《わたくし》はその人《ひと》の前《まへ》に跪《ひざまづ》かうと思《おも》ふ。さうして、その人《ひと》が自分《じぶん》の强《つよ》さに就《つ》いて沈默《ちんもく》すればする程《ほど》、私《わたくし》は愈々《いよ〳〵》その人《ひと》を崇敬《すうけい》する。

【通解】 ほんとにその人の强さを示すものは、只强い〳〵と口で言ふ事でなくてそれを事實の上に現はす事である。自分に敵對する力を征服する事である。斯うして實際に强さを現はすでなくては、强い人は自分自身に對しても成程おれは强いとその强さを自分に認めさせる事が出來ぬ筈である。少くとも思想上にその强さを實現して見なくては、――思想上に强さを實現するといふのは、おれは強いぞと口で繰返す事ではなくて、アタマの中でこれが自分に敵對するものだと考へ定めたその力を實際に征服して、自分の考がそれに負かされぬやうになる事でなくてはならない――それでなくては自分は強いとは言へぬ筈である。若し斯ういふ順序を經ずに、いきなりおれは強いぞといふ人があれば、私はその人の力に對する考が、內に自ら省みるといふ事に缺けてゐるためで、深く自ら內に省みないから、ありもしない力をあると思つてゐるのだと、何の疑もなくはつきりと言ひ切る事が出來る。若し又實際にやつた仕事により、その力の實現によつて、ほんとの强さを示す人があるなら、私はその人の前に膝をついて敬意を表しようと思ふ。そして、その人が自分の强さについて何とも言はずに默つて居れば居る程、私は益々その人を尊敬する。

【考察】 ほんとに强さを示すものは口先でなく實現だといふ主張であるが、特にこの文の特長として見るべきは「思想上にその强さを實現」するといふ事である。これは一寸分りにくい文句だが、全文の上から考へて見れば、必ずしも事實の上に現はして敵對力を征服しないでも、自分にしつかりした考を持つて、アタマの中で立派にその敵對力を征服して、そのために自分のアタマが少しもぐらつかぬやうになる事をいうたものと考へられる。卽ち

思想上にその强さを實現する

といふ文句と

頭の中で想定した敵對力を實際に征服する

といふ文句とは同一の思想を述べたものと考へられる。さうすると、「頭の中で」といふ副詞は「征服する」に掛るものと考へてよいわけであるが、文調からいへばすぐ下の「想定した」に掛つてゐるやうに

響く。蓋し筆者の不用意か、それとも兩義に亙るといふ無意識の意識から斯ういふ表現になつたものであらう。何れにしてもアタマの中で強さを實現するといふ着眼は尊い。ごく狹い一例を取つていへば、酒や煙草やその他の誘惑に打勝つ事でもさうだ。口ではいくらえらさうにいつても自分のアタマが負けて了ふ。實際に禁酒禁煙を實行するのは勿論立派に強さを示す事であるが、自分のアタマが強くなつて斷じてそんなもののために心がぐらつかぬやうになれば、それこそほんとの強さである。斯う考へたらこの文の主張が分るであらう。○力の意識は力に對する意識、卽ちおれには強い力があるぞと考へるその心の働きをいふ。○內省の缺乏は自ら自分の心の內に反省する事が缺けてゐるのをいふ。○因してゐるは原因してゐる。それが原因でそんな風に考へるのだといふ意。○事業は必ずしも普通に所謂事業と限らず、アタマの中で敵對力を征服するといふやうな努力的の仕事をも含めて漠然というたものと考へられる。

【要旨】強い〳〵と空威張するのはほんとの強さではない。誘惑にしても何にしても、自分に敵對して來る力を實際に征服して了ふか、少くもアタマの中でほんとにそれに打ち勝つて、自分の考がそんなものに負けなくなつた場合、始めてほんとに強いといふ事が出來る。さういふ人はほんとにえらい人で、而もそれを默つてゐる人は、愈々以て立派な人物だ。

【一四七】吾々が最高の處まで吾々の中に潛んでゐる力を發揮しようとするならば他人の體驗を通して自分の局限された一生の中に觸れ得ないやうな體驗をも味ひ他人の思索によつて自分の思索を豐富にしかくして一人の生涯の中に千萬人の生涯を攝取することを心掛けなければならない決して自分自身の中にのみ閉ぢ籠るべきではないこゝに於て讀書の意義は甚だ重大となる書を讀むと讀まぬとは第一義に於て人間の價値を左右するものではないがそれは深く人間の價値と關係してその向上を大いに助ける正

しい道さへ踏みはづさないならば書物は讀めば讀むほどよいものであるさうして讀まなければ讀まないほど惡いものである（阿部次郎）

【讀方】吾々《われ〳〵》が、最高《さいかう》の處《ところ》まで吾々《われ〳〵》の中《うち》に潛《ひそ》んでゐる力《ちから》を發揮《はつき》しようとするならば、他人《たにん》の體驗《たいけん》を通《とほ》して、自分《じぶん》の局限《きよくげん》された一生《いつしやう》の中《うち》に觸《ふ》れ得《え》ないやうな體驗《たいけん》をも味《あぢは》ひ、他人《たにん》の思索《しさく》によつて自分《じぶん》の思索《しさく》を豐富《ほうふ》にし、かくして一人《いちにん》の生涯《しやうがい》の中《なか》に千萬人《せんまんにん》の生涯《しやうがい》を攝取《せつしゆ》することを心掛《こゝろが》けなければならない。決《けつ》して自分自身《じぶんじしん》の中《うち》にのみ閉《と》ぢ籠《こも》るべきではない。こゝに於《おい》て讀書《どくしよ》の意義《いぎ》は甚《はなは》だ重大《ぢゆうだい》となる。書《しよ》を讀《よ》むと讀《よ》まぬとは、第一義《だいいちぎ》に於《おい》て人間《にんげん》の價値《かち》を左右《さいう》するものではないが、それは深《ふか》く人間《にんげん》の價値《かち》と關係《くわんけい》して、その向上《かうじやう》を大《おほ》いに助《たす》ける。正《たゞ》しい道《みち》さへ踏《ふ》みはづさないならば、書物《しよもつ》は讀《よ》めば讀《よ》むほどよいものである。さうして讀《よ》まなければ讀《よ》まないほど惡《わる》いものである。

【通解】吾々が、もうこれ以上はないといふ所まで吾々のからだの中に潛んでゐる力を十分に外に現はさうとするなら、外の人の體驗を通して、自分の狹く限られた一生の中に觸れる事の出來ないやうな體驗をも味ひ、又他人の深い考へによつて自分の考を豐かにし、かうして自分一個の生涯の中に千萬人の生涯をすつかり取入れる事を心掛けなくてはならぬ。決して自分一個の中に閉ぢ籠つて獨りよがりをきめ込んでゐるべきではない。さういふ意味に於て讀書といふ事は大いに意識の重大なものになる。本を讀む讀まぬといふ事は、根本的の意味に於て人間の値打を上げも下げもするものではないが、然し本を讀むといふ事は人間の値打に深い關係があつて、その向上に大きい助けになるものだ。だから間違つた讀み方さへしなければ、本は讀めば讀むほどよいもので、讀まねば讀まぬ程悪いものである。

【考察】 讀書の意義を自己の力の發揮といふ方面から強調したのである。○體驗は實際に自身のからだで經驗した事。○局限されたは狹く限られた。○思索は物事を深く考へきはめること。○攝取は取り入れる、取つて自分のものにする。○第一義は根本的の意義。

【要旨】 本を讀めば、それを書いた人の體驗も味へるし、その人の考も分つて、自分の體驗となり、思想も豐富になる。この意味に於て、自己の力を最高度にまで發揮するためにはどうしても本を讀まねばならぬ。本を讀む讀まぬは根本的に人間の値打を左右しはしないが、然し人間の價値の向上には大きい助けになる。だから正しい讀書はやればやる程よく、やらなければやらぬ程悪いものだ。

【一四八】 例へば大きな水流を私は心に描く私はその流れが何處に源を發し何處に流れ去るのかを知らない然しその河は漾々として無邊際から無邊際へと流れて行く私はまた其の河の兩岸をなす土壤の何物であるかをも知らない然しそれは此の河が億劫の年所をかけて自己の中から築き上げたものではなからうか私の個性も亦その河の水の一滴だその水の押流れる力は私を拉して何處かへ押流して行くある時に私は岸邊近く流れて行く而して岸邊との摩擦によつて私を圍む水も私自身も中流の水にはおくれ勝ちに流れ下る更にある時は人がよく實際の河流で觀察し得るやうに中流に近い水の速力のために蹴押されて逆流することさへあるかゝる時に私は不幸だ私は新たなる展望から展望へと進み行くことが出來ない然し私が一たび河の中流に持來されるならもう私は極めて安全で且つ自由だ私は河自身の速力で流れる河水の凡てを押流すその力によつて私は走つてゐるのだけれども私はこの事實をすら感じない私は自分の欲求の凡てに於て流され下る何故ならば河の有する最大の流速は私の欲求そのものに外ならないから

だから私は絶對に自由なのだ而して兩岸の摩擦の影響を受けねばならぬ流域に近づくに隨つて私は自分の自由が制限せられて來るのを苦々しく感じなければならないそこに始めて私自身の外に嚴存する運命の手が現れ出る私はそこでは否むべからざる宿命の感じにおびえねばならぬ（有島武郎）

【讀方】　例《たと》へば大《おほ》きな水流《すゐりう》を私《わたくし》は心《こゝろ》に描《ゑが》く。私《わたくし》はその流《なが》れが何處《どこ》に源《げん》を發《はつ》し、何處《どこ》に流《なが》れ去《さ》るのかを知《し》らない。然《しか》しその河《かは》は、漾々《やう〳〵》として無邊際《むへんさい》から無邊際《むへんさい》へと流《なが》れて行《い》く。私《わたくし》はまた、其《そ》の河《かは》の兩岸《りやうがん》をなす土壤《どじやう》の何物《なにもの》であるかをも知《し》らない。然《しか》しそれは、此《こ》の河《かは》が億劫《おくごふ》の年所《ねんしよ》をかけて、自己《じこ》の中《うち》から築《きづ》き上《あ》げたものではなからうか。私《わたくし》の個性《こせい》も亦《また》その河《かは》の水《みづ》の一滴《いつてき》だ。その水《みづ》の押流《おしなが》れる力《ちから》は、私《わたくし》を拉《らつ》して何處《どこ》かへ押流《おしなが》して行《い》く。ある時《とき》に、私《わたくし》は岸邊《きしべ》近《ちか》く流《なが》れて行《い》く。而《しか》して岸邊《きしべ》との摩擦《まさつ》によつて、私《わたくし》を圍《かこ》む水《みづ》も、私自身《わたくしじしん》も、中流《ちゆうりう》の水《みづ》にはおくれ勝《が》ちに流《なが》れ下《くだ》る。更《さら》にある時《とき》は、人《ひと》がよく實際《じつさい》の河流《かりう》で觀察《くわんさつ》し得《う》るやうに、中流《ちゆうりう》に近《ちか》い水《みづ》の速力《そくりよく》のために蹴押《けお》されて、逆流《ぎやくりう》することさへある。かゝる時《とき》に私《わたくし》は不幸《ふかう》だ。私《わたくし》は新《あら》たなる展望《てんばう》から展望《てんばう》へと進《すゝ》み行《ゆ》くことが出來《でき》ない。然《しか》し私《わたくし》が一《ひと》たび河《かは》の中流《ちゆうりう》に持來《もちきた》されるなら、もう私《わたくし》は極《きは》めて安全《あんぜん》で、且《か》つ自由《じいう》だ。私《わたくし》は河自身《かはじしん》の速力《そくりよく》で流《なが》れる。河水《かすゐ》の凡《すべ》てを押流《おしなが》すその力《ちから》によつて、私《わたくし》は走《はし》つてゐるのだけれども、私《わたくし》はこの事實《じじつ》をすら感《かん》じない。私《わたくし》は自分《じぶん》の欲求《よくきう》の凡《すべ》てに於《おい》て流《なが》され下《くだ》る。何故《なぜ》ならば、河《かは》の有《いう》する最大《さいだい》の流速《りうそく》は、私《わたくし》の欲求《よくきう》そのものに外《ほか》ならないから。だから私《わたくし》は絶對《ぜつたい》に自由《じいう》なのだ。而《しか》して兩岸《りやうがん》の摩擦《まさつ》の影響《えいきやう》を受《う》けねばならぬ流域《りうゐき》に近《ちか》づくに隨《したが》つて、私《わたくし》は自分《じぶん》の自由《じいう》が制限《せいげん》せられて來《く》るのを苦々《にが〳〵》しく感《かん》じなければならない。そこに始《はじ》めて、私自身《わたくしじしん》の外《ほか》に嚴存《げんぞん》する運命《うんめい》の手《て》が現《あらは》れ出《で》る。私《わたくし》はそこでは、否《いな》むべからざる宿命《しゆくめい》の感《かん》じにおびえねばならぬ。

【通解】　人生と自分といふ事を考へるにつけて、私は例へば大きな水の流れを心に描いて想像して見る。その流れの源がどこにあつて、それが何處へ行くのか、それは分らぬ。然しその河は、漾々と水を湛へて果てしのない所から果てしのない所へと流れて行く。私には又、その河の兩岸になつてゐる土が何物であるかも分らない。然しその土は、此の河が無限に永い年月を掛けて、自分自身の中から築き上げたものではあるまいかと思ふ。私といふものも亦その河の水の一滴だ。その河の水の押流れる力に引きずられて、私は何處かへ押流されて行く。時としては、私は岸の近くを流れて行く。そして岸とすれ合ふために、私のまはりの水も、私自身も、中流の水よりはおくれ勝ちに流れて下る。その上又時には、人がよく實際の河の流れで觀る事が出來るやうに、中流に近い水の速力に壓迫されて、逆にうしろの方へ流れる事さへある。かういふ時に私は不幸だ。さういふ時には私は新たな展望から展望へと進んで行く事が出來ない。然し私が一旦河の中流の所へつれて來られようものなら、もう私はごく安全で、おまけに自由だ。私は河そのものの速力で自然に流れる。河水の一切を押流すその力があるために、私は走つてゐるのだが、その走つてゐるといふ事實をさへも感じない。私は自分の欲するまゝに一點の不滿もなくほんとに滿足して流されて下る。なぜならば、河の流れの持つた一番大きい速さが、卽ち私の欲し求めてゐるものに外ならぬからだ。だから私は絕對に自由で何等の拘束も感じない。そして兩岸の方へ近づいてそれとすれ合ふために生ずる影響を受けなくてはならぬやうな水筋に近づくに隨つて、私は自分の自由が制限されて段々思ふやうにならなくなつて來るのを不快に感じなければならない。その時に始めて、自身のからだの外に嚴然と存在してゐる所の運命といふものが現はれて來て支配する。私はそこでは、なるほど宿命といふものはどうしても避ける事が出來ぬものだと感じて、その恐ろしさにおびえなければならない。

【考察】 人生を河に譬へ、從つて人生の一個性たる自分をその中の一滴の水に譬へたのである。筆者の考へて居る實義は蓋し次のやうな事に違ひない。人生は漾々たる河流のやうに無限から無限へと流れて行く。而もそこには河自體が築き上げた兩岸の土のやうに、人生それ自らが作り出した精神上物質上の種々様々の拘束があつてその流れを局限してゐる。吾々の個性は卽ちその流れの一滴で、一個々々の個性が集合して人生を形造つてゐる譯である。そして一個々々の人間は、人生といふ集團の力に押されてどこかへ流れて行く。そして人が人生の拘束に近づいてゐる時、色々ともだえ苦しんで人生の落伍者となり、時には人生に逆行しさへもする。その時人は希望がなくなつて不幸に陥る。所が一旦そこを脱れて得意の境遇になれば、自由で安全で、社會の大勢につれてどん〳〵と進展する。自分の努力も氣づかぬ程に、何も彼も思ふ通りになる。所が又人生の拘束といふ方に近づいて來ると、自由が制限せられて、事毎に不滿不快になる。その時には一つも自分の思ふ通りにならず、運命の支配に任せる外なくなる。その時人はつくづく宿命の恐ろしさを感じる——斯ういふ事である。原文をいきなり斯う解して了つては、思想解說的になつて表現の平明化ではなくなる。だから「解釋」の要求に對しては前掲の通解のやうなものでよいが、更に通解の次に棒でも引いて如上の思想解を下して置けば上乘である。文檢程度としては是非そこ迄行きたいものであるが、中等程度では聊か無理な事かもしれない。

○漾々は水のたゞよふさま。水の一杯に溢れてゐる大きな流れの形容である。○無邊際は果ての知れぬ遙かな所。○億劫の年所は無限に永い年月。○展望は見はらし。實義の方からいへば前途の希望を意味する。○欲求の凡ては自分の欲し求めるがまゝにの意。○欲求そのものは自分の欲求するのはそれだけで外には何もないといふ思想。○摩擦の影響は摩擦するために受ける影響で、前に書いてあるやうに、中流の水におくれ勝ちになるのをいふ。○運命の手は運命の支配。人の思ふ通りにならず、凡てがその人の定まつためぐり合はせで動かされるといふ思想。○否むべからざるはいやといへぬ、どうしても避けられぬ。○宿命の感じには宿命だと感じてそれによつての意。宿命は運命と同義で、特に生れぬさきから定つてゐる運命の意にいふ。

【要旨】人生は無限で、而もそこには人を悩まし拘束する様々の事情事態がある。人はさういふ拘束から離れてうまく時勢に乗つて得意の絶頂に立つてゐる時には、絶對に自由で、面白いやうに進展して行く。所が一旦失意の境遇に陥り、色々の拘束に悩み苦む時、人生から落伍して、前途の希望もなくなり、事毎に意のまゝにならない。其の時しみぐ〳〵宿命の恐ろしさに戰慄する。

【一四九】國語は國體の標識となるのみならずこれと同時に又一種の教育者いはゆる情深き母にてもあるなり我等が生るゝやこの母は我等をその膝の上に迎へ取り懇にこの國民的思考力と國民的感動力とを教へ込みくるゝなりされば此の母の慈悲は誠に天日の如し苟もこの國に生れこの國民たりこの國民の子孫たるものは誰かはこの光を仰がざるべき（上田萬年）

【讀方】國語《こくご》は國體《こくたい》の標識《へうしき》となるのみならず、これと同時《どうじ》に、又一種《またいつしゆ》の教育者《けういくしや》、いはゆる情深《なさけぶか》き母《はゝ》にてもあるなり。我等《われら》が生《うま》るゝや、この母《はゝ》は、我等《われら》をその膝《ひざ》の上《うへ》に迎《むか》へ取《と》り、懇《ねんごろ》にこの國民的《こくみんてき》思考《しかう》力《りよく》と國民的《こくみんてき》感動力《かんどうりよく》とを教《をし》へ込《こ》みくるゝなり。されば此《こ》の母《はゝ》の慈悲《じひ》は、誠《まこと》に天日《てんじつ》の如《ごと》し。苟《いやしく》もこの國《くに》に生《うま》れ、この國民《こくみん》たり、この國民《こくみん》の子孫《しそん》たるものは、誰《たれ》かはこの光《ひかり》を仰《あふ》がざるべき。

【通解】その國の國語はその國柄を現はす所のしるしであるばかりでなく、同時に、又一種の教育者で、いはゆる情深い母でもあるのだ。吾々が生れると、國語といふこの母は、吾々をその膝の上に迎へ取つて、懇にその國民としての物を考へる力と國民としての物に感動する力とを教へ込んで吳れるのである。――吾々は生れ落ちてから、段々と國語を覺えて、それに依つて國民としての思考力と感動力が出來て行くのである。だから國語といふ母の慈愛は、實に太陽のやうなものだ。苟もこの國に生れ、この國の民であり、この國民の子孫であるものは、誰がこの國語の光を仰がないでゐられよう。

【考察】 こゝに所謂國語はその國民に共通した言葉の事で、特に日本語と限つてゐるのではないが、而も吾々に取つては端的に日本語の有難さを示唆《じさ》してゐるわけである。英語でも one's native tongue の事を mother tongue といふ。こゝに母というたのもそれと同じ思想である。全體が母といふ比喩の上に立つてゐるから「膝の上に迎へ取り」といふやうな措辭《そじ》も出てゐるわけである。○標識は目じるし。○國民的思考力は國民として、即ちその國の國民らしい態度に於て物事を考へる力をいふ。

【要旨】 國語は國體の標識であると共に、國民を教育する母でもある。吾々は生れて日々にその國語を聞き、その國語を語つてゐる間に、自然と國民的思考力、國民的感動力を教へ込まれる。國語の惠は斯く偉大だから、誰しもその國語の光を仰がずにはゐられぬ。

【一五〇】 生物は世界の花なり彼等は生れて死せざるを得ず其の齢を言ふ何ぞ岩石と比すべけん何ぞ彼等のはかなきや譬へば花の散り易きが如し散らざるうつろはざることを言はば幹根の花にまさること萬々而も花は是れ草木の極美ならずや生物は物界の花なりうつろひやすき花なり（大西祝）

【讀方】生物《せいぶつ》は世界《せかい》の花《はな》なり。彼等《かれら》は生《うま》れて死《し》せざるを得《え》ず。其《そ》の齡《よはひ》を言《い》ふ、何《なん》ぞ岩石《がんせき》と比《ひ》すべけん。何《なん》ぞ彼等《かれら》のはかなきや。譬《たと》へば花《はな》の散《ち》り易《やす》きが如《ごと》し。散《ち》らざる、うつろはざることを言《い》はゞ、幹根《かんこん》の花《はな》にまさること萬々《ばん〳〵》。而《しか》も花《はな》は是《こ》れ草木《さうもく》の極美《きよくび》ならずや。生物《せいぶつ》は物界《ぶつかい》の花《はな》なり。うつろひやすき花《はな》なり。

【通解】生物はこの世の花である。彼等生物は皆生れて死ななくてはならぬ。其の生きてゐる年齢をいへば、どうして岩石と較べられよう、とても較べものにならぬ程短い。何と彼等のはかない事よ。それは譬へて見れば花の散り易いやうなものだ。散らず、うつろはぬ事から言つたら、幹や根の方がうんと花にまさつてゐる。而も花は草木に於て一番美しいものではないか。生物は物の中の花だ。うつろひやすい花だ。——花が散り易くうつろひやすいにも拘らず而も草木の極美であるやうに、生物ははかないにははかないが、而もあらゆる物の極美なのだ。

【考察】生物を草木の花に比して、はかない、然しながら最も美しい物だと論じてゐるのである。○うつろふは花の色の褪《あ》せる事にも花の散る事にもいふ。こゝには二つの用例があつて、前者は「散らざる」に對しての「うつろはざる」だから色の褪せぬの意、後者は二義に亘つて散り易く色の褪せ易いの義にいつたものと考へてよからう。尤も立文主觀はさうやかましく論理的に働いてゐるわけではないから、通解にはそのまゝ「うつろふ」といふ言葉を使つて置いた。

【要旨】生物は草木に譬へれば花のやうなもので、物の中で最もはかない而も最も美しいものである。

【一五一】嗚呼國家昏亂して忠臣現れ天下太平にして小人陸梁す輕裘肥馬の間に醉生夢死する者共は

古今の興亡を語るに足らず悠々たる世路誰に向ひてか邦家百年の大計を説かむ（大町桂月）

【讀方】嗚呼《あゝ》、國家昏亂《こくかこんらん》して忠臣現《ちゆうしんあらは》れ、天下太平《てんかたいへい》にして小人陸梁《せうじんりくりやう》す。輕裘肥馬《けいきうひば》の間《あひだ》に醉生夢死《すゐせいむし》する者共《ものども》は、古今《ここん》の興亡《こうばう》を語《かた》るに足《た》らず。悠々《いう〳〵》たる世路《せいろ》、誰《たれ》に向《むか》ひてか、邦家百年《はうかひやくねん》の大計《たいけい》を説《と》かむ。

【通解】あゝ、國家がすつかり亂れると忠臣が現はれ、天下が太平になるとつまらぬ人間共が威張りちらす。いゝ着物を着肥えた馬に乘つて榮耀榮華の内に何の爲す事もなく無意味に一生を送るやうな者共は、共に古今の興亡を語るに足りない。——如何にして國が興り如何にして國が亡びたといふやうな眞劍な問題を語るのに、何でそんな下らぬ人間共が相手にならう。この悠々として果てしのない人生に於て、抑も誰に向つて、國家の先きの先き迄の大きな計策を説かうやら、世にさうした人物の無い事がつく〴〵悲しくてたまらぬ。

【考察】國家が昏亂すると忠臣が現れ、天下が太平になると小人が跋扈する。榮華に耽つて空しく一生を送る連中は、固より古今の盛衰を語るに足らぬ。世路悠々、世に國家百年の大計を説くべき人物の無いのが悲しいといふのである。悠々たる世路を今は人々がのんきにしてゐる世の中だからと解した書がある。成程この文からさういふ心持が感受されぬではない。然しそれは「天下太平にして小人陸梁す」といひ、「輕裘肥馬の間に醉生夢死する」といふ文句から、今は恰もさうした時代だといふ感じを受けるのであつて、この句自體はさう解すべきものではない。この句についての作者の主觀はもつと〳〵深い人生そのものについての感慨であると考へられる。卽ち悠々は詩經に「悠々たる彼蒼」とあるやうに、遠く果てしないの意である。行けども〳〵果てしの無いこの人生の路、そこに一人として邦家の大計を説くべき人物の無いのが悲しいといふ深い〴〵感慨なのである。○昏亂は亂れて正しい道がなくなるのをいふ。○陸梁はあばれまはる、權力をふりまはす。○輕裘肥馬は論語にある字面で、輕いかはごろもに肥えた逞しい馬。富裕な生活のさまをいふ。○醉生夢死は何の爲す所もなく無意味に一生を送るをいふ。○興亡は國家が興つたり亡びたりすること。○百年の大計は遠い先きの先き迄の大きなはかりごと。

【要旨】小人共の跋扈する太平の世に、呑氣に贅澤に暮してゐる連中は、てんで話にならぬ。世路悠々、共に國家の大計を語るに足る人物の無いのが悲しい。

【一五二】深夜人去り草木眠つてゐる中に只獨り暗中に端坐して鐵槌を振つてゐる了海の姿が墨の如き闇にあつて猶ほ實之助の心眼に歴々として映つて來たそれは最早人間の心ではなかつた喜怒哀樂の情の上にあつて只鐵槌を振つてゐる勇猛精進の菩薩心であつた實之助は握りしめた太刀の柄が何時の間にか緩んでゐるのを覺えた彼はふと自分を顧みた既に佛心を得て衆生のために碎身の苦を嘗めてゐる高徳の聖に對し深夜のやみに乘じて剽盜の如く獸の如く瞋恚の劍を拔きそばめて近寄らうとする自分を顧みると彼は強い顫慄がみうちに傳うて流れるのを感じた（菊池寛）

【讀方】深夜《しんや》人《ひと》去《さ》り草木《さうもく》眠《ねむ》つてゐる中《なか》に、只獨《たゞひと》り暗中《あんちゆう》に端坐《たんざ》して鐵槌《てつつゐ》を振《ふる》つてゐる了海《れうかい》の姿《すがた》が、墨《すみ》の如《ごと》き闇《やみ》にあつて、猶《な》ほ實之助《じつのすけ》の心眼《しんがん》に歴々《あり〱》として映《うつ》つて來《き》た。それは最早人間《もはやにんげん》の心《こゝろ》ではなかつた。喜怒哀樂《きどあいらく》の情《じやう》の上《うへ》にあつて、只鐵槌《たゞてつつゐ》を振《ふる》つてゐる勇猛精進《ゆうまうしやうじん》の菩薩心《ぼさつしん》であつた。實之助《じつのすけ》は握《にぎ》りしめた太刀《たち》の柄《つか》が何時《いつ》の間《ま》にか緩《ゆる》んでゐるのを覺《おぼ》えた。彼《かれ》はふと自分《じぶん》を顧《かへり》みた。既《すで》に佛心《ぶつしん》を得《え》て、衆生《しゆじやう》のために碎身《さいしん》の苦《く》を嘗《な》めてゐる高徳《かうとく》の聖《ひじり》に對《たい》し、深夜《しんや》のやみに乘《じよう》じて、剽盜《ひはぎ》の如《ごと》く、獸《けもの》の如《ごと》く、瞋恚《しんゐ》の劍《つるぎ》を拔《ぬ》きそばめて近寄《ちかよ》らうとする自分《じぶん》を顧《かへり》みると、彼《かれ》は強《つよ》い顫慄《せんりつ》がみうちを傳《つた》うて流《なが》れるのを感《かん》じた。

【通解】　夜が更けて人は去り草木も眠つてゐる中に、只獨りくらやみの中にきちんと坐つて鐵の槌を振つて岩壁を砕いてゐる了海の姿が、墨のやうにまつくらい闇の中にあつて、而も猶ほ實之助の心の眼にあり〳〵と映じて來た。それはもう人間の心ではなかつた。喜怒哀樂といふやうな人間的の感情を遙かに超越して、只一心に鐵槌を振つてゐる菩薩の勇猛心であつた。――佛菩薩が一意專念に佛道を修行するその心であつた。實之助はしつかりと刀のつかを握りしめた自分の手がいつの間にか緩んでゐるのを感じた。彼はふと自分をふり返つて見た。斯うして既に佛の心になつて、世の中の人々のために身を粉にして苦勞してゐる高德の聖僧に對して、夜更けのやみを幸に、丸でおひはぎの如く、獸の如く、怒りにもえた劍を拔きそばめて近づいて行かうとする自分の身をふりかへつて見ると、彼は心から恥しくてからだ中がぶる〳〵ツとふるへるやうに感じた。

【考察】　「恩讐の彼方《かなた》に」といふ小說の中の一節で、了海と實之助はその中の主要人物である。了海は前身を市九郎といつて或武家の仲間《ちゆうげん》であつた。そして主人の愛妾と不義をしてその主人を殺し、かけおちをして女と共に剽盜をして暮してゐたが、或機會に飜然悔悟して遂に佛門に入り、衆生救濟を念として諸國を放浪した。こゝはその大念願として九州路の山間に一大岩壁を切開いて通路を作らうとしてゐる老後の大勞作の所である。そこへ主人を殺害した當時まだ嬰兒であつたその一子實之助が仇討に現はれ、一時は里人の取なしで後日を約したものの、悲憤の思ひ押へ難く、深夜の闇に乘じて只一打と忍び寄つて來た、その瞬間の實之助の心理描寫といふ場面である。〇喜怒哀樂の情の上にあつては喜怒哀樂といふ人間的な感情を超越してそれ以上の尊い心を以ての意。喜び怒り哀《かな》しみ樂しみといふ四つの情に限らず、人間的な一切の感情をこの四つで代表させて書いたのである。○勇猛精進の菩薩心は一心不亂に不退轉に佛道を修行する菩薩の心。勇猛はどんな事にも屈しない強い心。精進は一意專念全く他を顧みずにやること。菩薩は梵語の音譯で、智ある有情といふ義、卽ち上は佛教の悟の大道を求め、下は衆生を救ひ導くといふ大願を有し、自行化他の行ひを備へてゐる修行人の事で、佛の次に位する凡人以上の大士の稱である。從つて常識的には佛樣といふ中に屬する。今了海は凡ての人間的感情を超越して只專念に衆生のために岩壁を穿たうとしてゐる、その心自體が勇猛精進な菩薩心だといふのである。○佛心を得ては佛の心になりきつての意。○衆生は世の中の多くの人々。○聖は僧。○剽盜はおひはぎ。「ひはぎ」はその古語的な讀み方。○瞋恚の劍を拔きそばめては、もえ立つやうな怒りの餘りに彼を殺さうとして劍をぬきそばめての意。「拔きそばめ」は拔いてからだの方に引きつける事で、それは忍び寄つて人を殺さうとする時にやる事である。○強い顫慄がみうちを傳うて流れるはつよい身ぶるひがからだ中に傳はる、卽ちからだ中がぶる〳〵ツとふるへるのをいふ。

【要旨】しん〳〵と夜はふける。あたりは墨を流したやうに眞暗い。その中で了海は獨り端坐して鐵槌を振つてゐる。その姿は闇の中でもあり〳〵と實之助の心眼に映ずる。それはもう人間の心ではない、勇猛精進の菩薩の心だ。只一打と柄を握りしめた實之助の手は自然とゆるむ。衆生のために碎身の苦を嘗めてゐるあの高僧に對し、瞋恚の劍を拔きそばめて近寄らうとする自分の姿は、丸で剽盜だ、獸だ、と思ふ瞬間、實之助は心から恥入つて、身內がわなないた。

【一五三】　夜更けて枕の未だ安まらぬ時こほろぎの聲を聞くは眞の秋の情なるらんその聲を聞く時に希望もなく失望もなく恐怖もなく欣樂もなく世の心全く失せて秋のみ胸に充つるなり松蟲鈴蟲のみ秋を語るにあらず古書古文のみ物の理を我に教ふるにあらず一こほろぎのために我は眠の惜しまれて物思ひ

なき心に思ひを宿しけり（北村透谷）

【讀方】夜《よ》更《ふ》けて枕《まくら》の未《いま》だ安《やす》まらぬ時《とき》、こほろぎの聲《こゑ》を聞《き》くは、眞《まこと》の秋《あき》の情《じやう》なるらん。その聲《こゑ》を聞《き》く時《とき》に、希望《きばう》もなく、失望《しつばう》もなく、恐怖《きようふ》もなく、欣樂《きんらく》もなく、世《よ》の心全《こゝろまつた》く失《う》せて、秋《あき》のみ胸《むね》に充《み》つるなり。松蟲鈴蟲《まつむしすゞむし》のみ秋《あき》を語《かた》るにあらず。古書古文《こしよこぶん》のみ物《もの》の理《り》を我《われ》に教《をし》ふるにあらず。一《いつ》こほろぎのために、我《われ》は眠《ねむり》の惜《を》しまれて、物思《ものおも》ひなき心《こゝろ》に思《おも》ひを宿《やど》しけり。

【通解】夜が更けてまだゆつくりと寝つかぬ時、こほろぎの聲を聞くのは、ほんとの秋の情味であらう。その聲を聞く時、希望もなく、失望もなく、恐怖もなく、欣樂もなく、さうした世間的な心は全くなくなつて、只秋といふものだけが胸一杯になるのである。松蟲や鈴蟲だけが秋の趣を語るのではない。古書や古文だけが物の道理を自分に教へるのではない。只この一個のこほろぎのために、私は眠るのが惜しくなつて、何の物思ひもない心に思ひを宿して、只何となく思ひに耽るのであつた。

【考察】こほろぎに秋を味ふといふのである。常識的にいへば、秋の趣を語るものは松蟲鈴蟲であるが、それと限らず、この一こほろぎに却つて深い秋の情味があるといふのである。「古書古文のみ物の理を我に教ふるにあらず」は、附帶的に書き添へられた文句である。松蟲鈴蟲と限らず、一個のこほろぎからも深く秋を味はせられるやうに、吾々はどんなつまらぬものからでも物の理を教へられるものだといふ氣持が一寸働いて、自然とこんな文句が出てきたものであらう。○枕の未だ安まらぬ時はまだゆつくりと眠につかぬ時。○世の心は世間並みの心情。○一こほろぎは數的にいふ一つの意でなくて、何でもない只一個のこほろぎといふ意。

【要旨】 夜更けてまだ寝つかれぬ時、こほろぎの聲を聞いてゐると、一切の念慮がなくなつて、只秋といふ感じだけが胸一杯になる。秋の感じを語るものは松蟲や鈴蟲だけと限らず、物の理を教へるのは古書古文だけと限らない。こほろぎ一つに私は眠るのがをしくなつて、つひ漠然と物思ひに耽つた。

【一五四】 夢見まほしやと思ふ時あやにくに夢のなき事あり夢なかれと思ふ時うとましき夢のもつれ入る事あり寤むる時亦かくの如し意はざらんと思ふに意はんと思ふに意はずさりとて意の如くならぬをば意の如くせましと思ふにもあらず靜かに傾き盡きなんとする月を見ればよろづ意のまゝにならぬものぞなき徐ろに咲出づらん花を待つによろづ心に任せぬものぞなき如意却つて不如意不如意却つて如意悲しむも何かせん歡ぶも何かせん無心を傭ひ來つて悲しみをも歡びをも同じ意界に放ちやりてこそまことの樂しみは來るなれ（北村透谷）

【讀方】 夢見《ゆめみ》まほしやと思《おも》ふ時《とき》、あやにくに夢《ゆめ》のなき事《こと》あり。夢《ゆめ》なかれと思《おも》ふ時《とき》、うとましき夢《ゆめ》のもつれ入《い》る事《こと》あり。寤《さ》むる時亦《ときまた》かくの如《ごと》し。意《おも》はざらんと思《おも》ふに意《おも》ひ、意《おも》はんと思《おも》ふに意《おも》はず。さりとて、意《い》の如《ごと》くならぬをば意《い》の如《ごと》くせましと思《おも》ふにもあらず。靜《しづ》かに傾《かたむ》き盡《つ》きなんとする月《つき》を見《み》れば、よろづ意《い》のまゝにならぬものぞなき。徐《おもむ》ろに咲出《さきい》づらん花《はな》を待《ま》つに、よろづ心《こゝろ》に任《まか》せぬものぞなき。如意却《にょいかへ》つて不如意《ふにょい》、不如意却《ふにょいかへ》つて如意《にょい》。悲《かな》しむも何《なに》かせん、歡《よろこ》ぶも何《なに》かせん。無心《むしん》を傭《やと》ひ來《きた》つて、悲《かな》しみをも歡《よろこ》びをも同《おな》じ意界《いかい》に放《はな》ちやりてこそ、まことの樂《たの》しみは來《きた》るなれ。

【通解】 夢を見たいなアと思ふ時、あいにく夢のない事がある。夢を見ずに居たいと思ふ時、いやな夢のもつれ込む事がある。目がさめてゐる時もやはりその通りだ。考へまいと思ふ時に考へ、考へたいと思ふ時に考へられぬ。さればといつて、思ふ通りにならぬ事を何でも彼でも思ふ通りにしたいと思ふわけでもない。じツと靜かに傾ききつて了はうとする月を見てゐれば、萬事思ふまゝにならぬものはない。ゆつくりと構へて咲出さうとする花を待つ時、萬事心に任せぬものはない。さういふ時こそ、實に何も彼も思ふ通りだといふ氣持になるものだ。如意が却つて不如意、不如意が却つて如意で、思ひ通りになるのがならず、ならぬのが却つてなるといふものだ。不如意を悲しんでも何にしよう、如意を歡んだ所で何にならう。それよりも無心を賴んで來て、悲しみをも歡びをも同じ心持の中に放つてやつて、悲しみも歡びも一つにして全くの無心になりきつた時にこそ、ほんとの樂しみは來るのである。

【考察】 世の中は思ふやうにならぬ。といつて、傾く月を見、咲き出でんとする花を見る時、心に何の不滿もない。所詮は悲喜を一つにして無心になる時、ほんとの樂しみが來るのだといふのである。妙に持つて廻つたやうな言ひ方だが、世の中の事は、いゝがいゝと限らず、悪いが悪いと限らぬ、さういふ事を一々氣にしてゐても仕方がない、月を見、花を見る時の無心の狀態が一番いゝといふ事であらう。さういふ意味に於て、「靜かに」「徐ろに」の副詞は「見れば」「待つに」に掛つて、傾き盡きなんとする月を見、咲出づらん花を待つ時の心の狀態をいうたものと考へるのが自然であらう。○うとましきはいやな。○意はざらんは考へまいの意で、「意」の字を使つたのは、或何事かをはつきり考へるといふ心持からの用字であらう。○よろづ意のまゝにならぬものぞなきは萬事意のまゝになるやうな心持になるといふのだらう。○如意却つて不如意不如意却つて如意といふのは、意のまゝになりさうな事が却つて意のまゝにならず、意のまゝになりさうもない事が却つて意のまゝになるといふ思想と、自分で意のまゝになつたと思ふ事が却つて意のまゝになつて居らず、意のまゝでないと思ふ事が却つて意のまゝになつてゐるといふ思想と、この二つの心持を以ていうてゐるものと考へられる。○無心を備ひ來つては無心になつてといふのを活喩的に擬人化していうたもの。○同じ意界は同一の心境。吾々は悲しむ時と歡ぶ時と別々の心境を持つてゐるが、如意却つて不如意、不如意却つて如意である以上、如意だといつて歡び、不如意だといつて悲しむのは無意味である、だからさうした心境を渾然一つのものにして、全く無心になつた時、そこに眞の樂しみが來るといふのである。

【要旨】 何事でも思ふ通りには行かぬものだ。さればといつて意の如くならぬものを意の如くしようといふわけでもない。傾く月を見、咲く花を待つ時の靜かな氣分では、萬事が皆意のまゝだ。世の中は善いが善いにならず、惡いが惡いにならぬものだから、悲しみも歡びも一つ氣持にして、全く無心になつた時にこそ、眞の樂しみが來るのだ。

【一五五】 他を議せんとする時尤も多く己の非を悟る頃者激する所ありて生來甚だ好まざる駁擊の文を草す草し畢りて靜かに內省するに人を難ずる筆は同じく己を難ぜんとするに似たり是非曲直輕々しく判じ難し如かず修養鍊磨して叨りに他人の非を測らざることをつとめんに（北村透谷）

【讀方】 他《た》を議《ぎ》せんとする時《とき》、尤《もつと》も多《おほ》く己《おのれ》の非《ひ》を悟《さと》る。頃者激《けいしやげき》する所《ところ》ありて、生來甚《せいらいはなは》だ好《この》まざる駁《はく》擊《げき》の文《ぶん》を草《さう》す。草《さう》し畢《をは》りて靜《しづ》かに內省《ないせい》するに、人《ひと》を難《なん》ずる筆《ふで》は同《おな》じく己《おのれ》を難《なん》ぜんとするに似《に》たり。是非曲直輕々《ぜひきよくちよくかろ〴〵》しく判《はん》じ難《がた》し。如《し》かず修養鍊磨《しうやうれんま》して、叨《みだ》りに他人《たにん》の非《ひ》を測《はか》らざることをつとめんに。

【通解】 他人の事をかれこれと論難しようとする時に、特に多く自分のいけない事が分る。この程癪にさはる事があつて、生れつき甚だ好まぬ非難攻撃の文を書いた。書いて了つて靜かに自分の心に反省して見ると、人を非難する文句は同時に自分を非難しようとする文句になつてゐるやうだ。い、とか悪いとかいふ事は軽々しく判じ難い。それよりも自分の心を修養練磨して、やたらに他人の非を考へないやうに努めた方がずツとましだ。

【考察】 他人の非を議するの愚を強調してゐる。○議せんとするは論じようとする、非難しようとする。○頃者はこの頃。○駁撃は他人の言論を非難攻撃する。駁の字一般にバクとも讀んでゐる。

【要旨】 他を議せんとする時、特に自分の非が分る。私はこの頃きらいな攻撃の文を書いたが、それは丸で自分を非難してゐるやうなものだ。是非曲直は軽々しく判じられるものではない。他人の非を測るひまに自ら修養する方が餘程ましだ。

【一五六】 墳墓何の權かある宇内を睥睨し日月を叱咤せし英雄何すれぞ墳墓の前に弱兎の如くなる誰か不朽といふ字を字書の中に置きて而して世の俗眼者流をして縦に流用せしめたる嗚呼墳墓汝の冷々たる舌汝の常に餓ゑたる口何者をか噬まざらん何物をか呑まざらん而して墳墓よ汝もまた遂に空々漠々たり水流滔々として洋海に赴けども洋海は終に溢れて大地を包まず冉々として行暮する人世終に新なるを知らずまた故なるを知らず（北村透谷）

【讀方】 墳墓《ふんぼ》何《なん》の權《けん》かある。宇内《うだい》を睥睨《へいげい》し、日月《じつげつ》を叱咤《しつた》せし英雄《えいゆう》、何《なん》すれぞ墳墓《ふんぼ》の前《まへ》に弱兎《じやくと》の如《ごと》くなる。誰《たれ》か不朽《ふきう》といふ字《じ》を字書《じしよ》の中《うち》に置《お》きて、而《しか》して世《よ》の俗眼者流《ぞくがんしやりう》をして縦《ほしいまゝ》に流用《りうよう》せしめたる。嗚呼《あゝ》、墳墓《ふんぼ》、汝《なんぢ》の冷々《れい〱》たる舌《した》、汝《なんぢ》の常《つね》に餓《う》ゑたる口《くち》、何者《なにもの》をか噬《か》まざらん、何者《なにもの》をか呑《の》まざらん。而《しか》して墳墓《ふんぼ》よ、汝《なんじ》もまた遂《つひ》に空々漠々《くう〱ばく〱》たり。水流滔々《すゐりうたう〱》として洋海《やうかい》に赴《おもむ》けども、洋海《やうかい》は終《つひ》に溢《あふ》れて大地を包《つゝ》まず。冉々《ぜん〳〵》として行暮《かうぼ》する人世《じんせい》、終《つひ》に新《しん》なるを知《し》らず、また故《こ》なるを知《し》らず。

【通解】墓――死にはどういふ権力があるのか。大威張で天下を睥睨し、すばらしい勢で日月を叱咤した英雄も、何だつて墓――死の前には丸で弱い兎のやうであるのか。誰が不朽といふ字を――事實ありもしないそんな文字を字書の中に書いて、そして世の凡俗共に勝手に使はせて、さも〳〵不朽などいふ事實があるやうな顔をさせてゐるのか。嗚呼、墓――死よ、お前の冷たい舌、お前のいつも餓ゑてゐる口、それは何物を噬まずに置かう、何物を呑まずに置かう。そして墓――死よ、さうした恐ろしいお前とても亦所詮は空々漠々、何が何やらとりとめのないものだ。水は滔々と流れて海にやつて行くが、海はどこまでも溢れて大地を包むやうな事はない。とぼ〳〵として行き暮れて了ふ人世、それもやはりその通りで、終に新たな事も知らず、又ふるい事も知らず、いつも變らぬ人世であるに過ぎない。

【考察】墳墓を死の象徴として點出して、活喩的に擬人化して述べてゐるのである。○睥睨はじろりと流し目に見る、大威張で見下して居る形容。○叱咤は大聲でしかる。日月を叱咤すはその勢のすばらしく物凄い形容。○俗眼者流は物事に對して凡俗の見方をするつまらぬ人々。○流用は融通して使ふ事だが、こゝは使つて世に行はれるやうにするの意と考へられる。○洋海は太洋や海、つまり海のこと。○冉々はとぼ〳〵と進んで行く形容。○行暮は行く行く年が暮れる意で、人世を旅行に喩へた表現である。○終に新なるを知らずまた故なるを知らずとは、人世に新しいもふるいもない、いつも人世そのものは同じ事だ。いくら死がどし〳〵人を呑んでも、恰も大海の水が河流を呑みながら溢れぬやうに、人世そのものは依然たるものだといふのである。

【要旨】　英雄も墳墓――死の前には實に弱いものだ。世に不朽などいふ事はない。死は凡てを呑んで了ふ。然しその死自體も亦空漠なものだ。いくら河流を呑んでも洋海は溢れて大地を包まぬやうに、死がいくら人を呑んでも、人世は依然たるもので新もなく故もない。

【一五七】　わが切なる願は眠より醒めんことなり夢を振ひおとさんことなりこの不思議なる美妙なる無窮無邊なる宇宙と此の宇宙に於ける此の人生を直視せんことなりわれを此の不思議なる宇宙の中に裸體のまゝ見出さんことなり不思議を知らんことに非ず不思議を痛感せんことに非ず死の事實を驚異せんことなり信仰を得んことに非ず信仰なくんば片時たりとも安んずる能はざる程に此の宇宙人生の有りのまゝの恐しき事實を痛感せんことなり（國木田獨歩）

【讀方】　わが切《せつ》なる願《ねがひ》は、眠《ねむり》より醒《さ》めんことなり、夢《ゆめ》を振《ふる》ひおとさんことなり。この不思議《ふしぎ》なる、美妙《びめう》なる、無窮無邊《むきゆうむへん》なる宇宙《うちう》と、此《こ》の宇宙《うちう》に於《お》ける此《こ》の人生《じんせい》を直視《ちよくし》せんことなり。われを此《こ》の不思《ふし》議《ぎ》なる宇宙《うちう》の中《なか》に裸體《らたい》のまゝ見出《みいだ》さんことなり。不思議《ふしぎ》を知《し》らんことに非《あら》ず、不思議《ふしぎ》を痛感《つうかん》せんことなり。死《し》の祕密《ひみつ》を悟《さと》らんことに非《あら》ず、死《し》の事實《じじつ》を驚異《きやうい》せんことなり。信仰《しんかう》を得《え》んことに非《あら》ず、信《しん》仰《かう》なくんば片時《かたとき》たりとも安《やす》んずる能《あた》はざる程《ほど》に此《こ》の宇宙人生《うちうじんせい》の有《あ》りのまゝの恐《おそろ》しき事實《じじつ》を痛感《つうかん》せんことなり。

【通解】　私の痛切な願は、眠から醒める事だ、夢を振ひ落す事だ。――ほんとうに心の底からはっきり覺醒する事だ。この不思議な、何ともいへず美しい、果てしなく限りなき宇宙と、そして此の宇宙の中にあるこの人生とをまともに正しく視るといふ事だ。自分自身をこの不思議な宇宙の中にすッぱだかのまゝ見出して、僞り飾らぬほんとの自分の姿を見るといふ事だ。不思議を知るといふ事ではない、不思議を心に痛感する事だ。死の祕密を悟るといふ事ではない、死といふ事實を心から驚きあやしむ事だ。信仰を得るといふ事ではない、信仰がなかつたら片時でも安心してゐる事の出來ぬ程に此の宇宙人生のありのまゝの恐しい事實を痛感して、心の底から恐しいなアと感じる事だ。

【考察】 筆者は、因襲的な表面的な不徹底な人生觀から脱却して、端的に宇宙を見、人生を見、自分を見、死を見て、小ざかしくその理を知るでなく、森嚴微妙なその事實を心から痛感し、それに驚きたいと言つてゐるのである。「醒めん」「おとさん」等凡て推量の助動詞を用ひてゐる心理には、その中に「さうしよう」といふ意志と「さうしたい」といふ願望の意とを含めてゐるのであらうが、率直にいへばつまり「さうする」といふ事である。○宇宙は天地、即ちありとあらゆる存在物を包容する空間の稱である。

【要旨】 宇宙は不思議だ、美妙だ、無窮無邊だ。私ははツきりと目覺めて、さうした宇宙と宇宙の中の人生とを直視したい。すツぱだかの自分を見たい。ほんとに不思議を痛感し、死の事實に驚きたい。信仰を得たいといふではなくて、信仰なしには片時も安心してゐられぬ程に宇宙人生の恐しい事實を痛感したい。

【一五八】 我々の生活が實利實際といふものから淨化され醇化されて「離れて見る」ことの出來る「夢」の境地に入つてこそ其處に始めて我々の生命は高められ深められ强調され擴大されるのである渾沌として無秩序無統一のやうな此の世界が一つの纏つた秩序があり統一がある世界として觀照されるのは唯夫れ「夢の生活」に於てだけである實際的といふことから生ずる雜念の曇を拂うて清朗一碧さながら明鏡

止水のやうな心境に入る時其處に藝術的觀照生活の極致が到來するのである（厨川白村）

【讀方】 我々《われ〳〵》の生活《せいくわつ》が實利實際《じつりじつさい》といふものから淨化《じやうくわ》され、醇化《じゆんくわ》されて、「離《はな》れて見《み》る」ことの出來《でき》る「夢《ゆめ》」の境地《きやうち》に入《い》つてこそ、其處《そこ》に始《はじ》めて我々《われ〳〵》の生命《せいめい》は、高《たか》められ、深《ふか》められ、强調《きやうてう》され、擴大《くわくだい》されるのである。渾沌《こんとん》として無秩序無統一《むちつじよむとういつ》のやうな此《こ》の世界《せかい》が、一《ひと》つの纏《まとま》つた、秩序《ちつじよ》があり統一《とういつ》がある世界《せかい》として觀照《くわんせう》されるのは、唯夫《たゞそ》れ「夢《ゆめ》の生活《せいくわつ》」に於《おい》てだけである。實際的《じつさいてき》といふことから生《しやう》ずる雜念《ざつねん》の曇《くもり》を拂《はら》うて、淸朗一碧《せいらういつぺき》、さながら明鏡止水《めいきやうしすゐ》のやうな心境《しんきやう》に入《い》る時《とき》、其處《そこ》に藝術的觀照生活《げいじゆつてきくわんせうせいくわつ》の極致《きよくち》が到來《たうらい》するのである。

【通解】 我々の生活が實利實際といふものから離れて淸くされ、醇なものにされて、物事に卽せずに「離れて見る」事の出來る「夢」の境涯に這入つてこそ、そこに始めて我々の生命は、高くなり、深くなり、强くなり、大きくなるのだ。全くごちゃ〳〵で秩序も統一もないやうな此の世界が、一つの纏つた、秩序があり統一のある世界として明かに離れて見る事の出來るのは、唯この「夢の生活」の時だけである。實際的といふ事から起つて來る心の雜念の曇を拂つて、心がからツとほがらかに晴れて、宛然曇りのない鏡や澄みきつてじーツと靜かになつてゐる水のやうな心の狀態に入つた時、そこに藝術的にほんとによく離れて物の本體を見るといふ生活の一番の極所がやつて來るのである。

【考察】 筆者は旣に第七三問でも學んだやうに「夢」の世界こそ藝術の世界であると强調してゐる。實際に眠つて夢を見てゐるでなくても、實利實際といふ現實の生活から離れて、心が淨化され醇化された時には、それはもはや現實の生活でなくて「夢の生活」である。さういふ時にほんとに心が澄み切つて藝術的な觀照生活が出來るといふのが、この一文の主張である。○淨化はすつかりきれいになること。○醇化はまざり氣のないほんとに純なものになること。○離れて見るは物の中に沒頭しないで離れて物を見るといふ意で、それが卽ち「觀照」する事である。○强調は調子が强くなる、つまり强くなる事である。○渾沌は物と物との差別もなくどんよりとしてゐること。○觀照は「離れて見る」事で、鮮かな純な心で離れて物の本體を見、そのあるがまゝを正しく考へ味ふことである。○淸朗一碧は一點の曇もなく晴れ渡つた空。こゝはさういふ朗かな心をいふ。○明鏡止水は曇のない鏡と澄み止つた水。心の本體の虚明なる喩にいふ語。莊子に「鑑《かゞみ》明かなれば則ち塵垢止まらず、止まれば則ち明かならざるなり」とあり、又「仲尼《ちゆうぢ》曰く、人流水に鑑みる莫くして止水に鑑む」とある所から出た語。○藝術的觀照生活とは、藝術的によく靜かな氣分で離れて物の本體を見るやうな生活。實利實際を離れた藝術の立場で靜かに物を味ふといふやうな生活。○極致は一番のおく。

【要旨】　實利實際といふ事で吾々の心はよごれてゐる。夢のやうに「離れて見る」心境になつて、實利實際から心が淨化される時、吾々の生命は高く深く强く大きくなる。この秩序も統一もない世界が、夢の氣分で向ふ時に、始めて秩序あり統一ある世界として觀照される。實際的といふ雜念を拂つて、ほんとに澄みきつた心境に入らなくては、藝術的觀照生活の極致には至れない。

【一五九】　甲人乙人を議す議せらるゝ者は議せられしによりて一絲をも增さず一毫をも減ぜざるなり唯憐む議する者は乃ち人を增減上下する能はずして却つて自己の學問見識の深淺高低抱負襟懷の大小寬狹を露出し而して又丙人の議する所となる事を噫鼎を扛げて臏を絕つ尙ほ可なり日を議して盲を證すまた太甚しからずや　（幸田露伴）

【讀方】甲人乙人《かふじんおつじん》を議《ぎ》す、議《ぎ》せらるゝ者《もの》は、議《ぎ》せられしによりて一絲《いつし》をも增《ま》さず、一毫《いちがう》をも減《げん》ぜざるなり。唯憐《たゞあはれ》む、議《ぎ》する者《もの》は、乃《すなは》ち人《ひと》を增減上下《ぞうげんじやうげ》する能《あた》はずして、却《かへ》つて自己《じこ》の學問見識《がくもんけんしき》の深淺高低《しんせんかうてい》、抱負襟懷《はうふきんくわい》の大小寬狹《だいせうくわんけふ》を露出《ろしゆつ》し、而《しか》して又丙人《またへいじん》の議《ぎ》する所《ところ》となる事《こと》を。噫《あゝ》、鼎《かなへ》を扛《あ》げて臏《ひん》を絶《た》つ、尙《な》ほ可《か》なり、日《ひ》を議《ぎ》して盲《まう》を證《しよう》す、また太甚《はなはだ》しからずや。

【通解】甲の人が乙の人をかれこれと言つても、言はれる者は、言はれた事によつて絲一筋も增さず、毛一本ほどもへらない、自分の値打に何の增減もないのである。唯可哀さうな事に、さうして人をかれこれ言ふ者は、その通り人の値打を增しもへらしも上げも下げもする事が出來ないで、却つて自分の學問や見識の深い淺い高い低いと、その抱いてゐる考や心の度量の大きい小さい廣い狹いをむき出しにして、それによつて又丙の人から何の彼のと言はれるのだ。あゝ、重い鼎を持上げて膝頭の骨を碎く、さういふ馬鹿骨折をするのはまだしもいゝ、太陽の事をかれこれ言つてそのために自分の盲目を立證する、さういふつまらぬ事をするのは實にどうも甚しいではないか。

【考察】他を議するの愚を强調したのである。○議すは彼此と批評する意で、多くは誹議卽ち惡口をいふ意に使はれる、こゝもその例だらう。○一絲一毫はごく小量をいふ。○抱負は胸中に抱いてゐる考へ望み。○襟懷は心の中、度量。○鼎を扛げて臏を絶つは重い鼎を持擧げて臏卽ちひざ頭の骨を絶ちきる。つまらぬ骨折をして馬鹿な目を見るといふ喩で、史記に「王、孟說と鼎を擧げて臏を絶つ」といふ文句がある。○尙ほ可なりはまだしもよい。それが結構だといふのではない、實に下らぬ事だが、それでもまだしもだといふのである。○日を議して盲を證すは蘇東坡の「日喩《ひのたとへ》」といふ有名な文を背景にしたもので、その中に盲人が目明きに日の狀を聞いて全く見當違ひの考をした事が書いてある。それを轉用して、知りもせずに太陽をあんなだこんなだと論ずれば、それによつて自分の盲がすぐ立證されるといふ意にしたのである。つまりは徒らに他を議して自己の不見識を暴露するの愚に喩へたわけである。

【要旨】　甲が乙を議する時、乙はそれによつて價値を上下されないで、却つて議する方の甲がそれによつて自己の識見抱負の大小を露出して、却つて丙に議せられる事になる、誠に愚の骨頂だ。

【一六〇】　多く言ふこと勿れ汝が言と汝が心とこれ一ならば汝終に舌頭に跳り舞ふ底の傀儡となるべし汝が言と汝が心とこれ別ならば汝が家裏の兒驕り母嗟する底の悪光景見るに堪へざらむ舌に從つて動かば芭蕉葉闊くして風に其の幹を折らるる時あらむ意を奉じて舌ひるがへらば鶏鳴狗盜の客を用ふるもの畢竟英雄にあらじと罵られむ（幸田露伴）

【讀方】　多《おほ》く言《い》ふこと勿《なか》れ。汝《なんぢ》が言《げん》と汝《なんぢ》が心《こゝろ》とこれ一《いつ》ならば、汝終《なんぢつひ》に舌頭《ぜつとう》に跳《をど》り舞《ま》ふ底《てい》の傀儡《くわいらい》となるべし。汝《なんぢ》が言《げん》と汝《なんぢ》が心《こゝろ》とこれ別《べつ》ならば、汝《なんぢ》が家裏《かり》の兒驕《じおご》り、母嗟《はゝさ》する底《てい》の悪光景見《あくくわうけいみ》るに堪《た》へざらむ。舌《した》に從《したが》つて動《うご》かば、芭蕉葉闊《ばせうはひろ》くして、風《かぜ》に其《そ》の幹《みき》の折《を》らるゝ時《とき》あらむ。意《い》を奉《はう》じて舌《した》ひるがへらば、鶏鳴狗盜《けいめいくたう》の客《かく》を用《もち》ふるもの、畢竟英雄《ひつきやうえいゆう》にあらじと罵《のゝし》られむ。

【通解】　多く物を言うてはならぬ。汝の言ふ言葉と汝の心とが一つに合つてゐたら、心が舌の先に來てゐるわけだから、汝自身は終に舌の先で跳り舞ふといふ風の一個のあやつり人形になるであらう。汝の言ふ言葉と心とが別々であつたなら、言葉が心の思ふ通りにならぬのであるから、汝の家の中の子が我儘一杯で、母が途方に暮れ嘆くといつた風の見苦しい有様見るに堪へられまい。舌の動くがまゝに動いてゐたら、芭蕉の葉が廣くて、それがために風で其の幹が折られるやうに、言葉ゆゑに身の破滅を來す時があらう。自分の意の向ふがまゝに舌がぺら〳〵廻るとしたら、それは丸で鷄の鳴き聲を眞似たり犬のまねをしてどろぼうをしたりするつまらぬ策士を使ふ類で、つまりは英雄であるまいと人に罵られるであらう。

【考察】 多言の非を強調した文である。この文の立文主觀は、心が主で言葉は從だといふ事であつて、それが前後對立的に、

前
- a主ト從ト同一＝汝が言と汝が心とこれ一ならば…………
- b主ト從ト別々＝汝が言と汝が心とこれ別ならば…………

後
- b′主ガ從ニ從フ＝舌に從つて動かば…………
- a′從ガ主ニ從フ＝意を奉じて舌ひるがへらば…………

斯ういふ構文を成してゐる事が明かであらう。之を譬喩の方について考へて見れば、

前
- a汝（主）終に舌頭（從）に跳り舞ふ底の傀儡となるべし
- b汝が家裏の兒（從）驕り母（主）嗟する底の惡光景見るに堪へざらむ

後
- b′芭蕉葉（從）闊くして風に其の幹（主）を折らるゝ時あらむ
- a′〔汝は〕（主）鷄鳴狗盜の客（從）を用ふるもの畢竟英雄にあらじと罵られむ

といふ關係である。更に之を思想的に見れば、

前
- a心ト言ト同一ナラ＝心ノ尊サガナクナル
- b心ト言ト別々ナラ＝言葉ノタメニ心ガ苦シメラレル

後｛b′心ガ言葉ニ従ヘバ＝言葉ユヱニ心身ノ破滅ヲ招ク
　　a′言葉ガ心ニ従ヘバ＝心ガ言葉ヲ利用スルワケデツマラヌ

「汝が家裏の兒驕り」の所を、若し心と違つた事を言つてゐると、遂には汝の家の子が汝を甘く見て増長し、母がもてあまして嘆くやうな家庭内の見にくい光景を生じて見るに堪へぬやうにならう、といふやうに、實義に解した書もあるが、それでは如上の構文が丸でこはれて了ふ。比喩と實義とをしつかり見分けなくてはならない。○傀儡はでく、からくり、あやつり人形。○家裏は家のうち。○底のは「の如き」「といふやうな」の意。○鶏鳴狗盜は齊の孟嘗君の食客の中に、鶏の鳴聲のうまい人があつてそれに依つて函谷關の門をうまく開かせて逃げ延びたり、狗のまねをして盜む事の上手な人があつて秦の廷室から大切な狐白裘を盜み出したりした故事。『漢文解釋法』（論創社）【二二五】所載の王安石の文にその事があつて、「孟嘗君は特《ひと》り鶏鳴狗盜の雄のみ」と書いてゐる。

【要旨】多言は駄目だ。言と心と同一なら、心が舌の先で跳つてゐるやうなものだ。言と心と別々なら、言葉のために心が惱まされる。心が言に從へば、心身の破滅になる。心のまゝに舌が廻れば、心が言葉を利用するわけで、これも誠につまらぬ。

【一六一】生命は流動する流れてやまないところに生命の生命たる所以がある隨つて人生に完成といふことのあるべき筈がない無限に流動してやまないのが生命である若しこれを完成未完成といふやうな立場から見るならばいかなる刹那も卽ち完成であると共に永遠にそれは未完成であるそこに生命の永遠性がある（相馬御風）

【讀方】生命《せいめい》は流動《りうどう》する。流《なが》れてやまないところに生命《せいめい》の生命《せいめい》たる所以《ゆゑん》がある。隨《したが》つて人生《じんせい》に完成《くわんせい》といふことのあるべき筈《はず》がない。無限《むげん》に流動《りうどう》してやまないのが生命《せいめい》である。若《も》しこれを完成《くわんせい》・未完《みくわん》成《せい》といふやうな立場《たちば》から見《み》るならば、いかなる刹那《せつな》も即《すなは》ち完成《くわんせい》であると共《とも》に、永遠《えいゑん》にそれは未完成《みくわんせい》である。そこに生命《せいめい》の永遠性《えいゑんせい》がある。

【通解】　生命はじツと止つてゐないで常に流動する。流れて止まぬ所に生命の生命たる理由がある。従つて人生に完成といふこと――これでほんとに完成したといふ事のあるべき道理がない。どこ迄も限りなく流動して止まぬのが生命である。だから若し完成とか未完成とかいふ立場から見るなら、いつ如何なる瞬間でもそれがそのまゝ完成であると同時に、又それは永遠に未完成である。そこに生命が無限に流動して止まぬといふ永遠性がある。

【考察】　生命が若し完成してそのまゝの状態で停止してゐるとすれば、それは既に枯死であつて生命とはいへぬ筈だ。吾々の生命は生命である限り無限に流動する。だから凡ての刹那が生命の完成であると同時に未完成でもあるといふのである。吾々は今死んでもよいといふ覺悟と共に、生きてゐる以上刻一刻と常に向上進展して止まぬ覺悟がなければならぬ。これでよいといふ安い心と同時に、これではならぬといふ勵み心を持つ事である。こんな風に考へたら、この文の意味がよく分るであらう。

【要旨】　生命の生命たる所以は無限に流動して止まぬ永遠性のある事だ。だから人生に完成といふ事はない。刹那刹那が完成であると共に、永遠にそれは未完成である。

【一六二】　平凡をさげすみ嫌ひ甚だしきはそれを詛ふやうにさへなりがちな私たちの心――それはつまり鈍つてゐるからだ徒に變化を求めつゝ終に何物にも滿たされないやうな心――それはつまり鈍つてゐるのだ心さへ常に新たであれば何物のうちにも常に新たな味を味ふことができるはずだ徒に變化をの

み求めながら終に何物をも得ることの出來ない生活よりも日々に新たな心を以てこの平凡な生活のうちに限りなき味を味ひ得るやうな生活が眞に私たちにとつての幸福な生活でなければならぬ童心の尊さを私たちが讃美して止まない所以もそこにあるのだ「成人の後までも幼兒の心を失はない」人を最も尊しとした哲人の考もそこにあつたのであらう（相馬御風）

【讀方】　平凡《へいぼん》をさげすみ嫌《きら》ひ、甚《はなは》だしきはそれを詛《のろ》ふやうにさへなりがちな私《わたくし》たちの心《こゝろ》――それはつまり鈍《にぶ》つてゐるからだ。徒《いたづら》に變化《へんくわ》を求《もと》めつゝ、終《つひ》に何物《なにもの》にも滿《み》たされないやうな心《こゝろ》――それはつまり鈍《にぶ》つてゐるのだ。心《こゝろ》さへ常《つね》に新《あら》たであれば、何物《なにもの》のうちにも常《つね》に新《あら》たな味《あぢはひ》を味《あぢは》ふことができるはずだ。徒《いたづら》に變化《へんくわ》をのみ求《もと》めながら、終《つひ》に何物《なにもの》をも得《う》ることの出來《でき》ない生活《せいくわつ》よりも、日々《ひゞ》新《あら》たな心《こゝろ》を以《もつ》て、この平凡《へいぼん》な生活《せいくわつ》のうちに限《かぎ》りなき味《あぢはひ》を味《あぢは》ひ得《う》るやうな生活《せいくわつ》が、眞《しん》に私《わたくし》たちにとつての幸福《かうふく》な生活《せいくわつ》でなければならぬ。童心《どうしん》の尊《たふと》さを私《わたくし》たちが讃美《さんび》して止《や》まない所以《ゆゑん》もそこにあるのだ。「成人《せいじん》の後《のち》までも幼兒《をさなご》の心《こゝろ》を失《うしな》はない」人《ひと》を最《もつと》も尊《たふと》しとした哲人《てつじん》の考《かんがへ》も、そこにあつたのであらう。

【通解】　平凡な事をさげすみ嫌ひ、甚しい場合はそれを詛ふやうにさへなり勝ちな吾々の心――それはつまり心が鈍つてゐるからだ。只徒に變化を求めて、而も終に何物にも滿たされずいつも不滿でゐるやうな心――それはつまり心が鈍つてゐるのだ。心さへ常に新しくあれば、どんな物の中にでも常に新しい味を味ふ事が出來る筈だ。只徒に變化ばかり求めながら、終に何一つ得る事の出來ない生活よりも、毎日々々新しい心で、この平凡な日々の生活の中に無限の味を味ひ得るやうな生活の方が、ほんとに吾々に取つて幸福な生活に相違ない。幼な心の尊さ――世の中のけがれに染《し》みない童心の尊さを吾々が讃美して止まないわけもそこにあるのだ。「大人《おとな》になつて後までも幼兒の心を失はぬ」人が一番尊いと或哲人が考へたわけも、そこにあつたのであらう。

【考察】常に、新しい心で平凡の中に無限の味を味ふ尊さである。○童心は子供の心。轉じては、大人になつても世俗に穢されず、子供のまゝの心を持つてゐるのにもいふ。こゝはその二義に亘つた趣。

【要旨】平凡をさげすみ嫌ひ詛ひさへもする心、常に變化を求めて終に滿たされぬ心、それは鈍つた心だ。心さへ新しければ、何物からも新しい味が味へる。常に新しい心で、日常の平凡な生活中に無限の味を味ひ得るのが、眞に幸福な生活だ。童心の尊さは實にそこにある。

【一六三】寂然とした古池に小さい一個の生けるものが音を生んだ天地をこめてゐた寂莫がその小さい一個の生けるものの運動によつて忽然として破られたその經驗をもとにして恐らく芭蕉の心には限りないさま〲な感想が湧起つたであらうしかし結局彼にとつてはその瞬間全心全靈に感じた驚きが最初にして最後であつた彼はその經驗から更にいかに天地の眞理についての冥想に導かれたことであらうしかも結局何とかして自己のその貴い心的經驗を表現しようとする段になつて彼はやはり

　古池や蛙とびこむ水の音

とそれだけの現象を如實に歌ふより外に如何ともすることが出來なかつた

「結局これだけだこれがすべてだこれより外に何もない」

かう彼は自らも心に叫んだに違ひないそしてそこにこそ彼がこの句によつて正風の眼を開いた所以があるのだと思ふ（相馬御風）

【讀方】寂然《じやくねん》とした古池《ふるいけ》に、小《ちひ》さい一個《いつこ》の生《い》けるものが音《おと》を生《う》んだ。天地《てんち》をこめてゐた寂莫《せきばく》が、その小《ちひ》さい一個《いつこ》の生《い》けるものの運動《うんどう》によつて、忽然《こつねん》として破《やぶ》られた。その經驗《けいけん》をもとにして、恐《おそ》らく芭蕉《ばせを》の心《こゝろ》には、限《かぎ》りないさま〴〵な感想《かんさう》が湧起《わきおこ》つたであらう。しかし結局彼《けつきよくかれ》にとつては、その瞬間全心全靈《しゆんかんぜんしんぜんれい》に感《かん》じた驚《おどろ》きが、最初《さいしよ》にして最後《さいご》であつた。彼《かれ》はその經驗《けいけん》から、更《さら》にいかに天地《てんち》の眞《しん》理《り》についての冥想《めいさう》に導《みちび》かれたことであらう。しかも結局何《けつきよくなん》とかして自己《じこ》のその貴《たふと》い心的經驗《しんてきけいけん》を表現《へうげん》しようとする段《だん》になつて、彼《かれ》はやはり、

古池《ふるいけ》や、蛙《かはづ》とびこむ水《みづ》の音《おと》。

と、それだけの現象《げんしやう》を如實《によじつ》に歌《うた》ふより外《ほか》に、如何《いかん》ともすることが出來《でき》なかつた。

「結局《けつきよく》これだけだ。これがすべてだ。これより外《ほか》に何《なに》もない。」

かう彼《かれ》は自《みづか》らも心《こゝろ》に叫《さけ》んだに違《ちが》ひない。そして、そこにこそ、彼《かれ》がこの句《く》によつて、正風《しやうふう》の眼《まなこ》を開《ひら》いた所以《ゆゑん》があるのだと思《おも》ふ。

【通解】　ひツそりとした古池に、小さい一個の生物――蛙が音を立てた。天地をこめてゐた寂莫――天も地も只しーンとして物音一つしなかつた寂しさが、その小さい一個の生物の運動によつて、いきなり破られた。その經驗がもとになつて、恐らく芭蕉の心には、限りもなく色々な感想が湧起つた事であらう。然し結局芭蕉に取つては、その音を聞いた瞬間心全體魂全體に感じた驚きが、最初で而も最後で、それが一切であつた。彼はその經驗から導かれて、更にどんなにか深く天地の眞理について冥想した事だらう。而も結局何とかして自分のその貴い心の經驗――全心全靈の上に感じた瞬間の驚きを表現しようとする段になつて、彼はやはり、

古池や、蛙とびこむ水の音。

と、たゞそれだけの眼前の事實を事實としてありのまゝに歌ふより外に、どうする事も出來なか

つた。
「結局これだけだ。これが一切だ。これより外に何もない。」
と、斯う彼は自分でも心の中で叫んだに違ひない。そして、さう表現しさう心に叫んだ所にこそ、彼がこの句によつて、正風卽ち彼自らの提唱するほんとに正しい句境の悟りを開いた理由があるのだと思ふ。

【考察】　理窟ではない事實だ。事實の核心に徹して、如實にそれを表現する事だ。そこに芭蕉がこの句に依つて正風の眼を開いた理由があるといふのがこの句を通しての筆者の主張である。○全心全靈は心の全體魂の全體。こゝでは全く一切を忘れて只それ一つを心に感じたといふのである。○古池やの句は、この文によつてもよく分るやうに、寂然たる一つの古池、獨りその池畔に立つて、凡てを忘れて呆然としてゐる時、忽ちポチャンと音がした、ハッと驚いて、夢からさめたやうな氣分で目を見張ると、そこに小さい蛙が水の面に小さい波紋を畫いて靜かに〳〵泳いでゐる、その瞬間――蛙の飛び込んだ音に全心全靈の驚きを感じたその瞬間の事實を只事實として如實に詠じた句である。――この句の解としても、こんな風に書く外ないであらう。○正風の眼を開いたは所謂正風開眼《しやうふうかいげん》である。正風は芭蕉の創始した俳諧の體で、從來の所謂檀林風《だんりんふう》に於ける用語の滑稽といふやうな低調から脱却して主として閑寂の趣味に徹したものである。開眼は佛語で、悟りを開く事をいふ。

【要旨】　寂然とした古池に、蛙がポチャンと飛び込んだ瞬間、忽然として天地の寂莫が破られた。彼はその瞬間全心全靈に驚きを感じた。それから色々と冥想にも耽つたらうが、その貴い心の經驗を句として表現する段になつては、「古池や、蛙とび込む水の音」と、只事實を事實として如實に歌ふ外なかつた。斯うして心魂に徹した事實を事實としてそのまゝ歌つた所に、彼が正風の眼を開いたわけがあるのだ。

【一六四】　人々は何故に自分の鄕土といふものに心を引かれるのかそれは全く「何とはなしに」である理智的判斷によるのでもなく功利的見地からでもなく或は特に美的判斷が然らしめるといふのでもなくそれはたゞ「何とはなしに」である鄕土の人心を引きつける魅力は實にこの何ともいつて見やうのない所から發するそれは自然と人間と過去と現在とを一つに融した一種不思議な音樂的な詩的な魅力であるまた私たちが鄕土を慕ふ心は全く自分にもよくわからない內心自發の情緖であるいかなる力を以てしても否定し難い本然的情緖であるこの不可思議な情緖の存在してゐる事實は恐らくいかなる理智の人と雖も否定することはできないであらう（相馬御風）

【讀方】　人々《ひとぐ》は何故《なにゆゑ》に自分《じぶん》の鄕土《きやうど》といふものに心《こゝろ》を引《ひ》かれるのか。それは全《まつた》く「何《なん》とはなしに」である。理智的判斷《りちてきはんだん》によるのでもなく、功利的見地《こうりてきけんち》からでもなく、或《あるひ》は特《とく》に美的判斷《びてきはんだん》が然《しか》らしめるといふのでもなく、それはたゞ「何《なん》とはなしに」である。鄕土《きやうど》の人心《じんしん》を引《ひ》きつける魅力《みりよく》は、實《じつ》にこの何《なん》ともいつて見《み》やうのない所《ところ》から發《はつ》する。それは自然《しぜん》と人間《にんげん》と、過去《くわこ》と現在《げんざい》とを一《ひと》つに融《とか》した一種《いつしゆ》不思議《ふしぎ》な、音樂的《おんがくてき》な、詩的《してき》な魅力《みりよく》である。また私《わたくし》たちが鄕土《きやうど》を慕《した》ふ心《こゝろ》は、全《まつた》く自分《じぶん》にもよくわからない內心自發《ないしんじはつ》の情緖《じやうしよ》である。いかなる力《ちから》を以《もつ》てしても否定《ひてい》し難《がた》い本然的情緖《ほんぜんてきじやうしよ》である。この不可思議《ふかしぎ》な情緖《じやうしよ》の存在《そんざい》してゐる事實《じじつ》は、恐《おそ》らくいかなる理智《りち》の人《ひと》と雖《いへど》も、否定《ひてい》することはできないであらう。

【通解】　人々はどういふわけで自分の生れ故鄕といふものに心を引かれるのか。それは全く「何とはなしに」引かれるのである。斯うするのが正しいからするといふやうな理智の判斷によるのでもなく、斯うするのが利益だからするといふやうな算盤づくの考からでもなく、或は特に郷土の山川が美しいからといふやうな美的判斷の結果だといふのでもなく、それはたゞ「何とはなしに」心が引かれるのである。郷土が人の心を引きつける魅力は、實にこの何ともいつて見やうのない所から起る。それは自然と人間とが一つに融け合ひ、過去と現在とが一つに融け合つて出來た一種不思議な、音樂のやうな、詩のやうな魅力である。又吾々が郷土を慕ふ心は、全く自分にも何が何やらよく分らぬ、內心から自然と湧いて來る氣持である。どんな力でも打消す事の出來ない本然的な——人間として自然に具へてゐるどうにもならぬ氣持である。この不思議な氣持が心に存してゐるといふ事實は、恐らくどんなに理智の働く人でも、それを打消す事は出來ないであらう。

【考察】 郷土の魅力は理智を超越してゐるといふのである。○理智的判斷は、郷土は自分の發生の地だから愛しなければならぬといふやうな理智の判斷。○功利的見地は、郷土を愛する事は何かにつけて自分のために利益だといふやうな算盤勘定の上の考。○美的判斷は、我が郷土の山川は美しいから愛するといふやうな審美上の判斷。○魅力は人をチャームするやうな不思議な力。○音樂的な詩的な魅力は、音樂が人をチャームし、詩が人をチャームするやうな、何とも說明のしやうのない魅力。○情緒は思ひにつれて起る情、心持。緒の字を俗にチョと讀んでゐるが、字書的には正しいものとは認められない。

【要旨】 人が郷土に心を引かれるのは、一切の理窟を超越した自然の情緒だ。郷土の魅力は、何とも說明の仕様のない、一種特別のものだ。郷土を慕ふ不思議な情緒を持つてゐる事實は、いかなる理智の人でも否定し得なからう。

【一六五】 嘗て一古寺に遊ぶ檐朽ち柱傾き破壁摧欄僅かに雨露を凌ぐ環堵廓然として空宇人を絕ち

芒々たる萋草晝尙ほ暗く古墳累々として其の間に横たはれるを見猛然として悟り喟然として嘆ず吁天下心を傷ましむる斯の如きものあるか借問すこれ誰が家の墳ぞ弔祭永く至らず墓塔空しく雨露のために朽つ想ふに其の生れて世に在るや冲天の雄志躍々として禁ふる能はず天下を擧げて之に與ふるも心慊焉たらざりしものも一旦魂絶えて身異物となれば苔塔墓陰盈尺の地を守つて寂然として聲なし人生の空然たる哀しむべきの至ならずや後人碑を建て之に銘するは其の心素より其の美名を不朽に傳へむとするにあり然れども星遷り世變り之が洒掃の勞を取るの人なく雨雪之を碎き風露之を破り今や塊然として土芥に委するも人絶えて之を顧みず先人の功名得て而して傳ふべきなし思一たび此に至れば彼の廣大なる墓碑を立てて名の不朽を願ふものは何等の痴愚ぞや嗚呼劫火烱然として一たび輝けば大千倶に壞す天地又何の常かこれあらむ想ふに彼の功業を竹帛に止めて盛名の窮りなきを望むものは其の痴之に等しきことなきを得むや（高山樗牛）

【讀方】　嘗《かつ》て一古寺《いちこじ》に遊《あそ》ぶ。檐朽《のきく》ち柱傾《はしらかたむ》き、破壁摧欄《はへきさいらん》、僅《わづ》かに雨露《うろ》を凌《しの》ぐ。環堵廓然《くわんとくわくぜん》として、空宇《くうう》人《ひと》を絶《た》ち、芒々《ばう〱》たる萋草晝尙《せいさうひるな》ほ暗《くら》く、古墳累々《こふんるゐ〱》として其《そ》の間《あひだ》に横《よこ》たはれるを見《み》、猛然《まうぜん》として悟《さと》り、喟然《きぜん》として嘆《たん》ず。吁天下心《あゝてんかこゝろ》を傷《いた》ましむる、斯《かく》の如《ごと》きものあるか。借問《しやもん》す、これ誰《た》が家《いへ》の墳《ふん》ぞ。弔祭永《てうさいなが》く至《いた》らず、墓塔空《ぼたふむな》しく雨露《うろ》のために朽《く》つ。想《おも》ふに其《そ》の生《うま》れて世《よ》に在《あ》るや、冲天《ちゆうてん》の雄志躍々《ゆうしやく〱》として禁《おさ》ふる能《あた》はず、天下を擧《あ》げて之《これ》に與《あた》ふるも、心慊焉《こゝろけんえん》たらざりしものも、一旦魂絶《いつたんたましひた》えて身異物《みいぶつ》となれば、苔塔墓陰《たいたふぼいん》、盈尺《えいしやく》の地《ち》を守《まも》つて、寂然《じやくねん》として聲《こゑ》なし。人生《じんせい》の空然《くうぜん》たる、哀《かな》しむべきの至《いたり》ならずや。後《こう》人碑《じんひ》を建《た》て之《これ》に銘《めい》するは、其《そ》の心素《こゝろもと》より其《そ》の英名《えいめい》を不朽《ふきう》に傳《つた》へむとするにあり。然《しか》れども、星遷《ほしうつ》り世變《よかは》り、之《これ》が洒掃《さいさう》の勞《らう》を取《と》るの人《ひと》なく、雨雪之《うせつこれ》を碎《くだ》き、風露之《ふうろこれ》を破《やぶ》り、今《いま》や塊然《くわいぜん》として土芥《どかい》に委《ゐ》するも、人《ひと》絶《た》えて之《これ》を顧《かへり》みず。先人《せんじん》の功名《こうめい》得《え》て而《しか》して傳《つた》ふべきなし。思《おもひ》一《ひと》たび此《こゝ》に至《いた》れば、彼《か》の廣大《くわうだい》なる墓碑《ぼひ》を立《た》てて、名《な》の不朽《ふきう》を願《ねが》ふものは、何等《なんら》の痴愚《ちぐ》ぞや。嗚呼《あゝ》劫火炯然《ごふくわけいねん》として一《ひと》たび輝《かゞや》けば、大千倶《だいせんとも》に壊《ゑ》す。天地又何《てんちまたなん》の常《つね》かこれあらむ。想《おも》ふに彼《か》の功業《こうげふ》を竹帛《ちくはく》に止《とゞ》めて、盛名《せいめい》の窮《きはま》りなきを望《のぞ》むものは、其《そ》の痴之《ちこれ》に等《ひと》しきことなきを得《え》むや。

【通解】嘗て一つの古寺《ふるでら》に行つて見た。軒は腐り柱は傾き、破れた壁やくだけた手すりが、僅かに雨露を凌いでゐる。小さい室の內はがらんとして、からツぽの部屋の中には人一人居らず、庭の草は芒々と生ひ茂つて晝もなほ暗く、古い墓がごろ〳〵と其の間に横たはつてゐるのを見て、猛然として心から悟り、ためいきをついて深く嘆じた。あゝ世に人の心を傷ませること、これほどひどいものがあるか。一體まアこれはどこの家の墓であるのか。問ひとむらひは永く絶えて、墓も塔も空しく雨露に打たれて腐つてゐる。想ふに其の人が生れてこの世にゐた時は、天をも衝くやうな大きな志が盛に起つて止められず、天下を殘らず與へても、心にあきたらぬ程であつたらうが、それも一旦魂が絶え身死して土塊となつては、苔むした塔や暗い墓のかげに、精々一尺四方程の地を守つて、ひつそりとして聲もない。人生の空なこと、實に悲しむべきではないか。後の人が碑を立ててこれに色々の事をほりつけるのは、其の考は素より其の人の立派な名を永遠に朽ちる事なく傳へようとするのである。然しながら、年月がたち時勢が變つて、墓場の掃除をする人もなく、雨や雪に碎かれ、風や露に破られて、今ではひとりぽつんとして泥あくたの中に捨てられてゐても、人は丸ツきり顧みもしない。死んだ人の功名も更に傳へやうがないのである。一旦此の事を考へて來ると、彼の廣大な墓碑を立てて、名の長く朽ちずに傳はる事を願ふものは、何といふ愚かなことであらう。嗚呼世界破滅の火が一たびきら〳〵と輝けば、宇宙一切は皆一時に破滅して了ふ。天地に又何の常住不變があらう。想ふに彼の立派な功業を書物の上に殘して、それに依つて美しい名の無窮に傳はる事を望むのは、つまりはこれと等しい愚かさだと謂はざるを得ないのだ。

【考察】　徹底的な人生無常觀宇宙無常觀である。○環堵は四方各五丈の小室。方一丈を板といひ、五板を堵といふ。○廓然はがらんとしてゐて何もないさま。○空宇はあき家、人の住まぬ家。○萋草は盛に生ひ茂つた草。○喟然はためいきをついて歎くさま。○借問すは試に問ふ、尋ねるの意で、通解に示した如く「一體まア」といふ口語に當る。○墓塔は墓や塔婆。○沖天の雄志は天に至る程の高く雄々しい志。○慊焉たらずはあきたらぬ、滿足に思はぬ。○盈尺の地は一尺に滿ちる程の狹い地。墓地をいふ。○星遷りは日月がたち。○塊然は獨り居る形容。○土芥に委すは土やあくたにまみれるまゝになつてゐる。○劫火は佛教上の語で、世界破滅の時の火。仁王般若經に「劫火烱然《ごふくわけいねん》、大千倶壞《だいせんぐゑ》」とある。○大千は大千世界卽ち一大三千大千世界の略。佛教上に、須彌山《しゆみせん》を中軸とし、日月四大洲等の附屬した一團を一世界とし、その一千の三乘に至つた大世界で、それが一佛の感化範圍といふ事になつてゐる。要するに宇宙のあらゆる世界である。○竹帛は竹簡《たけふだ》と繪帛《ゑぎぬ》、書物をいふ。

【要旨】　頽廢しきつた古寺に行つて見たら、草芒々たる中に古墳が累々としてゐる。思ふにその墓の主の中には、生時絶大の雄志を抱いてゐた人もあらう。而も死しては寂然として僅か一尺の地を守つてゐるに過ぎない。後人はその美名を不朽に傳へようとして碑に銘したのであるが、星遷り世變つて、今は顧る人もなく、斯うして寂しく朽ち果ててゐる。考へて見れば、廣大な墓碑を立てて名の不朽を願ふなどは實に愚の極だ。更に想へば、天地も所詮は無常轉變して止まぬ。功名を竹帛に垂れるといふのも、亦墓石を大にすると一樣の愚だ。

【一六六】　人生終に奈何これ實に一大疑問にあらずや生きて回天の雄圖を成し死して千歳の功名を垂る人生之を以て盡きたりとすべきか予甚だ之に惑ふ生前一杯の酒を樂しむ何ぞ須ひむ身後千載の名人は只行樂して已まむか予甚だ之に惑ふ蝸牛角上に何事をか争ふ石火光中に此の身を寄す人は只無常を悟つて終らむか予甚だ之に惑ふ吁人生終に奈何（高山樗牛）

【讀方】　人生終《じんせいつひ》に奈何《いかん》、これ實《じつ》に一大疑問《いちだいぎもん》にあらずや。生《い》きて回天《くわいてん》の雄圖《ゆうと》を成《な》し、死《し》して千歳《せんざい》の功《こう》名《めい》を垂《た》る、人生之《じんせいこれ》を以《もつ》て盡《つ》きたりとすべきか。予甚《よはなは》だ之《これ》に惑《まど》ふ。生前一杯《せいぜんいつぱい》の酒《さけ》を樂《たの》しむ、何《なん》ぞ須《もち》ひむ身後千載《しんごせんざい》の名《な》、人《ひと》は只行樂《たゞかうらく》して已《や》まむか。予甚《よはなは》だ之《これ》に惑《まど》ふ。蝸牛角上《くわぎうかくじやう》に何事《なにごと》をか争《あらそ》ふ、石火光《せきくわくわう》中《ちゆう》に此《こ》の身《み》を寄《よ》す、人《ひと》は只無常《たゞむじやう》を悟《さと》つて終《をは》らむか。予甚《よはなは》だ之《これ》に惑《まど》ふ。吁人生終《あゝじんせいつひ》に奈何《いかん》。

【通解】　人生の意義は結局何であるか、これは實に一つの大きい疑問ではないか。生前には國勢を挽回《ばんくわい》する程の大きな事業を成し遂げ、死後は永遠不朽の功名を殘す、人生はそれで盡きたものとすべきだらうか。どうも私には更に分らぬ。生きてゐる内に一杯の酒を樂しめばそれでよい、死後永く名を殘す必要など何があらうといふ風に、人は只遊んで暮してしまはうか。どうも私には更に分らぬ。小さい所で何を下らなく爭つてゐる、どうせ短くはかない人生に寄せてゐる此の身ではないかといふやうに、人は只人生の無常を悟つてそれで一生を終へようか。どうも私には更に分らぬ。あゝ人生は一體どうしたものなのか。

【考察】　畢竟人生の意義は分らぬといふのである。○回天は本來は君主の心を挽《ひ》き回すといふ意の熟語で、それから轉じて傾いた國勢を挽回する義にいふ。○雄圖は雄々しい事業。○生前一杯の酒は享樂氣分をいうたもので、晉書張翰傳に、「翰曰く、我をして身後の名有らしむとも、即時一杯の酒に如かず」とあり、白氏文集に、「身後金を堆《つ》みて北斗を柱《さゝ》ふとも、生前一杯の酒に如かず」とある。これ等を背景にした文。○行樂は樂しく遊んで暮すこと。○蝸牛角上は小さい下らぬ世上の爭をいふ。白樂天の對レ酒と題する詩に「蝸牛角上爭フ二何事ヲ一、石火光中寄ス二此ノ身ヲ一、隨ヒレ富ニ隨レ貧ニ且《シバラク》歡樂ス、不ルハ二開イテレ口ヲ笑ハ一是レ癡人《チジン》」とあるを背景とした文。莊子の寓話に、蝸牛《かたつむり》の左の角に國を建ててゐるのを觸氏《しよくし》といひ、右の角に國を建ててゐるのを蠻氏《ばんし》といつて、互に地を爭つて戰つて、戰死するもの數萬だつたとあるに基づく。○石火光は石の觸れ合つて發する火で、極めて速かな喩。新論といふ本に、「人の短生、猶ほ石火の炯然として以て過ぐるが如し」とある。

【要旨】 生前に大事業をやつて名を殘すのが人生の凡てか。享樂氣分で面白をかしく暮すのが人生か。それとも無常を悟つて世の俗事から超越して暮すがよいのか。どれも人生の眞意義ではないらしい。結局人生は分らぬなア。

【一六七】 新しさに向つて波打つ心はどんなに色々なものを浮び上らせるだらうそこには自分ばかりが味ふやうにできてゐる樂しさもあれば限り知られぬ不可思議に對する恐しさもある美しい花も咲いてゐると同時に凄じい嵐も潛んでゐる暗い影もある麗しい光もある絢爛な更紗模様に似た美しい人の情もあれば繪の具をそのまゝそこにあけたやうな若い心の姿もある新しさといふことの樂しさそれを思つただけでも誰でもの心が微かに震へずにはゐられないでせう（田山花袋）

【讀方】 新《あたら》しさに向《むか》つて波打《なみう》つ心《こゝろ》は、どんなに色々《いろ〳〵》なものを浮《うか》び上《あが》らせるだらう。そこには自分《じぶん》ばかりが味《あぢは》ふやうにできてゐる樂《たの》しさもあれば、限《かぎ》り知《し》られぬ不可思議《ふかしぎ》に對《たい》する恐《おそろ》しさもある。美《うつく》しい花《はな》も咲《さ》いてゐると同時《どうじ》に、凄《すさま》じい嵐《あらし》も潜《ひそ》んでゐる。暗《くら》い影《かげ》もある。麗《うるは》しい光《ひかり》もある。絢爛《けんらん》な更紗《さらさ》模様《もやう》に似《に》た美《うつ》しい人《ひと》の情《なさけ》もあれば、繪《ゑ》の具《ぐ》をそのまゝそこにあけたやうな若《わか》い心《こゝろ》の姿《すがた》もある。新《あたら》しさといふことの樂《たの》しさ。それを思《おも》つただけでも、誰《だれ》でもの心《こゝろ》が微《かす》かに震《ふる》へずにはゐられないでせう。

【通解】 新しさに向つて波打つ心——新しい事について心に深い感銘を持つ時、どんなに色々な物を浮び上らせて樂しく幸福にする事であらう。そこには自分ばかりが味ふやうにできてゐて、いくら話して聞かせても到底人には分らぬやうな樂しさもあれば、限り知れぬ深い〳〵不可思議に對する恐しさもある。美しい花も咲いてゐると同時に、凄じい嵐もかくれてゐる。暗い影もある。麗しい光もある。——あらゆる樂しさ恐しさ美しさ凄じさ暗さ明さがあるのだ。そしてきら〳〵と輝くやうな更紗模様にも譬へられる何ともいへぬ美しい人情も感受されれば、繪の具をそのまゝそこにぶちまけたやうな巧まぬ自然のまゝの若々しい心の姿もある。新しさといふ事の樂しさ。それを思つて見ただけでも、誰しも心が微かに震へて、胸のわく〳〵するやうな喜ばしさを感ぜずにはゐられないであらう。

【考察】 心を新しくして常に新しい氣分で物に對するよさである。第九二問の「新しさからあらゆる事が始まる」といふ同じ筆者の文と併せ讀めば、更にこの文の趣旨が明かになる。○波打つ心は文末の「心が微かに震へずにはゐられない」と同じ氣分で更に強い表現である。即ち心がわく〳〵として強い感激を持つといふやうな氣分である。○浮び上らせるは沈んでゐるものを浮び上らせるで、凡ての物を幸福にし快活にし愉快にする意と考へられる。心に新しさの感激を持つ時凡ての物が皆浮び上るといふのである。心に色々な考が浮び上るといふのではあるまい。○美しい花といひ凄じい嵐といふのは、美しい感じ凄じい感じを象徴的にいうたもの。○絢爛な更紗模様は花やかに美しい形容。「人の情」に掛る形容である。○繪の具をそのまゝそこにあけたやうなは、技巧を加へず自然のまゝさらけ出したといふ心持の比喩。

【要旨】 新しさに強い感激を持つて、新しい氣分で人生に對すれば、凡てが變化に富んで、驚くべく樂しく美しい。新しさの樂しさは、思つて見ただけでも胸がわく〳〵する。

【一六八】 假令活動向上が何等の較著なる効果を產せずとも假令落々たる雄心浩志を抱いて空しく蓬蒿の中に埋了するが如きことありとも誰か之を目して全く失敗せりとせんや之を失敗せりとするはこれ畢竟己が狹陋なる功利的打算的の眼を以てのみ成功の意義を解すればなり（綱島梁川）

【讀方】 假令《たとひ》活動《くわつどう》向上《かうじやう》が、何等《なんら》の較著《かうちよ》なる効果《かうくわ》を產《さん》せずとも、假令《たとひ》落々《らく〳〵》たる雄心浩志《ゆうしんかうし》を抱《いだ》いて、空《むな》しく蓬蒿《ほうかう》の中《うち》に埋了《まいれう》するが如《ごと》きことありとも、誰《たれ》か之《これ》を目《もく》して全《まつた》く失敗《しつぱい》せりとせんや。之《これ》を失敗《しつぱい》せりとするは、これ畢竟《ひつきやう》己《おの》が狹陋《けふろう》なる功利的《こうりてき》打算的《ださんてき》の眼《め》を以《もつ》てのみ、成功《せいこう》の意義《いぎ》を解《かい》すればなり。

【通解】 たとひ活動や向上、卽ち何等かの働をし自分の心を高めるやうにする事が、何等の著しい効果を生まないにしても、又たとひ非常にすぐれた大きい志を抱いて、それが實現されずに空しく草深い田舍の中にうづもれて了ふやうな事があつても、誰がそれを見て全然失敗したとしようや。それを失敗したとするのは、つまり自分の狹くいやしい功利的な打算的な目で——何でも彼でも實際的の効果が擧らなくてはつまらぬ、勘定に合はなくてはつまらぬといふやうな、いやしい見方でばかり成功の意味を解釋するからである。

【考察】成功の眞義は必ずしも實功實績ではないといふ主張である。○落々は心の大きくすぐれてゐる形容。○雄心浩志は雄々しい心、大きい志。○蓬蒿はよもぎの事で、草深い田舎の意。○埋了はうづまつて了ふ。○功利的は行爲の目的が實利にありとする見方、何かやる以上は實際的効果が伴はなくては駄目だといふ見方、そんな事をして何の利益があるかといふやうな物の見方。○打算的は算盤づくの見方、これだけの事をしてこれだけの利益では損だといふやうな物の見方。

【要旨】成功は必ずしも實功實績の意味ではない。活動向上の努力や雄心浩志が實績的に報いられないでも、それ自體既に立派な成功だ。それを失敗とするのは、成功の意義を功利的打算的にのみ見る陋見だ。

【一六九】藝術には比較的孤獨性に滲透したものと普遍的なものとがある個人性の強いものと社會性の多いものとがある今は社會性の多いものが期待されてゐるやうだがしかも個人性を除外しては藝術は殆んど成立たないと言つてい丶一面からいふと個人性の弱いものに社會性のありやうがなく社會性の乏しいものに個人性の強さがあり得ないとも考へられる（徳田秋聲）

【讀方】藝術《げいじゆつ》には比較的《ひかくてき》孤獨性《こどくせい》に滲透《しんとう》したものと、普遍的《ふへんてき》なものとがある。個人性《こじんせい》の強《つよ》いものと、社會性《しやくわいせい》の多《おほ》いものとがある。今《いま》は社會性《しやくわいせい》の多《おほ》いものが期待《きたい》されてゐるやうだが、しかも個人性《こじんせい》を除外《ぢよぐわい》しては藝術《げいじゆつ》は殆《ほと》んど成立《なりた》たないと言《い》つてい丶。一面《いちめん》からいふと、個人性《こじんせい》の弱《よわ》いものに社會性《しやくわいせい》のありやうがなく、社會性《しやくわいせい》の乏《とぼ》しいものに個人性《こじんせい》の強《つよ》さがあり得《え》ないとも考《かんが》へられる。

【通解】藝術には割合にその作家だけの孤獨性にしみとほつたものと、一般社會に普遍的に通じるものとがある。即ち作家個人の色彩の強いものと、一般社會的な色彩の多いものとがある。今は社會性の多い藝術が一般に期待されてゐるやうだが、然し個人性をぬきにしては藝術は殆んど成立たないと言つてい丶。更に一面からいふと、作家個人の色彩の弱いものに社會性のありやうがなく、又一般社會に對する普遍性の乏しいものに個人性の強さがあり得る筈がないとも考へられる。

【考察】 筆者は藝術を孤獨性と普遍性とから見てゐる。作家の個性が強く出てゐるものと、一般社會の人情思想が多く出てゐて自然大衆に向くものとである。そして筆者は、今は社會性の多いものが望まれてゐるが、個性をぬきにしては殆んど藝術は成立たぬといひ、更に一歩を進めて、個人性の弱いものに社會性は無く、社會性の乏しいものに個人性の強さはないといつて、結局藝術上にこの二つを結びつけて一單位のものにしようとしてゐる。

◇藝術は魂の叫びだ、その人の美的衝動の止むに止まれぬ表現だとすれば、個人性の無い所に藝術はないわけだ。而も人は社會の單位で、社會は個人の集團に過ぎないから、その人の個人性が正しくその社會と交渉してゐれば、個人性の強い現はれは同時に社會性の強い現はれでなくてはならぬ。それが正しい藝術だ。——蓋しこれが筆者の主張であらう。

【要旨】 藝術には個人性の強い孤獨的なものと、社會性の多い普遍的なものとがあつて、社會性の多いものが一般に期待されるやうだが、然し個性のない所に藝術は成立たない。と同時に、更に一面からいへば、個人性の強さと社會性の強さと相俟つて始めて眞の藝術だと謂へる。

【一七〇】 凡そ現在の大敵は過去の我に如くはなしされば一日の過去は一日にして之を葬らざるべからず一年の過去は一年にして之を葬らざるべからず如何なる出來事も其の日其の日の勘定にて乍ち之を締切らざるべからず苟も此の如くせんか假令吾人をして千載の壽を保たしむるも決して過去の重荷のた

めに壓抑せらるゝが如き心配なかるべし何となれば一日の生命は一日の新生活なればなり此の如く終古新たなるに於ては千百の過去それ我を奈何（德富蘇峰）

【讀方】凡《およ》そ現在《げんざい》の大敵《たいてき》は過去《くわこ》の我《われ》に如《し》くはなし。されば一日《いちじつ》の過去《くわこ》は一日《いちじつ》にして之《これ》を葬《はうむ》らざるべからず。一年《いちねん》の過去《くわこ》は一年《いちねん》にして之《これ》を葬《はうむ》らざるべからず。如何《いか》なる出來事《できごと》も、其《そ》の日《ひ》其《そ》の日《ひ》の勘定《かんぢやう》にて乍《たちま》ち之《これ》を締切《しめき》らざるべからず。苟《いやしく》も此《かく》の如《ごと》くせんか、假令吾人《たとひごじん》をして千載《せんざい》の壽《じゆ》を保《たも》たしむるも、決《けつ》して過去《くわこ》の重荷《おもに》のために壓抑《あつよく》せらるゝが如《ごと》き心配《しんぱい》なかるべし。何《なん》となれば、一日《いちじつ》の生命《せいめい》は一日《いちじつ》の新生活《しんせいくわつ》なればなり。此《かく》の如《ごと》く終古新《しゆうこあら》たなるに於《おい》ては、千百《せんひやく》の過去《くわこ》それ我《われ》を奈何《いかん》。

【通解】凡そ今現在の大敵は何よりも過去の自分が一番だ。だから一日の過去は一日で葬らなくてはならぬ。一年の過去は一年で葬らなくてはならぬ。どんな出來事でも、その日その日の勘定ですぐに締切つて後に殘さぬやうにしなくてはいけない。假にも斯うしてゐたら、よしや吾々が千年生きてゐたとしても、決して過去の重荷のために抑へつけられるやうな心配はなからう。なぜなら、さうすれば一日の生命は一日の新しい生活だからだ。このやうにして永久に新たであれば、どんなに澤山の過去も自分をどうする事も出來ないのだ。

【考察】過去を葬れといふ主張である。○終古は古へから永久にの意。それから轉じて、いつも變らず、常にの意にいふ。○我を奈何は我を奈何せんや、如何ともする能はずの意。

【要旨】過去に囚はれてゐるから現在が苦しいのだ。過去は過去として葬つて、何事も其の日一日で片附けて了ふがよい。さうすればいくら永生きをしても其の日其の日が新しい生活であるから、決して過去に惱まされはしない。

【一七一】 淺い鍋は早く沸きたつ深い思は言語に現れない淺人は多語なりとはこの謂である深い喜びや深い悲しみには言葉が無い言葉に現れるのは眞に深いものではない沈默は深い印象を與へる沈默には深い意味があるマーテルリンクが蜂は暗黑裏に働き思想は沈默裏に働き德は祕密裏に働くといつたのは面白い語である詩歌などに於ても徒らに嬉しい又は悲しいといふよりも却つてこれを露骨にいひ現さないところに無限の情趣が味ははれる例へば壯烈であると感歎の語を發するよりもものゝふの矢竝つくろふ小手のうへに霰たばしる那須の篠原といつた方が遙かに壯大であるそれと同じく悲しいといはぬところに眞に深い悲しみがあり嬉しいといはぬところに眞に深い喜びがある我等がソクラテースや基督の運命に對して無限の感慨をいだくのはこのためである（得能文）

【讀方】 淺《あさ》い鍋《なべ》は早《はや》く沸《わ》きたつ。深《ふか》い思《おもひ》は言語《げんご》に現《あらは》れない。淺人《せんじん》は多語《たご》なりとはこの謂《いひ》である。深《ふか》い喜《よろこ》びや深《ふか》い悲《かな》しみには言葉《ことば》がない。言葉《ことば》に現《あらは》れるのは眞《しん》に深《ふか》いものではない。沈默《ちんもく》は深《ふか》い印象《いんしやう》を與《あた》へる。沈默《ちんもく》には深《ふか》い意味《いみ》がある。マーテルリンクが「蜂《はち》は暗黑裏《あんこくり》に働《はたら》き、思想《しさう》は沈默裏《ちんもくり》に働《はたら》き、德《とく》は祕密裏《ひみつり》に働《はたら》く」といつたのは面白《おもしろ》い語《ご》である。詩歌《しか》などに於《おい》ても、徒《いたづ》らに嬉《うれ》しい又《また》は悲《かな》しいといふよりも、却《かへ》つてこれを露骨《ろこつ》にいひ現《あらは》さないところに、無限《むげん》の情趣《じやうしゆ》が味《あぢ》ははれる。例《たと》へば、壯烈《さうれつ》である、跌宕《てつたう》であると感歎《かんたん》の語《ご》を發《はつ》するよりも、「ものゝふの矢竝《やなみ》つくろふ小手《こて》のうへに霰《あられ》たばしる那須《なす》の篠原《しのはら》」といつた方《はう》が遙《はる》かに壯大《さうだい》である。それと同《おな》じく、悲《かな》しいといはぬところに眞《しん》に深《ふか》い悲《かな》しみがあり、嬉《うれ》しいといはぬところに眞《しん》に深《ふか》い喜《よろこ》びがある。我等《われら》がソクラテースや基督《キリスト》の運命《うんめい》に對《たい》して、無限《むげん》の感慨《かんがい》をいだくのはこのためである。

【通解】浅い鍋は早く沸きたつ。それと同じ理窟で深い思は言葉に現れない。浅薄な人間はおしゃべりだといふのはこの事である。深い喜びや深い悲しみには言葉は出ない。言葉に現れて嬉しいとか悲しいとかいふのはほんとに深い喜びでも悲しみでもない。じッとだまつてゐるのは人に深い印象を與へる。じッとだまつてゐるのには深い意味がある。マーテルリンクが「蜂はくらやみの中に働き、思想はじッと默つてゐる中に働き、徳は人に知らさぬ祕密の中に働く」といつたのは面白い言葉だ。詩歌などでも、徒らに嬉しいとか悲しいとかいふよりも、却つてそれをあけすけといひ現さない所に、無限の趣が味はれる。例へば、壯烈だ、すばらしい力強さだと感歎の言葉を出すよりも、「ものゝふの矢竝つくろふ小手のうへに霰たばしる那須の篠原」——武士たちがえびらにさした矢の並びの亂れたのをつくろつて將に射ようとしてゐる小手の上にパラ〳〵ッと霰の走るこの那須の篠原よといつた方が、遙かに壯大だ。それと同じやうに、悲しいとはいはぬ所にほんとに深い悲しみがあり、嬉しいといはぬところにほんとに深い喜びがある。我々がソクラテースや基督の毒を仰ぎ十字架に掛つた運命に對して、無限の感じを心に持つのは、彼等がじーッと默つてその運命のまゝに死んで行つたがためである。

【考察】沈默が示す心の深さである。○マーテルリンクは西暦千八百六十年頃のベルギーの詩人哲學者劇作家。○跌宕は檢束なくほしいまゝに振舞ふ意だが、こゝはすばらしい力強さといふ趣である。○矢竝は箙《えびら》にさした矢の並び。それが亂れたのを揃へてそれから一本づゝ拔いて射る、それが矢竝つくろふである。○ソクラテースは紀元前四七〇年頃のギリシャの哲學者。

【要旨】深い思や深い喜び悲しみは言葉に現れるものではない。沈默は深い印象を與へる。詩歌でも感歎や感情を露骨に言葉として現はさぬ所に無限の情趣がある。我々がソクラテースやキリストの運命に無限の感慨を抱くのもそのためだ。

【一七二】 自分は梅の花を見ると東洋の古典文學に關する自分の知識を試驗されるやうな心持にしかなれない梅の花はどれほど美しくどれほどい丶香がしてもわれなる個性的感動は根柢の深い過去の權威の下に忽ち萎縮してしまふ漢詩と和歌と俳句とは全く餘すところなく此の花の匂を吸ひ盡してしまつたのだから自分にはもう匂も風情も何もない（永井荷風）

【讀方】 自分《じぶん》は梅《うめ》の花《はな》を見《み》ると、東洋《とうやう》の古典文學《こてんぶんがく》に關《くわん》する自分《じぶん》の知識《ちしき》を試驗《しけん》されるやうな心持《こゝろもち》にしかなれない。梅《うめ》の花《はな》は、どれほど美《うつく》しく、どれほどい丶香《か》がしても、われなる個性的感動《こせいてきかんどう》は、根柢《こんてい》の深《ふか》い過去《くわこ》の權威《けんゐ》の下《もと》に忽《たちま》ち萎縮《ゐしゆく》してしまふ。漢詩《かんし》と和歌《わか》と俳句《はいく》とは、全《まつた》く餘《あま》すところなく此《こ》の花《はな》の匂《にほひ》を吸《す》ひ盡《つく》してしまつたのだ。だから自分《じぶん》には、もう匂《にほひ》も風情《ふぜい》も何《なに》もない。

【通解】 私は梅の花を見ると、何だが東洋の古い文學について持つてゐる自分の知識を試驗されるやうな心持にしかなれない。梅の花は、どんなに美しく、どんなにい丶かをりがしても、それに對すると自分といふ一個の感動は、深く根ざした過去の文學の力強い威力のために忽ちいぢけて了つて少しも發揮できない。漢詩と和歌と俳句とは、全くこの花の匂を少しも殘さずに吸つてしまつた。――此の花の美はそれ等によつて詠じ盡されてしまつた。だから自分に取つては、匂も趣も何もない、梅の花を見ても何の感興も起らない。

【考察】 梅花は古典文學で歌ひ盡されたから新しい感興が起らぬといふのである。○個性的感動は他人とは全く關係のない、その人一個の感動。〇過去の權威は古典文學の威力。

【要旨】　梅の花を見ると、すぐにそれに關する古典文學を思ひ出して、何だかその試驗でもされてゐるやうな氣がする。梅の花の色香は古典文學の吸ひがらしのやうなもので、一向に純な感興が起らない。

【一七三】　内的の精神生活を外界に推し及ぼさんとするに有力なる手は同時にまた外的刺衝によつて内的の精神生活を豐富ならしめんとするに當つて最も雄辯なる通譯者となつた蓋し手は最も自由なる運動器官たると同時に又最も鋭敏なる感覺器官であつて此の感覺器官の紹介によつて自然界はよく人の精神生活内に入り込み之をして多樣に複雜に進歩せしめたのである（永井潛）

【讀方】　内的《ないてき》の精神生活《せいしんせいくわつ》を外界《ぐわいかい》に推《お》し及《およ》ぼさんとするに有力《いうりよく》なる手《て》は、同時《どうじ》にまた外的刺衝《ぐわいてきししよう》によつて内的《ないてき》の精神生活《せいしんせいくわつ》を豐富《ほうふ》ならしめんとするに當《あた》つて、最《もつと》も雄辯《ゆうべん》なる通譯者《つうやくしや》となつた。蓋《けだ》し手《て》は最《もつと》も自由《じいう》なる運動器官《うんどうきくわん》たると同時《どうじ》に、又最《またもつと》も鋭敏《えいびん》なる感覺器官《かんかくきくわん》であつて、此《こ》の感覺器官《かんかくきくわん》の紹介《せうかい》によつて、自然界《しぜんかい》はよく人《ひと》の精神生活内《せいしんせいくわつない》に入《い》り込《こ》み、之《これ》をして多樣《たやう》に複雜《ふくざつ》に進歩《しんぽ》せしめたのである。

【通解】　人間の内部の心の生活を外部の自然界に推し及ぼして自分の思ふやうに外界を動かさうとする場合に有力なものである所の手は、同時に又外部の刺戟に依つて内部の心の生活を豐かにさせようとする場合に、最も都合よく役に立つ仲立となつた。思ふに手は最も自由な運動器官であると同時に、又最も鋭敏な感覺器官であつて、この鋭敏な感覺器官の仲立によつて、自然界が人間の心の生活の內に入り込んで——手に感じた外界の事が心に深く這入つて來て、そのために人間の生活が多樣複雜に進歩發達して來たのである。

【考察】人間が心の中で考へてゐる事を外界に及ぼさうとする時、一番役に立つのは手である。由來手は吾々が持つてゐる運動器官の中で最も自由なものであると同時に、感覺の器官としても最も鋭敏なもので、外界の色々な事はすぐ吾々の手に感じる。そこで吾々は手から心へと自然界の事を盛に取入れて、そのために吾々が心の中で考へる事が段々複雜豐富になつて來たといふのである。○内的の精神生活は人間の内部の心の生活、即ち心の內で色々と考へてゐる事。○外的刺衝は外部の刺戟、自然界から受ける刺戟。○雄辯なる通譯者は都合のよい仲介者。兩者の間に立つてお互の言ふ事がよく分るやうに通じる者の意で比喩的にいうたのである。

【考察】人類の有する手は、最も自由な運動器官であると共に最も鋭敏な感覺器官でもあつて、手によつて自分の思ふやうに自然界を動かすと同時に、又自然界の色々なものを手に感じて心で考へ、さうして人間の心が段々複雜に進んで來た。

【一七四】げに變遷反復極りなき人間の思想は振子の如く將た螺旋の如きものである而も搖いて止まざる振子も終には停まるべき中心があり旋轉盡くることなき螺旋にも毫も動かざる中軸があるやうに人間思想の變遷の歷程を辿つて見ると自ら到達すべき眞理歸着すべき大本のあることを悟るのである（永井潛）

【讀方】げに變遷反復極《へんせんはんぷくきはま》りなき人間《にんげん》の思想《しさう》は、振子《ふりこ》の如《ごと》く、將《は》た螺旋《らせん》の如《ごと》きものである。而《しか》も搖《うご》いて止《や》まざる振子《ふりこ》も、終《つひ》には停《とゞ》まるべき中心《ちゆうしん》があり、旋轉《せんてん》盡《つ》くることなき螺旋《らせん》にも、毫《がう》も動《うご》かざる中軸《ちゆうぢく》があるやうに、人間思想《にんげんしさう》の變遷《へんせん》の歷程《れきてい》を辿《たど》つて見《み》ると、自《おのづか》ら到達《たうたつ》すべき眞理《しんり》、歸着《きちやく》すべき大本《たいほん》のあることを悟《さと》るのである。

【通解】ほんとに果てしなく變遷し反復して行つて極りのない人間の思想は、振子の如く、又螺旋の如きものだ。而も搖れ動いて止まぬ振子も、終には停止すべき中心があり、ぐる〳〵とまはつて盡きない螺旋にも、少しも動かぬ中心の軸があるやうに、人間の思想の段々と變遷して來た道筋を辿つて考へて見ると、自然にそこへ達すべき眞理があり、歸着すべき大本のある事が分るのである。

【考察】人間思想の變遷に關する根本的見解である。振子は搖れて止まず螺旋はぐる〳〵廻つて盡きないが、停まるべき中心があり、動かぬ中軸があるといふのが、比喩としての中心である。

【要旨】人間の思想は變遷反復極りないものだが、その變遷の跡を辿つて見ると、結局は動かぬ一つの眞理大本におちつくべきものだ。

【一七五】あとは靜かである靜かなる事定まつて靜かなる中にわが一脈の命を託すると知つた時此の大乾坤のいづくにか通ふわが血汐は肅々と動くにも拘らず音なくして寂定裏に形骸を土木視してしかも依稀たる活氣を帶ぶる生きてあるほどの自覺に生きて受くべき有耶無耶の累を捨てたるは雲の岫を出で空の朝な夕なを變ふると同じく凡ての拘泥を超絶した活氣である古今來を空しうして東西位を盡した世界の外なる世界に片足を踏み込んでこそ――それでなければ化石になりたい赤も吸ひ青も吸ひ黄も紫も吸ひ盡して元の五彩に還すことを知らぬ眞黑な化石になりたいそれでなければ死んで見たい死は萬事の終である又萬事の始である時を積んで日となすとも日を積んで月となすとも月を積んで年となすとも詮ずるに凡てを積んで墓となすに過ぎぬ墓の此方側なる總てのいさくさは肉一重の垣に隔てられた因果に枯れ果てた骸骨に入らぬ情の油を注して用なき屍に長夜の踊ををどらしむる滑稽である（夏目漱石）

【讀方】 あとは靜《しづ》かである。靜《しづ》かなる事定《ことさだ》まつて、靜《しづ》かなる中《なか》にわが一脈《いちみやく》の命《いのち》を託《たく》すると知《し》つた時《とき》、此《こ》の大乾坤《だいけんこん》のいづくにか通《かよ》ふわが血汐《ちしほ》は、肅々《しゆくしゆく》と動《うご》くにも拘《かゝは》らず、音《おと》なくして寂定裏《じやくぢやうり》に形骸《けいがい》を土木《どぼく》視《し》して、しかも依稀《いき》たる活氣《くわつき》を帶《お》ぶる。生《い》きてあるほどの自覺《じかく》に、生《い》きて受《う》くべき有耶無耶《うやむや》の累《るゐ》を捨《す》てたるは、雲《くも》の岫《くき》を出《い》で、空《そら》の朝《あさ》な夕《ゆふ》なを變《か》ふると同《おな》じく、凡《すべ》ての拘泥《こうでい》を超絶《てうぜつ》した活氣《くわつき》である。古今來《ここんらい》を空《むな》しうして、東西位《とうざいゐ》を盡《つく》した、世界《せかい》の外《ほか》なる世界《せかい》に片足《かたあし》を踏《ふ》み込《こ》んでこそ——それでなければ化石《くわせき》になりたい。赤《あか》も吸《す》ひ、靑《あを》も吸《す》ひ、黃《き》も紫《むらさき》も吸《す》ひ盡《つく》して、元《もと》の五彩《ごさい》に還《かへ》すことを知《し》らぬ眞黑《まつくろ》な化石《くわせき》になりたい。それでなければ死《し》んで見《み》たい。死《し》は萬事《ばんじ》の終《をはり》である。又萬事《またばんじ》の始《はじめ》である。時《とき》を積《つ》んで日《ひ》となすとも、日《ひ》を積《つ》んで月《つき》となすとも、月《つき》を積《つ》んで年《とし》となすとも、詮《せん》ずるに凡《すべ》てを積《つ》んで墓《はか》となすに過《す》ぎぬ。墓《はか》の此方側《こちらがは》なる總《すべ》てのいさくさは、肉一重《にくひとへ》の垣《かき》に隔《へだ》てられた因果《いんぐわ》に、枯《か》れ果《は》てた骸骨《がいこつ》に入《い》らぬ情《なさけ》の油《あぶら》を注《さ》して、用《よう》なき屍《しかばね》に長夜《ちやうや》の踊《をどり》ををどらしむる滑稽《こつけい》である。

【通解】 あとは靜かだ。すつかり靜かになりきつて、その靜かさの中に自分の一筋の命を託するのだと知つた時、この大宇宙のどこにか通ふ自分の血は、肅々と靜かに動いてゐるにも拘はらず、音もなくしーンと靜まり返つた中に自分のからだなどは丸で土や木のやうに視て了つて、而もどことはなしに活き〱とした活氣を帶びる。自分は生きてゐるのだといふ自覺を持つてゐて、而も生きてゐて受けるべき樣々の下らぬ煩はしさを捨てたのは、恰も雲が山の洞穴の所を出て、空の朝夕の光景を變へるのと同じで、何物にも更に拘泥しない自由自在の活氣である。古今といふ時間の關係を離れ、東西といふ位置空間の關係を離れた、世界の外の世界に片足を踏み込んでこそ眞に生き甲斐があるといふもの——さもなければ化石になりたい。赤も吸ひ、靑も吸ひ、黃も紫も何も彼もすつかり吸つて了つて、それを元の五色に還す事を知らぬ眞黒な化石になりたい。さもなければ死んで見たい。死は萬事の終だ。同時に又萬事の始だ。時を積んで日にしても、日を積んで月にしても、月を積んで年にしても、つまりは凡てを積んで墓とするだけの事だ。墓のこちら側である所の人生の凡てのいさくさは、吾々が肉體といふものを持つて墓と隔てられてゐるお蔭に、枯れ果てた骸骨に入りもせぬ人情の油をつぎ込んで、用もない屍に長夜の踊ををどらせてゐる滑稽に過ぎない。——下らぬ人情にほだされて、いつまでもいつまでも愚にもつかぬ眞似をしてゐるに過ぎないのだ。

【考察】 靜寂の内に在つて、自分の生命がこの大宇宙と通つてゐると感ずる時、自分の肉體を超絶して、自分の血汐は靜かに而も活氣を帶びて動く。活き〳〵と自分の生を自覺しながら、而も生の煩はしさを超越してゐる。それは何の拘束もない浮雲のやうな自由の活氣である。斯くて時間空間を超越した絶對の靈的世界に片足を踏み込んでこそ眞生命が得られるわけ——さもなければ全然生命の無い眞黒な化石になりたい。さもなければ死んで見たい。死は萬事の終で、而も萬事の始だ。人が段々と時日を積んで色々な事をやつて見た所で、その歸着する所はつまり墓だ。人生の窮極は死だ。人生の色々ないざこざは、墓のこちらがはでやる骸骨の踊だ。肉體を持つた因果に、入らぬ義理人情がこんがらかツて、愚にもつかぬ眞似をやつてゐるだけの事だ——といふのである。

○乾坤は天地、宇宙、○肅々は靜かにしーンとしたさま。○形骸を土木視しては外貌を土木のやうに視て。本來は身なりを構はぬといふ意の熟語であるが、こゝは肉體といふものを全く度外視し、つまらぬものと考へるといふ意味。○依稀は彷彿と同義で、ぼーッと見えるといふ意味の熟語。こゝは「どことなくすーッと」といふやうな心持と考へられる。○有耶無耶の累は何や彼やとごちゃ〳〵したわけのわからぬ煩はしさ。有耶無耶は曖昧模糊たる意の語だが、こゝはそれと多少語感が違つてゐる。○岫は山の洞穴のある所。○古今來は古今この方の意で、時間的關係をいふ。○東西位は東西の位置で、空間的關係をいふ。○死は萬事の始といふ事である。死から更に新しく萬事が始まるといふ意で、思想的にいへば創造は破壞から出發するといふ事である。或は又死は肉體についていへば萬事の終だが、靈的にいへば萬事の始だといふ風にも考へられる。○化石は全然生命の無い、從つて死もない存在――生命を超越した無限の沈默無限の生命である。○墓の此方側なる總てのいさくさとは人生の凡ての面倒臭い事をいふ。墓が人生の窮極だから人生を「墓の此方側」といつたのである。いさくさはもつれ、葛藤、樣々の面倒。○肉一重の垣に隔てられた因果には生きてゐるお蔭にの意。人は肉一重で墓と隔てられてゐる、肉が滅してその隔てが取れれば卽ち死であり、墓である。因果は因と果であるが、こゝはさういふ原義から轉じて、「そのおかげに」「そのために」「それで仕方なしに」の意にいうてゐる。口語としていくらも用例のある言葉遣ひである。○長夜の踊は、「長夜の飮」卽ち夜が明けてもまだ戸をあけずに、夜に引きつゞいて燈火を轉じたまゝ、飮めや歌へやと騷いでゐるといふ言葉の趣を應用して、いつまでも目覺めずに馬鹿をつくしてゐるのだといふ意にいうたもの。

【要旨】　じーツと靜かな內に、宇宙の大と一脈の相通ずるを感じて、活き〳〵とした生の自覺の內に肉體の煩はしさを超越する時、眞に心の自由が得られる。かくて空間時間を超越した靈の世界に一寸でも入り得れば上乘。さもなければ眞黑な化石――生死を超絕した永遠の存在だ。さもなければ死だ。人生は所詮一切を積んで墓にする事だ。墓の此方側で義理人情にあふられてやつてゐる骸骨の踊だ。――どうか人生の煩はしさから超絕して、眞の生命を得、絕對の心境に立ちたいものだ。

【一七六】　智に働けば角が立つ情に棹させば流される意地を通せば窮屈だとかくに人の世は住みにく

い住みにくさが高じると心安い所へ引越したくなる何處へ越しても住みにくいと悟つた時詩が生れて畫が出來る（夏目漱石）

【讀方】 智《ち》に働《はたら》けば角《かど》が立《た》つ。情《じやう》に棹《さを》させば流《なが》される。意地《いぢ》を通《とほ》せば窮屈《きゆうくつ》だ。とかくに人《ひと》の世《よ》は住《す》みにくい。住《す》みにくさが高《かう》じると、心安《こゝろやす》い所《ところ》へ引越《ひつこ》したくなる。何處《どこ》へ越《こ》しても住《す》みにくいと悟《さと》つた時《とき》、詩《し》が生《うま》れて、畫《ゑ》が出來《でき》る。

【通解】 智に任せて事を處して行けば物事に角が立つて圓滑に行かない。情に任せてやつて行けば押流されて失敗する。意地を張り通せば萬事が窮屈でゆとりがなくなる。兎角人生は住みにくい。其の住みにくさが高じると、どこか氣樂な所へ引越したくなる――人生といふものがいやになつて、何處か別の世界に入りたくなる。然しどこへ引越してもやはり住みにくいと悟つた時、さうした煩はしい人情から超越する事になつて、そこに詩が生れて、畫が出來て、所謂藝術といふものが生じて來る。

【考察】 人の心には智情意の三つがある、が、さて智に働くと萬事が理窟ツぽくなつて角が立つ、情によつてやつて行くと冷靜の判斷を失つて失敗して了ふ、自分の意志ばかり押通さうとすれば萬事が窮屈になる。結局人生は煩はしく住みにくいものだ。あまり住みにくいと人生がいやになつてどこか外へ行きたくなる。然しどこへ行つて見ても結局住みにくいに變りはないと悟ると、今度は人生にゐて人生を超越し、智とか情とか意とかいふ人情から超絶して所謂非人情の心境になる。その心境から一切の藝術が出來る――といふのである。○情に棹させばといふのは情を川の流にたとへてそれに棹さして行けばというたもので、つまり情のまに〳〵行へばといふ事である。

【要旨】人生の事は智でやつても情でやつても意地でやつてもうまく行かぬ。さうした人間的の情を超越して、人生の煩はしさから脱却した時、そこに藝術が生れる。

【一七七】踏むは地と思へばこそ裂けはせぬかとの氣遣ひも起る戴くは天と知る故に稲妻の米噛に震ふ怖れも出來る人と争はねば一分が立たぬと浮世が催促するから火宅の苦は免れぬ東西のある乾坤に住んで利害の綱を渡らねばならぬ身には事實の戀は讎である目に見る富は土である握る名と奪へる譽とは小賢しき蜂の甘く釀すと見せて針を棄て去る蜜の如きものであらう所謂樂しみは物に着するより起るが故にあらゆる苦しみを含む（夏目漱石）

【讀方】踏《ふ》むは地《ち》と思《おも》へばこそ、裂《さ》けはせぬかとの氣遣《きづか》ひも起《おこ》る。戴《いたゞ》くは天《てん》と知《し》る故《ゆゑ》に、稲妻《いなづま》の米噛《こめかみ》に震《ふる》ふ怖《おそ》れも出來《でき》る。人《ひと》と争《あらそ》はねば一分《いちぶん》が立《た》たぬと浮世《うきよ》が催促《さいそく》するから、火宅《くわたく》の苦《く》は免《まぬか》れぬ。東西《とうざい》のある乾坤《けんこん》に住《す》んで、利害《りがい》の綱《つな》を渡《わた》らねばならぬ身《み》には、事實《じじつ》の戀《こひ》は讎《かたき》である。目《め》に見《み》る富《とみ》は土《つち》である。握《にぎ》る名《な》と奪《うば》へる譽《ほまれ》とは、小賢《こざか》しき蜂《はち》の甘《あま》く釀《かも》すと見《み》せて、針《はり》を棄《す》て去《さ》る蜜《みつ》の如《ごと》きものであらう。所謂樂《いはゆるたの》しみは物《もの》に着《ぢやく》するより起《おこ》るが故《ゆゑ》に、あらゆる苦《くる》しみを含《ふく》む。

【通解】自分の足で踏んでゐるのは地であると思へばこそ、裂けはしないかといふ心配も起る。頭上に戴いてゐるのは天と知るからこそ、稲妻がぴりッと米噛にこたへるやうな怖れも出來る。浮世の俗念にそゝられて、人と争はなくては自分の面目が立たぬと思ふから、この娑婆の苦が免れ得ぬ。東西といふ空間に支配された天地間に住んでゐて、利害といふ關係を辿つて世に處して行かねばならぬ身に取つては、事實の戀は身の仇である。目に見る形の上の富は土のやうにつまらぬものである。しつかりと握る名と無理に奪ひ取つた譽とは、恰も小利巧な蜂が甘くこしらへると見せ掛けて、其の中へ針を棄てて去る蜜のやうなものだらう。一見如何にもよささうで其の實は身を害するものだ。世間の所謂樂しみはもと〳〵物に執着する所から起るのだから、其の中にあらゆる苦しみを含んでゐる。

【考察】 地震を恐れ雷鳴を怖れるのも、眼前に見る天地の形に執するからだ。下らぬ意地を通さうとするから、世の中が苦しいものになる。世間的な戀や富や名や譽や、凡そあらゆる快樂は、畢竟仇敵であり土芥であり害毒であり苦痛である。形に囚はれ世の現實にこだはるのは愚の骨頂だ——といふのである。○米噛に震ふは米噛の所に震ふ、即ち稲妻の怖しさにぴりぴりツと米噛にこたへるやうな感じのするのをいふ。米噛は顳顬《せふじゆ》とも書く、耳の上、眼の側部にあつて物を嚼めば動く處。○一分が立たぬは身の面目が立たぬ、顏が立たぬ、男がすたれるといふ意。○浮世が催促するは世間的の考が促す。浮世に執着してゐると自然さういふ考が起るといふのである。○火宅は佛教上の語で、吾人の現に流轉してゐる三界、即ち迷ひの世界をいふ。三界は煩惱が盛で、不安なる事恰も火災に罹つてゐる屋宅のやうだといふ喩。法華經に「三界安きこと無し、猶ほ火宅の如し」とある。○東西のある乾坤は東西といふ方位のある天地、即ち空間に支配されてゐるこの天地間の意。○利害の綱を渡らねばならぬ身とは利害の綱渡りをせねばならぬ身の上、即ち利害といふ關係を危く辿つて世を渡る身といふこと。○事實の戀は實際的な事實上の戀。浮世を離れての浪漫的な、夢幻的な、現實を離れて考へた戀は美しい、それ自體一つの藝術であるが、事實の戀は、浮世に在る身に取つては身を仇なす煩はしいものだといふのであらう。○針を棄て去る蜜は如何にも甘さうで而も身を害するといふ喩。○着するは執着する、因はれる。

【要旨】目に見る天地の形に執するからこそ地震や雷鳴の恐しさも起る。人生に執してゐる人に取つては、戀も富も名も譽も皆身を害するつまらぬものだ。浮世を超越しなくては眞の樂しみは得られぬ。

【一七八】塔上の鐘は事あれば必ず鳴らすある時は無二に鳴らしある時は無三に鳴らした祖來る時は祖を殺しても鳴らし佛來る時は佛を殺しても鳴らした霜の朝雪の夕雨の日風の夜を何遍となく鳴らした鐘は今いづこへ行つたものやら余が頭をあげて蔦に古りたる櫓を見上げたときは寂然として既に百年の響を收めて居る（夏目漱石）

【讀方】塔上《たふじやう》の鐘《かね》は事《こと》あれば必《かなら》ず鳴《な》らす。ある時《とき》は無二《むに》に鳴《な》らし、ある時《とき》は無三《むざん》に鳴《な》らした。祖來《おやきた》る時《とき》は祖《おや》を殺《ころ》しても鳴《な》らし、佛來《ほとけきた》る時《とき》は佛《ほとけ》を殺《ころ》しても鳴《な》らした。霜《しも》の朝《あさ》、雨《あめ》の夕《ゆふべ》、雨《あめ》の日《ひ》、風《かぜ》の夜《よ》を、何遍《なんべん》となく鳴《な》らした鐘《かね》は、今《いま》いづこへ行《い》つたものやら、余《よ》が頭《かうべ》をあげて蔦《つた》に古《ふ》りたる櫓《やぐら》を見上《みあ》げたときは、寂然《じやくねん》として既《すで》に百年《ひやくねん》の響《ひゞき》を收《をさ》めて居《ゐ》る。

【通解】塔の上の鐘は何か事があれば必ず鳴らした。無二無三に、只一途に鳴らした。先祖が來れば先祖、佛が來れば佛、何ものをも排し去つて只むしやうに鳴らした。霜のおりた朝、雪の降る夕、雨の降る日、風の吹く夜、時を選ばず何遍となく鳴らしたその鐘は、今はどこへ行つたものやら、私が頭をあげて蔦がからんで古びてゐるやぐらを見上げた時は、ひツそりとしてもう既に長いこと一寸も鳴り響かずにゐる。

【考察】有名な倫敦塔の鐘の回顧である。○無二無三は脇目も振らず一向にといふ意。文調上「無二」と「無三」を分けたまでで、この二つの語にそれ〴〵別の意味があるわけではない。法華經に「唯一乘の法有り、二も無く亦三も無し」とある。ムサンと淸んでも讀む。○祖來る時は祖を殺し、佛來る時は佛を殺すは臨濟錄にある語で、何物にも頓着せずに敢行するといふ意。「殺す」は比喩的の強めで、實際に殺すといふのではない。○櫓は鐘のおいてあつた矢倉。○百年の響を收めては百年以來――ずツと昔からもう少しも響かずにゐるといふのであらう。

【要旨】苟も事あれば必ず鳴らした――遮二無二に鳴らしたといふ倫敦塔上の鐘も、どこへ行つたものか、今は寂然として響を收め、その櫓だけが蔦に古りてゐる。

【一七九】カントがいつた如く物には皆値段がある獨り人間は値段以上である目的その物である如何に貴重な物でもそれはたゞ人間の手段として貴重なのである世の中に人間ほど尊いものはない物はこれを償ふことが出來るが如何につまらぬ人間でも一の靈魂であるからは他の物を以て償ふことは出來ぬそして此の人間の絶對的價値といふことが己が子を失うたやうな場合に最も痛切に感じられるのである

（西田幾太郎）

【讀方】カントがいつた如《ごと》く、物《もの》には皆《みな》値段《ねだん》がある、獨《ひと》り人間《にんげん》は値段《ねだん》以上《いじやう》である、目的《もくてき》その物《もの》である。如何《いか》に貴重《きちよう》な物《もの》でも、それはたゞ人間《にんげん》の手段《しゆだん》として貴重《きちよう》なのである。世《よ》の中《なか》に人間《にんげん》ほど尊《たふと》いものはない。物《もの》はこれを償《つぐな》ふことが出來《でき》るが、如何《いか》につまらぬ人間《にんげん》でも、一《いつ》の靈魂《れいこん》であるからは、他《た》の物《もの》を以《もつ》て償《つぐな》ふことは出來《でき》ぬ。そして此《こ》の人間《にんげん》の絶對的《ぜつたいてき》價値《かち》といふことが、己《おの》が子《こ》を失《うしな》うたやうな場合《ばあひ》に、最《もつと》も痛切《つうせつ》に感《かん》じられるのである。

【通解】カントがいつたやうに、物には皆値段があるが、獨り人間は値段以上でいくら〳〵と値段など附けられぬ程尊いものだ、目的その物で他の手段としての存在ではない。どんなに貴重なものでも、それは只人間が何かする手段として貴重なのである。世の中に人間くらゐ貴いものはない。物は償ふ事が出來るが、人間はたとひどんなにつまらぬ人間でも、一つの魂である以上、他の物で償ふ事は出來ぬ。そして此の人間の絶對的な値打といふ事が、自分の子をなくしたといふやうな場合に、一番痛切に感じられるものである。

【考察】カントは西紀千七百年代の獨逸の有名な哲學者。〇目的その物といふのは、人間は或他の目的を實現する手段として尊いのではない、只人間それ自體として尊い、卽ち手段としての價値でなくて、目的それ自體だといふのである。

【要旨】人間は一個の靈魂で、いくらと値段の附けられぬ絶對の價値を持つてゐる。この人間の絶對價値は、自分の子を失つたやうな場合に最も痛感される。

【一八〇】意識の自由といふのは自然の法則を破つて偶然的に働くから自由であるのではない反つて自己の自然に從ふが故に自由である理由なくして働くから自由であるのではない能く理由を知るが故に自由であるのである我々は知識の進むと共に益々自由の人となることが出來る人は他より制せられ壓せられてもこれを知るが故に此の抑壓以外に脫して居るのである更に進んでよくその已むを得ざる所以を自得すれば抑壓が反つて自己の自由となるソクラテスを毒殺せしアゼンス人よりもソクラテスの方が自由の人であるパスカルも人は葦の如き弱き者である併し人は考へる葦である全世界が彼を滅さんとするも彼は彼が死することを自知するが故に殺す者より尙しといつて居る（西田幾太郎）

【讀方】意識《いしき》の自由《じいう》といふのは、自然《しぜん》の法則《はふそく》を破《やぶ》つて偶然的《ぐうぜんてき》に働《はたら》くから自由《じいう》であるのではない、反《かへ》つて自己《じこ》の自然《しぜん》に従《したが》ふが故《ゆゑ》に自由《じいう》である。理由《りいう》なくして働《はたら》くから自由《じいう》であるのではない、能《よ》く理由《りいう》を知《し》るが故《ゆゑ》に自由《じいう》であるのである。我々《われ〳〵》は知識《ちしき》の進《すゝ》むと共《とも》に益々《ます〳〵》自由《じいう》の人《ひと》となることが出來《でき》る。人《ひと》は他《た》より制《せい》せられ壓《あつ》せられても、それを知《し》るが故《ゆゑ》に此《こ》の抑壓以外《よくあついぐわい》に脱《だつ》して居《ゐ》るのである。更《さら》に進《すゝ》んでよくその已《や》むを得《え》ざる所以《ゆゑん》を自得《じとく》すれば、抑壓《よくあつ》が反《かへ》つて自己《じこ》の自由《じいう》となる。ソクラテスを毒殺《どくさつ》せしアゼンス人《じん》よりも、ソクラテスの方《はう》が自由《じいう》の人《ひと》である。パスカルも、「人《ひと》は葦《あし》の如《ごと》き弱《よわ》き者《もの》である。併《しか》し人《ひと》は考《かんが》へる葦《あし》である。全世界《ぜんせかい》が彼《かれ》を滅《ほろぼ》さんとするも、彼《かれ》は彼《かれ》が死《し》することを自知《じち》するが故《ゆゑ》に、殺《ころ》す者《もの》より尙《たふと》し」といつて居《ゐ》る。

【通解】 意識の自由――物を考へる心の自由といふのは、自然の法則を破つて偶然的に勝手に働くから自由であるのではない、反つて自己の自然に従つて必然的に働くから自由なのである。何のわけもなく働くから自由なのではない、能く働くべき理由を知つて働くから自由なのである。だから我々は知識が進むにつれて益々自由に意識の働く人になる事が出來る。人は他から抑壓されても、それが分るからその抑壓の外に超越してゐるのである。更に進んでよくその抑壓が止むを得ないといふわけをほんとに心に悟れば、抑壓を受ける事が却つて自分の自由になる。その意味に於て、ソクラテスを毒殺したアゼンス人よりも、ソクラテスの方が自由の人である。パスカルも、「人間は葦のやうな弱い者だ。然し人は考へる葦――考へる力を持つたものである。世界中が總掛りで彼を滅さうとしても、彼は自分の死ぬ事を自ら知るから、殺す者より尊い」といつて居る。

【考察】 人は自由といふ事を自分の思ふまゝに勝手に振舞ふ事と思つてゐるがそれは違ふ。ほんとの自由は意識の自由であるが、それも心が自然の法則を破つて偶然的に働く事ではない。心が自然の法則に従つて必然的に働くからこそ自由なのだ。例へば人から抑壓されても、さうと分つてゐれば抑壓の外に超越してゐられる。一歩進んで、その抑壓が止むを得ぬものだといふ理由を自得すれば、抑壓がそのまゝ自己の自由だ——といふのが主張の核心で、ソクラテスの事もパスカルの言もその例證に過ぎない。
◇世の中では自由だといふ言葉が直ちに意志と行動との結合——而も自分の私心私情に立脚してそれにばかり都合のよい行動が勝手に自分にやれる事のやうに解釋される。それは甚しい誤だ。ほんとの意味に於ける自由は、心が事理の必然を正當に認識する事である。どんなにひどい抑壓を受けても、それがその場合どうしても避けられぬものだと自得すれば心に何の苦痛も感じないでゐられる。それがほんとに自由の人である。心では苦痛でたまらぬが、自分に力がないから仕方なしにその抑壓に甘んじてゐるといふなら、それは奴隷の人だ。若し又抑壓を受けるべき必然性は分つてゐるが、只その抑壓がいやさに之に反抗しようとするといふなら、それは反逆の人だ。奴隷の人も反逆の人も決して正しい意味での自由の人ではない。飲まざるを得ない——避けるに避けられぬ毒杯だから自分はそれを飲むと鮮かに意識して飲めば、それは人に飲まされるのでなくて自ら飲むのである。即ち毒杯を飲む事自體が己の自由意志であり自由行動である。そこにソクラテスの尊さがある。私はこの一文を通してこんな風に考へる。そして諸君と共にさういふ自由をほんとに自覺したいと思ふ。
○パスカルは西紀一千六百年代のフランスの有名な幾何學者哲學者であつた。その言葉の中の葦は、風に折れ易く弱いといふ心持から、弱い存在といふ比喩に用ひたものと考へられる。

【要旨】 意識の自由とは心が自然の法則に従つて必然的に働く事だ。然《し》かあるべき理由を自覺すれば、どんな抑壓や迫害を受けても、心に何の苦痛をも感じない。それがほんとに自由の人だ。

【一八一】 新古今集にある定家の歌に見渡せば花も紅葉もなかりけり浦の苫屋の秋の夕ぐれとあるが

孤獨に生きる無遍的寂寞味は日本藝術が最高潮に達した場合である寂寞のうちに靈の無礙自在を發見して人生の恍惚に入るといふことは日本人が見出した詩の神祕でなくて何であらう今日の日本人がこの神祕を失ひつ、あることを私は遺憾に思ふ一度この神祕を失つたが最後二度とそれを取りかへすことは出來ない或は變つた神祕を發見するかも知れないがその時が來るまで詩の上での亡國といはねばならない私は亡國民となりたくない私はどこまでも私どもの祖先が創造した詩の神祕を握つてゐたい（野口米次郎）

【讀方】 新古今集《しんこきんしふ》にある定家《ていか》の歌《うた》に、「見渡《みわた》せば花《はな》も紅葉《もみぢ》もなかりけり、浦《うら》の苫屋《とまや》の秋《あき》の夕《ゆふ》ぐれ」とあるが、孤獨《こどく》に生《い》きる無遍的寂寞味《むへんてきじやくまくみ》は、日本藝術《につぽんげいじゆつ》が最高潮《さいかうてう》に達《たつ》した場合《ばあひ》である。寂寞《じやくまく》のうちに靈《れい》の無礙自在《むげじざい》を發見《はつけん》して人生《じんせい》の恍惚《くわうこつ》に入《い》るといふことは、日本人《につぽんじん》が見出《みいだ》した詩《し》の神祕《しんぴ》でなくて何《なん》であらう。今日《こんにち》の日本人《につぽんじん》がこの神祕《しんぴ》を失《うしな》ひつ、あることを私《わたくし》は遺憾《ゐかん》に思《おも》ふ。一度《ひとたび》この神祕《しんぴ》を失《うしな》つたが最後《さいご》、二度《にど》とそれを取《と》りかへすことは出來《でき》ない。或《あるひ》は變《かは》つた神祕《しんぴ》を發見《はつけん》するかも知《し》れないが、その時《とき》が來《く》るまで詩《し》の上《うへ》での亡國《ばうこく》といはねばならない。私《わたくし》は亡國民《ばうこくみん》となりたくない。私《わたくし》はどこまでも私《わたくし》どもの祖先《そせん》が創造《さうざう》した詩《し》の神祕《しんぴ》を握《にぎ》つてゐたい。

【通解】 新古今集にある定家の歌に、「見渡せば花も紅葉もなかりけり、浦の苫屋の秋の夕ぐれ」——見渡せば、花も無い、紅葉もない、只いひ知れぬ淋しさの中に、濱邊の苫葺《とまぶき》小屋は靜かに暮れて行く、何といふ幽寂《いうじやく》な秋の夕暮だ——とあるが、孤獨なほんとに獨りぼツちの寂しさの果てしのない幽寂な味ひは、日本の藝術が一番高い境地に達した場合である。何ともいへぬ寂しさの中に何の妨げもない魂の眞の自由を見出して人生の恍惚に——唯もううつとりとして一切を忘れた心境に入ることは、これ實に日本人が發見した詩の神祕である。眞に神祕な詩境である。今日の日本人が殆んどこの神祕を失つて行きつゝあるのを私は殘念に思ふ。一度この神祕を失つて了ふと、もう二度とそれを取りかへす事は出來ない。或はもつと違つた別の神祕を發見するかも知れぬが、それの發見される時が來るまでは詩の上での亡國で、全く詩の亡びて了つた國といはねばならぬ。私はさういふ亡國の民にはなりたくない。私はどこまでも吾々の祖先が創造したこの詩の神祕を失はずにしつかり持つて居たい。

【考察】 定家のこの歌を「孤獨に生きる無遍的寂寞味」の一例として引いた筆者に先づ萬腔の賛意を表したい。それは私が國文解釋法の初版以來古來の諸説を排して、「そこに吾々が感受する氣分は、いひ知れぬ淋しさを外にして何もない筈だ」と主張し續けてゐる心持と完全に一致してゐるからである。『國文解釋法』（論創社）の【三三六】にも書いてあるやうに、古今の學者の中には、この歌の「なかりけり」を「いらざりけり――花も紅葉もいらない」と解して、色々と小面倒な理窟を並べてゐる人が尠くない。「日本人が見出した詩の神祕」が斯ういふ學者に依つて色々と歪曲《わいきよく》されるからこそ「今日の日本人がこの神祕を失ひつゝ」あるやうにもなるのである。勿論それには外にいろ〳〵原因もあるが、少くも「人生の恍惚」に法悦する事の出來ぬ學者達の罪は一番大きいと思ふ。

○孤獨に生きるは獨りぼツちの中にほんとの生命を感じる。○無遍的寂寞味とは果てしのない何ともいへぬ寂しさの味。○靈の無礙自在とは靈魂が全く自由自在に活動して一點の妨げもない狀態をいふ。○人生の恍惚とは恍惚とした人生の境地、うつとりとして一切を忘れた心境。

【要旨】 「見渡せば花も紅葉もなかりけり、浦の苫屋の秋の夕ぐれ」といふ歌に見るやうな無邊的寂寞の情味は、實に日本藝術の最高潮だ。寂寞の中に魂の自在の活動を見出して恍惚となるのは、日本人が見出した詩の神祕だ。吾々はこれをしつかり握つて失はぬやうにしなければならぬ。

【一八二】　花紅葉いろ〳〵な眺はもとより美しいに相違ない花の散つた後の新綠の色も目の覺めるやうな心持がするが考へれば花も青葉もない冬枯の時に地上の萬物がこの銀色に掩はれるのは眞に對照の妙變化の奇造化の巧をつくしたものではないか一年中蓮の花の咲いて居る極樂淨土は決して我等の世界ほど樂しいものではなからう（芳賀矢一）

【讀方】　花紅葉《はなもみぢ》いろ〳〵な眺《ながめ》は、もとより美《うつく》しいに相違《さうゐ》ない。花《はな》の散《ち》つた後《あと》の新綠《しんりよく》の色《いろ》も、目《め》の覺《さ》めるやうな心持《こころもち》がするが、考《かんが》へれば、花《はな》も青葉《あをば》もない冬枯《ふゆがれ》の時《とき》に、地上《ちじやう》の萬物《ばんぶつ》がこの銀色《ぎんしよく》に掩《おほ》はれるのは、眞《しん》に對照《たいせう》の妙《めう》、變化《へんくわ》の奇《き》、造化《ざうくわ》の巧《かう》をつくしたものではないか。一年中《いちねんぢゆう》蓮《はちす》の花《はな》の咲《さ》いて居《ゐ》る極樂淨土《ごくらくじやうど》は、決《けつ》して我等《われら》の世界《せかい》ほど樂《たの》しいものではなからう。

【通解】　花だの紅葉だのの色々な眺は、素より美しいに違ひない。花が散つた後の新綠の色も、如何にもすがすがしくて目の覺めるやうな氣持がするが、然し考へて見ると、花も青葉も何もない冬枯の時に、地上の萬物がこの銀のやうな眞白い雪で一面に掩はれるのは、花の春、青葉の夏、紅葉の秋に對して、實に面白い對照、不思議な變化で、天地自然の神の巧を極めたものではないか。一年中いつも變らず蓮の花の咲いてゐる極樂の地は、決して我々の世界程樂しいものではあるまい。

【考察】　雪を主題にして一年中の變化對照の妙を强調したのである。○造化は天地創造の神、若しくは自然の力をいふ。○極樂淨土は佛說に所謂九品蓮臺《くほんれんだい》と稱する佛の淨土であるから、年中蓮の花が咲いてゐるというたのである。

【要旨】花、紅葉、それから青葉、凡て美しい眺だが、冬枯の時に雪が地上の萬物を掩ふのは、實に對照變化の妙である。年中同じやうではいくら美景でも誠につまらぬ。

【一八三】我等に苦しみ悩みのあるのは「我」といふものがあるからである「我」があるから空しい望を起し限りのない欲を逞しうしようとするのである「我」があるから限りのない名聞の奴となり限りのない黄金の僕となるのである「我」があればこそ憎悪もあり怨恨もあるのである名聞の奴となり黄金の僕となり憎悪怨恨の焔に燃されればこそ此の世の苦しみといふものがあるのであるさればこそ菩提樹の下に大悟徹底した聖人も「我」を以て一切苦の根本としたのである（藤井健治郎）

【讀方】我等《われら》に苦《くる》しみ悩《なや》みのあるのは、「我《が》」といふものがあるからである。「我《が》」があるから、空《むな》しい望《のぞみ》を起《おこ》し、限《かぎ》りのない欲《よく》を逞《たくま》しうしようとするのである。「我《が》」があるから、限《かぎ》りのない名聞《みやうもん》の奴《やつこ》となり、限《かぎ》りのない黄金《わうごん》の僕《しもべ》となるのである。「我《が》」があればこそ、憎悪《ぞうを》もあり怨恨《ゑんこん》もあるのである。名聞《みやうもん》の奴《やつこ》となり、黄金《わうごん》の僕《しもべ》となり、憎悪《ぞうを》・怨恨《ゑんこん》の焔《ほのほ》に燃《もや》されればこそ、此《こ》の世《よ》の苦《くる》しみといふものがあるのである。さればこそ、菩提樹《ぼだいじゆ》の下《もと》に大悟徹底《たいごてつてい》した聖人《せいじん》も、「我《が》」を以《もつ》て一切苦《いつさいく》の根本《こんぽん》としたのである。

【通解】我々に色々な苦しみや悩みがあるのは、「我」即ち「おれが〱」といふものがあるからである。「我」があるから、つまらぬ望を起し、限りのない欲をも思ふ存分に滿さうとするのである。「我」があるから、限りもなく世間の名譽評判を得たがり、限りもなく金をほしがつて、そのために心が使はれるのである。「我」があればこそ、人をにくみもし怨みもするのである。名聞に囚はれ、黄金のために心身を勞し、にくしみ恨みの情に心が燃されればこそ、この世に苦しみといふものがあるのである。だからこそ、菩提樹の下で大きな悟を開ききつた聖人釋迦も、「我」が一切の苦しみの根本だとしたのである。

【考察】我は自分に執着し、おれが〳〵と考へる念慮をいふ。さういふ特定の意味に用ひたから特に鉤《かぎ》を附けたのである。奴といひ僕といふのは、そのために使役される、心身を勞するといふ思想。○菩提樹は印度に產する樹で、釋迦が苦行の後この樹下で悟を開いて佛になつた所から出來た名稱である。菩提は佛法上の絶對眞理の稱で、それを悟つた人が卽ち佛である。○大悟徹底はすつかりと悟り切つて了ふこと。

【要旨】「我」が人生一切苦の根本で、名聞利益、憎惡怨恨、凡そ一切の心の惱みは皆「我」から起るのだ。

【一八四】 檝なき舟は行方を知らず主腦なき團體は蜘蛛の子と散るべき烏合の衆なり國民にはこれを導くべき理想の光なかるべからず現つ御神は赫燿として千秋動くことなき大光明と申すも恐れあり一道の靈光脈々として古今に涉り仰望せる國民は精髓をこゝに養ひ理想をこれに求めて活動す（藤岡作太郎）

【讀方】檝《かぢ》なき舟《ふね》は行方《ゆくへ》を知《し》らず、主腦《しゆなう》なき團體《だんたい》は蜘蛛《くも》の子《こ》と散《ち》るべき烏合《うがふ》の衆《しう》なり。國民《こくみん》にはこれを導《みちび》くべき理想《りさう》の光《ひかり》なかるべからず。現《あき》つ御神《みかみ》は赫燿《かくえう》として千秋動《せんしうご》くことなき大光明《だいくわうみやう》と申《まう》すも恐《おそ》れあり。一道《いちだう》の靈光脈々《れいくわうみやく〳〵》として古今《ここん》に涉《わた》り、仰望《ぎやうばう》せる國民《こくみん》は、精髓《せいずゐ》をこゝに養《やしな》ひ、理想《りさう》をこれに求《もと》めて活動《くわつどう》す。

【通解】 檝のない舟はどこへ流れて行くか分らず、引率する主脳のない團體は蜘蛛の子のやうにばら〳〵に散るべき寄合勢《よりあひぜい》である。國民にはそれを導くべき理想の光がなくてはならない。申すも畏れ多い事だが、我が國の天皇は赫々と輝いて千萬世に動くことのない大光明でいらせられる。一筋のあらたかな光は絶えず續いて古今に渉つて居り、それを仰ぎ望んで居る國民は、心の一番の中心をこの靈光の中に養ひ、理想をこの靈光の中に求めて活動してゐる。

【考察】 我が國民が天皇を中心とし理想と仰ぎ奉つてゐる事を述べたものである。○主脳はその團體を指導する一番の頭、中心人物。○蜘蛛の子との「と」は「の如く」の意。○烏合の衆は統一するもののない寄り合ひの軍勢をいふ語。○理想の光はこゝでは國民全體の最高の望として目指し進む所の目じるしをいふ。○現つ御神は生き神様の意で、天子様の事を申上げる語。○赫燿は光り輝く形容。○千秋は永遠無窮の意。○一道の靈光は一筋のあらたかな光。歷代天皇の御稜威《みいつ》をいふ。○脈々としてはずうーツと絶えず續いて。○精髓は一番の中心で、こゝでは精神といふ意。

【要旨】 團體には主脳が必要だし、國民には理想の光が大切だ。畏れ多い事だが、我が國では天子様が主脳であらせられ、千古變らぬそのみいつは、實に國民の理想の光である。

【一八五】 愛着は迷ひなり此の雲を去らざれば眞如の月は明かなり難しと雖も山水もと無心にして人間の如き魔性を有せずこれを以て窓前日夜の友とす清淡虚無一心もまた物によつて動かされざること山のごとく機に従うて轉ずること水の如し來往自在こゝに疑懼の境も去つて安心は漸く決定すべし（藤岡作太郎）

【讀方】愛着《あいちやく》は迷《まよ》ひなり。此《こ》の雲《くも》を去《さ》らざれば、眞如《しんによ》の月《つき》は明《あきら》かなり難《がた》しと雖《いへど》も、山水《さんすゐ》もと無心《むしん》にして、人間《にんげん》の如《ごと》き魔性《ましやう》を有《いう》せず。これを以《もつ》て窓前日夜《さうぜんにちや》の友《とも》とす、清淡虚無《せいたんきよむ》、一心《いつしん》もまた物《もの》によつて動《うご》かされざること山《やま》のごとく、機《き》に從《したが》うて轉《てん》ずること水《みづ》の如《ごと》し。來往自在《らいわうじざい》、こゝに疑懼《ぎく》の境《さかひ》も去《さ》つて、安心《あんじん》は漸《やうや》く決定《けつぢやう》すべし。

【通解】物を深く愛してそれに執着するのは迷ひである。此の迷ひの雲を去らなくては、眞如の月は明かにならぬ——眞に心の悟を開く事は出來ぬけれども、然し山水はもと無心であつて、人間のやうな心を迷はす悪性は持つてゐない。この山水を日夜窓前の友として眺めてゐれば、心の中は清くさツぱりとして一物もなく、この心も亦物のために動かされぬ事山の如く、發動の機につれて轉々滯らざること水のやうである。かくて心の働きが全く自由自在になり、そこでびく〳〵と疑ひ懼れるやうな氣分も去つて、心の安住は段々としつかり定まつて來るであらう。

【考察】山水を愛する事のよさである。○愛着は佛語で、愛執《あいしふ》と同じく、物を愛してそれに心の執着すること。○眞如の月は眞如卽ち道の本體、千古不易の眞理の迷妄を照す事を月に喩へた語で、つまりは眞の悟、眞理に對する明かな悟をいふ。○魔性は人を迷はし悟の妨げをするやうな悪性質。○清淡虚無は心中清くさらりとして何物もないこと。○一心はこの我が一つの心、卽ち單に心といふと變りはない。「一心に物を思ふ」などいふ場合の一心とは違ふ。○機に從うて轉ずるの「機」は發動のはづみ。心にこだはりがあると、何かの機があつても、心はそれについて轉じない、清淡虚無であれば、心は機に應じて圓轉滑脫するといふのである。○來往自在は來るも往くも自由自在。心の動きが全く自由で、少しも物に凝滞しないといふ意。○安心は佛教上の語で、邪見を去つて心が佛の正法の上に安住するのをいふ。○決定すはきちんときまる、きまつて動かぬ。

【要旨】 愛着は迷ひには違ひないが、山水は無心で人間のやうな魔心がないから、之を愛してゐると、心が清淡虚無になつて、ほんとの安心立命が得られる。

【一八六】 一昂一低伸びたるは縮まざるを得ず鬱結せる氣壓は迅雷の襲來によりて破らるべしいかなる懦夫も眠りてその飽くに任すればみづから起つて活動を思ふ安逸に馴れたる貴族も遂には生活の單調に倦んで變化を望むに至るは自然の數なり（藤岡作太郎）

【讀方】 一昂一低《いつかういつてい》、伸《の》びたるは縮《ちゞ》まざるを得《え》ず。鬱結《うつけつ》せる氣壓《きあつ》は、迅雷《じんらい》の襲來《しふらい》によりて破《やぶ》らるべし。いかなる懦夫《だふ》も、眠《ねむ》りてその飽《あ》くに任《まか》すれば、みづから起《た》つて活動《くわつどう》を思《おも》ふ。安逸《あんいつ》に馴《な》れたる貴族《きぞく》も、遂《つひ》には生活《せいくわつ》の單調《たんてう》に倦《う》んで、變化《へんくわ》を望《のぞ》むに至《いた》るは、自然《しぜん》の數《すう》なり。

【通解】 高くなれば又低くなる道理で、伸びたものは縮まぬ譯には行かない。じーッと一個所に滞つた氣壓は、烈しい雷の襲來によつて破られるであらう。如何に懦弱な男でも、飽きるまで勝手に眠らせて置けば、自分で起つて活動する氣になる。呑氣な生活に馴れた貴族も、遂には生活が一本調子で變化のないのにあき〳〵して、何か變化があればよいと望むやうになるのは、自然の理である。

【考察】 世の中の反動の理を述べたものである。○一昂一低は一たびは高く一たびは低い、高くなつたものは低くなる、それが自然の理だといふ意。○鬱結せる氣壓はむーッと滞つた低氣壓。○懦夫は氣概のない男、なまけ者。○數は道理、自然の定め。

【要旨】物には必ず反動があるもので、安逸に馴れた貴族も、生活の單調に倦きて變化を望むやうになるのは、自然の理だ。

【一八七】社會の進歩するに從うて人工を以て自然に反抗する力は增加すこれやがて文化の恩澤なり今日開明の民は煉瓦の家屋風もすかさず室内の煖爐春長へなれば何處にか北風のすさぶを知らむ夏は山地綠蔭深き處海岸風涼しき處に暑さを避く都會の住居軒たち續きては月の盈ち虧け星影の動くも氣づかずたとへば東京の子供の山といへば飛鳥山の外を知らず杉はと聞けば削れる板とのみ思へる類多し（藤岡作太郎）

【讀方】社會《しやくわい》の進歩《しんぽ》するに從《したが》うて、人工《じんこう》を以《もつ》て自然《しぜん》に反抗《はんかう》する力《ちから》は增加《ぞうか》す。これやがて文化《ぶんくわ》の恩澤《おんたく》なり。今日開明《こんにちかいめい》の民《たみ》は、煉瓦《れんぐわ》の家屋風《かをくかぜ》もすかさず、室内《しつない》の煖爐《だんろ》春長《はるとこしな》へなれば、何處《いづこ》にか北風《ほくふう》のすさぶを知《し》らむ。夏《なつ》は山地綠蔭深《さんちみどりかげふか》き處《ところ》、海岸風涼《かいがんかぜすゞ》しき處《ところ》に暑《あつ》さを避《さ》く。都會《とくわい》の住居軒《ぢゆうきよのき》たち續《つゞ》きては、月《つき》の盈《み》ち虧《か》け、星影《ほしかげ》の動《うご》くも氣《き》づかず。たとへば東京《とうきやう》の子供《こども》の、山《やま》といへば飛鳥山《あすかやま》の外《ほか》を知《し》らず、杉《すぎ》はと聞《き》けば削《けづ》れる板《いた》とのみ思《おも》へる類多《たぐひおほ》し。

【通解】世の中が進むにつれて、人工で自然にさからふ力が增して來る。これが卽ち文化のめぐみである。今日開けた國の人民は、煉瓦造りの家で風もすかさず、室内のストーヴはいつも變らずぽかぽかとして春のやうなので、何處に北風が吹きすさぶ事やら知らずにゐる。夏は又山地の綠の蔭の深い處や、海岸の風の涼しい處に避暑する。都會の住居の家並がずーッと續いては、月が盈ちたり虧けたり、星の光がチラチラと動いたりする事も心づかない。例へば東京の子供が、山といへば飛鳥山の外は知らず、杉はと聞けば削つた板だとばかり思つてゐるやうな類が多いのである。

【考察】文化の恩澤は人間が自然に反抗する事だが、そのために人は益々自然から遠ざかるといふのである。○飛鳥山は東京の近郊にあつて櫻を以て有名な丘陵。

【要旨】世の中が進むと共に人は文化の恩澤に浴して、冬は暖い室に寒さを知らず、夏は涼しい所へ避暑する。都會の家並では月も星も氣づかぬ有樣で、世が開明になれば人は益々自然と遠ざかつて行く。

【一八八】鎌倉以後佛教は深く人心祕奥の琴線に觸れまた平安舊時のものにあらず乃ち文學も佛教思想を中心とするに至れるもとこれ自然の數のみ飜つて思ふに平安朝の文學は貴族公卿の文學なり而して公卿の文學が古傳を株守して沈滯せる間に實力は早く僧侶に移れるなり近古の文學繪畫孰れか佛教の範疇を出でたるものぞ（藤岡作太郎）

【讀方】鎌倉《かまくら》以後《いご》佛教《ぶつけう》は深《ふか》く人心《じんしん》祕奥《ひあう》の琴線《きんせん》に觸《ふ》れ、また平安舊時《へいあんきうじ》のものにあらず。乃《すなは》ち文學《ぶんがく》も佛《ぶつ》教思想《けうしさう》を中心《ちゆうしん》とするに至《いた》れる、もとこれ自然《しぜん》の數《すう》のみ。飜《ひるがへ》つて思《おも》ふに、平安朝《へいあんてう》の文學《ぶんがく》は貴族公卿《きぞくこうけい》の文學《ぶんがく》なり。而《しか》して公卿《こうけい》の文學《ぶんがく》が古傳《こでん》を株守《しゆしゆ》して沈滯《ちんたい》せる間《あひだ》に、實力《じつりよく》は早《はや》く僧侶《そうりよ》に移《うつ》れるなり。近古《きんこ》の文學繪畫《ぶんがくくわいぐわ》、孰《いづ》れか佛教《ぶつけう》の範疇《はんちう》を出《い》でたるものぞ。

【通解】鎌倉時代から後は佛教は深く人心の奥の奥に共鳴して、もう丸で平安朝時代の昔のものではない。そこで文學も亦佛教の思想を中心とするやうになつたのは、もと〳〵自然の理たるに過ぎない。飜つて考へて見るに、平安朝の文學は貴族公卿の文學である。そして公卿の文學が昔からの傳へを只無性に守つて滯りきつてゐた間に、實際の力は早くも僧侶に移つたのである。鎌倉室町時代の文學や繪畫に、どれ一つとして佛教の型《かた》を出たものがあるか。

【考察】　鎌倉以後に於ける佛教の影響を論じたものである。○祕奥の琴線は奥に祕められた琴の絲。人心の奥の方のほんとの感じをいふ。○株守は株を守るで、或一つの事に拘泥してゐて進歩のないのをいふ。韓非子に「宋人田を耕す者あり、田中に株《くひぜ》あり、兎走りて株に觸れ、頭を折りて死しぬ。因りて其の耒《らい》（すき）を釋《す》て、株を守りて兎の再び觸るゝを待ちしが、兎遂に復來らず、身は宋國の笑ひとなりき」とある寓話から出た語。○範疇は型、形式。哲學上の術語で、外物を認識してそれを概念にする時必ず取るべき形式の稱である。

【要旨】　鎌倉以後佛教は深く人心の奥に食ひ込んで、勢ひ文學も佛教思想が中心になつた。平安朝の公卿が舊傳を墨守してゐる間に、文學上の實力は僧侶の手に歸し、一切の文學は皆佛教型になつて了つた。

【一八九】　理想と現實とを劃然分けて考へるのは學者の勝手だが我々の實際生活ではこれを別物として考へるのは間違ひだよく人が理想はなるべく高遠に持て實行はなるべく着實であれと訓へるがそれは教訓としては半文の價値さへないものだ君實行を着實に着實にと心懸けて行く今の政治家實業家の事業なるものが何處に人生をより高くより淸く導いて行くか學者思想家の言ふところ說くところそれは理想としては立派だがと實行の世界から遠ざけて行く彼等は何時までも何時までも汚らはしい豚小屋に蠢動して身の臭いことを知らないもののやうだ低級な現實を何時までも住むべき人生だと心得て居るものだ彼等の世界には進歩もない向上もない飛躍は固よりない（藤村作）

【讀方】 理想《りさう》と現實《げんじつ》とを劃然《くわくぜん》分けて考《かんが》へるのは學者《がくしや》の勝手《かつて》だが、我々《われ〳〵》の實際生活《じつさいせいくわつ》では、これを別物《べつもの》として考《かんが》へるのは間違《まちが》ひだ。よく人《ひと》が、理想《りさう》はなるべく高遠《かうゑん》に持《も》て、實行《じつかう》はなるべく着實《ちやくじつ》であれと訓《をし》へるが、それは教訓《けうくん》としては半文《はんもん》の價値《かち》さへないものだ。君《きみ》、實行《じつかう》を着實《ちやくじつ》に着實《ちやくじつ》にと心懸《こゝろが》けて行《い》く今《いま》の政治家《せいじか》・實業家《じつげふか》の事業《じげふ》なるものが、何處《どこ》に人生《じんせい》をより高《たか》くより淸《きよ》く導《みちび》いて行《い》くか。「學者《がくしや》・思《し》想家《さうか》の言《い》ふところ說《と》くところ、それは理想《りさう》としては立派《りつぱ》だが」と、實行《じつかう》の世界《せかい》から遠《とほ》ざけて行《い》く彼《かれ》等《ら》は、何時《いつ》までも何時《いつ》までも汚《けが》らはしい豚小屋《ぶたごや》に蠢動《しゆんどう》して、身《み》の臭《くさ》いことを知《し》らないもののやうだ。低級《ていきふ》な現實《げんじつ》を何時《いつ》までも住《す》むべき人生《じんせい》だと心得《こゝろえ》て居《ゐ》るものだ。彼等《かれら》の世界《せかい》には進歩《しんぽ》もない、向上《かうじやう》もない、飛躍《ひやく》は固《もと》よりない。（藤村作）

【通解】 理想と現實とをはつきり分けて考へるのは學者の勝手だが、我々の實際の生活では、この二つを別々の物として分けて考へるのは間違つてゐる。よく人が、理想はなるべく高く遠大に持て、實行はなるべく着實にしろと訓へるが、そんな事は教訓としては半文の値打もないものだ。君、實行を着實にしよう〳〵と心懸けてやつて行く今日の政治家や實業家の所謂事業といふものが、どこに人生を現在よりも高く淸いものに導いて行くか。「學者や思想家の言ふ事說く事は、なるほどそれは理想としては立派だがネ」といつて、それを實行から引離して遠ざけて行く彼等政治家や實業家は、何時までたつてもきたならしい豚小屋の中にうぢ〳〵としてゐて、自分の身の臭い事を知らずにゐるもののやうだ。低い現在の事實を何時までも住むべき人生と心得て居る連中だ。彼等の世界には進歩もない、向上もない、まして飛躍などは固よりない。——只徒らに低級な現實の中にうぢ

〳〵してゐるだけだ。

【考察】 この文は專ら政治家實業家が現實の實行を主として理想を持たぬ事を論じてゐるが、文初の思想からいへば、この文の續きには當然學者の實行から離れ勝ちな事が論じられてゐるものと想像される。何れにしてもこの文の中心思想は、政治家實業家の惡口をいふ事ではなくて、理想と現實とが吾々の生活上で正しく握手しなければならぬといふ事である。○豚小屋は低級な生活を比喩的にいうたもの。○蠢動はうごめいてゐる、蟲の這ふやうにうぢ〳〵と動いてゐる。○飛躍は飛びをどるやうに、一氣に大きい進歩向上をすること。

【要旨】 吾々の實際生活に於て理想と現實とを分けて考へるのは間違つてゐる。理想は高遠に實行は着實になどいふのは、教訓としては半文の値打もない。實行の着實を眼目として低級な現實にうごめいてゐる政治家や實業家の事業の、どこに人生を向上させる所があるか。吾々はどうしても現實と理想とを實生活の上にしつくり結び附けなくてはならぬ。

【一九〇】 世界大戰爭は色々の意味で世界の劃期的大事件であつたこの事件に覺醒され刺戟されて起つた改造の機運は今や世界に充滿して各方面の改造は今現にその途上にあると見えるのである西洋文化の眞相がこの大事件に由つて遺憾なく暴露されてこれに對する批判の眼が冷やかに輝き始めたそして明らかにその弱點を認識するに至つたのであるそれと共にこれまで多く閑却されてゐた東方文化が世界の注視の的とならうとしてゐる物質的から精神的へ分析的から綜合的へと學界の推移し行かうとする傾向が見え出して來た數年前から西洋學者の東洋研究日本研究に向ふ傾向はこれを語る事實である（藤村作）

【讀方】 世界大戰爭《せかいだいせんさう》は色々《いろ〳〵》の意味《いみ》で世界《せかい》の劃期的大事件《くわくきてきだいじけん》であつた。この事件《じけん》に覺醒《かくせい》され刺戟《しげき》されて起《おこ》つた改造《かいざう》の機運《きうん》は、今《いま》や世界《せかい》に充滿《ぢゆうまん》して、各方面《かくはうめん》の改造《かいざう》は今現《いまげん》にその途上《とじやう》にあると見《み》えるのである。西洋文化《せいやうぶんくわ》の眞相《しんさう》がこの大事件《だいじけん》に由《よ》つて遺憾《ゐかん》なく暴露《ばくろ》されて、これに對《たい》する批判《ひはん》の眼《め》が冷《ひや》やかに輝《かゞや》き始《はじ》めた。そして明《あき》らかにその弱點《じやくてん》を認識《にんしき》するに至《いた》つたのである。それと共《とも》に、これまで多《おほ》く閑却《かんきやく》されてゐた東方文化《とうはうぶんくわ》が、世界《せかい》の注視《ちゆうし》の的《まと》とならうとしてゐる。物質的《ぶつしつてき》から精神的《せいしんてき》へ、分析的《ぶんせきてき》から綜合的《そうがふてき》へと學界《がくかい》の推移《すゐい》し行《ゆ》かうとする傾向《けいかう》が見《み》え出《だ》して來《き》た。數年前《すうねんまえ》へから西洋學者《せいやうがくしや》の東洋研究《とうやうけんきう》・日本研究《につぽんけんきう》に向《むか》ふ傾向《けいかう》は、これを語《かた》る事實《じじつ》である。

【通解】 世界大戰爭は色々な意味で世界に一つの時期を劃して、その前後で世の事態ががらりと變るやうな大事件であった。この事件に目覺され刺戟されて改造の機運が起つて、それが今では世界中に一杯になつて、各方面が今現に改造に向つて進みつゝあるやうに見える。西洋文化のほんとの姿がこの大事件に由つてすつかりぶちまけられて、それに對する冷靜な批評が力強く起り始めた。そして明らかに西洋文明の弱點が世の人々に認められるやうになつた。それと同時に、これまで多くおろそかにされてゐた東洋諸國の文化が、世界から專ら注視されようとしてゐる。そして西洋流の物質的な文化から東洋流の精神的な文化へ、又西洋流の分析的な考へ方から東洋流の綜合的な考へ方へと學界が推し移つて行かうとする傾きが見え出して來た。數年前から西洋の學者が東洋の研究、日本の研究へ向ふやうに傾いて來たのはこの事を示す事實である。

【考察】 世界大戰の結果東洋文化の研究に向ふ傾向が顯著になつたといふ事を述べた文である。○世。

界大戰爭は歐洲大戰ともいつて、西紀一九一四年七月に勃發し、交戰實に五年に及び、戰域はヨーロッパ・アジア・アメリカ・アフリカの諸大陸に及んだ有史以來最大の戰役である。○劃期的は新時代を劃すること、新紀元を開くこと、所謂エポックメーキングである。○分析的は物事を細かに細かにと分けて行かうとするやり方。○綜合的は個々のものを一つにあはせまとめて行かうとするやり方。

【要旨】 世界大戰爭の結果改造の機運が盛になり、西洋文化に對する冷靜な批評が起つて、その弱點が認識されると共に、東洋文化が世界注視の的になつて來た。そして學界は物質的分析的な西洋文化から精神的綜合的な東洋文化に推移しようとする傾向が見えて來た。

【一九二】 社會が文藝的教養に於て低いといふことは文藝それ自身に取つても又は社會それ自身に取つても甚だ悲しむべきことである美しい花や能く實つた果實が瘠せた土地から産出されることの少いのと同じやうに文藝的教養の程度の低い社會から優れた文藝の生れないのは文藝史の多くが能く之を證明してゐる（本間久雄）

【讀方】 社會《しやくわい》が文藝的教養《ぶんげいてきけうやう》に於《お》て低《ひく》いといふことは、文藝《ぶんげい》それ自身《じしん》に取《と》つても、又《また》は社會《しやくわい》それ自身《じしん》に取《と》つても、甚《はなは》だ悲《かな》しむべきことである。美《うつく》しい花《はな》や能《よ》く實《みの》つた果實《くわじつ》が、瘠《や》せた土地《とち》から産出《さんしゆつ》されることの少《すく》いのと同《おな》じやうに、文藝的教養《ぶんげいてきけうやう》の程度《ていど》の低《ひく》い社會《しやくわい》から優《すぐ》れた文藝《ぶんげい》の生《うま》れないのは、文藝《ぶんげい》史《し》の多《おほ》くが能《よ》く之《これ》を證明《しようめい》してゐる。

【通解】 社會が文藝上の教養に於て程度が低いといふ事は、文藝そのもののためにも、又社會そのもののためにも、甚だ悲しむべき事である。美しい花やよく實つたくだものが、瘠せた土地から出ることの少いのと同樣に、文藝上の教養の程度の低い社會から立派な文藝の生れない事は、文藝の歴史の多くに照して見て明らかである。

【考察】文藝的教養——文藝を理解し、文藝を鑑賞するための教育修養、つまり人々の藝術良心の教養の低い社會は、實に悲しむべき社會だといふのである。○文藝史は文藝の發達して來た經過や狀態を明らかにしたもの。

【要旨】低い文藝を喜ぶ社會には高い文藝は生れない。從つて文藝によつて社會が淨められるわけに行かない。だから社會の文藝的教養が低い事は、文藝のためにも社會のためにも悲しむべき事だ。

【一九二】日本の三種の神器は特に之に眞善美と配當したのではないが自ら相當る所がある卽ち鏡は眞劍は善玉は美を現はす鏡が其の物を有りの儘に映じ眼を眼とし耳を耳として少しの間違をも許さぬのは眞を意味する劍が或は殺人劍といひ或は活人劍といつて惡人を除き善人を救ふのは善を意味する玉が何等の必要もないやうで而も見て飽くことのないのは美を意味する（三宅雪嶺）

【讀方】日本《につぽん》の三種《さんしゆ》の神器《しんき》は、特《とく》に之《これ》に眞善美《しんぜんび》を配當《はいたう》したのではないが、自《おのづか》ら相當《あひあた》る所《ところ》がある。卽《すなは》ち、鏡《かゞみ》は眞《しん》、劍《つるぎ》は善《ぜん》、玉《たま》は美《び》を現《あら》はす。鏡《かゞみ》が其《そ》の物《もの》を有《あ》りの儘《まゝ》に映《えい》じ、眼《め》を眼《め》とし耳《みゝ》を耳《みゝ》として、少《すこ》しの間違《まちがひ》をも許《ゆる》さぬのは、眞《しん》を意味《いみ》する。劍《つるぎ》が或《あるひ》は殺人劍《さつじんけん》といひ、或《あるひ》は活人劍《くわつじんけん》といつて、惡人《あくにん》を除《のぞ》き善人《ぜんにん》を救《すく》ふのは、善《ぜん》を意味《いみ》する。玉《たま》が何等《なんら》の必要《ひつえう》もないやうで、而《しか》も見《み》て飽《あ》くことのないのは、美《び》を意味《いみ》する。

【通解】日本の三種の神器は、殊更にそれを眞善美にふりあてたのではないが、自然にそれぞれに當る所がある。卽ち、鏡は眞、劍は善、玉は美を現はしてゐる。鏡が何でも物を有りのまゝに寫して、眼は眼耳は耳として、少しの間違をも許さぬのは、眞の意味である。劍が或は殺人劍――惡人を殺す劍といひ、或は活人劍――善人を活す劍といつて、惡人を殺し善人を助けるのは、善の意味である。玉が何の必要もないやうで、而も見ても見ても見飽きのしないのは、美の意味である。

【考察】 三種の神器には自然に眞善美の意味があるといふのである。○活人劍は害惡を去るといふやうな劍の有効活用の方面からいひ、又は人を殺すための刀劍が用法宜しいために人を活かす用となることにいふ語。こゝは專ら惡人を殺す事によつて善人を活かすといふ意味で、即ち殺人劍即活人劍といふわけである。

【要旨】 鏡は物を少しの間違もなく如實に寫すから眞、劍は惡人を殺し善人を活かすから善、玉は見ても〳〵飽きないから美、即ち日本の三種の神器は自然に眞善美にあてはまつてゐる。

【一九三】 彰著の功を樹てて幾何ならざるに世を捐つるか然らずんば老に及びて掉尾の飛躍を演ずるかいづれか其の一に出づるに非ずば以て英雄の面目を完うし盛名を久しきに傳ふる能はず即ち春の景色となるか秋の景色となるか必ず花々しき最期を遂げ以て一生を艶麗若しくは宏壯ならしむるを要すべし
（三宅雪嶺）

【讀方】 彰著《しやうちよ》の功《こう》を樹《た》てて、幾何《いくばく》ならざるに世《よ》を捐《す》つるか、然《しか》らずんば老《らう》に及《およ》びて掉尾《たうび》の飛躍《ひやく》を演《えん》ずるか、いづれか其《そ》の一《いつ》に出《い》づるに非《あら》ずば、以《もつ》て英雄《えいゆう》の面目《めんぼく》を完《まつた》うし、盛名《せいめい》を久《ひさ》しきに傳《つた》ふる能《あた》はず。即《すなは》ち春《はる》の景色《けしき》となるか、秋《あき》の景色《けしき》となるか、必《かなら》ず花々《はな〴〵》しき最期《さいご》を遂《と》げ、以《もつ》て一生《いつしやう》を艶麗《えんれい》若《も》しくは宏壯《くわうさう》ならしむるを要《えう》すべし。

【通解】 明らかに著しい功を立てて、いくらもたゝぬ内に死んで了ふか、さもなければ老年に及んで終を飾るやうなすてきな大飛躍をやるか、どちらか一方をやらなくては、英雄たるの面目を完うして、立派な名を永く後世に傳へる事は出來ない。卽ち春の花のやうな景色になるか、秋の紅葉のやうな景色になるか、何れにしても必ず花々しい最期を遂げて、一生を春の花のやうにつやゝかに美しいものにするか、秋の紅葉のやうに壯大なものにするかの必要があるであらう。

【考察】 文の筋として、「春の景色＝艶麗」「秋の景色＝宏壯」といふ關係をしつかり摑む。そして春秋の兩方を受けて「花々しき最期を遂げ」といつてゐるのに留意して、「秋の景色」は淋しい方面の譬喩でなくて、秋の末に壯美の觀を呈して散つて了ふ紅葉に喩へたものだといふ事をしつかり考へなくてはならぬ。○世を捐つは死ぬ。○掉尾の飛躍はおしまひぎはにすばらしい事をやるのをいふ。掉の音テウだが慣用音として一般にタウと讀んでゐる。○英雄の面目を完うしは、英雄として少しも恥ぢないだけの立派な事をしての意。つまり完全な英雄としてである。○最期は死。

【要旨】 苟も英雄として盛名を殘すには、若い內にすてきな功を立てて死んで了ふか、晩年に目覺しい事をやつて死ぬか、何れにしても花々しい最期を遂げなくては駄目だ。

【一九四】 虎の虎たるは山野に自由を得るに存す猛虎一聲山月高凄壯の情景神に入るとすべきも而も是れ其の出沒自在一嘯して風を起すの槪あればなり捉へて檻中に投ぜらるゝ百聲千聲すとも少しも凄壯を感ぜしめず煩悶喚叫すとも只憐愍を惹くべきのみ（三宅雪嶺）

【讀方】 虎《とら》の虎《とら》たるは、山野《さんや》に自由《じいう》を得《う》るに存《そん》す。猛虎一聲山月高《まうこいつせいさんげつたか》し、凄壯《せいさう》の情景《じやうけい》、神《しん》に入《い》るとすべきも、而《しか》も是《こ》れ其《そ》の出没自在《しゆつぼつじざい》、一嘯《いつせう》して風《かぜ》を起《おこ》すの概《がい》あればなり。捉《とら》へて檻中《かんちゆう》に投《とう》ぜらるゝ、百聲千聲《ひやくせいせんせい》すとも、少《すこ》しも凄壯《せいさう》を感《かん》ぜしめず、煩悶喚叫《はんもんくわんけう》すとも、只憐愍《たゞれんびん》を惹《ひ》くべきのみ。

【通解】虎の虎たる所は、山野に自由を得て思ふがまゝに走り廻つてゐる所にある。猛虎一聲山月高し——おそろしい虎の一聲が聞えて山には月が高く照してゐる、と斯ういへば、實に凄く壯大な情景がまざ〳〵と目に見えて、入神の妙句といふべきではあるが、而もこれは虎が自由自在に出没して、一たびうそぶけば風を起すやうな趣があるからである。捉へて檻《をり》の中に入れられれば、百聲千聲叫んだとても、少しも凄く壯大な感じは起らず、いくらもだえ狂つて叫んでも、只人のあはれみを惹くだけであらう。

【考察】虎を以て英雄に喩へた文調と考へられる。全文比喩だから通解としてはそこ迄突入むべきではない。然し思想の核心に徹する事を建前とする要旨は、さう考へられたらそこ迄突込む方が寧ろ當然であらう。○猛虎一聲山月高は兪紫之《ゆしし》の有名な詩句。○神に入るは所謂入神で、技の極めて巧な事。こゝはその文句が實に妙を極めて、凄壯な情景がまざ〳〵と目の前に見えるやうだといふ讃辭。

【要旨】虎の虎たる恐しさは山野に在つて出没自在な所にある。檻の中に入れられれば誠に哀れなものだ。——英雄もさうで、志を得て天下に呼號する所にその眞面目があるのだ。

【一九五】自分は凡てか零かの主義者ではないあれかこれかの主義者でもない自分は自分を人類の意志からはづれささない限り兩刀遣ひだ愛と正義とに常に味方したい眞理から少しもはみ出たくない本當になつて歩けない道は一歩でも歩くのを恥とするのだが運命から與へられたものは甘受してそれを生かせるだけ生かす何が來てもその內には何か取るべきものがある教はるべきものがあるいやな言葉だが利

用すべきものがある恐れてはゐない（武者小路實篤）

【讀方】自分《じぶん》は凡《すべ》てか零《ゼロ》かの主義者《しゆぎしや》ではない。あれかこれかの主義者《しゆぎしや》でもない。自分《じぶん》は自分《じぶん》を人類《じんるゐ》の意志《いし》からはづれささない限《かぎ》り兩刀遣《りやうとうつか》ひだ。愛《あい》と正義《せいぎ》とに常《つね》に味方《みかた》したい。眞理《しんり》から少《すこ》しもはみ出《で》たくない。本當《ほんたう》になつて歩《ある》けない道《みち》は一歩《いつぽ》でも歩《ある》くのを恥《はぢ》とするのだ。が、運命《うんめい》から與《あた》へられたものは甘受《かんじゆ》して、それを生《い》かせるだけ生《い》かす。何《なに》が來《き》ても、その内《うち》には何《なに》か取《と》るべきものがある。教《をそ》はるべきものがある。いやな言葉《ことば》だが利用《りよう》すべきものがある。恐《おそ》れてはゐない。

【通解】私は凡てかさもなければ零かといふやうな極端な主義を持つ者ではない。あれかこれかといふやうに或一方に片附けようとする主義を持つてもゐない。私は私が人類の意志から外れず人類全體としての考へ方に合つてゐる限りは兩刀遣ひで、あれもやりこれもやる。私は常に愛と正義との味方になつてゐたい。眞理から少しでも外れたくない。うそ僞りのない本當の氣持になつて歩けぬ道は一歩でも歩く事を恥しく思ふ――少しでも自分を僞つたやうな生活は恥しくて出來ない。だが然し、運命に依つて與へられたものは甘んじて受けて、それを生かせるだけ生かす。どんなものが來ても、その內には何か取るべき價値のあるものがある。學ぶべき教訓がある。利用などいふのはいやな言葉だがやはり利用すべきものがある。だからどんな運命が來る事をも恐れてはゐない。

【考察】凡てか零かは All or Nothing で、皆取るか一つも取らぬか、皆與へるか一つも與へぬかといふやうに極端に一方に偏するやり方をいふ。あれかこれかは This or That で、あれでなければこれ、これでなければあれといふやうに、或一つに片付けて了ふやり方。この二つは畢竟痛快な極端主義である。

筆者はさういふ極端な主義は持たないで、人類の意志に從つて愛と正義とに味方し、眞實を行つて、而も運命を甘受するといふのである。「兩刀遣ひ」といつてすぐ次に「愛と正義とに」とあるから、どうやら愛と正義とが卽ち兩刀のやうにも取れる。なるほどそれも相矛盾した觀のある二つには相違ないが、端的には上の「凡てか零か」「あれかこれか」に對して、その兩方のどちらでも構はぬといふた文の筋と考へるべきである。○人類の意志は人類全體が持つてゐる意志。人類は常によりよい方へ進んで全體として向上する事を考へてゐる、さういふ意志の事をいふ。

【要旨】 自分は極端に一方に片付けて了はず、あれでもこれでも取る主義だ。そして人類の意志に從つて常に正義と愛に味方し、正しい道を歩いて行く。而も運命は甘受して之を生かし、學ぶべきは學び、利用すべきは利用する。

【一九六】 己はいつもはつきり意識しても居ず又丸で無意識でも居ず淺い樂み小さい歎きに日を送つて己の生涯は丁度半分はまだ分らず半分はもう分らなくなつてその奥の方にぼんやり人生が見えて居る書物のやうなものになつてしまつた己の喜びだの悲みだのと云ふものはほんとうの喜びや悲みで無くて言はば未來の人生の影を取り越して寫したものかさもなくばほんとうに味のある萬有のうつろな圖のやうなものであつて己はつまり影と相撲を取つて居たので己の慾と云ふ慾は何の味をも知らずに夢の中に草臥れてしまつたのだ（森鷗外）

【讀方】 己《おれ》はいつもはつきり意識《いしき》しても居《ゐ》ず、又丸《またまる》で無意識《むいしき》でも居《ゐ》ず、淺《あさ》い樂《たのし》み、小《ちひ》さい歎《なげ》きに日《ひ》を送《おく》つて、己《おれ》の生涯《しやうがい》は、丁度半分《ちやうどはんぶん》はまだ分《わか》らず、半分《はんぶん》はもう分《わか》らなくなつて、その奥《おく》の方《はう》にぼんやり人生《じんせい》が見《み》えて居《ゐ》る書物《しよもつ》のやうなものになつてしまつた。己《おれ》の喜《よろこ》びだの悲《かなし》みだのと云《い》ふものは、ほんとうの喜《よろこ》びや悲《かなし》みで無《な》くて、言《い》はば未來《みらい》の人生《じんせい》の影《かげ》を取《と》り越《こ》して寫《うつ》したものか、さもなくばほんとうに味《あぢ》のある萬有《ばんいう》のうつろな圖《づ》のやうなものであつて、己《おれ》はつまり影《かげ》と相撲《すまふ》を取《と》つて居《ゐ》たので、己《おれ》の慾《よく》と云《い》ふ慾《よく》は、何《なん》の味《あぢ》をも知《し》らずに、夢《ゆめ》の中《なか》に草臥《くたび》れてしまつたのだ。

【通解】 自分はいつもはつきりとアタマを働かしても居ず、又丸ツきりぼんやりとしてもゐず、淺はかな樂みや、小さい歎きの內に日を送つて、自分の生涯は、恰も段々と讀んで行つてこれから先の半分はまだ分らず、既に讀んだ半分はもう分らなくなつて、その奥の方にぼんやりと人生といふものが見えてゐる書物のやうなものになつて了つた。自分が喜びだとか悲みだとかいふのは、ほんとうの喜びや悲みではなくて、例へば未來の人生の影を今現在に取り越して寫したやうなものか、或は又ほんとうに味のある天地萬物のそのぬけがらの圖のやうなものであつて、自分は物の本體にぶツつからずに影と相撲を取つて居たので、自分がこれまで出した色々の慾望といふ慾望は、その欲求する物の味は知らずに、只夢のやうな中にすつかり勞れ切つて了つたのだ。

【考察】 人生の第一義に觸れず、不徹底に其の日其の日を送つて來た人が、何かのはづみにそれを自覺して自ら反省し煩悶する、その心の告白である。○意識は心の作用をいふ語、卽ち心を働かしてしつかりと物事を考へてゐるのをいふ。○丁度半分は云々の文句は一寸分りにくい。或は「半分」は生涯の半分で、自分の生涯の半分はまだ分らず、半分は既に分らなくなつて、恰も奥の方にぼんやりと人生の見えてゐる書物のやうだといふ意のやうにも考へられる。然し文の表現からいへば、「丁度……書物のやうなものだ」と呼應したものと見るのが自然である。卽ち、人生について論じた書物を讀んでゐる譬と考へればよい。これから先の事はまだ讀まぬから分らぬ、今迄讀んだ所はもう分らなくなつて了つた、結局何も分らぬのだが、而も何だか奥の方にぼんやり人生といふものが見えるやうな氣がする、全く分らぬ癖に、何だかぼんやり分つてゐるやうな氣もする、頗る不徹底なものだ、自分の生涯は丁度さうした書物のやうなものだといふのであらう。○未來の人生の影を取り越して寫したものといふのは、人生には喜びもあり悲みもある、今の自分の喜び悲みは、人生のほんとの喜び悲みでなくて、未來の人生の影を今現在に取り越して寫したものだ——つまり未來を豫想して空な喜びや悲しみに心を勞してゐるといふのである。○萬有は天地の間の萬物。○うつろな圖はぬけがらの圖、本質の無いからツぽの輪郭だけ書いた圖。天地の萬物には味があるが、その空洞の圖は形似だけで本質がないから固より味はない、自分の悲喜はそのやうなものだといふのである。

【要旨】自分は事毎に樂みもすれば悲みもしたが、それはごく淺薄な小さなもので、ほんとうの喜びや悲みではない。例へば、人生の影、萬有のぬけがらの圖のやうなものだ。卽ち一生を通じて物の本體に觸れず、影と相撲を取つて來たやうなもので、慾望といふ慾望も、結局その欲求したもののほんとの味を知らずに徒勞したに過ぎない。

【一九七】風水相擊ちて波を爲す孤掌の鳴らし難きが如く感興は書齋の閑居に生ずるものに非ず我をして自ら進んで自然の中に任せしめよ自然も亦旋りて我の中に住むべきなり我動けば自然も亦動く我の中に在る天才は自然の光景に觸れて始めて感興湧出す昔は一室に坐して秋風白河の關を詠じたる人もあり坐ながらにして名所を知れる歌人もありきしかもこれ自然の神髓に達すべき道には非ず自然は唯質問を發するものにのみ答辯を與へ來りて見るものにのみ教訓を與ふるものなり（山路愛山）

【讀方】風水相擊《ふうすゐあひう》ちて波《なみ》を爲《な》す。孤掌《こしやう》の鳴《な》らし難《がた》きが如《ごと》く、感興《かんきよう》は書齋《しよさい》の閑居《かんきよ》に生《しやう》ずるものに非《あら》ず。

我《われ》をして自《みづか》ら進《すゝ》んで自然《しぜん》の中《うち》に住《ぢゆう》せしめよ、自然《しぜん》も亦旋《またかへ》りて我《われ》の中《うち》に住《す》むべきなり。我動《われうご》けば自然《しぜん》も亦動《またうご》く。我《われ》の中《うち》に在《あ》る天才《てんさい》は、自然《しぜん》の光景《くわうけい》に觸《ふ》れて始《はじ》めて感興湧出《かんきようゆうしゆつ》す。昔《むかし》は一室《いつしつ》に坐《ざ》して秋風白河《しうふうしらかは》の關《せき》を詠《えい》じたる人《ひと》もあり、坐《ゐ》ながらにして名所《めいしよ》を知《し》れる歌人《かじん》もありき。しかもこれ自然《しぜん》の神髓《しんずゐ》に達《たつ》すべき道《みち》には非《あら》ず。自然《しぜん》は唯質問《たゞしつもん》を發《はつ》するものにのみ答辯《たふべん》を與《あた》へ、來《きた》りて見《み》るものにのみ教訓《けうくん》を與《あた》ふるものなり。

【通解】 風と水とが撃ち合つて波が生ずる。一つの手のひらは鳴らされぬやうに、感興は書齋の內に靜かに坐つてゐて生ずるものではない。若し自分が進んで自然の中に住み込めば、自然もこちらへ來て我が心の中に住む筈である。自分が動けば自然も亦動く。自分の心の中に在る天才は、自然の光景に觸れて始めて活動して感興が湧き起るものだ。昔は部屋の中に坐つてゐて白河の關の秋風を詠じた人もあり、坐つてゐるまゝで名所を知つた歌人もあつた。然しこれは自然のほんとの微妙な精髓に達すべき道ではない。自然は進んで質問を出すものにだけ返答を與へ、やつて來て見るものにだけ教訓を與へる。――自然の意味や教訓は自ら進んで求めるものでなくては分らないのである。

【考察】 風水相擊ちて波を爲すといふのも、孤掌の鳴らし難きが如くと同樣に、書齋の閑居では感興は起らぬといふための比喩である。○秋風白河の關は能因《のういん》の「都をば霞と共に立ちしかど、秋風ぞ吹く白河の關」といふ歌を指す。この歌は机上の所作だが、それではつまらぬと思つて、人にも知らさず家に閉ぢ籠つて每日々々庭に出て色を黑くして、奥州修行の序でに詠んだといつて世に發表したといふ有名な歌である。○坐ながらにして名所を知れる歌人は「歌人は坐ながらにして名所を知る」といふ諺に依る。○神髄はほんとの精髄、何ともいへぬ一番の妙味。

【要旨】進んで自然に接しなくては感興は起らぬ。心にある天才は自然の光景に接して始めて湧起する。自然の妙趣自然の教訓は、進んで求めるものにのみ得られるものだ。

【一九八】山の姿は私達の散り易い心を集めて呉れる亂れたものに統一を與へる中心を意識させる遠く望みながら顧みて內を思ふ力を與へる確かな足取で大地を蹈むことを教へる途に迷つたものに方角を指し示す何事に出逢うても微笑して受ける勇氣を植付けて呉れる確かな自己を捕へさせる深い自信を與へる（吉江孤雁）

【讀方】山《やま》の姿《すがた》は、私達《わたくしたち》の散《ち》り易《やす》い心《こころ》を集《あつ》めて呉《く》れる。亂《みだ》れたものに統一《とういつ》を與《あた》へる。中心《ちゆうしん》を意識《いしき》させる。遠《とほ》く望《のぞ》みながら顧《かへり》みて內《うち》を思《おも》ふ力《ちから》を與《あた》へる。確《たし》かな足取《あしどり》で大地《だいち》を蹈《ふ》むことを教《をし》へる。途《みち》に迷《まよ》つたものに方角《はうがく》を指《さ》し示《しめ》す。何事《なにごと》に出逢《であ》うても微笑《びせう》して受《う》ける勇氣《ゆうき》を植付《うゑつ》けて呉《く》れる。確《たし》かな自己《じこ》を捕《とら》へさせる。深《ふか》い自信《じしん》を與《あた》へる。

【通解】山の姿を見ると、私達の散り易い心が一つに集つて散らなくなる。亂れたものに統一が出來る。これが中心だとはつきり心に分る。遠く望みながら而も顧みて自分の內を考へる力がつく。確かな足取でしつかり大地を蹈み附けて進む事を教へられる。途に迷つたものも方角がちやんと分る。何事に出逢つてもにツこりと笑つてそれを受ける勇氣が心の內に植付けられる。しつかりとした自分が捕《つか》まる。深い自信が生じて來る。

【考察】「山の姿」を主語とした活喩法である。通解は平明な話し言葉といふ建前からそれを副詞化したのである。○統一はごちゃ〳〵に亂れずに一つの筋道が立つてゐること。○中心を意識させるの中心は心の中でなくて物事の中心である。中心は凡てを統一する中心點である、それをはつきり意識するとは、換言すれば散漫な心の狀態が統一される事である。この文全體が結局さういふ思想の繰返しである。○途に迷つたものに方角を指し示すといふのも、必ずしも山を見ると途に迷つても方角がちやんと分るといふ實義と限らず、それに精神的な氣持をも加味して――或はその方を主として、迷つた心に落着きが得られるといふ事を述べたものと考へられる。○内を思ふは自己の内を思ふ、自分自身を考へる。

【要旨】 山はどツしりと落着いてゐる。だからその姿を見ると、散漫な心に統一が出來て、深く内省する力が生ずる。從つて、しつかりと大地を蹈んで、方角に迷はず、ほんとに自分といふものが分つて、深い心の自信がつく。

【一九九】 野原を通つて行く時私達は隱れてゐた新しい生命を發見する忘れてゐたものが甦る私達の心の中に潛んで居る樣々な感じが一時に浮び出る友人の顏でも血族の者の聲でも藪の茂みや草叢の中に隱見し浮動する（吉江孤雁）

【讀方】 野原《のはら》を通《とほ》つて行《い》く時《とき》、私達《わたくしたち》は隱《かく》れてゐた新《あたら》しい生命《せいめい》を發見《はつけん》する。忘《わす》れてゐたものが甦《よみがへ》る。私達《わたくしたち》の心《こゝろ》の中《うち》に潛《ひそ》んで居《ゐ》る樣々《さまぐ〵》な感《かん》じが一時《いちじ》に浮《うか》び出《で》る。友人《いうじん》の顏《かほ》でも、血族《けつぞく》の者《もの》の聲《こゑ》でも、藪《やぶ》の茂《しげ》みや草叢《くさむら》の中《なか》に隱見《いんけん》し浮動《ふどう》する。

【通解】 野原を通つて行く時、私達は今迄隱れてゐて見えなかつた新しい生命を發見する。忘れてゐたものがまざ〳〵と心の内に想ひ出される。私達の心の中に深くかくれてゐた色々な感じが一時に浮き出して來る。友人の顔でも、みよりの者の聲でも、藪の茂みや草叢の中にちら〳〵と見えふわ〳〵と動いてゐるやうな氣持がする。

【考察】 野の生氣が人心に與へる氣分感興である。○新しい生命は草木などの活々した新しい生命とも考へられようが、それよりも、自分自身の新しい生命と見た方が前後の趣にしつくりする。今迄になく、妙に活々とした氣分になつて、今迄自分の身にあらはれずにゐた新生命が發見されたやうな氣持がするといふのである。

【要旨】 野には生氣が滿ちてゐるから、野を行くと自分の隱れてゐた新生命が發見され、忘れてゐた、又潛んでゐた一切のものが一時に心に浮び出して、何も彼もがそこらに見え聞えるやうな氣がする。

【二〇〇】 海へ向ふ時私達は廣濶な果のない心の廣がりを感じさせられる生の強い鼓動を聽くことが出來る流動して止まない無邊際の濶達を覺えるこの時私達の感ずる自由は動的の自由である身も心も共に躍るのを覺える自由である碧の色に包まれて何處までも運ばれて行きたい自由である足の大地を離れる自由である憧れの自由である空馳せて行く自由である（吉江孤雁）

【讀方】 海《うみ》へ向《むか》ふ時《とき》、私達《わたくしたち》は廣濶《くわうくわつ》な果《はて》のない心《こゝろ》の廣《ひろ》がりを感《かん》じさせられる。生《せい》の強《つよ》い鼓動《こどう》を聽《き》くことが出來《でき》る。流動《りうどう》して止《や》まない無邊際《むへんさい》の濶達《くわつたつ》を覺《おぼ》える。この時《とき》私達《わたくしたち》の感《かん》ずる自由《じいう》は動的《どうてき》の自由《じいう》である。身《み》も心《こゝろ》も共《とも》に躍《をど》るのを覺《おぼ》える自由《じいう》である。碧《みどり》の色《いろ》に包《つゝ》まれて何處《どこ》までも運《はこ》ばれて行《い》きたい自《じ》由《いう》である。足《あし》の大地《だいち》を離《はな》れる自由《じいう》である。憧《あこが》れの自由《じいう》である。空馳《そらは》せて行《ゆ》く自由《じいう》である。

【通解】 海へ向ふ時、私達はぱーッとして果てしなく心が廣がるやうな感じがする。自分の生の強く鼓動するのが聴ける——自分の活き〳〵として生きてゐるといふ事が殊更強く感じられる。どこ迄も流動して止まずに心が果てしもなく廣々と大きくなるやうな氣がする。この時私達の心に自由を感ずるが、その自由は動きを意味する自由である。身心共に躍るやうな心持のされる自由である。海の碧色に包まれて何處までも運ばれて行きたいやうな自由である。足がこの大地を離れてふわふわと浮上るやうな自由である。心が遠くあこがれて行くやうな自由である。空を馳せて行くやうな自由である。

【考察】 海の濶達さが人心に與へる影響である。○廣濶はひろ〴〵としてゐること。○生の強い鼓動とは、例へば心臟の鼓動のやうに、生卽ち生きてゐるといふ事自體が動く鼓動するその鼓動で、つまりは自分が如何にも活き〳〵とした氣分になつて來るといふのである。○流動して止まない無邊際の濶達とは、自分の心がじツとしてゐず、どこ迄も流動して、果てしもなく廣く大きな心持になるといふのである。○動的の自由は動きを意味する自由。同じ自由でも野で味ふ自由は一定の區劃内に落着いて怡悦《いえつ》してゐられる自由だが、海に向つた時感ずる自由はそれと違つて、心が浮き立つて、身内がぴく〳〵と動き出して、どこ迄も〳〵憧れて行きたいやうな自由だといふのである。以下に繰返してゐる様々の自由は、要するに動的の自由を色々の方面から說いたものに過ぎない。○碧の色は海の碧色。○憧れの自由は心が何物かに憧れて、果てなくさまよひ行くやうな氣分になる自由。得たい〳〵と今まで憧れてゐた自由と解しては全文の趣に叶はぬ。

【要旨】 海へ向ふと、心がべらぼうに廣がつたやうな氣がして、活き〳〵と生きてゐる事を強く感じる。そして躍り上るやうな、浮き立つやうな、どこ迄も憧れて行きたいやうな、動的の自由を感じる。

【二〇一】藝術の尊いところは絶えず魂を深めて行くところにある絶えず人間性そのものを大きくして行くところにある新しくして行くところにある魂の更に深い相が發見せられない時私たちの藝術に倦怠が生れる魂の更に新しい力が創造せられない時藝術が通俗的なものとなつて來る藝術家にとつて最も恐しいことは世間の要求を知らないことでなくて自分自身の魂の相を見失ふことである魂の深所を更に深くして行く創造の苦惱を忘るゝ事である（吉田絃二郎）

【讀方】藝術《げいじゆつ》の尊《たふと》いところは、絶《た》えず魂《たましひ》を深《ふか》めて行《い》くところにある。絶《た》えず人間性《にんげんせい》そのものを大《おほ》きくして行《い》くところにある。新《あたら》しくして行《い》くところにある。魂《たましひ》の更《さら》に深《ふか》い相《すがた》が發見《はつけん》せられない時《とき》、私《わたくし》たちの藝術《げいじゆつ》に倦怠《けんたい》が生《うま》れる。魂《たましひ》の更《さら》に新《あたら》しい力《ちから》が創造《さうざう》せられない時《とき》、藝術《げいじゆつ》が通俗的《つうぞくてき》なものとなつて來《く》る。藝術家《げいじゆつか》にとつて最《もつと》も恐《おそろ》しいことは、世間《せけん》の要求《えうきう》を知《し》らないことでなくて、自分自身《じぶんじしん》の魂《たましひ》の相《すがた》を見失《みうしな》ふことである。魂《たましひ》の深所《しんしよ》を更《さら》に深《ふか》くして行《い》く創造《さうざう》の苦惱《くなう》を忘《わす》るゝ事《こと》である。

【通解】藝術の尊い所は、絶えず自分の魂を深くして行く所にある。又絶えず人間性といふものを大きくして行き、新しくして行く所に在る。魂が現在よりも更に深いものになつて行かぬ時、吾々の藝術はだれて活氣がなくなる。現在以上に更に魂の新しい力が造られない時、その藝術が通俗的な世間向きの低級なものになつて來る。藝術家にとつて一番恐しい事は、世間でどんな藝術を要求してゐるかを知らぬ事ではなくて、自分自身の魂を忘れる事であり、魂の深い所を一層深くして行くための創造の苦しみを忘れる事である。

【考察】藝術の尊さは魂を深め人間性を大きくして行く所に在るといふのである。○魂の相は、魂を一つの具象的實在と考へて、それがどんな形相をしてゐるか、例へば醜いものではないか、弱々しいものではないか、淺薄なものではないかといふやうな事をいつたのである。從つて「魂の更に深い相」は結局魂が今迄よりも一層深いものになつたといふ事である。○創造は無いものを新しく造り出すこと。

【要旨】　藝術の尊さは作家の魂を深め、人間性を大きく新しくして行く所に在る。藝術家自身の魂を深くし力強くして行く創造の苦惱を忘れる時、その藝術はだれ切つて通俗的なものになつて了ふ。

【二〇二】　彼にとつては旅は凡てのものを淨化するものであつたわづかの風雅ある人間或は日ごろ頑なる人間として憎みたる者も旅で出逢ふ時には懷しき人間となりうれしき人間となるのであつた所詮人生は旅である今宵のみ逢うて明日は永遠に別れなければならぬ旅人と旅人の集りであるそこには善惡の觀念はないあるものはたゞ傷しい儚い寂の心のみである明日は永遠に別れなければならぬ旅人である誰が人を憎み人をさばくことができよう（吉田絃二郎）

【讀方】　彼《かれ》にとつては、旅《たび》は凡《すべ》てのものを淨化《じやうくわ》するものであつた。わづかの風雅《ふうが》ある人間《にんげん》、或《あるひ》は日《ひ》ごろ頑《かたくな》なる人間《にんげん》として憎《にく》みたる者《もの》も、旅《たび》で出逢《であ》ふ時《とき》には、懷《なつか》しき人間《にんげん》となり、うれしき人間《にんげん》となるのであつた。所詮人生《しよせんじんせい》は旅《たび》である。今宵《こよひ》のみ逢《あ》うて、明日《あす》は永遠《えいゑん》に別《わか》れなければならぬ旅人《たびびと》と旅人《たびびと》の集《あつま》りである。そこには善惡《ぜんあく》の觀念《くわんねん》はない。あるものはたゞ傷《いたま》しい、儚《はかな》い、寂《じやく》の心《こゝろ》のみである。明日《あす》は永遠《えいゑん》に別《わか》れなければならぬ旅人《たびびと》である。誰《だれ》が人《ひと》を憎《にく》み、人《ひと》をさばくことができよう。

【通解】　彼に取つては、旅行は一切の物をすつかりきれいにして了ふものであつた。わづかに風雅の心があつて句の一つもやらうといふ人間、又はふだんは頑でわけの分らぬ人間として憎んでゐた者も、旅で出逢へば、懷しい人間となり、嬉しい人間となるのであつた。つまる所人生は旅である。

今夜だけ逢つて、明日は永久に別れなくてはならぬ旅人と旅人の集りである。旅人と旅人の集つた所には善だの悪だのといふ考へはない。あるものは只傷しい、はかない、何ともいへぬ寂しみの心だけだ。どうせ明日は永久に別れねばならぬ旅人だ。誰が人を憎んだり、善いの悪いのと人に判きを附ける事が出來よう。

【考察】 これだけでは明かでないが、こゝに所謂「彼」は芭蕉である。芭蕉の旅行に對する心境から、その人生觀にまで及んだものと考へられる。○淨化するはきたないものをきれいにする。○風雅はみやび。俗を離れて美の世界に遊ぶ心持。俳句に於ては特に風雅を尊び、從つて俳句自體をそのまゝ風雅ともいうてゐる。「わづかの風雅ある人間」とは、少しばかり風流氣があつて句の一つもひねくらうといふ人間をいふ。○頑なる人間は世俗の我利我慾にのみ沒頭して風雅の趣を解しない人間。この文の原典たる芭蕉の文では「わづかに風雅ある人間」の事を同時に「日頃は頑なる人間として憎みたる者」といつてゐるやうに考へられ、從つて「頑」の語義が違つて、ほんとに風雅を解してゐるのではないといふ意味と解せられるが、こゝでは「或は」で對立させてゐる文の筋だから、如上のやうに考へる外ない。○善悪の觀念は善とか悪とかいふ考へ。彼は善人だとか彼は悪人だとかいふ考へである。○寂の心は寂しみの味、しんみりとした感じで物の寂しみを深く味ふ心。○さばくは善悪を裁判する。

【要旨】 芭蕉の一生は風雅と寂と旅行とに終始した。旅行に於て彼の心は淨化され、一切のつまらぬ人間、憎らしい人間が、皆なつかしい、うれしいものとなつた。煎じつめれば人生は旅で、明日は永遠に別れる旅人の集りに過ぎない。そこには善も悪もない。誰が人を憎み人を判き得よう。――それが芭蕉の人生觀だつた。

【二〇三】我等は眞の現代と皮相の現代とを區別しなければならぬ精神生活の必須の要求に基づいて出で來つた新運動は眞の現代の特色をなしてゐるものであるところがかゝる要求からでなく唯變化を好むといふ様な極めて淺薄な理由によつて起る新運動がある人間は變化を好む者であるしかしその變化に對する淺薄な要求から生じた新運動の如きは決して現代を作らない眞の現代を作るものは我々の心の奥底にある精神生活の要求から生じた新運動でなければならぬしかしてかゝる新運動卽ち眞の現代の爲にするものは僞の現代の皮相的のものから明確に區別されねばならぬ眞の現代は僞の現代に勇敢に反對してこれをうち滅さなければ決して發展させる事は出來ない卽ち眞の現代を實現せんと欲するならば僞の現代を征服する事によつて始めてその目的を達し得るものである事を覺悟しなければならぬ（吉田靜致）

【讀方】我等《われら》は眞《しん》の現代《げんだい》と皮相《ひさう》の現代《げんだい》とを區別《くべつ》しなければならぬ。精神生活《せいしんせいくわつ》の必須《ひつしゆ》の要求《えうきう》に基《もと》づいて出《い》で來《きた》つた新運動《しんうんどう》は、眞《しん》の現代《げんだい》の特色《とくしよく》をなしてゐるものである。ところが、かゝる要求《えうきう》からでなく、唯《たゞ》變化《へんくわ》を好《この》むといふ様《やう》な極《きは》めて淺薄《せんぱく》な理由《りいう》によつて起《おこ》る新運動《しんうんどう》がある。人間《にんげん》は變化《へんくわ》を好《この》むものである。しかし、その變化《へんくわ》に對《たい》する淺薄《せんぱく》な要求《えうきう》から生《しやう》じた新運動《しんうんどう》の如《ごと》きは、決《けつ》して現代《げんだい》を作《つく》らない。眞《しん》の現代《げんだい》を作《つく》るものは、我々《われ〳〵》の心《こゝろ》の奥底《おくそこ》にある精神生活《せいしんせいくわつ》の要求《えうきう》から生《しやう》じた新運動《しんうんどう》でなければならぬ。しかして、かゝる新運動《しんうんどう》、卽《すなは》ち眞《しん》の現代《げんだい》の爲《ため》にするものは、僞《いつはり》の現代《げんだい》の皮相的《ひさうてき》のものから明確《めいくわく》に區《く》別《べつ》されねばならぬ。眞《しん》の現代《げんだい》は、僞《いつはり》の現代《げんだい》に勇敢《ゆうかん》に反對《はんたい》してこれをうち滅《ほろぼ》さなければ、決《けつ》して發展《はつてん》させる事《こと》は出來《でき》ない。卽《すなは》ち、眞《しん》の現代《げんだい》を實現《じつげん》せんと欲《ほつ》するならば、僞《いつはり》の現代《げんだい》を征服《せいふく》する事《こと》によつて、始《はじ》めてその目的《もくてき》を達《たつ》し得《う》るものである事《こと》を覺悟《かくご》しなければならぬ。

【通解】　吾々はほんとの現代と上ツつらだけの僞の現代とを區別しなくてはならない。精神生活上どうしても缺かす事の出來ない要求がもとになつて、その基礎の上に出て來た新運動は、ほんとの現代の特色をなしてゐるものだ。ところが、斯ういふ精神生活上の必須の要求から出たのでなくて、唯變化を好むといふやうなごく淺はかな薄ツぺらな理由によつて起つて來る新運動がある。一體人間は變化を好む者だ。しかし、變化に對する人間の薄ツぺらな要求から起つて來た新運動などは、決して現代を作るものではない。ほんとの現代を作るものは、我々の心の奥の方にある精神生活の要求から起つて來た新運動でなくてはならない。そして、斯ういふ新運動、卽ちほんとの現代を作るためにやる新運動は、僞の現代の上ツつらな新運動からはツきり區別されなくてはならぬ。ほんとの現代は、僞の現代に勇敢に反對してそれを打滅さなくては、決して發展させる事は出來ぬ。卽ち、ほんとの現代を實現したいと思ふならば、僞の現代を征服してこそ、始めてその目的が達し得られるものだといふ事を覺悟しなくてはならない。

【考察】　一口に現代といつても、眞の現代と皮相的な僞の現代とがあつて、心の底の必須の要求から起るもののみが眞の現代を作るといふのである。結局同じ思想の繰返しに過ぎぬから、如上の要約はそのまゝ要旨であるわけだが、今一歩原文に卽して書いても勿論よい。○精神生活は心の生活、卽ち心の底の底から求めて止まぬ欲求である。人格を向上進展させようとする正しい欲求である。

【要旨】　精神生活上の必須な要求から起つて來る眞劍な新運動は、現代の特色で、眞の現代を作るものだが、只變化を好むといふ淺薄な理由から起る新運動は、決して眞の現代を作らない。さういふ新運動を打破しなくては眞の現代は發展實現しない。

【二〇四】　田舍の自然は確かに美しい空の色でも木の葉の色でも都會で見るのとは丸で違つてゐるさういふ美しさも慣れると美しさを感じなくなるだらうといふ人もあるがさうとは限らない自然の美の奥行はさう見すかされ易いものではない永く見てゐればゐるほどいくらでも新しい美しさを發見することができるものであるできなければそれは眼が弱いからであらう一年二年で見飽きるやうなものであつたら自然に關する藝術や科學は數千年前に完結してしまつてゐるはずである（吉村冬彦）

【讀方】　田舍《ゐなか》の自然《しぜん》は確《たし》かに美《うつく》しい。空《そら》の色《いろ》でも、木《き》の葉《は》の色《いろ》でも、都會《とくわい》で見《み》るのとは丸《まる》で違《ちが》つてゐる。さういふ美《うつく》しさも、慣《な》れると美《うつく》しさを感《かん》じなくなるだらうといふ人《ひと》もあるが、さうとは限《かぎ》らない。自然《しぜん》の美《び》の奥行《おくゆき》は、さう見《み》すかされ易《やす》いものではない。永《なが》く見《み》てゐればゐるほど、いくらでも新《あたら》しい美《うつく》しさを發見《はつけん》することができるのである。できなければ、それは眼《め》が弱《よわ》いからであらう。一年《いちねん》二年《にねん》で見飽《みあ》きるやうなものであつたら、自然《しぜん》に關《くわん》する藝術《げいじゆつ》や科學《くわがく》は、數千年前《すうせんねんまへ》に完結《くわんけつ》してしまつてゐるはずである。

【通解】　田舍の自然は確かに美しい。空の色でも、木の葉の色でも、都會で見るのとは丸ツきり違つてゐる。さういふ自然の美しさも、それに慣れると美しさを感じなくなるだらうといふ人もあるが、さうであるとは限らぬ。自然の美しさは非常に深みのあるもので、さうたやすく奥の奥まで見すかせるものではない。永く見てゐればゐる程、いくらでも新しい美しさを見出す事が出來るものである。それが出來なければ、それは美しさを見ぬく眼の力が弱いからであらう。若し自然の美が一年や二年で見飽きるやうな簡單なものであつたら、自然についての藝術や科學は、數千年も前にすつかり出來上つてしまつてゐるはずである。

【考察】大體に平明な思想の文である。文末の通解は、更に裏面から、「然るにそれが今以て完成されてゐない所から見ても、如何に自然の景色が限りなく深いものであるかがわかる」と附け加へるのも結構である。文初の「田舍の自然」はいきなり「田舍の景色」と言ひ換へてもよいわけだが、自然と景色とはいくらか語感なり語の內容なりに違ひがある。人工以外のものは凡て「自然」で、自然物の配置に依つて一つの纏つた眺めを成してゐるものが「景色」だからである。○奥行は深さをいふ。

【要旨】田舍の自然は都會と違つて特に美しい。それも慣れたらさして美しいと感じまいといふ人があるが、それは違ふ。自然の奥行は限りなく深いから、永く見てゐればゐる程、益々新しい美しさが發見される。

【二〇五】或時私は松の樹の生育つた小高い砂山を崩してゐる處に佇んで砂の中に喰込んだ複雜な根を見守ることが出來た地上と地下の姿が何とひどく相違してゐることだらう一本の幹と簡素に竝んだ枝と樂しさうに葉先を揃へた針葉とそれに比べて地下の根は戰ひもがき苦しみ精一杯の努力を盡したやうに枝から枝と分れて亂れた女の髮の如く地上の枝幹の總量よりも多いと思はれる太い根細い根の無數を以て一齊に大地に抱きついてゐる私は此のやうな根が地下にあることを知つてゐた併しそれを目前にまざまざと見た時思はず驚異の情に打たれぬ譯には行かなかつた私は永い馴染の間に此のやうな地下の苦しみが不斷に彼等にあることを一度も自分の心臟で感じたことがなかつたのである（和辻哲郎）

【讀方】或時《あるとき》、私《わたくし》は松《まつ》の樹《き》の生育《おひそだ》つた小高《こだか》い砂山《すなやま》を崩《くづ》してゐる處《ところ》に佇《たゝず》んで、砂《すな》の中《なか》に喰込《くひこ》んだ複雜《ふくざつ》な根《ね》を見守《みまも》ることが出來《でき》た。地上《ちじやう》と地下《ちか》の姿《すがた》が何《なん》とひどく相違《さうゐ》してゐることだらう。一本《いつぽん》の幹《みき》と、簡素《かんそ》に竝《なら》んだ枝《えだ》と、樂《たの》しさうに葉先《はさき》を揃《そろ》へた針葉《しんえふ》と、それに比《くら》べて、地下《ちか》の根《ね》は、戰《たゝか》ひ、もがき、苦《くる》しみ、精一杯《せいいつぱい》の努力《どりよく》を盡《つく》したやうに、枝《えだ》から枝《えだ》と分《わか》れて、亂《みだ》れた女《をんな》の髪《かみ》の如《ごと》く、地上《ちじやう》の枝幹《えだみき》の總量《そうりやう》よりも多《おほ》いと思《おも》はれる太《ふと》い根細《ねほそ》い根《ね》の無數《むすう》を以《もつ》て、一齊《いつせい》に大地《だいち》に抱《いだ》きついてゐる。私《わたくし》は此《こ》のやうな根《ね》が地下《ちか》にあることを知《し》つてゐた。併《しか》し、それを目前《もくぜん》にまざ〲と見《み》た時《とき》には、思《おも》はず驚異《きやうい》の情《じやう》に打《う》たれぬ譯《わけ》には行《い》かなかつた。私《わたくし》は永《なが》い馴染《なじみ》の間《あひだ》に、此《こ》のやうな地下《ちか》の苦《くる》しみが、不斷《ふだん》に彼等《かれら》にあることを、一度《いちど》も自分《じぶん》の心臟《しんざう》で感《かん》じたことがなかつたのである。

【通解】 或時、私は松の樹の生長してゐる小高い砂山を崩してゐる處にじツと立つて、砂の中に深く喰込んだこみ入つた根を見守る事が出來た。松の樹の地上の姿と地下の姿と何とまアひどく違つてゐる事であらう。一本の幹と、さツぱりとして簡素に竝んだ枝と、樂しさうに葉の先を揃へてゐる針のやうな葉と、さうした地上の姿に較べて、地下の根は、戰ひ、もがき、苦しみ、精限り根《こん》限りの努力をやつてゐるやうに、枝から枝と段々分れて、亂れた女の髪の毛のやうに、地上の枝や幹の總體の分量よりも多いと思はれる無數の太い根や細い根で、一齊に大地にかじりついたやうに生えてゐる。私は此のやうな根が地下にあることは知つてゐた。然しながら、それを眼前にまざ〲と見た時には、思はずびツくりして實に不思議だと思はずには居られなかつた。私は永い間の馴染で松の木とすツかり馴れツ子になつてゐる間に、彼等が地下で絶えずこのやうな苦しみをしてゐる事を、一度もほんとに自分の胸に感じた事はなかつたのである。

【考察】 松の木の根に對する驚異である。○簡素は手輕で飾らぬこと。この言葉は松の枝の形容として實に適切だが、されぱといつて語義通りに「手輕で飾らぬやうに竝んだ枝」としては變なものである。譯し方に特に注意を要する所以である。○驚異はおどろきあやしむこと。○自分の心臓で感じたは、心からほんとにしみ〴〵と感じたといふ意。

【要旨】　松の木は、地上の姿は如何にも簡素で樂しさうだが、地下の根は、いろ〳〵と複雑に分れて、もがき苦しんでゐる。今小高い砂山を崩してゐる處に佇んで、眼前にそのさまを見て、今更のやうに地下の苦しみを痛感した。

【二〇六】　私の知人にも理解のいゝ頭と感激の強い心臓とよく立つ筆とを持ちながらまるで勞作を發表しようとしない人がある彼は今生きることの苦しさに壓倒されて自分のやうな者は生きる値打もないとさへ思つてゐる併しそれは彼の根が一つの地殼に突當つてそれを突破する努力に惱んでゐるからであるやがて其の突破が實現された時にどのやうな飛躍が彼の上に起るか私は彼の前途を信じてゐる根の確かな人から貧弱な果實が生れる筈はない（和辻哲郎）

【讀方】　私《わたくし》の知人《ちじん》にも、理解《りかい》のいゝ頭《あたま》と、感激《かんげき》の強《つよ》い心臓《しんざう》と、よく立《た》つ筆《ふで》とを持《も》ちながら、まるで勞作《らうさく》を發表《はつぺう》しようとしない人《ひと》がある。彼《かれ》は今《いま》生《い》きることの苦《くる》しさに壓倒《あつたう》されて、自分《じぶん》のやうな者《もの》は生《い》きる値打《ねうち》もないとさへ思《おも》つてゐる。併《しか》し、それは彼《かれ》の根《ね》が一《ひと》つの地殼《ちかく》に突當《つきあた》つて、それを突破《とつぱ》する努力《どりよく》に惱《なや》んでゐるからである。やがて其《そ》の突破《とつぱ》が實現《じつげん》された時《とき》に、どのやうな飛躍《ひやく》が彼《かれ》の上《うへ》に起《おこ》るか。私《わたくし》は彼《かれ》の前途《ぜんと》を信《しん》じてゐる。根《ね》の確《たし》かな人《ひと》から貧弱《ひんじやく》な果實《くわじつ》が生《うま》れる筈《はず》はない。

【通解】　私の知り合の人にも、アタマのわかりがよくで、心の感じ方が強くて、筆がよく立つて立派な文章の書ける手を持つてゐながら、丸ツきり力の這入つた作品を發表しようとしない人がある。

彼は今生きるといふ事にひどく苦しんでぺしゃんこになり、自分のやうなものは生きる値打もないとまで思ひ込んでゐる。併し、それは木の根が一つの地殼に突當つて、それを突破らうとして苦しんでゐるやうに、生きる事の困難にぶツつかつて、どうかそれを突破しようとして心の奥底で惱んでゐるからである。だからやがて實際にその困難を突破して了ふ事の出來た曉には、彼の身にどんな飛躍が起るか分らぬ。私は彼の前途を信じて、將來きつと立派な作品を發表する時が來ると思つてゐる。根のしつかりした木に貧弱な實《み》のなる筈がないやうに、心の底力の強くしつかりした人が立派な事をやらずにゐる筈がない。

【考察】 根のしつかりした人――心の底力の確かな人は、一時行き惱む事があつても、しまひには必ず立派な事をするといふ事を、知人の一人を例に取つて述べてゐる。この文のやうに譬喩をいきなり實義のやうにして了つたものは、解釋が少しくだ〳〵しくなつても止むを得ぬから、上掲のやうに譬喩と實義との關係を明かにし得る程度の言葉を補ふ事が必要である。○感激の強い心臟は物事につよく感ずる心。物事に對する心の感じの鋭いのをいふ。○勞作は苦勞した作品、力の這入つた作品。○生きることは必ずしも生計上の事だけに限らず、人として社會に立つて生を營んで行くについての凡てを包括していふ言葉である。○飛躍は普通の進歩發展でなくて、一足飛びに思ひきつた進展をするのをいふ。

【要旨】 私の友人にも、アタマがしつかりして、よく筆が立つて、而も生きる苦しさに壓倒されて、丸で勞作を發表しない人がある。併し、それは木の根が地殼に突當つて、それを突破するのに苦しんでゐるやうなものだ。彼も生活苦を突破すれば必ず大飛躍をやるに違ひない。根の確かな彼に立派な果實の生れぬ筈がない。

【二〇七】 左の文を讀みて次の問に答へよ。

嗟呼彼等は國の生命なり世の光なり平和の泉なり祝福の源なり社會の大恩人なり世若し英雄を愛する人あらば先づ無名の英雄を愛せよ知らずや一株の樹は大なりと雖も以て森を益すに足らず一片の石は大なりと雖も以て城を成すに足らざることを

(イ)「彼等」とは何を指すか。

(ロ)「國の生命なり世の光なり」を説明せよ。

(ハ)「一株の樹は大なりと雖も云々」を解釋せよ。

(ニ)全文の趣意を述べよ。(京城醫專)

【讀方】 嗟呼《あゝ》、彼等《かれら》は國《くに》の生命《せいめい》なり、世《よ》の光《ひかり》なり、平和《へいわ》の泉《いづみ》なり、祝福《しゆくふく》の源《みなもと》なり、社會《しやくわい》の大恩人《だいおんじん》なり。世《よ》若《も》し英雄《えいゆう》を愛《あい》する人《ひと》あらば、先《ま》づ無名《むめい》の英雄《えいゆう》を愛《あい》せよ。知《し》らずや、一株《ひとかぶ》の樹《き》は、大《おほい》なりと雖《いへど》も以《もつ》て森《もり》を益《ま》すに足《た》らず、一片《いつぺん》の石《いし》は、大《おほい》なりと雖《いへど》も以《もつ》て城《しろ》を成《な》すに足《た》らざることを。

【通解】 嗚呼、彼等無名の英雄は國家の生命だ、世の中の光明だ、平和の源泉だ、幸福の與へられる源だ、社會の大恩人だ。世の中に若し英雄を愛する人があつたら、先づ以て無名の英雄――名もない功勞者を愛するがいゝ。どうだ、一株の樹は、いくら大きくてもその力で森を増益して立派なものにするに足らず、一片の石は、いくら大きくてもそれで城を完成するに足らぬではないか。――いくら大英雄でも、一人の力で國家が維持形成されるものではないのだ。

【考察】 國家進展のためには少數の英雄よりも無名の英雄卽ち名も無い功勞者が大切だといふ事を強

調した文で、文初は、その力に依つて國が保たれ、世が正しく導かれ、平和も幸福も生じて來る、彼等は實に社會の大恩人だといふ思想である。祝福は前途の幸福を祈る事だが——特にキリスト教では神の恩恵を祈り求める事にいふが、こゝは幸福そのもの、若しくは幸福を與へられる事の意と考へられる。

(二)の要求が要旨で、最初の三つについては、

(イ)「無名の英雄」を指す。

(ロ)その力に依つて國が維持され、その力に依つて世の中が正しく導かれるものだといふ意。

(ハ)一株の樹は、いくら大きくてもその力で森を増益して立派にする事は出來ぬ——どんな立派な英雄でも、一人の力で國家を立派にする事は出來ない。

といふ程度に答へて置く。

【要旨】 無名の英雄——名もない功勞者こそ眞に國家を維持し社會を向上進展させるものだから、英雄を愛する前にまづさういふ人々を愛重しなければならぬ。

【二〇八】 左の文の主旨を極めて簡單に書け。(全文を解釋するに及ばず)

我はこの繪を看るごとき清穏の風景にあひてかの途上嶮しき巖とはげしき流との爲に幾度か魂飛び肉消して理むる方なくかき亂されし胸のうちは靄然として頓に和らぎ恍然としてすべてを忘れたりまことによくこそわれは來つれ何ぞ來る事の甚だ遲かりし山の麗しといふも壤の堆きのみ川の暢けしといふも水の逝くに過ぎざるのみ牢として拔くべからざるわが半生の痼疾はいかでか壤と水との醫すべきものならんと齒牙にもかけず侮りたりし己こそまづ侮らるべき愚かの者なれや(京城高商)

【讀方】 我《われ》はこの繪《ゑ》を看《み》るごとき清穏《せいをん》の風景《ふうけい》にあひて、かの途上嶮《とじやうけは》しき巖《いはほ》とはげしき流《ながれ》との爲《ため》に、

幾度《いくたび》か魂《こん》飛《と》び肉消《にくせう》して、理《をさ》むる方《かた》なくかき亂《みだ》されし胸《むね》のうちは、靄然《あいぜん》として頓《とみ》に和《やは》らぎ、恍然《くわうぜん》としてすべてを忘《わす》れたり。まことによくこそわれは來《き》つれ。何《なん》ぞ來《く》る事《こと》の甚《はなは》だ遲《おそ》かりし。山《やま》の麗《うるは》しといふも壤《つち》の堆《うづたか》きのみ、川《かは》の暢《のど》けしといふも水《みづ》の逝《ゆ》くに過《す》ぎざるのみ、牢《らう》として抜《ぬ》くべからざるわが半《はん》生《せい》の痼疾《こしつ》は、いかでか壤《つち》と水《みづ》との醫《い》すべきものならんと、齒牙《しが》にもかけず侮《あなど》りたりし己《おのれ》こそ、まづ侮《あなど》らるべき愚《おろ》かの者《もの》なれや。

【通解】私はこの繪を看るやうな清く穏かな風景に出遇つて、あのこゝへ來る途中で嶮しい岩と烈しい流との爲に、幾度も〳〵魂が飛び肉が消えるやうな恐ろしい思ひをして、治めやうもなくかき亂された胸の中は、如何にもなごやかになつて急にすつかりやはらぎ、うつとりとして何も彼も忘れた。ほんとによくまア私はこゝへ來たものだ。何だつてこんなに來る事がひどく遲かつたのか。斯うなつて見ると、「なアに山がきれいだといつた所で土が高く積つてゐるだけのもの、川が長閑だといつた所で水が流れて行くに過ぎない、頑固にこびりついてどうしても治《なほ》す事の出來ぬ長い間の持病が、何で土や水で治るべきものであらう」と、てんで相手にせずに馬鹿にしてゐた自分こそ、却つて先づ馬鹿にされて然るべき愚か者といふわけだなア。

【考察】尾崎紅葉の文で、鹽原へ病氣療養に來て今更のやうにその美景に打たれたといふ趣である。要求は要旨と考へて適切である、が或は說明的に、

筆者が絶景の地に來て、途中の苦しみも忘れて嬉しく、それにつけて山川の美が何で病氣療養に役立たうと馬鹿にしてゐた事を悔いるといふ主旨の文。

といふやうに書いてもよい。

○魂飛び肉消しはひどく恐ろしく思つたのをいふ。○靄然は雲のたなびく形容。こゝは心のなごやかな形容。○暢けしは長閑だ、ゆつたりとしてゐる。○牢として拔くべからざるは固くこびりついて取去る事の出來ぬ。○半生の痼疾は自分の半分の生涯の間なほらずにゐた病氣、即ち長い間の持病。○齒牙にもかけずはすつかり見くびつてて、、んで相手にせぬといふ意。

【要旨】　私はこの繪のやうな風景にあつて、途中の苦しみを忘れて、すつかりいゝ心持になつた。こんな事ならもつと早く來ればよかつた。いくらきれいだつて、この痼疾が山水で直るものかと馬鹿にしてゐた自分こそほんとに馬鹿だツたなア。

【二〇九】　左の文章の要旨を説明せよ。

佛教美術は白雉天平時代の人々にとつては禮拜の對象であつた彼等は事實上には佛教に對して美的受用の態度にあつたしかし彼等自らはそれを美的受用とは解しなかつたそれに反して花鳥風月の如き自然の美に對しては彼等のとる態度が美的受用である事を自ら意識してゐたこの區別を閑却してはならない寺塔や佛像の藝術的な美しさを彼等が歌はなかつたのはこの區別が彼等の心を縛つてゐたからであらう宗教的情緒の領域と敍情詩の領域とが截然區別されるといふことは別に不思議なことではない（佐賀高校）

【讀方】　佛教美術《ぶつけうびじゆつ》は白雉天平時代《はくちてんぴやうじだい》の人々《ひとぐ》にとつては禮拜《らいはい》の對象《たいしやう》であつた。彼等《かれら》は事實上《じじつじやう》には佛教《ぶつけう》に對《たい》して美的受用《びてきじゆよう》の態度《たいど》にあつた。しかし彼等《かれら》自《みづか》らはそれを美的受用《びてきじゆよう》とは解《かい》しなかつた。それに反《はん》して花鳥風月《くわてうふうげつ》の如《ごと》き自然《しぜん》の美《び》に對《たい》しては、彼等《かれら》のとる態度《たいど》が美的受用《びてきじゆよう》である事《こと》を自《みづか》ら意識《いしき》してゐた。この區《く》別《べつ》を閑却《かんきやく》してはならない。寺塔《じたふ》や佛像《ぶつざう》の藝術的《げいじゆつてき》な美《うつく》しさを彼等《かれら》が歌《うた》はなかつたのは、この區別《くべつ》が彼等《かれら》の心《こゝろ》を縛《しば》つてゐたからであらう。宗教的情緒《しうけうてきじやうしよ》の領域《りやうゐき》と敍情詩《じよじやうし》の領域《りやうゐき》とが截然區別《せつぜんくべつ》されるといふことは、別《べつ》に不思議《ふしぎ》なことではない。

【通解】 佛教美術は白雉天平時代の人々に取つては鑑賞するものでなくて禮拝する對象物だつた。彼等は實際には佛教に對して美的に受用してその美しさを享樂する態度だつた。然し彼等自身はそれを美的受用とは解釋しなかつた。それとは反對に花鳥風月のやうな自然の美に對しては、自分たちの取る態度が美的受用で專らその美を享樂してゐる事を自分ではつきり意識してゐた。この區別をおろそかにしてはならぬ。自然の美を歌つた彼等が、寺の塔や佛像の藝術的な美しさを歌はなかつたのは、この區別のために彼等の心が縛られてゐたからだらう。このやうに宗教的な心持の領分と感情を敍べる詩の領分とがはつきり區別されるといふ事は、別に不思議な事ではない。

【考察】 「説明せよ」とあつて「解説」的であるが結局要旨そのものを書くといふに外ならぬ。白雉は一三一〇―一三四五、天平は一三八九―一四〇八の年號で、前者は孝德・齊明・天智・弘文・天武の諸帝、後者は聖武の御宇であるが、その前後の佛教興隆時代を概稱したものであらう。

當時の人々の佛教美術に對する態度は事實美的受用でありながら、彼等自身は禮拝の對象としてゐた。

といふのが本文の思想核心だが、これだけではどうも要旨として不十分である。○美的受用は美として受け用ひる、美として享樂するの意。

【要旨】 白雉天平時代の人々は佛教美術を禮拝の對象とした。ほんとの態度は自然美に對すると同樣にその美を享樂する事だつたが、彼等自らはさう考へずに、自然に對する心持とはつきり區別してゐた。そのために佛教美術を詩として歌はなかつた。こんな風に宗教的情緒と敍情詩との領域が區別されるのは別に不思議な事ではない。

【二一〇】 左の文章の要旨を説明せよ。

古今集の歌人が開いた用語法の新しい境地は一方に敍情詩の墮落を激成した多義なる言葉を巧みに配して表裏相響かしめることが彼らの主たる關心となり詠歎の率直鋭利な表現は顧みられなくなつたがまた他方にはこれによつて細やかなる心理の濃淡の描寫が可能にされる長い物語の技巧が漸次成育して行つたのは情緒を表現する言葉の自由なる驅使が古今集の歌人によつて始められたことに負ふところ少くないこの意味でも古今集は物語の準備である（佐賀高校）

【讀方】 古今集《こきんしふ》の歌人《かじん》が開《ひら》いた用語法《ようごはふ》の新《あたら》しい境地《きやうち》は、一方《いつぱう》に敍情詩《じよじやうし》の墮落《だらく》を激成《げきせい》した。多義《たぎ》なる言葉《ことば》を巧《たく》みに配《はい》して表裏相響《へうりあひひゞ》かしめることが彼《かれ》らの主《しゆ》たる關心《くわんしん》となり、詠歎《えいたん》の率直鋭利《そつちよくえいり》な表現《へうげん》は顧《かへり》みられなくなつた。が、また他方《たはう》にはこれによつて細《こま》やかなる心理《しんり》の濃淡《のうたん》の描寫《べうしや》が可能《かのう》にされる。長《なが》い物語《ものがたり》の技巧《ぎかう》が漸次成育《ぜんじせいいく》して行《い》つたのは、情緒《じやうしよ》を表現《へうげん》する言葉《ことば》の自由《じいう》なる驅使《くし》が古今集《こきんしふ》の歌人《かじん》によつて始《はじ》められたことに負《お》ふところ少《すく》くない。この意味《いみ》でも古今集《こきんしふ》は物語《ものがたり》の準備《じゆんび》である。

【通解】 古今集の歌人が用語法の上に新しい境地を開いた結果、一方に於ては敍情詩がぐんぐんと墮落した。幾つも意味のある言葉をうまくあてはめて表の意味と裏の意味とが響き合ふやうにさせる事が彼等の主なる心使ひとなつて、詠歎を率直に鋭くズバリと表現する事は顧みられなくなつた。が、又他の一方に於てはこれに依つて細かく心理狀態の濃さ薄さを描き寫す事が出來る事になる。長い物語の技巧が段々と發達して行つたのは、氣分心持を現はす言葉を自由に使ひまはす事が古今集の歌人に依つて始められたお蔭である事が少くない。外にも色々あるが、この意味に於ても古今集は物語のための下準備である。

【考察】古今集の歌人に依る用語法の新境地開拓の功罪である。○激成は激し成す、激しく勢づけてさうならせるといふ意。○心理の濃淡は心の働きの濃さ薄さ、心の細かい趣。

【要旨】古今集の歌人が用語法の新境地を開いて、只々多義語を使つて表裏の意味が響き合ふ事ばかり氣にして、率直にズバリと詠歎を現はす事は考へなくなつた結果、敍情詩はだん〳〵墮落した。然しそのために細かい心理描寫の出來る言葉が自由に使ひこなせるやうになつて、そのお蔭で物語が發達するやうになつた。この意味からでも古今集は物語の準備だといへる。

【二一一】左の文の要旨を簡單に述べよ。

尙古の陋なるが如く尙新もまた妄である新卽佳の理は何處にも無いからである惡は除くべしである善は取るべしである新の故を以て惡が善であるべくも無く古の故を以て善が惡であるべくも無い可不可は自ら是可不可であり新古は自ら是新古である正邪は自ら是正邪であり新古は自ら是新古である新古はたゞ時にかゝるのみである善惡可否正邪とは自ら是別である新卽佳なるが如くに言はば言ふ者理に達せざるのである然らずんば强ひて人を欺くのみである小兒を賺して黃葉を黃金なりとするのである千年萬年日月懸る日月古なりと雖も何ぞ厭くを得ん五月六月蚊蚋生ず蚊蚋新なりと雖も豈誰か悅ばんやである尙古尙新皆倶に非である可なるもの可なるのみ新古にあづかるにあらざるなりである達人は陳を去り新を主とすといふのは陳の不可なるを去り新の可なるを主とするのである故に陳を去るといふと雖も達人は猶古の可なるものを取るのである新を主とするといへども達人は新の不可なるを去るのである眼上に魚鱗を被ざるものは新古の二語に矮人觀場の癡をなす勿れである況んや又昨の新は今の陳である如何に飛

んでも落ちるは地の上である人間の爲すところ新ならざること久しい哉である燕石を抱いて璧となせる者の古譬喩の如く平凡の才庸常の資を有せる者の自ら看て以て新となせるものの如きは大抵古からざる無きものである（靜岡高校）

【讀方】 尙古《しやうこ》の陋《ろう》なるが如《ごと》く、尙新《しやうしん》もまた妄《ばう》である。新卽佳《しんそくか》の理《り》は何處《どこ》にも無《な》いからである。惡《あく》は除《のぞ》くべしである、善《ぜん》は取《と》るべしである。新《しん》の故《ゆゑ》を以《もつ》て惡《あく》が善《ぜん》であるべくも無《な》く、古《こ》の故《ゆゑ》を以《もつ》て善《ぜん》が惡《あく》であるべくも無《な》い。可不可《かふか》は自《おのづか》ら是可不可《これかふか》であり、新古《しんこ》は自《おのづか》ら是新古《これしんこ》である。正邪《せいじや》は自《おのづか》ら是正邪《これせいじや》であり、新古《しんこ》は自《おのづか》ら是新古《これしんこ》である。新古《しんこ》はたゞ時《とき》にかゝるのみである。善惡可否正邪《ぜんあくかひせいじや》とは自《おのづか》ら是別《これべつ》である。新卽佳《しんそくか》なるが如《ごと》くに言《い》はば、言《い》ふ者《もの》理《り》に達《たつ》せざるのである。然《しか》らずんば强《し》ひて人《ひと》を欺《あざむ》くのみである。小兒《せうに》を賺《すか》して黃葉《くわうえふ》を黃金《わうごん》なりとするのである。千年萬年日月懸《せんねんまんねんじつげつか》る、日月古《じつげつこ》なりと雖《いへど》も何《なん》ぞ厭《あ》くを得《え》ん。五月六月蚊蚋生《ごがつろくがつぶんぜいしやう》ず、蚊蚋新《ぶんぜいしん》なりと雖《いへど》も豈誰《あにたれ》か悅《よろこ》ばんやである。尙古尙新皆倶《しやうこしやうしんみなとも》に非《ひ》である。可《か》なるもの可《か》なるのみ、新古《しんこ》にあづかるにあらざるなりである。達人《たつじん》は陳《ちん》を去《さ》り新《しん》を主《しゆ》とすといふのは、陳《ちん》の不可《ふか》なるを去《さ》り、新《しん》の可《か》なるを主《しゆ》とするのである。故《ゆゑ》に陳《ちん》を去《さ》るといふと雖《いへど》も、達人《たつじん》は猶古《なほこ》の可《か》なるものを取《と》るのである。新《しん》を主《しゆ》とするといへども、達人《たつじん》は新《しん》の不可《ふか》なるを去《さ》るのである。眼上《がんじやう》に魚鱗《ぎよりん》を被《き》ざるものは、新古《しんこ》の二字《にじ》に矮人觀場《わいじんくわんぢやう》の癡《ち》をなす勿《なか》れである。況《いは》んや又昨《またさく》の新《しん》は今《こん》の陳《ちん》である。如何《いか》に飛《と》んでも落《お》ちるは地《ち》の上《うへ》である。人間《にんげん》の爲《な》すところ、新《しん》ならざること久《ひさ》しい哉《かな》である。燕石《えんせき》を抱《いだ》いて璧《たま》となせる者《もの》の古譬喩《こひゆ》の如《ごと》く、平凡《へいぼん》の才《さい》、庸常《ようじやう》の資《し》を有《いう》せる者《もの》の、自《みづか》ら看《み》て以《もつ》て新《しん》となせるものの如《ごと》きは、大抵古《たいていふる》からざる無《な》きものである。

【通解】 むやみと古い事を尙ぶのが陋しいやうに、むやみと新しい事を尙ぶのも亦妄だ。新しいものは卽ち佳いものだといふ道理は何處にも無いからである。惡は除き去るべしだ、善は取るべしだ。新しいが故に惡が善であらう筈もなく、古いが故に善が惡であらう筈もない。いゝいけないは自然にいゝいけないであり、新しい古いは自然に新しい古いである。正しいとよこしまとは自然に正しいとよこしまであつて、新しい古いは只時に關するのみである。善惡可否正邪とは自ら別の事である。新しいものは卽ち佳いものであるやうに言ふなら、それは言ふ者が理に達しないのである。さもなければ無理に人をごまかすに過ぎない。恰も子供をだまして黄葉を黄金だといふやうなものである。千年萬年太陽や月は天に懸つてゐる、斯く日月は古いものだがされればといつてどうして厭く事が出來よう。五月六月の時候に蚊や蚋《あぶ》が生える、蚊や蚋は年々新しく生えるが誰がそれを悅ばうやである。古いのを尙ぶのも新しいのを尙ぶのもどちらも皆いけない。いゝものはいゝものだ、新しい古いに關するわけではないといふものだ。理に達した人は古臭いものを去つて新しいものを主とするといふのは、古いもののいけないのを去り、新しいもののよいのを主とするのだ。だから古臭いものを去るとはいつても、理に達した人はやはり古い中のいゝものを取るのである。新しいものを主とするといつても、理に達した人は新しい中のいけないものを去るのである。目の上に魚鱗をかぶせたやうに丸ツきり目の見えぬ、物の理の分らぬ人間でない者は、新しい古いの二語について小人《こびと》が人の背中越しに芝居を見て前の人の批評に附和するやうに、只々人の尻馬に乘つてわい〳〵騷ぎ立てる馬鹿々々しさをやるなである。ましてや又昨日の新しいものは今日はもう舊いものである。いくら飛んでも落ちるのは地面の上だ。人間のやる事はいつも結局同じ事で、新たならざる事久しいかなだ。下らぬ燕石を抱いて玉だ玉だと珍重がつた者の昔の喩へ話のやうに、平凡の才、凡常普通の天分を持つた者が、自分で看て新しいと思つてゐるものなどは、大抵皆古くないものは無いのである。

【考察】幸田露伴の文。前後殆ど同一思想の繰返しで、端的にいへば、

　尚古も尚新もいけない、物の可否正邪は新古とは無關係で、新古に拘らずい丶物はよく悪い物は悪い。

といふ事だが、いくら「簡單に」といつてもそれでは物足らぬであらう。○眼上に魚鱗を被ざるものは何か背景がありさうな文句だが思ひ當らぬ。文意からいへば、目の上に魚鱗がかぶさつてゐては物は見えない、それを被《き》ない者といふのだから、目の開いてゐるもの——物の道理の分る者といふ意と考へられる。○矮人觀場は矮人看戯ともいつて、背の低い者が芝居を見るのに、人に遮ぎられて見えず、前の人の批評を聞いて之に附和するといふ事で、識見がなくて徒らに他に附和雷同するのをいふ。○燕石を抱いて璧となせる者は、荀子に「宋の愚人燕石を得、之を藏して以て寶と爲す」とあるのをいふ。燕石は燕山から出る玉に似た石。似て非なるものの喩にいふ語。

【要旨】新古と正邪とは別問題で、新でも古でも、い丶ものはい丶もの、悪いものは悪いものだ。達人は新古に拘らず、可を取り不可を去る。苟も目の開いたものは、人の尻馬に乗つて、新古々々と騒いではならぬ。ましてや新は忽ち古となる道理で、凡庸の徒の新と思ふものは、大抵は皆古いものである。徒らに新を喜ぶは、徒らに古を尙ぶと同樣に愚の極だ。

【二一二】　左の文の主意を簡單明瞭に平易なる口語にて述べよ。

松陰や眞に英雄的容貌を具せず然も人の悪を察せず美のみを見る是れ彼が空拳赤手天下に横行して而して隨處に主となるを得たる所以にあらずや彼は時勢に於て爲すべからざる時勢なきを信ずると同時に人

に於て與すべからざる人なきを信じたり彼は自ら殉道者の如く一身を其の所信に捧げ一大精進心を有したると同時に其の氣品も亦殉道者の如く和光同塵衆生濟度の一大慈悲心を有したりき彼は單に維新志士の典型たるのみならず日本男兒の典型たり（七高）

【讀方】　松陰《しよういん》や眞《しん》に英雄的容貌《えいゆうてきようぼう》を具《ぐ》せず。然《しか》も人《ひと》の惡《あく》を察《さつ》せず、善《ぜん》のみを見《み》る。是《こ》れ彼《かれ》が空拳赤手《くうけんせきしゆ》、天下《てんか》を横行《わうかう》して、而《しか》して隨處《ずゐしよ》に主《しゆ》となるを得《え》たる所以《ゆゑん》にあらずや。彼《かれ》は時勢《じせい》に於《おい》て、爲《な》すべからざる時勢《じせい》なきを信《しん》ずると同時《どうじ》に、人《ひと》に於《おい》て、與《くみ》すべからざる人《ひと》なきを信《しん》じたり。彼《かれ》は自《みづか》ら殉道者《じゆんだうしや》の如《ごと》く、一身《いつしん》を其《そ》の所信《しよしん》に捧《さゝ》げ、一大精進心《いちだいしやうじんしん》を有《いう》したると同時《どうじ》に、其《そ》の氣品《きひん》も亦殉道者《またじゆんだうしや》の如《ごと》く、和光同塵《わくわうどうぢん》、衆生濟度《しゆじやうさいど》の一大慈悲心《いちだいじひしん》を有《いう》したりき。彼《かれ》は單《たん》に維新志士《ゐしんしし》の典型《てんけい》たるのみならず、日本男兒《につぽんだんじ》の典型《てんけい》たり。

【通解】　松陰は實際英雄らしい容貌は持つてゐなかつた。然し心が廣くて人の惡い所は見ずに、只善い所だけ見た。これが彼が全くの空手素手《からてすで》で、何一つの富も力も持たずに、天下を思ふまゝに歩き廻つて、そしてどこへ行つても主となる事が出來たわけではないか。彼は時勢について、事のやれない時勢のない事を信ずると同時に、人について、仲間になれない人のない事を信じてゐた。――どんな時勢に於ても、やらうとすれば事はやれるし、どんな人でも仲間になつて立派に事がやれる事を確信してゐた。彼は自分で道のために身を殉ずる人のやうに、一身を自己の信ずる所に捧げて、一心不亂にそれに努めるといふ大きな心を持つてゐたと同時に、其の氣品も亦道のために殉ずる人のやうに氣高くて、自分の智惠の光をかくして世の俗塵にまじり、世の民衆をすくふといふ一つの大きな慈悲なさけの心を持つてゐたのであつた。彼は只維新の際の志士としての模範であるばかりでなく、實に日本男兒としての模範である。

【考察】　吉田松陰の人物を詳悉した文である。○察せずは考察せず、見ず。○空拳赤手は空手素手《からてすで》。何等の富力權力を持せざること。○與すは仲間になる、一緒に事をやる。○殉道者は道のために一身を捧げきつた人、道のために死ぬ人。○精進心は精進する心、只一心に自己の所信に精勵する心。○和光同塵は老子の語で、智惠の光を深く隱して顯はさず世の俗塵の中に混じてゐるといふ意。○衆生濟度は佛教上の語で、一般民衆を救ひ助けること。○典型はかた、模範。斯くあり斯くあらねばならぬといふ型《かた》を最も完全に具現してゐるといふ思想の語。

【要旨】　松陰は英雄の風貌はないが、人の善のみを見る雅量があつたから、どこへ行つても人に立てられた。彼はどんな時勢でも事は出來、どんな人とでも一緒に事がやれると信じた。彼は殉道者のやうに所信に精進する心と、萬民を救ふ大きな慈悲心とを持つてゐた。彼は維新志士の模範であると共に、日本男兒の模範だ。

【二一三】　左の文の主意を簡單明瞭に平易なる口語にて述べよ。但し和歌は最後に取出して之を解釋すべし。

自殺を以て悖德となすこと固より論なしと雖も吾が東洋に於ては世々の哲人多く之を說かず之に加ふるに吾が國人賦性の勇敢を以てし往々死を輕んずるの風を成せり殊に復古の世變に際しては人心激越意氣軒昂志士動もすれば一死を潔くせり平野國臣獨り此の間にありて流離顚沛にも其の身を苟もせず常にいふ一息尙存すればなほ爲すべきの事ありと大鳥居信臣の屠腹を聞いて詠じて曰く

誘ふともしばしこたへてあるべきを嵐にあへず散る櫻かな

國臣の身を奉ずる所以の主旨亦由りて觀るべきに非ずや（七高）

【讀方】　自殺《じさつ》を以《もつ》て悖徳《はいとく》となすこと、固《もと》より論《ろん》なしと雖《いへど》も、吾《わ》が東洋《とうやう》に於《おい》ては、世々《よゝ》の哲人《てつじん》多《おほ》く之《これ》を說《と》かず。之《これ》に加《くは》ふるに、吾《わ》が國人《こくじん》、賦性《ふせい》の勇敢《ゆうかん》を以《もつ》てし、往々《わう〳〵》死《し》を輕《かろ》んずるの風《ふう》を成《な》せり。殊《こと》に復古《ふくこ》の世變《せいへん》に際《さい》しては、人心激越《じんしんげきゑつ》、意氣軒昂《いきけんかう》、志士《しし》動《やゝ》もすれば一死《いつし》を潔《いさぎよ》くせり。平野國臣《ひらのくにおみ》、獨《ひと》り此《こ》の間《かん》にありて、流離顚沛《りうりてんぱい》にも其《そ》の身《み》を苟《いやしく》もせず、常《つね》にいふ、「一息尚存《いつそくなほそん》すれば、なほ爲《な》すべきの事《こと》あり」と。大鳥居信臣《おほとりゐのぶおみ》の屠腹《とふく》を聞《き》いて、詠《えい》じて曰《いは》く、

誘《さそ》ふともしばしこたへてあるべきを、嵐《あらし》にあへず散《ち》る櫻《さくら》かな。

國臣《くにおみ》の身《み》を奉《ほう》ずる所以《ゆゑん》の主旨《しゆし》、亦由《またよ》りて觀《み》るべきに非《あら》ずや。

【通解】　自殺が道に外れた行である事は、固より論ずる迄もないが、吾が東洋では、世々のえらい人があまりそれを說かない。その上に、我が日本人は、天性の勇敢が加つて、往々にして死を輕んずる風が出來て了つた。殊に王政復古の世の事變に際しては、人心が激しくなり、意氣が高くあがつて、國家に志のある人士はやゝもすると死を潔くして死ぬ事などを屁とも思はなかつた。平野國臣は、獨りその間にあつて、身が落ぶれさすらふやうな非常な境涯に於ても自分の身をかりそめにせず、常にいふやう、「一息《ひといき》でもまだ通つてゐる内は、やはりまだすべき事がある」と。大鳥居信臣が腹を切つた事を聞いて、歌を詠じて曰ふやう、誘ふとも……＝たとひ嵐が誘つても、暫くはじツとこらへてゐるべきだのに、嵐にこたへられないで、忽ち櫻の花は散つて了つた事だなア——大鳥居もう一息我慢してゐればいゝに、氣短かに惜しい事をして了つたなア。

國臣の我が身を如何に守つて行くかといふその主旨も、亦この歌に由つて觀る事が出來るではな

いか。

【考察】 平野國臣が身を重んじて徒らに死を潔くする事を戒めた心事を詳悉したものである。和歌の解は前掲の通解から摘出して答へればよい。○悖德は德にもとること、道に外れた行。○世變は世の變遷にも世の變亂にもいふ。こゝは後者が主となつてゐるやうだ。○人心激越は人心が激しく奮ひ起つこと。○意氣軒昂は人々の意氣が高くあがること。○流離顚沛は字義的にいへば流れさすらひつまづきたふれる。論語の「顚沛」といふ語に對して朱子が「傾覆流離」と註した、その兩者を合はせた言葉で、流れさすらふやうな非常の場合をいふ。○あへずはこたへあへず、こたへきれず。○身を奉ずるは自分の身を守る、自分の身を處する。

【要旨】 自殺は悖德だが、東洋では哲人も餘り說かず、それに吾が國人は、天性の勇敢も加つて、死を輕んずる風が出來た上に、王政復古の際は人心が激昂して死を潔くする志士が多かつた。獨り平野國臣は、どんな場合にも身を重んじて、息の通ふ內は爲すべき事があると考へてゐた。大鳥居信臣の死を惜んだ彼の歌にも、よくその精神が現はれてゐる。

【二一四】 左の文の要旨を述べよ。

祖國を知り祖國の精神の核髓に端的に觸れ國民性の長短所を理解し傳統の美に薰化せられ日本國民として我等が生きて行くべき道に對する指針を與へられる爲には國民の魂から直接生まれた國文學を味讀することが最も良い方法であるそして國文學史の知識はその準備としても亦國民常識としても忽せに出來ない大切な生命の糧でなければならない殊に日本文學には世界の文藝史上に於ても優越な位置を要求せねばならない作品や作家が少くないのに對して我等は常に正しき認識を有つべきことをも訓へられるの

である（水戸高校）

【讀方】祖國《そこく》を知《し》り、祖國《そこく》の精神《せいしん》の核髓《かくずゐ》に端的《たんてき》に觸《ふ》れ、國民性《こくみんせい》の長短所《ちやうたんしよ》を理解《りかい》し、傳統《でんとう》の美《び》に薫化《くんくわ》せられ、日本國民《につぽんこくみん》として我等《われら》が生《い》きて行《ゆ》くべき道《みち》に對《たい》する指針《ししん》を與《あた》へられる爲《ため》には、國民《こくみん》の魂《たましひ》から直接《ちよくせつ》生《う》まれた國文學《こくぶんがく》を味讀《みどく》することが、最《もつと》も良《よ》い方法《はうはふ》である。そして國文學史《こくぶんがくし》の知識《ちしき》は、その準《じゆん》備《び》としても、亦國民常識《またこくみんじやうしき》としても、忽《ゆるが》せに出來《でき》ない、大切《たいせつ》な生命《せいめい》の糧《かて》でなければならない。殊《こと》に日《につ》本文學《ぽんぶんがく》には、世界《せかい》の文藝史上《ぶんげいしじやう》に於《おい》ても優越《いうゑつ》な位置《ゐち》を要求《えうきう》せねばならない作品《さくひん》や作家《さくか》が少《すく》なくないのに對《たい》して、我等《われら》は常《つね》に正《たゞ》しき認識《にんしき》を有《も》つべきことをも訓《をし》へられるのである。

【通解】自分の祖國を知り、祖國の精神の一番の精髓にぴたりツと觸れ、國民性の長所短所を理解し、昔からずうーツと續いて傳つて來た美しさに感化され、日本國民として我々はどう生きて行けばよいかといふその正しい方針を與へられる爲には、國民の魂からぢかに生まれた國文學を味ひ讀むのが、一番良い方法である。そして國文學の歷史の知識は、さうして國文學を味ひ讀むための準備としても、それから亦國民の常識としても、おろそかにする事の出來ない、大事な生命の糧――心を養ふための大事なものでなくてはならぬ。殊に文學史の知識に依つて、日本文學には、世界の文藝の歷史上に於てもすぐれて高い位置を要求しなくてはならぬやうな立派な作品や作家が少くないといふ事に對して、我々は常に正しい認識を持つて、その事をしつかり心得てゐなければならぬ事をも教へられるのである。

【考察】島津久基の「國文學史綱」から出た文で、文學史の重要性を强調したものである。この文は、

第一段　祖國を知り……最も良い方法である。

第二段　そして……糧でなければならない。

第三段　殊に……訓へられるのである。

の三段に分れてゐる。その段々の主旨を要約するとすれば大意の方に近い事になるが、表現が順序を追つて進んでゐるから、要旨としても勢ひさういふ事になる外ないのである。

【要旨】　ほんとに日本を知り、日本國民として正しく生きて行く道を知るには、國文學を味讀するに限る。その準備としても、亦國民常識としても、國文學史の知識は非常に大切だ。殊にそれに依つて、日本文學中には世界に誇るべきすてきな作品のある事もよく分るのだ。

【二一五】　左の文を讀みて後の問に答へよ。

勞働がその性質に於て自由で創造的であるときにはそれは一種の快樂であるすべての人間はすべての動物やすべての植物と同じくそれ自らの發達の法則を持つてゐる從つて又それ(1)自らの表現はそれ(2)に取つて一種の喜びであるある樹は橘の實を結びある樹は薔薇の花を持つすべての健全な樹木がその仕事に於て喜びを持つ事は明かなことであるしかしそれ(3)はたゞそれ(4)が創造的である時だけである薔薇の樹に橘の實を結ばしめることは言ふまでもなく狂氣の沙汰である蓋しこの狂氣の沙汰は現代の生活現代の勞働の諸分野において常に認められることである

問一、文中傍線を施したる（1）（2）（3）（4）の「それ」はそれ〴〵何を指すか

問二、文中にある植物についての話は何の爲に書いたのか

問三、全文の主旨をなるべく簡明に述べよ（津田英學塾）

【讀方】 勞働《らうどう》がその性質《せいしつ》に於《おい》て自由《じいう》で創造的《さうざうてき》であるときは、それは一種《いつしゆ》の快樂《くわいらく》である。すべての人《にん》間《げん》は、すべての動物《どうぶつ》やすべての植物《しよくぶつ》と同《おな》じく、それ自《みづか》らの發達《はつたつ》の法則《はふそく》を持《も》つてゐる。從《したが》つて又《また》、それ自《みづか》らの表現《へうげん》はそれに取《と》つて一種《いつしゆ》の喜《よろこ》びである。ある樹《き》は橘《たちばな》の實《み》を結《むす》び、ある樹《き》は薔薇《ばら》の花《はな》を持《も》つ。すべての健全《けんぜん》な樹木《じゆもく》が、その仕事《しごと》に於《おい》て喜《よろこ》びを持《も》つ事《こと》は明《あきら》かなことである。しかし、それはたゞそれが創造的《さうざうてき》である時《とき》だけである。薔薇《ばら》の樹《き》に橘《たちばな》の實《み》を結《むす》ばしめることは、言《い》ふまでもなく狂氣《きやうき》の沙汰《さた》である。蓋《けだ》しこの狂氣《きやうき》の沙汰《さた》は、現代《げんだい》の生活《せいくわつ》、現代《げんだい》の勞働《らうどう》の諸分野《しよぶんや》において、常《つね》に認《みと》められることである。

【通解】 勞働がその性質上他から强制されたものでなく自由意志に依るものでありそして新しく物を造り出すやうなものである時には、それは一種の快樂だ。凡ての人間は、凡ての動物や凡ての植物と同じやうに、自分自身の發達して行く法則を持つてゐる。從つて又、自分自身を表現する事はそのものに取つて一種の喜びである。或樹は橘の實を結び、或樹は薔薇の花を持つ。あらゆる健全な樹木が、實を結び花を持つ所のその仕事に於て喜びを持つ事は明かな事實だ。しかし、その喜びは只その仕事が新しく物を造り出すやうである場合に限る。薔薇の樹に橘の實を結ばせる事は、勿論氣違ひの仕打である。思ふに斯ういふ不自然な氣違ひ沙汰は、現代の生活や、現代の勞働の色々な場面に於て、いつも認められる事である。

【考察】 勞働は各自が持つてゐる發達の法則に從つて自由に創造的に行はれなくてはならぬといふ主張である。問一、問二については、特によく前後の文章を考へて、問一、（1）人間や動植物その物を指す。（2）自らを表現したそのもの自體を指す。（3）喜びを持つ事を指す。（4）その仕事を指す。

問二、生物は皆それ自らの發達の法則を持つてゐる、その法則に從つて自分自身を表現し、そこに新しいものを造り出すためにやる勞働は、そのものに取つて一種の喜びだといふ事を明かにするために書いたのだ。

といふやうに答へて置く。（1）のそれは「それ自らの發達の法則」を指すといふ考へ方も出來さうだが、發達の法則を表現するではなくて、發達の法則に從つて自分自身を表現するといふ思想と考へた方が文意文調に自然であると思ふ。○分野は昔支那でその全土を天の二十八宿に配當して各地を司る星宿を定めた事から出た語で、區域とか範圍とかいふ意に用ひられる。

【要旨】　勞働は、自由で創造的で、それ自體が持つ發達の法則に從つた時は、そのものに取つて一種の喜びだが、現代にはそれに反して、そのものの個性を無視した不自然な生活や勞働の强要が屢々認められる。

【二一六】　左の文につきて次の二問に答へよ。

1. 文の要旨を簡潔に述べよ。
2. 傍線のある語、イ・ロを説明せよ。

眞理が尊敬の對象ならば眞理の追求は眞理尊敬の心から發せねばならぬ好奇心智識欲模倣的衝動には尊敬の情は少しも含まれてゐない此等は只智識を貪り求める衝動である教育に於て眞理尊敬の心を以て智識に向はしめたならばその得た所の智識は皆眞理の會得そのものとして尊敬せらるるは必然である旣に之を尊敬すれば其の指示する所を遵奉實行することもまた必至の勢である遵奉實行する所のものは卽ち

法則に外ならぬ故に一切の智識は皆眞理の會得として從て尊敬すべき絶對的價値の體認として悉く吾々の遵奉すべき所を指示するもの卽ち法則を示すものとなる智育と德育とを別つは畢竟智識敎育の初發に於て好奇心智識欲模倣性を刺戟し所謂興味中心を以て進むからではあるまいか其の出發點に於ける相違が其の結果の上に重大な相違を來たす其の出發點の相違は見逃し易いのであるが實は天地の相違があるのである（東京高師）

【讀方】 眞理《しんり》が尊敬《そんけい》の對象《たいしやう》ならば、眞理《しんり》の追求《つゐきう》は眞理尊敬《しんりそんけい》の心《こゝろ》から發《はつ》せねばならぬ。好奇心《かうきしん》・智識《ちしき》欲《よく》・模倣的衝動《もはうてきしようどう》には、尊敬《そんけい》の情《じやう》は少《すこ》しも含《ふく》まれてゐない。此等《これら》は只《たゞ》智識《ちしき》を貪《むさぼ》り求《もと》める衝動《しようどう》である。敎育《けういく》に於《おい》て眞理尊敬《しんりそんけい》の心《こゝろ》を以《もつ》て智識《ちしき》に向《むか》はしめたならば、その得《え》た所《ところ》の智識《ちしき》は、皆眞理《みなしんり》の會得《ゑとく》そのものとして尊敬《そんけい》せらるるは必然《ひつぜん》である。既《すで》に之《これ》を尊敬《そんけい》すれば、其《そ》の指示《しし》する所《ところ》を遵奉實行《じゆんぽうじつかう》することもまた必至《ひつし》の勢《いきほひ》である。遵奉實行《じゆんぽうじつかう》する所《ところ》のものは卽《すなは》ち法則《はふそく》に外《ほか》ならぬ。故《ゆゑ》に一切《いつさい》の智識《ちしき》は皆眞理《みなしんり》の會得《ゑとく》として、從《したがつ》て尊敬《そんけい》すべき絶對的價値《ぜつたいてきかち》の體認《たいにん》として、悉《ことごと》く吾々《われわれ》の遵奉《じゆんぽう》すべき所《ところ》を指示《しし》するもの、卽《すなは》ち法則《はふそく》を示《しめ》すものとなる。智育《ちいく》と德育《とくいく》とを別《わか》つは、畢竟智識敎育《ひつきやうちしきけういく》の初發《しよはつ》に於《おい》て、好奇心《かうきしん》・智識欲《ちしきよく》・模倣性《もはうせい》を刺戟《しげき》し、所謂興味中心《いはゆるきようみちゆうしん》を以《もつ》て進《すゝ》むからではあるまいか。其《そ》の出發點《しゆつぱつてん》に於《お》ける相違《さうゐ》が、其《そ》の結果《けつくわ》の上《うへ》に重大《ぢゆうだい》な相違《さうゐ》を來《き》たす。其《そ》の出發點《しゆつぱつてん》の相違《さうゐ》は、見逃《みのが》し易《やす》いのであるが、實《じつ》は天地《てんち》の相違《さうゐ》があるのである。

【通解】 眞理が尊敬の對象物で、どこ迄も尊敬すべきものであるならば、眞理を追求する事は眞理を尊敬する心から發しなくてはならぬ。珍しい物を好む心とか、やたらに物事を知りたい欲望とか、眞似をせずにはゐられぬ心持とかには、尊敬といふ念は少しも含まれてゐない。これ等は只智識を貪り求める自然の心の働きである。教育上に於て眞理を尊敬する心で智識に向はせたならば、さうして得た所の智識は、皆眞理そのものを會得したものとして尊敬されるのは必然だ。既にさうして得た智識を尊敬すれば、その智識が指し示す所を守つてそれを實行する事も亦必ず至るべき自然の成行きだ。身に守つて實行する所のものは卽ち法則に外ならない。だから一切の智識は眞理を會得したものとして、從つて尊敬すべき絕對的な値打を自分自身に認め得たものとして、殘らず吾々の奉じ守るべき所を指し示すもの、卽ち法則を示すものになる。教育上に於て智育と德育とを別けるのは、つまり智識教育のまツぱじめに於て、生徒の好奇心とか智識欲とか模倣性とかいふものを刺戟して、所謂興味中心で——只面白く物事を覺えさせようといふ態度で進むからではあるまいか。其の出發點に於ける違ひが、其の結果に於て重大な違ひになつて來る。其の出發點の違ひは、つひ見逃し易くて何でもないやうであるが、實は天地程の重大な違ひがあるのである。

【考察】　うんと煎じつめて見れば、

教育上に於ける智識教育は眞理尊敬の心から出發しなくてはならぬ。

といふ主旨と考へられるが、いくら簡潔にといつてもそれでは本文の要旨としての個性が失はれるからいけない。その中心思想に基いて本文の所說を要約するのである。なほ一般に知識と書く所を本文では凡て智識と書いてゐる。どちらでもよいわけだ。２の傍線のイ・ロについては

イ、それを對象として尊敬を拂ふもの、卽ち尊敬すべき性質のものであるならばの意。

ロ、眞理尊敬の心で智識に向はせた結果として得た所の智識を、眞理の會得として尊敬するからにはの意。

といふ風に答へればよい。

【要旨】眞理が尊敬すべきものなら、眞理の追求は尊敬の心から出發するのが當然だ。教育に於て眞理尊敬の心で智識に向はせれば、その得た智識は眞理の會得として必ず尊敬される。從つて一切の智識が、吾々の遵奉すべき所を指示する法則になる。然るに教育上智育と德育とが別々になるのは、智識教育が眞理尊敬の心から出發せずに、何等尊敬の念の含まれない好奇心・智識欲・模倣性を刺戟して、所謂興味中心で進むからだ。出發點に於けるさうした一寸の相違が、結果に於て斯く重大な相違になるのである。

【二一七】次の文を平易なる口語にて解釋し、且つその要旨を述べよ。

科學は世界を一變した古代の詩人達が彼等の非凡な空想力に鞭うち神祕な靈魂の力を假りて世界外の世界に夢みて居たそれよりも更に神祕な驚くべき奇蹟を近代の科學者は現實の世界に演出した世界の內に世界を開いた現實の內に神祕を持ち來した神の創造した自然を人間の創造に歸せしめようと企てた（東京女高師）

【讀方】科學《くわがく》は世界《せかい》を一變《いつぺん》した。古代《こだい》の詩人達《しじんたち》が、彼等《かれら》の非凡《ひぼん》な空想力《くうさうりよく》に鞭《むち》うち、神祕《しんぴ》な靈魂《れいこん》の力《ちから》を假《か》りて、世界外《せかいぐわい》の世界《せかい》に夢《ゆめ》みて居《ゐ》たそれよりも、更《さら》に神祕《しんぴ》な、驚《おどろ》くべき奇蹟《きせき》を、近代《きんだい》の科學者《くわがくしや》は、現實《げんじつ》の世界《せかい》に演出《えんしゆつ》した。世界《せかい》の內《うち》に世界《せかい》を開《ひら》いた。現實《げんじつ》の內《うち》に神祕《しんぴ》を持《も》ち來《きた》した。神《かみ》の創造《さうざう》した自《し》然《ぜん》を人間《にんげん》の創造《さうざう》に歸《き》せしめようと企《くはだ》てた。

【通解】科學によつて世界はがらツと變つた。古代の詩人達が、その非凡な空想の力を思ひきり働かせ、神祕な靈魂の力を假りて、この世界以外の別の世界に思ひを馳せて色々と空想してゐた奇蹟よりも、更に一層神祕な、驚くべき奇蹟を、近代の科學者は、實際のこの世界にあらはした。そしてこの世界の內に更に別の新しい世界を開いた。現實の內に神祕を持つて來て、神祕をそのまゝ現實にした。神の創造した自然を人間の創造に歸せしめて、人間の力で今迄と違つた別の新しい自然を造り出さうと企てた。

【考察】 科學が世界を一變した事を強調した文である。これは津田英學塾にも出てゐて、多少文句の違つた所もあり、更に文末に

その僭越なる人間の企は、十七世紀以降一刻も休むことなくして今日まで續いて居る。

といふ文句が餘計について出てゐる。これに依るとこの文の主觀は科學尊重でなくて寧ろ科學嘲笑にあるやうにも取れる。然しこの出題では科學力の神祕といふ事を出でない。なほ

古代の詩人達が、{彼等の非凡な空想力に鞭うち、／神祕な靈魂の力を假り}て、世界外の世界に夢みて居たそれよりも、更に神祕な、驚くべき奇蹟を……

といふ文の筋から、それは下の奇蹟を指すと考へるのが自然であらうが、こゝの所を津田英學塾では、古代の詩人達が非凡なる空想力に鞭ち、所謂神祕なる靈魂の力をかりて、[1]世界外の世界に夢みて居たそれよりも、更に神祕なそれ[2]よりも更に驚くべき奇蹟を、……

といふ風に妙に句讀づけて――「それよりも」の下のテンは「更に神祕な」の下に移すべきものだらう

――

1の部分の意味を説明せよ

2の「それ」とは何を指すか

と要求してゐる。斯う二つそれが重なつて出ると、このそれは「古代詩人が夢みてゐた夢を指す」と考へた方が文調上自然になる。兎に角出題の文そのものをしつかり考察して、それに順當した解を下す事が大切である。

【要旨】 科學によつて世界は一變した。近代の科學者は、古代の詩人が非凡な空想力と神祕な靈魂の力とで夢みてゐた以上の驚くべき奇蹟を、この現實の世界に實現し、神の創造した自然を人間の力に歸せしめて、更に新しい別個の自然を造り出さうと企てた。

【二一八】 次の文を語を逐うて詳細に解釋し、且つその要旨を簡潔に述べよ。

生きとし生けるものその生める所の子を育て愛せざるものは無いこれ有情一切に通ずる性情であるが此の性情の理を深く究めて生の理に徹するものを人とする親子は天地生々發育無窮の道の最も直接なる具體化である親子は人生の形の最直接的最天然的なるものである生の情は愛であるが愛の精髓は慈である此の慈は親子に於て初めて人間に實にせられる凡そ慈を説く教として親子の形として之を説かぬものはない一切の宗教はそれが慈を教へる限り又人と人の親との道を教へるその親を天といふも神といふも佛といふも畢竟皆人間親子の形に由れるものであつて且つ神が生まうとも天が生まうとも現實生むものは形として只生みの親の親あるのみである生まれるものはもと生むものの中にあつたものであるから後者が前者を愛するは外に求める意味を毫も有たぬこれ卽ち愛が親子に於て初めて慈となるの理を藏する所以である（東京女高師）

【讀方】 生《い》きとし生《い》けるもの、その生《う》める所《ところ》の子《こ》を育《そだ》て愛《あい》せざるものは無《な》い。これ有情一切《うじやういつさい》に通《つう》ずる性情《せいじやう》であるが、此《こ》の性情《せいじやう》の理《り》を深《ふか》く究《きは》めて、生《せい》の理《り》に徹《てつ》するものを人《ひと》とする。親子《おやこ》は天地《てんち》生々《せい〳〵》發《はつ》育無窮《いくむきゆう》の道《みち》の、最《もつと》も直接《ちよくせつ》なる具體化《ぐたいくわ》である。親子《おやこ》は人生《じんせい》の形《かたち》の最直接的《さいちよくせつてき》・最天然的《さいてんねんてき》なるものである。凡《およ》そ生《せい》の情《じやう》は愛《あい》であるが、愛《あい》の精髓《せいずゐ》は慈《じ》である。此《こ》の慈《じ》は親子《おやこ》に於《おい》て初《はじ》めて人間《にんげん》に實《じつ》にせられる。慈《じ》を説《と》く教《をしへ》として、親子《おやこ》の形《かたち》として之《これ》を説《と》かぬものはない。一切《いつさい》の宗教《しうけう》は、それが慈《じ》を教《をし》へる限《かぎ》り、又人《またひと》と人《ひと》の親《おや》との道《みち》を教《をし》へる。その親《おや》を天《てん》といふも神《かみ》といふも佛《ほとけ》といふも、畢竟皆人間親子《ひつきやうみなにんげんおやこ》の形《かたち》に由《よ》れるものであつて、且《か》つ神《かみ》が生《う》まうとも、天《てん》が生《う》まうとも、現實生《げんじつう》むものは、形《かたち》として只生《たゞう》みの親《おや》の親《おや》あるのみである。生《う》まれるものは、もと生《う》むものの中《なか》にあつたものであるから、後者《こうしや》が前者《ぜんしや》を愛《あい》するは、外《ほか》に求《もと》める意味《いみ》を毫《がう》も有《も》たぬ。これ卽《すなは》ち愛《あい》が親子《おやこ》に於《おい》て初《はじ》めて慈《じ》となるの理《り》を藏《ざう》する所以《ゆゑん》である。

【通解】 苟も生きてゐる者は、自分の生んだ子を育て愛しないものはない。これは生物の一切に通ずる性情であるが、此の生んだ子を愛するといふ性情の理を深く考究して、生々愛育の理に徹底したものが人間である。親子は天地間の物が無窮に生れて發育して行くといふ道の、最も直接に形として現はれたものである。親子は人生の形の一番直接的な天然的なものである。生々發育の情は愛であるが、その愛の一番の心髓は慈卽ちいつくしみである。此の生々愛育の精髓たる慈は親子に於て初めて人間社會に具體的に實現される。凡そ慈を説く教であれば、必ず皆親子の形として之を説いてゐる。あらゆる宗教は、それが慈を教へる限り、又人の道と人の親の道とを教へる。その場合の親を宗教上の立場から天といふにしても神といふにしても佛といふにしても、つまりは皆人間の親子の形に由つたものであつて、且つ又宗教上の見地から見て神が生むのであつても、天が生むのであつても、現在に事實として子を生むものは、形としては只生みの親である所の親があるのみだ

――神のお授けだ天のお授けだといつた所で要するに事實子を生むのは生みの親だけだ。そして生まれるもの卽ち子は、もと生むもの卽ち親の中にあつたものだから、後者卽ち親が前者卽ち子を愛するのは、結局自分自身を愛する事で、外に求めるといふ意味は少しも持つてゐない。これが卽ち愛が親子の間に於て初めて慈になるといふ理を持つてゐるわけである。

【考察】 隨分細かく述べてゐるが、畢竟するに、

親子の愛は生々愛育の慈で、一切の宗教の教へもこれに外ならぬ。

といふ事である。然し要旨の答案は今少し原文の個性を取入れた方が適切だらう。「語を逐うて詳細に解釋」せよといふ要求に對しては、前掲の通解で十分である。私の通解は常にさういふ要求を豫想して書いてゐるつもりである。○人間親子の形に由れるものとは、宗教上に於ける實在の人物卽ち親を天といひ神といひ佛といふが、それは畢竟哲人が人間親子の形に基づいて考へ出したものに過ぎぬといふ思想と考へられる。○神が生まうとも天が生まうともとは、宗教上の信仰では生々を神の力に歸するから、子は人の力でなくて、神の力、天の力で生まれるとする。卽ち生むものは人でなくて神であり天であるとする。さういふ見地からの立文と考へたらよく分るであらう。

【要旨】 生物は皆その性情として生んだ子を愛育するが、ほんとにその理に徹したものは人間だ。生々愛育の情は愛で、愛の精髓は慈だ。その慈は親子に於て初めて人間に實際化される。一切の宗教の由來する所も、畢竟親子の道に外ならぬ。由來子は親の內にあつたものだから、親が子を愛するのには、外に求める意味は少しもない。だから親子の愛は直ちに慈となるのである。

【二一九】 左の文を、（1）易なる口語にて解釋し、次に、（2）文の主意を三十字以內に述べよ。

あらかじめ成心を挾みて他に臨まむは若かず寧ろ初より人に聽かざらむには吾等は讀みて而して解せざる者を咎めずそは其の人の知見の進むに隨ひて早晩解し得るの時あるべければなりされど解し得べくして而して解するを欲せず若しくは解し得て而してなほ其の成心の非を遂ぐる者はげに狹量偏見の徒とこそいふべけれ（廣島高師）

【讀方】　あらかじめ成心《せいしん》を挾《さしはさ》みて他《た》に臨《のぞ》まむは、若《し》かず寧《むし》ろ初《はじめ》より人《ひと》に聽《き》かざらむには。吾等《われら》は讀《よ》みて而《しか》して解《かい》せざる者《もの》を咎《とが》めず。そは其《そ》の人《ひと》の知見《ちけん》の進《すゝ》むに隨《したが》ひて、早晩解《さうばんかい》し得《う》るの時《とき》あるべければなり。されど解《かい》し得《う》べくして而《しか》して解《かい》するを欲《ほっ》せず、若《も》しくは解《かい》し得《え》て而《しか》してなほ其《そ》の成心《せいしん》の非《ひ》を遂《と》ぐる者《もの》は、げに狹量偏見《けふりやうへんけん》の徒《と》とこそいふべけれ。

【通解】　前以て成心即ち斯うあるべきものだと自分できめた心を持つて他に對する位なら、いつそ最初から他人の意見など聽かない方がましだ。吾々は本を讀んでもそれを理解しない人を咎めない。なぜならそれは其の人の知識見解が進むにつれて、おそかれ早かれいつかは解し得られる時があるべきだからである。然し解する事が出來るくせにわざと理解しようとせず、或は又ちやんと理解してゐながら而も尙ほ自分の成心の非を遂げて、どこ迄も斯うときめ込んだよくない考を押通す者は、實にどうも度量が狹く考の偏したやつといふべきである。

【考察】　高山樗牛の文。成心は豫め自分の心の中に一つの考をきめて、斯うあるべきだ、斯うに違ひないと、一つの標準を定めて置いて物事に臨む態度をいふ。それがこの文の主題である。尙ほこの文に於ける而しては何れも普通には「而も」となる所の反戾の而である。「主旨を三十字以內」といふのは、

「要旨をうんと簡潔に」である。

【要旨】　成心を持つて他に臨み我が非を押通すのは甚だよくない事だ。

【二二〇】　左の文を讀み次の問に答へよ。

文學の研究に金のかゝる文學の研究と金のかゝらぬ文學の研究とがあることばをかへていへば貴族的の研究平民的の研究と言ふことも出來る更に言へば前者は求むるものを外側に置く後者は之を內側に置く又前者は文學を人間社會の出來事と見る後者は之を自然的の發生と見る已に標的を外に置いて人間社會の出來事と見る其故に文學上の或一問題を捉へて來れば之に就いての考證が第一に最も重大なる事項となる求むるものを外に尋ねて主題になつて居るもの丶周圍をぐる〳〵廻つて居る二冊の參考書は一冊の參考書に勝る十冊の參考書は一夕の冥想に勝る書齋の中に籠らずしては裸體で這入る風呂の中では空と森との原の中では手の着けられぬものである其故に吾々は之を貴族的の研究金のかゝる研究と云ふ併しながら內に求むる者を見よ大空は其の儘詩ではないか森も野原も詩ではないか地水火風は皆各々詩を持つて居るではないか裸體で浴槽の中につかる此の身體が又詩ではないか參考書のあるのは好い併しながら凡ての參考書の中で最も能く信賴し引用し參考とする事の出來るのは自然の詩を讀む自己の心自然が醸す涙であらう此の涙が否定する時博士の說も反古となる此の心が喜ぶ時に始めて作家も我れに生きる

（イ）右の文の主旨を簡明に記述せよ。

（ロ）傍線を施したる部分の意味を判り易く說明せよ。

（ハ）文中の次の語句を解釋せよ。

考證　主題　反古　地水火風（廣島高師）

【讀方】 文學《ぶんがく》の研究《けんきう》に、金《かね》のか丶る文學《ぶんがく》の研究《けんきう》と、金《かね》のか丶らぬ文學《ぶんがく》の研究《けんきう》とがある。ことばをかへていへば、貴族的《きぞくてき》の研究《けんきう》、平民的《へいみんてき》の研究《けんきう》と言《い》ふことも出來《でき》る。更《さら》に言《い》へば、前者《ぜんしや》は求《もと》むるものを外側《そとがは》に置《お》く、後者《こうしや》は之《これ》を内側《うちがは》に置《お》く。又前者《またぜんしや》は文學《ぶんがく》を人間社會《にんげんしやくわい》の出來事《できごと》と見《み》る、後者《こうしや》は之《これ》を自然的《しぜんてき》の發生《はつせい》と見《み》る。已《すで》に標的《へうてき》を外《ほか》に置《お》いて、人間社會《にんげんしやくわい》の出來事《できごと》と見《み》る、其故《それゆゑ》に文學上《ぶんがくじやう》の或一問題《あるいちもんだい》を捉《とら》へて來《く》れば、之《これ》に就《つ》いての考證《かうしよう》が第一《だいいち》に最《もつと》も重大《ぢゆうだい》なる事項《じこう》となる。求《もと》むるものを外《ほか》に尋《たづ》ねて、主題《しゆだい》となつて居《ゐ》るもの丶周圍《しうゐ》をぐる〳〵廻《まは》つて居《ゐ》る。二冊《にさつ》の參考書《さんかうしよ》は一冊《いつさつ》の參考書《さんかうしよ》に勝《まさ》る。十冊《じつさつ》の參考書《さんかうしよ》は一夕《いつせき》の冥想《めいさう》に勝《まさ》る。書齋《しよさい》の中《うち》に籠《こも》らずしては、裸體《らたい》で這入《はひ》る風呂《ふろ》の中《なか》では、空《そら》と森《もり》との原《はら》の中《なか》では、手《て》の着《つ》けられぬものである。其故《それゆゑ》に吾々《われ〳〵》は、之《これ》を貴族的《きぞくてき》の研究《けんきう》、金《かね》のか丶る研究《けんきう》と云《い》ふ。併《しか》しながら内《うち》に求《もと》むる者《もの》を見《み》よ。大空《おほぞら》は其《そ》の儘《まゝ》詩《し》ではないか、森《もり》も野原《のはら》も詩《し》ではないか。地水火風《ちすゐくわふう》は皆《みな》各々《おの〳〵》詩《し》を持《も》つて居《ゐ》るではないか。裸體《らたい》で浴槽《よくさう》の中《なか》につかる此《こ》の身體《しんたい》が又詩《またし》ではないか。參考書《さんかうしよ》のあるのは好《よ》い。併《しか》しながら、凡《すべ》ての參考書《さんかうしよ》の中《なか》で、最《もつと》も能《よ》く信頼《しんらい》し、引用《いんよう》し、參考《さんかう》とする事《こと》の出來《でき》るのは、自然《しぜん》の詩《し》を讀《よ》む自己《じこ》の心《こゝろ》、自然《しぜん》が釀《かも》す涙《なみだ》であらう。此《こ》の涙《なみだ》が否定《ひてい》する時《とき》、博士《はかせ》の說《せつ》も反古《ほご》となる。此《こ》の心《こゝろ》が喜《よろこ》ぶ時《とき》に始《はじ》めて作家《さくか》も我《わ》れに生《い》きる。

【通解】 文學の研究の中に、金のか丶る文學の研究と、金のか丶らぬ文學の研究とがある。別の言葉で言へば、貴族的な研究、平民的な研究と言ふ事も出來る。更に言へば、金の掛る研究の方は求める者を外の方に置く、金の掛らぬ研究の方は求める事を自分の心の内に置く。又金の掛る研究の方は文學を人間社會の出來事と見る、金の掛らぬ研究の方は文學を自然の發生だと見る。已に求める目標を外に置いて、人間社會の出來事と見るのであるから、文學上の或一つの問題を捉へて來ると、それについて考證していろ〳〵と證據になるものを擧げる事が第一に最も重大な事柄になる。求める者を外に尋ねて、主題そのものに突込まずにそれになつて居るもののまはりをぐる〳〵廻つてゐる。だから二冊の參考書は一冊の參考書よりよい。十冊の參考書は一晩じーッと默つて考へるよりいゝ。凡て參考書が澤山ある程いゝわけで、書齋の中に閉ぢこもらないでは、はだかで這入つてゐる風呂の中では、空と森との原の中では、何とも研究の仕様のないものである。だから吾々は、それを貴族的の研究、金のかゝる研究といふのだ。併し自分の心の内に求める者を御覽。大空はそつくりそのまゝ詩ではないか、森も野原も詩ではないか。地水火風一切の自然は皆それ〴〵詩を持つて居るではないか。はだかで湯ぶねの中につかる自分のからだが又詩ではないか。參考書のあるのはいゝ。併しながら、凡ての參考書——研究上參考になるものの中で、一番よく信頼し、引用し、參考にする事の出來るのは、自然の詩趣を味ふ自分の心、自然そのもののために知らず識らず出て來る涙だらう。この涙ぐましい氣分が否定してさうではないと感ずる時、いくら博士の説でも反古同然三文の値打もないものになる。この自然の詩趣を味ふ自分の心が喜ぶ時に始めて作家も自分の心の中に生きて、その作品がほんとに生命を持つたものになる。

【考察】 文學の研究に二つあつて、一つは考證的研究、一つは直觀的鑑賞的研究だ、前者は貴族的で金がかゝる、後者は平民的で金が掛らぬといふ主張である。「主旨を簡單に」の要求に對してはこの通り答へて置けばよいやうなものの、今一歩原文の個性に卽した方が自然だらう。(ロ)は部分の説明で、通解より今少し立入つた方がよからう。自然の醸す涙とは、自然が醸造する涙——つまり自然そのものに見入つてゐる内に思はず識らず出て來る涙である。斯くて、

（ロ）さうした態度の研究に參考になるものの中で、一番信頼する事が出來、引用する事が出來、參考にする事の出來るのは、自然の詩趣をほんとに味ひ解する自分の心と、自然そのものに見入つて居る内にいつとはなしに湧いて來る涙とだらう。この涙ぐましい氣分に取つて成程さうだと感じられない時は、如何な博士の說でも反古同然三文の値打もないものになる。自然の詩趣を味ふ自分の心が喜ぶ時、作家も始めて自分の心の內に生きて來て、その作品がほんとに生命を持つたものとなる。——といふ意味である。

こんな具合に答へる事になる。（ハ）は主要語句の解釋で、

考證＝色々と證據になるものを取揃へて調べて見ること。

主題＝その文學が取扱つてゐる中心の思想や題目。

反古＝何の役にも立たぬもの。

地水火風＝地や水や火や風といふやうな自然の現象。

といふ程度で十分だらう。

【要旨】　文學の研究には、文學を人間社會の出來事と見て、求めるものを外に置く貴族的なやり方と、文學を自然的の發生と見て、目標を自分の心の內に置く平民的なのとある。前者は考證が主になり參考書も澤山必要で、自然金の掛る研究法である。後者に於ては、自然も自分の身も凡て詩で、自然の詩を讀む自分の心、自然に見入つて流す涙が一番貴重な參考資料で、自然金の掛らぬ研究方法である。

【二二一】　次の文を讀み、左の問に答へよ。

罪過は人間にとつて必然である「人は努めてゐる間は過つにきまつたものである」然らば罪過は善の成長に對して如何なる積極的意義を有するか吾々はそれが罪過である限り換言すれば人がこれを悔い恥ぢ

改めむとする善良な意志を持ち續けてゐる限り罪過は常に人格を刺戟してこれを淨く深くする效果を持つと答へることが出來るであらう人が善良な意志を失はぬ限り罪過が彼に與へるものは當然の痛みでなければならぬ（イ）この痛みは彼の體驗を深めて新しき人生の視野を開展する從來の生活態度の誤謬を悟るとき彼の立場は一段の高みに攀ぢ登つてゐるさうして彼が（ロ）「いい子」であつたあひだ容易に脱却することが出來なかつた名聞の心世間に顧慮する心本當に孤獨になりハンブルになり一本氣になれなかつた心が打碎かれる彼はより多くの眞實を以て人生の深みに生きることが出來るやうにされるかくて（ハ）踏み外すことが高みに推し進める力となるのは人生の深き不思議の一つである

問一、（イ）の部分の意味

問二、（ロ）の部分の意味

問三、（ハ）の部分の意味

問四、文中の「彼」とは何を指すか

問五、全文の要旨を簡潔に記せ（廣島高師）

【讀方】　罪過《ざいくわ》は人間《にんげん》にとつて必然《ひつぜん》である。「人《ひと》は努《つと》めてゐる間《あひだ》は、過《あやま》つにきまつたものである。」然《しか》らば罪過《ざいくわ》は善《ぜん》の成長に對《たい》して如何《いか》なる積極的意義《せつきよくてきいぎ》を有《いう》するか。吾々《われ〳〵》は、それが罪過《ざいくわ》である限《かぎ》り、換《くわん》言《げん》すれば、人《ひと》がこれを悔《く》い、恥《は》ぢ、改《あらた》めむとする善良《ぜんりやう》な意志《いし》を持《も》ち續《つゞ》けてゐる限《かぎ》り、罪過《ざいくわ》は常《つね》に人《じん》格《かく》を刺戟《しげき》して、これを淨《きよ》く深《ふか》くする效果《かうくわ》を持《も》つ、と答《こた》へることが出來《でき》るであらう。人《ひと》が善良《ぜんりやう》な意志《いし》を失《うしな》はぬ限《かぎ》り、罪過《ざいくわ》が彼《かれ》に與《あた》へるものは當然《たうぜん》の痛《いた》みでなければならぬ。この痛《いた》みは彼《かれ》の體驗《たいけん》を深《ふか》めて、新《あたら》しき人生《じんせい》の視野《しや》を開展《かいてん》する。從來《じゆうらい》の生活態度《せいくわつたいど》の誤謬《ごびう》を悟《さと》るとき、彼《かれ》の立場《たちば》は一段《いちだん》の高《たか》みに攀《よ》ぢ登《のぼ》つてゐる。さうして彼《かれ》が「い丶子《こ》」であつたあひだ、容易《ようい》に脱却《だつきやく》することが出來《でき》なかつた名聞《みやうもん》の心《こゝろ》、世間《せけん》に顧慮《こりよ》する心《こゝろ》、本當《ほんたう》に孤獨《こどく》になりハンブルになり一本氣《いつぽんぎ》になれなかつた心《こゝろ》が打碎《うちくだ》かれる。彼《かれ》はより多《おほ》くの眞實《しんじつ》を以《もつ》て人生《じんせい》の深《ふか》みに生《い》きることが出來《でき》るやうにされる。かくて、踏《ふ》み外《はづ》すことが高《たか》みに推《お》し進《すゝ》める力《ちから》となるのは、人生《じんせい》の深《ふか》き不思議《ふしぎ》の一《ひと》つである。

【通解】 罪過は人間にとつて必ず有るべきものだ。「人は努力してゐる間は、過ちをするにきまつたものだ。」それなら罪過は善の成長して行くのに對してどういふ積極的な――進んでその役に立つやうな意味を持つてゐるか。吾々は、それが罪過である以上、別の言葉でいへば、人がその事を悔い、恥ぢ、改めようとする善良な心持を持ち續けてゐる限り、罪過は常に人格を刺戟して、それを淨くし深くする效果を持つてゐる、と答へる事が出來るだらう。人が善良の意志を失はず、苟も善心を持つてゐる限り、罪過は當然その人に苦痛を與へるに違ひない。罪過が與へるこの苦痛は彼の體驗を深めて、そのために人生に對する見解が廣くなつて、目の前に新しい人生が開けて來る。今迄取つて來た生活の態度が間違つてゐたと悟る時、彼の立場は一段高い所へ登つてゐる。さうして彼が體裁を作つたい丶子でゐた間、容易に脱れ切れなかつた名譽評判ばかり氣にする心、世間に氣兼ねをする心、本當に獨りぼツちになり卑賤になり一本氣になれなかつたつまらぬ心が打碎かれる。彼は今迄よりもずツと多くの眞實を以て深い〱人生に生きる事が出來るやうになる。斯うして、踏み外して罪過を犯ししくじつた事がその人を一段高く推し進める力になる事は、人生の深い不思議の一つだ。

【考察】 阿部次郎の「人格と世界」の一文節である。人間は神様でないから、氣一本に努力すれば必ず失敗があり罪過がある。苟も善良な意志を失はぬ限り、罪過があれば、悔い、恥ぢ、改めようとする。悔い、恥ぢ、改める意志の無い悪事は、それは罪悪であつて、罪過ではない。斯う考へる時、罪過はそれ自體善の成長を助ける効果があるわけである。世間態をつくろツて「いゝ子」になつてゐる人間も、一たび罪過の苦しみを體驗する時、新しい人生の視野が開けて、ほんとに孤獨になり、生一本になり、そして一段高い人生に押上げられる――大體さういふ主張の文と考へればよく分るであらう。問一・二・三は大體通解の拔き書きでよいが、更に答案的にいへば、

(イ)罪過が人に與へる苦痛は、その人の人生に於ける體驗を深めて、そのために人生に對する見解が廣くなり、目の前に新しい人生が開けて來るといふ意。

(ロ)世間態をつくろつてゐて、思ひ切つた事のやれぬ人の意。

(ハ)正道を踏み外して罪過を犯す事が、却つてその人を一段高い所に推し進めて進歩向上させる力になるといふ意。

といふ程度でよからう。問四については、よく全文の思想を考へた上で、

「彼」とは、努力しては過ち、そしてそれを悔い、恥ぢ、改めむとする善良な意志を持ち續けてゐる人を指す。

と答へて置けばよい。○視野は視力の屆く範圍、目に見える限りの場面の意。

【要旨】 罪過は努力する人間に附きものであるが、人が罪過を罪過として自ら悔い、恥ぢ、改めようとする善良な意志を持ち續けてゐる限り、その罪過は人格を刺戟して、その人の體驗を深め、益々深く人生を味はせて、從つてその人が向上進歩して行く上に大いに役立つものである。

【三二二】 左の二つの文章を讀みて、以下掲げたる設問に答へよ。

(甲) 文明とは主として人間の精神があらゆる外物に對し主宰權を持つ事を意味する野蠻とはその反對に自然崇拜の狀態を指して居る惟ふに人間はその靈性の權威を主とする人間主義を以て文明的活動の基調たらしめなければならぬ科學文明が人間の生活をや、外的に偏向せしめた事實は此を否まれないにしてもそれは原始生活のそれとは全く其の謂を異にしてゐる

(乙) 自然と人間能力との交錯はまことに私たちの人生に於ける仕事の根本的意味を考へて見る場合基本的の問題であらう人間が長年に亙り漸くに築いた勞作が自然の前に夢の如く崩壞されると云ふ如きことは人間がその文化を自然の變化に順應せしめなかつた結果であるとも云へる人間はまづどれだけの創造力を許されてゐるかを反省すべきだといふ一哲人の言葉は現代人に對し痛切の箴言である

(イ) 甲乙二文の要旨を簡明に比較せよ。

(ロ) 甲の結び「その謂を異にして居る」とあるのは、如何なる內容を指すか。

(ハ) 乙に於ける一哲人の引句の意味を問ふ。(廣島高師)

【讀方】 (甲) 文明《ぶんめい》とは、主《しゆ》として人間《にんげん》の精神《せいしん》があらゆる外物《ぐわいぶつ》に對《たい》し主宰權《しゆさいけん》を持《も》つ事《こと》を意味《いみ》する。野蠻《やばん》とは、その反對《はんたい》に自然崇拜《しぜんすうはい》の狀態《じやうたい》を指《さ》して居《ゐ》る。惟《おも》ふに、人間《にんげん》は、その靈性《れいせい》の權威《けんゐ》を主《しゆ》とする人間主義《にんげんしゆぎ》を以《もつ》て、文明的活動《ぶんめいてきくわつどう》の基調《きてう》たらしめなければならぬ。科學文明《くわがくぶんめい》が、人間《にんげん》の生活《せいくわつ》をや、外的《ぐわいてき》に偏向《へんかう》せしめた事實《じじつ》は、此《これ》を否《いな》まれないにしても、それは原始生活《げんしせいくわつ》のそれとは、全《まつた》く其《そ》の謂《いひ》を異《こと》にしてゐる。

(乙) 自然《しぜん》と人間力《にんげんりよく》との交錯《かうさく》は、まことに私《わたくし》たちの人生《じんせい》に於《お》ける仕事《しごと》の根本的意味《こんぽんてきいみ》を考《かんが》へて見《み》る場合《あひ》、基本的《きほんてき》の問題《もんだい》であらう。人間《にんげん》が長年《ながねん》に亙《わた》り漸《やうや》くに築《きづ》いた勞作《らうさく》が、自然《しぜん》の前《まへ》に夢《ゆめ》の如《ごと》く崩壞《ほうくわい》され

ると云《い》ふ如《ごと》きことは、人間《にんげん》がその文化《ぶんくわ》を自然《しぜん》の變化《へんくわ》に順應《じゆんおう》せしめなかつた結果《けつくわ》であるとも云《い》へる。「人間《にんげん》はまづ、どれだけの創造力《さうざうりよく》を許《ゆる》されてゐるかを反省《はんせい》すべきだ」といふ一哲人《いつてつじん》の言葉《ことば》は、現代人《げんだいじん》に對《たい》し痛切《つうせつ》の箴言《しんげん》である。

【通解】（甲）文明といふのは、主として人間の精神があらゆる外物に對して主宰權を持つて、人の心のまゝに外物を支配するといふ意味である。野蠻といふのは、その反對に人間が自然を崇拜する狀態を指して居るのである。考へて見るに、人間は、人間の靈性の權威——靈妙な心の働きの威力を主とする人間主義を、文明的な活動の基調として、一切の文明的な活動は皆その基礎の上に出發させなくてはならない。科學の文明が、人間の生活をやゝ外面的に偏向させて、いくらか心の內の靈性を忘れ掛けて來た事實は、それを否定されないにしても、それは原始生活のさうした事實——只盲目的に自然を崇拜して丸ツきり心の靈性を顧みなかつた事とは、全く其の意味が違つてゐる。

（乙）自然と人間の能力とが如何に相交りまざつてゐるものであるかといふ事は、ほんとに私共の人生に於ける仕事の根本の意味を考へて見る場合に、基本的な——凡ての事の土臺となる問題であらう。人間が長い年數を掛けてやつと築き上げた骨の折れた製作物が、自然の前に夢のやうに打こはされて崩れて了ふといふやうな事は、人間がその文化を自然の變化に順應させずに、自然の法則を無視して勝手な事をやつた結果であるともいへる。「人間はまづ以て、どれだけ物を新しく造り出す力が與へられてゐるものであるかといふ事を反省して見るべきだ——人間の創造力などは自然の創造力に比して如何に微々たるものだかといふ事を反省して見る必要がある」といふ或哲人の言葉は、現代の人間に對して痛切な戒めの言葉である。

【考察】　三つの要求の中に「要旨」といふ事が含まれてゐるが、それも甲乙二文の要旨を比較せよといふのであるから、寧ろ次の解説篇に屬せしむべき問題とも見られる。何れにしてもよく全文の意味を考へた上で、（ロ）（ハ）に對しては、

（ロ）科學文明は人間の生活を外に向けて、内なる靈性を忘れかけた傾はあるが、然しその出發點は、どこ迄も人間の精神があらゆる外物に對して主宰權を持つ所にある。之に反して、原始生活に於て内なる靈性を忘れたのは、根本から人間の靈性などは認めずに、全く盲目的に自然を崇拜するのである。さういふやうに、外に向ふといふ形は同じでもその内容の意味が違つてゐるといふのである。

（ハ）人間は、まづ以て、どれだけの創造力が與へられてゐるものであるかといふ事を考へ、自然の偉大なる創造力に對して、人間の創造力が如何に微々たるものであるかといふ事をしつかり反省して見るべきであるといふ意。

こんな風に解説的答案を與へて置く。○箴言は戒めの言葉。

【要旨】　甲は、「文明は人間が心のまゝに外物を支配する事を意味し、野蠻はその反對を意味する。人間は、どこ迄もその靈性の權威を以て文明的活動の基調とすべきだ」といふ人間萬能論、乙は「自然と人間の能力とが如何に交錯するかを考へる事は、吾々に取つて最も基本的な問題だ。自然の偉力を忘れて人間の創造力を過信する結果、人間の勞作は屢々自然の前に夢の如く崩壞するのだ」といふ自然尊重論。

解説篇

【注意】　解説の要求には色々ある。まづ第一は全文の思想を説明させる事である。これは大意や要旨と同じやうにも考へられるが、根本の態度が説明的である所に自ら別個の立場がある。思想の説明は詳細を要求される事もあり簡潔を要求される事もある。要するに筆者の立文主観を平靜に考へて、それを説明するといふ外ない。次には構文上の説明である。文の段落を分けるとか、文脈を表示するとかいふ類がそれである。その外部分的に文法上の説明を求められる事もあり、語句の意義について尋ねられる事もある。文の鑑賞も亦表現と內容との藝術的關係を明かにするといふ立場から見れば一種の解説に違ひないが、一般に解説といふ言葉は文の理論的方面を主としていうてゐる。本篇も亦その建前を以て、基本問題に於ては專ら表現と思想との理論的關係を明かにする事とし、入試問題に於ては忠實にその要求に答へる事とする。廣い意味でいへば、本書各問の「考察」は凡て皆解説であるが、答案的見地から別に本篇を設けた所以である。

【二二三】　あの西南一帶の海の潮が浮世の波に白帆を乘せて此のしばらくの間に九十九折なる山の峽

を一つづつ灣にして奥まで迎ひに來ぬ內はいつまでも村人はむかう向きになつてちらほらと畑打つて居るであらう（泉鏡花）

【讀方】あの西南一帶《せいなんいつたい》の海《うみ》の潮《しほ》が、浮世《うきよ》の波《なみ》に白帆《しらほ》を乘《の》せて、此《こ》のしばらくの間《あひだ》に、九十九折《つゞらをり》なる山《やま》の峽《かひ》を一《ひと》つづつ灣《わん》にして、奥《おく》まで迎《むか》ひに來《こ》ぬ內《うち》は、いつまでも村人《むらびと》はむかう向《む》きになつて、ちらほらと畑打《はたう》つて居《ゐ》るであらう。

【通解】あの西南一帶の海の潮が押し寄せて來て、こゝ暫くの中に、幾つとなく曲り曲つた山の谷間々々を一つづつ灣にして、波の上に白帆を乘せて、山の奥まで迎ひに來る——といつた風に、急に文明が開けてでも來たら格別、さうでもない內は、いつまでたつても此の村の人はむかう向きになつて、浮世の事などは一切お構ひなしに、あそこで一人こゝで一人と、ちらほら畑を打つて耕作してゐる事であらう。

【考察】長閑な海沿ひの山村の光景である。○九十九折はいくつも〳〵折れ曲つてゐる坂道をいふ。こゝはくねくねとした山と山との間の谷間といふ趣。○峽は山と山との間、谷あひ。○むかう向きはうしろ向き。世の中と沒交渉だといふ意を含めていつた言葉。○ちらほらとはあちらで一人、こちらで一人と。働いてゐる人の少いさま。

【解說】此の長閑な山間の人々は、文化の潮が押し寄せて來て、急激な變化でも起さぬ限り、いつまでも世間と沒交渉に、斯うして呑氣に畑を耕してゐるだらうといふのである。「浮世の波」といひ、「奥まで迎ひに來ぬ內は」といふ言葉から、文の前半が地勢を利用しての比喩的表現であつて、事實海水が侵入して谷間を瀰にして了ふといふ事ではないと考へられるのである。

【二二四】「粗く斫られたる石にも神の定めたる運あり」とは沙翁の悟道なり静かに物象を觀ずれば物として定運なきはあらず誰か恨むべき神を知りそめたる誰か喞つべき佛を識りそめたる心を物外に抽かんとするは未だし物外物內何すれぞ悟達の別を畫かん運命に默從し神意に一任してこゝに始めて眞悟の域に達せんか（北村透谷）

【讀方】「粗《あら》く斫《き》られたる石《いし》にも神《かみ》の定《さだ》めたる運《うん》あり」とは沙翁《さおう》の悟道《ごだう》なり。靜《しづ》かに物象《ぶつしやう》を觀《くわん》ずれば、物《もの》として定運《ぢやううん》なきはあらず。誰《たれ》か恨《うら》むべき神《かみ》を知《し》りそめたる。誰《たれ》か喞《かこ》つべき佛《ほとけ》を識《し》りそめたる。心《こゝろ》を物外《ぶつぐわい》に抽《ぬ》かんとするは未《いま》だし。物外《ぶつぐわい》・物內何《ぶつないなん》すれぞ悟達《ごたつ》の別《べつ》を畫《ゑが》かん。運命《うんめい》に默從《もくじゆう》し、神意《しんい》に一任《いちにん》して、こゝに始《はじ》めて眞悟《しんご》の域《ゐき》に達《たつ》せんか。

【通解】「粗く斫られた石にも神の定めた運命がある」といふのは沙翁の悟りである。心靜かに物の姿を觀察すれば、どんな物にでも一定の運命の無いものはない。誰が神の恨めしい事を知りそめたらう。誰が佛の喞つべき事を識りそめたらう。——物に必ず一定の運命のある事が分れば、神を恨む筈もなく、佛を喞つ筈もない。心を物の外に超越させようとするのは未だ至らぬ。物の外とか內とかいふ事で何で悟達の區別を立てよう。——悟るとか悟らぬとかいふのはそんな事ではない。只默つて運命に從つて、神の思召に任せきつて、そこで始めてほんとの悟りの境地に至れるのであらうか。

【考察】沙翁卽ちシェクスピアの言を引いて、物皆定運ある事を強調してゐる。○誰か恨むべき神を知りそめたる云々は、何で人間が神を恨むとか佛を嘲つとかいふ考へを起したのだらうといふ思想。「恨むべき神」といつても、「この神様は恨んでい〻」といふ特別の神様の事ではない、神様の恨むべきことである。物皆定運ありと悟れば、「世に神も佛もないか」「觀音様も聽えませぬ」などいふ恨み嘲ちはない筈だといふのである。○心を物外に抽かんとするとは、物に囚はれず、心を物の外に引き抜いて、物から超越しようとする意。○物外物內何すれぞ悟達の別を畫かんとは、物外だから悟達した、物內だから悟達しないといふやうな事はない、物から超越するとかしないとかいふ事は、悟達については問題ではないといふのである。

【解說】どんな物にでも一定の運命がある。それが分れば、神を恨んだり佛を嘲つたりする事は無い筈だ。よく物事に超越するなどいふが、それはまだ至らぬ。悟達の道に於ては物外物內などは問題ではない。只默つて運命に從つて、神意に任せきつてこそ、そこに始めて眞の悟りが得られるといふ主張である。

【二二五】芭蕉は日常生活の細目に精通した詩人であつた

海士の家は小海老にまじるいとゞかな

芭蕉の句の細みといふものは斯うした細目に精しいところから養はれて來てゐるかに見えるさすがに芭蕉は囚はれて居なかつた飽くまで日常の生活に立脚してそこから立派な創作をつかみ出したどうかすると象徵的な境地にまで句作を押し進めて行つたそれも理のあることだと思ふ何故かなら芭蕉は細かに日常の生活を味つたばかりでなく幻想を抱いた詩人であつたから（島崎藤村）

【讀方】芭蕉《ばせを》は日常生活《にちじやうせいくわつ》の細目《さいもく》に精通《せいつう》した詩人《しじん》であつた。

海士《あま》の家《いへ》は、小海老《こえび》にまじるいとゞかな。

芭蕉《ばせを》の句《く》の細《ほそ》みといふものは、斯《か》うした細目《さいもく》に精《くは》しいところから養《やしな》はれて來《き》てゐるかに見《み》える。さすがに芭蕉《ばせを》は囚《とら》はれて居《ゐ》なかつた。飽《あ》くまで日常《にちじやう》の生活《せいくわつ》に立脚《りつきやく》して、そこから立派《りつぱ》な創作《さうさく》をつかみ出《だ》した。どうかすると象徴的《しようちようてき》な境地《きやうち》にまで句作《くさく》を押《お》し進《すゝ》めて行《い》つた。それも理《り》のあることだと思《おも》ふ。何故《なぜ》かなら、芭蕉《ばせを》は細《こま》かに日常《にちじやう》の生活《せいくわつ》を味《あぢは》つたばかりでなく、幻想《げんさう》を抱《いだ》いた詩人《しじん》であつたから。

【通解】　芭蕉は日常生活の細々《こまぐ》した事によく通じた詩人であつた。

海士の家は……＝海士の家では、小海老の中にこほろぎもまざつてゐる、いや實にどうも面白いなア。

といふ句がある。芭蕉の句の細み――如何にも細かい趣といふものは、こんな風に細々《こまぐ》した所に精しい所から養はれて來てゐるもののやうに見える。さすがにえらいもので、芭蕉は句の習はしなどに囚はれず常に自由の立場に立つてゐた。どこ迄も日常の生活に基いて、そこから立派な俳句を作り出した。どうかすると象徴的な――抽象的な觀念を具體的に物に託して表現するといふやうな所にまで句作を押し進めて行つた。それも尤もな事だと思ふ。なぜかといふに、芭蕉は細々《こまぐ》と日常の生活を味つたばかりでなく、一方では夢まぼろしのやうな空想的な思想を抱いた詩人でもあつたからだ。

【考察】　筆者の芭蕉觀である。○海士の家はの句は如何にも細かい着眼で、海士の家の様がまざ〱と見える。いとゞはこほろぎ。小海老は取つて來たばかりのびくか何かに這入つてゐるやつとも見られようし、筵などにほしてあるやつのやうにも考へられる。前者の方が感じがぴツたり來るやうだが、後者も亦悪くない。○細みはあらツぽく大ざツぱでない描寫で、所謂「藝が細かい」といふ種類の味をいふ。○象徴的な境地とは、句の表に具體的な事實事態を述べて、而もその中に或抽象的な思想を盛込んだやうな趣にまで達してゐるといふのである。○幻想はまぼろしのおもひ、夢幻的な――人生の事實と遠く掛け離れた空想的な思想。

【解說】芭蕉は日常生活の細目に精通してゐて、そこから所謂「細み」の趣を持つた立派な俳句を作り出したといふ事を、一つの句例に基づいて强調し、更に、芭蕉は日常生活を細かく味ふ以上に、幻想を抱いた詩人でもあつたから、さうした生活環境の句を象徴的な境地にまで進めて行つたといふ事に論及してゐるのである。

【二二六】世に佛に願ひて涅槃の寂寞を求むるものありされど形骸を離れて魂魄なきを如何にすべき又その壙墓を壯大にし金を鏤め石に刻して名の後世に傳らんことを求むるものありされど時はすべての物の破壞者なり風雨幾歲時移り人渝り桑滄幾度か變轉して墓標獨り全きを得べけんやかくの如きは永生の道にあらざるなり（高山樗牛）

【讀方】世《よ》に佛《ほとけ》に願《ねが》ひて涅槃《ねはん》の寂寞《じやくまく》を求《もと》むるものあり。されど形骸《けいがい》を離《はな》れて魂魄《こんぱく》なきを如何《いか》にすべき。又《また》その壙墓《ふんぼ》を壯大《さうだい》にし、金《きん》を鏤《ちりば》め石《いし》に刻《こく》して、名《な》の後世《こうせい》に傳《つたは》らんことを求《もと》むるものあり。されど時《とき》はすべての物《もの》の破壞者《はくわいしや》なり。風雨《ふうう》幾歲《いくさい》、時移《ときうつ》り人渝《ひとかは》り、桑滄《さうさう》幾度《いくたび》か變轉《へんてん》して、墓標《ぼへう》獨《ひと》り全《まつた》きを得《う》べけんや。かくの如《ごと》きは永生《えいせい》の道《みち》にあらざるなり。

【通解】世には佛に願つて絕對なる死の境地――極樂大往生を求めるものがある。然し肉體を離れてたましひといふものはないのだからそれも詮なき事である。又墓をすてきに立派にし、金や石にほりつけて、それで名が後世に傳はるやうにと求めるものがある。然し時がたてば凡ての物は皆破壞されて了ふ。幾年も〳〵風雨に曝され、時勢は移り人は變り、世の中の有様が幾度も〳〵變轉する間に、どうして墓標だけが獨り完全に殘つてゐられよう。このやうな事は永久に生きて行く道ではないのである。

【考察】世人の求める永生の道の皆非なる所以を强調したのである。〇涅槃は佛教上の悟り——小乘佛教では我空の理想、大乘佛教では不生不滅の眞理であるが、更に轉じて聖者の死をいふ語になつてゐる。こゝもその方で、涅槃の寂寞を極樂往生とか死の絶對境とか考へれば、前後の文句にぴツたり合ふ。〇金を鏤めは金に名を刻みの意。「金に鏤め」と書くべき所を「石に刻し」の對立上斯う書いたのであらう。〇桑滄は桑田變じて滄海となるといふ思想の語で、時勢の變遷の甚しい義である。

【解說】世には永生の道として、佛に願つて極樂往生を求める人がある。然し形骸を離れて魂魄はないのだから何にもならぬ。又墓を壯大にし、金石に刻して、名を後世に傳へようとする人がある。然し時移り世が變る間には、墓石も必ず破壞されて了ふ。そんな事は凡て永生の道ではないといふのである。

【二二七】山高きが故に貴からず花驕れるが故に妙ならず籬落に着き流水に漂ふ名もなき小草の花にだにわれらが拾ふべき力と榮と詩と惠とはいとさはにあるをや（綱島梁川）

【讀方】山高《やまたか》きが故《ゆゑ》に貴《たふと》からず、花驕《はなおご》れるが故《ゆゑ》に妙《たへ》ならず。籬落《りらく》に着《つ》き、流水《りうすゐ》に漂《たゞよ》ふ、名《な》もなき小《を》草《ぐさ》の花《はな》にだに、われらが拾《ひろ》ふべき力《ちから》と榮《はえ》と詩《し》と惠《めぐみ》とは、いとさはにあるをや。

【通解】山は高いから貴いといふわけではなく、花は盛んに咲き誇つてゐるが故に美妙だといふわけではない。垣根の下に着き、流れる水に漂つてゐる、名もない小さい草の花にだつて、吾々の拾ふべき力や美しさや詩趣や自然の惠は、非常に澤山にあるのだものなア。

【考察】 所謂立派なものばかりが立派だといふわけではない、觀ずればどんな微細なものにもそれ〴〵の美はあるといふ主張である。○山高きが故に貴からずは實語敎に「山高きが故に貴からず、樹有るを以て貴しと爲す、人肥えたるが故に貴からず、智有るを以て貴しと爲す」とあつて、本來は、物は外觀が立派でも貴いとはいへぬ、實質があつて始めて貴いのだといふ意の諺であるが、こゝは高い山だけが貴いとは限らぬといふ思想に轉用してゐるのである。○籬落はまがき、垣根。○力は生命の力、小さいは小さいなりに活き〴〵と咲き出てゐるその力。○榮は美しさ。○詩は詩趣、詩的な味、詩に詠はれるべき趣。○惠は天地自然がそのものに下した恩惠。その花が見る人に與へる惠みといふのではなからう。○さはには澤山に。○あるをやは「あるものなア」とか「あるではないか」とかいふ趣の强勢語調。

【解說】 山は高いばかりが貴いではない、花は立派に咲き誇つてゐるばかりが美しいではない、低い山にも山としての貴さはあり、つまらぬ花にも花としての妙味はある。例へば、垣根の下に生えた小草、水の流れに漂ふ小草、さうした名もない小草の花にも、しみ〴〵と味ふべき力も美しさも詩趣も自然の惠も一杯に滿ちてゐる。――どんな微々たるものにでも、自然の美、自然の力、自然の思想は必ずあるものだといふ思想である。

【二二八】 飄然として何處よりともなく來り飄然として何處へともなく去る初なく終を知らず蕭々として過ぐれば人の腸を斷つ風は過ぎ行く人生の聲なり何處より來りて何處に去るを知らぬ「人」は此の

聲を聞きて悲しむ（德富蘆花）

【讀方】飄然《へうぜん》として何處《いづく》よりともなく來《きた》り、飄然《へうぜん》として何處《いづく》へともなく去《さ》る。初《はじめ》なく、終《をはり》を知《し》らず。蕭々《せう〱》として過《す》ぐれば、人《ひと》の腸《はらわた》を斷《た》つ。風《かぜ》は過《す》ぎ行《ゆ》く人生《じんせい》の聲《こゑ》なり。何處《いづく》より來《きた》りて何處《いづく》に去《さ》るを知《し》らぬ「人《ひと》」は、此《こ》の聲《こゑ》を聞《き》きて悲《かな》しむ。

【通解】どこからともなくヒューッと吹いて來て、何處へともなくヒューッと吹いて行つて了ふ。どこが初といふ事もなく、どこが終とも知れない。如何にも物寂しく風が吹き過ぎると、人はそれを聞いて腸のちぎれるやうな悲しい思ひをする。風は過ぎ行く人生の聲だ——悠久から悠久へと過ぎて行く此の人生が聲となつて現はれたものだ。だから、どこから來てどこへ去つて行くとも分らぬ「人」——恰度風のやうに初もなく終も分らぬ吾々人間は、この風の聲を聞いて悲しむ。

【考察】風は過ぎ行く人生の聲なり——それが此の一文の中心思想だ。この句を「風は何のわけもなく過ぎてしまふ人の一生を表徴する聲だ」と解した書があるが、それではこの句の眞趣に反する。「過ぎ行く」は「何のわけもなく過ぎてしまふ」——ぼんやり空過するといふやうな、そんな教訓じみた氣分ではない。もつと深く、もつと涙ぐましい氣分で人生を內觀してゐるのである。人生は悠遠だ、そしてその分子たる「人」は恰も風のやうに何處より來りて何處に去るを知らぬ。人生は只「過ぎ行く」ものに過ぎない。風はその悠久に過ぎ行く人生の聲だ——聲によつてさうした人生が象徴されたものだといふのである。○飄然は風の吹くさまを形容する語。轉じて、ふらりとして風のやうにやつて來る事を「飄然としてやつて來る」といふが、こゝは原義通り風の吹く形容だからふらりとしてなどいふ解は當らぬ。

○蕭々は寂しく。○腸を斷つは非常に悲しい思ひをする。○「人」は吾々人間。或特定の人を指したのでなく、人は凡て「何處より來りて何處に去るを知らぬ」ものだから、人間全體を指したものである事を明かにする意圖で特に鉤《かぎ》を掛けて書いたのである。

【解說】風は只飄然と吹いて來て飄然と去つて行く。初もなく終もない。その蕭々として吹いて行く音を聞いては、人は非常に悲しい思ひをする。風は實に過ぎ行く人生の聲だ。人生は恰も風の様に、初もなく終もなく、只飄然として過ぎて行く。若し人生に聲があるなら、それはあの風の聲であらねばならぬ。風は實に人生を聲として象徴したものだ。だから吾々人間——何處から來て何處へ去るとも知らぬ吾々人間は、風の聲を聞いて悲しむのだといふ思想の文。

【二二九】實在せる者は唯一である「精神」と云ひ「身體」と云ひ「我」と云ひ「外界」と云ふ畢竟唯一本體に二様の解釋法二様の概念系統を施すことによつて起つた對時に外ならぬ卽ち唯一本體に空間的物質的客觀的概念を與へてこれを客觀化する時は「身體」となり「外界」となる之に反して非空間的非物質的主觀的觀察によりて唯一本體が直接自己を見る時「精神」となり「我」となるのである（永井潛）

【讀方】實在《じつざい》せる者《もの》は唯一《ゆゐいつ》である。「精神《せいしん》」と云《い》ひ、「身體《しんたい》」と云《い》ひ、「我《われ》」と云《い》ひ、「外界《ぐわいかい》」と云《い》ふ、畢竟唯一本體《ひつきやうゆゐいつほんたい》に、二様《にやう》の解釋法《かいしやくはふ》、二様《にやう》の概念系統《がいねんけいとう》を施《ほどこ》すことによつて起《おこ》つた對峙《たいじ》に外《ほか》ならぬ。卽《すなは》ち唯一本體《ゆゐいつほんたい》に、空間的《くうかんてき》・物質的《ぶつしつてき》・客觀的概念を與《あた》へて、これを客觀化《かくくわんくわ》する時《とき》は、「身體《しんたい》」となり、「外界《ぐわいかい》」となる。之《これ》に反《はん》して、非空間的《ひくうかんてき》・非物質的《ひぶつしつてき》・主觀的觀察《しゆくわんてきくわんさつ》によりて、唯一本體《ゆゐいつほんたい》が直接自己《ちよくせつじこ》を見《み》る時《とき》、「精神《せいしん》」となり、「我《われ》」となるのである。

【通解】ほんとに存在してゐる者は只一つしかない。「精神」といひ「身體」といひ、「我」といひ、

> 「外界」といふのは、つまりは唯一つの本體に、二色の解釋の仕方をやり、二色の概念の筋を立てた所から起つた對立に過ぎない。卽ち唯一つの本體に、空間の上から、物質の上から、目に見える形の上から概念を與へて、それを自分の心以外に存する目に見えるものとして考へる時、それが「身體」となり、「外界」となる。それとは反對に、空間を離れ、物質を離れ、自分の心の感じといふ見方によつて、唯一つの本體がぢかに自分自身を見る時、それが「精神」となり、「我」となるのである。

【考察】「唯一本體に、二様の解釋法、二様の概念系統を施す」といふ事を文の筋の上から考へて見ると、

唯一本體 ｛ 空間的・物質的・客觀的概念を與へて客觀化する時＝「身體」「外界」
　　　　　 非空間的・非物質的・主觀的觀察によつて直接自己を見る時＝「精神」「我」

といふわけで、一口にいへば、唯一本體を形として考へるか、本體そのものが直接本體を見るかの違ひだといふのである。○概念は個々の物から一つの通有性を抽象して、一つの觀念を作り上げたものである。例へば、人は甲乙丙丁それ〴〵に違つてゐるが、そこに人としての通有性がある、それを概括して「人」といふ考が出來る、それが卽ち概念である。

【解說】世間普通の考へ方では、「精神」と「身體」と、「我」と「外界」と、各別々に實在して互に相對峙してゐるやうに考へられてゐるが、それは違つてゐて、宇宙間の實在は唯一つしかない。如上の對峙は畢竟見方考へ方の違ひから起つたものに過ぎない。唯一本體そのものは、或空間を占有し、或物質があつて、それが目に見えるものだとして、形體のある物のやうに考へた時、それが「身體」となり

「外界」となる。反對に、唯一本體そのものは、空間を占有せず、物質を備へず、只あると思ふからあるのだといふ風に觀る時、それが「精神」となり「我」となるといふ主張である。これが哲學上に所謂精神的一元說の主張で、こゝに所謂實在は宗教上の「神」とは違つてゐる。要するに、吾々は精神と身體と、我と外界とを別々のものと考へてはいけない、宇宙の實在は唯一で、只それを形の有るものとして見るのと、形を與へずに直接その物がその物自體を見るのと、その見方の相違からさうなるに過ぎぬといふ主張である。

【二三〇】「來るに來所なく去るに去所を知らず」といふと禪語めくが余はどの路を通つて塔に着したか又いかなる町を橫切つて我が家に歸つたか未だに判然しないいどう考へても思ひ出せないたゞ塔を見物しただけは慥かである塔其の物の光景は今でもあり〳〵と眼に浮べることが出來る前はと問はれると困る後はと尋ねられても返答し得ないたゞ前を失し後を失した中間が會釋もなく明るい恰も闇を裂く稻妻が眉に落ちると見えて忽ち消えた心地がする倫敦塔は宿世の夢の焦點の樣だ（夏目漱石）

【讀方】「來《きた》るに來所《らいしよ》なく、去《さ》るに去所《きよしよ》を知《し》らず」といふと禪語《ぜんご》めくが、余《よ》はどの路《みち》を通《とほ》つて塔《たふ》に着《ちやく》したか、又《また》いかなる町《まち》を橫切《よこぎ》つて我《わ》が家《や》に歸《かへ》つたか、未《いま》だに判然《はんぜん》しない。どう考《かんが》へても思《おも》ひ出《だ》せない。たゞ塔《たふ》を見物《けんぶつ》しただけは慥《たし》かである。塔其《たふそ》の物《もの》の光景《くわうけい》は、今《いま》でもあり〳〵と眼《め》に浮《うか》べることが出來《でき》る。前《まへ》はと問《と》はれると困《こま》る。後《あと》はと尋《たづ》ねられても返答《へんたふ》し得《え》ない。たゞ前《まへ》を失《しつ》し後《あと》を失《しつ》した中間《ちゆうかん》が會釋《ゑしやく》もなく明《あか》るい。恰《あたか》も闇《やみ》を裂《さ》く稻妻《いなづま》が、眉《まゆ》に落《お》ちると見《み》えて忽《たちま》ち消《き》えた心地《こゝち》がする。倫敦塔《ろんどんたふ》は宿世《すくせ》の夢《ゆめ》の焦點《せうてん》の樣《やう》だ。

【通解】「來るのにどこから來たといふ所がなく、去るのにどこへ去つたとも分らぬ」といふと、何だか禪の法語のやうになるが、自分はどの路を通つて塔に着いたのか、又どんな町を横切つて自分の家に歸つたのか、今以てはつきりしない。どう考へて見ても思ひ出せない。たゞ塔を見物したといふ事だけは慥かだ。塔その物の様子は、今でもあり〳〵と眼に浮べる事が出來る。然し塔を見る前はと聞かれると困る。塔を見た後はと尋ねられても返答が出來ない。たゞ前と後のなくなつた中間だけが遠慮會釋もなくはつきりしてゐる。恰度闇の中にピカツと光る稲妻が、ギラツと自分の目に映つて忽ち消えたやうな氣がする。倫敦塔は丸で前世の夢の焦點のやうだ——前も後も全くぼんやりした中に塔だけがくツきりと頭に殘つてゐる。

【考察】 倫敦塔を見物した後の感想である。倫敦塔はウイリアム王の時始めてロンドンに建てた白塔を中心とし、其の後の諸王が次第に増築した建物の總稱で、テームズ河の北岸に臨んでゐる。第一七八問にも同じ筆者の「塔上の鐘」の記事が出てゐる。○禪語は禪宗の法語。禪坊主のいふ佛法上の語で、一般に頗る飄逸な、常識では解し難いやうなものである。○眉に落ちるはぴりツと目に感じる、それは恰も自分の眉に稲妻が落ちる様な感じである。その感じをそのまゝ書いたのである。○宿世の夢の焦點とは、夢はぼんやりしてゐるが、その中心點だけは目覺めて後まで判然と頭に殘つてゐる、倫敦塔は恰もそのやうだといふのである。宿世は前世で、夢も夢、前の世で見た夢のやうだといつて、前後のぼんやりしてゐる心持を強く現はしたのである。「前は……後は……」といふ文句は、「塔の前景は……後景は……」と取れさうにもあるが、如上の文義から考へて、さういふ解釋は不自然で、「塔へ行く前は……塔を見た後は……」と考へるのが自然であらう。

【解説】 倫敦塔を見物した、そして塔そのものはくツきりと頭に印象してゐるが、その前後の事情

――どこを通つて塔の所へ行つたのやら、どこを横切つて家に歸つたのやら、さういふ事は丸でボーッとして少しも記憶に存しないといふのであつて、蓋し倫敦塔そのものの與へた感銘のべらぼうに強かつた事を強調したものであらう。

【二三二】　死なめ國と家とのためにこそ身は國は汝が國家は汝が家いざやうち立て仇防ぐため孫子護ると笑みて棄つる身進めわかうどよしばしもためらはで仇におぢめや皆後見せめや恥づべからずやわかうどためらひて勇む翁に手負ひ死なせば死ぬべきはまだ波打てる黑髮に春花翳さん若き身女子の愛でし匂殘りたらん雄叫の迹消えぬ顔にも（森鷗外）

【讀方】　死《し》なめ、國《くに》と家《いへ》とのためにこそ、身《み》は。國《くに》は汝《な》が國《くに》、家《いへ》は汝《な》が家《いへ》。いざや、うち立《た》て、仇防《あだふせ》ぐため。孫子護《まごこま》ると、笑《ゑ》みて棄《す》つる身《み》。進《す》め、わかうどよ、しばしもためらはで。仇《あだ》におぢめや、背後《うしろみ》見せめや。恥《は》づべからずや、わかうど、ためらひて、勇《いさ》む翁《おきな》に手負《てお》ひ、死《し》なせば。死《し》ぬべきは、まだ波打《なみう》てる黑髮《くろかみ》に春花翳《しゆんくわかざ》さん若《わか》き身《み》。女子《をみなご》の愛《め》でし匂殘《にほひのこ》りたらん、雄叫《をたけび》の迹消《あとき》えぬ顔《かほ》にも。

【通解】　死なうよ、國と家とのためにこそ、この老いの身は。國は汝の國、家は汝の家だ。さア翁等よ、勇み立て、仇を防ぐために。孫子を護らうがために、笑つて棄てる老いの身なのだ。――何の惜しい事があらうぞ。進め、若者達よ、しばらくもためらはずに。仇におぢ畏れようや、敵にうしろを見せようや。恥かしい事ではないか、若者達よ、ためらつてゐて、あの勇み立つ老人達に負傷させ、討死でもさせたなら。死ねべきは、まだふさ〳〵と波打つ黑髮に春の花を翳すやうな若者の身だ。吾々若人が討死したら、女子《をなご》の愛《め》でた美しさはまざまざと殘つてゐようぜ、雄叫の迹のありく〱と消えずにゐる勇ましい顔にも。——何とそれは花々しい討死姿ではないか。

【考察】 アテネ人の歌といふ譯詩で、前半は老人の氣魄、後半は若人の意氣で、共に國のため家のため奮ひ立つて戰ふといふのである。通解は姑く原文の語位のまゝやつて置いたが、次のやうに語位を改め語句を補つて見れば、全體の意味は更にはつきりする。

（コノ老イノ）身は、國と家とのためにこそ、死なめ。
（コノ）國は汝が國（ナリ）、（コノ）家は汝が家（ナリ）。
いざや（翁等）、仇防ぐため（ニ）、うち立て。

（ワレ等ノ身ハ）、孫子護ると（テ）、笑みて棄つる身（ナルゾ）。（何ノ惜シムベキ事アラン）。』

わかうどよ、しばしもためらはで、進め。

仇におぢめや、背後見せめや。

わかうど（ヨ）、ためらひて、勇む翁に手負ひ、死なせば、恥づべからずや。

死ぬべきは、まだ波打てる黑髮に春花翳さん若き身（ナルゾ）。

（若キ身ノ勇ミテ死ナバ）、雄叫の迹消えぬ顔にも、女子の愛でし匂殘りたらん。（ソハ花々シキ死ナラズヤ）。』

○手負ひ死なせばは「手負はせ死なせば」の略で、この場合の「手負ひ」は負傷シの意の動詞。○匂は美しさ。上の「春花」から聯想された措辭だが、黑髮だけでなく顔にも花の匂が殘るといふ程緊密に關係した思想ではない。○雄叫の迹消えぬ顔は、勇ましい叫び聲を上げたその跡がまだありく〱と殘つてゐる勇ましい顔。討死した若人の顔をいふ。

【解說】 國難來、老人は老人で、互に相勵まして、國のため家のため、そして可愛い孫子を護るために勇み立つて身を棄てようとする。若人はそれを見て、翁を殺すは身の恥、うら若き身こそ花々しく討死すべきなのだと、互に相勵まして奮ひ立つといふ、雄々しくも涙ぐましい一篇の詩である。

【二三二】 藝術はいつも藝術家自身の魂のために存在するものでなければならぬ新しい藝術を造り出すといふことは新しい魂を見出すといふことである更に新しい魂を更に新しい人間性を創造するといふことである（吉田絃二郎）

【讀方】 藝術《げいじゆつ》はいつも藝術家自身《げいじゆつかじしん》の魂《たましひ》のために存在《そんざい》するものでなければならぬ。新《あたら》しい藝術《げいじゆつ》を造《つく》り出《だ》すといふことは、新《あたら》しい魂《たましひ》を見出《みいだ》すといふことである。更《さら》に新《あたら》しい魂《たましひ》を、更《さら》に新《あたら》しい人間性《にんげんせい》を創《さう》造《ざう》するといふことである。

【通解】 藝術はいつもその藝術を作る人自身の魂のために存在するものでなくてはならぬ。――作家の魂のためでない藝術、例へば、名のためにし、富のためにし、人のためにする藝術は、ほんとの藝術ではない。新しい藝術を造り出すといふ事は、新しい魂を發見するといふ事である。今現にあるよりも更に新しい魂を新規に造り出し、今現にあるよりも更に新しい人間性を新たに造り出すといふ事である。

【考察】 藝術とは、主として人の美的情操を、具體的、客觀的に表現したもの、卽ち繪畫、彫刻、音樂、演劇、詩歌、小說等、凡ての創作で、それ自體を目的として、別に實用的な目的意識を持たぬものである。○魂とは、自分を自覺し、自分の活きてゐる事を自覺する力の本體の稱である。ほんとに生きてゐる自分の本體である。○人間性とは人間としての性、人間が人間として持つてゐるほんとうの人間らしさである。

【解說】藝術は藝術家自身の魂を大きくし深くし新しくするといふためにのみ存在の意義がある。だから、新しい藝術を創作するといふ事は、新しい魂を創造し、新しい人間性を創造するといふ事でなくてはならぬといふのである。

【二三三】徒然草はやゝ後のものではあるがその著者は實に平安朝趣味の渴仰者で田舍漢によりて始(イ)められようとしてゐた新らしい趣味に對して極力反抗した人であるその古風の物が物每に(ロ)「やすくすなほ」であつたのを慕つて今樣の複雜な絢爛なものを物每に排斥してゐるのは最も著明な事である

右の文につきて、

1. イ、徒然草の書かれたる時代と著者の名とを記せ。

ロ、文中の「新らしい趣味」とは如何なる趣味か、平易の語にて簡單に記せ。

2. 文中に傍線の施しある部分、(イ)(ロ)の口語を文語に改作せよ(浦和高校)

【讀方】徒然草《つれづれぐさ》はやゝ後《のち》のものではあるが、その著者《ちよしや》は實《じつ》に平安朝趣味《へいあんてうしゆみ》の渴仰者《かつがうしや》で、田舍漢《ゐなかもの》によりて始《はじ》められようとしてゐた新《あた》らしい趣味《しゆみ》に對《たい》して、極力反抗《きよくりよくはんかう》した人《ひと》である。その古風《こふう》の物《もの》が、物每《ものごと》に「やすくすなほ」であつたのを慕《した》つて、今樣《いまやう》の複雜《ふくざつ》な絢爛《けんらん》なものを物每《ものごと》に排斥《はいせき》してゐるのは、最《もつと》も著明《ちよめい》な事《こと》である。

【通解】徒然草はやゝ後の時代のものではあるが、その著者は實に平安朝の趣味を心から一心に仰ぎ慕つた人で、田舍漢によつて始められようとしてゐた當時の新しい趣味に對して、精一杯反抗した人である。その平安朝式の古風の物が、どれもこれも皆「やすらかですなほ」であつたのを慕つて、當世風のごた〳〵とこみ入つたけば〳〵しいものを物毎に排斥してゐるのは、最も著しく明かな事實である。

【考察】 徒然草の著者の趣味觀である。1のイは文學史上の常識、ロは「やすくすなほ」の反對と考へ、「複雜な絢爛なもの」がその好みであつたと考へればよく分る。2の方は文法上の口語文語の比較である。○絢爛はきらびやかに美しいこと、けば〳〵しいこと。

【解說】 1．イ、徒然草の書かれた時代は吉野朝、著者は吉田兼好。

ロ、「新らしい趣味」とは、平安朝の趣味に反した、わざとらしく巧んだ、はで〳〵しくけば〳〵しいものを好む趣味。

2．（イ）始められんとしつゝありし新らしき趣味。（ロ）「やすくすなほ」なりしを慕ひて。

【一二三四】 左の文中傍線を附したる語句の意味を簡單に説明せよ。

（イ）時代的環境に順應する作家の作品の多くは保守的であつて或は（ロ）現代謳歌主義となり或は寫實主義となるのであるが時代から超越しようとする作家の作品は（ハ）脫俗的高踏的となり或は理想的空想的となり又世相に不平を抱いて之に反抗しようとする作家の創作は或は（ニ）諷刺文學となり或は（ホ）現代呪咀の文學となるのである（浦和高校）

【讀方】 時代的環境《じだいてきくわんきやう》に順應《じゆんおう》する作家《さくか》の作品《さくひん》の多《おほ》くは保守的《ほしゆてき》であつて、或《あるひ》は現代謳歌主義《げんだいおうかしゆぎ》となり、或《あるひ》は寫實主義《しやじつしゆぎ》となるのであるが、時代《じだい》から超越《てうゑつ》しようとする作家《さくか》の作品《さくひん》は、脫俗的《だつぞくてき》・高踏的《かうたふてき》となり、或《あるひ》は理想的《りさうてき》・空想的《くうさうてき》となり、又《また》世相《せさう》に不平《ふへい》を抱《いだ》いて之《これ》に反抗《はんかう》しようとする作家《さくか》の創作《さうさく》は、或《あるひ》は諷刺《ふうし》文學《ぶんがく》となり、或《あるひ》は現代呪咀《げんだいじゆそ》の文學《ぶんがく》となるのである。

【通解】 時代の環境に順應して、その時代一般の周圍の情勢に自分を合はせて行く作家の作品の多くは保守的で、どこ迄も在來の型を守るといふやり方で、或は現代を謳歌して之を讃美する主義となり、或は寫實主義で物のあるがまゝを寫すといふ風になるのであるが、時代から超越してその時代以上に高く出ようとする作家の作品は、世俗を脫し世の中を見下して高く止つてゐ、心持でゐるといふ風になり、或は高い理想にあこがれたり空想を描いたりする風になり、又世の中の有樣に不平を持つてそれに反抗しようとする作家の創作は、或は諷刺卽ちあてこすつたり皮肉つたりする文學となり、或は現代をのろふ所の文學となるのである。

【考察】 次田潤の「國文學史新講」の一文節。筆者は作家の態度を、

a、時代的環境に順應するもの。

b、時代から超越しようとするもの。

c、世相に不平を抱いて之に反抗しようとするもの。

と分つて、それ〴〵の作家の作品の歸結を論じてゐるのである。解說は大體通解を摘出した程度でよいが、多少說明的態度を以てすべき事勿論である。

【解說】 (イ)その時代一般の周圍の情勢に順應して自分がそれに從つてやるといふ意。(ロ)現代を結構なものとしてそれを讃美しようとするやり方。(ハ)俗世間を脫してすツとすましてゐるやうな態度、世間を見下して高く止つてゐ、氣持でゐる態度。(ニ)世の中をあてこすつたり皮肉つたりする態度の文

學。（ホ）現代をのろふ文學。

【二三五】 次の文の内容を平易に説明せよ。

我が國の神道は聖人の教訓ではなくて祖先の遺風であつた故に之を神ながらの道といふ我が國には道徳があつて道學が無かつたそれは人間の大道が人情の自然に從つておのづからに發達したからである（浦和高校）

【讀方】 我《わ》が國《くに》の神道《しんたう》は、聖人《せいじん》の教訓《けうくん》ではなくて、祖先《そせん》の遺風《ゐふう》であつた。故《ゆゑ》に之《これ》を神《かん》ながらの道《みち》といふ。我《わ》が國《くに》には、道徳《だうとく》があつて、道學《だうがく》が無《な》かつた。それは、人間《にんげん》の大道《たいだう》が人情《にんじやう》の自然《しぜん》に從《したが》つておのづからに發達《はつたつ》したからである。

【通解】 我が日本の神道は、聖人の教ではなくて、祖先の遺した自然の習はしであつた。だからそれを神ながらの道――神のまゝの道といふ。我が國には、道徳があつた、然し道徳に關する學問といふものはなかつた。それは、人の人たる大道が人情の自然に從つて自然とひとりでに發達したからである。

【考察】 道學といふ語には特殊の意味があつて、支那では道教の教學、即ち老莊の學に關する學問をいひ、我が國では徳川時代に行はれた平民道徳教學の事にいふ場合があるが、こゝはさういふ特殊のものでなくて、道徳に關する學問の謂《いひ》である。我が國の神道は神ながらの道で、人情自然のまゝに發達した祖先の遺風である。だからそれについて特別の學問がある筈はない。即ち我が國には道徳があつて道學がないといふ所以である。

【解說】支那などで謂ふ所の「道」は聖賢の教訓に由來したもので、或特殊のえらい人に依つて人爲的に作られたものだから、それに關する學問がある。所が我が日本の「神道」は、さうした人爲的の道でなくて、祖先から傳つて來た自然の風である。だからそれを「神ながらの道」――神代のまゝの道といふ。さういふわけだから、我が國には道德があつて、道德に關する學問教義はなかつた。我が國の道德は、人の人たる大道が人情の自然に從つて自然に發達したもので、或特別の人の教訓によつて生じたものでないから、殊更にそれについて研究するといふやうな必要はないからである――といふ内容の文。

【二三六】人間の心中に大文章あり筆を把り机に對する時に於てよりも靜默冥坐する時に於て燦爛たる光明あること多し(イ)心中の文章より心外の文章を綴るはよし(ロ)心外の文章を以て心中の文章を裝はんとするは文字の賊なるべし古より豪傑の士往々にして文章を事とするを喜ばず文字の賊とならんより心中の文章に甘んじたればならん

甲、右の文中傍線を施した箇處は如何なる事柄を指すか。

乙、この作者の考へてゐるよい文章とはどんな文章か。（大阪外語・成城高校）

【讀方】人間《にんげん》の心中《しんちゆう》に大文章《だいぶんしやう》あり。筆《ふで》を把《と》り机《つくゑ》に對《たい》する時《とき》に於《おい》てよりも、靜默冥坐《せいもくめいざ》する時《とき》に於《おい》て、燦爛《さんらん》たる光明《くわうめい》あること多《おほ》し。心中《しんちゆう》の文章《ぶんしやう》より心外《しんぐわい》の文章《ぶんしやう》を綴《つゞ》るはよし。心外《しんぐわい》の文章《ぶんしやう》を以《もつ》て心中《しんちゆう》の文章《ぶんしやう》を裝《よそほ》はんとするは、文字《もんじ》の賊《ぞく》なるべし。古《いにしへ》より豪傑《がうけつ》の士《し》、往々《わう〳〵》にして文章《ぶんしやう》を事《こと》とするを喜《よろこ》ばず。文字《もんじ》の賊《ぞく》とならんより心中《しんちゆう》の文章《ぶんしやう》に甘《あま》んじたればならん。

【通解】人間の心の中に大文章卽ち堂々たる思想がある。筆を把つて机に向ふ時よりも、じーッとだまつて目をつむつて坐つてゐる時に、その心中の大文章がきら〳〵と輝く事が多い。心中の文章卽ち思想をもとにしてそれから心外の文章を綴るのはよい。心外の文章卽ち言語文字を以て心中の文章を裝つて思想をごまかし飾らうとするのは、文章そのものを賊害し冒瀆するものだらう。昔から豪傑の士は、往々にして文章を專らとしてやる事を喜ばなかつた。それは文章を害し冒瀆するものとなるよりも寧ろ心中の文章卽ち自己の思想そのものに甘んじてゐたからであらう。

【考察】 北村透谷の有名な文で、成城高校にも出てゐる。それも大體同じやうな解說の要求である。心中の文章は人間の心の中にある思想をいひ、心外の文章は言語文字を以て綴つた所謂文章をいふ。筆者は「人間の心中に大文章あり」といふ書き出しの文句でも分るやうに、思想が主で文字は從と考へてゐるのである。乙の設問はそこをしつかり考へて答へればよい。

【解說】 甲、（イ）の部分は、內なる思想に基いて、それを言語文字に表現して文を綴るのはよいといふ事柄を指し、（ロ）の部分は、逆に言語文字に依つて內なる思想を飾らうとするのは、眞の文章を傷つけ之を冒瀆するものだといふ事柄を指してゐる。

乙、この作者が考へてゐるよい文章といふのは、人間の思想、人間の精神に基いて、ほんとに魂の表現として綴られた文章である。

【二三七】 左の文章を熟讀して次の問に成るべく分り易く答へよ。

自然と人間との一體融合を前提とするものは自然を人間と親近なものと見ると共に自然を精神化し理想化する傾向を生ずるかういふ人達にとつて自然は單に物質的な存在ではないそれは人間の合流すべく歸命すべき偉大なる生命であるこの偉大なる生命に比べては人間の欲望の如きは卑陋矮小取るに足らぬものであるかくて自然はいつの間にか理想となる東洋思想が精神的だといふことは主としてかういふ意味

に於て言ひ得られるのではなからうか

（イ）本文中に「自然を精神化し理想化する」とあるは如何なることか

（ロ）「かういふ意味に於て」とあるは如何なる意味を指すか

（ハ）假に自然と人間との一體融合を前提とせざる見方ありとせばそは如何なる見方なるか

（ニ）本文の要旨に適合せる一二の實例を擧げよ（海兵・海經）

【讀方】　自然《しぜん》と人間《にんげん》との一體融合《いったいゆうがふ》を前提《ぜんてい》とするものは、自然《しぜん》を人間《にんげん》と親近《しんきん》なものと見《み》ると共《とも》に、自《し》然《ぜん》を精神化《せいしんくわ》し理想化《りさうくわ》する傾向《けいかう》を生《しやう》ずる。かういふ人達《ひとたち》にとつて、自然《しぜん》は單《たん》に物質的《ぶっしつてき》な存在《そんざい》ではない。それは人間《にんげん》の合流《がふりう》すべく歸命《きみやう》すべき偉大《ゐだい》なる生命《せいめい》である。この偉大《ゐだい》なる生命《せいめい》に比《くら》べては、人間《にんげん》の欲望《よくばう》の如《ごと》きは、卑陋矮小《ひろうわいせう》取《と》るに足《た》らぬものである。かくて自然《しぜん》はいつの間《ま》にか理想《りさう》となる。東洋思想《とうやうしさう》が精神的《せいしんてき》だといふことは、主《しゅ》としてかういふ意味《いみ》に於《おい》て言《い》ひ得《え》られるのではなからうか。

【通解】　自然と人間とは一體となつてぴツたり融け合ふべきものだといふ事を前以てきめて掛るものは、自然を人間とごく近しいものと見ると共に、自然を精神的なもの理想的なものにする傾きが起る。かういふ人達に取つては、自然は單に物質的なものではない。それは人間がその中に流れ込んで一つになり心からそれに歸依すべき偉大な生命である。この偉大な生命に較べれば、人間の欲望などは、卑しく小さくて取るにも足らないつまらぬものである。斯うして自然はいつの間にか人間の理想になる。東洋思想が精神的だといふのは、主として斯ういふ意味から言へる事ではあるまいか。

【考察】　東洋思想が精神的だといふ根柢を自然の精神化理想化に置いた見解である。○前提とするはそれを議論の土臺として豫めきめて掛るといふ意。○歸命は佛語で、佛命に歸依するとも解かれ、我が身命を佛に歸すとも解かれる。何れにしても一心に歸依して他に移らぬことである。

◇設問の（イ）は通解以上にや、叮嚀にやる。（ロ）は代名詞の指す所を考へる。（ハ）は本文の中心思想の反對を考へて見る。（ニ）は本文の要旨に叶つた實例で、常識上の問題である。

【解說】（イ）自然を單なる物質だと見ずに、精神的な、一つの大きな生命を持つたものとし、一點の缺陷もない理想的な――吾々の理想とすべきものとすること。

（ロ）自然を偉大な生命とし、人間の理想だと考へるといふ意味。

（ハ）自然は生命のない、單なる物質であるといふ見方。

（ニ）例へば、儒教に於て天を尊崇の的とし、一切をその命に歸すること。我が神道に於て、自然の一切に神性を認め、天神地祇を祭つて之を崇拜すること。

【二三八】　左の文章を讀みて次の問に答へよ。

事物の間に必至の因緣を認むるものに非ざれば形體の中に生命を認むるものに非ざればはた又連續の中に生長を認むるものに非ざれば眞に歷史を解するものと謂ふべからざるなり個々の事實は歷史の精神を歸納し歷史の精神は飜つて個々の事實を演繹す是の全分の關係を包括し得て始めて圓融の歷史を味ひ得たりと謂ふべし

（イ）傍線を施したる箇所の意義を平易に說明せよ。
（ロ）歸納と演繹との意義を問ふ。
（ハ）全分とは何を指すか（海經）

【讀方】 事物《じぶつ》の間《あひだ》に必至《ひつし》の因緣《いんえん》を認《みと》むるものに非《あら》ざれば、形體《けいたい》の中《うち》に生命《せいめい》を認《みと》むるものに非《あら》ざれば、はた又《また》連續《れんぞく》の中《うち》に生長《せいちやう》を認《みと》むるものに非《あら》ざれば、眞《しん》に歷史《れきし》を解《かい》するものと謂《い》ふべからざるなり。個々《こゝ》の事實《じじつ》は歷史《れきし》の精神《せいしん》を歸納《きなふ》し、歷史《れきし》の精神《せいしん》は飜《ひるがへ》つて個々《こゝ》の事實《じじつ》を演繹《えんえき》す。是《こ》の全分《ぜんぶん》の關係《くわんけい》を包《はう》括《くわつ》し得《え》て始《はじ》めて圓融《ゑんゆう》の歷史《れきし》を味《あぢは》ひ得《え》たりと謂《い》ふべし。

【通解】 物事の間にはどうしてもさうなつて行かざるを得ないやうな因緣があるといふ事を認めるものでなくては、物の形體の中に生きた生命があるといふ事を認めるものでなくては、そして又物事の連續して行く中には段々と生長して行くものだといふ事を認めるものでなくては、ほんとに歷史を解するものと謂ふ事は出來ないのである。個々の事實を歸納すると歷史の精神が分り、歷史の精神を演繹すると個々の事實の眞相が分る。この全體と部分——歷史の大精神と個々の事實の眞相との關係を包括する事が出來て始めてほんとに完全圓滿な歷史を味ひ得たと謂へるのである。

【考察】 眞に歷史を解するものの根本態度を述べた文である。文初の施線部分について筆者の主張を考へて見るに、筆者の歷史觀は、

事物の間には必至の因緣があり、形體の中には生命があり、連續の中には生長がある、それを正しく考察記錄するのが歷史だ。

斯ういふ事である。この考の下に(イ)に答へる。(ロ)については、

一つ一つの事實からそれに共通した一貫的精神を考へて行くと、そこに始めて歷史の精神といふものが分つて來る。

又その歴史の精神に基いて一つ一つの事實を考へて見ると、ほんとにその事實の眞相が分つて來る。と考へる事によつて適切の答案が得られる。（ハ）は

全＝歸納　分＝演繹

と考へる事によつて十分に答へられる筈。

【解說】（イ）物事の間にはどうしてもさうなつて行かざるを得ないやうな原因結果の關係があり、物の形體の中には生命があり、物事が連讀して行く中には生長がある。さういふ眞理、さういふ事實の眞相を究めるのが歷史だから、さういふ事實を認める者でなくては眞に歷史を解するものとは謂へないといふのである。

（ロ）歸納は個々の事實からそれに共通する一つの原理原則に持つて行くこと。演繹は一つの原理原側を個々の事實に當てはめること。

（ハ）歸納と演繹、卽ち個々の事實から歸納された歷史の精神と、歷史の精神によつて演繹された個々の事實とを指す。

【二二三九】　左の文を讀み次の各項を平易なる口語にて說明せよ。

近時我が社會に於ては如何にも人心が弛緩して居る若し主義と云ふ言葉を以てこの生活狀態を言表はすならば現實主義といふ言葉が妥當であるこの主義は當然長かるべき生長を殊更に短い現實に縮めてしまつて安價な滿足に甘んじて居る態度である故に緊張の必要もなければ奮勵の態度も忘れてしまつて居るかゝる生活には人格發展と云ふことは到底望まれず生の充實も亦望まれないのである

（一）人心の弛緩　（二）長かるべき生命を短き現實に縮める　（三）安價な滿足　（四）生の充實　（京城帝大豫科）

【讀方】　近時《きんじ》我《わ》が社會《しやくわい》に於《おい》ては、如何《いか》にも人心《じんしん》が弛緩《しくわん》して居《ゐ》る。若《も》し主義《しゆぎ》と云《い》ふ言葉《ことば》を以《もつ》てこの生《せい》活《くわつ》狀態《じやうたい》を言表《いひあら》はすならば、現實主義《げんじつしゆぎ》といふ言葉《ことば》が妥當《だたう》である。この主義《しゆぎ》は、當然長《たうぜんなが》かるべき生命《せいめい》を殊更《ことさら》に短《みじか》い現實《げんじつ》に縮《ちゞ》めてしまつて、安價《あんか》な滿足《まんぞく》に甘《あま》んじて居《ゐ》る態度《たいど》である。故《ゆゑ》に緊張《きんちやう》の必要《ひつえう》もなければ、奮勵《ふんれい》の態度《たいど》も忘《わす》れてしまつて居《ゐ》る。かゝる生活《せいくわつ》には、人格發展《じんかくはつてん》と云《い》ふことは到底望《たうていのぞ》まれず、生《せい》の充實《じゆうじつ》も亦望《またのぞ》まれないのである。

【通解】　近頃我が國の社會では、如何にも人心がゆるんで延びきつてゐる。若し主義といふ言葉でこの生活の狀態を言ひ現はすとすれば、現實主義といふ言葉がよく當つてゐる。この現實主義は、當然長くある筈の生命を殊更短い現實に縮めてしまつて、差當つての安ツぽい滿足に甘んじてゐる態度だ。だから緊張する必要もないし、奮勵するといふ態度も忘れてしまつてゐる。こんな生活では、人格の發展といふ事はとても望まれず、生活の內容が充實する事も亦望まれないのである。

【考察】　筆者は近時社會の生活態度を現實主義だといつてゐる。それは只目前の苟安だけを貪つて、その日その日の安價な滿足に甘んじてゐる態度に名づけた名稱である。私が現在の刹那に最善を盡せ——最善なる現在の連續が最も善良な人生だと常に主張する態度とは、丸ツきり考へ方の根柢を異にしてゐるのである。「永生」を考へないで、それを現在に縮めて、只現在のみの現在として苟安を貪つてゐるのが謂ふ所の現實主義である。そんなもののいけない事は、固より論を俟たざる所である。四つの要求に對しては、全文の思想に立脚してしつかり考へた上で、通解以上に叮嚀にやる。生の充實に於ける「生」は生きてゐるといふ事、卽ち精神肉體一切を包括した生活內容を意味するのである。

【解說】（一）人心がだらけきつて、少しも緊張せず、奮勵の態度を忘れはててゐること。（二）人間の生命は永生で當然長かるべき筈のものだのに、それを目前現實の世界だけに縮めて、わざと短いものにして了つてゐるといふ意。（三）目前の事が思ふやうになればよいといふだけで、ごく安ッぽく滿足してゐるといふ意。（四）生活内容の充實、ほんとに充實した内容を以て力強く正しく生きて行くといふ意。

【二四〇】左の文章中傍線の部分を説明せよ。

自分の本の讀み方が(イ)餓ゑて食を貪るやうな讀み方ではなくなつた昔世にもてはやされてゐた人今世にもてはやされてゐる人はどんな事を云つてゐるかと譬へば(ロ)道を行く人の顏を辻にたつて冷靜に見るやうに見たのである冷靜には見てゐたが自分は辻にたつてゐて度々帽を脱いだ昔の人にも今の人にも敬意を表すべき人が大勢あつたのである帽は脱いだが辻を離れてどの人かの跡に附いて行かうとは思はなかつた(ハ)多くの師には逢つたが一人の主には逢はなかつたのである（京城帝大豫科）

【讀方】自分《じぶん》の本《ほん》の讀《よ》み方《かた》が、餓《う》ゑて食《しよく》を貪《むさぼ》るやうな讀《よ》み方《かた》ではなくなつた。昔世《むかしよ》にもてはやされてゐた人《ひと》、今世《いまよ》にもてはやされてゐる人《ひと》は、どんな事《こと》を云《い》つてゐるかと、譬《たと》へば道《みち》を行《い》く人《ひと》の顏《かほ》を辻《つじ》にたつて冷靜《れいせい》に見《み》るやうに見《み》たのである。冷靜《れいせい》には見《み》てゐたが、自分《じぶん》は辻《つじ》にたつてゐて、度々《たび〳〵》帽《ぼう》を脱《ぬ》いだ。昔《むかし》の人《ひと》にも今《いま》の人《ひと》にも、敬意《けいい》を表《へう》すべき人《ひと》が大勢《おほぜい》あつたのである。帽《ぼう》は脱《ぬ》いだが、辻《つじ》を離《はな》れてどの人《ひと》かの跡《あと》に附《つ》いて行《い》かうとは思《おも》はなかつた。多《おほ》くの師《し》には逢《あ》つたが、一人《いちにん》の主《しゆ》には逢《あ》はなかつたのである。

【通解】私の本の讀み方が、餓ゑて食を貪るやうな――何の批判も選擇もなく只がつ〳〵と貪り讀むといふやうな讀み方ではなくなつた。昔世にもてはやされてゐた人、今現に世にもてはやされてゐる人は、一體どんな事を云つてゐるかと、譬へて見れば道を歩いてゐる人の顔を辻に立つて冷静に見るやうに、書物から離れて冷静に批判する態度で見たのである。冷静に見てはゐたが、私は辻に立つてゐて、度々帽子を脱ぐ――といつた具合に、批判的にそれ等の人々の説を讀みながら、自然とアタマが下つた。昔の人にも今の人にも、敬意を表すべき立派な人が大勢あつたのだ。帽は脱いだが、辻を離れてどの人かの跡に附いて行かうとは思はなかつた――といふわけで、敬意は表しながらも、自分の批判的態度を捨てて、全然或人の説に従ひきつてしまはうとは思はなかつた。多くの師と仰ぐべき人には出逢つたが、主人と頼んで絕對にその説に従ひたいと思ふやうな人には一人も出逢はなかつたのである。

【考察】 無批判の態度で讀書してゐた人が、批判的態度で讀むやうになつて、尊敬すべき説はいくらも發見したが、全然己を捨てて従ひ切つて了ふやうな説には逢着しなかつたといふ告白である。「辻に立つ」といふ比喩をしつかり實義と結びつけて考へる事が大切である。傍線部の説明は、大體通解より多少叮嚀にの程度で十分である。

【解說】 (イ) 餓ゑて食を貪るやうに、何の批判も選擇もなく、只がつ〳〵と貪つて、むしやうに本を讀む讀み方をいふ。

(ロ) 道を行く人の顔を辻に立つてゐて冷静に見るやうに、書物の中に沒頭せず、本から離れて静かに批判する態度で見たといふ意。

(ハ) 師と仰ぐべき立派な人の意見には澤山出逢つたが、主人と頼んで絕對にその人の説に従ひたいと思ふやうな人には一人も出逢はなかつたといふ意。

【二四一】　左の文を讀みて次の各項を平易なる口語にて説明せよ。

干戈天下に旁午して兵馬倥傯肝腦長へに地に塗れ腥風いたる處に吹き荒ぶ間は文化の芽の萌さんよしもなけれど一たび馬は華山の陽に歸り牛は桃林の野に放たれ堯雨舜風太平の氣象融々として起るに及びて文化の芽茲に始めて萌す

（一）干戈天下に旁午す。（二）兵馬倥傯。（三）肝腦長へに地に塗る。（四）堯雨舜風。（五）全文の要旨。

（京城帝大豫科）

【讀方】　干戈天下《かんくわてんか》に旁午《ぼうご》して、兵馬倥傯《へいばこうそう》、肝腦長《かんなうとこしな》へに地《ち》に塗《まみ》れ、腥風《せいふう》いたる處《ところ》に吹《ふ》き荒《すさ》ぶ間《あひだ》は、文化《ぶんくわ》の芽《め》の萌《きざ》さんよしもなけれど、一《ひと》たび馬《うま》は華山《くわざん》の陽《やう》に歸《かへ》り、牛《うし》は桃林《たうりん》の野《や》に放《はな》たれ、堯雨舜風《げううしゆんぷう》、太平《たいへい》の氣象融々《きしやうゆう〳〵》として起《おこ》るに及《およ》びて、文化《ぶんくわ》の芽茲《めこゝ》に始《はじ》めて萌《きざ》す。

【通解】　戰爭が天下到る處に起つて、戰ひに忙しく、人はむごたらしく殺されて、なまぐさい風がそこらぢゆうに吹きすさんでゐる間は、文化の芽は出て來ようもないが、一旦戰亂がをさまつて、馬は華山の南に歸り、牛は桃林の野に放たれたといふ故事のやうに、戰爭に使はれた牛馬ももう使はれなくなり、昔の聖天子たる堯舜の時のやうな治平の惠みが普く世に及んで、如何にも太平らしい氣分がのび〳〵と起つて來るに及んで、文化が始めて芽ざして來る。

【考察】　大町桂月の有名な文で、（五）の要求に對しては、要旨篇の態度に從つて、文化の芽は戰亂の間には起らぬ。戰塵が收まつて、太平の氣象が融々たるに及んで、始めて文化が起つて來る。

と答へればよい。○干戈は盾《たて》と矛《ほこ》。轉じて戰爭の義にいふ。○旁午は縱橫に入り交る。○兵馬倥傯は戰爭で忙しくて休まる暇もないといふ意。○肝腦地に塗るは慘殺される。戰爭でむごたらしく殺される事で、長へには永久にの意、意味を强めるための修辭に過ぎない。○文化は文明開化。やかましくいへば文化と文明との間に語義上いくらかの相違があるが、こゝは世の中が開けて來る事を漠然といふたのである。○馬は華山の陽に歸り牛は桃林の野に放たれは尙書に出てゐる周の武王の故事で、戰爭に使つた馬や牛を歸してもう使はぬといふ事である。華山・桃林は其の故事の中の地名。陽は南。○堯雨舜風は治平の惠みをいふ。支那古代の聖天子堯舜時代の雨風で、所謂五風十雨――五日目に風が吹き十日目に雨が降るといふやうな太平の世の雨風である。○太平の氣象は太平の空氣、如何にも太平らしい氣分。○融々はやはらかにのんびりとしたさま。

【解說】（一）戰爭が天下到る處に亂れ起るといふ意。（二）戰ひに忙しくて休まる暇もないのをいふ。（三）人はむごたらしく殺されて、肝臟や腦が永遠に土中にまみれるといふ意。（四）堯舜のやうな聖天子の治平の惠みが普く世に行きわたる事をいふ。

【二四二】次の文章を讀んで、解り易く左の問に答へなさい。

女史平生寡言靜思その德を修め家を齊ふる暇翰を染めて少しも倦まざりしは夙に自ら才の修く命の短きを知りて風花の硯に墜ち夕電の鏡を過ぐるに驚き早く已に死の日に生きんとするの意を託せしにあらざるなきか

（イ）女史は平生何をして居たか。

（ロ）女史は夙に何を感じて居たらしいのか。

（ハ）女史は何に驚いたといふのか。

（ニ）死の日に生きるとはどうする事か。（京城醫專）

【讀方】女史《ぢよし》平生《へいぜい》寡言《くわげん》靜思《せいし》、その徳《とく》を修《をさ》め家《いへ》を齊《とゝの》ふる暇《いとま》、翰《かん》を染《そ》めて少《すこ》しも倦《う》まざりしは、夙《つと》に自《みづか》ら才《さい》の修《なが》く命《いのち》の短《みぢか》きを知《し》りて、風花《ふうくわ》の硯《すゞり》に墜《お》ち、夕電《せきでん》の鏡《かゞみ》を過《す》ぐるに驚《おどろ》き、早《はや》く已《すで》に死《し》の日《ひ》に生《い》きんとするの意《い》を託《たく》せしにあらざるなきか。

【通解】女史はふだん言葉少なにじッと靜かに物を考へて、徳を修め家政をちやんとやつて行く暇に、せつせと文章を書いて少しも倦まなかつたのは、早くから自分で文才に長じながら壽命の短いといふ事を知つて、風に吹かれて散る花の硯に墜ち、夕べの電光の鏡にちらッと映る——といつた風の無常迅速の世の姿に驚いて、早くも已に死ぬ日に生きる——肉體は死んでも魂は長くその作品の上に生きようといふ意味をこめてさうしてせつせと文章を作つてゐたのではないであらうか。

【考察】徳高く文藻豐かで而も若死をした婦人の事である。例へば樋口一葉女史などの事が聯想される文である。○翰を染めは筆を染めるで、文字を書く事だが、こゝは文章を書く意。○才の修く命の短きは藝術は長く生命は短しといふやうな一般思想でなくて、自分は文才は十分に惠まれてゐるが壽命は短いと自覺してゐたといふ思想と考へられる。○風花・夕電は凡て皆無常迅速の理《ことわり》を示す宇宙の姿である。○死の日に生きるは肉體の死ぬ時魂がほんとに生きる意で、肉體は死んでも魂は作品の上に永遠に生きるといふのである。

【解說】（イ）女史は平生寡言靜思、徳を修め一家を齊へる暇に、せつせと文章を書いてゐた。

(ロ) 女史は夙に自ら文才は十分に惠まれてゐるが壽命は短いと感じてゐたらしい。

(ハ) 女史は風に散る花の硯に墜ち、夕べの稲光の鏡にちらツと映つて過ぎる――といつたやうな無常迅速の理を示す宇宙の現象に驚いたといふのである。

(ニ) 肉體が死ぬ時魂は永遠に生きる――永遠に滅びぬやうな魂の籠つた作品を死後に遺す事をいふ。

【二四三】 次の全文を讀みて左の二問に答へよ。

富貴前にあり名利後にあり其の意に反して一足を投ぜん乎是れ盡く彼等の物のみ而も彼等は斯くして得たる生に較ぶれば死の遙かに幸ひなることを認めし也請ひ問はん世の富貴に誇り權威に傲る者幾人か能く這般の消息を悟了せる

問一、其の意に反して一足を投ずとはどうする事か。

問二、死の遙かに幸ひなる事とは何んな心境に比較して云ふか。

問三、這般の消息とは何を指して云ふか。(京城醫專)

【讀方】 富貴《ふうき》前《まへ》にあり、名利《めいり》後《うしろ》にあり、其《そ》の意《い》に反《はん》して一足《いつそく》を投《とう》ぜん乎《か》、是《こ》れ盡《ことごと》く彼等《かれら》の物《もの》のみ。而《しか》も彼等《かれら》は斯《か》くして得《え》たる生《せい》に較《くら》ぶれば、死《し》の遙《はる》かに幸《さいは》ひなることを認《みと》めし也《なり》。請《こ》ひ問《と》はん、世《よ》の富貴《ふうき》に誇《ほこ》り、權威《けんゐ》に傲《おご》る者《もの》、幾人《いくにん》か能《よ》く這般《しやはん》の消息《せうそく》を悟了《ごれう》せる。

【通解】 前には富貴があり、後には名利がある、若し彼等が自分の精神に反して一寸行動したならば、その富貴も名利もすつかり彼等の物なのだ。而も彼等は斯うして得た我が意に反する生に較べれば、死ぬ方が遙かに幸福だといふ事を認めたのである。一つ伺つて見たいものですネ、世の富貴に誇り、權威に傲つて威張りくさつてゐる者の中に、斯うした尊い氣持がほんとに分つてゐる人が果して幾人あるでせうか。

【考察】 主義に殉じて、意に反した富貴名利を死よりも輕んずる高潔な人士の心境は、富貴に誇り權威に傲る連中にはてんで分らぬといふのである。その文意をしつかり摑んで三つの設問に答へる。

【解說】 問一、自分の精神、卽ち厭く迄も正義を全うするといふその精神に反して一寸行動すること。

問二、自分の意志に反してまで富貴名利を得て華々しく世に生きようとする心境に比して云ふ。

問三、眼前にあつてすぐ手に入るべき富貴名利を棄てて迄も自分の主義精神に殉ずるといふ氣持を指して云ふ。

【二四四】 此の文章を讀んで、口語で簡明に次の三問に答へて下さい。

我々は妙に問ふにおちず語るにおちるものである我々の魂はおのづから作品に露るゝことを免れない一刀一拜した古人の用意はこの無意識の境に對する畏怖を語つてはゐないであらうか

第一問「問ふにおちず語るにおちる」とは何の意味か。

第二問「魂はおのづから作品に露るゝ」事實と第一問とはどんな關係か。

第三問「この無意識の境に對する畏怖」とは何か。

又此の畏怖に對して、古人は何故一刀一拜したか。（京城醫專）

【讀方】 我々《われ〳〵》は妙《めう》に問《と》ふにおちず語《かた》るにおちるものである。我々《われ〳〵》の魂《たましひ》はおのづから作品《さくひん》に露《あらは》るゝことを免《まぬか》れない。一刀一拜《いつたういつぱい》した古人《こじん》の用意《ようい》は、この無意識《むいしき》の境《さかひ》に對《たい》する畏怖《ゐふ》を語《かた》つてはゐないであらうか。

【通解】我々は不思議と問ふにおちず語るにおちるで、人が問ふ場合にはぼろを出さずに自分で語る場合にぼろを出すものだ。我々の魂は自然と作品の上に露れずにはゐられない。彫刻をするのに一刀入れる毎に一拝した古人の用意は、この無意識の境に――知らず〳〵自分の氣持が作品の上に出るといふ事に對する心の畏れを示してゐるのではあるまいか。

【考察】芥川龍之介の文。作者の魂は自然と作品の上に露はれるものだといふ中心思想を摑んで設問に答へる。一刀一拜は普通一刀三禮《いつたうさんらい》といふ、佛像を彫むのに、一刀を入れる毎に、三度禮拜するといふのである。こゝはそれを一般彫刻上のつゝましい用意に轉じていうたものであらう。

【解說】第一問　人は他人から問はれる時は固く祕密を包んで仲々ぼろを出さないが、自らしやベッてゐる内に却つてそれを暴露して了ふものだといふ意。

第二問　自分の魂が自然と作品の上に現はれるといふ事實は、「語るにおちる」といふのと同じ眞理で、さういふ意味に於て第一問と關係してゐる。

第三問　「この無意識の境に對する畏怖」とは、自分の魂が自分でも氣附かぬ内に自然と作品の上に現はれる、その事實に對しての心の畏れである。そこで古人は、自分の魂が少しでも穢れてそのために作品の穢れるやうな事のないやうに――純眞な魂が作品の上に現はれるやうにとのつゝましい念願から一刀一拜したのである。

【二四五】左の文の內容を平易に說明せよ。

正義は强力なくして遂行することは出來ぬ强力は聰明によつて武裝せられねばならぬ强力は正義を骨髓とし聰明を指針とする不正に對して後れを取るが如き柔弱なる正義は夫れ自身正義の冒瀆である（高知

【讀方】　正義《せいぎ》は強力《きやうりよく》なくして遂行《すゐかう》することは出來《でき》ぬ。強力《きやうりよく》は聰明《そうめい》によつて武裝《ぶさう》せられねばならぬ。強力《きやうりよく》は正義《せいぎ》を骨髓《こつずゐ》とし、聰明《そうめい》を指針《ししん》とする。不正《ふせい》に對《たい》して後《おく》れを取《と》るが如《ごと》き柔弱《じうじやく》なる正義《せいぎ》は、夫《そ》れ自身正義《じしんせいぎ》の冒瀆《ばうとく》である。

【通解】　正義は強力がなくしてはしとげる事は出來ない。その強力は又聰明で武裝して、いゝあたまの働きで行ふ事が大切だ。強力は正義を骨髓とし、聰明を指針として、正義の精神に基き、いゝあたまの働きによつて行はれるべきものだ。不正に對して後れを取るやうな弱々しい正義は、それ自ら正義を潰すものである。

【考察】　正義を遂行するには強力が必要だ、強力を伴はないで不正に負けるやうな正義は、それ自身正義を潰すものだといふのが思想の本筋で、その間に、強力には亦聰明が必要で、強力は正義を骨髓とし、聰明に導かれねばならぬといふ思想を盛込んだ文である。〇聰明によつて武裝せられとは畢竟強力が聰明なアタマの働きによつて行使されるといふ事である。

【解說】　正義を遂げるのにはどうしても強力がいる。その強力を揮ふには、又物事を正しく判斷する聰明が必要だ。卽ち強力は正義を骨髓として、いゝアタマの働きによつて行はれねばならぬものだ。不正に對して負けるやうな弱々しい正義は、それ自體正義を潰すものだ。正義はどこ迄も不正を打倒するやうな正しい力強さを持つたものでなくてはならぬ。――といふのである。

【二四六】　左の文の內容を平易に說明せよ。

作品に於ける理想は露骨に宣言せず作品の底を強く静かに貫いて流れるものでなくてはならないまた其の理想は抽象的に思想としてのみ主張せられた時とは全く違つた感銘を讀者に與へなければならない作品の意義は表現其のもの以外にはない表現に即してこそ其の理想は最も具象的に讀者の心奥に訴へられるのである（高知高校）

【讀方】 作品《さくひん》に於《お》ける理想《りさう》は、露骨《ろこつ》に宣言《せんげん》せず、作品《さくひん》の底《そこ》を強《つよ》く静《しづ》かに貫《つらぬ》いて流《なが》れるものでなくてはならない。また其《そ》の理想《りさう》は、抽象的《ちうしやうてき》に思想《しさう》としてのみ主張《しゆちやう》せられた時《とき》とは全《まつた》く違《ちが》つた感銘《かんめい》を讀者《どくしや》に與《あた》へなければならない。作品《さくひん》の意義《いぎ》は、表現《へうげん》其《そ》のもの以外《いぐわい》にはない。表現《へうげん》に即《そく》してこそ、其《そ》の理《り》想《さう》は、最《もつと》も具象的《ぐしやうてき》に讀者《どくしや》の心奥《しんあう》に訴《うつた》へられるのである。

【通解】 作品の中に盛込まれた理想は、それを議論のやうに露骨に宣言せず、作品の底を力強く静かに貫いて流れるものでなくてはならぬ。又其の理想は、抽象的に只思想としてだけ主張された場合とは全く違つた別個の感銘を讀者に與へなくてはならぬ。作品の意義は、表現其のものの外にはない。表現に即して、理想がぴツたり表現の上ににじみ出てこそ、其の理想は最も具象的に――抽象的な思想とは全く別なものとして讀者の心の奥底に訴へられて、強い〳〵感銘を與へるのである。

【考察】 「作品の意義は表現其のもの以外にはない」といふ筆者の主張は、煎じつめて見れば「藝術は表現なり」といふ事である。即ち魂の內容がそつくりそのまゝ表現されたものが作品である。だから作品は、事實の羅列や、概念の羅列とは全く違つたものである。表現に即するといふのも、內なる魂の內容が、そのまゝそつくり表現の上ににじみ出るといふ事である。本文の主題は作品の理想についてであるが、それも議論的概念的に現はすべきでなく、その作品の表現の上にそつくり具象的ににじみ出なくてはならぬ。卽ち露骨に宣言するでなくて、作品の底に強く流れるやうでなくてはならぬといふのである。思ふに筆者は一時流行したイデオロギーの作品などが、殆ど思想論議の形で理想を露骨に宣言したのに反對してゐるのであらう。少くもさうした作品こそこの文の眞反對な存在だと考へて見る時、この文の主張が一層明瞭になるであらう。

【解說】 理想を作品に盛込む場合に、それを露骨に議論的に言はずに、その理想が作品全體の底に強く靜かに一貫して流れるやう、卽ち理想がそのまゝその作品の底力となるやうでなければならぬ。又その理想が讀者に與へる感銘といふ方面からいつても、思想的に抽象的に論議として宣言された場合とは全然違つた、もつと深くぴツたりした感銘を與へるやうでなくてはならぬ。作品の意義は表現以外にはない。魂の内容がそのまゝ表現されたといふ事のみが作品の意義である。だから理想を作品に盛込む場合にも、表現に卽して、心の中の理想が、そのまゝそつくり作品の中に滲み出すやうに表現されて、始めてその作者の持つ理想が讀者の心の奥を衝いて、如實な具體的な感銘を與へるものだ。——といふのである。

【二四七】 左の文中傍線を附したる部分の意味を說明せよ。

有體に云へば詩境といひ畫界といふも(イ)皆人々具足の道である(ロ)春秋に指を折りつくして白頭に呻吟するの徒と雖も一生を回顧して(ハ)閱歷の波動を順次に點檢し來るとき嘗ては(ニ)神來の微光一閃して吾を忘れし拍手の興を喚びおこす事が出來よう出來ぬと云へば生甲斐のない男である（神戶高商）

【讀方】 有體《ありてい》に云《い》へば、詩境《しきやう》といひ畫界《ぐわかい》といふも、皆人々具足《みなひと〴〵ぐそく》の道《みち》である。春秋《しゆんじう》に指《ゆび》を折《を》りつくして白頭《はくとう》に呻吟《しんぎん》するの徒《と》と雖《いへど》も、一生《いつしやう》を回顧《くわいこ》して、閲歴《えつれき》の波動《はどう》を順次《じゆんじ》に點檢《てんけん》し來《きた》るとき、嘗《かつ》ては神來《しんらい》の微光一閃《びくわういつせん》して吾《われ》を忘《わす》れし拍手《はくしゆ》の興《きよう》を喚《よ》びおこす事《こと》が出來《でき》よう。出來《でき》ぬと云《い》へば生甲斐《いきがひ》のない男《をとこ》である。

【通解】 あるがまゝに正直にいへば、詩の境地といひ繪の世界といふのも、誰しもの身に皆完全に足り具つてゐる道である。春秋に指を折りつくしてすつかり年を取り白髮頭に老いを悲しむやうな人々でも、自分の一生をふりかへつて見て、自分の經驗して來た色々な變化を順々に細かく調べて來たら、一度は神から來るかすかな光がぴかツと閃めいて——所謂インスピレーションに打たれて、吾を忘れて思はず知らず手を拍つた感興をまざ〲と想ひ起す事が出來よう。それも出來ぬといへばほんとに生甲斐の無い男である。

【考察】 夏目漱石の草枕の一節。○具足の道は完全に具はり足りてゐる道、卽ち身にちやんと備へて持つてゐる道といふ意。○春秋に指を折りつくしは散々年を取つて了つたといふ思想。幾春秋と生き永へ來つた年を數へ盡してである。○波動は波の動くやうな色々な變化。○神來の微光一閃しては所謂インスピレーションに打たれてである。

【解說】 （イ）誰しもが皆完全に自分の身に備へて持つてゐる道といふ意。（ロ）散々に年を取つて了つて、白髮あたまに老いの身を悲しむやうな人々といふ意。（ハ）自分の段々とやつて來た色々な事の善かつたり惡かつたり、面白かつたりつらかつたりした樣々の變化を順々に細かく調べて來るといふ意。（ニ）神から來る幽かな光がきらツと閃いて——所謂インスピレーションに打たれて、思はず知らず手をうつたやうな感興をいふ。

【二四八】 左の文の趣旨を説明せよ。

秀れたるものの前に叩頭の至情を致し得るのは自らを秀れしむるの第一歩である秀作の前に叩頭し得ざるほどの人からどうして秀作の生れ出ることがあらう今人自尊往々にして古人の前に平然として嘯いてゐる自ら重んずるのではない自らを容易にしてゐるのである（靜岡高校）

【讀方】 秀《すぐ》れたるものの前《まへ》に叩頭《こうとう》の至情《しじやう》を致《いた》し得《う》るのは、自《みづか》らを秀《すぐ》れしむるの第一歩《だいいつぽ》である。秀作《しうさく》の前《まへ》に叩頭《こうとう》し得《え》ざるほどの人《ひと》から、どうして秀作《しうさく》の生《うま》れ出《で》ることがあらう。今人自尊《こんじんじそん》、往々《わう〳〵》にして古人《こじん》の前《まへ》に平然《へいぜん》として嘯《うそぶ》いてゐる。自《みづか》ら重《おも》んずるのではない、自《みづか》らを容易《ようい》にしてゐるのである。

【通解】 秀れたものの前に心からおじぎをする事の出來るのは、自分が秀れたものになる第一歩だ。秀れた作品の前にあたまを下げる事の出來ぬ位の人から、どうして秀れた作品の生れ出る事があらう。然るに今時の人は自尊して、往々にして古人の前に平氣の平左《へいざ》で空嘯《そらうそぶ》いてゐる。それは自ら身を重んずるのではなくて、自分をたやすくして所謂イージーゴーイングにやつてゐるのである。

【考察】 この文では自尊を自ら容易にするといふ悪い意味で言つてゐる。ほんとの自尊は自重の方で、我が身の尊い所以を自認して苟もせぬ事であるが、間違つた自尊はこゝで謂ふやうなものになる。卽ち小さい自分を尊大に構へて、「ナーニ古人だつて大したものではない。おれもこれで仲々立派なものサ」と空嘯いてゐるのである。これこそ身を持する事安易な、所謂イージーゴーイングなるものである。

【解説】 自分が秀れたものになる第一歩は、秀れたものに心からあたまを下げる事だ。秀れた作品に尊敬の拂へないやうな人間に、秀れた作品の出來よう筈はない。然るに今時の人間は、自ら尊大に構へて平氣で古人を馬鹿にしてゐる者が多い。それは自重でなくて自易だ。所謂イージーゴーイングで、卑小な自身に甘んじてい丶氣でゐるのである。

【二四九】 左の文を通讀し傍線を施せる部分の意義を平易に（成るべく具體的に）説明せよ。

偉なる哉「人」眇たる五尺の軀(1)よく宇宙の大を包み足地を離る丶能はずして而して(2)頭は日月の外を照らす彼を生みたる者は自然なり而かも(3)自然界に於ける法則は悉く彼によりて與へられたり彼は全能の神に服從す而かも(4)神を造りし者は彼自らなり齡百に滿つる能はずして而してよく(5)久遠の生命を傳へ體や美の極致にして(6)心や眞の奥底に徹す彼地上に現はれしより茲に二十有幾萬年二脚巨頭を支へて頭愈々發達し双手天工を奪ひて工益々神に入る不思議なる哉「人」彼や眞に小宇宙たるの名に負かず（靜岡高校）

【讀方】 偉《ゐ》なる哉《かな》「人《ひと》」。眇《べう》たる五尺《ごしやく》の軀《く》、よく宇宙《うちう》の大《だい》を包《つゝ》み、足地《あしち》を離《はな》る丶能《あた》はずして、而《しか》して頭《かしら》は日月《じつげつ》の外《ほか》を照《て》らす。彼《かれ》を生《う》みたる者《もの》は自然《しぜん》なり。而《し》かも自然界《しぜんかい》に於《お》ける法則《はふそく》は、悉《こと/″\》く彼《かれ》によりて與《あた》へられたり。彼《かれ》は全能《ぜんのう》の神《かみ》に服從《ふくじゆう》す。而《し》かも神《かみ》を造《つく》りし者《もの》は彼自《かれみづか》らなり。齡百《よはひひやく》に滿《み》つる能《あた》はずして、而《しか》してよく久遠《くをん》の生命《せいめい》を傳《つた》へ、體《たい》や美《び》の極致《きよくち》にして、心《こゝろ》や眞《しん》の奥底《あうてい》に徹《てつ》す。彼地上《かれちじやう》に現《あら》はれしより茲《こゝ》に二十有幾萬年《にじふいうういくまんねん》。二脚巨頭《にきやくきよとう》を支《さゝ》へて頭愈々發達《とういよ/\はつたつ》し、双手天工《さうしゆてんこう》を奪《うば》ひて工益々神《こうます/\しん》に入《い》る。不思議《ふしぎ》なる哉《かな》「人《ひと》」。彼《かれ》や眞《しん》に小宇宙《せううちう》たるの名《な》に負《そむ》かず。

【通解】 人間といふものは實に偉大なものだなア。小さい五尺のからだ、それでよく大きな宇宙を包んで、宇宙の一切をその中に包含し、足は地面を離れる事が出來ないで、それでゐてアタマは日月の外を照らして、目に見えぬ天地の眞理を考へぬいてゐる。彼を生んだ者は自然だ。而も自然界の法則は、すつかり彼に依つて與へられた。彼は全智全能の神を信じてそれに服從する。然しながらその神を造つた者は彼自らだ。年齢は百に滿ちる事が出來ないで、それでゐてよく永遠不朽の生命を傳へ、からだは美の極致で、心は眞の奧底に徹して、宇宙の眞理の底の底まで考へぬいてゐる。彼人間が地上に現はれてから茲に二十幾萬年。二本の脚で大きい頭を支へてその頭は愈々發達し、二本の手で天の工を奪つてその工は益々神祕になつて行く。人間といふものは實に不思議なものだなア。彼人間はほんとに小宇宙といふ名に負かない——人間を小宇宙と呼ぶが正にその通りである。

【考察】「成るべく具體的に」といつても一々實例を擧げよといふのでなくて、單なる語句の直解にならぬやうにとの注意と考へてよからう。よく宇宙の大を包みは一寸分りにくい文句だが、前後の關係を辿つて、

眇たる五尺の軀よく宇宙の大を包み＝體や美の極致にして
頭は日月の外を照らす＝心や眞の奧底に徹す

といふ風に考へ、又最後の

彼や眞に小宇宙たるの名に負かず

なども參考の中に入れて考へたら、

小さい五尺のからだの中に宇宙の一切を包んで持つてゐる——宇宙の大が小さいからだの中に包含されてゐる

といふ文意と了解してよい事にならう。自然界に於ける法則は悉く彼によりて與へられたりといふのは、例へば引力の法則がニュートンによつて法則とされたといふやうに、自然現象に法則を與へたのは——法則として名稱づけたのは人だと考へたらよく分るであらう。

【解説】（1）五尺の小さいからだで、よく大きい宇宙を包んで、その中に宇宙の大を包含して持つてゐるといふ意。人間の小さいからだの中には、宇宙の凡てが包まれてゐるといふのである。

（2）アタマでは日月の外まで照らして、目に見えぬ悠遠な天地の理をすつかり考へぬいてゐるといふ意。

（3）自然界には色々な法則があるが、その法則は悉く人間に依つて發見され認識されたもので、つまり人間に依つて與へられたものだといふのである。

（4）神を信じ神に服從するといつても、結局人間が神だとするものを神として信じて之に服從するのであるから、全智全能の神といふものもつまりは人間のアタマで造り出したものだといふのである。

（5）永遠無窮の生命を傳へる、即ち人間は、悠久の過去からの人間の生命を受けて生れ、そして人間として生存し、更にその生命を久遠の將來に傳へて行くといふのである。

（6）心は眞理の奥底に徹して、宇宙の眞理の底の底までも考へぬくといふ意。

【二五〇】　猿よお前は(一)一體泣いてゐるのかそれとも亦笑つてゐるのか(二)お前の顔は悲劇の面のやうで同時に又喜劇の面のやうだ私の記憶は縁日の猿芝居へ私を連れて行く櫻の釣枝張子の鐘それから(イ)アセチリン瓦斯の神經質な光お前は金紙の烏帽子をかぶつて緋鹿子の振袖を引きずりながら(三)演技するのである私の胸に始めて疑團が萌したのは正にその演技中のお前の顔へ偶然の一瞥を投げた時だ(四)お前は一體泣いてゐるのかそれとも亦笑つてゐるのか猿よ(ロ)人間よりもより人間的な猿よ私はお前程(五)巧妙なトラヂックコメデアンを見た事がない(六)——私の心の中で斯う呟くと猿は突然身を躍らせて私の前の金網にぶら下りながら(七)癇高い聲で問返した(八)「ではお前は？えお前の其のしかみ面は？」

右を讀みて左に答へよ。

（A）——線の箇所の解說。

（B）左の詞を別紙に書き拔き、且つその右側に振假名をつけよ。

烏帽子　緋鹿子　振袖　緣日　一瞥　金網　癇高い　しかみ面

（C）右の文章中にある左の詞を別紙に書き拔き、且つその下にその屬する品詞名を記せ。

（一）一體　（二）お前　（三）ながら　（四）だ　（五）巧妙な　（六）ない　（七）癇高い　（八）た　（成城高校）

【讀方】 猿《さる》よ。お前《まへ》は一體《いつたい》泣《な》いてゐるのか、それとも亦《またわら》笑つてゐるのか。お前《まへ》の顏《かほ》は悲劇《ひげき》の面《めん》のやうで、同時《どうじ》に又《また》喜劇《きげき》の面《めん》のやうだ。私《わたし》の記憶《きをく》は緣日《えんにち》の猿芝居《さるしばゐ》へ私《わたし》を連《つ》れて行《い》く。櫻《さくら》の釣枝《つりえだ》、張子《はりこ》の鐘《かね》、それからアセチリン瓦斯《ガス》の神經質《しんけいしつ》な光《ひかり》。お前《まへ》は金紙《きんがみ》の烏帽子《ゑぼし》をかぶつて、緋鹿子《ひがのこ》の振袖《ふりそで》を引《ひ》きずりながら演技《えんぎ》するのである。私《わたし》の胸《むね》に始《はじ》めて疑團《ぎだん》が萌《きざ》したのは、正《まさ》にその演技中《えんぎちゆう》のお前《まへ》の顏《かほ》へ、偶然《ぐうぜん》の一瞥《いちべつ》を投《な》げた時《とき》だ。お前《まへ》は一體《いつたい》泣《な》いてゐるのか。それとも亦《またわら》笑つてゐるのか。猿《さる》よ。人間《にんげん》よりもより人間的《にんげんてき》な猿《さる》よ。私《わたし》はお前程巧妙《まへほどかうめう》なトラヂック・コメデアンを見《み》た事《こと》がない。——私《わたし》の心《こゝろ》の中《なか》で斯《か》う呟《つぶや》くと、猿《さる》は突然身《とつぜんみ》を躍《をど》らせて、私《わたし》の前《まへ》の金網《かなあみ》にぶら下《さが》りながら、癇高《かんだか》い聲《こゑ》で問返《とひかへ》した。

「ではお前《まへ》は？　え、お前《まへ》の其《そ》のしかみ面《つら》は？」

【通解】 猿よ。お前は一體泣いてゐるのか、それとも笑つてゐるのか。お前の顏は悲劇の面のやうで、同時に又喜劇の面のやうだ。泣いてゐながら同時に笑つてゐるやうな顏だ。斯う考へるとすぐ私は緣日の猿芝居を思ひ出す。櫻の釣した枝、張子で作つた鐘、それからアセチリン瓦斯のチカ〳〵とした神經質な光。さうした舞臺の上で、お前は金紙の烏帽子をかぶつて、緋鹿子の振袖を引きづりながら、道成寺の清姫の芝居をやるのである。私の胸に始めて解け難い疑が生じたのは、正にそのお芝居をやつてゐるお前の顔を、偶然ちらツと一目見た時だ。お前は一體泣いてゐるのか。それとも笑つてゐるのか。猿よ。人間よりももつと露骨に人間らしさの出てゐる猿よ。私はお前位上手な非劇的喜劇役者を見た事がない――と、斯う私の心の中で呟くと、猿はいきなり身を躍らせて、私の前の金網にぶら下りながら、キッキと癇高い聲で私にこんな事を問ひ返すかのやうに叫んだのであつた。「それならお前はどうだい。え、お前の其のしかみツ面はサ」――私は却て猿からそんな風に問返されたやうな妙な反省氣分になるのでした。

【考察】（A）は思想の内容である。（B）は「讀方」によつて答へられる。（C）は文法上の問題である。

【解説】（A）（イ）アセチリン瓦斯は特殊の臭氣があつて點火し易く、光輝のある焰を立てて燃える、昔の縁日の夜店などではよく之を用ひた。そのいらだゝしいやうなチカ〳〵とした光は如何にも神經質といふ感じだから斯う書いたのである。

（ロ）猿は人間に似てゐて、而も人間のやうに上邊を取りつくろふ所がない、露骨に人間の持つ動物性を發揮してゐる、それで人間よりももつと人間的だといふ感じがする、その感じのまゝを書いたのである。

（C）（一）一體（副詞）（二）お前（代名詞）（三）ながら（助詞）（四）だ（助動詞）（五）巧妙な（形容動詞）（六）ない（形容詞）（七）癇高い（形容詞）（八）た（助動詞）

【二五一】茶の宗匠達は眞の藝術鑑賞はたゞ藝術から生きた感化力を汲み出す人々にのみ可能である

と考へた故に(イ)彼等は茶室に於て得た教養の高い規準を以て彼等の日常生活を規定しようとしたいかなる場合にも心は平靜に保たれなければならない又談話は周圍の調和を亂さぬやうに行はれなければならないそして衣服の仕立や色合から體の坐りや歩きぶりに至るまですべてが藝術的人格の表現たるを得たのであつたこれ等は決して輕く看過してはならない事柄であつたといふのは(ロ)人は己自身を美なるものとして始めて美に近づく資格を得るのであるからかくして(ハ)宗匠達は單なる藝術家以上のもの――藝術そのものとならうと努めた

この人生といふ愚しいいざこざの波の騒がしい海上に於て自己の生活をあるべきやうに規定してゆく道を知らない人々は幸福らしく滿足らしく装はうと徒にあがきつゝしかも絶えず悲惨な狀態にゐる我々は心の安定を保たうとしてはよろめき水平線上に雲の浮かぶ毎に暴風雨の前兆として心を冷やす併しながら(ニ)永遠に向つて逆巻きゆく波濤のうねりの中にこそ喜びが又美しさが存する何故に波濤そのものと一體にならないのかまた何故に列子の如く風そのものに御さないのか

右を讀みて左に答へよ。

（1）本文の主題をいへ。

（2）傍線の部分の意味を分り易く説明せよ。（成城高校）

【讀方】 茶《ちや》の宗匠達《そうしやうたち》は、眞《しん》の藝術鑑賞《げいじゆつかんしやう》は、たゞ藝術《げいじゆつ》から生《い》きた感化力《かんくわりよく》を汲《く》み出《だ》す人々《ひとぐ》にのみ可能《かのう》であると考《かんが》へた。故《ゆゑ》に彼等《かれら》は茶室《ちやしつ》に於《おい》て得《え》た教養《けうやう》の高《たか》い規準《きじゆん》を以《もつ》て彼等《かれら》の日常生活《にちじやうせいくわつ》を規定《きてい》しようとした。いかなる場合《ばあひ》にも心《こゝろ》は平靜《へいせい》に保《たも》たれなければならない。又談話《まただんわ》は周圍《しうゐ》の調和《てうわ》を亂《みだ》さぬやうに行《おこな》はれなければならない。そして衣服《いふく》の仕立《したて》や色合《いろあひ》から、體《たい》の坐《すわ》りや歩《ある》きぶりに至《いた》るまで、すべてが藝術的人格《げいじゆつてきじんかく》の表現《へうげん》たるを得《え》たのであつた。これ等《ら》は決《けつ》して輕《かる》く看過《かんくわ》してはならない事柄《ことがら》であつた。といふのは、人《ひと》は己自身《おのれじしん》を美《び》なるものとして始《はじ》めて美《び》に近《ちか》づく資格《しかく》を得《う》るのであるから。かくして宗匠達《そうしやうたち》は單《たん》なる藝術家以上《げいじゆつかいじやう》のもの——藝術《げいじゆつ》そのものとならうと努《つと》めた。

この人生《じんせい》といふ、愚《おろか》しいいざこざの波《なみ》の騷《さわ》がしい海上《かいじやう》に於《おい》て、自己《じこ》の生活《せいくわつ》をあるべきやうに規定《きてい》してゆく道《みち》を知《し》らない人々《ひとびと》は、幸福《かうふく》らしく、滿足《まんぞく》らしく裝《よそほ》はうと、徒《いたづら》にあがきつゝ、しかも絶《た》えず悲慘《ひさん》な狀態《じやうたい》にゐる。我々《われ〱》は心《こゝろ》の安定《あんてい》を保《たも》たうとしてはよろめき、水平線上《すゐへいせんじやう》に雲《くも》の浮《う》かぶ毎《ごと》に暴風雨《ばうふうう》の前兆《ぜんてう》として心《こゝろ》を冷《ひ》やす。併《しか》しながら、永遠《えいゑん》に向《むか》つて逆卷《さかま》きゆく波濤《はたう》のうねりの中《なか》にこそ、喜《よろこ》びが、又美《またうつく》しさが存《そん》する。何故《なにゆゑ》に波濤《はたう》そのものと一體《いつたい》にならないのか、また何故《なにゆゑ》に列子《れつし》の如《ごと》く風《かぜ》そのものに御《ぎよ》さないのか。

【通解】 茶道の宗匠達は、ほんとに藝術を鑑賞する事は、只藝術の中から生きた感化力を汲み出して、ほんとに藝術の生きた力によつて感化される人々にだけ出來る事だと考へた。だから彼等は茶室で修養し得た教養の高い規範で自分の日常生活を規定して、一擧一動悉く茶室で得た教養に反しまいとした。どんな場合にでも心はじーツと平靜に保つてゐなければならない。又話は周圍の調和を亂さぬやうに、どこ迄も周圍とよく調和するやうに行はれなければならない。そして着る着物の仕立方や色合から、自分のからだの坐りや歩きツぷりに至るまで、何も彼も藝術的な人格の現はれである事が出來たのであつた。これ等は決して輕く看のがしてはならぬ事柄であつた。といふのは、人は自分自身を美しいものにして始めて美に近づく資格が出來るものだからだ。かうして茶道の宗匠達は只單なる藝術家以上のもの——藝術家といふものよりも寧ろ自分自身が藝術そのものにならうと努力した。

この人生といふ、馬鹿々々しいいざこざの波の立ち騒ぐ海上――丸で波の立ち騒ぐ海上のやうに、色々ないざこざの絶えない人生に於て、自分の生活を斯くあらねばならぬといふやうに正しく規定して行く道を知らぬ人々は、さも幸福らしく、満足らしく見せ掛けようと、徒にあがき苦しみながら、而も絶えず悲惨ななさけない状態をしてゐる。我々は心の安定を保たうとしてはよろめいて、水平線上に雲が浮かぶ度毎にそれを暴風雨の前兆と思つてひや〳〵する――何か一寸した事が起る毎に恐ろしい事件の前兆と思つてはら〳〵する。併し、永遠に向つて逆巻いて行く波濤のうねり――永遠に盡きない人生のいざこざの中にこそ、喜びがあり、又美しさがあるのだ。何故波濤そのものと一體にならぬのか、又何故列子のやうに風そのものに乗らぬのか――人はどうして人生のいざこざと一體になり、色々な事件事態を制御して、このいざこざの絶えない人生そのものの中に正しい自分の生活を規定して行かないのか。

【考察】　文が二段に分れてゐて、前半は「茶の宗匠達の藝術的生活態度」であり、後半はそれから抽象された「生活を正しく規定する道」である。そして前半と後半との關聯はかなり稀薄で、わざ〳〵行を變へて出してゐる。然し「本文の主題をいへ」といふ要求は、やはりこの全體を一文としての主題をいへといふやうに考へて然るべきであらう。後半は人生を海に譬へて、比喩本位の表現で行つてゐる。波濤は人生のいざこざに譬へた事明瞭である。風そのものは前に暴風雨とあるのを指して、人生の事件事態をいうたものと考へられる。列子が風に御すといふ事は莊子に見えてゐて、それは風に乗つて空をかけ回る事で、從つて又仙家が飛行して跡を絶つの義にもいふが、こゝは人生を超越して了ふといふ意とは考へられぬ。御すを乗つて之を制御するの意に取つたものと考へなければならぬ。〇規準は判斷や行爲や評價等の從ふべき規則、卽ち生活の規範をいふ。○規定するは正しくきまりをつける。

【解説】（１）本文の主題は「茶の宗匠達の生活態度から見た正しい生活規定の態度」といふ事である。

（２）（イ）茶の宗匠達は、茶室に於て非常に高い教養を得た。その高い教養を生活の規範として、それによつて自分等の日常生活を規定して、一擧一動悉くそれに反しないやうにしようとした——といふ意。

（ロ）人は自分自身を美しいものにしなくては美に近づく事は出來ない。美に近づく資格は自分を美しくする事によつて始めて得られる——といふ意。

（ハ）茶の宗匠達は、單に藝術家になるのでなくて、それ以上のもの卽ち藝術そのものにならう、自分自身がそのまま藝術そのものであるやうにならうと努力した——といふ意。

（ニ）人生を海に譬へるなら、その海に於て永遠に向つて逆卷いて行く波濤のうねりの中に、卽ち人生そのものの永遠に果てないいざこざの騒ぎの中にこそ、喜びもあれば美しさもある——といふ意。

【二五二】　信州の小諸に居た頃私は弓をやつたことがある誰でも最初のうちは的に向つて矢を當てることばかりを心掛けるたゞ當りさへすればいゝ(イ)さういふ時代には幸に一本の矢が的を貫ぬくことはあつても他の矢は思ひもよらぬ場所へ飛んで行く射手の心に賴むところもなく矢の曲直を辨別する力もなくさうして幸に當つた矢は高慢で煩はしい「熟練」を思はせるばかりだ小諸に住む舊士族の一人で弓術に心得のある老人が私達の矢場に來たその老人が先づ「姿勢」を正すことを私達に教へてくれたそれからの私達の矢は假令的を貫ぬくことが出來ないやうな場合でも一手揃で同じ場所を行くやうになつた

これは文章の道にも當嵌めてみることが出來る唯好い文章をのみ作らうと思つて焦心するのは決して目的を達する道ではない(ロ)眞に好い文章を作らうと思ふものはどうしても先づ「自己」から正してかゝら

なければならない

右を讀みて傍線の個所を分り易く説明せよ（成城高校）

【讀方】 信州《しんしう》の小諸《こもろ》に居《ゐ》た頃《ころ》、私《わたくし》は弓《ゆみ》をやつたことがある。誰《だれ》でも最初《さいしよ》のうちは、的《まと》に向《むか》つて矢《や》を當《あ》てることばかりを心掛《こゝろが》ける。たゞ當《あた》りさへすればいゝ。さういふ時代《じだい》には、幸《さいはひ》に一本《いつぽん》の矢《や》が的《まと》を貫《つら》ぬくことはあつても、他《た》の矢《や》は思《おも》ひもよらぬ場所《ばしよ》へ飛《と》んで行《い》く。射手《いて》の心《こゝろ》に頼《たの》むところもなく、矢《や》の曲直《きよくちよく》を辨別《べんべつ》する力《ちから》もなく、さうして幸《さいはひ》に當《あた》つた矢《や》は、高慢《かうまん》で煩《わづら》はしい「熟練《じゆくれん》」を思《おも》はせるばかりだ。小諸《こもろ》に住《す》む舊士族《きうしぞく》の一人《ひとり》で弓術《きゆうじゆつ》の心得《こゝろえ》のある老人《らうじん》が、私達《わたくしたち》の矢場《やば》に來《き》た。その老人《らうじん》が、先《ま》づ「姿勢《しせい》」を正《たゞ》すことを私達《わたくしたち》に教《をし》へてくれた。それからの私達《わたくしたち》の矢《や》は、假令的《たとひまと》を貫《つら》ぬくことが出來《でき》ないやうな場合《ばあひ》でも、一手揃《ひとてぞろひ》で同《おな》じ場所《ばしよ》を行《い》くやうになつた。

これは文章《ぶんしやう》の道《みち》にも當嵌《あては》めてみることが出來《でき》る。唯好《たゞよ》い文章《ぶんしやう》をのみ作《つく》らうと思《おも》つて焦心《せうしん》するのは、決《けつ》して目的《もくてき》を達《たつ》する道《みち》ではない。眞《しん》に好《よ》い文章《ぶんしやう》を作《つく》らうと思《おも》ふものは、どうしても先《ま》づ「自己《じこ》」から正《たゞ》してかゝらなければならない。

【通解】 信州の小諸に居た頃、私は弓をやつた事がある。誰でもやり始めのうちは、的に向つて矢を當てる事ばかり心掛ける。只矢が的に當りさへすればいゝのだ。さういふ時代には、幸に一本の矢がうまく的を貫ぬく事はあつても、外の矢は思ひもよらぬ場所へ飛んで行く。射る者の心に信頼する所の自信もなく、矢が曲つてゐるか眞直であるかを見分ける力もなく、さうして幸に一本でも矢が當ると、高慢ちきで煩はしい「熟練」を思はせて——ナーニ熟練さ、熟練すれば當るにきまつてゐるといふ氣を起させるばかりだ。小諸に住む舊い士族の一人で弓術に心得のある老人が、私達のやつてゐる矢場に來た。その老人が、先づ「姿勢」を正しくしなければならぬといふ事を私達に教へてくれた。それを教へられてからの私達の矢は、たとひ的を貫ぬくことが出來ぬやうな場合でも、とてつもない場所へは行かないでちやんと調子が揃つて同じ場所を飛んで行くやうになつた。
　この事は文章の道にも當嵌めて見る事が出來る。唯好い文章ばかり作らうと思つて心を苦しめるのは、決してその目的を達してゐ丶文章を作り得る道ではない。ほんとに好い文章を作らうと思ふものは、どうしても先づ「自己」を正して、自分の心の持方を正しくしてから掛らなくては駄目だ。

【考察】　矢から文章へである。高慢で煩しい「熟練」を思はせるは一寸解しにくい文句だ。が、「心に賴むところもない」初心の射手が「幸に當つた矢」によつて、自己の熟練を高慢さうに考へる筈もないから、「ナーニ熟練さ」と思ふ──必ずしもその射手が自ら思ふだけでなく、誰しもそんな氣がするといふのだらう。さうすると「高慢で煩はしい」がをかしいが、自體「熟練」といふものは常に高慢と煩はしさを伴つたものだといふ筆者の主觀が斯ういふ形容詞となつて現はれたのであらう。一手揃は文義上、どの手もどの手も──いつ射る矢も一つに手が揃つてといふ意味の語と考へられる。昔の言葉に手に執る一組二本の矢を一手《ひとて》といふ、それから來た言葉だらうか。

【解說】（イ）矢を射る者の心に何等の自信もなく、矢が曲つてゐるか眞直であるかを見分ける力もなく、さうしてまぐれ當りに矢が當れば、「ナーニ熟練さ、矢などは熟練しさへすればいくらでも當るものだ」といふ風に、高慢ちきで煩はしい「熟練」を思はせるだけだ──といふ意。
（ロ）ほんとに好い文章を作らうと思ふ人は、どうしてもその前に自分自身から正しくして、ほんとに心を正しく持つて掛らなくては出來るものではない──といふ意。

【二五三】「(イ)閑かさや岩にしみ入る蟬の聲」は外面的には蟬を歌つたものに過ぎない然しこの句位主觀的香氣に滿ちる作品はあるまい人はこの主客兩觀の交錯は時に詩の感情を曖昧ならしめるといふかも知れないがこの一點こそ日本の詩歌が自由な無比獨特の天地を握つてゐる所以であらう(ロ)詩歌の自由は卽座に自然の靈象と抱擁する――私共はその自由を尊敬せねばならぬ

右の文に於ける傍線の個所を分り易く說明せよ（成城高校）

【讀方】「閑《しづ》かさや、岩《いは》にしみ入《い》る蟬《せみ》の聲《こゑ》」は、外面的《ぐわいめんてき》には蟬《せみ》を歌《うた》つたものに過《す》ぎない。然《しか》し、この句位《くぐらゐ》、主觀的香氣《しゆくわんてきかうき》に滿《み》ちる作品《さくひん》はあるまい。人《ひと》はこの主客兩觀《しゆかくりやうくわん》の交錯《かうさく》は時《とき》に詩《し》の感情《かんじやう》を曖昧《あいまい》ならしめるといふかも知《し》れないが、この一點《いつてん》こそ、日本《につぽん》の詩歌《しか》が、自由《じいう》な、無比獨特《むひどくとく》の天地《てんち》を握《にぎ》つてゐる所以《ゆゑん》であらう。詩歌《しか》の自由《じいう》は卽座《そくざ》に自然《しぜん》の靈象《れいしやう》と抱擁《はうよう》する――私共《わたくしども》はその自由《じいう》を尊敬《そんけい》せねばならぬ。

【通解】「閑かさや、岩にしみ入る蟬の聲」――何といふ閑寂さだ、丸で蟬の聲が岩の中にしみ込んで行くやうに聞えるといふ句は、表面上からいへば蟬を歌つたものに過ぎない。然し、この句位、主觀的の香氣に滿ちた、作者の美しい詩的な氣分情操の滿ちた作品はあるまい。この主觀と客觀の交錯する事は往々にして詩の感情を曖昧にさせるといふ人もあるかも知れないが、この主客兩觀の交錯するといふ一點こそ、日本の詩歌が、自由な、他に比類のない獨特の天地を握つてゐるわけであらう。詩歌はこの自由さがあるためにすぐそのまゝ自然の靈妙な事象とぴツたり抱き合つて主觀と客觀が一つに融け合つて了ふ――私共はさうした詩歌の自由を尊敬しなくてはならぬ。

【考察】芭蕉の有名な句を引いて、日本の詩歌に於ける主客兩觀の交錯の自由を强調してゐる。この句に於て「閑かさや」といつて、先づいひ知れぬ閑寂さを歌ひ、更に蟬の聲を「岩にしみ入る」と歌つてゐる所に主觀の香氣が滿ちてゐるといへるのである。「岩にしみ入る」は事實ではない、感じである、作者の主觀である、而もそれをさうした客觀の事實として歌つてゐる所に「自然の靈象と抱擁する」詩の自由が存するわけである。自然の靈象と抱擁するのは詩人の主觀で、そこから自由な詩境が生まれるのである。それを本文では直ちに「詩歌の自由」が抱擁するといふ風に表現してゐるのである。

【解說】（イ）「閑かさや、岩にしみ入る蟬の聲」――何といふ閑寂さだ、丸で蟬の聲が岩の中にしみ込んで行くやうに聞えるといふ芭蕉の句は、うはツつらからいへば蟬の事を歌つたものに過ぎない。然し、この句位、主觀的な香氣に滿ちた、作者の美しい詩的な氣分情操の滿ちた句はあるまいといふ意。「閑かさ」といひ「岩にしみ入る」といふのは、作者の內に漲る詩的主觀の美しい現はれだから斯う斷じたのである。

（ロ）詩歌の自由さ――日本の詩歌が、主客兩觀の交錯を平氣でやるといふその獨特の自由さから、詩人は卽座に自然の靈妙な事象とぴツたり抱き合つて、そこから主觀の香氣に滿ちた美しい作品が生れる。だから吾々はさうした詩歌の自由を尊ばなくてはならぬといふのである。

【二五四】　次の文を讀みてその設問に答へよ。

讀書固より甚だ必要であるたゞ一を讀んで十を疑ひ百を考ふる事が必要である人間の知識を一歩進めんとする者は現在の知識の境界線迄進むを要する事は勿論である既に境界線に立つて線外の自然を摑まんとする者は徒に眼を塞いで迷想するだけでは駄目である眼を開いて自然其の物を凝視しなければならぬたゞ此の際注意すべきは色眼鏡をかけて見ないことである

（1）「人間の知識を一歩進める」とは如何なることか。

（2）「現在の知識の境界線まで進む」とは如何なることか。

（3）「線外の自然」とは何か。

（4）「眼を開いて自然其の物を凝視する」とは如何なることか。

（5）「色眼鏡をかけて見る」とは如何なることか。（大邱醫專）

【讀方】 讀書固《どくしよもと》より甚《はなは》だ必要《ひつえう》である。たゞ一《いつ》を讀《よ》んで十《じふ》を疑《うたが》ひ、百《ひやく》を考《かんが》ふる事《こと》が必要《ひつえう》である。人間《にんげん》の知識《ちしき》を一歩進《いつぽすす》めんとする者《もの》は、現在《げんざい》の知識《ちしき》の境界線迄進《きやうかいせんまですゝ》むを要《えう》する事《こと》は勿論《もちろん》である。既《すで》に境界線《きやうかいせん》に立《た》つて、線外《せんぐわい》の自然《しぜん》を摑《つか》まんとする者《もの》は、徒《いたづら》に眼《まなこ》を塞《ふさ》いで迷想《めいさう》するだけでは駄目《だめ》である。眼《まなこ》を開《ひら》いて自然其《しぜんそ》の物《もの》を凝視《ぎようし》しなければならぬ。たゞ此《こ》の際注意《さいちゆうい》すべきは色眼鏡《いろめがね》をかけて見《み》ないことである。

【通解】 本を讀む事は固より非常に大切である。只本を讀むにつけて、一を讀んで十の事を疑ひ、百の事を考へる事が必要だ――只その本に書いてある事だけを知つてそれを肯定するだけでなく、進んで多くの事を疑ひ、考へて見る事が大切だ。人間の知識を現在以上に一歩進めようとする者は、人間が現在持つてゐる知識の最高の所まで進む必要のある事は勿論だ。既にこれ以上は現在の知識では分らぬといふ境の所に立つて、それ以上に不可解な自然を理解しようとする者は、つてじーッと考へてゐるだけでは駄目だ。眼を見開いて自然其の物をじッと視つめなくてはならぬ。只目をつむたゞこの時に注意すべき事は色眼鏡を掛けて見ない事――自分の勝手な考へで解釋を下さない事である。

【考察】　人間の知識を一歩進めるための讀書の態度から、進んで自然觀察の態度に論及してゐるのである。

【解說】　（1）人間が現在持つてゐる知識から更に一歩進めて、もつと高い知識を持つやうにする事。（2）現在人間が持つてゐる知識の最高點――これ以上は今の所人間には分つてゐないといふ所まで自分の研究を進めるといふ事。（3）現在の人間の知識では解決の出來ない自然界の事理事象。（4）只考へてゐるだけでなく、實際に自然其の物を視つめて、ほんとに其の眞相を知らうとすること。（5）自分の勝手な考へで勝手な解釋を下すこと。

【二五五】　左の文を熟讀の上傍線を附したる箇所の內容を分り易く說明せよ。

小兒彼は何といふ驚くべき藝術家だらう彼の心には習慣のかさぶたが固着してゐないその心は痛々しい程むき出しで鋭敏だ(イ)私達は物を見る處に物に捕はれる(ロ)彼は物を見る處に物を捕へる(ハ)物そのもの丶本質に於てこれを捕へる而して(ニ)睿智の始めなる神々しい驚異の念にひたるそこには何等の(ホ)先入的僻見がないこれこそは純眞な藝術的態度だ（第二早高）

【讀方】　小兒《せうに》、彼《かれ》は何《なん》といふ驚《おどろ》くべき藝術家《げいじゆつか》だらう。彼《かれ》の心《こゝろ》には習慣《しふくわん》のかさぶたが固着《こちやく》してゐない。その心《こゝろ》は痛々《いたく》しい程《ほど》にむき出《だ》しで鋭敏《えいびん》だ。私達《わたくしたち》は物《もの》を見《み》る處《ところ》に物《もの》に捕《とら》はれる。彼《かれ》は物《もの》を見《み》る處《ところ》に物《もの》を捕《とら》へる。物《もの》そのもの丶本質《ほんしつ》に於《おい》てこれを捕《とら》へる。而《しか》して睿智《えいち》の始《はじ》めなる神々《かうぐ》しい驚異《きやうい》の念《ねん》にひたる。そこには何等《なんら》の先入的僻見《せんにふてきへきけん》がない。これこそは純眞《じゆんしん》な藝術的態度《げいじゆつてきたいど》だ。

【通解】子供といふものは、何といふ驚くべき藝術家だらう。子供の心には丸でねぶとのかさぶたのやうないやな習慣といふものがこびりついてゐない。その心は痛々しい程むき出しで何等のおほひかくしも無く實に鋭い。私共大人は物を見る場合に物に捕はれて自分といふものが無くなる。彼等子供は物を見る場合に自分が主になつて物を捕へる。物そのものの本質をしつかりつかまへる。そして神のやうな明かな智の始めである所の神々しい驚異の念につかつて、何のこだはりもなく心からそれに驚異の目を見張る。そこには何一つとして前々から心の內に入り込んだ僻見がない。これこそほんとに純眞な藝術的の態度である。

【考察】大人は物に捕はれ、子供は物を捕へる――といふのが此の文の中心思想である。（ハ）の言ひ方は英語風で、例へば、「手を取る」といふのを 'take one by the hand' といふやうな趣の表現であらう。

【解說】（イ）どこで何を見ても、習慣に蔽はれた目で見るから、心がその見る物に捕はれ、その物に支配されて了つて、ほんとにその物の本質を見極める事が出來ぬといふ意。

（ロ）どこで何を見ても、純眞の目で見るから、自分の方が主になつて、しつかりとその物を摑んで正しく觀察するといふ意。

（ハ）その物の本質をしつかり摑へて、うはツつらでなくてほんとにその物の本質を見極めるといふ意。

（ニ）睿智卽ち神のやうな明かな智は、物事に對して神のやうな純眞さを以て驚異の目を見張る事から始まるのであるが、子供は何を見ても、さうした純眞な美しい驚異の念にひたりきるといふのである。

（ホ）前々から心の内に這入り込んでゐる考へがあつて、そのために物をひがんで見るといふ事。

【二五六】　左の文中傍線を施せる部分のみを解釋說明せよ。

噫故鄕こそはげに我が世のいと安けき港なりけれ（イ）わが舟そこに休らへば人の情の海は深うしてなつかしき鄙言葉のさゞめきの波は子守歌の樣におだやかに（ロ）あたりを繞る靑垣の山々は嚴たる神威變る事なき父の姿のげに變ることなければこそ年々の形逝いても猶とこしなへに我をいつくしむ大慈悲の神はこもりぬべし（ハ）希望の影の偉いなる光にあこがればこそはた又生れにし家のまづしければこそ好むにあらねど雄心ひき起して（ニ）詩笠吟杖飄々たる旅の身のかくは嶮しき生命の路のさすらひ都の塵の中にもくすぶりつれ（臺北醫專）

【讀方】　噫《あゝ》、故鄕《ふるさと》こそは、げに我《わ》が世《よ》のいと安《やす》けき港《みなと》なりけれ。わが舟《ふね》そこに休《やす》らへば、人《ひと》の情《なさけ》の海《うみ》は深《ふか》うして、なつかしき鄙言葉《ひなことば》のさゞめきの波《なみ》は、子守歌《こもりうた》の樣《やう》におだやかに、あたりを繞《めぐ》る靑垣《あをがき》の山々《やまく\》は、嚴《げん》たる神威變《しんゐかは》る事《こと》なき父《ちゝ》の姿《すがた》の、げに變《かは》ることなければこそ、年々《としぐ\》の形逝《かたちゆ》いても、猶《なほ》とこしなへに我《われ》をいつくしむ大慈悲《だいじひ》の神《かみ》はこもりぬべし。希望《きばう》の影《かげ》の偉《おほ》いなる光《ひかり》にあこがればこそ、はた又《また》、生《うま》れにし家《いへ》のまづしければこそ、好《この》むにあらねど、雄心《をごころ》ひき起《おこ》して、詩笠吟杖飄々《しりうぎんぢやうへうく\》たる旅《たび》の身《み》の、かくは嶮《さか》しき生命《せいめい》の路《みち》のさすらひ、都《みやこ》の塵《ちり》の中《なか》にもくすぶりつれ。

【通解】　あゝ、故鄕こそ、ほんとに我が世のいとも安らかな港——ほんとに身を安んずべき安息所であるなア。舟にも譬ふべきわが身がそこに休らつてゐると、人の情は海のやうに深くて、丸でさゞ波のやうななつかしい田舎言葉のさゞめきは、子守歌の樣におだやかに聞えて來、あたりを取巻いてゐる靑い垣のやうな山々は、おごそかに神々しい威光のいつも變らぬ父の姿のやうで、ほんとにいつも變る事がないからこそ、年々の姿形は逝いて了つて身は老い朽ちても、やはり自分をいつくしんで呉れる大慈悲の神はその山の中に籠つてゐるに違ひないのだ。偉大な希望の光にあこがれ前途に大きい望みを抱けばこそ、そして又、生れた家が貧しいからこそ、すき好むわけではないが、雄々しい心をふるひ起して、笠をかぶり杖を曳いて詩歌俳諧にあくがれつゝ、飄々として旅から旅にとさすらふ身の、斯うも嶮しい人生に生きる路のさすらひとして、都の塵の中にもくすぶつたのである。

【考察】　故郷を歎美した文である。かなり氣取つた風の文だが、上掲の讀み方に於ける句讀は動かぬものと信ずる。とすると、（ロ）の「あたりを繞る青垣の山々は嚴たる神威」は頗る珍な出題である。出題者はこんな風に文句を切つて考へたものであらうが、どうも全文の意味と諧調との上から首肯し難い。然し斯う出たものは斯う答へて置く外ない。それから原文そのものについてであるが、年々の形逝いても一寸分りにくい。山の形——或は父の形が逝いてもとしては、「變る事なき」といひ「げに變ることなければこそ」といふのに合はぬ。そこで姑《しばら》く、「我がありし形は年々に逝いてはやくも變りはてたけれど」といふ意の省略表現と了解して置く。又構文上「なければこそ」のこそに對する結びはべしのところである筈——とするとそれは文法上「べけれ」の破格と認めざるを得ない事になる。

【解說】　（イ）舟にも譬ふべきわが身が、安けき港ともいふべき故郷に休らつてゐると、海に譬ふべき人の情は深くて、小波のやうに靜かに響いて來るなつかしい田舍言葉のさゞめきは、恰かも子守歌のやうにおだやかに聞え——といふ意。

（ロ）あたりを取卷いてゐる青い垣のやうな山々は、おごそかに神々しい威光——といふ意。これは下に續く文句と考へられるが、これだけを獨立したものと見れば、あたりの青山は實に嚴然として神々しいといふ事になる。

(ハ) 偉大な希望の光にあこがれ、前途に大きい望みを抱けばこそといふ意。

(ニ) 詩歌俳諧に志して笠をかぶり杖を曳いて飄然として旅に出た身の、かくも嶮しい人生の生命の路のさすらひ——生きんがためのさすらひに依つて、都の塵の中にもくすぶつたのだといふ意。

【二五七】 左の文章を熟讀して次の問に答へよ。

あらゆる藝術上の作品を理解し鑑賞する上にその作家の精細な傳記的知識を用意してゐるといふ事は必要缺くべからざる事である殊に詩歌——日本の詩歌の樣にその形式が無比に短小な藝術にあつてその必要は最も著しいこの際その作家に關する精細な傳記知識はその作品に對する特有の視點を示唆するものとして丁度歌や發句の前書の樣な役目を勤め得るからである然るに殘念な事には日本の詩歌の內でも一番短小な詩歌にのみ終始した芭蕉の傳記に關してはまだ何程の事も分つてはゐないのである

(イ)「日本の詩歌の樣にその形式が無比に短小」とあるが、例を擧げてこれを説明せよ。

(ロ)「傳記的知識」は作品の理解鑑賞上何故に必要であるか。

(ハ)「前書」とは何か。

(ニ) 左の語に振假名を施し且つその意味を記せ。

「鑑賞」「示唆」(高岡高商)

【讀方】 あらゆる藝術上《げいじゆつじやう》の作品《さくひん》を理解《りかい》し鑑賞《かんしやう》する上《うへ》に、その作家《さくか》の精細《せいさい》な傳記的《でんきてき》知識《ちしき》を用意《ようい》してゐるといふ事《こと》は、必要缺《ひつえうか》くべからざる事《こと》である。殊《こと》に詩歌《しか》——日本《につぽん》の詩歌《しか》の樣《やう》に、その形式《けいしき》が無比《むひ》に短小《たんせう》な藝術《げいじゆつ》にあつて、その必要《ひつえう》は最《もつと》も著《いちじる》しい。この際《さい》、その作家《さくか》に關《くわん》する精細《せいさい》な傳記《でんき》知識《ちしき》は、その作品《さくひん》に對《たい》する特有《とくいう》の視點《してん》を示唆《しさ》するものとして、丁度《ちやうど》歌《うた》や發句《ほつく》の前書《まへがき》の樣《やう》な役目《やくめ》を勤《つと》め得《う》るからである。然《しか》るに殘念《ざんねん》な事《こと》には、日本《につぽん》の詩歌《しか》の內《うち》でも一番《いちばん》短小《たんせう》な詩歌《しか》にのみ終始《しゆうし》した芭蕉《ばせを》の傳記《でんき》に關《くわん》しては、まだ何程《なにほど》の事《こと》も分《わか》つてはゐないのである。

【通解】　あらゆる藝術上の作品を理解し鑑賞するについて、その作家の精しく細かい傳記上の知識を豫め用意して持つてゐるといふ事は、必要で缺かされぬ事である。殊に日本の詩歌のやうに、その形式が類なく短小な藝術に於ては、その必要が最も著しい。それを理解し鑑賞する際に、その作家についての精細な傳記上の知識は、その作品に對してどういふ點に特に目をつけて視るべきかといふその特別の點を示し教へるものとして、恰も歌や俳句の前書の文句の樣な役目を勤める事が出來るからである。然るに殘念な事には、日本の詩歌の內でも一番短小な詩歌である所の俳諧ばかりを常に作つてゐた芭蕉の傳記については、まだどれ程の事も分つてはゐないのである。

【考察】　作家の傳記は作品鑑賞上必要缺くべからざる豫備知識で、日本の詩歌のやうな短詩形の文學には殊に大切だが、相憎最も短い詩に終始した芭蕉の傳記は餘り知れてゐないといふのである。

◇本文のいふ所は明かに眞理であるが、入試問題の解決といふ立場からいふと、又別個の見解が認められる。それはどこ迄も文題そのものを獨立したものと考へて、それによつて明かに分る限度に徹するのが正しい解であつて、必ずしも作家の傳記といふ如き背景的事實を資料として解決すべきものではないといふ事である。これが所謂問題の獨立性である。斯う言つただけでは意を悉さぬ憾みはあるが、この機會に一寸一言して置く。

【解説】（イ）例へば芭蕉の「古池や蛙飛び込む水の音」「枯枝に烏のとまりけり秋の暮」といふ發句の如き、僅々十七字調の短詩形の中に、所謂「さび」の情調を盛込んで、無限の詩趣を漂はしてゐるといふやうな類をいふのである。

（ロ）傳記的知識は、作品の理解鑑賞に當つて、恰も詩歌の前書と同様に、その作品に對する特有の視點を示唆し得るものだから、それが必要なのである。

（ハ）詩歌等の前に、その製作の動機や事情等を説明するために書き添へた文句。

（ニ）鑑賞＝藝術上の作品を深く味つて、その物自體のあるがまゝの美點を見出し、それを賞美すること。示唆＝特に注意を促して示し教へること。

【二五八】 高野山の不動坂にさしかゝつた時私は數知れず立並んでゐるあの太い檜の木から何とも言へぬ(一)莊嚴な心持を押しつけられた私の眼はすぐ老樹の根に向つたあの亭々たる巨幹を支へるために太い强靱な根は四方にひろがつて地下の岩にしつかりと抱きついてゐるらしい私はそれを肉眼によつて見ることは出來なかつたがしかし一種の靈氣として感ずることは出來た(二)隱れた努力の威壓が神祕の影をさへ帶びて(三)私に敬虔の情を起させずにはゐなかつたのである(四)私は老樹の前に根の淺い自分を恥ぢたさうして(五)地下の營に沒頭することを自分に誓つた

右の文を讀んで、右側に傍線を引きたる部分につき、次の問に答へよ。

（一）の部分の意味を述べよ。

（二）の「隱れたる努力の威壓」とは何か。説明せよ。

（三）何故「私に敬虔の情を起させずにはゐなかつた」のか。

（四）の部分の眞意を問ふ。

（五）の「地下の營に沒頭する」とはどうすることか。（津田英學塾）

【讀方】 高野山《かうやさん》の不動坂《ふどうざか》にさしかゝつた時《とき》、私《わたくし》は數知《かずし》れず立並《たちなら》んでゐるあの太《ふと》い檜《ひ》の木《き》から、何《なん》とも言《い》へぬ莊嚴《さうごん》な心持《こゝろもち》を押《お》しつけられた。私《わたくし》の眼《め》はすぐ老樹《らうじゆ》の根《ね》に向《むか》つた。あの亭々《てい〳〵》たる巨幹《きよかん》を支《ささ》へるために、太《ふと》い強靱《きやうじん》な根《ね》は四方《しはう》にひろがつて、地下《ちか》の岩《いは》にしつかりと抱《だ》きついてゐるらしい。私《わたくし》はそれを肉眼《にくがん》によつて見《み》ることは出來《でき》なかつたが、しかし一種《いつしゆ》の靈氣《れいき》として感《かん》ずることは出來《でき》た。隱《かく》れた努力《どりよく》の威壓《ゐあつ》が、神祕《しんぴ》の影《かげ》をさへ帶《お》びて、私《わたくし》に敬虔《けいけん》の情《じやう》を起《おこ》させずにはゐなかつたのである。私《わたくし》は老樹《らうじゆ》の前《まへ》に根《ね》の淺《あさ》い自分《じぶん》を恥《は》ぢた。さうして地下《ちか》の營《いとなみ》に沒頭《ぼつとう》することを自分《じぶん》に誓《ちか》つた。

【通解】 高野山の不動坂にさしかゝつた時に、私は數知れず立並んでゐるあの太い檜の木を見て、何ともいへぬ莊嚴な氣持に打たれずにはゐられなかつた。私はすぐその老樹の根の所に眼を向けた。あの高く天に聳えた大きい幹を支《ささ》へるために、太い強くしつかりした根は四方に擴がつて、地下の岩にしつかりとかじりついてゐるらしい。私はそれを肉眼で見る事は出來なかつたが、しかし一種何ともいひやうのない靈氣として心に感ずる事は出來た。根の眼に見えぬ地下の努力の人を威壓する力は、神祕的な氣分さへ伴つて、私はそれに向つて思はず敬虔なほんとにつゝましい氣持を起さずにはゐられなかつたのである。私は老樹の前に根の淺い――人格の根柢の淺薄な、底力の無い自分がつく〴〵恥しくなつた。さうして木の根が地下でせつせとやつてゐるやうに、自分の人格の根柢を養ふ事に專心努力する事を自分に誓つた。

【考察】 和辻哲郎の文で、老樹の根を想つて自己の人格の根柢を養ふ事を誓つたといふ筋である。

【解説】（一）嚴かな、自然とアタマが下るやうな心持を、強く心に感ぜずにはゐられなかつたといふ意。

（二）地下で太い強い根が四方にひろがつて、岩にしつかりと抱きついて、地上の太い幹を支へてゐる、その努力から發する所の、人をぐん〳〵と押しつけるやうな強い力。

（三）根が地下でやつてゐる努力を思ふと、神祕的な一種の靈氣に打たれたからである。

（四）老樹の根が地下で恐るべき努力を續けてゐるのを思ふと、とかく上ツつらだけで何の底力もない、淺薄な自分がつく〴〵恥しくなつたといふ意。

（五）自分の人格の根柢を養ふ事に專心努力するといふ事である。

【二五九】 左の文を讀みて次の問に答へよ。

芭蕉と一茶との素質は殆ど白と黒との如くに違つてゐるそして彼等の作り出した藝術も亦著しく色彩を異にしてゐるそれでゐて二人とも本當の俳人だ二人とも本當の俳句を作り(1)俳句に依つて作られた人だ俳句といふものは元來一つの詩形だかういふ内容を盛るべきものと定まつたわけのある筈はない(2)芭蕉が詠めば芭蕉の素質によつて生かされ一茶が吟ずれば一茶の個性が輝く――強ひて名をつければ芭蕉のは(3)高踏派一茶のは民衆派である

（一）芭蕉と一茶との藝術の色彩の相違を最も簡明に示せ。

（二）傍線を施した部分の意味をわかり易く述べよ。（東京醫專）

【讀方】 芭蕉《ばせを》と一茶《いつさ》との素質《そしつ》は殆《ほとん》ど白《しろ》と黒《くろ》の如《ごと》くに違《ちが》つてゐる。そして彼等《かれら》の作《つく》り出《いだ》した藝術《げいじゆつ》も亦《また》著《いちじる》しく色彩《しきさい》を異《こと》にしてゐる。それでゐて二人《ふたり》とも本當《ほんたう》の俳人《はいじん》だ。二人《ふたり》とも本當《ほんたう》の俳句《はいく》を作《つく》り、俳句《はいく》に依《よ》つて作《つく》られた人《ひと》だ。俳句《はいく》といふものは、元來《ぐわんらい》一《ひと》つの詩形《しけい》だ。かういふ内容《ないよう》を盛《も》るべきものと、定《さだ》まつたわけのある筈《はず》はない。芭蕉《ばせを》が詠《よ》めば芭蕉《ばせを》の素質《そしつ》によつて生《い》かされ、一茶《いつさ》が吟《ぎん》ずれば一茶《いつさ》の個性《こせい》が輝《かゞや》く。――強《し》ひて名《な》をつければ、芭蕉《ばせを》のは高踏派《かうたふは》、一茶《いつさ》のは民衆派《みんしうは》である。

【通解】 芭蕉と一茶とはもと〳〵の性質が殆ど白と黒のやうに丸ツきり違つてゐる。そして彼等の作り出した藝術も亦ひどく色彩が違つてゐる。それでゐて二人とも本當の俳人だ。二人とも本當の俳句を作り、又俳句に依つて人格が作り上げられた人だ。俳句といふものは、元々一つの詩の形式だ。だからその内には斯ういふ内容を盛るべきものだと、其の内容がきまつてゐる筈はない。芭蕉が詠めば芭蕉の素質によつて生かされて芭蕉風の句になり、一茶が詠ずれば一茶の個性が輝いて一茶式の句になる。――無理に名をつければ、芭蕉の句は高踏派即ち超世間的で、一茶の句は民衆派即ち世間的である。

【考察】 芭蕉と一茶との素質の相違と、それに基く作品の色彩の相違とである。

【解說】 (一) 芭蕉の藝術は出世間的超俗的で、一茶の藝術は世間的民衆的である。

(二) (1) 俳句に依つて作り上げられた人、即ちその生命人格の根本が俳句に依つて養はれてゐる心からの俳人。(2) 芭蕉が作ると其の句が芭蕉の素質で生かされて、芭蕉自身の個性によつて生きてゐる句になるといふ意。(3) 世俗を超越し高く止つて俗世間を見下してゐる一派をいふ。

【二六〇】 左の文を讀みて次の問に答へよ。

寒林枯木既に千紫萬紅の春を藏むたゞ春風の促がさゞるを以ていまだ爛漫の花を開かざるのみ日本國民は自然を愛する民なり森羅萬象の美趣を解する民なり(1)蝦房蟹舍もその眼には繪畫を展べ鶯啼蛙鳴もその

耳には詩歌を奏づ太古未開の世文學美術の見るに足るもののなきは外これを暖めこれを養ひこれを長ぜしむるものなければなり(2)胸中いかんぞ無韻の歌なからんや

(一) 傍線を施せる箇處は如何なることを述べたのか。

(二)「これを暖め」の「これ」は何を言ふのか。

(三)「春風」は何を譬へてゐるか。

(四) 左の語を摘出してその讀方を示せ。

藏む　展べ　蛙鳴　奏づ　(東京醫專)

【讀方】 寒林枯木《かんりんこぼく》既《すで》に千紫萬紅《せんしばんこう》の春《はる》を藏《をさ》む。たゞ春風《しゆんぷう》の促《うな》がさざるを以《もつ》て、いまだ爛漫《らんまん》の花《はな》を開《ひら》かざるのみ。日本國民《につぽんこくみん》は自然《しぜん》を愛《あい》する民《たみ》なり。森羅萬象《しんらばんしやう》の美趣《びしゆ》を解《かい》する民《たみ》なり。蝦房蟹舍《かばうかいしや》もその眼《め》には繪畫《くわいぐわ》を展《の》べ、鶯啼蛙鳴《あうていあめい》もその耳《みゝ》には詩歌《しか》を奏《かな》づ。太古未開《たいこみかい》の世《よ》、文學美術《ぶんがくびじゆつ》の見《み》るに足《た》るもののなきは、外《ほか》これを暖《あたゝ》め、これを養《やしな》ひ、これを長《ちやう》ぜしむるもののなければなり。胸中《きようちゆう》いかんぞ無韻《むゐん》の歌《うた》なからんや。

【通解】 冬枯の林の葉の枯れた木も既に美しく花の咲き誇る春を藏してゐる。只春風が促がさないために、まだぱーッと美しい花を開かぬだけの事だ。日本國民は自然を愛する民だ。宇宙間のあらゆる物の美しい趣を解する民だ。蝦か蟹でも住みさうな水邊の小さい漁夫の家もその眼には見事な繪畫を展べたやうに見え、鶯の啼く聲や蛙の鳴く聲もその耳には美しい詩歌を奏樂してゐるやうに聞える。太古まだ開けぬ世に、文學や藝術の見るに足りるものがないのは、外部に於て文學美術の素質を暖め、それを養ひ、それを成長させるものがないからだ。胸の中にどうして無韻の歌——文學美術の素質がない事があらう。

【考察】 文脈上の前後關係を辿つて見ると、

「寒林枯木＝太古未開の世
「既に千紫萬紅の春を藏む＝胸中いかんぞ無韻の歌なからんや
「たゞ春風の促がさざるを以て＝外これを暖め、これを養ひ、これを長ぜしむるものなければなり
「いまだ爛漫の花を開かざるのみ＝文學美術の見るに足るものなきは

斯ういふ關係が考へられる。それによつて春風が何を譬へたかが答へられるわけである。漢文の熟語として水邊の漁夫の家を蟹舍といふ。蝦房はその對句としての同義の作語と考へられる。いくら鶯啼蛙鳴の對句でも、まさか文字通りに蟹や蝦の穴といふ義とは考へられまい。

【解說】（一）（1）漁夫の家のやうなつまらぬものでも日本人の目にはそれも美しい繪畫に見え、鶯や蛙の聲を聞いてもそれが樂しい音樂と聞える――日本人の目や耳には凡てが藝術である程に、日本の民はよく藝術を解し、自然の美を解するといふのである。（2）日本人の胸の中には自然の詩があり歌があつて、文學美術の素質は十分に備つてゐたといふこと。

（二）日本人の胸中にある文學美術の素質をいふ。

（三）「春風」は文學美術の素質を暖め、養ひ、長ぜしめるものに譬へてゐる。

【二六一】 左の文を讀みて次の問に答へよ。

あらゆる隨筆の中で最も圓熟して趣味に富み氣品の高いのは恐らく學識修養經驗に於て豐さを極めた至人の限りなき精神的貯蓄が自然に滴り出でたまに〳〵草であらう（1）無限量の經驗の中に釀し成された靈

液が移り變る外境に應じてランビキに掛けたやうにぽつたりぽつたりと滴り落ちるそれが藝術的な磨きのかゝつた詞に現され最小の形の中に最大の意義を見せて(2)繋がれぬ珠玉の如く無造作にころ〳〵竝びに竝ぶ世にもしこんな隨筆があつたらいかに尊いことであらう論語や老子はその出來た形について見ると人生修養の方面のみに於てほゞこれに近いものといふことが出來る

（一）傍線を施した箇所は如何なることを述べたのか。

（二）「まに〳〵草」とは何か。又、この語にはどんな味があるか。

（三）「ランビキに掛けたやうに」の句にはどんな意味が譬へられてゐるか。

（四）「人生修養の方面のみに於て」と書いたのは反面に於ては何を對照にしたのか（東京醫專）

【讀方】 あらゆる隨筆《ずゐひつ》の中《なか》で、最《もつと》も圓熟《ゑんじゆく》して趣味《しゆみ》に富《と》み、氣品《きひん》の高《たか》いのは、恐《おそ》らく、學識《がくしき》・修養《しうやう》・經驗《けいけん》に於《おい》て豐《ゆたか》さを極《きは》めた至人《しじん》の、限《かぎ》りなき精神的貯蓄《せいしんてきちよちく》が自然《しぜん》に滴《した》り出《い》でた、まに〳〵草《ぐさ》であらう。無限量《むげんりやう》の經驗《けいけん》の中《うち》に釀《かも》し成《な》された靈液《れいえき》が、移《うつ》り變《かは》る外境《ぐわいきやう》に應《おう》じて、ランビキに掛《か》けたやうに、ぽつたりぽつたりと滴《した》り落《お》ちる。それが藝術的《げいじゆつてき》な磨《みが》きのかゝつた詞《ことば》に現《あらは》され、最小《さいせう》の形《かたち》の中《うち》に最大《さいだい》の意義《い》《ぎ》を見《み》せて、繋《つな》がれぬ珠玉《しゆぎよく》の如《ごと》く、無造作《むざうさ》にころ〳〵並《なら》びに並《なら》ぶ。世《よ》にもしこんな隨筆《ずゐひつ》があつたら、いかに尊《たふと》いことであらう。論語《ろんご》や老子《らうし》は、その出來《でき》た形《かたち》について見《み》ると、人生修養《じんせいしうやう》の方面《はうめん》のみに於《おい》て、ほゞこれに近《ちか》いものといふことが出來《でき》る。

【通解】 あらゆる隨筆の中で、一番圓熟して趣味が多く、氣品の高いのは、恐らく、學識や修養や經驗に於てこの上もなく豐かな立派な人の、限りなく澤山にある心の內の蓄へが自然に滴り出た、筆のまに〳〵書かれた隨筆であらう。限りもない經驗の中に自然と作り成された靈液のやうな尊い思想が、移り變る外部の環境に應じて、蒸溜器に掛けたやうにすつかり精選されて、液がぽつたり〳〵と滴り落ちるやうに、ぽつん〳〵と出て來る。それが藝術的な磨きの掛つた洗煉された詞として現されて、一番小さい形の中に一番大きい意義を見せて、繋がれぬ玉のやうに、無造作にころ〳〵といくらでも並ぶ。世に若しこんな隨筆があつたら、どんなに貴い事だらう。論語や老子は、その出來上つてゐる形について見ると、趣味の方面は別として、只人生修養といふ方面だけに於て、ほゞこれに近いものといふ事が出來る。

【考察】 隨筆についての筆者の理想を述べたものである。筆者は隨筆をまに〳〵草と呼んでゐる。筆のまに〳〵自然に出來たといふ意味に於て面白い言葉だ。ランビキは葡萄牙《ポルトガル》語で、酒類を蒸溜させる器。酒の液をランビキに掛けると精選された液がポタリ〳〵と滴る。學識修養經驗の豊かな至人の感想が、環境に應じて、ポツリ〳〵と迸り出る隨筆の比喩として實に妙を極めてゐる。さうして出來た隨筆こそ實に珠玉の斷篇だといふのである。

【解說】 （一）（1）學識修養經驗の豊かさを極めた至人の、無限の經驗の中に生じて來た精神的貯蓄が、移り變る外境に應じて、恰もランビキに掛つてポタリ〳〵と滴り落ちる靈液のやうに、自然と切れ〳〵の思想として出て來るといふのである。（2）美しい語句が、いくらも〳〵無造作に斷篇的に並んでゐるといふ事。

（二）「まに〳〵草」とは隨筆のこと。この語には「氣分のまに〳〵、筆のまに〳〵、自然に生じて來る」といふ味がある。

（三）心の中で自然と精選されて滴り出るといふ意味が譬へられてゐる。

（四）趣味に富んだ、藝術的な隨筆を對照としたのである。

【二六二】　左の文を讀みて次の問に答へよ。

吉田松陰は天成の鼓吹者なり感激者なり彼自ら己を空しうして他の善を採るを禁ずる能はざるのみならず又他をして覺えず自己の精神意氣に同化せしむるを禁ずる能はざらしむる力を有すこれ彼が教育家としての特色なり彼が在る所四圍みな彼が如き人を生ずこれ何に由りて然るか薔薇の在る所土も亦香しといふに非ずや而して彼が最も其の特質を顯したるは松下村塾に於て之を視る

（一）文の要點と思はれる箇處の右側に傍線を引け。

（二）「彼自ら己を空しうして他の善を採るを禁ずる能はざるのみならず」の句は文中のどの句と如何なる關係があるか。

（三）薔薇の諺は何のために書いたか。

（四）「之を視る」の「之」は何を指すか。

（五）傍線を施せる箇處の意味をわかり易く述べよ。（東京醫專）

【讀方】　吉田松陰《よしだしょういん》は天成《てんせい》の鼓吹者《こすゐしや》なり、感激者《かんげきしや》なり。彼自《かれみづか》ら己《おのれ》を空《むな》しうして他《た》の善《ぜん》を採《と》るを禁《きん》ずる能《あた》はざるのみならず、又他《またた》をして覺《おぼ》えず自己《じこ》の精神意氣《せいしんいき》に同化《どうくわ》せしむるを禁《きん》ずる能《あた》はざらしむる力《ちから》を有《いう》す。これ彼《かれ》が教育家《けういくか》としての特色《とくしよく》なり。彼《かれ》が在《あ》る所四圍《ところしゐ》みな彼《かれ》が如《ごと》き人《ひと》を生《しやう》ず。これ何《なに》に由《よ》りて然《しか》るか。薔薇《ばら》の在《あ》る所土《ところつち》も亦香《またかんば》しといふに非《あら》ずや。而《しか》して彼《かれ》が最《もつと》も其《そ》の特質《とくしつ》を顯《あらは》したるは松下村《しようかそん》塾《じゆく》に於《おい》て之《これ》を視《み》る。

【通解】　吉田松陰は天の成した鼓吹者だ、感激者だ。――實に松陰は先天的に人をはげまし立て自ら感激する人であつた。彼自身自分といふものを空しくして虚心坦懷に他人の善い所を採らずにはゐられなかつたばかりでなく、又他人をして思はず知らず自分の精神意氣に同化せずにはゐられぬやうにさせる力を持つてゐた。これが教育家としての彼の特色である。彼の居る所にはあたりに皆彼のやうな人が出來る。これは何に由つてさうであるか。薔薇の在る所は土も亦香しいといふではないか。——その通り彼の德の感化によつて勢ひさうなるのである。そして彼が最も其の特質を發揮したのは松下村塾に於てその事實を視るのである。

【考察】 德富蘇峰の文。この文の要旨は、

松陰の偉大な感化力

であると考へられるから、その立場に於て第一問に答へる。「彼自ら」云々の句は「のみならず又」といふ接續を以て次の句と累加的に對立してゐると考へられる。文脈的に前後の關係を辿れば、

鼓吹者なり＝他をして覺えず自己の精神意氣に同化せしむるを禁ずる能はざらしむる力を有す

感激者なり＝彼自ら己を空しうして他の善を採るを禁ずる能はざる

といふ思想的關係も考へられよう。出題者の意圖は或はこの方かも知れないが、これはやゝ間接の關係だと思ふ。なほ「他をして」は「能はざらしむる」と呼應してゐるのだからその中間にある「同化せしむる」は「同化する」とある方が普通だらう。○鼓吹者は人心をはげまし勢づける人物。○感激者はよく自ら事に感激する人物。

【解說】 （一） 他をして覺えず自己の精神意氣に同化せしむるを禁ずる能はざらしむる力を有す

（二）「又他をして覺えず自己の精神意氣に同化せしむるを禁ずる能はざらしむる力を有す」の句と

累加的對立の關係がある。又「感激者なり」といふ句と同内容の關係がある。

（三）松陰の感化力の偉大さを一層明かにするための比喩として書いたのである。

（四）松陰が教育者として特に偉大な感化力を持つてゐるといふ其の特質を發揮した事實を指す。

（五）自分といふものを空しくし、一切の私を去つて、全く虚心坦懷になつて他人の善を採るといふ事がどうしても止められなかつたばかりでなくといふ意。

【二六三】 左の文につきて次の三問に答へよ。

1. イの意味　2. ロの意味　3. ハの意味

私が或物を見て居る時私といふものがないとは云はれない併し私といふものはまだ意識せられて居ない直に之を反省して私が何々を見て居たといふ時私といふものが意識せられるが(イ)その私といふのは知られた私で知る私ではない無論知られた私といつても知る私の對象化せられたものとして知られたものと同列的とは云はれない(ロ)他を限定する意味を有つてゐなければならぬ併し後の私は前の私と私ならざるものとを知つて居るのである眞に知るものは兩者を包んだものと云ふ事ができる自己が自己の中に自己を映すことによつて自己の内容を限定するといふことが(ハ)知るといふことの根本的形式である（東京高師）

【讀方】 私《わたくし》が或物《あるもの》を見《み》て居《ゐ》る時《とき》、私《わたくし》といふものがないとは云《い》はれない。併《しか》し私《わたくし》といふものはまだ意《い》識《しき》せられて居《ゐ》ない。直《たゞち》に之《これ》を反省《はんせい》して、私《わたくし》が何々《なにく》を見《み》て居《ゐ》たといふ時《とき》、私《わたくし》といふものが意識《いしき》せられるが、その私《わたくし》といふのは知《し》られた私《わたくし》で、知《し》る私《わたくし》ではない。無論《むろん》知《し》られた私《わたくし》といつても、知《し》る私《わたくし》の對象化《たいしやうくわ》せられたものとして、知《し》られたものと同列的《どうれつてき》とは云《い》はれない、他《た》を限定《げんてい》する意味《いみ》を有《も》つてゐなければならぬ。併《しか》し後《のち》の私《わたくし》は、前《まへ》の私《わたくし》と私《わたくし》ならざるものとを知《し》つて居《ゐ》るのである。眞《しん》に知《し》るものは兩者《りやうしや》を包《つゝ》んだものと云《い》ふ事《こと》ができる。自己《じこ》が自己《じこ》の中《なか》に自己《じこ》を映《うつ》すことによつて、自己《じこ》の内容《ないよう》を限定《げんてい》するといふことが、知《し》るといふことの根本的形式《こんぽんてきけいしき》である。

【通解】自分が何かを見て居る時、自分といふものが無いとはいへぬ。併しその時には自分といふものはまだ意識されて居ない。只無意識に見て居るに過ぎない。直にそれを反省して、自分が何々を見て居たといふ時、自分といふものが意識される、が、その場合の自分といふのは自分に知られた自分――おれは何々を見てゐるなと自分に氣の附いた自分であつて、他の物を知る自分ではない。無論自分に知られた自分といつた所で、知る自分が對象化されたものとして――物を知る自分自身が知られる對象になつたものとして、自分に知られた外物と同列のものだとは云はれない、他を限定してこれは何々だときめるといふ意味を持つてゐなくてはならぬ。併し物を知る自分は、自分に知られた自分と自分でない外物とを知つてゐるのである。ほんとに知るものはこの兩者――自分に知られる自分と自分に知られる外物とを包んだものだといふ事が出來る。自分が自分の中に自分を映し出して、それによつて自分の内容を限定して、今自分が何をしてゐるかとはつきり意識する事が、物事を知るといふ事の根本の形式である。

【考察】ひどくこみ入つた文だが、要するに

吾々が物を知るといふ事は
- a、自分は今或物を見てゐるなと自ら意識する事
- b、その見てゐる物は何だと限定する事

斯ういふ兩面を包んだ事だといふのである。

「知る」には「知る自分」と「知られる物」とが必要で、その「知る自分」は自分によつて意識された自分が「知られる物」を限定する事だ。

といふのである。要求する所の「意味」は單なる言葉の解でなく、或程度まで思想の內容に立入つて説明せよといふ事であらう。

【解説】（イ）自分が或物を見てゐる時、それを反省して、自分は今何々を見たと考へると、その時自分といふものがはつきり意識される。然しさうして意識された自分は、自分に知られた自分であつて、物を知る自分自身そのものではない。

（ロ）自分でない他の物——自分が知らうとする他物を限定して、これは何んであつて何々ではないとはつきりきめて掛るといふ意味の意。

（ハ）吾々が物を知るといふことについての一番大本の、どうしても動かす事の出來ない形式。——自分が自分の中に自分を映し出して、それによつて自分を限定して、今自分はこれ〳〵を見てゐるのだとはツきり意識する事が、物を知るといふ事の根本の形式だといふのである。

【二六四】次の文中傍線を施せる部分を説明せよ。

私達の生活は生それ自身の表現であります私達は行住坐臥の間に常に(一)自己を表現しようとして居ます外面的な生存の條件とされて居る衣食住の末に至るまでよく考へて見ると(二)一々それは自己の表現であります況んや物を考へるとか事をなすとか言ふ事は(三)尙更自己の表現であります食ふ事により着る事により考へる事により爲す事によつて私達は一瞬一瞬に異なつた自己を創造し表現しつゝあるのでありますだから(四)(イ)私達の生活の各過程はそれぞれ(四)(ハ)藝術的であると言へませう言葉を換へて言へば(四)(ロ)私達の生活はそのまゝ一つの藝術的活動であります卽ち廣い意味での藝術そのものであります（東京高師）

【讀方】私達《わたくしたち》の生活《せいくわつ》は生《せい》それ自身《じしん》の表現《へうげん》であります。私達《わたくしたち》は行住坐臥《ぎやうぢゆうざぐわ》の間《あひだ》に常《つね》に自己《じこ》を表現《へうげん》しようとして居《ゐ》ます。外面的《ぐわいめんてき》な生存《せいぞん》の條件《でうけん》とされて居《ゐ》る衣食住《いしよくぢゆう》の末《すゑ》に至《いた》るまで、よく考《かんが》へて見《み》ると、一々《いち〳〵》それは自己《じこ》の表現《へうげん》であります。況《いは》んや物《もの》を考《かんが》へるとか、事《こと》をなすとか言《い》ふ事《こと》は、尚更《なほさら》自己《じこ》の表現《へうげん》であります。食《く》ふ事《こと》により、着《き》る事《こと》により、考《かんが》へる事《こと》により、爲《す》る事《こと》によつて、私達《わたくしたち》は一瞬一瞬《いつしゆんいつしゆん》に異《こと》なつた自己《じこ》を創造《さうざう》し表現《へうげん》しつゝあるのであります。だから私達《わたくしたち》の生活《せいくわつ》の各過程《かくくわてい》はそれ〴〵藝術的《げいじゆつてき》であると言《い》へませう。言葉《ことば》を換《か》へて言《い》へば、私達《わたくしたち》の生活《せいくわつ》はそのまゝ一《ひつ》つの藝術的活動《げいじゆつてきくわつどう》であります。則《すなは》ち廣《ひろ》い意味《いみ》での藝術《げいじゆつ》そのものであります。

【通解】私共の生活は生そのものの表現されたものであります。私共は歩いたり止つたり坐つたり臥したりする平素の行動の間に常に自分を表現しようとしてゐます。衣食住などは外面的な生存上の條件とされてゐるものであるが、さういふ末の事に至るまで、よく考へて見ると、それは一々皆自分を表現するものであります。ましてや物を考へるとか、事をするとかいふ事は、尚更自分を表現する事であります。食物を食ふ事により、着物を着る事により、事物を考へる事により、何かをする事によつて、私共は一刻一刻に今迄と違つた自分を新しく造つてそれをそつくり表現してゐるのであります。だから私共の生活上にやつて行く事は皆それ〴〵藝術的だといへませう。別の言葉でいへば、私共の生活はそのまゝ一つの藝術的な活動であります。卽ち廣い意味での藝術そのものなのであります。

【考察】「藝術は表現なり」で、藝術はその藝術を作る人の魂の如實な現れである。押へようとして押へる事の出來ぬ藝術衝動が、その人の魂を動かして、その魂の動きが如實に表現されたものが眞の藝術である。そして吾々の一切の生活は又實に吾々の生命の表現である。だから生活は廣い意味でいへば藝術そのものである。即ちこゝに所謂表現とは自分自身の中にあるものをそのあるがまゝに表に現さうとする事である。斯う考へる事によつて始めてこの文意が徹底する。○過程は經過して行く道程、段々とやつて行くその道順。

【解説】（一）常に自分を――自分の心の中を、あるがまゝに表に現はさうとしてゐるといふ意。

（二）行住坐臥や衣食住にくらべて、なほ更それは自己の現はれで、自分自身の心を如實に表に現はす事だといふ意。

（三）常に今迄と違つた自分を新しく作り出し、自分を表に現はさうとしてゐる。――吾々は一切の行動思考によつて自分が今迄と違つた新しい自分となり、又自分を表に現はさうとしてゐるのだといふ意。

（四）（イ）藝術は創造であり表現である。そして吾々は生活の一つ一つに於て新しい自己を創造し表現してゐるのだから、私共の生活上にやつてゐる事は、皆それ〴〵一つの藝術のやうなものだと言ふ事が出來ようといふのである。

（ロ）上述するわけで、私達の生活はそのまゝ一つの藝術的な活動で、藝術と同じ意味の働き方をしてゐるのだといふ意。

（ハ）狹い意味でいへば、「藝術は藝術としての特殊な表現を持つて鑑賞批評の對象となるべきものであるが、廣い意味からいへば、藝術の本質は創造と表現であるから、その意味に於て、吾々の生活は廣い意味での藝術そのものだといふのである。

【二六五】 左の文の主眼點を平易簡潔に説明せよ。

歴史は後代になればなるに從つて過去の事實をよく理解し得るといふ矛盾の如き言ひあらはしは歴史の考究に於て對象たる過去の事件と理解する自己との關係をよくあらはして居ることは文化史に於て特にこれを重んずべきものをもつてゐる事件と歴史家との間に時の隔りがあつてもそれはつねに霧の如き幕が距たるに從つていよ〳〵濃くなつて來るのではない却つて汽車の旅に過ぎし一驛をその以後に於て經過したるさま〴〵の諸驛の姿に於て顧みて自らの統一によつて一驛亭の姿を明らかに理解することにたとへられるだらう歴史家は生れること後れたるために先行の歴史家よりはさきだつ時代の歴史について永久に取りかへすことの出來ぬ先占權を失ふのではない却つて一刻にしても長い歴史經驗をもつことによつて過去の事件をよく理解し得ると云ひ得ようかくして歴史研究は永遠に生々したる人生の姿を見つゝ學問としての進歩があり得る（東京高師）

【讀方】 歴史《れきし》は後代《こうだい》になればなるに從《したが》つて過去《くわこ》の事實《じじつ》をよく理解《りかい》し得《う》るといふ矛盾《むじゆん》の如《ごと》き言《い》ひあらはしは、歴史《れきし》の考究《かうきう》に於《おい》て對象《たいしやう》たる過去《くわこ》の事件《じけん》と、理解《りかい》する自己《じこ》との關係《くわんけい》をよくあらはして居《ゐ》る。このことは文化史《ぶんくわし》に於《おい》て特《とく》にこれを重《おも》んずべきものをもつてゐる。事件《じけん》と歴史家《れきしか》との間《あひだ》に、時《とき》の隔《へだた》りがあつても、それはつねに霧《きり》の如《ごと》き幕《まく》が距《へだ》たるに從《したが》つていよ〳〵濃《こ》くなつて來《く》るのではない。却《かへ》つて汽車《きしや》の旅《たび》に過《す》ぎし一驛《いちえき》を、その以後《いご》に於《おい》て經過《けいくわ》したるさま〴〵の諸驛《しよえき》の姿《すがた》に於《おい》て顧《かへり》みて、自《おのづか》らの統一《とういつ》によつて一驛亭《いちえきてい》の姿《すがた》を明《あき》らかに理解《りかい》することにたとへられるだらう。歴史家《れきしか》は生《うま》れること後《おく》れたるために、先行《せんかう》の歴史家《れきしか》よりは、さきだつ時代《じだい》の歴史《れきし》について、永久《えいきう》に取《と》りかへすことの出來《でき》ぬ先占權《せんせんけん》を失《うしな》ふのではない。却《かへ》つて一刻《いつこく》にしても長《なが》い歴史經驗《れきしけいけん》をもつことによつて、過去《くわこ》の事件《じけん》をよく理解《りかい》し得《う》ると云《い》ひ得《え》よう。かくして歴史研究《れきしけんきう》は永遠《えいゑん》に生々《いき〳〵》したる人生《じんせい》の姿《すがた》を見《み》つゝ學問《がくもん》としての進歩《しんぽ》があり得《う》る。

【通解】 歴史は後の時代になればなるに従つて益々よく過去の事實を理解する事が出來るといふ矛盾したやうな物の言ひ方は、歴史を考究するのにその對象物である過去の事件と、その事件を理解する自分との關係をよく現はしてゐる。この事は文化史に於て特に重んずべきものを持つてゐる。事件と歴史家との間に、いくら時の隔りがあつても、それは常に霧のやうな幕が遠く距るに従つていよ〳〵濃くなつて段々見えないやうになつて來るといふやうなわけのものではない。却つて汽車の旅で通り過ぎた一つの驛を、それから後に經過した色々な驛々の姿につけてふり返つて考へて、その間にある自然の統一によつてその一つの驛の姿を明らかに理解するのに譬へられるだらう。歴史家は生れる事が後れたために、先に立つた歴史家よりは、先立つ時代の歴史について、一旦取られると永久に取り返す事の出來ない先占權——先に占有する權利を失ふのではない。却つて後から生まれて一刻でも長い歴史經驗を持つ事によつて、過去の事件をよく理解し得られると云ふ事が出來よう。斯様にして歴史の研究は永遠に生々とした人生の姿を見ながら學問としての進歩があり得るのだ。

【考察】 經驗によつて過去の事件の理解が助けられるから、時代がたつ程益々過去の事件がよく理解されるものだといふ主張である。「主眼點を平易簡潔に」は「要旨」と同じ事に歸着するが、「說明せよ」に於て「解說」の意味になるわけである。いくら簡潔にといつても、

歴史の研究は後代になる程よく出來るものだといふのである。

ではあまりに簡單過ぎよう。○文化史は學問・藝術・文學・教育・政治・風俗・宗教・經濟・交通等の

變遷を社會の文化の要素として互に連絡させて、その間の關係を組織的に記した歴史をいふ。

【解説】 歴史家は後から生れるだけそれだけ多くの歴史經驗が持てるのであるから、それに依つて過去の事件をよく理解する事が出來る。それゆゑ歴史の研究は永遠に生々した人生の姿を見つゝ、進歩して行く學問だ——といふのが本文の主眼點である。

【二六六】 左の文につきて次の二問に答へよ。

1. 何を語らうとして居るか。
2. 傍線のある語、イ・ロ・ハのそれ〴〵の意味を區別して説明せよ。

樹木の成長するのを注意して見てゐると若木のうちはとかく枝ぶりがとゝのはないで眺めるにも一向趣のないものであるが一年たち二年たちして年數を重ねるにしたがひいつの間にかそれ〴〵(イ)趣のある姿態を形造つてゆくものである趣味の上から庭木を育てるにしても木の若いうちはどんなに苦心して手入をして見ても落ちついた姿態を見ることが出來ないが木が育つにつれてたいした手入をしないでもいつしか木それみづからがそれ〴〵趣のある姿態を形造つてゆくものである雨に打たれ雪に壓され風に揉まれてさまざまに形をくづしくづしてゐるうちにおのづから樹木の(ロ)落ちつきのある姿態が形造られてゆく中心に健康な力さへあれば樹木はかまはずにおいても立派に趣のある姿態を形造つてゆくものである盆栽にしても決して人間の手でむやみといぢり廻した木に上等なもののあるはずがない内部に健康な力を持つた木がさんざんに雨や風や雪に揉まれたあげくにいつとなく自己の健康力で整へた(ハ)自然の姿態が最も愛すべき木の姿態である上等な盆栽はかう云ふ姿態を具へた木でなければならぬ（東京高師）

【讀方】 樹木《じゆもく》の成長《せいちやう》するのを注意《ちゆうい》して見《み》てゐると、若木《わかぎ》のうちはとかく枝《えだ》ぶりがとゝのはないで、眺《なが》めるにも一向趣《いつかうおもむき》のないものであるが、一年《いちねん》たち二年《にねん》たちして年數《ねんすう》を重《かさ》ねるにしたがひ、いつの間《ま》にかそれ〴〵趣《おもむき》のある姿態《したい》を形造《かたちづく》つてゆくものである。趣味《しゆみ》の上《うへ》から庭木《にはき》を育《そだ》てるにしても、木《き》の若《わか》いうちはどんなに苦心《くしん》して手入《ていれ》をして見《み》ても、落《お》ちついた姿態《したい》を見《み》ることが出來《でき》ないが、木《き》が育《そだ》つにつれて、たいして手入《ていれ》をしないでも、いつしか木《き》それみづからが、それ〴〵趣《おもむき》のある姿態《したい》を形造《かたちづく》つてゆくものである。雨《あめ》に打《う》たれ、雪《ゆき》に壓《お》され、風《かぜ》に揉《も》まれて、さま〴〵に形《かたち》をくづしくづしてゐるうちに、おのづから樹木《じゆもく》の落《お》ちつきのある姿態《したい》が形造《かたちづく》られてゆく。中心《ちゆうしん》に健康《けんかう》な力《ちから》さへあれば、樹木《じゆもく》はかまはずにおいても立派《りつぱ》に趣《おもむき》のある姿態《したい》を形造《かたちづく》つてゆくものである。盆栽《ぼんさい》にしても、決《けつ》して人間《にんげん》の手《て》でむやみといぢり廻《まは》した木《き》に上等《じやうとう》なもののあるはずがない。内部《ないぶ》に健康《けんかう》な力《ちから》を持《も》つた木《き》が、さん〴〵に、雨《あめ》や風《かぜ》や雪《ゆき》に揉《も》まれたあげくに、いつとなく自己《じこ》の健康力《けんかうりよく》で整《とゝの》へた自然《しぜん》の姿《し》態《たい》が最《もつと》も愛《あい》すべき木《き》の姿態《したい》である。上等《じやうとう》な盆栽《ぼんさい》は、かういふ姿態《したい》を具《そな》へた木《き》でなければならぬ。

【通解】樹木の成長するのをよく氣を附けて見てゐると、若木の内はどうも一般に枝ぶりが整はなくて、眺めるのにも一向に趣の無いものであるが、それが一年たち二年たちして段々と年數を重ねるにつれて、いつの間にかそれ〴〵に趣のある面白い様子をこしらへてゆくものである。趣味の上から庭木を育てるにしても、木の若い内はどんなに苦心して色々に手を入れて見ても、どつしりと落ちついた様子を見る事が出來ないが、木が育つにつれて、さう大して手を入れなくても、いつの間にか木自身が、自分でそれ〴〵に趣のある様子をこしらへてゆくものである。雨に打たれ、雪に壓され、風に揉まれて、色々と形を崩してゐる内に、自然と木のどつしりと落ちつきのある様子が出來て行く。中の方に丈夫な力がありさへすれば、木は構はずにほツて置いても立派に趣のある様子を作り上げて行くものである。盆栽でもその通りで、決して人間の手でやたらにいぢり廻した木に上等の盆栽のあるはずがない。内の方にちやんと丈夫な力を持つた木が、さん〴〵に、雨や風や雪に揉まれぬいた擧句に、いつとなく自分の丈夫な力でちやんと作り上げた自然の姿が一番愛すべき木の姿である。上等の盆栽は、かういふ自然の姿を具へた木でなくてはならぬ。

【考察】 終始一貫して樹木の發育に伴ふ姿態を趣味の立場から述べてゐる。或は人間教育といふ立場から、兒童自體の自然の發育が大切だといふ事を比喩的に述べる意圖で書いた文かも知れない。然しこの文のどこに「何を語らうとして居るか」といふ設問もどうやらそんな事を暗示する觀がないでもない。然しこの文のどこにもそんな意圖の現はれを見る事が出來ない。だから第一の問もやはりこの文の表現の核心を摑んでそのまゝ答へて置くべきものと信ずる。第二も頗る難問だ。まさか語句的に意味を區別せよといふのではあるまい。その語の持つ內容に立入つて說明せよといふ要求と考へる外あるまいと思ふ。

【解說】 1. 樹木は若木の內はとんと趣味のないものだが、段々と年數がたつて生長する內に、自然と趣があり、おちつきのある姿態が出來てゆくものだ。だから庭の植木でも、又盆栽でも、樹木自體の內に持つた健康な力に依つて、雨露風雪に揉まれ揉まれる間に作り上げられた自然の姿態がよいのであつて、人間の手でむやみといぢり廻したのは決して上等のものではないといふ事を語らうとしてゐる。

2. (イ) は、樹木が一年たち二年たちして成長して行くにつれて、いつの間にか自然に出來て行く面白い姿をいひ、(ロ) は、庭の植木などが、雨に打たれ雪に壓され風に揉まれて段々と年數を重ねる間に、自然に出來て行くどつしりと落ちついた力の籠つた姿をいひ、(ハ) は、盆栽などの、木自身に健康な力があつて、雨や風や雪に揉まれた擧句に、その力によつてすつかり作り上げた自然のまゝの姿——人間が作つたのでなくて自然に出來上つた姿をいふ。簡單にいへば、(イ) は木の面白い姿、(ロ)

はどつしりと落ちついた姿、（ハ）は作らぬ自然の姿である。

【二六七】　左の文を讀みて次の問に答へよ。

ロマン・ロオランはそのミケロ・アンジエロの傳の中で何事に於ても！私は虛僞の代價を拂つてまで私の友達の幸福を豫約しなかつた私は寧ろ幸福の代價を拂つても彼等に眞理——永遠の心靈を形造る剛正の眞理を約束したその空氣は荒いが併し潔い我等をしてその中で我等の血の貧しい心臟を洗はしめよと云つてゐるこの剛正なる眞理慾！彼は最も虛僞を惡み眞理を愛した虛僞のもとに偸む幸福を斥けよし不幸なるも眞理にあれと叫んだしかし彼は眞理の底に愛を見た彼は眞理は理解から生れ理解は愛から生れると考へた眞理は愛によつて育まれる彼の所謂眞理とは自然主義者の認めたあの冷索な眞理の事を云ふのではない又或る種の哲學者のいふやうな空疎な抽象的觀念でもない愛によつて滲透された眞實——生命の生々しい實在から形造られ直に實行にうつさるべき眞實！それが彼の所謂眞理であつたのである

（イ）次の文句の意味を平易なる言葉にて說明せよ。

1．虛僞の代價を拂ふ。　2．幸福の代價を拂ふ。

（ロ）「その空氣は荒いが」の「その」は何を指すか。

（ハ）「その中で」とは何の中か。

（ニ）何故「剛正なる眞理慾」と「剛正」の文字を用ひしか。

（ホ）「眞理の底に愛を見た」とは如何なることか。

（ヘ）「愛によつて滲透された眞實」に相對する文句は何か。

「生命の生々しい實在」に相對する文句は何か。（東京商船）

【讀方】　ロマン・ロオランはそのミケロ・アンジェロの傳《でん》の中《なか》で、「何事《なにごと》に於《おい》ても！　私《わたくし》は虚僞《きよぎ》の代價《だい》《か》を拂《はら》つてまで私《わたくし》の友達《ともだち》の幸福《かうふく》を豫約《よやく》しなかつた。私《わたくし》は寧《むし》ろ幸福《かうふく》の代價《だいか》を拂《はら》つても、彼等《かれら》に眞理《しんり》——永遠《えいゑん》の心靈《しんれい》を形造《かたちづく》る剛正《がうせい》の眞理《しんり》を約束《やくそく》した。その空氣《くうき》は荒《あら》いが、併《しか》し潔《いさぎよ》い。我等《われら》をしてその中《なか》で我等《われら》の血《ち》の貧《まづ》しい心臓《しんざう》を洗《あら》はしめよ」と云《い》つてゐる。この剛正《がうせい》なる眞理欲《しんりよく》！彼《かれ》は最《もつと》も虚僞《きよぎ》を悪《にく》み、眞理《しんり》を愛《あい》した。虚僞《きよぎ》のもとに偸《ぬす》む幸福《かうふく》を斥《しりぞ》け、よし不幸《ふかう》なるも眞理《しんり》にあれと叫《さけ》んだ。しかし彼《かれ》は眞《しん》理《り》の底《そこ》に愛《あい》を見《み》た。彼《かれ》は、眞理《しんり》は理解《りかい》から生《うま》れ、理解《りかい》は愛《あい》から生《うま》れると考《かんが》へた。眞理《しんり》は愛《あい》によつて育《はぐく》まれる。彼《かれ》の所謂眞理《いはゆるしんり》とは自然主義者《しぜんしゆぎしや》の認《みと》めたあの冷索《れいさく》な眞理《しんり》の事《こと》を云《い》ふのではない。又或《またあ》る種《しゆ》の哲學者《てつがくしや》のいふやうな空疎《くうそ》な抽象的觀念《ちうしやうてきくわんねん》でもない。愛《あい》によつて滲透《しんとう》された眞實《しんり》——生命《せいめい》の生々《なま〱》しい實在《じつざい》から形造《かたちづく》られ、直《たゞち》に實行《じつかう》にうつさるべき眞實《しんじつ》！それが彼《かれ》の所謂眞理《いはゆるしんり》であつたのである。

【通解】　ロマン・ロオランはそのミケロ・アンジェロ傳の中で、「どんな事に於てもだ、私は虚僞をやり事實を僞つてまで私の友達を幸福にしようとはしなかつた。私は寧ろ幸福を犠牲にしてでも、彼等に眞理——永遠の心靈を作り上げる所の強く正しい眞理を與へようと誓つた。剛正の眞理の空氣は荒々しいが、併し高潔だ。吾々はその中で吾々の血の貧しい心臓を洗つて、どこ迄も眞正の眞理によつて鈍つた心を洗ひ清めなくてはならぬ」と云つてゐる。この眞理に對する剛正な欲望よ、彼は一番虚僞を悪み、眞理を愛した。虚僞をして迄得る所の幸福を排斥して、よし不幸であつても眞理にあれと叫んだ。然し彼は眞理の奥底には愛のある事を認めた。彼は、眞理は理解から生じ、理解は愛から生じて來ると考へた。卽ち眞理は愛によつて育て上げられるのだ。彼の所謂眞理といふものは自然尊重の一派の人々が認めたあの冷たい眞理の事を云ふのではない。又或る種類の哲學者がいふやうなからツぽな何の中味もない抽象的な觀念でもない。どこ迄も愛がしみ透つてゐる眞實――生命の生々しい實在卽ちほんとに生々しく實在してゐる所の吾々の生命から作り上げられて、すぐに實行に移す事の出來る眞理なのだ。それが彼の所謂眞理であつたのだ。

【考察】　色々面倒な設問があるが、全文の思想をしつかり考察した上で、正しく之に答へる外ない。（イ）の要求に於ける「代價を拂ふ」の文句は1と2とでその意味を異にしてゐる事を考へねばならぬ。尤も虛僞と幸福が共に自分自身のものであつて友人のものでない事は二者同一である。

【解說】（イ）1は、虛僞をやる、事實を僞るといふ思想。2は、幸福を犧牲にする、それがために不幸になるといふ思想。

（ロ）「その」は「剛正の眞理」を指す。

（ハ）「その中で」は「剛正の眞理の中で」である。

（ニ）虛僞のもとに偸む幸福を斥け、よし不幸なるも眞理にあれと叫ぶ程に強く正しい心から眞理を欲したから「剛正」の文字を用ひたのである。

（ホ）彼は眞理は愛によつて育まれると考へ、眞理の奧底には愛があるといふ事を認めたといふのである。

（ヘ）「愛によつて滲透された眞實」に相對する文句は「自然主義者の認めたあの冷索な眞理」
「生命の生々しい實在」に相對する文句は「或種の哲學者のいふやうな空疎な抽象的觀念」

【二六八】　傳ふる者曰く今の美術家中雅邦は(1)丹青以上の活機に神交せりとこの言もし眞ならば雅邦亦技よりして道に入れるもの又以て(2)卓然たるものと稱すべし吾人は必ずしも詩人に迫りて神を見よと云はず唯だ詩魂の雄なるものはこの(3)一境本地の風光に見到せざるを得ざるをいふ言ふ勿れ風流三昧と大詩

魂の風流三昧の奥龕には嚴肅なる實在の(4)不斷の燈を點ずるありてその(5)一刀一筆は直ちに一跪一禮たる沈痛の消息あるなり

（イ）右の文に適當なる題を附けよ。

（ロ）傍線を附したる箇所を平易に解説せよ。（東京商船）

【讀方】傳《つた》ふる者曰《いは》く、今《いま》の美術家中雅邦《びじゆつかちゆうがはう》は丹青以上《たんせいいじやう》の活機《くわつき》に神交《しんかう》せりと。この言《げん》もし眞《しん》ならば、雅邦亦技《がはうまたぎ》よりして道《みち》に入《い》れるもの、又以《またもつ》て卓然《たくぜん》たるものと稱《しよう》すべし。吾人《ごじん》は必《かなら》ずしも詩人《しじん》に迫《せま》りて神《しん》を見《み》よと云《い》はず、唯《た》だ詩魂《しこん》の雄《ゆう》なるものは、この一境《いつきやう》、本地《ほんぢ》の風光《ふうくわう》に見到《けんたう》せざるを得《え》ざるをいふ。言《い》ふ勿《なか》れ風流三昧《ふうりうざんまい》と。大詩魂《だいしこん》の風流三昧《ふうりうざんまい》の奥龕《あうがん》には嚴肅《げんしゆく》なる實在《じつざい》の不斷《ふだん》の燈《ともしび》を點《てん》ずるありて、その一刀一筆《いつたういつぴつ》は、直《たゞ》ちに一跪一禮《いつきいちらい》たる沈痛《ちんつう》の消息《せうそく》あるなり。

【通解】世間では、「今の美術家の中で雅邦は繪を超越してそれ以上の活きた妙機——造化の神の力といふやうなものに觸れてゐる」といふ人がある。その言がもしほんとなら、雅邦も亦繪の技から道に進み入つたもので、又實に卓然として高く秀でたものというてよい。吾々は必ずしも詩人に迫つて神を見よとはいはない、唯だ詩の魂のしつかりしたものは、この雅邦のやうな境地に於て、神の本土の風光に見到つて神そのものの姿を見ずにはゐられぬといふ事をいふのだ。それを風流三昧などと輕々しく言ふな。大きな詩の魂の風流三昧の奥の厨子《づし》には嚴肅な實在卽ち神に捧げた不斷の燈明がついてゐる——といふやうに、ほんとに深い風流三昧になれば常に清淨な心の目にまざ〳〵と神を見てゐて、その一刀の彫刻も一筆の運びも、それがそのまゝ神にひざまづき神に禮拜するといふ深刻な意味を持つてゐるのである。

【考察】 思想の核心は「藝術の神境」といふ事で、それが卽ち（イ）に對する解答である。實在の不斷の燈を點ずるは「實在の前に不斷の燈を點ずる」といふ風に解すべきであらう。實在が點ずると解すると、實在は魂の事になるがそれは自然でないやうだ。

【解說】（イ）藝術の神境。

（ロ）（1）自分の精神が繪畫以上の活きた妙機と交つてゐる、繪畫を超越して造化の神の力といふやうなものに觸れてゐるといふのである。

（2）普通の繪かきなどより遠くぬきんでて、高くすぐれた見識を持つたものと謂へるといふ意。

（3）卓然として造化の神の力に觸れてゐるといふやうな境地をいふ。

（4）いつも絕えない燈火――いつも明かに神を見てゐる清淨な心に喩へていふ。

（5）彫刻の一刀も繪畫の一筆も、それがそのまゝ神にひざまづき神に禮拜するといふ深刻な意味を持つてゐるといふ意。

【二六九】 日本畫と西洋畫とは漸次混融してその區別も明瞭ならざるに至るが如しといへどもこの兩者の純粹なるものを比較すれば各自の特色はなほ甚だ顯著なり啻に絹紙と彩具との相違のみならんやその用意筆法等に於て皆然り彼にあつては藝術は科學と竝行し理性は想像の銜となりて遠近明暗力めて自然に背かざらんことを期しこれにあつては文化の精神的方面獨りまづ進み筆を揮ふもの感興に乘じて腦裏の印象を瀉ぎ出す彼は色彩を旨としこれは描線を重んじ彼は實相の通りに空氣の色をも漏らすことなくこれは主體の外は生地の儘に存す一は濃艶一は瀟洒一は輪奐たる樓臺に顯官が客を引くが如く一は幽

閑なる茅屋に高士が梅を愛するに似たりこれらの差別は蓋しその初よりして然りしにあらず各自獨立したる歴史が漸次に養成したるものにして今はた西洋交通の歴史によりてこれを合一せんとする傾向あるなり

右の文を精讀して次の欄内に相違したる點と相似たる點とを列擧せよ。

	日本畫	西洋畫
相違したる點		
相似たる點		

（東京商船）

【讀方】 日本畫《にっぽんぐわ》と洒洋畫《せいやうぐわ》とは、漸次《ぜんじ》混融《こんゆう》して、その區劃《くくわく》も明瞭《めいれう》ならざるに至《いた》るが如《ごと》しといへども、この兩者《りやうしや》の純粹《じゆんすゐ》なるものを比較《ひかく》すれば、各自《かくじ》の特色《とくしよく》はなほ甚《はなは》だ顯著《けんちよ》なり。啻《たゞ》に絹紙《けんし》と彩具《さいぐ》との相違《さうゐ》のみならんや、その用意《ようい》・筆法等《ひつぱふとう》に於《おい》て皆然《みなしか》り。彼《かれ》にあつては、藝術《げいじゆつ》は科學《くわがく》と竝行《へいかう》し、理性《りせい》は想像《さうざう》の銜《くつわ》となりて、遠近《ゑんきん》・明暗《めいあん》力《つと》めて自然《しぜん》に背《そむ》かざらんことを期《き》し、これにあつては、文化《ぶんくわ》の精神的方《せいしんてきはう》面《めん》獨《ひと》りまづ進《すゝ》み、筆《ふで》を揮《ふる》ふもの感興《かんきよう》に乘《じよう》じて腦裏《なうり》の印象《いんしやう》を瀉《そゝ》ぎ出《いだ》す。彼《かれ》は色彩《しきさい》を旨《むね》とし、これは描線《べうせん》を重《おも》んじ、彼《かれ》は實相《じつさう》の通《どほ》りに空氣《くうき》の色《いろ》をも漏《も》らすことなく、これは主體《しゆたい》の外《ほか》は生地《きぢ》の儘《まゝ》に存《そん》す。一《いつ》は濃艷《のうえん》、一《いつ》は瀟洒《せうしや》、一《いつ》は輪奐《りんくわん》たる樓臺《らうだい》に顯官《けんかん》が客《かく》を引《ひ》くが如《ごと》く、一《いつ》は幽閑《いうかん》なる茅屋《ばうをく》に高士《かうし》が梅《うめ》を愛《あい》するに似《に》たり。これらの差別《さべつ》は蓋《けだ》しその初《はじめ》よりして然《しか》りしにあらず。各自獨立《かくじどくりつ》したる歴史《れきし》が漸次《ぜんじ》に養成《やうせい》したるものにして、今《いま》はた西洋交通《せいやうかうつう》の歴史《れきし》によりて、これを合一《がふいつ》せんとする傾向《けいかう》あるなり。

【通解】　日本畫と西洋畫とは、段々と一つにまざり合つて、その區別もはつきりしないやうになるやうではあるが、その兩方の純粹なものを比較して見れば、各自の特色はまだ〳〵ごく明かに著しい。それは只畫を書く絹や紙と色どる繪具との違ひばかりではない、その畫く用意や筆法等に於て皆さうだ。彼の西洋畫の方では、藝術は科學と並行して進み、理性が想像の銜になつて勝手放題に想像を逞しくする事を牽制し、遠近でも明暗でもどこ迄も自然に背かぬやうにと勉め、日本畫の方では、文化の精神的の方面が獨りまづ進んで、筆を揮つて繪を書くものが興の湧くまゝに頭の內の印象をぐん〳〵と寫し出す。西洋畫は色彩を主とし、日本畫は線書きを重んじ、むかうは實際の姿通りに空氣の色をも漏らさず描き、こちらでは主體の外は生地のまゝ殘して置く。一方は濃くつやゝかで、一方はさらツとしてゐる、一方は堂々たる高どのに高位高官の人が客に面接するやうで、一方はしづかなあばらやに氣品の高い人が梅の花を賞するといつた風だ。これ等の差別は恐らくその初からさうであつたのではない。各自獨立した歴史に養成されて段々とかうなつて來たのであつて、今また西洋との交通の歴史によつて、この兩者を合せて一つにしようとする傾向があるのである。

【考察】　藤岡作太郎の文、日本畫と西洋畫との同異の比較論で、設問の要求も亦その點に在る。まづ第一に、

　啻に絹紙と彩具との相違のみならんや

といつてゐる。なる程日本畫は絹地か紙かを用ひ、西洋畫は畫布《カンバス》を用ひる。又日本畫は油のない繪の具、

西洋畫は油の入つた繪の具である。然しこの事は本文中に明示されてゐないから、二者の相違點として
そこまで立入つて答へる必要はない筈である。まして「絹紙」を日本畫と西洋畫との別と考へて、相違點として日本畫に材料の絹なる事、西洋畫に材料の紙なる事と出すなどは――現にさうした解書もあつたが――聊か非常識の感がある。さうまでやらなくても、本文中に相違點は立派に列擧されてゐるのである。反對對立は本文の示す所で明瞭だが、二者の相似たる點はあまり明かでない。只文初に、

日本畫と西洋畫とは、漸次混融して、その區劃も明瞭ならざるに至る

とあり、文尾に

今はた西洋交通の歴史によりて、これを合一せんとする傾向あるなり

とあるだけで、さういふ文句があるからといつて日本畫と西洋畫とに分けてその類似點をいへと要求するなどは頗る變なものである。一體出題者はどこを類似點として摑ませる氣なのか、その意圖がよく分らぬ。尤も、

これ等の差別は蓋しその初よりして然りしにあらず。各自獨立したる歴史が漸次に養成したるものにして、

といふ文句に卽して強ひていへば、

各自の歴史が各自の特長を養成した點

は明かに二者の類似點ではあるが、然し立文の主觀は、それが日本畫と西洋畫との「相似たる點」を示すといふ事ではない。が、斯うして出題された以上、まア如上の二條を以て答へて置く外あるまいと思ふ。

○想像の衒といふのは、想像はとかく實際から掛離れて勝手に走り易いものだから、理性でそれをおさ

へるといふ喩である、○輪奐は家屋の高く華やかに立派な形容。○顯官は高い官位の人。○高士は高い志操を抱いて靜かに世の俗塵を避けてゐる人。

【解說】

	相違したる點	相似たる點
日本畫	(一)文化の精神的方面に進んで、筆者の感興に應じて想像を逞しうする點 (二)描線を重んずる點 (三)主體の外は生地のまゝ置く點 (四)さらツとしてゐる點 (五)高尙幽雅で、例へば幽閑な茅屋で高士が梅を賞美するやうな點	西洋畫と融合混一せんとする傾向 歷史に依つて特長を養成したる點
西洋畫	(一)科學と並行して、理性を重んじ、遠近明暗等凡て自然に背かぬやうにする點 (二)色彩を主とする點 (三)實相通りに畫いて空氣の色まで漏らさぬ點 (四)コツてりとしてゐる點 (五)堂々としてゐて、例へばすばらしく立派な家に貴人が客を引見するといつた趣である點	日本畫と融合混一せんとする傾向 歷史に依つて特長を養成したる點

【二七〇】人間には智者もあり愚者もあり德者もある併しいかに大なりとも人間の智は人間の智であり人間の德は人間の德であるたゞ翻身一回此の智此の德を捨てた所に新な智を得新な德を具へ新な生命に入る事が出來るのである眼は眼を見ることが出來ず山にある者は山の全體を知ることが出來ぬ此の智此の德の間に頭出頭沒する者は此の智此の德を知ることが出來ぬ何人であつても赤裸々たる自己の本體に立返り一たび懸崖に手を撒して絶後に蘇つたものでなければ之を知ることが出來ぬ

全文を熟讀して次の問に答へなさい。

（イ）「人間の智は人間の智である」とはどんな意味か。

（ロ）「此の智、此の德を捨てる」とはどうすることか。

（ハ）何故「眼は眼を見ることが出來ず、山にある者は山の全體を知る事が出來ぬ」のか。

（ニ）「自己の本體に立返り、一たび懸崖に手を撒して絶後に蘇る」とはどんな意味か。（東京商船）

【讀方】人間《にんげん》には智者《ちしや》もあり、愚者《ぐしや》もあり、德者《とくしや》もある。併《しか》しいかに大《だい》なりとも、人間《にんげん》の智《ち》は人間《にんげん》の智《ち》であり、人間《にんげん》の德《とく》は人間《にんげん》の德《とく》である。たゞ翻身一回《ほんしんいつくわい》、此《こ》の智《ち》、此《こ》の德《とく》を捨《す》てた所《ところ》に、新《あらた》な智《ち》を得《え》、新《あらた》な德《とく》を具《そな》へ、新《あらた》な生命《せいめい》に入《い》る事《こと》が出來《でき》るのである。眼《め》は眼《め》を見《み》ることが出來《でき》ず、山《やま》にある者《もの》は、山《やま》の全體《ぜんたい》を知《し》ることが出來《でき》ぬ。此《こ》の智《ち》、此《こ》の德《とく》の間《あひだ》に頭出頭沒《とうしゆつとうぼつ》する者《もの》は、此《こ》の智《ち》、此《こ》の德《とく》を知《し》ることが出來《でき》ぬ。何人《なんぴと》であつても、赤裸々《せきらゝ》たる自己《じこ》の本體《ほんたい》に立返《たちかへ》り、一《ひと》たび懸崖《けんがい》に手《て》を撒《さつ》して絶後《ぜつご》に蘇《よみがへ》つたものでなければ、之《これ》を知《し》ることが出來《でき》ぬ。

【通解】人間の中には利巧な人もあり、馬鹿もあり、德のある人もある。然しいくら大きくても、人間の智は人間の智であり、人間の德は人間の德であつて、天地神佛の絶對な大智大德に較べて見れば實につまらぬものだ。たゞ一たび身をポンとひるがへして、此の小さい人間の智や、小さい徳を捨てて、大悟一番した所に、人間以上の新しい智を得、新しい徳を具へ、新しい生命に入る事が出來るのである。自分の眼は自分の眼を見る事が出來ず、山の中にゐる者は、山の全體を知る事は出來ない。それと同樣に、人間の小さい智德に捉はれて、その間に頭を出したり入れたりしてゐる者は、此の智、此の德を知ることが出來ない。どんな人であつても、すツぱだかな自分の本體に立返つて、一たび崖から手を放つて而も後ろは絶ち切られて何物も無いといふやうな絶體絶命の窮地に蘇生したもの――凡俗な人間生活から脫却して、飜然として一切を捨てて了つて大悟徹底したものでなくては、それを知る事は出來ない。

【考察】 人間の小智小德から脫却してこそ眞の大智大德が得られるのだといふ主張である。○懸崖に手を撒しては佛語の懸崖撒手《けんがいさつしゆ》で、それはがけから手を放つ――放てば落ちるといふやうな進退きはまつた時に勇猛心を奮つて決然として事をするのをいふ。その語から絶後に蘇つたといふ文句も自然に出て來たのである。前は突立つた崖、後方は絶ちきられて一步の途もない、さういふ窮地に手を放つて蘇生するといふのである。

【解說】 (イ)人間の智は人間だけの小さいもので、天地神佛の智のやうに絶對なものではないといふ意。
(ロ)人間の小智小德を捨てて、赤裸々な自己の本體に返り、大悟徹底するといふ事。
(ハ)そのものの中に沒頭してゐて、そのものから離れて見る事が出來ぬから見えないのである。
(ニ)因襲に捉はれた人間としての小さい智德を捨てて、ほんとの自分に立返り、例へば嶮しい崖から手を放つ――放てば落ちる、而も後方は絶ち切られてゐるといふやうな絶體絶命といふ所で大勇猛心を奮ひ起して蘇生する――つまり人間としての一切のものを捨てて、ほんとに新しく大悟徹底するといふ意味。

【二七一】　左の文中傍線を施せる部分の意味を説明せよ。

床の間に插す一輪の春花は春の自然の象徴である自然のまゝに象徴はない(イ)一片の短冊にも人間生活の一輪郭一斷面を觀識することができる(ロ)箱庭を嘲る者には日本の藝術の佳處はわからぬかも知れぬ（富山高校）

【讀方】床《とこ》の間《ま》に插《さ》す一輪《いちりん》の春花《しゆんくわ》は春《はる》の自然《しぜん》の象徴《しようちよう》である。自然《しぜん》のまゝに象徴《しようちよう》はない。一片《いつぺん》の短冊《たんざく》にも人間生活《にんげんせいくわつ》の一輪郭《いつりんくわく》一斷面《いつだんめん》を觀識《くわんしき》することができる。箱庭《はこには》を嘲《あざけ》る者《もの》には日本《につぽん》の藝術《げいじゆつ》の佳處《かしよ》はわからぬかも知《し》れぬ。

【通解】床の間に插す一輪の春の花は春の自然の象徴で、それによつて春の自然が形としてまざ〳〵と現はされたものである。自然そのまゝに象徴はない――それを藝術化してこそ象徴となるのである。一片の短冊に書かれた和歌や俳句にも人間生活の一つの輪郭一つの斷面を觀察認識することが出來る。箱庭を小さくてつまらぬものだと嘲る者には日本の藝術の佳い處はわからないかも知れない。

【考察】自然のまゝに象徴は無い――この主張が文の中心である。象徴とは抽象的な觀念を一つの目に見える形に依つて端的に現はす事である。或は野山にパッと咲いてパッと散る櫻を春の自然の象徴だといふ見方もあらう。又一本のスミレを自然の象徴としてゆかしむ俳人もあらう。然しこの文の作者に従へば「床の間に插す」事によつて、又「山路來て何やらゆかしすみれ草」（芭蕉）と歌ふ事によつて、それが眞の象徴となるのである。だから一片の短冊――短冊に書かれた歌や俳句に人間生活の輪郭斷面が觀られ、箱庭によつて大自然が象徴される。そこに日本藝術のよさがある。つまり日本藝術のよさは、自然を自然のまゝ寫すでなく、其の焦點を摑んで象徴化する所にあるといふのである。

【解說】（イ）一片の短冊に書かれた歌や俳句を見ると、そこから人間生活の一つの輪郭なり斷面なりがちやんと知られる、卽ち一片の短冊も人間生活の一面を象徴してゐるといふのである。

（ロ）箱庭は小さいながらも立派に大きい自然の美を象徴してゐる、それが小さくてつまらぬと嘲る者には、さうした日本藝術のよい處は分らぬかも知れぬといふ意。

【二七二】 左の文を讀みて「汝の敵を愛せよ」の意味を簡單に述べよ。

自分の生活の中心を名聲に置けば自分の名聲に不當の損害を與へる者は彼の敵に相違なかつた自分の生活の中心を愛せらるゝことに置けば彼を愛せぬ者は路傍の人で彼の愛を妨げる者は彼の敵に相違なかつた併し彼の生活の中心を他人によつて侵害せられざる天に置けば彼の名聲を傷ける者も彼の愛を妨げる者も根本的の意味に於て彼の敵ではない筈であつたさうして求むるところなき愛の眼を以て見れば彼等は唯他人に不當の侵害を與へずにはゐられないやうな小さい病める同胞の一人に過ぎない筈であつた彼は此處に至つて漸く汝の敵を愛せよと云ふ言葉の意味を悟つたやうな氣がした（名古屋高商）

【讀方】自分《じぶん》の生活《せいくわつ》の中心《ちゆうしん》を名聲《めいせい》に置《お》けば、自分《じぶん》の名聲《めいせい》に不當《ふたう》の損害《そんがい》を與《あた》へる者《もの》は彼《かれ》の敵《てき》に相違《さうゐ》なかつた。自分《じぶん》の生活《せいくわつ》の中心《ちゆうしん》を愛《あい》せらるゝことに置《お》けば、彼《かれ》を愛《あい》せぬ者《もの》は路傍《ろばう》の人《ひと》で、彼《かれ》の愛《あい》を妨《さまた》げる者《もの》は、彼《かれ》の敵《てき》に相違《さうゐ》なかつた。併《しか》し彼《かれ》の生活《せいくわつ》の中心《ちゆうしん》を他人《たにん》によつて侵害《しんがい》せられざる天《てん》に置《お》けば、彼《かれ》の名聲《めいせい》を傷《きずつ》ける者《もの》も、彼《かれ》の愛《あい》を妨《さまた》げる者《もの》も、根本的《こんぽんてき》の意味《いみ》に於《おい》て彼《かれ》の敵《てき》ではない筈《はず》であつた。さうして求《もと》むるところなき愛《あい》の眼《め》を以《もつ》て見《み》れば、彼等《かれら》は唯《たゞ》、他人《たにん》に不當《ふたう》の侵害《しんがい》を與《あた》へずにはゐられないやうな、小《ちひ》さい病《や》める同胞《どうはう》の一人《いちにん》に過《す》ぎない筈《はず》であつた。彼《かれ》は此處《こゝ》に至《いた》つて、漸《やうや》く汝《なんぢ》の敵《てき》を愛《あい》せよと云《い》ふ言葉《ことば》の意味《いみ》を悟《さと》つたやうな氣《き》がした。

【通解】 自分の生活の中心を名譽評判といふ事に置けば、自分の名譽評判を不當に傷つけるやうな人は彼の敵に違ひなかつた。又自分の生活の中心を愛せられる事に置けば、彼を愛しない人は自分に何の關係もない路傍の人で、彼が愛せられるのを邪魔する人は、彼の敵に違ひなかつた。然し彼の生活の中心を他人から侵害される事の無い天に置いて、天に對する信仰に生きてゐれば、彼の名譽評判を傷つける者も、彼の愛せられるのを邪魔する者も、根本的の意味から見て彼の敵ではない筈だつた。さうして何等報酬を求める事のない眞の愛の眼で見れば、彼等は只、他人に不當の侵害を加へずにはゐられぬやうな、小さい心の病める憐な兄弟の一人に過ぎない筈だつた。彼はこゝに至つて、やつと「汝の敵を愛せよ」といふ言葉の意味がほんとに分つたやうな氣がした。

【考察】 「他人によつて侵害せられざる」は「天」の修飾語である。「名聲」や「愛せられる事」は他人に侵害されるおそれがあるが、「天」にはそんなおそれはない。そこに自分の生活の中心を置いて、天を信じ神を信じて安心立命の生活を營んでゐれば、名聲を傷つける者も、愛を妨げる者も、ほんとの意味に於て自分の敵ではない。それ等は畢竟病的な憐れむべき人々に過ぎない。そこに「汝の敵を愛せよ」といふ言葉の眞義があるといふのである。この文は「彼」なる人物の心的經驗を敍したものである。

【解說】 生活の中心を天に置いて、他から侵害される事のない信仰の生活を營んでゐれば、名聲を傷つける者も、愛を妨げる者も、眞の意味に於ける敵でなくて、一個の憐むべき同胞に過ぎぬ。だから之を愛護してやらねばならぬ。これが「汝の敵を愛せよ」の意味である。

【二七三】 自己をよくせんとする者は努力の焦點を自己の內面に置かなければならない經驗の蓄積と內化と人格の精錬と强化と此等の事を外にして徹底的に自己を善くするの道は何處にもないのである社會をよくする事は身邊の空氣をよくすると略相似た意味に於て人格の健康を增進する他人をよくせんとする努力は肉體の運動と略相似た意味に於て精神の成長に裨益する併し自己と社會とは焦點と輪郭との關係あるが故に自己をよくするにはまづ社會をよくしなければならないなど云ふ者の愚は他人に藥を飮ませて自分の病をなほさうとする者の愚に等しい人格の健康の點に於ても肉體の健康に於けると等しく自己は自己であつて他人は他人である

右の文章を讀んで口語にて具體的に次の問に答へよ。

（1）自己をよくしようとする者は、努力の焦點を何處に置くか。（2）社會をよくする事は、自己をよくする上に、どんな效果があるか。（3）自己をよくする方法は、何によるのか。（4）社會と自己とはどんな關係があるか。（5）右の文章の重點は何處にあるか。（浪速高校）

【讀方】 自己《じこ》をよくせんとする者《もの》は、努力《どりよく》の焦點《せうてん》を自己《じこ》の內面《ないめん》に置《お》かなければならない。經驗《けいけん》の蓄積《ちくせき》と內化《ないくわ》と、人格《じんかく》の精錬《せいれん》と强化《きやうくわ》と、此等《これら》の事《こと》を外《ほか》にして、徹底的《てつていてき》に自己《じこ》を善《よ》くするの道《みち》は何處《どこ》にもないのである。社會《しやくわい》をよくする事《こと》は、身邊《しんぺん》の空氣《くうき》をよくすると略相似《ほゞあひに》た意味《いみ》に於《おい》て、人格《じんかく》の健康《けんかう》を增進《ぞうしん》する。他人《たにん》をよくせんとする努力《どりよく》は、肉體《にくたい》の運動《うんどう》と略相似《ほゞあひに》た意味《いみ》に於《おい》て、精神《せいしん》の成長《せいちやう》に裨益《ひえき》する。併《しか》し自己《じこ》と社會《しやくわい》とは焦點《せうてん》と輪郭《りんくわく》との關係《くわんけい》あるが故《ゆゑ》に、自己《じこ》をよくするにはまづ社會《しやくわい》をよくしなければばならないなどと云《い》ふ者《もの》の愚《ぐ》は、他人《たにん》に薬《くすり》を飲《の》ませて自分《じぶん》の病《やまひ》をなほさうとする者《もの》の愚《ぐ》に等《ひと》しい。人格《じんかく》の健康《けんかう》の點《てん》に於《おい》ても、肉體《にくたい》の健康《けんかう》に於《お》けると等《ひと》しく、自己《じこ》は自己《じこ》であつて他人《たにん》は他人《たにん》である。

【通解】 自分をよくしようとする者は、努力の中心點を自分の心の内に置かなくてはならない。經驗を澤山積む事とそれを内面化して自分の心の内のものにする事と、人格をしつかり錬る事とそれを正しく強くする事と、これ等の事より外に、徹底的に自分を善くする道はどこにもないのである。世の中をよくする事は、自分の身のまはりの空氣をよくする事によつて自分もよくなるのとほゞ相似た意味に於て、自分の人格の健康を増進する。又他人を善くしようとする努力は、肉體の運動が精神の健康を助けるのと略相似た意味に於て、自分の精神の成長を助ける。併し自分と社會とは中心點と輪郭との關係があるから、自分をよくするのにはまづ社會をよくしなければならぬなど云ふ者の愚かさは、他人に薬を飲ませて自分の病を直さうとする者の愚かさに等しい。人格の健康の點に於ても、肉體の健康に於けるのと等しく、自分は自分で他人は他人だ。――いくら他人をよくしてもそれで自分がよくなるわけはない。

【考察】 文義に徹底すれば、遺憾なく設問に答へられる筈。「具體的に」といふ文句から、實例でも擧げるのかとの疑義もあらうが、さうでなくて、原文の文章に基いてしつかり答へよといふ事に解して然るべきものと思ふ。

【解說】 (1) 努力の焦點を自己の内面、即ち自分自身の心に置く。(2) 社會をよくする事は、自己の人格を益々健かにする効果がある。(3) 自己をよくするのには、自分自身の經驗を積んで、それを自分の血とし肉として、人格を練りきたへ、益々強くして行く事に依る。(4) 社會は圓周で自己はその中心點のやうな關係がある。（5）この文章の重點は、自己も善くするには自己を努力の焦點としなければならぬといふ處にある。

【二七四】 左の文の側線を引ける部分につき、その傍に記せる問に答へよ。

すべて詩的に感じられるものは何等か珍しいもの異常のもの心の平地に波を呼び起すところのものであつてありふれてゐる環境には少いものである故に吾人は常に外國に對して詩を感じ未知の世界にあこがれ過去の歴史に詩を思ひそして現在の周圍のものや熟知してゐるものや目の前の世相に對しては詩を感じない（浪速高校）

（1）例をあげて、この句の意味を説明せよ
（2）例をあげて、この句の意味を説明せよ
（3）何故に詩を感ずるか
（4）如何なる意味をもつてゐるか
（5）何故に詩を感じないか

【讀方】 すべて詩的《してき》に感《かん》じられるものは、何等《なんら》か珍《めづら》しいもの、異常《いじやう》のもの、心《こゝろ》の平地《へいち》に波《なみ》を呼《よ》び起《おこ》すところのものであつて、ありふれてゐる環境《くわんきやう》には少《すくな》いものである。故《ゆゑ》に吾人《ごじん》は常《つね》に外國《ぐわいこく》に對《たい》して詩《し》を感《かん》じ、未知《みち》の世界《せかい》にあこがれ、過去《くわこ》の歴史《れきし》に詩《し》を思《おも》ひ、そして、現在《げんざい》の周圍《しうゐ》のものや、熟知《じゆくち》してゐるものや、目《め》の前《まへ》の世相《せさう》に對《たい》しては詩《し》を感《かん》じない。

【通解】 すべて心に詩的に感じられるものは、何か珍しいもの、普通と違つた特別のもの、平らな心持に波を呼び起して異常の心の動搖を起させるものであつて、ありふれてゐる周圍の事には少いものである。だから吾々は常に珍しい外國に對して詩を感じ、まだ知らぬ世界に對してあこがれ、過去の歴史に對して詩的な心持になり、そして、現在の身のまはりのものや、すつかり知りぬいてゐるものや、目の前の世の姿に對しては詩的な氣分にならない。

【考察】 吾人が詩を感ずるのは、珍しいもの、異常なもの、強い感激を受けるものに對してであつて、

日常ありふれたものからは詩を感じないといふのである。

【解說】（1）天變地異とか、戰爭とか、人事上の甚しい感激とか、凡て心に激しい動搖を起し、心の平靜な狀態が破られるやうな事件事態をいふ。

（2）いつも變らぬ日常生活、その他一般社會の有様のやうな、何の珍し味もない凡常の周圍の事柄をいふ。

（3）外國の事は珍しくて驚異の目を見張るやうな事が多いから、自然そこに詩を感じるのである。

（4）未知の世界には、いろ〳〵珍しくて詩を感ずるやうな事が多いだらうといふ豫感から、自然吾々はそれにあこがれるといふ意味を持つてゐる。

（5）現在の周圍のもの、熟知してゐるもの、目の前の世相などは、吾々に取つて珍しくもなく、異常でもなく、心の平地に波を呼び起す事もない、從つて詩を感じないのである。

【二七五】 教育のことはその源に遡らなければならないそれには少年期に於ける情操の養成をゆるがせにしてはならない人の一生が殆どその發芽の時代に決すると言つてもい、ことは誰しもこの世に經驗するところであるその源をおろそかにしてどうしてまことの智を尙びまことの德に從ひまことの美を愛することが出來よう芽を輕んじたものは花咲き實なる時に後悔の臍をかまねばならぬ正しい情操は全き人格を作りあげる基礎である

左の事項は右の文中の何れの語句に相當するかを指摘せよ。

（一）全き人格　（二）芽を輕んずる　（奈良女高師）

【讀方】 教育《けういく》のことはその源《みなもと》に遡《さかのぼ》らなければならない。それには少年期《せうねんき》に於《お》ける情操《じやうさう》の養成《やうせい》をゆる

がせにしてはならない。人《ひと》の一生《いつしやう》が殆《ほとん》どその發芽《はつが》の時代《じだい》に決《けつ》すると言《い》つてもいゝことは、誰《たれ》しもこの世《よ》に經驗《けいけん》するところである。その源《みなもと》をおろそかにして、どうしてまことの智《ち》を尙《たふと》び、まことの德《とく》に從《したが》ひ、まことの美《び》を愛《あい》することが出來《でき》よう。芽《め》を輕《かろ》んじたものは、花咲《はなさ》き實《み》なる時《とき》に後悔《こうくわい》の臍《ほぞ》をかまねばならぬ。正《ただ》しい情操《じやうさう》は全《まつた》き人格《じんかく》を作《つく》りあげる基礎《きそ》である。

【通解】 教育の事はその源に遡つて源からしつかりやらなくてはならぬ。それには少年期の情操を養成する事をおろそかにしてはならない。人の一生がその芽を出す時代卽ち幼少の時代に決すると言つてもいゝ事は、誰しもこの世で經驗する事柄である。その源をおろそかにして置いて、どうしてほんとの智を尙び、ほんとの德に從ひ、ほんとの美を愛する事が出來よう。芽をおろそかにしたものは、花が咲き實のなる時にいくら悔いても及ばぬつらい思ひをしなければならぬ。正しい情操は完全な人格を作り上げる基礎である。――だから幼少の時代に正しい情操教育をやらないと、成人して後いくら悔いても及ばぬ結果を招くものである。

【考察】 文の思想は明確であるが、出題の要求が一寸變つてゐる。常識的に考へて全き人格は智情意の完全に備つた事であるから、之を文中に求めると「まことの智を尙び、まことの德に從ひ、まことの美を愛する」であるが、而もその文句自體は「正しい情操」に當つてゐる。だからその中から人格に該當する部分を摘出して答へて置く。芽を輕んずるについては

芽＝發芽時代＝少年期

と辿つて行けば、それに該當する句が見當る筈。

【解說】 （一）まことの智、まことの德、まことの美。（二）少年期に於ける情操の養成をゆるがせに

する。

【二七六】 左の全文を通釋し且つ次にぬき出したる二項を詳解せよ。

鳥は大空を翔るさうして翅の一打毎に大空の無限であることを經驗する鳥の歡喜はそこにある彼は無限の世界に翅打つことを思ふ時そこに無限の創造を意識するのである籠の中では空は限られてゐる唯用を充たすだけならそれでも十分であらうけれども生活といふことは用を充たすだけでは眞實の意義をなさない無限の未來があり無限の創造が意識せられるのでなければ生活の歡喜は湧かぬ

（一）無限の創造　（二）生活の用を充たす　（奈良女高師）

【讀方】 鳥《とり》は大空《おほぞら》を翔《かけ》る。さうして翅《つばさ》の一打毎《ひとうちごと》に大空《おほぞら》の無限《むげん》であることを經驗《けいけん》する。鳥《とり》の歡喜《くわんき》はそこにある。彼《かれ》は無限《むげん》の世界《せかい》に翅打《つばさう》つことを思《おも》ふ時《とき》、そこに無限《むげん》の創造《さうざう》を意識《いしき》するのである。籠《かご》の中《なか》では空《そら》は限《かぎ》られてゐる。唯用《たゞよう》を充《み》たすだけなら、それでも十分《じふぶん》であらう。けれども生活《せいくわつ》といふことは、用《よう》を充《み》たすだけでは眞實《しんじつ》の意義《いぎ》をなさない。無限《むげん》の未來《みらい》があり、無限《むげん》の創造《さうざう》が意識《いしき》せられるのでなければ、生活《せいくわつ》の歡喜《くわんき》は湧《わ》かぬ。

【通解】 鳥は大空を飛廻る。さうして翅を一つ打つ度毎に大空の無限であることを經驗する。鳥の喜びはそこにある。彼は無限の世界に翅を打つて飛んで行くことを思ふ時、そこに無限の創造——限りなく新しい生命を造り出して行くのだといふことを意識するのである。籠の中では空は限られてゐて無限の創造がない。唯生きてゐるについての用を充たすだけなら、それでも十分だらう。然し生活といふことは、只用を充たすだけではほんとの意味を成さない。無限の未來があつて、無限の創造があるナと意識されるでなくては、生活の喜びは湧かない。

【考察】大空を翔る鳥と籠の中の鳥との相違を例として、生活といふ事は用を充たすだけではその眞義を成さぬ、無限の未來があり無限の創造が意識されてこそ、眞に生活の歡喜が湧くのだと論じた文である。生活の用を充たすといふ文句が文中に見當らぬために疑義が起るかも知れぬが、

けれども生活といふことは、用を充たすだけでは眞實の意義をなさない。

といふ文句を、

けれども生活といふことは、生活の用を充たすだけでは眞實の意義をなさない。

と改めて、生活のを生活上のの意味に取つても文章に聊かの變りもないと考へて見たら、所要の事項に答へる事が出來よう。

【解說】（一）いくらでもいくらでも新しい生命が造られて行つて限りはないといふ事。（二）生きてゐる上の用を充たす、卽ち、只生きてゐるといふだけならこれで十分で少しも事が缺けず何の不自由もしないといふ意。

【二七七】左の文を通釋し特に摘出したる語句を詳解せよ。且つ左傍に線を施したる漢字に讀假名を附けよ。

これが現在よと氣の附くその瞬間既にそれは過去となるあれこそ未來よと思ふ間にすぐにそれが現在となり過去となる處時はこの世の經緯人間の命がその網を免れぬとならば常にその結び目結び目を深く味はねばならぬ新年に際して此の春こそと決心はするが愈々春になつたと氣附いた時はもう悔いてもかひない過去になつてゐる流轉の生活の上で進んで取るべき第一の行爲は先づ現在を捉むにある

（一）處時は此の世の經緯。（二）結び目結び目。（三）流轉の生活。（四）現在を捉む。（奈良女高師）

【讀方】　これが現在《げんざい》よと氣《き》の附《つ》くその瞬間《しゆんかん》、既《すで》にそれは過去《くわこ》となる。あれこそ未來《みらい》よと思《おも》ふ間《ま》に、すぐにそれが現在《げんざい》となり過去《くわこ》となる。處時《ところとき》はこの世《よ》の經緯《けいゐ》、人間《にんげん》の命《いのち》がその網《あみ》を免《まぬか》れぬとならば、常《つね》にその結《むす》び目《め》結《むす》び目《め》を深《ふか》く味《あぢは》はねばならぬ。新年《しんねん》に際《さい》して此《こ》の春《はる》こそと決心《けつしん》はするが、愈々《いよ〱》春《はる》になつたと氣附《きづ》いた時《とき》は、もう悔《く》いてもかひない過去《くわこ》になつてゐる。流轉《るてん》の生活《せいくわつ》の上《うへ》で、進《す》んで取《と》るべき第一《だいいち》の行爲《かうゐ》は、先《ま》づ現在《げんざい》を捉《つか》むにある。

【通解】　これが現在だなと氣のついたその瞬間に、もはやそれは過去となつて了ふ。あれこそ未來だなと思つてゐる内に、すぐそれが現在となり又過去となる。場處と時間とはこの世を織り出す縱絲横絲のやうなもので、人間の命がこの場處と時間との交錯の支配を免れぬといふ以上は、常にその場處と時間との交錯によつて出來る瞬間々々の事態をはつきり意識して深くそれを味はなくてはならない。人は新年に際して此の春こそはしつかりやるぞと決心はするが、愈々春になつたなと氣附いた時は、もういくら後悔しても甲斐のない過去になつて了つてゐる。過去から未來へと絶えず流れ轉じて行く人生の生活の上で、進んで取るべき第一の行爲は、先づ現在の瞬間をしつかり捉んで、それをはつきり意識して正しく充實させて行く事である。

【考察】　現在に充實せよといふ主張である。書き出しの文句からいふと、現在といふ時は實在しないものだといふ哲學論らしくも響くが、さうでなくて、時は過ぎやすいもので、現在も未來も忽ち過去になるから油斷してゐてはいけないといふ教訓意識である。處時は處と時、別の言葉でいへば空間と時間である。人生を網にたとへれば、處と時はその經緯の絲で、瞬間々々の事件事態は卽ち處と時との結び目だといふ比喩である。

【解説】（一）處と時とは此の世を織り出す縱絲と横絲である。縱絲と横絲とで網が出來てゐるやうに、人生は空間と時間との交錯によつて出來てゐるのだといふ意。（二）時と處との交錯によつて出來た人生の節々、卽ち現在自分が立つてゐるその瞬間の立場をいふ。（三）過去から未來へと絶えず流れて轉じて行つて少しも停止して居る事のない人生の生活。（四）現在といふ瞬間をしつかりとつかまへて、それをはつきり意識して充實した生活を營んで行くといふ意。

【二七八】 左の文中傍線を施せる部分の意味を説明せよ。

芭蕉が浮世の名聞から離れて俳句の天地に悟つた動機には何等利己的な性質は入つてゐない（一）一般の隱遁者は世間の誘惑に耐へ切れず已むを得ず身を遁れて自己の安易を計らうとするのであるが芭蕉は浮世に對して興味こそ持つてゐたがそれを厭ふやうなことは少しも無かつた隨つて世間と交渉の薄い生活をしてゐても（二）隱遁者の心に見るやうな自分の天地を制限した淋しさは感じて居らなかつた（三）貧賤に晏如たる生活をしたのも故ら高士逸民を衒つた譯ではなく現實に對して不卽不離な洒落飄逸な態度が自らさうさせたのである（新潟高校）

【讀方】 芭蕉《ばせを》が浮世《うきよ》の名聞《みやうもん》から離《はな》れて、俳句《はいく》の天地《てんち》に悟《さと》つた動機《どうき》には、何等利己的《なんらりこてき》な性質《せいしつ》は入《はひ》つてゐない。一般《いつぱん》の隱遁者《いんとんしや》は、世間《せけん》の誘惑《いうわく》に耐《た》へ切《き》れず、已《や》むを得《え》ず身《み》を遁《のが》れて、自己《じこ》の安易《あんい》を計《はか》らうとするのであるが、芭蕉《ばせを》は浮世《うきよ》に對《たい》して興味《きようみ》こそ持《も》つてゐたが、それを厭《いと》ふやうなことは少《すこ》しも無《な》かつた。隨《したが》つて世間《せけん》と交渉《かうせふ》の薄《うす》い生活《せいくわつ》をしてゐても、隱遁者《いんとんしや》の心《こゝろ》に見《み》るやうな、自分《じぶん》の天地《てんち》を制限《せいげん》した淋《さび》しさは感《かん》じて居《を》らなかつた。貧賤《ひんせん》に晏如《あんじよ》たる生活《せいくわつ》をしたのも、故《ことさ》ら高士逸民《かうしいつみん》を衒《てら》つた譯《わけ》ではなく、現實《げんじつ》に對《たい》して不卽不離《ふそくふり》な洒落飄逸《しやらくへういつ》な態度《たいど》が自《おのづか》らさうさせたのである。

【通解】芭蕉が浮世の名譽評判から離れて、俳句の天地に悟つて、俳句によつて立派に心の悟りを開いた動機の中には、何一つとして利己的な、自分のためを計るといふやうな性質は入つてゐない。世の中の一般の隱遁者は、世間の色々な誘惑に耐へ切れないで、仕方なしに世間から身を引いて、それで自分の身の安らかさを計らうとするのであるが、芭蕉はそれと違つて、浮世に對して興味こそ持つてゐたが、浮世を厭ふやうな事は少しも無かつた。隨つて世間と交渉の薄い隱遁的な生活をしてゐても、隱遁者の心にあるやうな、殊更に自分の天地を限つて狹くしたための淋しさは感じて居なかつた。貧賤に安んじて心安らかな生活をしたのも、わざと俗塵を避け世を遁れた高士逸民を氣取つたわけでなくて、現在の世の中に對して卽《つ》くでもなく離れるでもないさらツとして少しも物にこだはらぬ態度から自然さういふ生活をするやうになつたのである。

【考察】芭蕉の隱遁生活の心理は、世の一般の隱遁者のそれとは大いに異なつてゐたといふ事を詳悉した文である。所要の三個所は通解よりや、叮嚀に説明するといふ心掛でやればよい。○逸民は世の中から隱遁した人。

【解說】(一) 世の一般の隱遁者は、名聞とか利益とか愛情とかいふ色々な世間の誘惑に耐へ切れず、それに負けて了つて、仕方なしに世間から隱れて、それによつて自分が心安く過すやうにしようとするのだといふ意。

(二) 世間普通の隱遁者は、殊更に世間から離れて、少しでも世間と交渉があつてはならぬといふやうに、自分の天地を制限してひどく狹いものにして了ひ、それがために常に心に一種の淋しさを感じてゐる、さうした心の淋しさをいふ。

（三）芭蕉が貧賤に安んじて、貧しい生活の内にゆつたりとした心で生活してゐたのも、何もわざと高士逸民を氣取つて、さも〱世俗を離れて高く止つてゐる人間のやうに見せ掛けようとしたのではなくて、彼の態度が現在の世の中の事に對して、卽くでもなく離れるでもなく、さういふ事にこだはらずに、如何にもさらつとしてゐたために、自然さういふ事になつたのだといふのである。

【二七九】　左の文章中傍線を施せる箇所の意味を説明せよ。

生活の倦怠は生活の煉獄である（一）自分の生活を踊躍して樂しむ時私たちの平凡な生活に淨土が生まれる社會的の地位名望富といふやうな外的條件はほんたうに人間らしい生活をしようとするものにとつては多くの場合却つて荆棘となり足枷となる（二）一燈をさゝげる貧者は大抵の場合萬燈をさゝげる富者よりもほんたうに淨土を見出すことが出來るであらう（新潟高校）

【讀方】　生活《せいくわつ》の倦怠《けんたい》は生活《せいくわつ》の煉獄《れんごく》である。自分《じぶん》の生活《せいくわつ》を踊躍《ようやく》して樂《たの》しむ時《とき》、私《わたくし》たちの平凡《へいぼん》な生活《せいくわつ》に淨土《じやうど》が生《う》まれる。社會的《しやくわいてき》の地位《ちゐ》、名望《めいばう》、富《とみ》といふやうな外的條件《ぐわいてきでうけん》は、ほんたうに人間《にんげん》らしい生活《せいくわつ》をしようとするものにとつては、多《おほ》くの場合《ばあひ》、却《かへ》つて荊棘《けいきよく》となり、足枷《あしかせ》となる。一燈《いつとう》をさゝげる貧者《ひんじや》は、大抵《たいてい》の場合《ばあひ》、萬燈《まんとう》をさゝげる富者《ふうしや》よりも、ほんたうに淨土《じやうど》を見出《みいだ》すことが出來《でき》るであらう。

【通解】　生活の倦怠は生活の煉獄で、生活に倦む時その生活は非常に苦痛なものである。自分の生活を小踊りして樂しむ時、私共の平凡な生活に極樂淨土が生まれて、それが實に樂しいものになる。社會上の地位とか、名望とか、富とかいふやうな外部的の條件は、ほんたうに人間らしい生活をしようとするものに取つては、多くの場合に、却つていばらとなり、足枷となつて、それが甚しい邪魔なものになる。佛に一燈を捧げる貧者は、大抵の場合、萬燈を捧げる富者よりも、ほんたうに淨土を見出す事が出來るだらう。——敬虔な氣持で暮してゐる貧者の生活の方が、富に誇つた者の外面的な生活よりも遙かに幸福であるだらう。

【考察】 ほんとに心から樂しむ生活がほんとに樂しい生活だといふのである。○煉獄はカトリック教で死者が天國に入る前にその靈が火によつて罪を淨化されると信じられてゐる場所の稱で、所謂試煉の意に用ひられる語だが、ここはその苦しみだけをいつたもので、寧ろ火の池地獄といふ方の心持である。○一燈をさゝげる貧者は貧者の一燈といふ語から來たもので、それは貧しい者の心からなる奉仕は富者の徒らに澤山な奉仕にまさるといふ事であるが、ここは貧者の眞面目な敬虔な生活態度に喩へたものと考へられる。

【解說】 (一) 自分の毎日の生活に喜びを感じ、小踊りするやうな潑剌たる氣分でそれを樂しんでゐれば、私たちの平凡な生活が淨土のやうに樂しいものとなるといふのである。

(二) 一燈を佛に捧げる貧者は本當に純眞な氣持から祈るのであり、萬燈を捧げる富者は只財物の多きを誇つて外面的な氣持で祈つてゐるのである、その意味に於て、本當の心で祈る貧者の方が、本當に安樂淨土を見出し得るだらうといふ意で、つまり正しく眞面目に生活する貧者にはほんとの人生の樂しみがあり、富にほこる富者の生活には却つてほんとの人生の樂しみはないといふのである。

【二八〇】 左の文を熟讀して傍線の部分の意味を説明せよ。

(一)露にたとへうたかたにたぐへてこの世を常なしといひ憂き世なりけりとは歌にも詠めど(二)厭世出離の思想はいまだ人心の根柢に浸まずうはべはいかにもあれまことは(三)秋の近きも覺えずして梢に騷ぐ蟬と一般沈

痛悲哀の態度も（四）流行の衣を引き被ひたるばかりその一枚を剝げば直ちに赤裸々たる邦人固有の想はあらはる樂天的なる滿足し易き峻刻ならざる傾向は依然として（五）神代ながらの民なり（新潟高校）

【讀方】露《つゆ》にたとへ、うたかたにたぐへて、この世《よ》を常《つね》なしといひ、憂《う》き世《よ》なりけりとは歌《うた》にも詠《よ》めど、厭世出離《えんせいしゆつり》の思想《しさう》はいまだ人心《じんしん》の根柢《こんてい》に浸《し》まず、うはべはいかにもあれ、まことは秋《あき》の近《ちか》きも覺《おぼ》えずして梢《こずゑ》に騷《さわ》ぐ蟬《せみ》と一般《いつぱん》、沈痛悲哀《ちんつうひあい》の態度《たいど》も、流行《りうかう》の衣《ころも》を引《ひ》き被《おほ》ひたるばかり、その一枚《いちまい》を剝《は》げば、直《たゞ》ちに赤裸々《せきらゝ》なる邦人固有《はうじんこいう》の想《さう》はあらはる。樂天的《らくてんてき》なる、滿足《まんぞく》し易《やす》き、峻刻《しゆんこく》ならざる傾向《けいかう》は、依然《いぜん》として神代《かみよ》ながらの民《たみ》なり。

【通解】露にたとへ、水の泡にくらべて、この世を無常だといひ、憂いつらい世だなアとは歌にも詠むが、世を厭つて現世から脫れ出るといふ佛敎的な思想はまだ人心の奥底に浸み込まず、うはべはどうであらうとも、ほんとは死ぬべき秋の近い事も知らずに枝に鳴きさわぐ蟬と同樣頗る呑氣なもので、如何にも沈痛悲哀な態度も、流行の着物を引ツかぶツてゐるだけの事、その一枚を剝げば、すぐにすツぱだかな日本人固有の思想があらはれる。――といふわけで、流行にかぶれて只表面上に深刻ぶつて世の無常を歎じてゐるだけ、心の中は依然として呑氣な日本人だ。樂天的な、すぐ滿足し易い、深刻でない傾向は、依然として神代のまゝの日本國民である。

【考察】藤岡作太郎の文で、中古の人士の心境を詳悉したものと考へられる。所要の部は例の通り摘解以上に入念にやる。○うたかたは水の泡。

【解說】（一）世の無常にしてはかない事を、露の消え易いのに比し、水の泡の出來てはすぐ消えるのに比するをいふ。

（二）この世を厭つて、現在の生活から脱れ出るといふ佛教的な思想。

（三）秋になれば死なねばならぬ命である、さうしたはかない秋が近づいてゐる事も知らずに、枝で鳴きさわいでゐる蟬。

（四）はやりの着物を着るやうに、世間の流行につれて、うはツつらだけで人並に自分もそんな事を言つて居るといふ意。

（五）神代のまゝの人民、卽ち太古の純樸な時代と何の變りもない純眞な日本の民族といふ意。

【二八一】 左の文の内容を平易に説明せよ。

有萠は萬人の見て知るところなり未萠は萬人の見る事能はざるところなり事の顯るゝ時に當りてこれに應ぜんとなすは驢馬の驥足を追ふにひとしくおくれて其の用をなす事なし未萠に達する時は其の事來らざる前に應ずる事そなはる故に時に當りてこれに應ずる事水の火を鎭むるが如し其の業悉く圖に叶ふ治は亂の機なり豊は凶の機なり生は死の機なり何ぞ遠きにあらん咫尺皆機にあらずといふ事なし（彦根高商）

【讀方】 有萠《いうばう》は萬人《ばんじん》の見《み》て知《し》るところなり。未萠《みばう》は萬人《ばんじん》の見《み》る事能《ことあた》はざるところなり。事《こと》の顯《あらは》るゝ、時《とき》に當《あた》りてこれに應《おう》ぜんとなすは、驢馬《ろば》の驥足《きそく》を追《お》ふにひとしく、おくれて其《そ》の用《よう》をなす事《こと》なし。未萠《みばう》に達《たつ》する時《とき》は、其《そ》の事來《こときた》らざる前《まへ》に、應《おう》ずる事《こと》そなはる。故《ゆゑ》に時《とき》に當《あた》りてこれに應《おう》ずる事《こと》、水《みづ》の火《ひ》を鎭《しづ》むるが如《ごと》し。其《そ》の業悉《げふことゞ》く圖《づ》に叶《かな》ふ。治《ち》は亂《らん》の機《き》なり。豊《ほう》は凶《きよう》の機《き》なり。生《せい》は死《し》の機《き》なり。何《なん》ぞ遠《とほ》きにあらん。咫尺皆機《しせきみなき》にあらずといふ事《こと》なし。

【通解】事の既に萌してゐるのは萬人が見て分る事である。事のまだ萌さぬのは萬人が見る事の出來ない事である。事が明かに顯れた時になつてそれに應じようとするのは、驢馬が駿馬の跡を追ふのと同様で、遅れて役に立たない。事のまだ萌さぬ所に通ずれば、其の事の來ないさきに、それに應ずる用意がちやんと出來てゐる。だからその場合に當つて事に應ずること、恰も水が火を消ししづめるやうなものだ。其のする事が皆計畫通りに行く。治は亂の起るはずみだ。豐年は凶年になるはずみだ。生は死のはずみだ。物のはずみは決して遠い所にあるものではない。眼前が凡て皆はずみでないものはないのだ。

【考察】機は有萌と未萌との分れ目である。だからそれが分れば未萌に達し得るのである。凡ての悪い事は既にいい事の中に萌し掛けてゐる。それに氣がついて制して行けば悪い事は起らぬといふ思想である。○驥足は駿馬、千里の名馬。○咫尺はごく僅かの距離、目の前の所をいふ。

【解説】何事でもその萌しが現はれれば誰にだつてよく分るが、その萌しの出ぬ内は仲々分らない。然し既に事が明かに顯はれてからそれを何とかしようとするのは、丸で驢馬が駿馬の跡を追掛けるやうなもので、到底間尺に合はない。物事の萌さぬさきにちやんとその見通しがつくやうになれば、事の來ないさきに之に應ずる用意が出來てゐるから、それを處理する事は易々たるもので、萬事こちらの思ふ通りに行く。一體物の萌しはすぐ眼前にあるもので、例へば治の内に既に亂が萌し、豐の内に凶が萌し、生の内に死が萌してゐるといふわけのものである。この理が分れば、萬事まだ萌さぬさきにちやんとそれを見拔く事が出來るのである。

【二八二】次の文意を分り易く口語で説明せよ。

私達にとつて決定的な事實は自分が畢に自分を越えることが不可能だといふことである鴉は到底孔雀でないだからある人の書いた一行の文章もつねに彼の全部を物語つてゐる（姫路高校）

【讀方】私達《わたくしたち》にとつて決定的《けつていてき》な事實《じじつ》は、自分《じぶん》は畢《つひ》に自分《じぶん》を越《こ》えることが不可能《ふかのう》だといふことである。鴉《からす》は到底孔雀《たうていくじやく》でない。だからある人《ひと》の書《か》いた一行《いちぎやう》の文章《ぶんしやう》も、つねに彼《かれ》の全部《ぜんぶ》を物語《ものがた》つてゐる。

【通解】私共に取つてちやんときまつてゐてどうしても動かす事の出來ない事實は、自分が結局自分を越えて自分以外に出る事が出來ないといふ事である。鴉は鴉でどこ迄も孔雀ではない。だから或人の書いた一行の文章にも、常に其の人の全人格が現はれてゐる。

【考察】文は人なり——文章はその人の人格の現はれだといふ事を、一寸變つた方面から書いて見たといふ形である。

【解說】我々は結局自分以上に出られるものではない。鴉は結局鴉で到底孔雀ではあり得ないと同じ理窟だ。この事は絶對に動かす事の出來ぬ事實だ。だから或人の書いた一行の文も、常にその人の全人格を現はしてゐる。何か一寸書いても結局その上に自分といふものが出ずには居ない——といふのである。

【二八三】左の文を讀み、次の問に答へよ。

藝術は固より夢ではないそれは人間の意欲を根柢とせる凝集せる精神の活動である併し現實と藝術との關係をいへばそれは現實の生活と夢との關係に酷似してゐる我等が現實の世界に於て喜悲し翹望し追求し努力するあらゆる體驗は藝術の世界に表現せらるべき內容を供給する現實の中に立つて眞劍に經驗す

る感情——衣食の煩ひ愛欲の悲しさ他人のためにする努力自己反省の苦しみ等——が次第に缺乏し行くとき我等の藝術も亦次第に貧弱となる凡そ善き藝術の條件は二重である——よき生活とよき表現と表現の努力のみを生活の中心とするとき我等のその他の生活は空虚となる鏡を磨くことにのみ專心するとき鏡に映すべき姿は萎縮してしまふ我等は固より藝術至上主義の藝術家の或者がその藝術的本能に導かれて巧みにこの陥穽から脱れてゐることを知つてゐる併し藝術のための藝術を徹底的に遂行するとき彼等は遂にこのディレンマに陥らずにはゐられないであらう

（イ）右の文の主眼點を簡明に述べよ。

（ロ）藝術至上主義の標榜するところの何なるかを述べよ。

（ハ）傍線を施したる部分の意義を分り易く説明せよ。（廣島高師）

【讀方】 藝術《げいじゆつ》は固《もと》より夢《ゆめ》ではない。それは人間《にんげん》の意欲《いよく》を根柢《こんてい》とせる凝集《ぎようしふ》せる精神《せいしん》の活動《くわつどう》である。併《しか》し現實《げんじつ》と藝術《げいじゆつ》との關係《くわんけい》をいへば、それは現實《げんじつ》の生活《せいくわつ》と夢《ゆめ》との關係《くわんけい》に酷似《こくじ》してゐる。我等《われら》が現實《げんじつ》の世《せ》界《かい》に於《お》て、喜悲《きひ》し翹望《げうばう》し追求《つゐきう》し努力《どりよく》するあらゆる體驗《たいけん》は、藝術《げいじゆつ》の世界《せかい》に表現《へうげん》せらるべき内容《ないよう》を供給《きようきふ》する。現實《げんじつ》の中《うち》に立《た》つて眞劍《しんけん》に經驗《けいけん》する感情《かんじやう》——衣食《いしよく》の煩《わづら》ひ、愛欲《あいよく》の悲《かな》しさ、他人《たにん》のためにする努力《どりよく》、自己反省《じこはんせい》の苦《くる》しみ等《とう》——が次第《しだい》に缺乏《けつばふ》し行《ゆ》くとき、我等《われら》の藝術《げいじゆつ》も亦《また》次第《しだい》に貧弱《ひんじやく》となる。凡《およ》そ善《よ》き藝術《げいじゆつ》の條件《でうけん》は二重《にぢゆう》である——よき生活《せいくわつ》とよき表現《へうげん》と。表現《へうげん》の努力《どりよく》のみを生活《せいくわつ》の中心《ちゆうしん》とするとき、我等《われら》のその他《た》の生活《せいくわつ》は空虚《くうきよ》となる。鏡《かゞみ》を磨《と》ぐことにのみ專心《せんしん》するとき、鏡《かゞみ》に映《うつ》すべき姿《すがた》は萎縮《ゐしゆく》してしまふ。我等《われら》は固《もと》より藝術至上主義《げいじゆつしじやうしゆぎ》の藝術家《げいじゆつか》の或者《あるもの》が、その藝術的本能《げいじゆつてきほんのう》に導《みちび》かれて、巧《たく》みにこの陥穽《くわんせい》から脱《のが》れてゐることを知《し》つてゐる。併《しか》し藝術《げいじゆつ》のための藝術《げいじゆつ》を徹底的《てつていてき》に遂行《すゐかう》するとき、彼等《かれら》は遂《つひ》にこのディレンマに陥《おちい》らずにはゐられないであらう。

【通解】 藝術は固より夢ではない。それは人間の意志を土臺とした固く凝り集つた精神の活動である。併し現實と藝術との關係をいつて見ると、それは現實の生活と夢との關係に非常によく似てゐる。我々が現實の世界に於て、喜び悲み願ひ望み追ひ求め骨を折つてやる一切の體驗は、それが夢の種になるやうに、藝術の世界に表現せらるべき內容を供給してその材料となる。現實の世の中に立つて眞劍に經驗する感情――例へば衣食の煩ひ、愛についての欲情の悲しさ、他人のためにしてやる努力、自分を反省するにつけての悲しみ等――さういふ感情が次第に缺乏して行くと、それにつけて吾々の藝術も亦段々と貧弱になる。凡そ善い藝術の成立つ條件は二重だ。――それはよい生活とよい表現とである。表現をよくしようといふ努力ばかりを生活の中心にする時、それ以外の吾々の生活はからツぽになる。鏡を磨ぐ事にばかり一心になつてゐると、鏡に映ずべき自分の姿はいぢけて了ふ――といつたわけで、藝術の表現ばかり立派にしようと努力してゐると、その內容となるべき實生活がいぢけて空虛になつて了ふのである。吾々は固より藝術至上主義の藝術家の中には、その藝術上の本能に導かれて、うまく斯うした落し穴――藝術そのもののためにばかり專心してゐる內に肝心な實生活がいぢけるといふ落し穴から脫れてゐる者のある事を知つてゐる。併し藝術至上主義の人々が主張するやうに藝術のための藝術を徹底的にやりとげて行く時に、彼等に遂にこの自家撞着に陷つて、藝術そのものにだけ精進する結果生活の內容が空虛になり、從つてその作品が貧弱なものになつて了ふといふ矛盾に陷らずにはゐられないであらう。

【考察】 本文の要旨は次のやうなものである。

藝術はよい生活をよく表現したものでなくてはならぬ。眞劍な生活が內容となつて、それが藝術として表現されたものでなくては、眞の豊かな藝術ではない。藝術至上主義の藝術家が徹底的にその主張する「藝術のための藝術」を遂行する時、即ち只藝術的表現のみに專心する時、必然的にその生活內容が空虛になつて、從つて又その藝術が貧弱になるといふ自家撞着に陷らざるを得なからう。

（イ）については更にこの中から思想の核心を摑み出して答へればよい。○ディレンマは自家撞着。こゝでいへばほんとにいゝ藝術を造る意圖に於て藝術至上主義を主張し、藝術のための藝術に精進して、それが爲めに却つてその藝術が貧弱になるといふ自家撞着である。

◇更にこの論者の主張を繰返して見れば斯うである。――藝術は表現だがその表現に內容を供給するものは正しい實生活だ。だから藝術としての表現にばかり專心してゐると、正しい實生活が空虛になり、從つてその藝術の內容が空虛になつて、勢ひその藝術が貧弱になる。藝術至上主義の藝術家の中にも、その藝術的本能に導かれて、知らず識らずの內に正しい生活を營んでその藝術の內容を豊富にしてゐる人もあるが、然しその主張する「藝術のための藝術」を徹底的に遂行すれば、必然的に他の生活はお留守になつて、從つてその藝術內容が空虛にならずにはゐなからうといふのである。これは藝術至上主義に對する一つの常識的駁論で、「藝術は表現なり」といふ主張と矛盾してゐるものではない。

【解說】（イ）藝術は眞に內容の充實した實生活を內容とするしつかりした表現でなくては駄目だ――といふ事。

（ロ）「藝術のための藝術」で、表現の努力のみを生活の中心として、藝術それ自體のために藝術を作る事に專心すること。

（ハ）藝術の表現ばかりを立派にしようと努力してゐる時、その內容となるべき實生活はいぢけて空虛な力弱いものになつて了ふといふ思想を、鏡を磨く事にのみ専心してゐると、その鏡に映すべき自分の姿はいぢけて了ふといふ事に譬へていうたもの。

【二八四】　左の文章に就きて、傍線を施したる部分の意味を判り易く説明せよ。

上人の歌を作る(イ)たゞ眞情の流露して吟興の油然たるを尙び法度の森嚴措辭の精緻は其の必ずしも期するところに非ざるに似たり是を以て他の歌客に在つては視て以て蕪陋穢雜なりとして之を用ふるを欲せざるの俚言俗語をも上人は隨意に捃摭し到る處に使用して夷然として忌まず(ロ)予が所謂詩歌に役せらるゝに似たるの人にあらずして詩歌に役せられざるに似たるの人なり詩歌を作る必ず佳にして不佳ならざらんを欲するの人にあらずして(ハ)吾が詩歌の佳ならんことを欲せざるにあらずといへども又必ずしも佳にして必ずしも不佳ならざらんことを苦求せざるの人なり　（廣島高師）

【讀方】　上人《しやうにん》の歌《うた》を作《つく》る、たゞ眞情《しんじやう》の流露《りうろ》して、吟興《ぎんきよう》の油然《いうぜん》たるを尙《たふと》び、法度《はふど》の森嚴《しんげん》、措辭《そじ》の精緻《せいち》は、其《そ》の必《かなら》ずしも期《き》するところに非《あら》ざるに似《に》たり。是《これ》を以《もつ》て、他《た》の歌客《かかく》に在《あ》つては、視《み》て以《もつ》て蕪陋《ぶろう》穢雜《あいざつ》なりとして、之《これ》を用《もち》ふるを欲《ほつ》せざるの俚言俗語《りげんぞくご》をも、上人《しやうにん》は隨意《ずゐい》に捃摭《くんせき》し、到《いた》る處《ところ》に使用《しよう》して、夷然《いぜん》として忌《い》まず。予《よ》が所謂詩歌《いはゆるしか》に役《えき》せらるゝに似《に》たるの人《ひと》にあらずして、詩歌《しか》に役《えき》せられざるに似《に》たるの人《ひと》なり。詩歌《しか》を作《つく》る、必《かなら》ず佳《か》にして不佳《ふか》ならざらんを欲《ほつ》するの人《ひと》にあらずして、吾《わ》が詩歌《しか》の佳《か》ならんことを欲《ほつ》せざるにあらずといへども、又必《またかなら》ずしも佳《か》にして必《かなら》ずしも不佳《ふか》ならざらんことを苦求《くきう》せざるの人《ひと》なり。

【通解】　上人が歌を作るのには、たゞ眞情があふれ出てゐて、歌を作る感興が油然として漲つてゐる事を尙んで、法則様式の嚴格さや、言葉遣ひの細かく正しい事などは、必ずしも期待してゐない風である。だから、外の歌人では、如何にも蕪雜で見苦しいものと視なして、それを使ふ事を厭ふやうな俚言俗語をも、上人は思ふがまゝに取上げて、どこへでもそれを使つて、平然として忌まない。上人は私の所謂詩歌に使はれるといふ風の人ではなくて、詩歌に使はれないといふ風の人である。詩歌を作るのに、どこ迄もうまくてどこ迄もうまくなくないやうにと欲する人ではなくて、自分の詩歌のうまい事を欲しないではないが、然し又必ずしも佳であつて必ずしも不佳でないやうにと無理に求める事をしない人である。

【考察】某上人の作歌態度が佳不佳の欲求を超越して只眞情の流露に在つた事を詳悉した文である。文末は特に同じやうな文句の繰返しで、而も「必ず佳にして必ず不佳ならざらんを欲するの人にあらず」といひ「又必ずしも佳にして必ずしも不佳ならざらんことを苦求せざるの人なり」といつて、妙に持つて廻つてゐるが、畢竟佳不佳といふやうな事を殊更に求めはしなかつたといふだけの事である。所要の部分は勿論摘解以上の説明でなくてはならぬ。○捃摭はひろひとる意。

【解說】(イ)只々その作る歌の上にほんとの氣持があふれ出てゐて、歌を作るについての氣分感興が油然と漲つてゐる事を尙んで、どこ迄もやかましく嚴格に作歌上の法則や様式に叶ふやうにとか、言葉遣が細かく正しいやうにとかいふ事などは、必ずしも期待してゐない、そんな事はまアどうでも構はぬ、ともかくも歌に眞情の溢れ出るのが第一だと考へてゐたやうであるとの意。

(ロ)私の謂ふ詩歌に使はれる風の人でなくて、詩歌に使はれない風の人である。卽ち上人は決して詩歌の奴隷でなくて、寧ろ、自ら詩歌を思ふがまゝに使役するといつた風の人だつたといふのである。

(ハ)上人は、自分の詩歌が佳作である事を望まぬではないが、然しどこ迄も佳作であつて、決してまづくないやうにといふ事を苦しんで求める人ではなかつた。即ち眞情の發露として自然にうまい歌の出來る事は勿論望んでゐたが、どうしたらうまい歌が出來るか、どうしたらまづくなく作れるかと、そんな事に苦勞する事は決してなかつたといふのである。

【二八五】　次の文を讀み左の問に答へよ。

善は行ひ難い德は施しにくい節操は守り易からぬ義の爲に命を捨てるのは惜しい此等を敢へてするのは何人にとつても苦痛であるその苦痛を冒す爲には苦痛に打勝つだけの愉快がどこかに潛んで居らねばならん(イ)畫といふも詩といふもあるは芝居といふも此の悲酸のうちに籠る快感の別號に過ぎん(ロ)此の趣を解し得て始めて吾人の所作は壯烈にもなる閑雅にもなる凡ての困苦に打勝つて(ハ)胸中一點の無上趣味を滿足せしめたくなる肉體の苦しみを度外に置いて物質上の不便を物とも思はず勇猛精進の心を驅つて(ニ)人道の爲に鼎鑊に烹らるゝを面白く思ふ若し人情なる狹き立脚地に立つて藝術の定義を下し得るとすれば藝術はわれ等教育ある士人の胸裏に潛んで邪を避け正に就き曲を斥け直にくみし弱を扶け强を挫かねばどうしても堪へられぬといふ(ホ)一念の結晶して燦として白日を射返すものである

問一、（イ）の部分の意味。
問二、（ロ）の「此の趣」とは如何なる趣か。
問三、（ハ）の部分の意味。
問四、（ニ）の部分の意味。
問五、（ホ）の部分の意味。
問六、この文の筆者の藝術観を述べよ。（廣島高師）

【讀方】　善《ぜん》は行《おこな》ひ難《がた》い、徳《とく》は施《ほどこ》しにくい、節操《せつさう》は守《まも》り易《やす》からぬ、義《ぎ》の爲《ため》に命《いのち》を捨《す》てるのは惜《を》しい。此等《これら》を敢《あ》へてするのは何人《なんぴと》にとつても苦痛《くつう》である。その苦痛《くつう》を冒《おか》す爲《ため》には、苦痛《くつう》に打勝《うちか》つだけの愉《ゆ》快《くわい》がどこかに潜《ひそ》んで居《を》らねばならん。畫《ゑ》といふも、詩《し》といふも、あるは芝居《しばゐ》といふも、此《こ》の悲酸《ひさん》のうちに籠《こも》る快感《くわいかん》の別號《べつがう》に過《す》ぎん。此《こ》の趣《おもむき》を解《かい》し得《え》て、始《はじ》めて吾人《ごじん》の所作《しよさ》は壯烈《さうれつ》にもなる、閑雅《かんが》にもなる。凡《すべ》ての困苦《こんく》に打勝《うちか》つて、胸中一點《きようちゆういつてん》の無上趣味《むじやうしゆみ》を滿足《まんぞく》せしめたくなる。肉體《にくたい》の苦《くる》しみを度外《どぐわい》に置《お》いて、物質上《ぶつしつじやう》の不便《ふべん》を物《もの》とも思《おも》はず、勇猛精進《ゆうまんしやうじん》の心《こゝろ》を驅《か》つて、人道《じんだう》の爲《ため》に鼎鑊《ていくわく》に烹《に》らるゝを面白《おもしろ》く思《おも》ふ。若《も》し人情《にんじやう》なる狹《せま》き立脚地《りつきやくち》に立《た》つて、藝術《げいじゆつ》の定義《ていぎ》を下《くだ》し得《う》るとすれば、藝術《げいじゆつ》は、われ等《ら》教育《けういく》ある士人《しじん》の胸裏《きようり》に潜《ひそ》んで、邪《じや》を避《さ》け正《せい》に就《つ》き、曲《きよく》を斥《しりぞ》け直《ちよく》にくみし、弱《じやく》を扶《たす》け強《きやう》を挫《くぢ》かねばどうしても堪《た》へられぬといふ一念《いちねん》の結晶《けつしやう》して、燦《さん》として白日《はくじつ》を射返《いかへ》すものである。

【通解】　善は行ひ難い、徳は施しにくい、操は守りやすくない、義のために命を捨てるのは惜しい。斯ういふ事を思ひ切つてやるのは誰にだつても苦痛である。その苦痛を冒して之を行ふためには、その苦痛に打勝つだけの愉快がどこかに隠れて居なくてはならぬ筈だ――さういふ正しい事が行へるのは苦痛の中に苦痛以上の愉快がこもつてゐるからである。畫といふのも、詩といふのも、或は芝居といふのも、――すべてさうした藝術は、このつらい悲しい惱みの內に籠つてゐる快感の別名に過ぎない。此の悲酸の中に籠る快感の趣が解つて、始めて吾々のする事が壯烈にもなる、靜かに上品にもなる。あらゆる困苦に打勝つて、胸の中にある一點の無上趣味――正義の苦痛の中に籠つた快感を味ふといふ趣味を滿足させたくなる。肉體の苦しみを度外に置いて、物質上の不便を何とも思はず、勇猛精進の心を驅り立てて、雄々しく眞一文字に進んで行つて、人道の爲に身を殺す事を面白く思ふ。若し人情といふ狹い立場に立つて、藝術の定義を下す事が出來るとすれば、藝術は、吾々教育のある人間の胸の中に潛んでゐて、邪を避けて正に就き、曲を斥けて直に力を添へ、弱いものを扶け強いものを挫かなくてはどうしても我慢がならぬといふ正義の一念の結晶物として、きら〳〵として太陽を射返す――といふやうに非常に強く美しく表現されたものである。

【考察】 正義の念の結晶して強く表現されたものが藝術だといふ見解である。「苦痛に打克つだけの愉快」を苦痛に打克つ事の愉快と考へてはならぬ。苦痛の中にその苦痛以上の愉快が潛んでゐるからこそその苦痛を冐すのだといふ思想である。その意味に於て後に「凡ての苦痛に打勝つて」とある文句とはその內容が違つてゐるのである。○悲酸は非常な悲しみで、前にいうた苦痛――正義を敢へてする苦痛を冐す心の惱みである。○別號は別の名。卽ち「悲酸のうちに籠る快感」そのものだ、それがそのまゝ藝術として表現されたものだ、畫だ詩だ芝居だといふのである。○鼎鑊は罪人を煮るかなへ。刑罰にかゝつて身を捨てるのをいふ。○白日は一點の曇りもない日光。

◇（イ）（ハ）（ニ）（ホ）の要求は摘解と見てもよいが、「意味」の下に「を說明せよ」の省略を認めて之を解說の要求と考へる事も亦頗る自然なる解答態度だと謂へよう。

【解說】 （一） 畫といふのも、詩といふのも、或は芝居といふのも、卽ちそれ等一切の藝術は、皆この正義を敢へてする悲酸苦痛の中に籠つてゐる快感の別名で、さうした苦痛に打克つだけの愉快そのものがそのまゝ表現されたものに過ぎないといふ意。

（二） 正義の苦痛の中に籠る苦痛以上の快感の情趣をいふ。

（三） 胸中に抱いてゐる一點のこの上もなく高い趣味、卽ち正義の苦痛の中に潛んでゐる快感を味ふといふ趣味。

（四）人の人たる大道のために大きいかなへで烹られる、卽ち人道のために犧牲となつて身を捨てるといふ意。

（五）さうした正義の一念がこりかたまつて、強く輝いて太陽の光を射返すといふやうな强さで、强く美しく表現されるといふ意。

（六）藝術は正義の苦痛を冒す悲酸な惱みの內に籠る快感で、卽ち教養ある人士の胸に潛んで、邪を避け正に就き、曲を斥け直にくみし、弱を扶け强を挫かねば置かぬといふ正義觀の、極めて强烈に表現されたものだ。――これがこの文の筆者の藝術觀である。

【二八六】 左の文を熟讀して次の問に答へよ。

この無頓着な人と道を求める人との中間に道といふもの、存在を客觀的に認めてゐてそれに對して全く無頓着だといふわけでもなくさればと云つて自ら進んで道を求めるでもなく自分をば道に疎遠な人だと諦め（イ）別に道に親密な人がゐるやうに思つてそれを尊敬する人がある（ロ）尊敬はどの種類の人にもあるが單に同じ對象を尊敬する場合を顧慮していつて見ると（ハ）道を求める人なら遲れてゐるものが進んでゐるものを尊敬することになりこ、にいふ中間人物なら自分のわからぬもの會得することの出來ぬものを尊敬することになるそこに盲目の尊敬が生ずる盲目の尊敬では（ニ）偶々それをさし向ける對象が正鵠を得てゐてもなんにもならぬのである

1．（イ）の部分の意味。

2．（ロ）の「どの種類の人」は何をさすか。

3．（ハ）の部分の意味。

4. (二) の部分の意味。

5. 最後の「盲目の尊敬では偶々それをさし向ける對象が正鵠を得てゐてもなんにもならぬのである」といへる理由。(廣島高師)

【讀方】この無頓着《むとんぢやく》な人《ひと》と道《みち》を求《もと》める人《ひと》との中間《ちゆうかん》に、道《みち》といふものゝ存在《そんざい》を客觀的《かくくわんてき》に認《みと》めてゐて、それに對《たい》して全《まつた》く無頓着《むとんちやく》だといふわけでもなく、さればと云《い》つて自《みづか》ら進《す》んで道《みち》を求《もと》めるでもなく、自分《じぶん》をば道《みち》に疎遠《そゑん》な人《ひと》だと諦《あきら》め、別《べつ》に道《みち》に親密《しんみつ》な人《ひと》がゐるやうに思《おも》つて、それを尊敬《そんけい》する人《ひと》がある。尊敬《そんけい》はどの種類《しゆるい》の人《ひと》にもあるが、單《たん》に同《おな》じ對象《たいしやう》を尊敬《そんけい》する場合《ばあひ》を顧慮《こりよ》していつて見《み》ると、道《みち》を求《もと》める人《ひと》なら、遅《おく》れてゐるものが進《す》んでゐるものを尊敬《そんけい》することになり、こゝにいふ中間人物《ちゆうかんじんぶつ》なら、自分《じぶん》のわからぬもの、會得《ゑとく》することの出來《でき》ぬものを尊敬《そんけい》することになる。そこに盲目《まうもく》の尊敬《そんけい》が生《しやう》ずる。盲目《まうもく》の尊敬《そんけい》では、偶々《たま〳〵》それをさし向《む》ける對象《たいしやう》が正鵠《せいこく》を得《え》てゐても、なんにもならぬのである。

【通說】この道などに丸つきり頓着しない人と進んで道を求める人との中間に、道といふものが在るといふ事を心で思ふだけでなくちやんと客觀的に認めてゐて、それに對して全然無頓着だといふわけでもなく、さうかといつて自ら進んで道を求めるでもなく、自分を道に緣の遠い人間だと諦め、自分などとは違つて別に道に親密な人がゐるやうに思つて、さういふ人を尊敬する人がある。さういふ人物を尊敬する事はどの種類の人にもあるが、單に同じ人を對象として尊敬する場合を考へて言つて見ると、進んで道を求める人が尊敬するなら、それは遅れてゐる者が進んでゐる人卽ち道についての先輩を尊敬する事になり、こゝにいふ中間の人物が尊敬するなら、それは自分のわからぬもの、會得する事の出來ぬわけのわからぬものを尊敬する事になる。だからそこに盲目的な只むちやくちやな尊敬が生ずる。偶々尊敬を向ける對象が正しい的《まと》を得てゐて、ほんとに尊敬して然るべき人を尊敬したとしても、そんな尊敬では何にもならぬのである。

【考察】 前から續いてゐる文を切つて出したから「この」といふ文句で始まる事になつたのだらうが、文意はこれでよく纒つてゐる。即ち筆者は、

道に無頓着な人

道の存在は認めながら自分は道に疎遠な人間だと諦めてゐる人

道を求める人

の三種を認め、こゝでは專ら後の二種類の人について言つてゐる。中間の諦めてゐる人物は、別に道に親密な人があると思つて、さういふ人を想定して尊敬する。それが正鵠を得る事もあれば得ない事もある。「同じ對象を尊敬する場合」とあるのは正鵠を得た場合の事である。そこをよく考へ分けなければならぬ。○正鵠は正しいまと。鵠の音はコウではない。

【解說】 1. 自分などと違つて、別に道に親密な、特別に道に深い親みを持つた人がゐるやうに思つて、さういふ人を自分の心の中できめこんで、その人を尊敬してゐる人があるといふ意。

2. 「道を求める人」と「道といふもの、存在を客觀的に認めてゐて、それに對して全然無頓着でもないが、然し自ら進んで道を求めるでもない人」とを指す。

3. 道を求める人が、さういふやうに特別に道に親密な人を尊敬するのなら、それは遲れてゐるものが進んでゐるものを尊敬する事、即ち道に對する後輩が先輩を尊敬する事になるといふ意。

4. 運よく尊敬を向ける對象が正しく的《まと》に合つてゐて、如何にも尊敬すべき人物を尊敬して居たとし

てもという意。

5. 道そのものがほんとに分つてゐるためにでもなく、自分が道を求めてゐるために尊敬するでもなく、何だかえらさうな人だといふ盲目的な氣持でやたらに尊敬するに過ぎないから、さういふ尊敬はいくら當を得てゐても何にもならぬといふのである。

【二八七】 左の文章につき、以下揭げたる設問に答へよ。

日本海岸の勝景は與謝内海に集る與謝内海勝景の雰圍氣は周圍から跌宕の影を清い水に投げる松の青山が作る所でその雰圍氣が凝つたものが卽ち長蛇の天橋である天橋を飾る幾千の老松の色は蒼然として古い屈曲參差して千變萬化する其の幹枝は無限の年月の間風雨と戰つて來た體驗をつぶさに物語つてゐる彼等は千軍萬馬の間に生命を維持して來た猛將勇士の姿だ彼等は月に嘯く深山の虎だ彼等は雨を呼ぶ蛟龍だ日本海岸は概して陰欝であるがこゝだけは清澄である清澄な鏡のやうである私は玲瓏な明鏡の自然を喜ばない私の興味はさつと霧のかゝつた灰色の自然を見て其の深さを增してくるそこで私は暮色で包まれた天橋を好む細雨で柔かに叩かれる天橋の風韻を好む橋立の松を時雨のこえんとすと詠んだ蕪村は正に私と詩的感興を同じくする俳人である

(イ) 雰圍氣といふ語を含む短文二種。

(ロ) 參差の語釋。(ハ) 體驗の語釋。(ニ) 風韻の語釋。

(ホ) 蕪村の句の捉へ所の中心味。

(ヘ) 本文全體にわたり顯著なる修辭上の用意。(廣島高師)

【讀方】 日本海岸《にほんかいがん》の勝景《しようけい》は與謝内海《よさないかい》に集《あつま》る。與謝内海勝景《よさないかいしようけい》の雰圍氣《ふんゐき》は、周圍《しうゐ》から跌宕《てつたう》の影《かげ》を清《きよ》い水《みづ》に投《な》げる松《まつ》の青山《せいざん》が作《つく》る所《ところ》で、その雰圍氣《ふんゐき》が凝《こ》つたものが卽《すなは》ち長蛇《ちやうだ》の天橋《てんけう》である。天橋《てんけう》を飾《かざ》る幾千《いくせん》の老松《らうしよう》の色《いろ》は蒼然《さうぜん》として古《ふる》い。屈曲參差《くつきよくしんし》として千變萬化《せんぺんばんくわ》する其《そ》の幹枝《かんし》は、無限《むげん》の年月《ねんげつ》の間《あひだ》、風雨《ふうう》と戰《たゝか》つて來《き》た體驗《たいけん》をつぶさに物語《ものがた》つてゐる。彼等《かれら》は千軍萬馬《せんぐんばんば》の間《あひだ》に生命《せいめい》を維持《ゐぢ》して來《き》た猛將勇士《まうしやうゆうし》の姿《すがた》だ。彼等《かれら》は月《つき》に嘯《うそぶ》く深山《しんざん》の虎《とら》だ。彼等《かれら》は雨《あめ》を呼《よ》ぶ蛟龍《かうりゆう》だ。日本海岸《にほんかいがん》は概《がい》して陰鬱《いんうつ》であるが、こゝだけは清澄《せいちよう》である。清澄《せいちよう》な鏡《かゞみ》のやうである。私《わたくし》は玲瓏《れいらう》な明鏡《めいきやう》の自然《しぜん》を喜《よろこ》ばない。私《わたくし》の興味《きようみ》はさつと霧《きり》のかゝつた灰色《はひいろ》の自然《しぜん》を見《み》て、其《そ》の深《ふか》さを増《ま》してくる。そこで私《わたくし》は暮色《ぼしよく》で包《つゝ》まれた天橋《てんけう》を好《この》む。細《さい》雨《う》で柔《やはら》かに叩《たゝ》かれる天橋《てんけう》の風韻《ふうゐん》を好《この》む。「橋立《はしだて》の松《まつ》を時雨《しぐれ》のこえんとす」と詠《よ》んだ蕪村《ぶそん》は、正《まさ》に私《わたくし》と詩的感興《してきかんきよう》を同《おな》じくする俳人《はいじん》である。

【通解】 日本海の海岸のすぐれた景色は與謝の內海に集つてゐる。與謝內海のすぐれた景色の一體の氣分は、まはりから何の拘束も受けぬ雄大な影を淸い水に映す松の青山が作るのであつて、その氣分の凝り固つたものが卽ち長蛇のやうな天の橋立である。天の橋立に美しく生えてゐる老松の色は青々として古い。曲りくねつて出ツ張つたり引込んだりして色々と無數に趣を變へてゐる其の幹や枝は、限り無く長い年月の間、風雨と戰つて來た體驗を一々に細かく示してゐる。彼等は千軍萬馬の戰場の間に生命を保つて來た猛將勇士のやうな姿だ。彼等は月下に嘯く深山の虎のやうだ。彼等は雨を呼ぶ蛟龍そつくりだ。日本海の海岸は一般に陰鬱だが、この天の橋立の所だけはきれいに澄み切つてゐる。澄み切つた鏡のやうだ。私は玉のやうに朗らかな鏡のやうな自然を喜ばない。私の興味はさツと霧の掛つた灰色の自然を見て、一段と深さを增して來る。そこで私は夕暮の色に包まれた天の橋立がすきだ。細かい雨で柔かに打たれてゐる天の橋立の何ともいへぬ高雅な趣がすきだ。「橋立の松を時雨のこえんとす」——橋立の松の上を今方に時雨が降つて越えようとしてゐると詠じた蕪村は、正に私と詩趣についての感興の同じやうな俳人である。

【考察】　（イ）の雰圍氣は元來地球を取卷く空氣の如く、天體を取圍んでゐる瓦斯の稱であるが、それ
から轉じて一般に「周圍の氣分」といふ趣に使はれる。本文もその例で、この文からも、
與謝內海勝景の雰圍氣は周圍から跌宕の影を淸い水に投げる松の靑山が作る所だ。
その雰圍氣が凝つたものが卽ち長蛇の天橋である。
といふ二種の短文が見出されるが、（イ）の要求に對しては別に二例を作つて、この語の使ひ方の力を示
すが自然だらう。なほ跌宕は常の度に過ぎる、ほしいまゝだの意の語で、一般に他の拘束を受けぬ力强
い趣にいふ。こゝもその例。それから（ロ）の參差は
出ツ張つたり引込んだりして不揃になつてゐる趣。

（ハ）の體驗は
自分のからだに實際に積んだ經驗。

（二）の風韻は
何ともいへぬ高雅な氣品。
といふ摘解程度のものでよからう。（ホ）の蕪村の句の捉へ所であるが、吾々の見る所では句としての
捉へ所の中心は寧ろ時雨の瞬間的な動きの刹那に在つて、時雨がサツとこちらから向ふへ移つて行つて、
今し長い〳〵橋立の松の上を越えようとしてゐるといふだけの客觀の句として十分に俳句價値があると
思ふが、さう見てはこの文の筆者の主觀とは合はない。この文の筆者はどこまでも時雨に依つて深味を
增した灰色の天の橋立の松に句の中心味があると考へて、「私と詩的興味を同じくする俳人」といつて

ゐるに違ひないから、答案も亦そこに立脚しなくてはならない。（ヘ）は一寸出題心理が明かでないが、「顯著なる修辭上の用意」といへば、「長蛇の天橋」「體驗をつぶさに物語つてゐる」「猛將勇士の姿だ」「深山の虎だ」「蛟龍だ」といふやうな文句から、比喩によつて主觀を具象化した點に在ると見るのが至當だらう。（ロ）（ハ）（ニ）は前掲がそのまゝ解答である。

【解說】（イ）「人の氣持は多分にその雰圍氣によつて支配される」「都會の雰圍氣にはゆつたりとした落着きがない」

（ホ）時雨に依つて一段と深味を増した灰色の天の橋立の松が、蕪村の句の捉へ所の中心である。

（ヘ）顯著な修辭上の用意は、色々な比喩に依つて天の橋立に對する自分の感じを出來るだけ具象的に表現しようとした事である。

【二八八】 左の文に於て忠君愛國といへるは如何なる內容なりや、又その根據は何處にありや、具體的に說明せよ。

忠君愛國は偶然に生ずるものにあらず必ず其の淵源なかるべからず吾人は之を一に祖宗の宏謨に溯りて求むるを以て最も確實に且つ根據ある斷定と認む然も此の忠君や日本帝國を一家とし皇室を家長として然るなり此の愛國や世界を大觀し日本を其の原動力として然るなり中心點として然るなり（府立高校）

【讀方】 忠君愛國《ちゆうしんあいこく》は偶然《ぐうぜん》に生《しやう》ずるものにあらず。必《かなら》ず其《そ》の淵源《ゑんげん》なかるべからず。吾人《ごじん》は之《これ》を一《いつ》に祖《そ》宗《そう》の宏謨《くわうぼ》に溯《さかのぼ》りて求《もと》むるを以《もつ》て、最《もつと》も確實《かくじつ》に、且《か》つ根據《こんきよ》ある斷定《だんてい》と認《みと》む。然《しか》も此《こ》の忠君《ちゆうくん》や、日本帝國《につぽんていこく》を一家《いつか》とし、皇室《くわうしつ》を家長《かちやう》として然《しか》るなり。此《こ》の愛國《あいこく》や、世界《せかい》を大觀《たいくわん》し、日本《につぽん》を其《そ》の原動力《げんどうりよく》として然《しか》るなり。中心點《ちゆうしんてん》として然《しか》るなり。

【通解】 忠君愛國はわけもなく偶然に生ずるものではない。必ず其の由つて來る深い源がなくてはならぬ。吾々は之を全然皇祖皇宗の天下をお治めになつた大きいはかりごとに溯つて求めるのが、最も確實で、且つしつかりしたよりどころのある斷定だと認める。そして又此の忠君たるや、日本帝國を一家とし、皇室を一家の長として始めてほんとにさうであるのだ。この愛國たるや、世界を大きく觀通して、日本を世界の原動力だとして始めてほんとにさうなのだ。世界の中心點だとして始めてほんとにさうなのだ。

【考察】 「具體的に」といつても、それは本文中から設問に該當する所を見出して答へよといふ事であつて、別に例などを擧げていへといふ事とは考へられない。○淵源は物事の起りもとづく所。○宏謨は大いなるはかりごと。

【解說】 忠君といふのは、日本帝國を一家とし、皇室を家長として、一家の家人としての國民がその家長たる皇室に忠であるといふ內容、愛國といふのは、世界を大觀して、日本を世界の原動力とし中心點として之を愛するといふ內容である。

忠君愛國の根據は祖宗の宏謨の中にある。

【二八九】 左の文中傍線を引きたる部分を解說せよ。

德川幕府は外國交通の道を杜絕したけれども多年彼の感化を受けてゐた國民は相變らず拜外の夢に酣醉を貪つてゐたがその時代の精神の中からゆくりなく復古の唱道の聲が聞え出した古に復れといふ聲が天籟の如く國民の耳朶に響いて來た復古の精神は昔のまゝの社會を再びこの地上に現さうとする精神ではない古代の素樸な精神の中に人間の眞精神を見出し日本人の眞の相を見出してそれに復らうとする精神

である（府立高校）

【讀方】徳川幕府《とくがはばくふ》は外國交通《ぐわいこくかうつう》の道《みち》を杜絶《とぜつ》したけれども、多年彼《たねんかれ》の感化《かんくわ》を受《う》けてゐた國民《こくみん》は、相變《あひかは》らず拜外《はいぐわい》の夢《ゆめ》に酣醉《かんすゐ》を貪《むさぼ》つてゐた。が、その時代《じだい》の精神《せいしん》の中《なか》から、ゆくりなく復古《ふくこ》の唱道《しやうだう》の聲《こゑ》が聞《きこ》え出《だ》した。古《いにしへ》に復《かへ》れといふ聲《こゑ》が、天籟《てんらい》の如《ごと》く國民《こくみん》の耳朶《じだ》に響《ひゞ》いて來《き》た。復古《ふくこ》の精神《せいしん》は、昔《むかし》のまゝの社會《しやくわい》を再《ふた》びこの地上《ちじやう》に現《あらは》さうとする精神《せいしん》ではない。古代《こだい》の素樸《そぼく》な精神《せいしん》の中《なか》に人間《にんげん》の眞精神《しんせいしん》を見出《みいだ》し、日本人《につぽんじん》の眞《しん》の相《すがた》を見出《みいだ》して、それに復《かへ》らうとする精神《せいしん》である。

【通解】徳川幕府は鎖國主義で外國と交通する事を禁じてその道をとだえさせて了つたが、然し多年外國の感化を受けてゐた我が國民は、相變らず拜外の夢が覺めず、いゝ氣になつて厭く迄外國崇拜の氣持に耽つてゐた。所が、さうした時代の精神の中から、思ひも掛けず復古を唱道する聲が聞え出した。「古に復れ」といふ聲が、丸で天の聲のやうに國民の耳に響いて來た。復古の精神は、昔のまゝの社會を再びこの地上に現し出さうとする精神ではない。古代の純朴な何の飾りもない精神の中に人間のほんとの精神を發見し、日本人のほんとの姿を發見して、その精神その姿に復らうとする精神である。

【考察】藤村作の「日本文學研究の新意義」といふ文の一節。全體の文意に基いて、所要の部分をなるべく叮嚀に解説する。本文に所謂外國は主として印度や支那の事と考へられるが、さればといつて彼の感化を端的に佛教や儒教の感化と限定して答へるべき必然性はない。凡て所與の本文で考へられる範圍に於て答へて置くのが答案の原則である。○拜外の夢に酣醉を貪つてゐたとはいゝ氣持で厭くまで拜外の夢を貪つてゐた、どこ迄も拜外の氣分が醒めずにゐたといふのである。

【解說】 彼の感化＝外國の感化、外國の影響を受けて自然と外國かぶれがしてゐたのをいふ。

その時代の精神＝さうした德川時代の一般の精神、卽ち外國崇拜の氣持に溺れきつてゐたその時代の人々の一般の精神をいふ。

復古の精神＝少しも外國の影響を受けなかつた古代の、何の飾氣もない純朴な精神の中に人間の眞精神を見出し、日本人の眞の姿を見出して、それに復らうとする精神をいふ。

【二九〇】 左の文章を熟讀して次の三問を解答すべし。

私は科學の進步に究極があり學說に絕對唯一のものが有限の將來に設定されようとは信じ得ないものの一人であるそれで無終無限の道程をたどり行く旅人として見た時にプトレミーもコペルニクスもガレリーもニュートンも今のアインシュタインも結局は同じ旅人の異なる時の姿として目にうつる此の果てなく見える旅路が偶然にも吾々の現代に終結してこれでいよ〳〵彼岸に到達したのだと信じ得るだけの根據を見出すのは私に困難である

（イ）「果てなく見える旅路」とは何を意味するか。

（ロ）「同じ旅人の異なる時の姿」とはいかなる事か。

（ハ）この人は「科學の將來」をどう考へたるか。（北大豫科）

【讀方】 私《わたくし》は科學《くわがく》の進步《しんぽ》に究極《きうきよく》があり、學說《がくせつ》に絕對唯一《ぜつたいゆゐいつ》のものが有限《いうげん》の將來《しやうらい》に設定《せつてい》されようとは信《しん》じ得《え》ないものの一人《いちにん》である。それで無終無限《むしゆうむげん》の道程《だうてい》をたどり行《ゆ》く旅人《たびびと》として見《み》た時《とき》に、プトレミーも、コペルニクスも、ガレリーも、ニュートンも、今《いま》のアインシュタインも、結局《けつきよく》は同《おな》じ旅人《たびびと》の異《こと》なる時《とき》の姿《すがた》として目《め》にうつる。此《こ》の果《は》てなく見《み》える旅路《たびぢ》が偶然《ぐうぜん》にも吾々《われ〳〵》の現代《げんだい》に終結《しゆうけつ》して、これでいよ〳〵彼岸《ひがん》に到達《たうたつ》したのだと信《しん》じ得《う》るだけの根據《こんきよ》を見出《みいだ》すのは、私《わたくし》に困難《こんなん》である。

【通解】 私は科學の進歩にどんづめがあり、科學上の學說に動かすべからざる唯一つのものが限られた將來に設定されようとは信ずる事の出來ない一人である。それで科學者を、終りなく限りなき道を辿つて行く旅人として見た時、科學界の大人物たるプトレミーも、コペルニクスも、ガレリーも、ニュートンも、又今のアインシュタインも、つまりは同じ旅人の時代を異にしての姿として私の目に映ずる。此の果てしなく見える旅路――科學の研究が偶然にも私共のこの現代に終りを告げて、これでいよ〳〵絶對の境地に到達したのだ――今現在の結論が絶對唯一の學說だと信じ得るだけの根據を見出す事は、私には困難な事だ。

【考察】 科學は無限に進歩して行く、今日がその終結だと信ずべき根據はどこにも無いといふ主張である。○彼岸は佛教上で悟道の絶對境地をいふ語。卽ちこゝが絶對の究極で、もうこれ以上には進まぬ所といふのである。

【解說】 （イ）どこ迄進歩して行つても、もうこれで究極だといふことはなく、限りなく進んで行くやうに見える科學の道といふ意。

（ロ）同じ科學の探求者が時代をかへて現はれて來ただけの事だといふのである。

（ハ）この人は、科學にはどこ迄行つてもおしまひといふ事はなく、將來永久無限に進歩して行くと考へてゐる。

【二九一】 左の文章を熟讀して、次の三問を解答すべし。

性情の輕薄で頭腦の雋敏なものは外來の刺戟によつて容易に興奮するさうして熱情と獨創を輕信することとによつて模倣的に行動する彼の模倣を證明するものは外來の刺戟に差等を附する人格的の判別がはたらかないことである强力なる刺戟を反撥する餘儀なさと世間の潮流と背進する寂しさとを知らないことである

（イ）性情の輕薄で頭腦の雋敏なものが何故に模倣的に行動するか、わかり易く說明せよ。

（ロ）「强力なる刺戟を反撥する餘儀なさ」とはいかなる心持なりや。

（ハ）「世間の潮流と背進する寂しさ」とはいかなる心持なりや。（北大豫科）

【讀方】 性情《せいじやう》の輕薄《けいはく》で頭腦《づなう》の雋敏《しゆんびん》なものは、外來《ぐわいらい》の刺戟《しげき》によつて容易《ようい》に興奮《こうふん》する。さうして熱情《ねつじやう》と獨創《どくそう》を輕信《けいしん》することとによつて模倣的《もはうてき》に行動《かうだう》する。彼《かれ》の模倣《もはう》を證明《しようめい》するものは、外來《ぐわいらい》の刺戟《しげき》に差等《さとう》を附《ふ》する人格的《じんかくてき》の判別《はんべつ》がはたらかないことである。强力《きやうりよく》なる刺戟《しげき》を反撥《はんぱつ》する餘儀《よぎ》なさと、世間《せけん》の潮《てう》流《りう》と背進《はいしん》する寂《さび》しさとを知《し》らないことである。

【通解】 性情がうすツぺらでアタマのすぐれてするどいものは、外部から來る刺戟によつてたやすく興奮する。さうして自分の熱しやすい感情と人の獨創を輕々しく信ずる事とによつて模倣的に人眞似に行動する。彼が模倣的である事を證明するものは、外部から來る刺戟に對して差別等級を附ける人格的な判別——自己の人格によつて外來の刺戟を判別して之に等差を附ける力が働かないといふ事である。强い刺戟でもそれに誘惑されずにはねツ返さずには置かれぬといふ苦しい氣持と、世間の潮流に背いても自分は自分の信ずる方向に進むといふ寂しい氣持とを知らない事である。

【考察】　性情が輕薄で、而も頭腦の敏感なものは、外部の刺戟ですぐ興奮する。これはよく分る事だ。次に「熱情と獨創を輕信することとに依つて模倣的に行動する」とある。この文句はとの對立上、

熱情　と
獨創を輕信することと　｝によつて模倣的に行動する

と考へられる。從つて熱情は自己の熱情、獨創は他人の獨創である。〇雋敏は俊敏と同義、すぐれてさとい。

【解說】（イ）性情が輕薄で頭腦の俊敏なものは、興奮し易く熱情的で、物事を靜かに批判する力がない。而も頭が鋭いから他の獨創に對して甚だ敏感で、性情が輕薄だから輕々しく何でも信じてしまふ。斯ういふわけで模倣的に行動するのである。

（ロ）強い外部からの刺戟に對して、ともすればそれに動かされようとするのを、じッとこらへて、それをはねかへさなくてはならぬといふ苦しい心持。

（ハ）世間の潮流にそむいて、たとひ世間一般の行き方とは反對の方向に向はうとも、自己の眞實だと信ずる道なら、一人でそれを進んで行くといふ寂しい心持。

【二九二】　左の文章を熟讀して、次の設問に答ふべし。

人が全幅の力を傾倒して事に當るに際し心の本來の姿が展開される古來東洋にあつてはこれを非常に重視したのであつて多くは之を譬喩的に曇りなき明鏡に比して說いた所が本來明かなるべき鏡は兎角人間の持つ弱點に禍されて充分其の機能を發揮することが出來ない劍を取つては死に對する恐怖が仕事をするに當つては例へば早くもそれから結果するであらうと期待される利得の如き卑劣な考が心の鏡の面を曇らせ充分に其の場の事態を映し出すことを許さないために變に應じて適切な處置を講ずることが出來

ないやうになるこれは所謂煩惱であり之を取去つて明晃々たる心鏡を現出することは取りも直さず解脫の境となるの**である**[五]

（一）傍線を施せる言葉を說明せよ。

（二）圈點を施せる言葉を文法的に說明せよ。（北大豫科）

【讀方】 人《ひと》が全幅《ぜんぷく》の力《ちから》を傾倒《けいたう》して事《こと》に當《あた》るに際《さい》し、心《こゝろ》の本來《ほんらい》の姿《すがた》が展開《てんかい》される。古來東洋《こらいとうやう》にあつてはこれを非常《ひじやう》に重視《ぢゆうし》したのであつて、多《おほ》くは之《これ》を譬喩的《ひゆてき》に曇《くも》りなき明鏡《めいきやう》に比《ひ》して說《と》いた。所《ところ》が本來《ほんらい》明《あきら》かなるべき鏡《かゞみ》は、兎角人間《とかくにんげん》の持《も》つ弱點《じやくてん》に禍《わざわひ》されて、充分其《じゆうぶんそ》の機能《きのう》を發揮《はつき》することが出來《でき》ない。劍《けん》を取《と》つては死《し》に對《たい》する恐怖《きようふ》が、仕事《しごと》をするに當《あた》つては例《たと》へば早《はや》くもそれから結果《けつくわ》するであらうと期《き》待《たい》される利得《りとく》の如《ごと》き卑劣《ひれつ》な考《かんがへ》が、心《こゝろ》の鏡《かゞみ》の面《めん》を曇《くも》らせ、充分《じゆうぶん》に其《そ》の場《ば》の事態《じたい》を映《うつ》し出《いだ》すことを許《ゆる》さないために、變《へん》に應《おう》じて適切《てきせつ》な處置《しよち》を講《かう》ずることが出來《でき》ないやうになる。これは所謂煩惱《いはゆるぼんなう》であり、之《これ》を取去《とりさ》つて明晃々《めいくわう〳〵》たる心鏡《しんきやう》を現出《げんしゆつ》することは、取《と》りも直《なほ》さず解脫《げだつ》の境《さかひ》となるのである。

【通解】 人がありツたけの力を傾け盡して事に當る場合に、心の本來の姿がひろがつて現はれて來る。古來東洋では之を非常に重く視たのであつて、多くは之をたとへとして曇りのない明鏡に比して說いた。所が本來明かである筈の鏡——人の心が、兎角人間の持つ弱點の爲に妨げられて、十分に其の働きを現はす事が出來ない。劍を取つて戰ふ場合には死に對してびく〳〵と恐れる氣持があり、仕事をするに當つては例へば早くもその仕事の結果として現はれるだらうと期待される利益のやうな卑しい考へがあつて、それがために心の鏡の面が曇つて、十分に其の場の事態を映し出して、ほんとに正しくその事態を見る事が出來ないために、臨機應變の處置を取る事が出來ないやうになる。これは所謂煩惱であつて、之を取去つて明かに輝く所の心の鏡を現はし出すのは、取りも直さず解脱の境――一切の俗念を脱してほんとに眞理を悟りきつた境地となるのである。

【考察】　傍線を施した語句に對する內容的説明と五つの文法説明とが要求されてゐる。前者は全文の思想から考へ、後者はこの文の場合を文法の原則にあてはめて考へる。最後のであるのでを指定「だ」の連用形と考へる人もあらうし、であるを全體として助動詞と認める人もあらう。然し助動詞「だ」の連用形としてのでは中止法の場合だけが認められる。だからこゝは助動詞ではない。どちらかといへばでは凡ての場合に皆助詞と認めた方がよいであらう。あるは動詞とするのが普通である。それからこれは答案に直接關係の無い事だが充分よりも語義上十分と書く方がいゝ。十二分などいふ語もあるからである。

【解說】　(一)　イ、心の本來の姿をいふ。

ロ、心の持つ本來のはたらきをいふ。

ハ、そのした仕事からの意。

ニ、劍を取つて戰はんとし、仕事をしようとする其の場合である。

(二)　一、サ行變格の動詞の未然形「展開せ」に受身の助動詞「られる」がついて「展開せられる」となり、それが約つて「展開される」となつたもの。

二、「重視した」に掛る副詞。

三、「比し」に掛る副詞。

四、「出來る」といふカ行上一段の動詞の未然形に打消の助動詞「ない」の終止形のついたもの。

五、助詞「で」にラ行四段の動詞「ある」の終止形のついたもの。

【二九三】左の文章を熟讀して、次の設問に答ふべし。

我々は過去と現在と未來との關係について深い理解をもつて居なければ現在に於て斷乎たる所信をもち決然たる態度を取ることが出來ないのである目の前の現在に引き廻はされてしまへば結局刹那主義といふか瞬間主義といふか行き當りばつたりの態度は我々自身を眞に滿足させる筈がないまた若し過去に重きを置き過ぎて之に捉はれてしまへば結局宿命論で現在に臨むより外はないそしてまた徒らに未來を追ふのみならずたゞユートピアを描き得るに止まるであらう我々はこゝに現在が過去によつて規定されながらしかもその現在のうちに來るべき未來が暗示されて居ることを正しく理解して居らねばならない

（一）右傍線の部分に就いて、

（イ）何故「斷乎たる所信をもち決然たる態度を取ることが出來ない」か、その理由を簡單に說明せよ。

（ロ）ロを說明せよ。

（ハ）ハを說明せよ。

（二）左傍線を施せる副詞の修飾限定する語に「　」を附せよ。（北大豫科）

【讀方】我々《われ〳〵》は過去《くわこ》と現在《げんざい》と未來《みらい》との關係《くわんけい》について深《ふか》い理解《りかい》をもつて居《ゐ》なければ、現在《げんざい》に於《おい》て斷乎《だんこ》たる所信《しよしん》をもち決然《けつぜん》たる態度《たいど》を取《と》ることが出來《でき》ないのである。目《め》の前《まへ》の現在《げんざい》に引廻《ひきま》はされてしまへば、結局刹那主義《けつきよくせつなしゆぎ》といふか瞬間主義《しゆんかんしゆぎ》といふか、行《ゆ》き當《あた》りばつたりの態度《たいど》は、我々自身《われ〳〵じしん》を眞《しん》に滿足《まんぞく》させる筈《はず》がない。また若《も》し過去《くわこ》に重《おも》きを置《お》き過《す》ぎて之《これ》に捉《とら》はれてしまへば、結局宿命論《けつきよくしゆくめいろん》で現在《げんざい》に臨《のぞ》むより外《ほか》はない。そしてまた徒《いたづ》らに未來《みらい》を追《お》ふのみならば、たゞユートピアを描《ゑが》き得《う》るに止《とゞ》まるであらう。我々《われ〳〵》はこゝに現在《げんざい》が過去《くわこ》によつて規定《きてい》されながら、しかもその現在《げんざい》のうちに、來《きた》るべき未來《みらい》が暗示《あんじ》されて居《ゐ》ることを、正《たゞ》しく理解《りかい》して居《を》らねばならない。

【通解】 我々は過去と現在と未來との關係について深い理解を持つてゐないと、現在に於てしつかりとした信念を持つてきツぱりとした強い態度を取る事が出來ないのである。目の前の現在に引きずり廻はされてしまへば、結局刹那主義といふか瞬間主義といふか、只現在の瞬間だけで事を片附けて了ふやり方になつて、さうした行き當りばツたりの態度では、我々自身が眞に滿足する筈がない。又若し過去に重きを置き過ぎてそれに捉はれてしまふと、結局宿命論で、いくらもがいても先天的に與へられた運命より外にはどうにもならぬものだといふ考で現在に臨む外はない。そして又只徒らに未來を追ひ未來にあこがれるだけであれば、只夢のやうな美しい世界をアタマに描き得るに過ぎないであらう。我々はこゝに現在が過去によつてきちんと定められてゐながら、而もその現在の中に、これからやつて來べき未來が暗示されて居て、現在は過去に規定されながら同時に未來を暗示するといふ連續した關係を持つてゐるといふ事を、正しく理解して居なくてはならぬのである。

【考察】 現在はすぐ過去になり未來はすぐ現在になる、だからこの三つは不可分に連續してゐる。過去を以て一切を律してもいけないし、現在のみで事を處してもいけないし、未來にのみあこがれてゐてもならぬ。現在は過去に規定され、同時に未來を暗示する事を理解して、そこに斷乎たる所信を持つて、決然として現在に處して行かねばならぬといふ思想の文である。(イ)については施線の次の文を熟讀する事によつて正しく答へる。(ロ)と(ハ)も勿論單なる直解ではいけない。○宿命論は凡て宿命でいくらじたばたしても吾々はなるやうにしかならぬといふ見地である。○ユートピアは理想郷、美しい夢の世界である。それから第二については、施線の語が全部副詞である所に着眼して、文法上に於ける副詞の職能——用言又は他の副詞を修飾し限定するといふ職能をしつかり考へて正しく答へる。

【解説】（一）（イ）過去と現在と未來との關係について深い理解を持つてゐないと、刹那主義瞬間主義の行き當りばつたりになるか、宿命論で現在に臨むか、ユートピアを描くに止るかであるから、斷乎たる所信を持ち決然たる態度を取る事が出來ないのである。

（ロ）凡ては宿命だ、人間はいくらじたばたしても先天的に與へられた運命以外にどうにもなるものではないといふ宿命論で現在の事に對するといふ意。

（ハ）單なる理想郷、即ち夢のやうな美しい世界をアタマの中に描く事が出來るだけであらうといふ意。

（二）眞に＝「滿足させる」　結局＝「臨む」　徒らに＝「追ふ」　たゞ＝「止まる」　正しく＝「理解し」

【二九四】　左の文章を熟讀して、次の設問に答ふべし。

抑々わが身を不自由にするものは我以外のものではなくて實は我の內に在るのである慾に徇ひ情を肆にする生活は外物に依屬し境遇に飜弄せられて遂に獨立自由の地に至ることを得ないよく情慾に克ち得るものは大いに自由を覺えるであらう然る後學問によつて人が社會に於て自他兩全の生活を送る所以の理法を知りこれと一致するやうに吾が身を訓練すべきである果して此の如くすれば自由暢達の生を營むことを得ようこの時の自由はかの似て非なる自由と同日の談ではない一は眞の自由であつて他はその實束縛であるからである

（一）「似て非なる自由」は何故「束縛」であるか。

（二）「眞の自由」はどうして得られるか。

（三）傍線の部分を文法的に説明せよ。（北大豫科）

【讀方】抑々《そもそも》わが身《み》を不自由《ふじいう》にするものは、我以外《われいぐわい》のものではなくて、實《じつ》は我《われ》の内《うち》に在《あ》るのである。慾《よく》に徇《したが》ひ情《じやう》を肆《ほしいまゝ》にする生活《せいくわつ》は、外物《ぐわいぶつ》に依屬《いぞく》し境遇《きやうぐう》に飜弄《ほんろう》せられて、遂《つひ》に獨立自由《どくりつじいう》の地《ち》に至《いた》ることを得《え》ない。よく情慾《じやうよく》に克《か》ち得《う》るものは、大《おほ》いに自由《じいう》を覺《おぼ》えるであらう。然《しか》る後學問《のちがくもん》によつて、人《ひと》が社會《しやくわい》に於《お》て自他兩全《じたりやうぜん》の生活《せいくわつ》を送《おく》る所以《ゆゑん》の理法《りはう》を知《し》り、これと一致《いつち》するやうに吾《わ》が身《み》を訓練《くんれん》すべきである。果《はた》して此《かく》の如《ごと》くすれば、自由暢達《じいうちやうだつ》の生《せい》を營《いとな》むことを得《え》よう。この時《とき》の自由《じいう》は、かの似《に》て非《ひ》なる自由《じいう》と同日《どうじつ》の談《だん》ではない。一《いつ》は眞《しん》の自由《じいう》であつて、他《た》はその實束縛《じつそくばく》であるからである。

【通解】一體全體自分の身を不自由にするものは、自分以外のものではなくて、實は自分の内に存在してゐるのである。慾のまゝにし情の起るがまゝに勝手にそれを遂げるやうな生活は、外部の物に身をよせつけ身の境遇におもちやにされて、事毎に外物に支配されて了つて、遂に獨立自由の境地に達する事が出來ない。よく自分の情慾に克つて正しくそれを制し得るものは、大いに自由を感ずるだらう。さうして後に學問によつて、人が世の中に於て自分も他人も共に安全な生活を送るにはどうすればよいかといふその理法を知り、その理法と一致するやうに自分の身を訓練すべきものだ。果してこのやうにすれば、自由なのんびりとした生活を營む事が出來るだらう。この時の自由は、かの似て非なる自由――慾に徇ひ情を肆にしてそれを自由だと思つてゐるやうなそんな間違つた自由とは丸ツきりわけが違ふ。一方はほんとの自由であつて、一方はその實自由でなくて束縛だからである。

得ない。

【考察】 第一の設問については、本文中の
慾に徇ひ情を肆にする生活は、外物に依屬し境遇に飜弄せられて、遂に獨立自由の地に至ることを得ない。

といふ文句に依つて答へられる。第二も亦本文中の
よく情慾に克ち得るものは、大いに自由を覺えるであらう。然る後學問によつて、人が社會に於て自他兩全の生活を送る所以の理法を知り、これと一致するやうに吾が身を訓練すべきである。
といふ文句に依つて答へられる。第三は文法問題で、品詞及び品詞相互の接續といふ事である。「である」については二九二問の考察の所を參照して戴きたい。

【解說】 (一)「似て非なる自由」は、自分の慾に徇ひ情を肆にする事で、さういふ生活は、外物にたより境遇に弄ばれて、遂に獨立自由の境地に至り得ないから、その實「束縛」である。
(二)「眞の自由」は、よく自己の情慾に克ち、更に學問によつて、人が社會に於て自他兩全の生活を送るにはどうすればよいかといふ理法を知つて、その理法と一致するやうに自分の身を訓練する事に依つて得られる。
(三) イ、抑々＝接續詞。「そも」を二つ重ねた詞。
ロ、得ない＝ア行下一段の動詞「える」の未然形「得」＋打消の助動詞「ない」の終止形。
ハ、よく＝副詞。形容詞「よい」の連用形から轉成したもの。
ニ、であらう＝助詞「で」＋ラ行四段の動詞「ある」の未然形「あら」＋推量の助動詞「う」の終止

形。

ホ、訓練すべきである＝サ變の動詞「訓練す」の終止形＋推量の助動詞「べし」の連體形「べき」＋助詞「で」＋ラ行四段の動詞「ある」の終止形。

【二九五】左の文章の傍線を施したる部分を餘白に説明すべし。

語の創新をめづるは人情の自然なれども語は新しきをのみとるべきにあらず古よりいひふるしたる語の今なほすてがたきまゝありかゝる語は分外に幽玄の旨をふくめることあり更に敷衍せらるべきことあり新しき解釋を容るゝことあり語の創新ならざるをにくむは自然の風物の萬古一色なるをにくまむがごとし（北大豫科）

【讀方】語《ご》の創新《さうしん》をめづるは人情《にんじやう》の自然《しぜん》なれども、語《ご》は新《あたら》しきをのみとるべきにあらず。古《いにしへ》よりいひふるしたる語《ご》の、今《いま》なほすてがたき、まゝあり。かゝる語《ご》は、分外《ぶんぐわい》に幽玄《いうげん》の旨《むね》をふくめることあり。更《さら》に敷衍《ふえん》せらるべきことあり。新《あたら》しき解釋《かいしやく》を容《い》るゝことあり。語《ご》の創新《さうしん》ならざるをにくむは、自然《しぜん》の風物《ふうぶつ》の萬古一色《ばんこいつしよく》なるをにくまむが如《ごと》し。

【通解】言葉の新しいのを愛するのは人情の自然であるが、然し言葉は新しい事ばかりを取るべきではない。昔からいひふるした語で、今もなほ捨て難い味のあるものが、まゝある。さういふ言葉は、殊の外に奥ふかい意味を含んでゐる事がある。更にその意味をおしひろめて説明さるべき事がある。新しい解釋を下す餘地の存する事がある。言葉の新しくないのをいとひきらふのは、自然の景色の永久に變らず同じ趣であるのを厭ひきらふやうなものだ。

【考察】 坪内逍遙の文で、新しい言葉を好むのは人情の自然だが、古い言葉にも仲々棄て難いものがあるといふ事を強調した文である。○創新は新しい、創造的で新しい。○分外は分以外に、過分に、又は存外にの意。そんな言葉にそんな深い意味は無ささうだと思へる程深い意味を持つてゐる事があるといふのである。○幽玄は非常に奥ぶかくて、何ともいへぬ妙味のあること。○敷衍はその言葉の意味をもつとおしひろめて色々に説明すること。○風物は風景、景色。○萬古一色は昔から今日、今日から未來へと、永久にいつも變らず同じ様子であるといふこと。

【解說】 斯ういふ古い言葉の中には、思ひも掛けぬ程に奥深い、何ともいへぬ深遠な意味を含有してゐる事があり、更により以上にその言葉の意味をおしひろめて説明を加へて然るべき事があり、今迄なかつた新解釋を下す餘地の存する事がある。さういふわけだから、言葉の新しくない事を厭ふのは、自然の景色のいつも變らず同じ趣であるのを厭ふと同然で、甚だ考の淺薄な事だ。吾々はいつも變らぬ自然の景色を喜ぶやうに、さうした古い言葉を愛しなくてはならぬといふのである。

【二九六】 次の文につき左記二問に答へよ。

品格は自重を意味す自重は決して謙和の精神と撞着せず謙和の精神とは他人の美を認識することなり主我的情神を節して博愛的精神を發揮することなり自重とは自家の天職を信じ自家の個人としての眞價を信ずることとなり人たゞ自ら重んず故に修養して己に克ち清高なる趣味の標準によりて自ら律す故に體面を重んじて崇高の精神を發揮し雅量能く人と物とを容る

(1) 自重はどうして謙和の精神と撞着せぬか。

(2)「雅量能く人と物とを容る」とはどういふ意味か。(松本高校)

【讀方】 品格《ひんかく》は自重《じちよう》を意味《いみ》す。自重《じちよう》は決《けつ》して謙和《けんわ》の精神《せいしん》と撞着《どうちやく》せず。謙和《けんわ》の精神《せいしん》とは、他人《たにん》の美《び》を認識《にんしき》することなり。主我的精神《しゆがてきせいしん》を節《せつ》して、博愛的精神《はくあいてきせいしん》を發揮《はつき》することなり。自重《じちよう》とは、自家《じか》の天職《てんしよく》を信《しん》じ、自家《じか》の個人《こじん》としての眞價《しんか》を信《しん》ずることなり。人《ひと》たゞ自《みづか》ら重《おも》んず、故《ゆゑ》に修養《しうやう》して己《おのれ》に克《か》ち、清高《せいかう》なる趣味《しゆみ》の標準《へうじゆん》によりて自《みづか》ら律《りつ》す。故《ゆゑ》に體面《たいめん》を重《おも》んじて、崇高《すうかう》の精神《せいしん》を發揮《はつき》し、雅量《がりやう》能《よ》く人《ひと》と物《もの》とを容《い》る。

【通解】 品格があるといふのは自重するといふ事である。自重は決して謙和卽ち謙遜溫和の精神とぶツつからない。謙和の精神といふのは、他人の美點をしつかり認める事だ。自分を主にするといふ精神を少くして、博く他を愛するといふ精神を發揮する事だ。自重といふのは、自分の身に備つた職分を信じ、自分の一個の人間としてのほんとの値打を信ずる事だ。人は只自重するが故に、修養して自分の私欲私情に打克ち、清い高尙な趣味の標準によつて自分の身を正しく修めて行く。だから體面を重んじ、氣高い精神を發揮して、廣い度量を以て能く人を容れ物を容れて決して偏狹な獨りよがりの氣持にならず、從つて謙和の氣持と撞着しない。

【考察】 筆者は自重といふ事を徒らなる自負自慢と全然區別して、修養して己に克ち、清高なる趣味に依つて自ら律する事、卽ち眞の自己修養を意味するものと解してゐる所をしつかり摑んで、求められた二問に答へる。○天職は天が與へた職分の意、自然とその人の身に備つてゐて、自らこれが己のほんとの職分だと信ずる所の職分をいふ。

【解說】 （1） 自重は自己の品格を高める事で、その意味に於て自重の人は體面を重んじ雅量よく人と物とを容れるから、謙和の精神と撞着しないのである。
（2）ゆつたりとした廣くおだやかな心持で、よく人を容れ物を容れる、即ち偏狹でなくてあらゆるものを包容するだけの廣い度量があるといふ意。

【二九七】 左の文に就て次の四項に答へよ。

生命のある所に法があり情のある所に義がある義の愛でなく義の親でなければ父子の情ではない人生れて最初の法は父の教訓である無限の親愛の中に父子相忘れるは父子の至情であつて只の本能はこれと區別すべきである此の[1]本能否定の第一歩が卽ち父に對する敬であり父の命を法として仰ぐ心であつて此の敬が人畜の分れる所義を識るの始めである只の親しみに敬が加はつて親しみが淨化せられる[2]後者が敬愛である卽ち感謝である親の慈愛に對する子の感謝は卽ち孝の心である故に[3]孝は實に義を含むものでたゞ親を愛するばかりならば禽獸と異ならぬ

（1）「本能否定の第一歩が卽ち父に對する敬であり」の意味を分り易く述べよ。
（2）後者といふ以上前者もある筈であるが、何が前者であるか。
（3）何故に孝は義を含むものであるか。
（4）この文に見えたる人と禽獸との相違點を說明せよ。（松本高校）

【讀方】 生命《せいめい》のある所《ところ》に法《はふ》があり、情《じやう》のある所《ところ》に義《ぎ》がある。義《ぎ》の愛《あい》でなければ愛《あい》でなく、義《ぎ》の親《しん》でなければ父子《ふし》の情《じやう》ではない。人生《ひとうま》れて最初《さいしよ》の法《はふ》は父《ちゝ》の教訓《けうくん》である。無限《むげん》の親愛《しんあい》の中《うち》に父子《ふし》相忘《あひわす》れるは、父子《ふし》の至情《しじやう》であつて、只《たゞ》の本能《ほんのう》はこれと區別《くべつ》すべきである。此《こ》の本能否定《ほんのうひてい》の第一歩《だいいつぽ》が、卽《すなは》ち父《ちゝ》に對《たい》する敬《けい》であり、父《ちゝ》の命《めい》を法《はふ》として仰《あふ》ぐ心《こゝろ》であつて、此《こ》の敬《けい》が人畜《じんちく》の分《わか》れる所《ところ》、義《ぎ》を識《し》るの始《はじ》めである。只《たゞ》の親《した》しみに敬《けい》が加《くは》はつて、親《した》しみが浄化《じやうくわ》せられる。後者《こうしや》が敬愛《けいあい》である。即《すなは》ち感謝《かんしや》である。親《おや》の慈愛《じあい》に對《たい》する子《こ》の感謝《かんしや》は、即《すなは》ち孝《かう》の心《こゝろ》である。故《ゆゑ》に孝《かう》は實《じつ》に義《ぎ》を含《ふく》むもので、たゞ親《おや》を愛《あい》するばかりならば禽獸《きんじう》と異《こと》ならぬ。

【通解】 生命があればそこに法即ち正しく生きて行くための法則があり、情があればそこに義即ち情を正しく發揮するための筋道がある。義に叶つた愛でなくてはほんとの愛でなく、義に叶つた親しみでなくては父子の情ではない。人が生れて最初に知る所の法は父の教訓である。限りなき親愛の情の中に父子相忘れて只互に相愛し相親しむのは、父子の至情であつて、單なる本能――動物が相愛する如き本能はこれと區別すべきものである。此の本能否定の第一歩――父子相忘れるのは父子の至情であつて本能ではないと先づ以てその事を否定して掛るのが、即ち父に對する子の敬であり、子が父の命を法として仰ぎ尊ぶ心であつて、この父に對する敬のある事が人間と畜生との分れ目であり、人が義を識る始めである。單なる親しみに敬が加つて、その親しみが清浄なものになる。後者即ち親しみに敬の加つたものが敬愛である。即ちその者に對する感謝の心である。親の慈愛に對して子が感謝する心が、即ち孝の心である。だから孝は實に義を含むものであつて、單に親を愛するといふだけならば禽獸と變りはないのである。

【考察】 全文を熟讀して、

禽獸の親を愛するのは單なる本能であるが、人の子が親を愛するのは義の愛であり敬を含んだ愛である。

といふ趣旨をしつかり摑んで掛る。無限の親愛の中に父子相忘れるといふのは、親愛の極父子といふ觀念を超越して渾然として相忘れて了ふといふ事であつて、それは動物的な本能とは全く別で、義の愛、義の親の極致だといふのである。○本能は先天的の性能で、生後の經驗や教育に依らないで、自然に欲求し、自然に行動する働きをいふ。

【解說】（1）無限の親愛の中に父子相忘れるのは、父子の至情であつて、只の本能ではないと否定する、その第一歩が卽ち父に對する敬で、心から父を敬ふといふ精神は、この本能否定から出發するといふのである。

（2）前者は、只の親しみ、敬の加はらぬ本能的な禽獸と異ならぬ親しみである。

（3）子の親に對する親しみは敬が加つて淨化されてゐる、卽ち親への敬愛感謝、それが孝の心だから、孝には義を含んでゐるといふのである。

（4）子が親に對するのに、人は敬愛卽ち孝の心を以てするが、禽獸は單なる本能の愛情を以てする、それがこの文に見えてゐる二者の相違點である。

【二九八】　高士の期するところはたゞ生前の成業に止らずして知己を死後にまつこと少しとせず社會多事の時期においてはかくのごとき場合特に多ししかして正を持し節を守りて人の知ると知らざるとを顧みざるは眞の大人君子なり一時に屈するも知己を千載の下にまつものはその次にして豪傑の士とはこの類の人をさすかの社會の節義なるものは實にこれらの徒の維持するところなるに成らざりしものは當世に敗れしがために後代に非とせられ成りしものは成りしがために後代に稱揚せられその成敗の由來にいたりては何人もこれを問ふものなからんか世人みな後世をまつ心を失ひたゞその功業の生時に成らんことを期してその手段の正邪を問はざるに至らん

（1）社會多事の時期において、特に知己を死後にまつことが多いわけを說明せよ。

（2）「かの社會の節義なるものは」のところから終りまでの文を、傍線をつけてある代名詞・助詞の用法に注意して解釋せよ。（松本高校）

【讀方】高士《かうし》の期《き》するところは、たゞ生前《せいぜん》の成業《せいげふ》に止《とゞま》らずして、知己《ちき》を死後《しご》にまつこと少《すくな》しとせず。社會《しやくわい》多事《たじ》の時期《じき》においては、かくのごとき場合《ばあひ》特《とく》に多《おほ》し。しかして、正《せい》を持《ぢ》し節《せつ》を守《まも》りて、人《ひと》の知《し》ると知《し》らざるとを顧《かへり》みざるは、眞《しん》の大人君子《たいじんくんし》なり。一時《いちじ》に屈《くつ》するも知己《ちき》を千載《せんざい》の下《もと》にまつものはその次《つぎ》にして、豪傑《がうけつ》の士《し》とはこの類《るゐ》の人《ひと》をさす。かの社會《しやくわい》の節義《せつぎ》なるものは、實《じつ》にこれらの徒《と》の維持《ゐぢ》するところなるに、成《な》らざりしものは、當世《たうせい》に敗《やぶ》れしがために後代《こうだい》に非《ひ》とせられ、成《な》りしものは、成《な》りしがために後代《こうだい》に稱揚《しようやう》せられ、その成敗《せいばい》の由來《ゆらい》にいたりては、何人《なんびと》もこれを問《と》ふものなからんか、世人《せじん》みな後世《こうせい》をまつの心《こゝろ》を失《うしな》ひ、たゞその巧業《こうげふ》の生時《せいじ》に成《な》らんことを期《き》して、その手段《しゆだん》の正邪《せいじや》を問《と》はざるに至《いた》らん。

【通解】高い見識を持つた人士の期待する所は、只生前の事業の成功だけに止まらないで、ほんとに自分を知つて呉れる人が自分の死後に出るやうにと期待する事が少くない。世の中が多事でいろ〳〵と事件の多い時期に於ては、斯ういふ場合が殊に多い。そして、正義をしつかりと持ちこたへ正しい操を守つて、人が知らうと知るまいとそんな事は一切構はぬのは、ほんとの大人物君子人である。たとひその世に於て一時身を屈しても遠き將來には自分を知つて來れる人があらうと思つて、千載の下に知己を期待するのはその次であつて、豪傑の士といふのはこの類の人を指していふのである。彼の社會の節義といふものは、實にこれら豪傑の士達が維持するものであるのに、事がうまく成功しなかつた者は、その世に於て失敗したがために後々の世に於ていけない者とせられ、うまく成功した者は、成功したがために後々の世に於て譽め立てられて、その成功と失敗の由つて來つた原因に至つては、誰もそれを問題にするものがなからうものなら、世の中の人は皆知己を後世に待つといふ心をなくなして、只その功業が生きてゐる中に成就するやうにといふ事だけを期待して、その手段が正しからうが正しくなからうが、そんな事はてんで問題にしないやうになるであらう。

【考察】 島田三郎の「開國始末」の中の一文節。第一の設問は本文中にそれぞれに該當する文句がない。畢竟筆者の言外の意を悟れといふ常識上の要求である。第二は通解中からそれに該當する部分を摘出して答へればよい。特に二個所の施線があるが、それもこの程度でよい。これらは

　一時に屈するも知己を千載に待つ所の所謂豪傑の士

を指してゐるのであるから、特に一歩突込んで解くといふなら、「斯うした豪傑の士、卽ちその世には身が屈しても知己を千載に待つといふやうな人々」と書いて置けばよいわけである。それを單に「斯うした豪傑の士達」とした通解程度でも勿論十分である。かはナラバといふ假設の思想を強く現はす助詞であるから、こゝの所も通解のやうにやつて置けばよいのである。

【解說】 社會多事の時期には、生前の成業を期し難いやうな、色々と困難な事情が多く起るから、特に知己を死後に待つ事が多いのである。

【二九九】 次の文章につき左記三項に答へよ。

人の生を求むるは此の世に價値を認むればなり卽ち知る人生は畢竟價値に外ならざるを人生既に價値なり是を以て[1]人生の歸趨は常に最大の價値と相伴ふ最大の價値の存する所卽ち是の價値の所有者にとりて人生の全意義の包括せらるゝ所なり至上の幸福茲に在り[2]最高の道義亦茲にあり人は是が爲めの故に執着

し欲求し煩悶し戰鬪す時として繼ぐに[3]死を以てして悔いざるなり

（1）この意味を平易に説明せよ。

（2）最高の道義とは如何なるものか、又それが何處にあるのか。

（3）何故に死して悔いざるか。（松本高校）

【讀方】 人《ひと》の生《せい》を求《もと》むるは、此《こ》の世《よ》に價値《かち》を認《みと》むればなり。即《すなは》ち知《し》る、人生《じんせい》は畢竟價値《ひつきやうかち》に外《ほか》ならざるを。人生既《じんせいすで》に價値《かち》なり。是《これ》を以《もつ》て人生《じんせい》の歸趨《きすう》は常《つね》に最大《さいだい》の價値《かち》と相伴《あひともな》ふ。最大《さいだい》の價値《かち》の存《そん》する所《ところ》、即《すなは》ち是《こ》の價値《かち》の所有者《しよいうしや》にとりて、人生《じんせい》の全意義《ぜんいぎ》の包括《はうくわつ》せらるゝ所《ところ》なり。至上《しじやう》の幸福茲《かうふくこゝ》に在《あ》り。最高《さいかう》の道義亦茲《だうぎまたこゝ》にあり。人《ひと》は是《これ》が爲《た》めの故《ゆゑ》に執着《しふちやく》し欲求《よくきう》し煩悶《はんもん》し戰鬪《せんたう》す。時《とき》としては繼《つ》ぐに死《し》を以《もつ》てして悔《く》いざるなり。

【通解】 人が生きてゐようとするのは、この世の中に價値を認めるからである。それに依つて、人生は畢竟價値に外ならぬといふ事が分るのである。人生は既に價値である。だから人生の結局の歸着點は常に最大の價値と伴つてゐて、人生は常に最大の價値に落着かうとしてゐる。最大の價値のある所が、即ちこの價値を所有して生きてゐる人に取つて、人生の全意義の包まれてゐる所であつて、人生のあらゆる意義はこの最大價値の中にすつかりくるめられてゐるのである。至上の幸福も茲に在る。最高の道義も亦茲にある。人はこの最大價値を得るために執着し欲求し煩悶し戰鬪する。時としてはさうした擧句に死んで了つても悔いないのである。

【考察】 仲々分りにくい思想であるが、姑く常識的にこの文の思想を考へて見よう。人生は生きてゐるといふ事だ。それ自體が目的であつて、何かの手段ではない。して見れば人生はそれ自體絶對の價値で、その價値の最大なのが最もよい人生だといへる。だから人生の究極は最大の價値で、最大價値のある所が人生の全意義のある所だ。既にそこに人生の全意義があるとすれば、人生の至上の幸福も最高の道義も皆その中にある筈だ。だから吾々はその最大價値を得るために苦慮焦心して、死んでも悔いないのである。――大體斯ういふ事と考へられる。さういふ考の下に三つの設問に答へる。○歸趨は趨き向ふ所、歸着する所、つまりは結局そこへ落着くといふ意。

【解說】（1）人生の歸着する所はいつも最大の價値と伴つてゐて、人生のあらゆる事は結局は最大價値を得ようといふ點に歸着するものだといふのである。

（2）最高の道義といふのは、人生そのものに取つてこれ以上はないといふ、ほんとに一番高い道をいふ。そしてそれは人生の最大價値の存する所にあるのである。

（3）人が生きてゐるのは、人生の最大價値を得て、人生の全意義を具現するためで、それが出來れば人生そのもの、卽ち人として生れて來た意義が完全に滿たされるわけだから、死んでも悔いないのである。

【三〇〇】　文後に摘出したる語句の意味を夫々文中の俳句の內容に當てはめて說明せよ。

蕪村の椿落ちて昨日の雨をこぼしけりといふ句は芭蕉の落ちざまに水こぼしけり花椿といふ句から刹那的な集中的な要素を取り去つてその代りにある時間的經過とそれに伴ふ天候の變化とを示さうとしたものである

（一）刹那的な集中的な要素

（二）ある時間的經過とそれに伴ふ天候の變化（松山高校）

【讀方】 蕪村《ぶそん》の「椿落《つばきお》ちて、作日《きのふ》の雨《あめ》をこぼしけり」といふ句《く》は、芭蕉《ばせを》の「落《お》ちざまに水《みづ》こぼしけり、花椿《はなつばき》」といふ句《く》から、刹那的《せつなてき》な集中的《しふちゆうてき》な要素《えうそ》を取《と》り去《さ》つて、その代《かは》りに、ある時間的經過《じかんてきけいくわ》と、それに伴《ともな》ふ天候《てんかう》の變化《へんくわ》とを示《しめ》さうとしたものである。

【通解】 蕪村の、「椿落ちて、昨日の雨をこぼしけり」――椿の花がぽたりと落ちて、昨日降つて花に溜つてゐた雨をこぼしたのであつたといふ句は、芭蕉の「落ちざまに水こぼしけり、花椿」――椿の花が、ぽたりと落ちるその途端に花の中に溜つてゐた水をこぼしたのであつたといふ句から、花の落ちた刹那に注意がそこに集中したといふ、刹那的な集中的な要素を取り去つて、その代りに、昨日から今日になつたといふ或時間上の經過と、それに伴つて昨日は雨が降つてゐて今日は晴れてゐるといふ天候の變化とを示さうとしたものである。

【考察】 言葉の解だけでなく、文の內容をほんとに理解させるための要求である。文を讀むものは、常に自ら斯ういふ問を構へて、之に答へるやうな態度で讀まなくてはならぬ。

　落ちざまに水こぼしけり、花椿。

は椿の花が落ちる途端に溜つてゐた水をこぼしたといふのであつて、それこそ刹那の所見であり、見る人の感じがパラッと水をこぼしたといふその事實に集中されてゐるのである。所が

　椿落ちて、昨日の雨をこぼしけり。

となると、昨日雨が降つて水が椿の花に溜つてゐた、その椿が今日になつて落ちて、その雨水をこぼしたといふ、時間上の經過と、昨日は雨が降つてゐたが今日は天氣になつたといふ、天候の變化が織込ま

れてゐるわけである。斯ういふ風に考へて、その要領を摑んで答案とするのである。

【解說】（一）「落ちざまに水こぼしけり花椿」といふのは、椿の花がポロッと落ちる時水をこぼしたといふ刹那の出來事に眼が集中されて、それが要素となつて出來た句である。卽ちこの句の要素は、刹那の出來事と、それに注意が集中された事とに在るといふのである。

（二）「椿落ちて昨日の雨をこぼしけり」といふのは、椿の花に昨日から雨が溜つてゐたが、その花が落ちて、溜つてゐた雨がこぼれたといふのであつて、卽ちこの句の中には昨日から今日になつたといふ時間の經過と、それから昨日は雨だつたが今日は雨が上つてゐるといふ天候の變化とが示されてゐるといふのである。

【三〇二】　左の文を讀みて設問に答へよ。

徒然草に法顯三藏の天竺にわたりて故鄕の扇を見ては悲しみ病に臥しては漢の食を願ひ給ひけることを聞きてさばかりの人のむげにこそ心よわきけしきを人の國にて見え給ひけれと人のいひしに弘融僧都優になさけありける三藏かなといひたりしこそ法師のやうにもあらず心にくゝおぼえしかといへる著者が感情主義唯美主義の人たることを暴露せるものにあらざるか

（1）「人の國にて見え給ひけれ」の意味を述べよ。

（2）「法師のやうにもあらず心にくゝおぼえしか」の意味を述べよ。

（3）「著者」とは誰か。

（4）「感情主義唯美主義の人たることを暴露せるものにあらざるか」とは文中のどの點につきて言へるか。

（松山高校）

【讀方】徒然草《つれづれぐさ》に、「法顯三藏《ほふげんさんざう》の、天竺《てんぢく》にわたりて、故郷《ふるさと》の扇《あふぎ》を見《み》ては悲《かな》しみ、病《やまひ》に臥《ふ》しては漢《から》の食《しよく》を願《ねが》ひ給《たま》ひけるを聞《き》きて、『さばかりの人《ひと》の、むげにこそ心《こゝろ》よわきけしきを、人《ひと》の國《くに》にて見《み》え給《たま》ひけれ』と人《ひと》のいひしに、弘融僧都《こうゆうそうづ》、『優《いう》になさけありける三藏《さんざう》かな』といひたりしこそ、法師《ほふし》のやうにもあらず、心《こゝろ》にくゝおぼえしか」といへる、著者《ちよしや》が感情主義《かんじやうしゆぎ》・唯美主義《ゆゐびしゆぎ》の人《ひと》たることを暴露《ばくろ》せるものにあらざるか。

【通解】徒然草に、「支那の法顯三藏が、印度へ渡つて行つて、故郷支那の扇を見ては悲しみ、病氣で寝ては支那の食をたべたいと願つたといふ事を聞いて、『それほどの立派な人が、ひどくどうも氣弱な様子を、よその國でお見せになつたものですネ』と或人がいつた所が、弘融僧都が、『いや、如何にも優しく情味の深かつた三藏法師よ』と言つたのこそ、兎角枯木冷灰的になりがちな坊さんのやうにもなく、よく人情の機微を解したものだと、奥ゆかしく思はれた事だつた」といつてゐるのは、著者兼好が感情を重んずる行き方の人であり、美そのものを尊重する行き方の人である事をさらけ出したものではあるまいか。

【考察】藤岡作太郎の鎌倉室町時代文學史中の一文節。（1）（2）は摘解と見てもよし、「述べよ」を「説明せよ」と了解してもよいわけである。（3）は國文常識として徒然草の著者兼好法師と答へるが當然だらう。（四）は全文の上にその意味を求める事勿論である。○感情主義は感情のまゝに動く主義といふよりも、感情を尊重する主義といふ方に考へられる。○唯美主義は人情の美を專ら尊重する主義。つまり冷やかな理窟でなくて、人の感情を重んじ、人情の美に徹する行き方の人だといふのである。

【解說】（1）他國でお見せなされたものだの意。「他國」はこゝでは天竺を意味する。
（2）枯木冷灰のやうになり勝ちな坊主のやうにもない、誠によく人情の機微を解してゐる事だと、奥ゆかしく思はれたの意。
（3）徒然草の著者兼好法師。
（4）法顯三藏が天竺で故鄕の扇を見ては悲み、病の床に臥しては故鄕の食物をほしがつて故鄕を戀ひ慕つたといふ事に對して、弘融僧都が如何にも優しく情の籠つた三藏だといつて褒めた、それを許して、枯木冷灰であり勝ちな坊主に似ず誠に奥ゆかしく思はれたといつた點について、筆者は「感情主義唯美主義の人たることを暴露せるものにあらざるか」と言つたのである。

【三〇二】 左の詩を熟讀し、（1）必要なる語句を補足してこれを解釋し、（2）作者が此の詩に於て何をいはんとせしかを説明せよ。

椰子の實

名も知らぬ遠き島より
流れ寄る椰子の實一つ
故鄕の岸を離れて
汝はそも波に幾月

舊の樹は生ひや茂れる
枝はなほ影をやなせる
われもまた渚を枕
孤身の浮寢の旅ぞ
實をとりて胸にあつれば
新なり流離の憂
海の日の沈むを見れば
滾り落つ異郷の涙
思ひやる八重の汐々
いつの日か國に歸らむ（山口高校）

【讀方】　椰子《やし》の實《み》
名《な》も知《し》らぬ遠《とほ》き島《しま》より、流《なが》れ寄《よ》る椰子《やし》の實《み》一《ひと》つ。故郷《ふるさと》の岸《きし》を離《はな》れて、汝《なれ》はそも波《なみ》に幾月《いくつき》。舊《もと》の樹《き》は生《お》ひや茂《しげ》れる。枝《えだ》はなほ影《かげ》をやなせる。われもまた渚《なぎさ》を枕《まくら》、孤身《ひとりみ》の浮寢《うきね》の旅《たび》ぞ。實《み》をとりて胸《むね》にあつれば、新《あらた》なり流離《りうり》の憂《うれへ》。海《うみ》の日《ひ》の沈《しづ》むを見《み》れば、滾《はふ》り落《お》つ異郷《いきやう》の涙《なみだ》。思《おも》ひやる八重《やへ》の汐々《しほ〴〵》、いつの日《ひ》か國《くに》に歸《かへ》らむ。

【通解】 名も知らぬ遠い島から、この濱邊に流れ寄つて來た一つの椰子の實がある。汝は故郷の遠い島の岸を離れて、抑も波に幾月ゆられて來たか。汝がなつてゐた舊《もと》の樹は今も生ひ茂つてゐるか。その木の枝は今もなほ影をなしてゐるか。私も亦汝と同じく渚を枕として、只一人舟の旅を續けてゐる身だ。今この椰子の實を拾ひ取つて胸に當てると、さすらひの身の憂は新しく湧いて來る。そして海上に夕日の沈むのを見ると、知らぬ他國にさすらつてゐる身の淚はぽろ〳〵とこぼれ落ちる。あゝ、幾重の海路を距てた故郷の事がつく〴〵と思ひやられる、私はこの遠い〳〵海を渡つて、一體いつの日になつかしい故國に歸れる事であらう。

【考察】 島崎藤村の有名な詩で、椰子の實に託してさすらひの身の悲しい思ひを歌つてゐるのである。第二の設問はそれを答へればよい。第一は前掲の通解を以て答案とすればよい。必要な語句を補足するのは、解釋上の當然の務である。だから斯うした要求がなくても、苟も解釋する以上は必ずその必要がある。又斯く要求されたからといつて、必要以上にやたらに語句を補足する事も正しい答案態度ではないのである。○浮寢は船中に寢ること。その外に、寢ても心の落ちつかぬ事等にも云ふが、こゝは語の第一義のまゝに解して適切である。

【解說】 作者はこの詩に於て、遠くから流れ寄つた椰子の實に託して、さすらひの身の悲しさ、故郷のなつかしさを云はうとしてゐるのである。

【三〇三】 左の文中——線を施せる個所を、他の個所の表現を利用して解說せよ。

社會集團が複雜多岐に對立してゐるのは互に異なつた或は相反した利害をふりかざして相爭はんがため

ではなく相協力せんがためである各種の集國に均等の機會が與へられ十分にその持前の能力を發揮しこの各要素を綜合した調和の世界卽ち高度の大社會の生命を維持し伸暢せんがためである各種社會集團の分裂對立は單なる分裂對立としては矛盾であるけれどもそれは必ず窮極において止揚され批判的原理の實現として現はれおの〳〵その處を得その分を守つて犯さず自然法爾といふ言葉の示す通りにいかにも和やかな調和の世界が出來上るためである絢爛たる春野の錦を織成さんがための柳の綠花の紅であるべきである自我を非我より嚴密に區別する力は同時に非我をも自我のうちに完全にとり入れる働でなければならぬこのことを聖德太子はその憲法第一條に和をもつて貴しとなし忤ふことなきを宗とすと仰せられてゐる（山口高商）

【讀方】 社會集團《しやくわいしふだん》が複雜多岐《ふくざつたき》に對立《たいりつ》してゐるのは、互《たがひ》に異《こと》なつた、或《あるひ》は相反《あひはん》した利害《りがい》をふりかざして、相爭《あひあらそ》はんがためではなく、相協力《あひけふりよく》せんがためである。各種《かくしゆ》の集團《しふだん》に均等《きんとう》の機會《きくわい》が與《あた》へられ、十《じふ》分《ぶん》にその持前《もちまへ》の能力《のうりよく》を發揮《はつき》し、この各要素《かくえうそ》を綜合《そうがふ》した調和《てうわ》の世界《せかい》、卽《すなは》ち高度《かうど》の大社會《だいしやくわい》の生命《せいめい》を維持《ゐぢ》し伸暢《しんちやう》せんがためである。各種社會集團《かくしゆしやくわいしふだん》の分裂對立《ぶんれつたいりつ》は、單《たん》なる分裂對立《ぶんれつたいりつ》としては矛盾《むじゆん》であるけれども、それは必《かなら》ず窮極《きゆうきよく》において止揚《しやう》され、批判的原理《ひはんてきげんり》の實現《じつげん》として現《あら》はれ、おの〳〵その處《ところ》を得《え》、その分《ぶん》を守《まも》つて犯《おか》さず、自然法爾《じねんほふに》といふ言葉《ことば》の示《しめ》す通《とほ》りに、いかにも和《なご》やかな調和《てうわ》の世界《せかい》が出來上《できあが》るためである。絢爛《けんらん》たる春野《はるの》の錦《にしき》を織成《おりな》さんがための柳《やなぎ》の綠《みどり》・花《はな》の紅《くれなゐ》であるべきである。自我《じが》を非我《ひが》より嚴密《げんみつ》に區別《くべつ》する力《ちから》は、同時《どうじ》に非我《ひが》をも自我《じが》のうちに完全《くわんぜん》にとり入《い》れる働《はたらき》でなければならぬ。このことを聖德太子《しやうとくたいし》はその憲法第一條《けんぱふだいいちでう》に、「和《わ》をもつて貴《たふと》しとなし、忤《さから》ふことなきを宗《むね》とす」と仰《おゝ》せられてゐる。

【通解】社會の集團がいろ〳〵複雜に幾つも〳〵岐れて對立してゐるのは、お互に違つた、或はお互に相反した利害をふりかざして、お互に爭ひ合はうがためではなく、互に力をあはせて事をしようがためである。各種の集團に同等の機會が與へられ、十分にその持前の能力をあらはして、この各要素を一つに集めた調和の取れた世界、卽ち高度の大きい社會の生命を維持し、のび〳〵と發達させようがためである。いろ〳〵な社會の集團の分裂して對立してゐるのは、單なる分裂對立としては矛盾であるが、然しそれは必ずどんづめの所に於てはつきりと各自の立つべき正しい立場におしあげられ、物がどうして存在するのかといふ論理的基礎を明かにする所の批判的原理の實現として現はれ、各自正しい位置を得、その分を守つて他を犯さず、自然法爾といつて諸法は皆そのまゝ眞如だといふ佛語が示す通りに、如何にもおだやかな調和の世界が出來上るためである。美しく輝き渡るやうな春の野の錦のやうな光景を織り出さうがための柳の綠や花の紅で、立派な美しい世界を作り出すための分裂對立であらねばならぬのである。自分といふものを自分でないものから嚴密に區別する力は、同時に自分でないものをも自分の內に完全に取り入れて、自我と非我とを渾然として一つにする働でなくてはならない。この事を聖德太子はその十七條の憲法の第一條に「互に相和するのが最も貴い事であり、互にもとりさからふ事のないのが一番大切な事だ」と仰せられてゐる。

【考察】かなりペダンチックにむづかしく書いてゐるが、つまりは社會の色々な集團が複雜多岐に分裂對立してゐるのは、それ自體から見れば矛盾だが、その窮極に於ては互にその立場々々を守つて、相協力して調和の取れた高度の大社會を完成するためだといふ事で、更に常識的に思想の核心をいへば、世の中は色々の集團に分れてゐるが、それ等は互に利害を異にして相爭ふものでなくて、互に協力して立派な社會を維持し發展させるために役立たねばならぬ筈のものだといふ事である。○均等の機會は機會均等から來た語で、本來は通商上或國の商工業上に與へた權益を利害關係のある他の國にも與へる事であるが、轉じては一般に、或人に與へた待遇を一般人にも與へる事にいひ、不公平のないやうに同じ權益に浴せしめる事にいふ。こゝもさういふ意味である。○止揚といふ語は普通に見當らぬ言葉であるが、前後の文義上から考へて、文字通りに「止め揚げられる」――止まるべき所に止められ、その立場に於て高く揚げられるといふ心持で用ひたものと解してよささうである。○批判的原理は批判の原理。批判は哲學上で事物の意味を明かにしその事物が存在する所以の論理的基礎を明かにすることにいふ。こゝもさういふ意味と考へられる。○自然法爾は佛教上の語で、諸法はそのまゝ眞如であること。色々と法が分れてゐるがその分れたまゝでそれが皆眞理だといふ思想で、この文の趣旨とぴッたり合つた語である。

◇本問の要求は施線の所を他の個所の表現を利用して解說せよといふ事であるから、施線の個所と思想的に關聯した個所を他に求めて、「自我を非我より嚴密に區別する力は、同時に非我をも自我のうちに完全にとり入れる働でなければならぬ」といふ文意は、

社會集國が複雜多岐に對立してゐるのは、互に異つた、或は相反した利害をふりかざして、相爭はんがためではなく、相協力せんがためである。

といひ、

各種の集團に均等の機會が與へられ、十分にその持前の能力を發揮し、この各要素を綜合した調和の世界、卽ち高度の大社會の生命を維持し伸暢せんがためである。

といふやうな文句に依つて、具體的に説明されてゐる事を考へて解を作るのである。

【解説】 自分といふものを自分以外のものから嚴密に區別して、自分の持前の能力を、他に紛れぬやうにはつきりと區別する力は、同時に自分以外の者をも自分の内に完全に取入れて、それ等凡ての要素を綜合調和する働でなくてはならぬ。この事を社會上についていへば、複雜多岐に分裂對立した各集團が各自その特長を發揮する力は、同時に他の集團をも取入れて一つの大きい調和のとれた世界、卽ち高度の大社會の生命を維持し伸暢し得るやうな力でなくてはならぬ――卽ち吾々は社會集團の一員として自我を非自我と區別し完全にその一員としての特色を發揮すると同時に、他の集團の人々と協力調和して益々社會を向上させなくてはならぬといふのである。

【三〇四】 左の文章を熟讀して傍線を付せる三つの事項を夫々解説せよ。

我々は我々の現實の狀態と可能の世界との對峙の烈しきを必ずしも病むを要しない又その距離の遠く遙かなる事を痛むを要しないトルストイが(2)理想の理想たるはその實現せられざるにあると言つたのは決して無意味の言ではない唯併しその對峙が如何に烈しくともその距離が如何に隔つて居ても可能の世界が宙に浮んだ我々と緣のないものであつてはならない如何ばかり高峻でも遙遠でも(3)それはどうしても自己の根柢にあつて我々の現實に力強く交渉するものでなければならない（横濱高商）

【讀方】 我々《われ〳〵》は我々《われ〳〵》の現實《げんじつ》の狀態《じやうたい》と可能《かのう》の世界《せかい》との對峙《たいぢ》の烈《はげ》しきを必《かなら》ずしも病《や》むを要《えう》しない。又《また》その距離《きより》の遠《とほ》く遙《はる》かなる事《こと》を病《や》むを要《えう》しない。トルストイが「理想《りさう》の理想《りさう》たるはその實現《じつげん》せられざるにある」と言《い》つたのは、決《けつ》して無意味《むいみ》の言《げん》ではない。唯併《たゞしか》しその對峙《たいぢ》が如何《いか》に烈《はげ》しくとも、その距離《きより》が如何《いか》に隔《へだた》つて居《ゐ》ても、可能《かのう》の世界《せかい》が宙《ちう》に浮《うか》んだ、我々《われ〳〵》と緣《えん》のないものであつてはならない。如何ばかり高竣《かうしゆん》でも遙遠《えうゑん》でも、それはどうしても自己《じこ》の根柢《こんてい》にあつて、我々《われく》の現實《げんじつ》に力強《ちからづよ》く交渉《かうせふ》するものでなければならない。

【通解】我々は我々が現在事實に生活し行動してゐる狀態と、その實現が可能だとして心の中に描いてゐる理想の世界とが、どんなに烈しく對峙してゐても、必ずしもそれを氣に病む必要はない。又その二つの距離がいくら遠く遙かでも、それを氣に病む必要もない。トルストイが、「理想の理想たる所以はその實現されぬ所にある」と言つたのは、決して意味の無い言葉ではない。唯併しその對峙がどんなに烈しくても、その距離がどんなに隔つてゐても、實現可能と信ずる理想の世界が宙に浮いた、我々と緣のないものであつてはならぬ。其の理想がどんなに高いものであつても又どんなに遙かなものであつても、その世界はどうしても自分の心の奥底にあつて、我々の現在の生活行動と力強い交渉を持つたものでなくてはならぬのである。

【考察】現實の狀態は現在の事實の狀態、卽ち現に我々が生活し行動する狀態である。可能の世界はその實現が可能なりと考へられる世界、卽ち我々が理想として心の中に描く世界である。その二者はいくら烈しく對峙してゐても、亦いくらその距離が遠くても、そんな事は構はぬ。どうせ理想は實現されぬにきまつてゐる。既に實現された時は、それはもう現實であつて理想ではないから。然しその理想が我々の根柢になく、又我々の現實と沒交渉なものなら、それは空想であつて理想ではない――といふやうに文意をしつかり考へた上で三つの設問に答へる。

【解說】（1）我々の現在事實の狀態と、その實現が可能だと信ずる理想の世界とが、どんなに遠く掛離れてゐても、それを氣に病む必要はないといふのである。

（2）理想が理想として貴いのは、それが實現されぬ所にある――理想は我々が理智的に考へて、その實現が可能だと信じ得る最善最美の想像境地であるから、既にそれが實現された時には、それはもはや理想ではない、現實である。そしてそこには又更に新しい理想が描かれるべきであるから、理想の理想たる所以は、畢竟その實現されぬ所に在るのだといふのである。

（3）可能の世界即ち理想の世界は、どうしても自分自身の根柢即ち心の奥底に在つて、我々の現在事實の狀態と力強い交渉を持つたものでなくてはならぬ――理想の世界は、よしや實現されぬにしても、我々の現實と全く緣の無い、宙に浮んだ、單なる空想の世界であつてはならぬといふのである。

【三〇五】 左の文章中傍線を施したる語句を適當に説明せよ。

(イ)こゝにても雲井の櫻咲きにけりたゞかりそめの宿と思ふに

これは後醍醐天皇の御製なり吉野の世尊寺に雲井の櫻と稱する櫻あり雲井は禁中をいふさらでだに舊禁中の戀しくて堪へ給はざるに吉野山中「雲井」と稱する櫻を御覽じては(ロ)豈に叡感無量ならざるを得んや悲しいかな(ハ)かりそめの御宿つひの御宿となりて(ニ)延元陵畔長へに游人をして涙襟を沾さしむ（横濱專門）

【讀方】 こゝにても雲井《くもゐ》の櫻咲《さくらさ》きにけり、たゞかりそめの宿《やど》と思《おも》ふに。これは後醍醐天皇《ごだいごてんわう》の御製《ぎよせい》なり。吉野《よしの》の世尊寺《せそんじ》に「雲井《くもゐ》の櫻《さくら》」と稱《しよう》する櫻《さくら》あり。雲井《くもゐ》は禁中《きんちゆう》をいふ。さらでだに舊禁中《きうきんちゆう》の戀《こひ》しくて堪《た》へ給《たま》はざるに、吉野山中《よしのさんちゆう》、「雲井《くもゐ》」と稱《しよう》する櫻《さくら》を御覽《ごらん》じては、豈《あ》に叡感無量《えいかんむりやう》ならざるを得《え》んや。悲《かな》しいかな、かりそめの御宿《おんやど》つひの御宿《おんやど》となりて、延元陵畔長《えんげんれうはんとこしな》へに游《いう》人《じん》をして涙襟《なみだえり》を沾《うるほ》さしむ。

【通解】 こゝにても＝こゝでも亦雲井の櫻――禁中を名とする櫻が咲いた事だなア、只假初の宿と思ふのにサ。
　それにつけてもいとゞ禁中が戀しくて、實に感慨の禁じ難い事である。
これは後醍醐天皇の御製である。吉野の世尊寺に「雲井の櫻」と稱する櫻がある。雲井は禁中の事をいふ。さうでなくてさへ昔の禁中が戀しくてたまらなくいらせられるのに、まして吉野の山の中に於て、「雲井」と稱する櫻を御覧遊ばしては、どうして御感慨の無量でない事が出來よう。悲しい事に、そのかりそめの御宿がおしまひまでのほんとの御宿となつて、帝を葬り奉つた延元の御陵のほとりに詣でる人をして、いつの世までも涙で襟を濡させるのである。

【考察】　この文に於て雲井が禁中を意味するとある所をしつかり摑んで、御製をその向に解釋する事が大切である。○延元陵は後醍醐帝の御陵で、それは全文の上から明かに考へられる筈である。○游人は遊ぶ人、こゝは御陵に參拜する人をいふ。

【解説】　（イ）後醍醐帝の御製で、「雲井の櫻」は吉野の世尊寺にあつた櫻である。その「雲井」は禁中を意味する語である。そこで帝は、「この吉野でもやはり雲井の櫻――禁中を名とする櫻が咲いた事だ、朕はこゝを只かりそめの宿と思ふのになア」と、禁中の戀しさに堪へさせ給はぬ無量の御感慨を詠じ給うたのである。

（ロ）叡感は天子樣の御感をいふ、斯うした場合どうして後醍醐帝の御感慨の無量でない事があり得よう、眞に御感が無量であらせられたに違ひないといふのである。

（ハ）「たゞかりそめの宿と思ふに」と御詠じ遊ばされたそのかりそめの御宿が、とう〳〵おしまひ迄の御宿になつて、後醍醐帝は吉野に於て御生涯を終へさせ給うたといふのである。

（ニ）後醍醐帝を葬り奉った延元御陵のほとりでは、いつの世までもそこに詣でる人々をして悲しさに涙で着物の襟を濡させるといふのである。

【三〇六】　左の本文を讀みて次の問に答へよ。

（1）敬語の動詞・助動詞を引出せ。（但し同一語は其の一を擧げよ。）

（2）次の御意を拜し得る御製を擧げよ。（但し括弧の中の番號にて示せ。）

（イ）國家をおぼし給ふ御製。（ロ）國民をいつくしみ給ふ御製。

（3）「この種の歌は、或は歌として趣乏しきもの多かるが習」とあるは何故か。

（4）次の御製を謹解せよ。

いかならむことある時もうつせみの人の心よゆたかならなむ。

明治天皇の御製に就きて吾等の最も感激し奉るは天皇が畏き大御心よりして或は（イ）國家をおぼし或は祖神を敬ひ給ひ或は（ロ）國民をいつくしみ給ひ或は御修養また御訓誡の意を詠じ給へりし御事なり一般にこの種の歌は或は歌として趣乏しきもの多かるが習なれど御製に至りてはいづこまでも高き御調と雅びやかなる御趣とを失はせ給はずして御意深しこれ蓋し天皇の高く大いなる御人格の自然の發露にましますが故にして應に古經典の一言一句にも比し奉るべきものといふべし例へば

あしびきの山時鳥ふた聲となのらぬ心たかくもあるかな…………（一）

おごそかにたもたざらめや神代よりうけつぎ來たるうらやすの國…………（二）

ありとある人をつどへて春ごとに花のうたげをひらきてしがな…………（三）

いかならむことある時もうつせみの人の心よゆたかならなむ…………（四）

かみかぜの伊勢の宮居を拜みての後こそきかめ朝まつりごと…………（五）

等この種に數へまつるべき御製いと多し（陸士）

【讀方】明治《めいぢ》天皇《てんわう》の御製《ぎよせい》に就《つ》きて、吾等《われら》の最《もつと》も感激《かんげき》し奉《たてまつ》るは、天皇《てんわう》が畏《かしこ》き大御心《おほみこゝろ》よりして、或《あるひ》は國《こく》家《か》をおぼし、或《あるひ》は祖神《そしん》を敬《うやま》ひ給《たま》ひ、或《あるひ》は國民《こくみん》をいつくしみ給《たま》ひ、或《あるひ》は御修養《ごしうやう》また御訓誡《ごくんかい》の意《い》を詠《えい》じ給《たま》へりし御事《おんこと》なり。一般《いつぱん》にこの種《しゆ》の歌《うた》は、或《あるひ》は歌《うた》として趣乏《おもむきとぼ》しきもの多《おほ》かるが習《ならひ》なれど、御製《ぎよせい》に至《いた》りては、いづこまでも高《たか》き御調《おんしらべ》と雅《みや》びやかなる御趣《おんおもむき》とを失《うしな》はせ給《たま》はずして、御意《ぎよい》深《ふか》し。これ蓋《けだ》し、天皇《てんわう》の高《たか》く大《おほ》いなる御人格《ごじんかく》の自然《しぜん》の發露《はつろ》にましますが故《ゆゑ》にして、應《まさ》に古經典《こけいてん》の一言一句《いちごんいつく》にも比《ひ》し奉《たてまつ》るべきものといふべし。例《たと》へば、

あしびきの山時鳥《やまほとゝぎす》、ふた聲《こゑ》となのらぬ心《こゝろ》たかくもあるかな。

おごそかにたもたざらめや、神代《かみよ》よりうけつぎ來《き》たるうらやすの國《くに》。

ありとある人《ひと》をつどへて、春《はる》ごとに花《はな》のうたげをひらきてしがな。

いかならむことある時《とき》も、うつせみの人《ひと》の心《こゝろ》よ、ゆたかならなむ。

かみかぜの伊勢《いせ》の宮居《みやゐ》を拜《をが》みての後《のち》こそきかめ、朝《あさ》まつりごと。

等《とう》、この種《しゆ》に數《かぞ》へまつるべき御製《ぎよせい》いと多《おほ》し。

【通解】明治天皇の御詠みになつた御歌について、私共の一番感激し奉るのは、天皇が畏れおほい大御心からして、或は國家の事をお思ひ遊ばされ、或は祖先の神を敬ひ給ひ、或は國民を御慈愛遊ばされ、或は御修養上又は御訓誡上の意味を御詠み遊ばされた御事である。一般にかういふ種類の歌は、冷たい理に落ち勝ちで、或は歌として趣の乏しいものが多くあるものであるが、明治天皇の御製に至つては、どこ迄も高い御歌の調と雅びやかな御趣とを失ひ遊ばされなくて、その御意味が

深い。これは思ふに、天皇の高く大きい御人格が自然と御歌の上にあらはれさせ給うたからであつて、當に古への聖人の書物の一言一句にも比し奉るべきものというて然るべきである。例へば、

あしびきの……＝山時鳥が只一聲だけ鳴いて、二聲と鳴かぬその心が實にけだかい事であるなア。

おごそかに……＝どうして嚴かに保たないでよからうや、神代からうけついで來たこの大日本帝國をば。

ありとある……＝ありとあらゆる人を集めて、春毎にいつも花見の宴を開きたいものだなア。

いかならむ……＝どのやうな事のある場合にも、世の人の心は、どうかゆつたりとしてゐて、とりつめて常軌を逸するやうな事のないやうにあつてほしいものであるなア。

かみかぜの……＝伊勢の御社を拝んで後にこそ朝政をば執らうよ。

等、この種の御歌として數へ奉るべき御製が非常に多い。

【考察】 明治天皇の御製についての感激である。○あしびきのは「山」の枕詞。○うらやすの國は日本の國の異稱。○うたげは宴。○うつせみは「人」の枕詞。○ゆたかはゆつたりとしていること。○ならなむは「なり」の未然形に願望の助詞「なむ」のついたもの。○かみかぜのは「伊勢」の枕詞。○朝まつりごとは朝政、朝廷の御政事をいふ。

◇第一は文法上の問題で、敬語の動詞・助動詞といふのであるから「御」のやうな敬語の接頭語は這入らぬ事に留意する。第二については問題に擧げられてゐる御製をよく〳〵拜誦して

あしびきの……

いかならむ……

の二首は「御修養また御訓誡の意を詠じ給へりし」もの、

　かみかぜの……

は「祖神を敬ひ給ひ」ての御製と考へ、殘る（二）（三）を以て答へればよい。第三については、常識的に考へて見て、「さういふ種類の歌は兎角理に落ちやすいから」と答へる外あるまい。第四の御製については前掲通解中から該當の部分を摘出して答へればよい。

【解說】（1）敬語の動詞＝奉る・おぼし・給ひ・まします・まつる。敬語の助動詞＝せ。

（2）（イ）國家をいつくしみ給ふ御製……………………（二）

（ロ）國民をいつくしみ給ふ御製……………………（三）

（3）さういふ種類の歌は兎角冷たい理窟に流れて、感情の自然の流露を失ひやすいからである。

【三〇七】　左の文に就いて次の問に答へよ。

（一）「努力」とはどんなことであるか、文中の語句を用ひて箇條書にせよ。

（二）「自己犠牲」とはどういふ意味か。

（三）「人格の目的」とはどう解けばよいか。

（四）「大いなる目的」とは何か。

道德を實行するには無限の努力（一）が必要だ我々はすべての境遇に對して誤らない判斷をなすだけの知性を獲得しなければならないし又善と判斷した行爲を實行しないではゐられないやうに自己の良心と勇氣とを訓練し陶冶しなければならないそれには無限の努力が必要なのだ努力は當然先づ自己犠牲（二）の方向に對して動かなければならない自己の欲望を在るがまゝに滿たしめず大いなる人格的の目的（三）の下にそれを所屬せしめなければならないこの見方が高調せられて欲望の制御にその大いなる目的（四）の着眼を失つた場

合には欲望の制御そのことが直ちに道德的であるやうに見られることもある（陸士）

【讀方】道德《だうとく》を實行《じつかう》するには無限《むげん》の努力《どりよく》が必要《ひつえう》だ。我々《われ〳〵》はすべての境遇《きやうぐう》に對《たい》して誤《あやま》らない對斷《はんだん》をなすだけの知性《ちせい》を獲得《くわくとく》しなければならないし、又《また》、善《ぜん》と判斷《はんだん》した行爲《かうゐ》を實行《じつかう》しないではゐられないやうに、自己《じこ》の良心《りやうしん》と勇氣《ゆうき》とを訓練《くんれん》し陶冶《たうや》しなければならない。それには無限《むげん》の努力《どりよく》が必要《ひつえう》なのだ。努力《どりよく》は當然《たうぜん》先《ま》づ自己《じこ》犧牲《ぎせい》の方向《はうかう》に對《たい》して動《うご》かなければならない。自己《じこ》の欲望《よくばう》を在《あ》るがまゝに滿《み》たしめず、大《おほ》いなる人格的《じんかくてき》の目的《もくてき》の下《もと》にそれを所屬《しよぞく》せしめなければならない。この見方《みかた》が高調《かうてう》せられて、欲望《よくばう》の制御《せいぎよ》に、その大《おほ》いなる目的《もくてき》の着眼《ちやくがん》を失《うしな》つた場合《ばあひ》には、欲望《よくばう》の制御《せいぎよ》そのことが直《たゞ》ちに道德的《だうとくてき》であるやうに見《み》られることもある。

【通解】道德を實行するのには限り無い努力が必要だ。我々はどんな境遇に對しても正しい判斷をするだけの理智の働をしつかり得なければならないし、又、善だと判斷した行爲を實行せずには居られぬやうに、自分の良心と勇氣とを訓練し陶冶して正しく育て上げなくてはならぬ。それには無限の努力が必要なのだ。その努力は當然先づ自己を犧牲にするといふ方向に向つて動かなくてはならぬ。自分の欲望をあるがまゝに滿たさないで、大きい人格的な目的——正しい人格を涵養するといふ目的の下にその欲望を所屬させて、欲望が凡て人格完成のために働くやうにしなくてはならぬ。この見方が強く主張せられて、欲望を押へるのに、人格完成のためといふ大事な目の着け所を失つた場合には、單に欲望を押へるといふ事自體が直ちに道德的であるやうに見られる事もある。

【考察】道德を實行するには、すべての境遇に對して正しい判斷を下し得る知性を獲得し、善と見たら實行せずにはゐられぬやうに自己の良心と勇氣を育て上げねばならぬ。それがためには先づ自分の欲望を制御して、それが凡て自己人格の完成のために働くやうに努力しなければならぬ。うつかりして人格完成といふ目的を見失ふと、欲望を制御する事自體が道德的であるかのやうに誤認される――といふ思想と考へられる。さう考へて見て、さて第一の「努力」とはどういふ事か、文中の語句を用ひて箇條書にせよといふ要求であるが、この原文の立文主觀では、「知性の獲得」と「良心勇氣の訓練陶冶」は努力を必要とする原因であり、「自己犧牲」は努力の方向で、共に「努力」そのものではない。「努力」は要するに努力で、一生懸命につとめる事だと考へられる。然し出題者が箇條書にせよと要求した心理は蓋し前の二箇條卽ち努力を要する原因を直ちに「努力」の意味として答へさせようといふ事であらう。自己犧牲はこゝでは明かに自己の欲望を制御する事と考へられる。人格的の目的についてはこれ以上に本文中に説明されてゐないが、常識上道德を實行するやうに自己の人格を向上完成させる目的と考へられる。

【解説】（一）「努力」とは、（a）「すべての境遇に對して誤らない判斷をなすだけの知性を獲得し」（b）「善と判斷した行爲を實行しないではゐられないやうに、自己の良心と勇氣とを訓練し陶冶する」やうに力を盡すことである。

(二)「自己犧牲」とは、自分の欲望を在るがまゝに滿たさせずに、それを大きい人格的の目的の下に所屬せしめるやうに、自分自身を犧牲にすること。

(三)「人格的の目的」とは、自己の人格を向上完成して、立派に道德を實行し得るやうにならうといふ目的。

(四)「大いなる目的」とは、人格的の目的、卽ち人格完成の目的である。

【三〇八】　左の文中傍線を施したる部分が如何なる意味かを説明せよ。

人生は斷えず流動し時代は變化すれども歴史は常に繰返す過ぎ去つた時代に過ぎ去つた人達の生み出した國文學の中に人間の眞の相が見出され國民の眞の精神が見出される歴代の國文學を眺めて來るとこの人間性と國民精神とが時代環境の爲に磨かれて光を增し糧を與へられて大きくなつて行く事實を見ると共に又時代に制せられてその光を暗うし環境に壓せられてその形を歪められてゐる事實をも見るのであるかるが故に三千年のわが國民生活の跡を國文學の研究を通じて辿り人間と國民の眞の相を見出すことは結局我々の現在の生活を常に新にし正しくし充實させる結果を將來するものである國文學研究の利益と興味とは蓋しこゝに集るのである（六高）

【讀方】　人生《じんせい》は斷《た》えず流動《りうどう》し、時代《じだい》は變化《へんくわ》すれども、歴史《れきし》は常《つね》に繰返《くりかへ》す。過《す》ぎ去《さ》つた時代《じだい》に、過《す》ぎ去《さ》つた人達《ひとたち》の生《う》み出《だ》した國文學《こくぶんがく》の中《なか》に、人間《にんげん》の眞《しん》の相《すがた》が見出《みいだ》され、國民《こくみん》の眞《しん》の精神《せいしん》が見出《みいだ》される。歴代《れきだい》の國文學《こくぶんがく》を眺《なが》めて來《く》ると、この人間性《にんげんせい》と國民精神《こくみんせいしん》とが、時代《じだい》・環境《くわんきやう》の爲《ため》に磨《みが》かれて光《ひかり》を增《ま》し、糧《かて》を與《あた》へられて大《おほ》きくなつて行《ゆ》く事實《じじつ》を見《み》ると共《とも》に、又《また》時代《じだい》に制《せい》せられてその光《ひかり》を暗《くら》うし、環境《くわんきやう》に壓《あつ》せられてその形《かたち》を歪《ゆが》められてゐる事實《じじつ》をも見《み》るのである。かるが故《ゆゑ》に、三千年《さんぜんねん》のわが國民生活《こくみんせいくわつ》の跡《あと》を國文學《こくぶんがく》の研究《けんきう》を通《つう》じて辿《たど》り、人間《にんげん》と國民《こくみん》の眞《しん》の相《すがた》を見出《みいだ》すことは、結局《けつきよく》我々《われ〳〵》の現在《げんざい》の生活《せいくわつ》を常《つね》に新《あらた》にし、正《たゞ》しくし、充實《ぢゆうじつ》させる結果《けつくわ》を將來《しやうらい》するものである。國文學研究《こくぶんがくけんきう》の利益《りえき》と興味《きようみ》とは蓋《けだ》しこゝに集《あつま》るのである。

【通解】　人生は斷えず動いて行き、時代は色々と變るけれども、歴史は常に繰返して、人生そのも

> のの精神に變る事はない。だから過ぎ去つた時代に、過ぎ去つた人々の生み出した國文學の中に、人間のほんとの姿が發見され、國民のほんとの精神が發見される。代々の國文學をずうーッと眺めて來ると、この人間性と國民精神とが、時代や周圍の事情のために磨かれて光を增し、生長の資料を與へられて大きくなつて行く事實が見られると同時に、又時代に押へられてその光が暗くなり、周圍の事情に壓迫されて形がいびつに曲げられてゐる事實も見られるのである。斯ういふわけであるから、三千年のわが國民生活の跡を國文學の研究を通じて段々と考へて見て、そこに人間と國民とのほんとの姿を發見する事は、つまりは吾々の現在の生活を常に新しくし、正しくし、充實させるといふ結果を持來すものである。國文學を研究する事の利益と興味とは思ふにこの一點に集るのである。

【考察】 歴史は繰返すから、過去の文學の中に、人間の眞の姿、國民の眞の精神が發見される。だから國文學を通じて三千年來のわが國民生活を考へて見ると、その結果として現在の吾々の生活を新しくし正しくし充實させる事が出來る。それが國文學研究の利益と興味の集る所だといふのである。國文學はこゝでは廣く或國民の文學を指していふと同時に端的に日本國民の文學を指してもゐるといつた趣である。問題の要求については特に施線以外の文意を摑んで、之に立脚して叮嚀に説明する用意が大切である。

【解說】 上述するやうに、人間性も國民精神も、過去歴代の文學中に殘らず現はれて居るのであるから、三千年のわが日本國民の生活の跡を、國文學の研究を通じてよく考へて見て、そこに人間のほんとのすがた、國民のほんとのすがたを發見することは、つまり今現在の我々の生活を絶えず新しくし、正しくし、充實させる事になるものである。國文學を研究することの利益と興味は思ふにさういふ所に集るのである。――卽ち、國文學の研究は、決して單に過去文學そのものの中に沒頭するといふだけでなくて、それがすぐに現代生活に反映して、現代生活の充實向上を意味するのであつて、そこに專らその利益と興味とがあるといふのである。

【三〇九】　左の文を通讀し、別に書き拔きたる部分に就き說明せよ。

風流の眞義は塵世を忘れることである全く塵世を忘れて活動社會を離れることは隱遁者の所行であるが少くとも皎々たる明月皚々たる白雪雲の如く霞の如き花に對しては之を眺めて居る間は名利に奔走して利慾に營々たる社會を忘れるのである月雪花の效用は美術と同じく人を高尚にし人を溫雅にし人を悠揚にするのである我等日本人は古代から月雪花を風流の極致とし之を人事と結合した高尚な人格は之を月雪花に譬へる「月に叢雲花に風」月の入るのや雪の消えるのや花の散るのは之を人の蹉躓や死去に譬へ繁榮隆昌幸福は之を月雪花に比較した

風流、塵世、隱遁者の所行、利慾に營々たる社會、月雪花の效用、美術、人事、高尚な人格、月に叢雪花に風、繁榮隆昌幸福は之を月雪花に比較した（六高）

【讀方】　風流《ふうりう》の眞義《しんぎ》は塵世《ぢんせい》を忘《わす》れることである。全《まつた》く塵世《ぢんせい》を忘《わす》れて活動社會《くわつどうしやくわい》を離《はな》れることは、隱遁《いんとん》者《しや》の所行《しよぎやう》であるが、少《すく》くとも皎々《けう〱》たる明月《めいげつ》、皚々《がい〱》たる白雪《はくせつ》、雲《くも》の如《ごと》く霞《かすみ》の如《ごと》き花《はな》に對《たい》しては、之《これ》を眺《なが》めて居《ゐ》る間《あひだ》は、名利《めいり》に奔走《ほんさう》して、利慾《りよく》に營々《えい〱》たる社會《しやくわい》を忘《わす》れるのである。月雪花《つきゆきはな》の效用《かうよう》は、美術《びじゆつ》と同《おな》じく、人《ひと》を高尚《かうしやう》にし、人《ひと》を溫雅《をんが》にし、人《ひと》を悠揚《いうやう》にするのである。我等日本人《われらにつぽんじん》は、古代《こだい》から月雪《つきゆき》花《はな》を風流《ふうりう》の極致《きよくち》とし、之《これ》を人事《じんじ》と結合《けつがふ》した。高尚《かうしやう》な人格《じんかく》は之《これ》を月雪花《つきゆきはな》に譬《たと》へる。「月《つき》に叢雲花《むらくもはな》に風《かぜ》」

月《つき》の入《い》るのや、雪《ゆき》の消《き》えるのや、花《はな》の散《ち》るのは、之《これ》を人《ひと》の蹉《さ》躓《ち》や死去《しきよ》に譬《たと》へ、繁榮隆昌幸福《はんえいりゆうしやうかうふく》は、之《これ》を月雪花《つきゆきはな》に比較《ひかく》した。

【通解】風流の眞の意味は俗世間を忘れる事である。全然俗世間を忘れて活動してゐる社會を離れる事は、世を隠遁した者のする事であるが、少くも晃々と輝く明月、皚々と降り積つた白雪、雲の如く霞の如き花に對しては、それを眺めて居る間は、名譽利益のために奔走して、利慾のためにあくせくと働いてゐる世の中を忘れるのである。月雪花の效用は、美術と同じやうに、人を高尚にし、人をやさしくみやびにし、人をゆつたりと應揚《おうやう》にするのである。我々日本人は、古代から月雪花を風流の最上の趣とし、之を人間社會の事と結びつけた。高尚な人格は月雪花に譬へる。「月に叢雲花に風」といふ諺のやうなわけで、月の入るのや、雪の消えるのや、花の散るのは、それを人が失敗してつまづいたり死んだりするのに譬へ、又榮える事や盛になる事やしあはせな事は、それを月雪花に比較していうたものである。

【考察】文意は大體明瞭であらう。別に書き抜いた部分を説明せよといふのであるから、單語句としての摘解よりも叮嚀に、本文を通して、若しくは常識の働きとして、その語のこの文の場合に於ける內容と考へられるものは、そこに迄言及するのが當然であらう。○躓はつまづくで、音チ又はシツ。

【解說】○風流＝塵の世を忘れて風雅な趣を喜ぶ事。○塵世＝俗ツぽいこの世の中。○隠遁者の所行＝世の中を遁れて隠れてゐる人のやる事。○利慾に營々たる社會＝人々が利慾のためにあくせくと働いて、只もう慾ばかりかいてゐる世の中。○月雪花の效用＝月や雪や花が世の中に役に立つて、美術と同じく、人を高尚にし、溫雅にし、悠揚にすること。○美術＝繪畫や彫刻のやうに美を表現して視覺によつて觀賞する藝術。○人事＝人間社會の事、人世の色々な事柄。○高尚な人格＝人間として高くすぐれた立派な性格。○月に叢雲花に風＝月に叢雲が掛つて曇らせ、花には風が吹いて散らしがちのものだの意で、世の中は無常なものだ、とかく思ふまゝにならぬものだといふ意の諺。○繁榮隆昌幸福は之を月雪花に比較した＝世の中で榮える事や、盛になる事や、幸福な事は、月や雪や花に比較して、「望月の缺けたる事もない」とか、「咲きも残らず散りもそめぬ花のやうだ」とか、「一面銀世界のやうだ」とかいふ風に言つたものだといふのである。

【三一〇】 左の文中傍線を施したる部分が如何なる意味なるかを説明せよ。

神を祭るに敬虔を盡せる儀容は自ら相互の禮節となり神を祭るに不淨を厭ふ風は清淨高潔の精神を養成せり身の汚は卽ち心の汚にして罪科これより生ず贖物を以てその罪を償ふの風ありて未だ刑罰のことごとしきはなし溫和なる天然の風光を愛し華麗なる春秋の推移を樂しみ君臣相睦ぶその言語に母音多くして優長なる敬語に富みて閑雅の趣多き自ら其の民性の溫和醇雅なるに該當せりといふべし（六高）

【讀方】 神《かみ》を祭《まつ》るに敬虔《けいけん》を盡《つく》せる儀容《ぎよう》は、自《おのづか》ら相互《さうご》の禮節《れいせつ》となり、神《かみ》を祭《まつ》るに不淨《ふじやう》を厭《いと》ふ風《ふう》は、清《せい》淨《じやう》高潔《かうけつ》の精神《せいしん》を養成《やうせい》せり。身《み》の汚《けがれ》は卽《すなは》ち心《こゝろ》の汚《けがれ》にして、罪科《ざいくわ》これより生《しやう》ず。贖物《あがもの》を以《もつ》てその罪《つみ》を償《あがな》ふの風《ふう》ありて、未《いま》だ刑罰《けいばつ》のことゞしきはなし。溫和《をんわ》なる天然《てんねん》の風光《ふうくわう》を愛《あい》し、華麗《くわれい》なる春秋《しゆんじう》の推《すゐ》移《い》を樂《たの》しみ、君臣相睦《くんしんあひむつ》ぶ。その言語《げんご》に母音多《ぼおんおほ》くして優長《いうちやう》なる、敬語《けいご》に富《と》みて閑雅《かんが》の趣多《おもむきおほ》き、自《おのづか》ら其《そ》の民性《みんせい》の溫和《をんわ》醇雅《じゆんが》なるに該當《がいたう》せりといふべし。

【通解】 神を祭るに敬ひつゝしむ心持を盡した禮儀正しい形は、自然と人間同士の禮儀禮節となり、神を祭るのにけがれを厭ふ風は、きれいで高くいさぎよい精神を養成した。からだの汚はそのまゝ心の汚で、つみとがはそれから生ずる。贖物といつて祓《はらへ》の時に物を出してその罪をつぐなふといふ風があつて、まだ刑罰などいふ事々しいものはない。おだやかにやはらかい天然の景色を愛し、花やかにうるはしい春秋の移り變りを樂しみ、君と臣とが互に睦じくしあつてゐる。その言葉に母音が多くてゆつたりとしてゐる事や、敬語が澤山あつてしづかにみやびな趣の多い事は、自然と其の人民のおとなしくしとやかで上品な事にぴツたりあてはまつてゐるといふべきである。

【考察】 我が國民の上古敬神の風が自ら世の一般の風を成した事から段々と言說を展開させて、言語が亦よく其の民性と合つてゐる事に言及して居る。解說の要求はその最後の部分だけである。言語に母音多くといふ事は、例へば 'I think so.' を日本語流に發音すると Ai sinku sô（愛辛苦想）といふやうになる事を考へて見ればよく分る。○儀容は禮儀にかなつた姿形。○贖物は祓の時に罪の贖として出す物。上古その風があつたのである。○閑雅はしづかでしとやかなこと。○醇雅はつゝしみ深くしとやかで上品なこと。

【解說】 我が國の言葉は母音が多く、殆ど凡ての言葉の語尾にa i u e oといふ母音がついてゐるといふ風で、自然非常に優長である。それから又敬語が澤山あつて如何にも上品でしとやかな趣が多い。斯うした言葉の特長が、自然と我が國民性のおとなしくしとやかで上品な事にぴツたりとあてはまつてゐるといふ事が出來るといふのである。

鑑賞篇

【注意】 本篇の目的は鑑賞批評の正しい態度を示唆しようとするにある。入試問題としては最近其の出題實例を見ないのであるが、國語學習の根本態度としては、どうしてもこゝ迄進まなくては本格でない。學術的の文、理論的の文、純實用の文であれば、その思想を理解し、之を平明化し得れば足りるのであるが、藝術の文は、その藝術的情調を味ひ、進んで之を正しく批評し得る所まで行かなくては、ほんとにそれが分つたものとはいへない。國文教科の題材は、それが情操の涵養を第一の目的とする建前からして、主として純藝術の作品、又は藝術的の要素を持つた作品である事を原則とする。從つて國文の學習は、單にその文材の文字語句を理解し、乃至その內なる思想を理解し得ただけでは十分だとはいへない。その文の情調を味つて、出來るだけしつくりとそれを解釋の上に寫し出し、更に又その文の情調を說明し批評する所まで行くのが本格なのである。

◇由來藝術は、或事實なり論議なりを、單に事實とし論議として發表するものではなくて、それに吹き込まれた作者の氣分情調――更に本格的にいへば所謂インスピレーションに目覺めた作家の魂が、如實に文として表現されて、而もその表現が見る人の心臓に如實の響を傳へるのをその根本的生命とするのである。だから之を解釋するものが、單にその記載の事實や思想を闡明し平明化するだけに止つて、その藝術としての情調に味到して之を自家の解釋上に再現し得ないとすれば、それは明かに藝術としての原文の生命を殺して了つたものと謂はざるを得ないのである。私は世の所謂註釋書に於て、世の國語學習に於て、從つて亦諸君の答案の上に於て、餘りにも多くさうした事實に直面して、常に心から悲しんでゐるものである。そして私自身の解に於て、力の及ぶ限り原文そのものの情調を解釋の上に漂はせようと努勉してゐるのである。諸君は本書各問の通解を讀むに當つても、どうかその點に特別の注意を拂つて、諸君自らの一切の解釋答案が、文題の意味內容を正しく平明化したものであると同時に、その藝術としての情調をも再現し得たものであるやうに努勉して戴きたい。それが所謂情調解釋である。

◇私は今再現といふ言葉を使つた。或は言葉自體に於て自家撞着だといふ難があるかも知れないが、私は藝術に於て創始藝術と再現藝術との別を認めたいと思ふ。例へば演劇がそれである。演劇の脚本はごく少數の例外を除いて常に役者の創作でないのを原則とする。他人の創作した脚本を仕種《しぐさ》とし臺詞《せりふ》として再現するのが演劇としての藝術である。そしてそこに藝術としてのうまさまづさに夥しい違ひが生ずるのである。解釋も亦その通りである。解釋の題材は他人の創作である。その創作を別の言葉で平明化するのが解釋である。斯う考へて來る時、演劇の演技が脚本の意味情調を最もよく再現して、而もそれ自體一つの藝術表現である事を必須の條件とするやうに、解釋そのものが原文の意味情調を最もよく再現して、而もそれ自體亦一つの藝術表現であるべきは自明の理であらう。この條件に叶つた解釋が所謂情調解釋なのである。

◇情調解釋とは別に情調解說といふものがある。それは原文の表現から離れて、自分自らの言ひ現はし方に於て、原文の情調を說明する事である。「この文のどこに面白味があるか」「この文の笑話としての滑稽味はどこにあるか」といふやうな出題は、情調解說の要求と認められる。この情調解說を一步進めたものが鑑賞批評である。鑑賞批評は批評上の一つの態度で、藝術としてのその物自體のよい所わるい所をしつかりと見わけて、主としてそのよさを生かさうとする態度の批評である。由來批評そのものは、それが對象のよさを賞揚する場合にも、わるさを痛擊する場合にも、必ず對象を生かし、對象の生命を向上發展させる事をその唯一の建前とすべきものである。對象を墮落させるやうな徒らなる賞讚は阿諛であり贔屓の引倒しである。と同時に對象を傷け對象を殺すやうな徒らなる悪口は罵詈であり暴言であり讒誣である。共に嚴密な意味での批評ではない。

◇情調解釋は自分を解釋家の立場に置いて、その文のあるがまゝの氣分情調をよく味つて、それをなるべくしつくりと自分の解釋の上に寫し出さうとする事であり、鑑賞批評は自分を鑑賞家の立場に置いて、自分の藝術知識、藝術良心、藝術情操によつて、その文のあるがまゝのうまさまづさを識別し、そして專らそのよさを顯揚する事である。この二つに努勉する事によつて、ほんとに情操敎育としての國語敎科の目的が貫徹され、諸君自らの藝術情操が向上されるのである。これは固より至難の業であり、又受驗準備の實際からいへば無駄骨折とさへ見え勝ちな仕事である。然し受驗上に直接その效果がないからといつて、學習そのものの根本精神を沒却するが如きは、明かに敎育冒瀆であり、抑も亦自家人格の冒瀆である。諸君はどんな事があつても試驗準備のために自分をスポイルしてはならぬ。否それあるがために正しい學習の態度に更に一段の眞劍味が加つて、學習の效果いよ〳〵擧り、自家の人格益々高きを加ふるに至らしめなくてはならぬのである。

【三一一】自分は日比谷公園を步いてゐた空には薄雲が重り合つて地平に近い樹々の上だけ僅かにほ

の青い色を殘してゐるそのせいか秋の木の間の路はまだ夕暮が來ないうちに砂も石も枯草もしつとりと濡れてゐるらしいいや路の右左に枝を差交した篠懸にも露に洗はれたやうな薄明がやはり黄色い葉の一枚毎に微かな陰影を交へながら懶げに漂つてゐるのである（芥川龍之介）

【讀方】 自分《じぶん》は日比谷公園《ひびやこうゑん》を歩《ある》いてゐた。空《そら》には薄雲《うすぐも》が重《かさな》り合《あ》つて、地平《ちへい》に近《ちか》い樹々《きゞ》の上《うへ》だけ、僅《わづ》かにほの青《あを》い色《いろ》を殘《のこ》してゐる。そのせいか、秋《あき》の木《こ》の間《ま》の路《みち》は、まだ夕暮《ゆふぐれ》が來《こ》ないうちに、砂《すな》も石《いし》も枯草《かれくさ》もしつとりと濡《ぬ》れてゐるらしい。いや、路《みち》の左右《みぎひだり》に枝《えだ》を差交《さしかは》した篠懸《すゞかけ》にも、露《つゆ》に洗《あら》はれたやうな薄明《うすあかり》が、やはり黄色《きいろ》い葉《は》の一枚毎《いちまいごと》に微《かす》かな陰影《いんえい》を交《まじ》へながら、懶《ものう》げに漂《たゞよ》つてゐるのである。

【通解】 私は日比谷公園を歩いてゐた。空には薄雲が重り合つてゐて、地の平面に近い樹々の上の所だけが、僅かにうす青く殘つて見えてゐる。さうした天氣模樣のせいか、秋の木の間の路は、まだ日暮にならぬうちに、砂も石も枯草もしつとりと露で濡れてゐるらしい樣子だ。いやそればかりではない、路の左右に枝を差交《さしかは》してゐる篠懸の上にも、露ですつかり濡らされたやうな薄明《うすあかり》が見えて、その光がやはり黄色い葉の一枚々々にかすかな薄暗い影をさし交しながら、何だか妙にものうさうに見えてゐる。

【考察】 秋の薄曇りのどんよりした日の日比谷公園の趣である。○地平は地の平面。空に薄雲が重なり合つてゐるから、自然高い木の邊はぼーツとしてはつきりしない。只地面に近い木の上だけが、僅かに青く見えてゐるといふのであろう。それにしては地平といふ言葉遣がどうかと思ふが、さればといつて「地平」を「地平線」と改めて見ても、この場合の情景にしつくりしないやうだ。○篠懸は麻葉繡球《こでまり》ともいふ。薔薇科の落葉灌木で、幹は細く、高さ四五尺、葉は廣披針形又は長楕圓形で、鋸齒がある。○露に洗はれたやうな薄明が云々は、薄明が葉に陰影を交へて懶げに漂つてゐるといふ文の筋。黄色い葉の一枚々々が、露にぬれたやうに薄く光つて、その光が懶さうに見えてゐるといふのである。

【鑑賞】全體として如何にもよく薄曇りのどんよりした秋の日の日比谷公園を現はしてゐる。「地平」といふ言葉から受ける印象はや、鮮明を缺く憾みがないでもないが、「秋の木の間の路」について、「しつとりと濡れてゐるらしい」といふ推測的な表現を用ひた所は、かうした情景描寫として相當に效果的だと謂へる。殊に「篠懸」について活喩的に表現したデリケートな筆致は讀む者の眼にその場の情景をまざ〳〵と想見させるに足るだけの力強さがあると思ふ。

【三一二】郊原一路滿目すべて薄なり夕陽沈まむとして雲色哀み西風冷かにして酸たる鳥聲秋の恨みを語る馬の嘶く聲先づ聞え小唄聞えて近づくを見れば若き農夫馬背にあり手綱は鞍にあづけたるまゝにて馬の自ら歩むは熟せる路にや鴉飛び盡して四面寥廓たりふと顧みれば招く尾花の末に一團の大月明かなり（大町桂月）

【讀方】郊原一路《かうげんいちろ》、滿目《まんもく》すべて薄《すゝき》なり。夕陽沈《せきやうしづ》まむとして雲色哀《うんしよくかなし》み、西風冷《せいふうひやゝ》かにして、酸《さん》たる鳥聲《てうせい》秋《あき》の恨《うら》みを語《かた》る。馬《うま》の嘶《いなゝ》く聲《こゑ》先《ま》づ聞《きこ》え、小唄聞《こうたきこ》えて近《ちか》づくを見《み》れば、若《わか》き農夫馬背《のうふばはい》にあり。手綱《たづな》は鞍《くら》にあづけたるまゝにて、馬《うま》の自《みづか》ら歩《あゆ》むは、熟《じゆく》せる路《みち》にや。鴉飛《からすと》び盡《つく》して、四面寥廓《しめんれうくわく》たり。ふと顧《かへり》みれば、招《まね》く尾花《をばな》の末《すゑ》に、一團《いちだん》の大月明《たいげつあきら》かなり。

【通解】野原の中の一筋路、見渡す限り一面に皆薄である。夕日は西に沈まうとして雲の色も悲しげに、西風は冷かに吹いて、鳥はいたましげな聲で秋の恨みを語つてゐる。馬の嘶く聲が先づ聞え、それから小唄が聞えて近づいて來るのを見ると、若い農夫が馬の背に跨つてゐる。手綱は鞍にのせたまゝで、馬が獨りで歩いてゐるのは、よく慣れ切つた路であるのだらうか。鴉は皆どこかへ飛び去つて了つて、あたりは寂しくひつそりとしてゐる。何氣なく後ろを振向くと、人を招くやうに靡いてゐる薄の穗のさきの方に、大きな眞圓い月が明かに輝いてゐる。

【考察】 秋の野原の夕暮の情景である。○郊原は野原。郊は町のくるわの外の意で、それから一般に田舍、野原の義にいふ。○滿目は目に見える限り凡て。○酸たるは悲しくいたましげな。○秋の恨みは秋に對しての恨みの情。秋に對して鳥も恨みかこつやうに鳴いてゐるといふのである。○小唄は馬子の歌ふ俗歌をいうたもの。○熟せる路はよく歩みなれて知つてゐる路。漢文に「熟路」といふ語がある。○寥廓はがらんとして淋しいこと。又がらんとして大きい意にもいふ。○招く尾花は風にゆれてゐる薄の穗。薄の穗を「尾花」といひ、それが風に靡くさまを「招く」といふ。又、「尾花が袖」などともいつて、昔から言ひ習はしてゐる言葉。○一團の大月は一かたまりの大きい月、一つの眞圓い月。

【鑑賞】 秋の野原の夕暮の寂寞たる光景、寫し得て殆ど遺憾がない。殊に文初に「滿目すべて薄なり」といひ、文末に於て「招く尾花の末に、一團の大月明かなり」といつて相照應させてゐる所に、文としての強いしめくゝりがある。その中間に點出した農夫の馬も、斯うした場面にふさはしい添景である。

【三一三】 我が庵もまた秋の光景には洩れざりけり喉鳴きやぶるばかりの鵯の聲々高き梢に聞ゆるに窓開きてそこかこゝかとうち見ればそこにもあらずこゝにもあらず窓を閉ぢて書を繙けば一層高く聞ゆなり鳥の聲ぞと聞けば鳥の聲なれど秋の聲ぞと聞けばそのおもしろさ讀書の類にあらず（北村透谷）

【讀方】 我《わ》が庵《いほり》もまた秋《あき》の光景《くわうけい》には洩《も》れざりけり。喉鳴《のどな》きやぶるばかりの鵯《ひよどり》の聲々《こゑ〲》、高《たか》き梢《こずゑ》に聞《きこ》ゆるに、窓開《まどひら》きてそこかこゝかとうち見《み》れば、そこにもあらず、こゝにもあらず。窓《まど》を閉《と》ぢて書《しよ》を繙《ひもと》けば、一層高《いつそうたか》く聞《きこ》ゆなり。鳥《とり》の聲《こゑ》ぞと聞《き》けば鳥《とり》の聲《こゑ》なれど、秋《あき》の聲《こゑ》ぞと聞《き》けば、そのおもしろさ、讀書《どくしよ》の類《たぐひ》にあらず。

【通解】 私の庵もやはり秋の光景には洩れないで、秋らしい趣を呈するのであつた。喉を鳴き破るほどに高い鵯の聲々が、高い木の枝で聞えるので、窓を開いてそこかこゝかと見ると、そこでもなく、こゝでもない、どこで鳴いてゐるのか更に分らぬ。窓を閉ぢて本を開くと、鵯の聲が一層高く聞えるのだ。なるほど鳥の聲だと思つて聞けば鳥の聲だが、それを秋そのものの聲だと思つて聞くと、その面白さは、到底讀書などの比ではない。

【考察】 秋の小庵に鵯の聲を味ふといふ趣である。○聞ゆなりは「聞ゆ」といふ動詞に咏歎の助動詞の「なり」がついたもの。○秋の聲は、秋そのものが聲となつて現はれたものといふ思想。○讀書の類にあらずとは、讀書などの比ではない、そんなものとは遙かに違つた妙味があるといふ意。

【鑑賞】 學者は秋に對して特に深い愛を感じてゐる。筆者が小庵の中でじツとしてゐると、高い木の枝から、高い聲で盛んに鳴いてゐる鵯の聲が聞える。そこで窓を開いてあちらこちらを見廻はして見たが、どこで鳴いてゐるのか更に分らぬ。窓を閉ぢて本を開くと、鵯の聲は一層高く聞える。鳥の聲だと思つて聞けばなるほど鳥の聲だが、それを筆者は秋そのものの聲として聞く。そしてその聲から、到底讀書などの及ばぬ妙味を感じたといふ情調で、それが文全體の表現諧調とぴつたり合致して、寸分の隙もない程に面白く讀めるのである。

【三一四】霽れての後こそ雪は目ざましけれ塵埃拭ひつくして鏡新に明かなる空の蒼々と朗かなるが下に渣滓鍊り去つて銀曇りなき地の皎々と白きが見る目もはやく遙かに開けたる常の日はたゞ裾寒き風の枯草を吹くのみなる空野の取り所なきだに面白く思はる馬をさへ眺むると人のいひたる日朝日の光いと花やかなるに疎林の禽起つて飛んでまた還る有りふれたる郊外のさまながらよし（幸田露伴）

【讀方】霽《は》れての後《のち》こそ雪《ゆき》は目《め》ざましけれ。塵埃《ぢんあい》拭《ぬぐ》ひつくして、鏡《かゞみ》新《あらた》に、明《あきら》かなる空《そら》の蒼々《あを〳〵》と朗《ほがら》かなるが下《した》に、渣滓《さし》鍊《ね》り去《さ》つて銀《しろがね》曇《くも》りなき地《ち》の、皎々《けう〳〵》と白《しろ》きが、見《み》る目《め》もはやく遙《はる》かに開《ひら》けたる、常《つね》の日《ひ》はたゞ裾寒《すそさむ》き風《かぜ》の枯草《かれくさ》を吹《ふ》くのみなる空野《くうや》の、取《と》り所《どころ》なきだに、面白《おもしろ》く思《おも》はる。馬《うま》をさへ眺《なが》むると人《ひと》のいひたる日《ひ》、朝日《あさひ》の光《ひかり》いと花《はな》やかなるに、疎林《そりん》の禽《とり》起《た》つて飛《と》んでまた還《かへ》る、有《あ》りふれたる郊外《かうぐわい》のさまながらよし。

【通解】霽れてから後こそ雪は實にすばらしいものだ。ちりほこりをすつかり拭ひ去つて、鏡が新しくなつたやうに、一點の曇りもなく明らかな空の蒼々として如何にもほがらかな下に、かなかすを錬り去つた銀の曇りなきが如く、晃々として少しの曇りもないやうに眞白い地面が、見る目もはやくずーッと開けてゐるといつた風の趣で、ふだんの日ならば只裾寒い風が枯草を吹くだけの野原の、何の取所もないやうな所でさへ、雪の積つた趣は誠に面白く思はれる。「日頃見馴れた馬をさへも物珍らしく眺める事だ」と或人のいうた雪の日、朝日の光の實に花やかに美しくさしてゐる中に、まばらな林の中の鳥がぱーッと飛び起つてまた還つて來る趣など、有りふれた郊外の光景ではあるが實にいゝ。

【考察】霽れた後の雪の趣である。○目ざましは目のさめるやうな、快濶な感じのするのをいふ。○鏡新にはきれいに澄みきつて一點の雲翳もない形容。○渣滓はかす。○鍊り去つては下に「銀曇なき」とある、銀の表面につくかなかすをすつかり鍊磨し去つて一點の曇りもないといふ意で、地上にきれいな雪が眞白に積つてゐるのを、鑄金の趣に譬へたのである。○見る目もはやくは一目見るや早くもといふ心持の言葉だらう。○開けたるは開けてゐるといふ樣な趣での意。○裾寒き風は裾に寒く吹く風。うすら寒い樣な感じをいふ。○空野は何もない廣漠たる原野。○馬をさへ眺むるは、芭蕉の句に「馬をさへ眺むる雪のあしたかな」とあるのをいふ。雲の朝は凡てが物珍らしく思はれて、常日頃見なれてゐる馬をさへ、さも珍らしいもののやうにしみ〴〵眺める事だ、といふ句意。引用の句には「雪」とはないが、前後の關係から當然雪の句と考へられよう。○人のは或人が。通解には「芭蕉が」としない方が原文に對して自然である。○花やかなるには花やかななかに。○疎林は葉が落ちてゐてまばらに見える林。

【鑑賞】霽れた後の雪のめざましさを寫し得て餘蘊がない。やゝわざとらしいと言ふ難があるにしても、漢語系の熟語をまじへた和文調の表現が、雪のすばらしさを描寫する上にかなり有效に役立つてゐるとも見られる。空野の取りどころなき所までが面白く思はれるといふ感想に對して「馬をさへ眺むる」といふ句を引いたのが亦しつくりと活きて働いてゐる。原文の文句をそのまゝに「有りふれたる着眼のさまながらよし」と評して、敢て過言ではあるまい。

【三一五】翠華搖々として西に向へば秋風到るところ野に滿てりあゝ昨日は東關のもとに轡を並べて十萬餘騎今日は西海の波に纜を解きて七千餘人行く手の空はわかねども身にしむ秋は欺かれず渚によす

る波の音袂に宿る月の影いづれか心を傷ましめざるべき（高山樗牛）

【讀方】 翠華搖々《すゐくわえうくく》として西《にし》に向《むか》へば、秋風到《しうふういた》るところ野《の》に滿《み》てり。あゝ昨日《きのふ》は東關《とうくわん》のもとに轡《くつわ》を並《なら》べて十萬餘騎《じふまんよき》、今日《けふ》は西海《さいかい》の波《なみ》に纜《ともづな》を解《と》きて七千餘人《しちせんよにん》。行《ゆ》く手《て》の空《そら》はわかねども、身《み》にしむ秋《あき》は欺《あざむ》かれず、渚《なぎさ》によする波《なみ》の音《おと》、袂《たもと》に宿《やど》る月《つき》の影《かげ》、いづれか心《こゝろ》を傷《いた》ましめざるべき。

【通解】 錦の御旗ゆら〳〵と西に向つて――天子樣を奉じて西の方に落ちて行けば、秋風はどこへ行つても物悲しく野邊一面に吹いてゐる。あゝ昨日は東國の關のもとに轡を並べて堂々と陣を張つた兵が十萬餘騎もあつたのに、今日は僅か七千餘人で西海の波に船を乘出すといふ有樣。これから行く先はどこでどうなる事やら分らないが、何れにしても身にしみ〴〵としみ渡る秋のあはれさは欺かれないで、波打際に寄せて來る波の音といひ、袂の涙にうつる月の影といひ、どれ一つとして心を傷ませぬといふものはない。

【考察】 平家西海落ちの哀れな情景である。○翠華は天子の御旗。支那で天子の旗を翠羽で飾るといふ故事から出た語。○東關は東國の關。富士川に於て東軍に相對した時の事をいふ。○欺かれずは俗に「年は欺かれない」などいふのと同じ趣の用法。「秋のあはれがひし〳〵と身にしむ事は何とも仕方のないもので」といふやうな心持である。

【鑑賞】 平家の沒落は事實そのまゝが一篇の詩であつた。「昨日は東關のもとに轡を並べて十萬餘騎、今日は西海の波に纜を解きて七千餘人」はそのあるがまゝの詩的事實を對句的に表現し得て詩韻豊かなものと謂へよう。「行く手の空はわかねども」以下は多少感傷的表現の月並臭が無いでもないが、落ち行く平家の心境は正にこの通りであつたらう。平家物語に出發してそれに又一つの新しい生命を吹込んだものと謂つても過言ではあるまい。

【三一六】　街道の地面は宛ら霜が降つた如く眞白でその上に鮮かな磯馴松の姿が路端から這出した蛇のやうに横はつてゐる松と影とは根元の處で一つになつてゐるが松は消えても影は到底消えさうもないほど影の方がはつきりしてゐる影が主であつて松は從であるかのやうに感ぜられるその關係は私自身の影に於ても同じであつた凝と佇んで自分の影を長く見つめてゐると影の方でも地べたに寢ころんで凝と私を見上げてゐる私の外に動くものはこの影ばかりである（谷崎潤一郎）

【讀方】　街道《かいだう》の地面《ぢめん》は宛《さなが》ら霜《しも》が降《ふ》つた如《ごと》く眞白《まつしろ》で、その上《うへ》に鮮《あざや》かな磯馴松《そなれまつ》の姿《すがた》が、路端《みちばた》から這出《はひだ》した蛇《へび》のやうに横《よこた》はつてゐる。松《まつ》と影《かげ》とは根元《ねもと》の處《ところ》で一《ひと》つになつてゐるが、松《まつ》は消《き》えても影《かげ》は到底《たうてい》消《き》えさうもないほど影《かげ》の方《はう》がはつきりしてゐる。影《かげ》が主《しゅ》であつて松《まつ》は從《じゆう》であるかのやうに感《かん》ぜられる。その關係《くわんけい》は私自身《わたくしじしん》の影《かげ》に於《おい》ても同《おな》じであつた。凝《じつ》と佇《たゝず》んで自分《じぶん》の影《かげ》を長《なが》く見《み》つめてゐると、影《かげ》の方《はう》でも地《ぢ》べたに寢《ね》ころんで凝《じつ》と私《わたくし》を見上《みあ》げてゐる。私《わたくし》の外《ほか》に動《うご》くものはこの影《かげ》ばかりである。

【通解】　街道の地面は丸で霜が降つたやうに眞白で、その上にくツきりとした磯馴松の姿が、恰も路端から這出した蛇のやうに映つてゐる。松の木と其の影とは根元の處で一緒になつてゐるが、松は消えても影はとても消えさうもない程影の方がはつきりと映つてゐる。何だか影の方が主で松はつきもののやうに感ぜられる。その關係は私自身の影でも同じだつた。私がじツと立止つて自分の影を長く見つめてゐると、影の方でもじーツと地上に映つて動かずにゐる。私の外に動くものはこの影ばかりで、外には何一つ動くものもない。

【考察】 静かな晃々たる月夜に獨り海邊を行く人が、松の木の影、我が影を見ての感じである。○磯馴松は枝や幹が下になびいてゐる松、そなれた松。枝や幹が磯などに生えのびて年經る事を「そなる」といふ。○地べたに寝ころんでは、じッと地面に映つてゐる、それが恰も地上に寝ころんでこちらを見つめてゐるやうに見えるといふ、その心持をそのまゝ事實のやうに書いた修辭。

【鑑賞】 眞白い地面に、磯馴松の影が映つてゐる。それは丁度蛇のやうに見える。あまり影がくつきりしてゐるので、尙だか影の方が主で松は從のやうに思へる。自分の影もその通りで、自分がじッと立つてゐると影も動かずにじッと映つてゐる。自分が動くと影も動く。動くものは影と自分だけで、風一つなく、松の木も何も皆じーッとしてゐる。——といつた情調が如何にもキビ〳〵と描き出されてゐる。「松は消えても影は到底消えさうもない」といひ、「影の方でも地べたに寝ころんで」といひ、新し味のある表現の中に、如何にもそんな感じのしさうな實感が織込まれてゐる。うまいものだ。

【三一七】 世に住み詫ぶる枯禪の人も春としなればあくがれ心地の人となるぞおもしろき見渡せば春の雲美しう遠山の櫻と融けて夢かと流れたる近くは青を展べたる草色の煙陽炎の亂るゝ思ひと靡き〳〵て菜花蜂蝶の心もすゞろなるかな聲立てて行く里の流れは四澤に溢れつゝ霞みつゝ生意隨處に春を布いてげに知己なき人の知己饒かなる眺かな（綱島梁川）

【讀方】 世《よ》に住《す》み詫《わ》ぶる枯禪《こぜん》の人《ひと》も、春《はる》としなれば、あくがれ心地《ごゝち》の人《ひと》となるぞおもしろき。見渡《みわた》せば、春《はる》の雲美《くもうつく》しう、遠山《とほやま》の櫻《さくら》と融《と》けて、夢《ゆめ》かと流《なが》れたる、近《ちか》くは、青《せい》を展《の》べたる草色《くさいろ》の煙《けむり》、陽炎《かげろふ》の亂《みだ》るゝ思《おも》ひと靡《なび》き靡《なび》きて、菜花蜂蝶《さいくわほうてふ》の心《こゝろ》もすゞろなるかな。聲《こゑ》立《た》てて行《ゆ》く里《さと》の流《なが》れは、四澤《したく》に溢《あふ》れつゝ、霞《かす》みつゝ、生意隨處《せいいずゐしよ》に春《はる》を布《し》いて、げに知己《ちき》なき人《ひと》の知己《ちき》饒《ゆた》かなる眺《ながめ》かな。

【通解】 世にわびしく暮してゐる靜寂三昧の人も、春とさへなれば、自然に浮かれ氣分の人となるのが實に面白い。見渡せば、春の雲が美しく、遠山の櫻の色と一つに融け合つて、夢かと思はれるやうにぼーッと流れてゐるといつたやうな趣、近くは、又一面に青い色を敷き展べてぼーッと煙つたやうな草の色が、亂れる心の思ひのやうにチラ〳〵と立つ陽炎と共に靡き靡いて、菜の花に飛びかふ蜂や蝶まで心もそゞろに浮かれきつてゐるといふ有樣。サラ〳〵と聲を立てて流れて行く里の流れは、四方の澤に一杯に溢れて、霞み渡つて、至る所に生き〳〵とした春の氣分が展開してゐて、ほんとに知己がなくて淋しい人が、急に澤山の知己を得たやうな、何ともいへぬ愉快な眺めである事だなア。

【考察】 春の浮かれ氣分、夢見るやうな景趣を詳悉してゐる。「近くは青を展べたる草色の煙」はこれで一つ纏つた文句で、次の「陽炎の亂るゝ思ひと靡き〳〵て」と別個に對立してゐるもののやうにも考へられるが、

見渡せば↓春の雲美しう↓遠山の櫻と融けて、↓夢かと流れたる、

といふ句に相對する文調上、

近くは↓青を展べたる草色の煙↓陽炎の亂るゝ思ひと靡き〳〵て、↓菜花蜂蝶の心もすゞろなるかな。

といふやうに一續きの文と考へて、從つて「草色の煙」が「靡き〳〵」に對する主語であると見るが自

然であらうと思ふ。○枯禪は深く靜寂の趣を味つて人間的な感情の枯れきつてゐること。○あくがれ心地は浮かれ氣分、自然と物に浮かれるやうな心持。○心もすゞろは心もふわ〳〵として、自然に浮かれ立つて落ちつかぬといふ心持。○四澤は四方の澤。陶潛の詩に「春水滿二四澤一」といふ句がある、それを取つた文句だらう。○生意は生き〳〵とした氣分。

【鑑賞】　實感よりも寧ろ文句の綾に中心を置いたやうな、從つてやゝ飾り過ぎて空疎だといふ感じがないでもないが、それも春の浮かれ氣分を寫す上に逆效果を擧げてゐると謂へなくもない。つまり表現諧調がよくその情景と合つてゐるといふ事である。文初の「世に住み詫ぶる枯禪の人も、春としなれば、あくがれ心地の人となるぞおもしろき」といふ文句が、文末の「げに知己なき人の知己饒かなる眺かな」といふ文句とぴツたり照應して、文に力強いまとまりを附けてゐるのもよい。

【三一八】　晨雞再び鳴いて淺月薄く征馬しきりに嘶いて行人出づはや分れゆく横雲や殘んの星を一つづつ鐘が消し行くいなのめの長良堤に秋闌けて一村蘆に風黒く有明凄き大川水逝きて歸らぬ浪の音狹霧に咽び白けゆく千草が蔭の蟲の聲哀はいとゞまさるらん（坪内逍遙）

【讀方】　晨雞《しんけい》再《ふたゝ》び鳴《な》いて殘月《ざんげつ》薄《うす》く、征馬《せいば》しきりに嘶《いなゝ》いて行人《かうじん》出《い》づ。はや分《わか》れゆく横雲《よこぐも》や、殘《のこ》んの星《ほし》を一《ひと》つづつ鐘《かね》が消《け》し行《ゆ》くいなのめの長良堤《ながらづつみ》に秋《あき》闌《た》けて、一村蘆《ひとむらあし》に風黒《かぜくろ》く、有明凄《ありあけすご》き大川水《おほかはみづ》、逝《ゆ》きて歸《かへ》らぬ浪《なみ》の音《おと》、狹霧《さぎり》に咽《むせ》び白《しら》けゆく千草《ちぐさ》が蔭《かげ》の蟲《むし》の聲《こゑ》、哀《あはれ》はいとゞまさるらん。

【通解】　夜明けの雞《とり》は再び鳴いて有明の月の光は段々と薄らぎ、旅の馬はしきりに嘶いて旅客も立つて行く。横雲ははやとぎれて行つて、殘りの星の影が一つ〳〵鐘の音と共に消えて行く、こゝ早曉の長良堤に秋は更けて、一むら茂つた蘆は薄暗い中に寂しく風にゆれて居り、大川の水の流れて歸らぬ川瀬の浪の音は、明け方の空に物凄く聞え、霧の立ちこめた中に白々と明けて行く千草の蔭には、蟲が聲々に鳴いてゐる、かうした光景につけて、悲しい思ひは一入まさる事であらう。

【考察】 有名な長良堤の袂別の冒頭である。謠ひ物としての七五調であるが、句讀は姑く意味本位で打つ事とした。○晨雞は朝の雞、夜明を告げる鷄。○征馬は旅の馬。○行人は旅人。○分れゆく横雲は曙にはよく空に横雲が出てゐる、それが夜の明けてゆくにつれて段々と途切れて來る、その事をいふ。○いなのめは寢《い》ねたる目の朝になつてあくといふ意味で「あく」に掛る枕詞となつてゐる語だが、こゝは「しのゝめ」などと同じく、「早朝の」の意に使つてゐる。○風黑くは、朝早くまだはつきりと見別けのつかぬ中に如何にも物淋しく風の吹いてゐるさまをいうた語。○逝きて歸らぬは、水は流れ去つて歸らぬので、その意を以つて浪の形容としたのである。論語の「逝く者は斯の如きか、晝夜を舍《や》めず」といふ文句から思ひついた措辭であらう。○狹霧に咽びは霧の立ちこめた中にの意。「狹霧」の「さ」は接頭語で別に意味はない。

【鑑賞】 豐臣氏のために苦忠の節を持した老臣片桐市正《いちのかみ》且元の心事は淀君の疑ふ所となり、蕭然として獨り僅かの手兵を從へて居城茨木へ落ちて行く。その心を知る者は若き一人の木村長門守だけである。こゝ長良堤の淋しい秋の曉天に、二人は豐臣氏の末路を思ひつゝ泣いて相別れるのである。落ち行く片桐の老いの姿、見送る木村の若い然しながら思慮深い知己の眞情、芝居にしても正に繪のやうな一幅の舞臺面である。この一文は、さうした情景の冒頭を飾る戲曲的表現として些のゆるぎもない。語句の一つ一つに季節感と哀別感との交錯した感銘が漲つてゐる。謠ひ物としては勿論、單なる讀み物としても亦珠玉の名篇である。

【三一九】 小春の日和麗かに晴れて暖日櫓聲睡を思はしむ船は蘆洲に沿うて行き時に棹時に搖艪にす水光鏡の如く枯蘆影水にあり時に蘆花臥して茅舍出で菰蒲絕えて鳥居を現はし水鳥飛んで影同じく飛び舟々相逢うて答語して過ぐ（德富蘆花）

【讀方】 小春《こはる》の日和麗《ひよりうらら》かに晴《は》れて、暖日櫓聲睡《だんじつろせいねむり》を思《おも》はしむ。船《ふね》は蘆洲《ろしう》に沿《そ》うて行《ゆ》き、時《とき》に棹《さを》、時《とき》に搖艪《えうろ》にす。水光鏡《すゐくわうかがみ》の如《ごと》く、枯蘆影水《ころかげみづ》にあり。時《とき》に蘆花臥《ろくわふ》して茅舍出《ばうしやい》で、菰蒲斷《こほた》えて鳥居《とりゐ》を現《あら》はし、水鳥飛《すゐてうと》んで影同《かげおな》じく飛《と》び、舟々相逢《しう〳〵あひあ》うて答語《たふご》して過《す》ぐ。

【通解】 小春日和——陰曆十月頃の春のやうな日が美しくから一ツと晴れて、ぽか〳〵とした日の暖かさに、櫓の音は自然と睡氣を催させる。船は蘆の生えた洲《す》に沿うて行き、時には棹で漕ぎ、時には艪でゆら〳〵と漕いで行く。水は美しく光つて鏡の如く、枯れた蘆の影は水に映つてゐる。時に蘆の花が地にベッたりと伏してその向ふに茅葺《かやぶき》の家が見え、まこもや蒲がとぎれて其の間から鳥居が現はれる、水鳥が飛ぶとその影も水に映つて同じやうに飛び、舟と舟とが出逢ふと互に言葉を交して通つて行く。

【考察】 小春日和の川舟情調である。○小春日和は冬の初め空が晴れて恰も春のやうな暖い日和をいふ。從つて「小春」は陰曆十月の異稱になつてゐる。○蘆洲は蘆の生えてゐる洲《す》。○搖艪は艪を動かして舟を進めるといふ意の漢語系の熟語。但、「搖」の字から受ける感じとして、艪でゆら〳〵と舟を搖《うご》かして漕いで行くといふ氣分があるやうに思ふ。○答語はお互に言葉を交すのをいふ。

【鑑賞】 麗かな小春日和で、櫓の軋る音が睡氣を催す。船は蘆の洲に沿つて、棹だの艪だので漕いで行く。水は鏡のやうで、枯蘆もよく映る。蘆や菰蒲のたえ間から茅舎が出たり、鳥居が現はれたりする。水鳥が飛べば影も一緒に飛ぶといつた趣。舟と舟と出逢ふと互に言葉を交して通り過ぎる。頗るのんびりとした氣分だ。——といふ情景が手に取るやうにまざ〳〵と描き出されてゐる。「水鳥飛んで影同じく飛び、舟々相逢うて答語して過ぐ」の如き、凡にして非凡なるもの、何でも無いやうで居て何ともいへぬ情調が漂つてゐる。斯うした表現技巧、諧調技巧の文にも、亦捨て難い情趣の掬すべきものあるを思はせるに十分なるものである。

【三二〇】麥や芒の下に居を求める雲雀が時々空を占めて春が深けたと喚びかけるさうすると其の同族の聲のみが空間を支配して居るべき筈だと思つて居る蛙は其の囀る聲を壓し去らうとして互の身體を飛越え飛越え鳴き立てるので小勢な雲雀はすつとおりて麥や芒の根に潛んでしまふさうしては蛙の鳴かぬ日中にのみ之を仰げば眩ゆさに堪へぬやうに其の身を遙かにきらめく日の光の中に沒して其の小さな喉の裂けるまでは烈しく鳴らさうとするのである蛙は愈々益々鳴き誇つて樫の木のやうな大きな常綠木の古葉をも一時にからりと落さねば止むまいとする（長塚節）

【讀方】麥《むぎ》や芒《すゝき》の下《した》に居《きよ》を求《もと》める雲雀《ひばり》が、時々《ときぐ》空《そら》を占《し》めて、春《はる》が深《ふ》けたと喚《よ》びかける。さうすると、其《そ》の同族《どうぞく》の聲《こゑ》のみが空間《くうかん》を支配《しはい》して居《を》るべき筈《はず》だと思《おも》つて居《ゐ》る蛙《かはづ》は、其《そ》の囀《さへづ》る聲《こゑ》を壓《あつ》し去《さ》らうとして、互《たがひ》の身體《からだ》を飛越《とびこ》え飛越《とびこ》え鳴《な》き立《た》てるので、小勢《こぜい》な雲雀《ひばり》はすつとおりて、麥《むぎ》や芒《すゝき》の根《ね》に潛《ひそ》んでしまふ。さうしては蛙《かはづ》の鳴《な》かぬ日中《につちゆう》にのみ、之《これ》を仰《あふ》げば眩《まば》ゆさに堪《た》へぬやうに、其《そ》の身《み》を遙《はる》かにきらめく日《ひ》の光《ひかり》の中《うち》に沒《ぼつ》して、其《そ》の小《ちひ》さな喉《のど》の裂《さ》けるまでは烈《はげ》しく鳴《な》らさうとするのである。蛙《かはづ》は愈々《いよ〳〵》益々《ます〳〵》鳴《な》き誇《ほこ》つて、樫《かし》の木《き》のやうな大《おほ》きな常綠木《ときはぎ》の古葉《ふるは》をも一時《いちじ》にからりと落《おと》さねば止《や》むまいとする。

【通解】 麥や芒の下に居所を求める雲雀が、時々空を占領して、春が深けたと喚ひ掛けるやうに囀り立てる。さうすると、自分達蛙の一族の聲だけが空間を支配して居るべき筈で、他の者の聲などあるべき筈がないと思つてゐる蛙は、其の雲雀の轉る聲をおさへつけて了はうとして、お互のからだを飛越え〳〵盛んに鳴き立てる、そこで小勢な雲雀はすつと地におりて、麥や芒の根に身を潛めて了ふ。そして蛙の鳴かない日中にだけ、あふむいて見るとまぶしくてたまらぬやうに、遙かに遠く、きら〳〵と輝く日光の中に身を沒して、小さい喉が裂けるまでは烈しく鳴らさうとするやうに盛んに轉る。蛙は愈々益々鳴き誇つて、樫の木のやうな大きな常綠木の古い葉をも一時にからりと落さなければ承知しないといふ風に、盛んに鳴き立てる。

【考察】 雲雀を客、蛙を主としての描寫である。其の同族は蛙の一族。

【鑑賞】 日中は專ら雲雀が鳴いてゐるが、夕方から蛙が盛に鳴き立てる頃には、雲雀はもう鳴かなくなつて、麥や芒の下に潛んでしまふ。さういふ事實を、悉くそれ等の者の意志として擬人的に表現した所にこの文の特長がある。「其の同族の聲のみが空間を支配して居るべき筈だと思つて居る蛙」といふやうな意志的表現が、何と實によくあの盛に鳴き立てる蛙情調とぴツたり合つてゐるではないか。文末の「樫の木のやうな大きな常綠木の古葉」も、事實その頃によくからりと舞落ちる、それまでも蛙の意地のやうに見て、徹頭徹尾蛙を主に雲雀を客に、而も何の屈託もなく描き出してゐる所に、如何にも田家の春といふ感じが漲つてゐる。

【三二一】 遠くより音して步み來るやうなる雨近き板戸に打ちつけの騷がしさいづれも淋しからぬかは老いたる親の瘦せたる肩もむとて骨の手に當りたるもかゝる夜はいとゞ心細さのやるかたなし（樋口

【讀方】遠《とほ》くより音《おと》して歩《あゆ》み來《く》るやうなる雨《あめ》、近《ちか》き板戸《いたど》に打《う》ちつけの騒《さわ》がしさ、いづれも淋《さび》しからぬかは。老《お》いたる親《おや》の痩《や》せたる肩《かた》もむとて、骨《ほね》の手《て》に當《あた》りたるも、かゝる夜《よ》は、いとゞ心細《こゝろぼそ》さのやるかたなし。

【通解】遠くの方からぴしゃ〳〵と音を立てて歩いて來るやうな静かな雨、すぐ近くの板戸にいきなりぶツつけるやうな雨の騒しさ、いづれもどうして淋しさを感ぜずにゐられよう。年取つた親の痩せた肩をもんで上げようとして、骨が手にさはつたのも、かうした雨の夜は、常日頃よりも一入心細くて心細くて、實に何ともしやうのない思ひがされる。

【考察】雨の夜の心細い情調である。○打ちつけのは唐突な、藪から棒のといふ意の古語。こゝではそれを雨が打ちつけるの意に掛けていうたのである。○いとゞは一入、一層。○心細さのやるかたなしは心細さがどうとも仕様がないの意。心細くてたまらぬといふのである。

【鑑賞】古文に一脈の新生命を盛込んだともいふべき趣で、雨の夜の淋しさ心細さを敍してゐる。文初の静かな雨騒がしい雨の表現にも一種なごやかな清新さが漲つてゐる。殊に「老いたる親の痩せたる肩もむ」女らしいやさしさが、「かゝる夜」の心細い情調をほんとによく活かしてゐる。

【三一二】嬉しきは月の夜のまらうど常はうと〳〵しくなどある人の心安げに訪ひ寄りたる男にても嬉しきをまして女の友にさる人あらば如何ばかり嬉しからんみづから出づるに難からば文にてもおこせかし歌よみがましきは憎きものなれどかゝる夜の一言には身にしみて思ふ友ともなりぬべし大路ゆく辻

占うりのこゑ汽車の笛の遠くひゞきたるも何とはなしに魂あくがるゝ心地す（樋口一葉）

【讀方】 嬉《うれ》しきは月《つき》の夜《よ》のまらうど。常《つね》はうと〳〵しくなどある人《ひと》の、心安《こゝろやす》げに訪《と》ひ寄《よ》りたる、男《をとこ》にても嬉《うれ》しきを、まして女の友《とも》にさる人《ひと》あらば、如何《いか》ばかり嬉《うれ》しからん。みづから出《い》づるに難《かた》からば、文《ふみ》にてもおこせかし。歌《うた》よみがましきは憎《にく》きものなれど、かゝる夜《よ》の一言《ひとこと》には、身《み》にしみて思《おも》ふ友《とも》ともなりぬべし。大路《おほぢ》ゆく辻占《つじうら》うりのこゑ、汽車《きしや》の笛《ふえ》の遠《とほ》くひゞきたるも、何《なん》とはなしに魂《たましひ》あくがるゝ心地《こゝち》す。

【通解】 嬉しいのは月の夜のお客様だ。日頃は疎々しくなどしてゐる人が、如何にも心安さうに訪ねて寄つて下される、男の方《かた》でも嬉しいのに、まして女のお友達にそんな人があつたら、どんなに嬉しい事だらう。さういふ事は、自分で出掛るのがむづかしかつたら、手紙なりとよこして下さるがいゝ。さも〳〵歌を詠むといふやうに構へ込むのは憎らしいものだが、かうした夜の一言は、しみ〴〵身にしみて互に思ひ合ふ深いお友達ともなる事でせう。往來をあるいてゐる辻占賣の聲、それから汽車の笛が遠くの方でひゞいてゐるのを聞いても、何とはなしに魂がうかれて、何だか斯う遠くの方へあこがれて行くやうな心持がする。

【考察】 月夜の情調である。○まらうどは客。○うと〳〵しくなどある人は疎々しくしてなどゐる人、親しくつきあつてなどゐない人。○おこせかしはよこせよ。○歌よみがましきは如何にも歌よみ然としてゐる、歌をよみ候といふ風に乙《おつ》に構へ込むのをいふ。こゝの「歌よみ」は品詞上からいへば名詞だが、語感としては動詞的に見た方がしつくりするやうだ。○一言は端的にいへば歌一首といふ感じだが、必ずしもさうと限定せず、歌がかつた一言、やさしい一言といつた風の氣持も含めて漠然といふうた趣と考へられる。○身にしみて思ふ友は身にしみて相思ふ友、しみじみと深く身にしみてお互に思ひ合ふ友。○魂あくがる、は魂が遠くあこがれて行く。

【鑑賞】枕草子情調で、それよりもなごやかな筆致である。「男にても嬉しきを、まして女の友に」は筆者が女性である事を前提としてよく味はねばならぬ。文末の「大路ゆく辻占うりのこゑ、汽車の笛の遠くひゞきたるも」は月夜の添景的情調として實にしツくりしてゐる。

【三二三】朝月夜のかげ空に殘りて見し夢のなごりもまだ現なきやうなるに雨戸あけさして打眺むればさと吹く風竹の葉の露を拂ひてそゞろ寒けく身にしみ渡る折しも落ちくるやうに雁がねの聞えたるひとつなるは猶さら列ねし姿もあはれなり（樋口一葉）

【讀方】朝月夜《あさづくよ》のかげ空《そら》に殘《のこ》りて、見《み》し夢《ゆめ》のなごりもまだ現《うつゝ》なきやうなるに、雨戸《あまど》あけさして打眺《うちなが》むれば、さと吹《ふ》く風竹《かぜたけ》の葉《は》の露《つゆ》を拂《はら》ひて、そゞろ寒《さむ》けく身《み》にしみ渡《わた》る折《をり》しも、落《お》ちくるやうに雁《かり》がねの聞《きこ》えたる、ひとつなるは猶《なほ》さら、列《つら》ねし姿《すがた》もあはれなり。

【通解】朝月の影が空に殘つてゐて、ゆふべ見た夢の殘りもまだ醒めきらぬやうで、うつら〱とした氣分の中に、雨戸を一寸あけてそとを眺めると、サツと吹く風が竹の葉の露を拂つて、何だか斯《か》うぞーッと寒いやうに身にしみ渡る、さうした折も折、すーッと落ちて來るやうに雁の聲が聞えてゐる、それが只一つ鳴いて飛んでゐるのは猶さらの事、列になつて飛んで行く姿も、しみ〲とした哀調が深い。

【考察】早曉の雁の情調である。○朝月夜は有明の月の殘つてゐる朝をもいふが、こゝは朝の月卽ち有明の月そのものである。夜といふ言葉は附け足りに過ぎない。○あけさしてはあけ掛けて、一寸あけて。○さとは颯と。○落ちくるやうには地に落ちて來るやうに。雁が地におりるといふのでなく、聲が落ちて來るやうに聞えるといふのである。○ひとつなるは猶さらは下に「あはれにて」と補つて見よ。只一つ鳴いて飛んでゐるのは猶さら哀調が深いといふ意。「列ねし姿も」といふ前提として、よりよい方を前に出した書き方である。○列ねし姿は列になつて飛んでゐる姿。○あはれは哀れツぽい情調。

【鑑賞】言ひふるされた題材で、別にどこがどうといふ事もないが、全體の表現に清新なごやかさは溢れてゐる。一寸した事だが、「ひとつなるは猶さら、列ねし姿も」といふ言葉遣ひの中にも、言ひふるされた「雁」の情調に一脈の新し味を與へた感がある。

【三二四】鈴蟲はふり出でて鳴く聲の美しければ物ねたみされて齡の短きなめりとうなづかる松蟲も同じことなれど名と實と伴はねばあやしまるゝぞかし常磐の松を名に呼べれば千歲ならずとも枯野の末まではあるべきを萩の花ちりこぼるゝやがて聲せずなり行くさる盛りの短きものなればしばしも似よとこの名は負はせけん名づけ親ぞ知らまほしき（樋口一葉）

【讀方】鈴蟲《すゞむし》はふり出《い》でて鳴《な》く聲《こゑ》の美《うつく》しければ、物《もの》ねたみされて、齡《よはひ》の短《みじか》きなめりとうなづかる。松蟲《まつむし》も同《おな》じことなれど、名《な》と實《じつ》と伴《ともな》はねば、あやしまるゝぞかし。常磐《ときは》の松《まつ》を名《な》に呼《よ》べれば、千歲《ちとせ》ならずとも、枯野《かれの》の末《すゑ》まではあるべきを、萩《はぎ》の花《はな》ちりこぼるゝ、やがて聲《こゑ》せずなり行《ゆ》く。さる盛《さか》りの短《みじか》きものなれば、しばしも似《に》よとこの名《な》は負《お》はせけん。名《な》づけ親《おや》ぞ知《し》らまほしき。

【通解】鈴蟲は鈴を振るやうに聲を振り立てて鳴くその聲が美しいので、外の蟲たちに物ねたみをされて、命が短いのであらうと肯かれる。その點は松蟲も同じ事であるが、松といふ名と誠に命の短い事實とが相伴はないので、どうしたわけかと怪しまれるのだ。常磐の松を名に呼んで松蟲というてゐるのであるから、よしや千年の長壽は保たぬまでも、せめて野邊の草の枯れて了ふ秋の末までは生きて居るべき筈だのに、萩の花がちりこぼれるとすぐもうそのまゝ聲がしなくなつて行く。そんなやうに盛りの短いものなので、しばらくなりとも松の千年にあやかれといつてこの名をつけたものだらうか。誰がつけた名前であるのやら、そのやさしい名づけ親が知りたいものだ。

【考察】 鈴蟲と松蟲、特に松蟲の名に力點を置いた記述である。○あやしまるゝは自然怪しむ氣になる。「るゝ」は自發の助動詞、人から怪しまれるといふ受身の思想ではない。○こぼるゝやがてはこぼれるとすぐそのまゝ。

【鑑賞】 枕草子情調だが、それよりも遙かになごやかな清新さがある。「物ねたみされて」といふやうな一寸した文句にも、やさしい心持が漲つてゐる。松蟲の名を主題としての記述が亦實に面白く讀める。殊に「さる盛りの短きものなれば、しばしも似よとこの名は負はせけん。名づけ親ぞ知らまほしき」は千古の名句と謂へよう。情味豐かな才筆である。やさしいデリケートな感情が活き〳〵と胸に響いて來る、強い而もなごやかな表現である。

【三二五】 をりふし墓場などへ行つて見ると四邊の靜寂な中で墓標の榊の葉のみが獨りさら〳〵と音を立ててゐることがある周圍が寂しいだけそれだけその物音は不思議な感じを起させるさいかちの實の鳴るのも同樣で寂しさの中心はその物音に繫がれてゐるやう聽くものの身も心もその物音に引きこまれわれ孤獨といふやうな感じがひし〳〵と胸に迫つてくる（吉江孤雁）

【讀方】をりふし墓場《はかば》などへ行《い》つて見《み》ると、四邊《しへん》の靜寂《せいじやく》な中《なか》で、墓標《ぼへう》の榊《さかき》の葉《は》のみが、獨《ひと》りさら〳〵と音《おと》を立《た》ててゐることがある。周圍《しうゐ》が寂《さび》しいだけそれだけ、その物音《ものおと》は不思議《ふしぎ》な感《かん》じを起《おこ》させる。さいかちの實《み》の鳴《な》るのも同樣《どうやう》で、寂《さび》しさの中心《ちゆうしん》はその物音《ものおと》に繫《つな》がれてゐるやう、聽《き》くものの身《み》も心《こゝろ》もその物音《ものおと》に引《ひ》きこまれ、われ孤獨《こどく》といふやうな感《かん》じが、ひし〳〵と胸《むね》に迫《せま》つてくる。

【通解】時をり墓場などへ行つて見ると、あたりのひツそりとした寂しい中で、墓じるしの榊の葉だけが、獨りさら〳〵と鳴つてゐる事がある。まはりが寂しいだけそれだけ、特別にその音が不思議な感じを起させる。さいかちの實の鳴るのも同じ事で、寂しさの中心がその物音に繫がれてゐるやう――その音を中心にしてあたりの寂しさが生じてゐるやうで、聽く人の身も心もその物音に引きこまれて、「われ孤獨」――ア、おれは一人ぼツちだなアといふやうな感じが、ひし〳〵と胸に迫つて來る。

【考察】墓場などの言ひ知れぬ寂しさである。寂しさの中心はその物音に繫がれてゐるは、周圍の寂しさの中心點がその物音に繫がれてゐる、卽ちその物音を中心としてあたりの寂しさが擴がつてゐるといふのである。

【鑑賞】「墓標の榊の葉」もさうだが、特に「さいかちの實の鳴る」物音は、讀む者をして筆者と同じく「身も心もその物音に引きこまれ」る思ひをさせる。い、着眼だ。「寂しさの中心はその物音に繫がれてゐる」といふ表現も、如何にもよくさうした場合の孤獨の寂しさを現はしてゐる。たしかに「われ孤獨といふやうな感じがひし〳〵と胸に迫つてくる」事に同感の持てる筆致である。

【三二六】　狼の死にならへ
あるがまゝに人生を見て
あるがまゝに人生を肯定せよ
もしそれが堪へられなくなつたなら
そのときは——黙つて死ぬがよい！
これが、これのみが勇者の道だ！

もつとも強い者は沈黙する
すべての言葉は畢竟怯懦の表白だ
沈黙のみが人間の唯一の徳だ
狼にならへ、狼の死に——
かくて汝は運命を克服する！（生田春月）

【読方】　狼《おほかみ》の死《し》にならへ
あるがまゝに人生《じんせい》を見《み》て、あるがまゝに人生《じんせい》を肯定《こうてい》せよ。もしそれが堪《た》へられなくなつたなら、そのときは——黙《だま》つて死《し》ぬがよい！　これが、これのみが勇者《ゆうしや》の道《みち》だ！　もつとも強《つよ》い者《もの》は沈黙《ちんもく》する。すべての言葉《ことば》は畢竟怯懦《ひつきやうけふだ》の表白《へうはく》だ。沈黙《ちんもく》のみが人間《にんげん》の唯一《ゆゐいつ》の徳《とく》だ。狼《おほかみ》にならへ、狼《おほかみ》の死《し》に——。かくて汝《なんぢ》は運命《うんめい》を克服《こくふく》する！

【通解】　何の彼のと文句を言はず、只あるがまゝに人生を見て、あるがまゝに人生を肯定し、これが人生だ、人生は斯ういふものだとして了へ。若しそれが堪へられなくなつたら、そのときは——なアに默つて死ぬがよいさ。これが、これだけが勇者の道だ、ほんとに強い者の取るべき道はこの外には無い。最も強い者はじツと默つてゐる。何とか彼とかいふ一切の言葉は、つまりは自分の心の臆病を現はすものに過ぎない。じツとだまつてゐることだけが人間の持つべき只一つの德だ。狼にならへ、あの勇敢な狼の死に方に——。かくてこそお前は運命を征服して、ほんとに運命に勝てるのだ。

【考察】 沈默か死か、それのみが勇者の道であり、運命克服の道であるといふのである。原文の書き現はし方も句讀點もすべて原詩のまゝだが、讀み方は必ずしもそれに拘泥しない。以下皆その通りである。詩としてはその表現の形式にも諧調にもそれ〴〵主要性があつて、それを無視するのは、鑑賞の建前としては甚だしい矛盾であるが、思想情調の再現を主とする通解の對象としては、意味本位に行く外ない。だから鑑賞はこの讀方から離れて、直ちに原詩の方を對象とするものと了解して戴きたい。○肯定はさうだとすること、それに違ひないと認めること。○怯懦は卑怯、臆病。○表白は發表すること、言ひ表はすこと。○克服はそれに克つてそれを征服すること。

【鑑賞】 愚圖々々文句をいふな、いけなくなつたら默つて死ねといふのが思想の中心で、「狼の死」は、さうしたものの鮮かな一つとして讀者の想像に委ねてゐる。實際狼は吾々の想像の上に最も親しみ深い動物の一つで、野生的な、ボールドな、文句なしに生を肯定し、文句なしに死んで了ひさうな動物である。その想像を巧に利用して、「狼にならへ、狼の死に——」と僅かに一句を投じて、抽象的な思想の上に一つの具象化をやつてゐる。そこに詩としての働きがあるやうに思ふ。全體の調子は始ど散文的であるが、それでゐて全體の表現に一つの強いリズムが動いてゐる。二つのダッシュと三つの「!」も、一つは一寸讀者に考へさせる點に於て、一つは強い印象を讀者の心に與へる點に於て、かなり効果的に役立つてゐるやうだ。

【三二七】　一日

夜の熟睡より眼覺め
新しき一日に起き出づれば
われなほ生く。

われ嘗て死ぬと思ひし日もありしを
枝は伸び
花は散れども
われなほ生く
あゝ日の光の美しきかな。

有り得ざるものの有るが如きわが一日よ。
何事の起るともよし、起らぬともよし
たゞ一日を生かしめよ
成長せしめよ

地に立つ欅
一抱へにあまれども
こぼれたる實生の欅
土ながら掌にも載れど
みなわが一日のうちにあり。

心しづかなれば
道に落ちたる繩屑を拾ひ
石くれを除け
たゞそれのみの一日にても
われなほ生く。

いつの時にても
ありしわが一日の
鳥の如く飛び去り
霧の如く消えゆきしは惜しけれど
惜しき一日に
われはなほ生く。（河井醉茗）

【讀方】　一日《いちにち》

夜《よる》の熟睡《じゆくすゐ》より眼覺《めざ》め、新《あたら》しき一日《いちにち》に起《お》き出《い》づれば、われなほ生《い》く。われ嘗《かつ》て死《し》ぬと思《おも》ひし日《ひ》もありしを、枝《えだ》は伸《の》び、花《はな》は散《ち》れども、われなほ生《い》く。あゝ日《ひ》の光《ひかり》の美《うつく》しきかな。有《あ》り得《え》ざるものの有《あ》るが如《ごと》きわが一日《ひとひ》よ。何事《なにごと》の起《おこ》るともよし、起《おこ》らぬともよし。たゞ一日《いちにち》を生《い》かしめよ、成長《せいちやう》せしめよ。地《ち》に立《た》つ欅《けやき》、一抱《ひとかゝ》へにあまれども、こぼれたる實生《みしやう》の欅《けやき》、土《つち》ながら掌《て》にも載《の》れど、みなわが一日《いちにち》のうちにあり。心《こゝろ》しづかなれば、道《みち》に落《お》ちたる繩屑《なはくづ》を拾《ひろ》ひ、石《いし》くれを除《よ》け、たゞそれのみの一日《ひとひ》にても、われなほ生《い》く。いつの時《とき》にても、ありしわが一日《ひとひ》の、鳥《とり》の如《ごと》く飛《と》び去《さ》り、霧《きり》の如《ごと》く消《き》えゆきしは惜《を》しけれど、惜《を》しき一日《ひとひ》に、われはなほ生《い》く。

【通解】　夜の熟睡から目が覺めて、新しい一日に起き出て見れば、おれはまだ生きてゐる。嘗てはもう死ぬナと思つた日もあつたのに、時は移つて、枝は伸び、花は散つても、おれはまだ生きてゐる。あゝ實に美しい日の光だなア。何だか有り得ないものが現に有るやうな今日の一日だ。何事が起らうともよし、起らないでもよい。たゞ今日一日を生きさせてくれ、生長させてくれ。地に立つてゐる大きな欅、それは一抱へに餘る程だが、地にこぼれた實生の欅、それは土のついたまゝ手のひらにも載る程だが、その何れもが皆このおれの一日のうちにある。心が靜かなので、おれは道に落ちてゐる繩屑を拾ひ、石ツころを除けて、たツたそれだけの一日でも、やはり斯うして生きてゐる。いつの時だつて、過ぎたあのわが一日が、鳥のやうに飛び去り、霧のやうに消えて行つて了つた事は惜しいけれど、然しその惜しい一日に、おれはまだ斯うして生きてゐるのだ。

【考察】 生の感謝と歡喜と愛惜とである。○一日はその日、その一日、今日の一日。「いちにち」と讀んだり「ひとひ」と讀んだりしたのは、特に『現代日本詩集』に據つた讀方である。○ありしわが一日は過去のわが一日、あゝだつた斯うだつたと思ひ出される一日の意。「ありし」は元來或特定の物を指して、「あの」といふ心持でいふべき言葉であるが、全詩の上に漲る作者の氣分からいへば、過去の凡ての一日が「ありしわが一日」として惜まれる筈だと思ふ。

【鑑賞】 生きてゐる喜びを歌つた詩であるが、而もその喜びは、有頂天になつた賑やかな喜びといふよりは、虔《つゝま》しい感謝に滿ちた靜かな喜びである。從つて過去の追憶もあり、外界への凝視もあつて、そこに一種の哀調さへも伴つてゐる。第一節、朝のめざめに「われなほ生く」と強く感ずるその感じをまづそのまゝに投付けてゐる。「新しき一日」はさうした感じから來る當然の歸結で、朝目がさめて「われなほ生く」と感ずる人に取つては、毎日々々が常に「新しき一日」である。第二節、「枝」や「花」は文字通りに見ておいた方が面白からう。庭の木々などを見ての實感である。「われなほ生く」と強く感ずるが故に、「あゝ日の光の美しきかな」といふ歎聲が自然に湧いて來るのである。第三節、前節の「われ嘗て死ぬと思ひし日もありしを」を端的に承けて「有り得ざるものの有るが如きわが一日よ」と出た。「われなほ生く」といふ事の驚異的感謝である。その驚異的感謝から自然「たゞ一日を生かしめよ」と強く願ふ聲も出る。第四節、一抱にあまる大きな欅と、土のまゝ手に載る樣な實生の欅——「欅」によつて人生の大事小事が象徴されてゐるのだらう。「欅」は吾々の囑目する植物の中で、やゝ特異な、その癖親しみ深い、何事かを考へさせるやうな木である。それを取つて來て、「一抱へにあまれども」「土ながら掌にも載れど」といふ一種辿り氣味の調子で、讀者に「人生」を考へさせてゐる。第五節、明かに人生へ持つて來て、而も「道に落ちたる繩屑を拾ひ、石くれを除け」といふやうな、人生への極めて小さい奉仕——恐らく世の人の誰もが心にも止めなかりやうな小さい奉仕を擧げて、「たゞそれのみの一日にてもわれなほ生く」といつて「生」に感謝してゐる。終節、ありしわが一日の跡方もなく去つた事を惜しみつゝも、惜しき一日にわれはなほ生きてゐるといふのである。前節來繰返された「われなほ生く」が最後の一句に於て力づよく第一節のそれと相呼應してゐる。そして第一節に於て「新しき一日に起き出づれば」と歌つた作者は、終節に於て「惜しき一日に」と結んでゐる。感謝すれば「新しき一日」「日の光の美しき」一日であるが、愛惜すればそれは同時に「惜しき一日」である。今日一日の生に強く感謝し、驚異し、愛惜して、只あるがまゝの生に虔《つゝま》しい欣びを感じる詩人の心持が、深刻といふよりは寧ろ安らかに自然に歌はれてゐると思ふ。

【三二八】　朝の頌歌

朝は晴れたり、友よ立て、
空ははるかに色澄みて、
高き思は曇なき
聖者の眸しのばしむ。

朝は晴れたり、口すゝぎ
この曉の生まれゆく
空のさなかに神ありと、
靜かにおもへ、汝が胸に。

日に照らされて煙るもの、
遠き山なみ、町の屋根、
今、勞働のほめ歌の
叫とも聞く汽笛の音。

朝は晴れたり、いざ立たん、
我等恃むはみづからの
營みつくる力のみ、
いざわが路を踏みゆかん。（川路柳虹）

【讀方】 朝《あさ》の頌歌《ほめうた》

朝《あさ》は晴《は》れたり、友《とも》よ立《た》て。空《そら》ははるかに色澄《いろす》みて、高《たか》き思《おもひ》は、曇《くもり》なき聖者《せいじや》の眸《ひとみ》しのばしむ。朝《あさ》は晴《は》れたり、口《くち》すゝぎ、この曉《あかつき》の生《う》まれゆく空《そら》のさなかに神《かみ》ありと、靜《しづ》かにおもへ汝《な》が胸《むね》に。日《ひ》に照《てら》されて煙《けむ》るもの、遠《とほ》き山《やま》なみ、町《まち》の屋根《やね》、今勞働《いまらうだう》のほめ歌《うた》の叫《さけび》とも聞《き》く汽笛《きてき》の音《ね》。朝《あさ》は晴《は》れたり、いざ立《た》たん。我等恃《われらたの》むは、みづからの營《いとな》みつくる力《ちから》のみ。いざわが路《みち》を踏《ふ》みゆかん。

【通解】 朝は晴れた、立て友よ。空は遙かに高く澄み渡つて、その氣高い思ひは、一點の曇りもない聖者の眸を思はせる。朝は晴れた、口をすゝいで、この曉が生まれて行く空の眞只中に神樣がいらせられると、汝の胸に靜かに思へ。朝日の光に照らされてぼーッと煙つてゐるものは、遠くの山々、近くの町の屋根、さうした中に、今し勞働を讃美する歌の叫びのやうに、ボーッと勇ましく汽笛の音が聞えてゐる。朝は晴れた、いざ立たう。我等が恃む所のものは、我等自身の營み作る力の外にはない。さアわが行くべき路を踏んで、正しく勤勞の途に進んで行かう。

【考察】 朝を讃美する歌で、その力點が勤勞に勇む心に在る。○頌歌は本文にほめ歌とあるのと同意で、讃美する歌の意。シヨウカと音讀してもよいかも知れぬが、姑く本文の文句に從つてホメウタと讀んで置く。○高き思は氣高い思、如何にも崇高な感じ。○山なみは山並、山の並び連つてゐること。

【鑑賞】 第一節、晴れた空の遙かに澄んだ色、一點の曇りもない氣高《けだか》さは、實際「聖者の眸」を思はせる。何の技巧らしい技巧もなしに、よく朝のすが〳〵しさを歌つてゐる。第二節、「朝は晴れたり」の句を繰返して、口をすゝいでこの曉の生れて行く空のさなかに神があると汝の胸に靜かに思へと呼び掛けてゐる。朝の敬虔な氣分がよく現はれてゐる。第三節、遠い山脈や町の屋根が、日に照らされて霞んでゐる中に、恰も勞働の頌歌の樣に汽笛の音が聞える。――と、さうした表現も朝の活々した氣持をよく現はしてゐる。終節、今一度「朝は晴れたり」を繰返し、更に第一節の「友よ立て」に呼應して「いざ立たん」といつて、「みづからの營みつくる力」を强調してゐる。斯くて全篇の中に、朝のすが〳〵しさ、雄々しい勞作への勇み立つ心が、如何にも快よい諧調で歌はれてゐる。それは勞働の苦しみでなくて勤勞の喜びである。朝の歡喜といふよりは、朝の虔しい而も雄々しい祈りである。

【三二九】 水禽

しづやかに波だたぬ
古池の淀みに映れる
をぐらき樹々の

影のわびしさ。

かゝる眺めには
ひしと歎かるゝや。——あな、
呼息たゆき水の面を
蒼白みたる光ぞ咽ぶ。

いともすさまじく、
にほひもあらぬわが夢よ、
寂びたる冬の池を、胸毛ましろに、
水禽はまどろむけはひ。

暗みゆく「想」の空より
霙は、今、池の面にしづれ落つれど、
浮びて、身じろがぬ
水禽の夢見ごこち。（蒲原有明）

【読方】 水禽《みづとり》
しづやかに波《なみ》だたぬ古池《ふるいけ》の淀《よど》みに映《うつ》れる、をぐらき樹々《きゞ》の影《かげ》のわびしさ。かゝる眺《なが》めには、ひしと歎《なげ》かるゝや。――あな、呼息《いき》たゆる水《みづ》の面《おもて》を、蒼白《あをじろ》みたる光《ひかり》ぞ咽《むせ》ぶ。いともすさまじく、にほひもあらぬわが夢《ゆめ》よ。寂《さ》びたる冬《ふゆ》の池《いけ》を、胸毛《むなげ》ましろに、水禽《みづとり》はまどろむけはひ。暗《くら》みゆく「想《おもひ》」の空《そら》より、霙《みぞれ》は、今《いま》、池《いけ》の面《おもて》にしづれ落《お》つれど、浮《うか》びて、身《み》じろがぬ、水禽《みづとり》の夢見《ゆめみ》ごこち。

【通解】 如何にも靜かで波一つ立たぬ古池の淀みに、樹々の影が小暗く映じてゐる、その影の寂しく物悲しい事よ。斯うした眺めには、ひし〳〵と悲しい思ひが胸に迫つて來て歎かれる事だ。――あゝ、しーんとして呼吸も絶えた様な水の面を、蒼白い光が涙に咽ぶ様に薄々と照らしてゐる。いとも荒涼として、何の色つやもない、さびきつた我が夢見心地よ。この寂しく寂びきつた冬の池の中を、胸毛も眞ツ白に、水禽はじツと靜かにまどろんでゐる氣配だ。段々と暗くなつて行く物思はしい冥想の空から、今し、霙は、池の面にぱさ〳〵ツと落ちてゐるが、水禽は身じろぎ一つせず、じツと靜かに水面に浮んでゐる、あゝあの水禽の如何にも寂しげな夢見心地よ。

【考察】 冬の古池の水禽を歌つた詩である。○しづれはラ行下二段の自動詞で、木の枝などから雪の落ちるのをいふ。爲忠《ためたゞ》百首に「朝まだき松のうら葉の雪は見ん、日かげさしこばしづれもぞする」――松の末葉の雪は朝まだ暗い中に見よう、日影がさして來たら、ぱら〳〵と散り落ちもしようから――とある。こゝはそれを空から落ちて來る霙に轉用したのである。

【鑑賞】 冬の夕暮、古池にじツと浮んで、身動き一つせぬ水禽、それはさながらの詩である。作者はその「夢見ごこち」にふさはしい哀調を以て四句四節の詩を作つてゐる。第一節、まづ古池の淀みに映つた小暗い樹々の「影のわびしさ」を歌つてゐる。第二節、「ひしと歎かるゝや」と主観を投げつけて、更に、呼吸《いき》も絶えたやうな、死んだやうな水面に、咽ぶやうに蒼白い光がさしてゐるといふ光景描寫――

主観の色の濃厚な光景描寫を二行書いてゐる。第三節、「いともすさまじく、にほひもあらぬわが夢よ」はさうした場合に最もふさはしい言葉である。「すさまじ」は荒涼の意味に於てほんとにぴツたりとこゝにはまつてゐる。「にほひもあらぬ」も美しい色彩のあせきつた意味に於て如何にもこゝの情景に打つてつけである。「わが夢」は作者の主觀であるが、而もそれが水禽の「まどろむけはひ」を見て、水禽の夢もさぞ「にほひもあらぬ」ものであらうと想像する、その自他が一つになつて現はれた文句のやうに考へられる。終節、「想の空」は想像の空といふ様にも考へられる句だが、こゝは「暗みゆく」といふ眼前の景だから、「物思はしい」「深い冥想の」といふやうな心持の語と見るべきだらう。實際冬の空はそんな感じを與へる。さうした空から霙がさら〳〵ツとしづれ落ちて來ても、水禽はじツとして身じろぎ一つせぬといふのである。「しづれ落つれど」といふ古い言葉も、こゝに如何にもしつくりはまつて活きてゐる。全篇、主觀と客觀とがしつくり結びついて、冬の古池の水禽の靜けさを遺憾なく詠出してゐる。

【三三〇】　雨中小景

雨はふる、ふる雨の霞がくれに
ひとすぢの煙立つ、誰が生活ぞ、
銀鼠にからみゆく古代紫、
その空に城ケ島近く横たふ。

なべてみな空なりや、海の面に
輪をかくは水脈のすぢ、あるは離れて
しみ〴〵と泣きわかれゆく、

その上にあるかなきふる雨の脚。

遙かなる岬には波もしぶけど、
絹漉の雨の中、蜑小舟ゆたにたゆたふ。
棹あげてかぢめ採りゐる
北齋の蓑と笠、中にかすみて
一心に網うつは安からぬけふ日の惑ひ。

さるにてもうれしきは浮世なりけり。
雨の中、をり〳〵に雲を透かして
さ緑に投げかくる金の光は、
また雨に忍び入る。音には刻めど
絶えて影せぬ鶺鴒のこゑをたよりに。（北原白秋）

【讀方】 雨中小景《うちゆうせうけい》

雨《あめ》はふる、ふる雨《あめ》の霞《かすみ》がくれに、ひとすぢの煙《けむり》立《た》つ、誰《た》が生活《たつき》ぞ。銀鼠《ぎんねずみ》にからみゆく古代紫《こだいむらさき》、その空《そら》に城《じやう》ヶ島近《しまちか》く横《よこ》たふ。なべてみな空《そら》なりや、海《うみ》の面《おもて》に輪《わ》をかくは水脈《みを》のすぢ、あるは離《はな》れて、しみ〴〵と泣《な》きわかれゆく、その上《うへ》に、あるかなきふる雨《あめ》の脚《あし》。遙《はる》かなる岬《みさき》には波《なみ》もしぶけど、絹漉《きぬごし》の雨《あめ》の中《うち》、蜑小舟《あまをぶね》ゆたにたゆたふ。棹《さを》あげてかぢめ採《と》りゐる、北齋《ほくさい》の蓑《みの》と笠《かさ》、中《なか》にかすみて、一心《いつしん》に網《あみ》うつは、安《やす》からぬけふ日《び》の惑《まど》ひ。さるにてもうれしきは浮世《うきよ》なりけり。雨《あめ》の中《うち》、をり〳〵に雲《くも》を透《す》かして、さ緑《みどり》に投《な》げかくる金《きん》の光《ひかり》は、また雨《あめ》に忍《しの》び入《い》る。音《ね》には刻《きざ》めど、絶《た》えて影《かげ》せぬ鶺鴒《せきれい》のこゑをたよりに。

【通解】雨は降る、降る雨のぽーッと霞んだ中に、細々《ほそ〴〵》と一筋の煙が立つてゐる、あれは誰の生計の煙だらうか。銀鼠色の雨の空にその一筋の煙が古代紫のやうな色にからみながら上つて行く、さうした空に城ケ島が近く横たはつてゐる。凡てが皆空で、只一面の空のやうに見える海上に、水脈の筋がぐるツと輪を描き、或は輪から離れて、しみ〴〵と泣きわかれるやうに遠くの方へ流れて行く、その水脈の上に、あるかなきかに雨の脚が降りそゝいでゐる。遙かな岬の方には波もはげしくしぶきを立ててゐるが、近くには絹漉のやうな細かい雨の中に、漁夫の舟はゆつたりと漂つてゐる。棹をあげてかぢめを採つてゐる、北齋の畫そのまゝの蓑笠姿、その中に影もかすんで、一心に網を打つてゐるのは、安からぬ今日の生計のためだらう。それにしても嬉しいものは浮世だ。雨のふる中に、をり〳〵雲を透かして、薄緑色に金光を投げ掛けて來る日光は、やがてまたこつそりと忍ぶやうに雨の中に這入つて行く。物を刻むやうにせはしく聲は聞えながら、姿は更に見えぬ鶺鴒の聲をたよりにして、さうした聲のする方に日の光はそつとさし込んで行くのである。

【考察】雨の日の城ケ島情調である。○霞がくれには霞んだ中に、霞んだそのかげに。○なべてみな空なりやは凡て皆空で、空と水との境目が分らぬやうな光景だといふ意。○あるかなきはあるか無いか分らぬやうにかすかに。○しぶけどはしぶきが立つが。○ゆたにたゆたふはゆら〳〵とたゞよひ動いて少しも落ちつかぬといふ意味で、「ゆたにたゆたに」「ゆたのたゆたに」などいふ副詞の下部を動詞化して、ゆつたりと靜かにたゞよひ動いてゐるといふ意にしたのである。○かぢめは「搗布」と書く。「ちりめんあらめ」ともいつて、食用海藻の一種である。○北齋は葛飾北齋といつて、徳川時代の有名な畫家。その人の畫にあるやうな蓑笠姿だといふのである。○けふ日の惑ひは今日の生計といふ意だらう。今日のためにまご〱として働くといふ思想と考へられる。○さ綠は少しの綠、薄綠の意。○音には刻めどは物を刻むやうに聲だけは聞えるがの意。鶺鴒は水邊に棲んで、キチョッキ、キチョッキといふふうに、恰も物を刻むやうに鳴く。○こゑをたよりにはさうした聲を賴つてその中に。

【鑑賞】 雨中の城ケ島邊の光景が、さながら一幅の畫のやうに描き出されてゐる。第一節、雨の中に炊煙が細々と立つてゐる、それを「銀鼠にからみゆく古代紫」とは實に如實で而も巧妙を極めた描寫である。第二節、海面に降るかすかな雨、殊に水脈のすぢが、「あるは離れてしみ〲と泣きわかれゆく」といふ主觀的な句の中に、靜かな雨中の海面のさまがまざ〱と描き出されてゐる。第三節、雨中の海上の漁舟、「絹漉の雨の中、蜑小舟ゆたにたゆたふ」といひ、「北齋の蓑と笠」といひ、句々皆さうした情景としつくりして、靜かな灣の雨の日の趣が目に浮ぶやうだ。終節、「さるにてもうれしきは浮世なりけり」の一句、前節の「安からぬけふ日の惑ひ」から一轉して、生き返るやうな妙味がある。そして聲だけで、絕えて影は見えぬ鶺鴒の聲の中に、時々日光の金色が雲を透かしてさして來て、それが又雨の中にすうーツと這入つて行くといふ光景を歌つて、一篇の詩に快よい終結を與へてゐる。

【三三一】 書物

月の夜は
大きな書物、
ひらきゆく

ましろき頁。

人、車、
橋の柳は
美しくならべる活字。

樹がくれの
夜の小鳥は、
ちりぼひて
黒きふり假名。

しら〴〵と
ひとりし繰れば、
懐しく、うれしく、
悲し。

月の夜は
やさしき詩集
夢のみをかたれる詩集。（西條八十）

【讀方】書物《しよもつ》

月《つき》の夜《よ》は大《おほ》きな書物《しよもつ》、ひらきゆくましろき頁《ページ》。人《ひと》、車《くるま》、橋《はし》の柳《やなぎ》は、美《うつく》しくならべる活字《くわつじ》。樹《こ》がくれの夜《よる》の小鳥《ことり》は、ちりぼひて黒《くろ》きふり假名《がな》。しら〳〵とひとりし繰《く》れば、懷《なつか》しく、うれしく、悲《かな》し。

月《つき》の夜《よ》はやさしき詩集《ししふ》、夢《ゆめ》のみをかたれる詩集《ししふ》。

【通解】月の夜は大きな書物だ、段々と開いて行くその書物の眞白い頁だ。人や、車や、橋のたもとの柳や、それは美しく並んでゐる活字だ。樹蔭にゐる夜の小鳥は、ぱら〳〵とついてゐる黒い振假名だ。白々とひとりさうした月夜の書物の頁を繰つて眺めてゐると、懷しく、うれしく、そして悲しい。月の夜はやさしい詩集だ、人生の現實から離れて只夢だけを物語つてゐる詩集だ。

【考察】月夜を書物に譬へたのである。○ちりぼひてはちらばツて。この本の讀方のやうに全部に假名がついてゐるのでなくて、ぱら〳〵と所々についてゐる所謂パラルビの事をいうたのである。

【鑑賞】月の夜を書物に譬へた輕い情調の詩である。第一節、月の夜は大きな書物の眞白い頁を開いて行く感じだといふ比喩。第二節、人や車や橋のたもとの柳を美しく並んだ活字に喩へてゐる。第三節、樹蔭の小鳥をぱら〳〵と附けてあるルビに喩へてゐる。第四節、じツと眺めてゐる主觀を「懷しく、うれしく、悲し」と歌つてゐる。終節、第一節から一歩進めて、「やさしき詩集」といつた。而も「詩集」といつた事に依つて、「大きな書物」「ましろき頁」「美しくならべる活字」「ちりぼひて黒きふり假名」――さうした凡ての句がしつくり生きて來た。詩集は正にさうした感じである。而も又月夜の美は現實の美でなくて夢の美である。月夜を喩へて「夢のみをかたれる詩集」といつたのは、眞に比喩の妙を極めてゐる。詩集を見る心持で月夜を眺め、月夜を眺める心持で詩集を見る、さうした心持からほんとの詩が生れ、詩の味が分つて來るのである。

【三三二】　夜の雨

雨よ雨
さゝやかに靜かに逼るひゞき
柔かい闇の土に沁みる
薄光る魂どもよ。
聽き入ればます〳〵孤獨を深むる
自然の聲は優しくも尊し。

春は春に
はてなき空より碎くる雨の
一つ一つは生きて輝き、
わが耳にきこゆるもきこえぬも
無邊に煙りいのちを讃め
土を讃め
永遠の樂の音を大地に與ふ。（白鳥省吾）

【讀方】　夜《よる》の雨《あめ》

雨《あめ》よ雨《あめ》。さゝやかに靜《しづ》かに逼《せま》るひゞき、柔《やはら》かい闇《やみ》の土《つち》に沁《し》みる薄光《うすひか》る魂《たましひ》どもよ。聽《き》き入《い》れば、ます〱孤獨《こどく》を深《ふか》むる、自然《しぜん》の聲《こゑ》は優《やさ》しくも尊《たふと》し。春《はる》は春《はる》に、はてなき空《そら》より碎《くだ》くる雨《あめ》の一《ひと》つ一《ひと》つは、生《い》きて輝《かがや》き、わが耳《みゝ》にきこゆるもきこえぬも、無邊《むへん》に煙《けむ》り、いのちを讃《ほ》め、土《つち》を讃《ほ》め、永遠《えいゑん》の樂《がく》の音《ね》を大地《だいち》に與《あた》ふ。

【通解】　雨よ雨よ。小さく靜かに逼つて來るそのひゞき、柔かな眞暗い夜の土の中に薄く光つて沁み込んで行く魂たちよ。ほんとに夜の雨は一つ〱の魂のやうに感じられる。さうした雨の音をじツと聽いてゐると、益々孤獨の思ひが深められる、自然の聲は優しくも又尊い。春は春で、はてもない空から碎けて降つて來る雨の一つ〱は、生命あるもののやうにきら〱輝いて、わが耳に聞える音も聞えぬ音も、その凡ては無限に煙つて、生を讃美し、土を讃美して、永遠悠久の音樂の音を大地に與へるのである。

【考察】　夜雨情調である。○さゝやかには小さく。○春は春には春は春での意。○いのちを讃めは生を讃美し。雨の音——特に春雨の音は一切の物の生命をほめたゝへるやうに聞えるといふ意だらう。

【鑑賞】　夜の雨の靜かな情調をかなり深く歌つてゐる。まづ一句、「雨よ雨」だけで一節をなしてゐる。讀者に「雨」を考へさせるだけの效果はたしかにある。第二節、雨を「薄光る魂どもよ」と歌つた一句は如何にも強い。實際夜の雨はじツと聞入ると魂の聲といふ感じがある。そして「孤獨を深むる」思ひがする。終節、「春は春に」は季節の感じの筈だが、全體が季節感よりも雨そのものの樂的な聲が强調されてゐるために、この一語の與へる季節感は割合に稀薄のやうに思へる。そのくせこの一句はどうしても除き去る事の出來ぬ力強さを以てちやんとすわつてゐる。「春は春に」だけで、一年中のいつの雨もさうした力強さがあるといふ感じさへ起させるやうである。そして「一つ一つは生きて輝き」の句が前節の「薄光る魂どもよ」とぴツたり呼應し、「永遠の樂の音」が「自然の聲」と相應じてゐる。只前節の主觀情調は、後節では「わが耳にきこゆるもきこえぬも」だけに片付けられて、「孤獨を深むる」といふ主觀情調はさう鮮やかには出てゐない。從つて全詩の上に流れる作者の主觀は「優しくも尊し」といふ雨の聲への讃美が主調になつてゐる。そしてそこにこの詩の力強さもあるのだと思ふ。

【三三三】　海のおもひで

夕浪倦みぬ、——さこそ吾。
眞白羽ゆらに飄りし
鷗は水脈に、——さこそ、わが
魂よたゆたに漂へれ。

歎きぬ、葦はうら枯の
上葉たゆげに顫きて。
昨日はともに葦かびの
若き日をこそ歌ひしか。

あな火ぞ點る夕づゝの
葦間にひたる影青に。
消ゆとは知れど、さこそ、われ

人のまみをば思ひづれ。（薄田泣菫）

【讀方】　海《うみ》のおもひで

夕浪《ゆふなみ》倦《う》みぬ、——さこそ吾《われ》。眞白羽《ましらば》ゆらに飄《ひるがへ》りし鷗《かもめ》は、水脈《みを》に。——さこそ、わが魂《たま》よ、たゆたに漂《たゞよ》へれ。歎《なげ》きぬ、葦《あし》はうら枯《がれ》の上葉《うはば》たゆげに顫《わな》きて。昨日《きのふ》はともに葦《あし》かびの、若《わか》き日《ひ》をこそ歌《うた》ひしか。あな、火《ひ》ぞ點《とも》る、夕《ゆふ》づゝの、葦間《あしま》にひたる影青《かげあを》に。消《き》ゆとは知《し》れど、さこそ、われ、人《ひと》のまみをば思《おも》ひづれ。

【通解】　夕浪は倦み勞れたやうに打寄せてゐる、——自分もやはりさうした心持でじッと夕浪に見入つてゐる。眞白い羽をゆるやかに大きく飄して舞つてゐた鷗は、あれあゝして水脈の上に漂つてゐる。——さういへば、自分の魂も、丁度あの鷗のやうにゆら〳〵と波に漂ふやうにゆれてゐる。葦はうら枯れた上葉を如何にもだるさうに振はして、物悲しげにさゝやくのだ。あゝ昨日は葦の若芽の若々しく、私と共に若い日を歌つてゐたのになア。おや、葦の間に青い影をひたして、ボツッと一點、火がともつたやうに、宵の明星が出た。と、どうせすぐに消えるものとは知りながら、それにつけて、まア、私は、ふとなつかしい人の目もとが思ひ出される事だなア。

【考察】　海を見て若き日を思い出すといふのである。○夕浪倦みぬは夕浪が倦み疲れたやうに、如何にもものうげに打ち寄せてゐる。○さこそ吾は吾もさこそあれといふ意。○ゆらにはゆら〳〵と、ゆるやかに大きく。○水脈には水脈に浮き漂つてゐる。○たゆたにはたゆたふやうに、ゆれ動いて定まらずに。○うら枯はさきの方の枯れること。○葦かびは葦の芽。○火ぞ點るは火がつく。金星がぽつりと出たのを形容していうたのだらう。○夕づゝは宵の明星、金星。○まみは物を見る目つき。じーツと上目をつかつた目元などにいふ語。

【鑑賞】 海邊の夕べ、若き日を思ひ出すといふ情調の詩である。第一節、「夕浪倦みぬ、——さこそ吾」の一句で、海の物うげな趣も、自分の思ひ出に耽るやうなやるせない氣分もよく出てゐる。それから「眞白羽ゆらに飄りし」鷗が水脈の上におりて靜かに浮いてゐるといふ情景と、「さこそ、わが魂よたゆたに漂へれ」といふ主觀とがしつくり結びついて、現在と追憶とが遺憾なく表現されてゐる。第二節、昨日は葦も若かつた、おれも若かつた、それがもう斯うして葦はうら枯れた、自分も衰殘の思ひに歎くといふ哀調である。終節、葦間に影青く金星一點、それに見入つた瞬間、どうせ消えるものとは知りながら、ふとなつかしかりし人の目つきを思ひ出す、といふのである。「海のおもひで」——海邊に在つての追憶として、內容と表現との哀調がぴツたりと揃つてゐる。

【三三四】 夏の夜

はや黃昏の影よせぬ。
風おもむろに吹き通ふ
都大路の夏景色、
洗ひすてたる夕立の
名殘柳に玉とめて。

大空高く月出でて、
八百の街の隈もなく、

照す涼しき夏の夜や、
雲は靜かに收りて、
殘る稀なる星の影、

そゞろ歩きに夜更けて、
袂は重し、露深し。
月斜なる時計臺、
二つの針の重なりて、
打つも高しや、時の數。

傾きかゝる天の河。
仰ぎて家路さしてゆく、
逍遙の群あともなし。
ちまたのあるじ今はたゞ
月の光と吹く風と。（土井晩翠）

【讀方】　夏《なつ》の夜《よ》
はや黄昏《たそがれ》の影《かげ》よせぬ。風《かぜ》おもむろに吹《ふ》き通《かよ》ふ都大路《みやこおほぢ》の夏景色《なつげしき》、洗《あら》ひすてたる夕立《ゆふだち》の名殘《なごり》、柳《やなぎ》に玉《たま》とめて。大空高《おほぞらたか》く月出《つきい》でて、八百《やほ》の街《ちまた》の隈《くま》もなく照《てら》す涼《すゞ》しき夏《なつ》の夜《よ》や。雲《くも》は靜《しづ》かに收《をさま》りて、殘《のこ》る稀《まれ》なる星《ほし》の影《かげ》。そゞろ歩《ある》きに夜更《よるふ》けて、袂《たもと》は重《おも》し、露深《つゆふか》し。月斜《つきなゝめ》なる時計臺《とけいだい》、二《ふた》つの針《はり》の重《かさ》なりて、打《う》つも高《たか》しや、時《とき》の數《かず》。傾《かたむ》きかゝる天《あま》の河《がは》、仰《あふ》ぎて家路《いへぢ》さして逍遙《せうえう》の群《むれ》、あともなし。ちまたのあるじ、今《いま》はたゞ月《つき》の光《ひかり》と、吹《ふ》く風《かぜ》と。

【通解】 はや夕暮の影が寄せて來た。風が徐ろに吹き通つてゐる都の往來の夏の景色、すつかり洗ひ流した夕立の名殘として、街路樹の柳には美しい露の玉を止めてゐる。大空高く月が出て、八百八町殘る隈なく照す夏の夜の涼しさ。雲は靜かに收つて、殘る星の影もちらほらと稀である。ぶらぶらと散歩してゐる中に夜は更けて、露は深くおり、袂もしつとりと濡れて重い。月の斜めにさしてゐる時計臺では、今二つの針が重つて、ボン〳〵と十二時を打つ、その音も高々と響く。傾いて空に懸つてゐる天の河、それを仰ぎ見ながら家路をさして歸つて行く散歩の人々の群も、もはやすつかり絶えて了つて、町を領してゐるものは、今は只晃々たる月光と、そよ〳〵と吹く風と、たゞそれだけである。

【考察】 都大路の夏の月夜の深更である。○黄昏は夕暮。○玉とめては露の玉を留めて。○ちまたは町の往來。道岐《みちまた》の義で、道の二つに岐れる所をもいふが、こゝはそれではない。○そゞろ歩きは散歩。○傾きかゝるは傾いて空に懸る。傾き掛けてゐるといふのではあるまい。○ちまたのあるじは往來の主。完全に往來を占領してゐるものといふ思想。

【鑑賞】 夏の夜の町——東京の昔の夜といふ感じである。明治調の詩で、新し味に乏しい感がないでもないが、それだけに又なだらかな、古典的の諧調が一種の快さを與へるともいへよう。第一節、夕立上りの夕方の光景で、「柳に玉とめて」は最もよく昔の東京の銀座街頭の趣を示してゐる。尤もこの頃では復たこの面目が復活してゐる。第二節、や、時間が立つて空高く月の昇つた光景である。「八百の街」は昔から江戸八百八町といつて、東京といふ感じをかなり端的にあらはした言葉である。第三節「時計臺」は屋根の上に特別に臺として裝置された時計で、今の東京で見るのとは構造が違ひ感じが違ふ。以前は「銀座の大時計」などいつて、道行く人の目標となつたものである。それを點出して、「月斜なる」といつて夜の更けた事を示し、更に「二つの針の重なりて」の一句で夜の十二時を示した技巧など、巧まぬ自然の技巧である。終節、いよ〳〵夜が更けきつて、街上に在るもの、「今はたゞ月の光と吹く風と」のみだと結んでゐる。全體に如何にも涼しい、そして都大路らしい諧調が漲つてゐる。さわやかな氣分の漲つた詩である。

【三三五】　野雀、雀

旅の雀か
野雀、雀

夜さへ明ければ
啼く雀

山で寢ました
枯れ木の下に

磯で寢ました

小石の上に
今は、宿なし
野雀、雀

空を眺めて
日を送る。（野口雨情）

【讀方】野雀《のすゞめ》、雀《すゞめ》
旅《たび》の雀《すゞめ》か、野雀《のすゞめ》、雀《すゞめ》。夜《よ》さへ明《あ》ければ、啼《な》く雀《すゞめ》。「山《やま》で寝《ね》ました、枯《か》れ木《き》の下《した》に。磯《いそ》で寝《ね》ました、小《こ》石《いし》の上《うへ》に。今《いま》は宿《やど》なし、野雀《のすゞめ》、雀《すゞめ》。空《そら》を眺《なが》めて、日《ひ》を送《おく》る。」

【通解】あれは旅の雀だらうか、あの野雀、可憐なあの雀。夜さへ明ければ、いつでもチューと啼くあの雀。「山で寝ましたよ、枯れ木の下でネ。それから磯で寝ましたよ、小石の上にネ。今は寝る所もない宿なしの雀、野雀なの。でネ、斯うして毎日々々、空を眺めて日を送るんです。」——と。

【考察】野雀は野に居る雀で、普通の雀と別種のものの稱呼ではない。然しその「野雀」といふ言葉が、さすらひの詩情とぴツたり合つてゐるやうである。

【鑑賞】所謂童謠調の詩で、俚謠風の、而も上品な、ゆかしい諧調である。雀に對する主觀で、何だかいつも庭などに棲みなれた風でない野雀を見ると、「旅の雀」といふ感じが起る。さうして、山でも寝たらう、磯でも寝たらう、可哀さうに、今では宿なしになつて寂しくあゝして空を見てゐるのかなアといふやうな可憐な氣持が起る。さうした主觀をそのまゝ雀自體の詞に移してゐる。ごく輕い諧調の中に、さすらひの哀調も漂つてゐて、涙ぐましい氣分さへ起つて來る。いゝ詩である、可愛い詩である。

【三三六】　向日葵

お前は情調から破れ出る。
私共は悲しくも經驗に執着する。
お前の各原子は、生命の奇蹟に燃える、
如何に充實の生命にお前は生きるよ。
日光に生きる熱情家、
誇りある青春の表象、
お前は顏を寒氣に向け、影に向けようと思つたことがあるか。
お前は舞上る色彩の抒情詩だ、
無言の歌にお前は飛躍する。
お前は生命の意味を呑みほし………
あゝ、驚くべき自意識、
あゝ、壯大な存在感。（野口米次郎）

【讀方】　向日葵《ひまはり》

お前《まへ》は情調《じやうてう》から破《やぶ》れ出《で》る。私共《わたくしども》は悲《かな》しくも經驗《けいけん》に執着《しふちやく》する。お前《まへ》の各原子《かくげんし》は、生命《いのち》の奇蹟《きせき》に燃《も》える。如何《いか》に充實《じゆうじつ》の生命《せいめい》にお前《まへ》は生《い》きるよ。日光《につくわう》に生《い》きる情熱家《じやうねつか》、誇《ほこ》りある青春《せいしゆん》の表象《シンボル》。お前《まへ》は顔《かほ》を寒氣《かんき》に向《む》け、影《かげ》に向《む》けようと思《おも》つたことがあるか。お前《まへ》は舞上《まひあが》る色彩《しきさい》の抒情詩《じよじやうし》だ。無言《むごん》の歌《うた》にお前《まへ》は飛《ひ》躍《やく》する。お前《まへ》は生命《いのち》の意味《いみ》を呑《の》みほし……。あゝ、驚《おどろ》くべき自意識《じいしき》、あゝ、壯大《さうだい》な存在感《そんざいかん》。

【通解】　向日葵よ、お前は氣分情調そのものからぱツと破れて咲き出る。悲しい事に私共人間は經驗に執着して、お前のやうに情調そのものに生きる事が出來ない。お前の原子といふ原子は、一つ〳〵皆生命の不思議な働きで燃えてゐる。お前は何とどうも充實した生命に生きてゐる事だ。お前は日光に生きる情熱家だ、誇りある青春そのものの形に現はれたものだ。お前は恐らく寒氣に顔を向け、影に顔を向けようと思つた事はあるまい。お前は舞上る色彩が歌つた抒情詩だ、色そのものの情味のあらはれだ。さうした無言の歌にお前は飛躍してゐる。お前は生命の意味を呑みほして、……さうだ、凡そ生命の意味といふ意味は、皆お前に呑まれて了つてゐる。あゝ何といふ驚くべき自意識だ、壯大な存在感だ。——この花位強く自己を意識し、自己の存在を雄々しく強く感じてゐるやうな感じのするものは無い。

【考察】　向日葵の力強さである。○情調から破れ出るは、理論や經驗などからでなく、氣分とか情調とかいふものからパツと咲き出るといふ意。○經驗に執着するとは、經驗にかぢりついてゐて、純眞な感情のまゝに動く事が出來ぬといふ意。○生命の奇蹟は生命の不可思議な働き。○充實の生命は充實した生命、一杯に張り切つた生命。○青春の表象は青春そのものを形に現はしたもの。○色彩の抒情詩は、色彩自體が自ら自分の主觀情調を歌つた詩といふ意、即ち言葉で表現した詩でなくて色で表現した詩だといふのである。○生命の意味を呑みほしは、生命といふ事の意味をすつかり呑みつくして。即ち、世の中の生命といふ生命の意味が悉くこの花に含まれてゐるといふ心持であらう。○自意識は自己意識、自分といふものを鮮かに力強く認める心の働き。○存在感は自分はちやんと存在してゐるといふ心の感じ。

【鑑賞】 向日葵の強い生き方、まともに日に向つてぐん〳〵と伸びて行く力強さを強い調子で歌つてゐる。實際向日葵は「情調」そのものから破れ出たやうな花だ。原子といふ原子が皆不思議な生命の力に燃えてゐる、充實した生命に生きてゐる。たしかに「熱情家」だ、「青春の表象」だ、「色彩の抒情詩」だ。これらの文句は、向日葵の形容として實にぴツたりしてゐる。「生命の意味を呑みほし」は隨分むづかしい文句だが、向日葵の強く生き〳〵とした姿を現はすには、これほど強い言葉が必要だとも謂へよう。そして最後に「驚くべき自意識」と歎美し、「壯大な存在感」と驚歎してゐる、その文句も極めて自然に受入れられる。全體に誇張のやうで而も實感とぴツたり結びついてゐる所に、この詩の力強さと、そして內容に對しての必然さとがあると思ふ。

【三三七】 薄暮の旅人

色青ざめし旅のもの　わたくしは
菅の笠
ふかく傾げてたゞ急ぐ
あゝ　十一月のわが國原は
心なく日なぐもり
あまつさへ
しばしは灰銀の泪の露を

黑色の雲間より降りそゝぐ

しとやかに思考の秋は更けてゆき
ところどころ落葉にからむ
歳月の殘骸も身にしみわたる頃なれば
來し方の重荷に肩もゆがみつゝ
時あつてふと出現るゝ
わが行く末のありとある
儚ないのぞみの一片にあくがれ心地
果てしなく
岩根岩根の嶮峻を踏む
あゝ　日は出で沈み
夜は不慮の災殃のやうに
眞黒い脣をひるがへし
小さき人間を呑み終へむとのみ進みよる

私はわが笠さへもとばさじと
胸いっぱいの哀愁に
よろめきながら

じつと堪へて短小の歩をつゞる
とう〳〵と風は吹き吹き
星はとび老樹はわめく
わが國原に
いま慘澹と日が暮れかゝる
あゝ　いつか銀の夜の
黒き宮殿に靜寂を得悟らう………
（日夏耿之介）

【讀方】　薄暮《はくぼ》の旅人《りよじん》

色青《いろあを》ざめし旅《たび》のもの、わたくしは、菅《すげ》の笠《かさ》ふかく傾《かし》げて、たゞ急《いそ》ぐ。あゝ十一月《ぐわつ》のわが國原《くにはら》は、心《こゝろ》なく日《ひ》なぐもり、あまつさへしばしは灰銀《くわいぎん》の泪《なみだ》の露《つゆ》を、黒色《こくしよく》の雲間《くもま》より降《ふ》りそゝぐ。しとやかに思《し》考《かう》の秋《あき》は更《ふ》けてゆき、ところどころ落葉《おちば》にからむ歳月《さいげつ》の殘骸《ざんがい》も、身《み》にしみわたる頃《ころ》なれば、來《こ》し方《かた》の重荷《おもに》に肩《かた》もゆがみつゝ、時《とき》あつてふと出現《あらは》るゝ、わが行《ゆ》く末《すゑ》のありとある儚《はか》ないのぞみの一片《ひとひら》にあくがれ心地《ごゝち》、果《は》てしなく、岩根岩根《いはねいはね》の嶮峻《こゞしき》を踏《ふ》む。あゝ、日《ひ》は出《い》で沈《しづ》み、夜《よ》は不慮《ふりよ》の災殃《まがつび》のやうに、眞黒《まくろ》い脣《くち》をひるがへし、小《ちひ》さい人間《にんげん》を呑《の》み終《を》へむとのみ進《すゝ》みよる。私《わたし》はわが笠《かさ》さへもとばさじと、胸《むね》いつぱいの哀愁《あいしう》に、よろめきながら、じつと堪《こら》へて短小《たんせう》の歩《あゆみ》をつゞる。とう〳〵と風《かぜ》は吹《ふ》き吹《ふ》き、星《ほし》はとび、老樹《おいき》はわめく。わが國原《くにはら》に、いま慘澹《さんたん》と日《ひ》が暮《く》れかゝる。ああ、いつか銀《ぎん》の夜《よ》の黒《くろ》き宮殿《みやゐ》に靜寂《じやうじやく》を得悟《えさと》らう………。

【通解】 私は、顔色も青ざめた旅の者で、菅の笠を深く傾けて、ひたすら旅を急いで居ります。あゝ十一月のわが國は、心なく日は薄曇つて、おまけに時としては灰白な涙の露のやうな時雨が、黒い雲間からぱら〳〵と降りそゝいで來ます。物思はしい秋はしつとりと靜かに更けて行つて、所々落葉にからんだ歳月の殘骸——淋しく暮れ殘つた秋の氣分も、身にしみわたる頃なので、これまでの重荷のために肩もゆがむやうな苦しい過去の追憶に惱みつゝも、時としてはふと現はれて來る、將來一切のたよりない希望の一片にあこがれるといふやうな心持で、果てしもなく、峻しい岩根々々を踏んで斯うして旅をつゞけてゐるのです。あゝ、日は出で日は沈んで、夜は不慮に現はれる禍の神のやうに、眞黒い唇をひるがへして、小さい人間を呑んで了はうとして進み寄つて來る——といつたやうな感じで陰慘に日が暮れようとするのです。私は笠さへも飛ばすまいと、胸一杯の哀愁を抱いて、よろめきながら、じツと我慢して小刻みに足を運んで居ります。とう〳〵と風は盛んに吹いて、星は飛び、老樹はうなつてゐる。斯うしてわが國に、今淋しく物凄く日が暮れ掛つてゐます。あゝ、私はいつになつたら銀の夜の黒い宮殿に靜寂を悟り得る事でせう——靜かに朗らかな夜の氣分にひたつて、ほんとの靜けさが味へる事でせう。思へばたよりなく儚ない旅の空であります。

【考察】 晩秋薄暮の佗しい旅人を歌つた詩である。○國原は、國といふに同じ。原は廣いといふ心持で添へた語。○日なぐもりは枕言葉で、萬葉集に「比奈久母理うすひの坂を越えしだに、いもが戀しく忘らえぬかも」——碓氷峠を越えただけで、もうこれかうして、あれが戀しくて戀しくて忘られぬ事だなア——とある。日が曇つて影の薄いといふ意で「うすひ」に掛けるのだらうといふ說があるので、作者はそれをいきなり「日のくもり」の意に用ひたのであらう。○しばしは暫しは。時たまはの意だらう。「しばしば」かとも思ふが、『現代日本文學全集』に從つて「しばしは」として置く。○思考の秋は深く物を考へさせられる秋。○歳月の殘骸は晩秋十一月、やがて年も暮れんとする頃だから斯ういうたのだらう。○災殃は原詩に「まがつび」と振假名がつけてある。それは禍害・凶事等を起す神の名である。○銀の夜の黒き宮殿は具體的に何を指したといふ趣の語ではなくて、ほがらかな夜の靜けさといふやうな意味と考へられる。

【鑑賞】「薄暮の旅人」――晩秋十一月、寂しい野原を獨り急いで行く旅人の姿を歌つてゐる。そしてそれは寂しい憂鬱な人生の姿を思はせるやうな詩である。何となく理智的な感じがして、とろけるやうな詩趣に乏しいといふ難があるかも知れぬが、その反面には力強い響がひし〳〵と逼つて來る概がある。第一節、いきなり「色青ざめし旅のもの」といつて、一路核心に突込んでゐる。それから「十一月のわが國原」といつて季節を明かにする。ぱら〳〵と降つて來る時雨を「灰銀の泪の露」と言つたのも、斯うしたシーンにぴツたり合つてゐる。第二節、まづ晩秋の氣分を强調してゐる。その意味に於て「歳月の殘骸」といふ言葉が如何にも強く響く。それから追憶と待望――「來し方の重荷」と「行く末のありとある儚ないのぞみの一片」とを揭げて、端的に淋しい晩年の人生といふやうな感じを讀者に與へてゐる。そして淋しく暮れて行く光景に及んで、「夜は不慮の災殃のやうに眞黑い脣をひるがへし」といふ陰慘な文句を使つてゐる。それも晩秋の淋しい旅人とぴツたり合つてゐる。第三節、極めてさらりとした調子で、强い風の中を小走りによろめいて行く旅人の姿を歌つてゐる。終節、「とう〳〵と風は吹き吹き」の句は、前節の「わが笠さへもとばさじと」に呼應し、「いま慘澹と日が暮れかゝる」は第二節の「夜は不慮の災殃のやうに」と呼應し、そして最終の二行は第二節の「あくがれ心地」に呼應してゐる。斯くの如くにして上來の終結がぴツたりとついてゐるのである。要するに晩秋の薄暮の淋しい旅人――

従って叉晩年の陰惨な人生の姿をまざ〳〵と思はせる力強い一篇の詩だ。

【三三八】　鴉

光榮あるあかつきの
不吉な豫言者よ

誰がお前の言葉に青ざめたか！
白日のみ空をかける
呪詛の黑十字架よ

誰が誰を呪つたのか？

燦たる夕ぐれの空にとぶ
おびたゞしい翼ある墓石よ
誰がそんなに死んだのか？（堀口大學）

【讀方】　鴉《からす》

光榮《くわうえい》あるあかつきの、不吉《ふきつ》な豫言者《よげんしや》よ。誰《たれ》がお前《まへ》の言葉《ことば》に青《あを》ざめたか！　白日《はくじつ》のみ空《そら》をかける、呪《じゆ》詛《そ》の黑十字架《こくじふじか》よ。誰《たれ》が誰《たれ》を呪《のろ》つたのか？燦《さん》たる夕《ゆふ》ぐれの空《そら》にとぶ、おびたゞしい翼《つばさ》ある墓石《ぼせき》よ。

誰《たれ》がそんなに死《し》んだのか？

【通解】 光榮のある明け方の空に、カー〳〵とさも不吉な事を豫言するかのやうに啼く鴉よ。お前の聲を聞いて誰が青ざめたといふのかい。太陽の晃々と輝く眞晝の空に、のろひの黑の十字架のやうな姿をして翔つてゐる鴉よ。誰が誰を呪つてそんなものを作つたのか。きら〳〵と輝く夕ぐれの空に、翼のある墓石といつた感じでおびたゞしく飛んでゐる鴉よ。一體誰がそんなに澤山死んだといふのか。

【考察】 ○光榮あるは文字通りに「光と榮とのある」と考へて、朝の心持とぴツたり合ふと思ふ。○白日は日中、眞晝。○呪詛はのろひ。○黑十字架は鴉が日中翼をひろげて空高く飛んでゐる姿で、それはたしかに黑い十字架といふ感じである。○燦たるは夕陽がきら〳〵と輝き、又は眞赤に夕焼けのした形容。

【鑑賞】 鴉を歌つた詩である。「光榮あるあかつき」には「不吉な豫言者」といひ、「白日のみ空」には「呪詛の黑十字架」といひ、「燦たる夕ぐれの空」には「翼ある墓石」といふ、何れも鴉とぴツたり合つたうまい比喩である。鴉の鳴聲は不吉を思はせ、その姿は呪詛を思はせ、死を思はせる。それにしては詩そのものに眞刻の趣が乏しいといふ難はあらうが、然し實に比喩の妙を極めた、輕い諧調の、快い詩である。

【三三九】 春の暮れ

柔き夕の霱に、

にじむが如く出でし月、
黄ろく優しげに、
我が上にあり。

あゝ春の暮れ
抒情調なる
歌曲を奏づる如く、
空氣は月色と諧調す。

物静かに葉を垂れたる樹は、
夢見ごこち靄に浮び、
今宵我が胸は、
そゞろに月と融け合ふ。（三木露風）

【讀方】 春《はる》の暮《く》れ
柔《やはらか》き夕《ゆふべ》の靄《もや》に、にじむが如《ごと》く出《い》でし月《つき》、黄《きい》ろく優《やさ》しげに、我《わ》が上《うへ》にあり。あゝ春《はる》の暮《く》れ、抒情調《じよじやうてう》なる歌曲《かきよく》を奏《かな》づる如《ごと》く、空氣《くうき》は月色《げつしよく》と諧調《かいてう》す。物静《ものしづ》かに葉《は》を垂《た》れたる樹《き》は、夢見《ゆめみ》ごこち靄《もや》に浮《うか》び、今宵《こよひ》我《わ》が胸《むね》は、そゞろに月《つき》と融《と》け合《あ》ふ。

【通解】 柔かい夕靄の中に、にじむやうな趣に出で來た月が、黄ろく優しさうに、私の上にかゝつてゐる。ああ春の夕暮、抒情調の歌曲を奏するやうに、空氣は月の色としつくり調和して、何ともいへぬ快い情調を漂はしてゐる。物靜かに葉を垂れた樹は、夢を見てゐるやうにポーッと靄の中に浮んでゐて、今夜この私の胸は、何だか斯う思はず知らず月と融け合つて、ぴッたり月と一つになつて了ふやうな氣持がする。

【考察】 ○抒情調は抒情詩の調子。「抒情詩」は作者の主観感想を詠じた詩。○諧調すはしつくりと調和する、ハーモニーを保つ。

【鑑賞】 春の夕暮のなごやかな氣分を歌つた詩である。第一節、靄の中に「にじむが如く」月が出る、その光は「黄ろく優しげに」である。實に春の夕月にしつくりした言葉である。第二節、「抒情調」の「歌曲を奏づる如く」空氣が月の色と「諧調」してゐるといふ趣。第三節、樹は「夢見ごこち」で「靄に浮び」自分の胸は「そゞろに月と融け合ふ」氣がするといふのである。僅かに三節、如何にも春の夕べの氣分を快く詠じてゐる。安らかな、上品な詩だ。

【三四〇】 氷の扉

たちまちに雪光る山なれ
たちまち鳴りてはくもる山なれ
四方の氷の扉ひらかれ
いつさいは萌えんとす。
この國の草草のなよらかならむことの
けふはしきりに祈らる。

この國の草草と
人人の心ごころに
よきめぐみのあらむことの
しきりにけふは祈らる。（室生犀星）

【讀方】氷《こほり》の扉《とびら》
たちまちに雪光《ゆきひか》る山《やま》なれ、たちまち鳴《な》りてはくもる山《やま》なれ、四方《よも》の氷《こほり》の扉《とびら》ひらかれ、いつさいは萌《も》えんとす。この國《くに》の草草《くさくさ》の、なよらかならむことの、けふはしきりに祈《いの》らる。この國《くに》の草草《くさくさ》と、人人《ひとひと》の心《こゝろ》ごころに、よきめぐみのあらむことの、しきりにけふは祈《いの》らる。

【通解】忽ちにぱツと山の方で雪が光る、忽ちに又山の方でゴロ〳〵ツと鳴つては曇る、かくてその邊一面に張りつめた氷は融けて、一切の物は盛んに生え出さうとしてゐる。この國の草といふ草の、なよらかであるやうにと、今日はしきりに祈られる事だ。この國の草といふ草と、それから人といふ人の心といふ心に、よい惠みのあるやうにと、今日はしきりに祈られる事だ。

【考察】○雪光るは雪がぱツと光る、春の陽光に輝くといふ感じだらう。○山なれは山なるかなといふ詠歎の餘情を含めた調子だらう。○鳴りてはくもるを文字通りに見れば、山鳴りがして曇るといふ事になるが、それよりも山の方で春雷が鳴るといふやうに考へられる。春雷は昔から「蟄雷」ともいつて、春の雷が始めて鳴ると、その聲で蟄居してゐる蟲が起き出すといふやうに考へられてゐる。○四方の氷の扉は張りつめた氷といふ感じの語。○草々は草といふ草、あらゆる草。クサ〴〵と連濁に讀むと「色々」

といふ言葉の感じになると思つて、わざと淸んで讀んだが、後の「心ごころ」の類推からすればクサ〲と讀ませるのかも知れない。若し連濁に讀むなら kusagusa、でなく、kusa、gusa と發音してほしい。○なよらかはなよ〱として柔か。○心ごころは凡ての心。思ひ〱の意ではなからう。

【鑑賞】 氷が融けて春意が俄かに發動するといつたやうな趣を歌つた詩である。最初の四句、まづ春意發動の趣を詠じてゐる。「たちまちに雪光る」といひ、「たちまち鳴りてはくもる」といふ、春の初の山の感じがほんとによく出てゐる。それから以下は、春らしいなごやかさ、草のために人のために自然と祈りたくなるやうな作者の主觀を繰返し繰返し歌つてゐる。それもつめたい冬から暖い春への氣分とぴツたり諧調してゐる。い丶詩だ。

【三四一】 里の夕暮

峠三里の上り下り
やつこらやつと來は來たが、
目ざした町のともし火が
見えないうちに日が暮れた。

お宮の屋根には親の鳩、
落葉の上には子の小鳩、
ほろ〱ほろり、ほろほろり、
啼いてるうちに日は暮れた。

路は小暗し、あかりは持たず、
落葉かさ〳〵悲しく寒く、
ため息つけば、ほろほろり
鳩の啼く音に月が出た。（柳澤健）

【讀方】 里《さと》の夕暮《ゆふぐれ》
峠三里《たうげさんり》の上《のぼ》り下《くだ》り、やつこらやつと來《き》は來《き》たが、目《め》ざした町《まち》のともし火《び》が見《み》えないうちに日《ひ》が暮《く》れた。お宮《みや》の屋根《やね》には親《おや》の鳩《はと》、落葉《おちば》の上《うへ》には子《こ》の小鳩《こばと》、ほろ〳〵ほろりほろほろり啼《な》いてるうちに日《ひ》は暮《く》れた。路《みち》は小暗《こぐら》し、あかりは持《も》たず、落葉《おちば》かさ〳〵悲《かな》しく寒《さむ》く、ため息《いき》つけば、ほろほろり鳩《はと》の啼《な》く音《ね》に月《つき》が出《で》た。

【通解】 峠三里の上り下り、かなり遠い路をやつこらやつと來るには來たが、まだ目ざして來た町のあかりの見えない內に日が暮れた。お宮の屋根には親鳩がとまり、落葉の上には子の小鳩がおりてゐて、ほろ〳〵ほろりと啼いてゐるうちに日は暮れて了つた。路は薄暗いし、あかりは持たず、落葉をかさ〳〵と踏んで行くのが妙に悲しく寒いやうな氣がして、ほツとため息をつくと、ほろり〳〵と鳩の啼く聲の中に月がポツと出た。

【鑑賞】 俚謠といつた調子で、里の夕暮の心持を輕く歌つてゐる。第一節、「峠三里の上り下り」をやつとやつて來たが、まだ目ざした町のあかりの見えぬうちに日が暮れたといつて、淡い淋しさを思はせてゐる。第二節、「親の鳩」と「子の小鳩」がほろ〳〵と啼いてゐるうちに日が暮れたといつて、里の夕暮れらしい氣分を漂はしてゐる。終節、「悲しく寒く」落葉を「かさ〳〵」と踏んで行きながらため息をつく、そこへ「鳩の啼く音に月が出た」――「月が出た」とぽつッと言ひ捨てた所に、どうやらホッとしたやうな氣分が漂つて、全體の感じを輕くやはらかいものにしてゐるやうに思ふ。何れにしても淡い輕い淋しさ寒さ、そして月が出てやつとホッとしたといふ氣分が、全詩の上に申分なく漲つてゐる。いゝ詩である。

【三四二】　東海の小島の磯

東海の小島の磯の白砂にわれ泣きぬれて蟹とたはむる
たはむれに母をせおひてその餘り輕きに泣きて三歩あゆまず
秋近し電燈の球のぬくもりのさはれば指の皮膚に親しき　（石川啄木）

【讀方】　東海《とうかい》の小島《こじま》の磯《いそ》
東海《とうかい》の小島《こじま》の磯《いそ》の白砂《しらすな》に、われ泣《な》きぬれて蟹《かに》とたはむる。
たはむれに母《はゝ》をせおひて、その餘《あま》り輕《かろ》きに泣《な》きて三歩《さんぽ》あゆまず。
秋近《あきちか》し、電燈《でんとう》の球《たま》のぬくもりの、さはれば、指《ゆび》の皮膚《ひふ》に親《した》しき。

【通解】　○東海の……＝東海の小さい島の磯邊の白い砂の上で、私は斯うして涙に泣濡れて蟹と戯れてゐるのです。○たはむれに……＝じようだんに一寸お母さんをおんぶして見たら、あんまり輕いのでつひ涙が出て來て三歩と歩まずに了ひました。○秋近し……＝秋が近くなつた、電燈の球のぬくもりが、一寸さはつて見たら、妙に指のはだに親しみ深く感じられた。

【鑑賞】『東海の』の歌、啄木の歌の中でも特に人口に膾炙してゐる。詩人らしい深い感傷がよく出てゐる。そして「白砂に泣きぬれて蟹とたはむる」などいふ事は、凡常歌人の夢想だもせぬ境地で、實際文字通りにさうして泣いてゐる作者の面影が、まざ〳〵と目の前に浮んで來るやうである。『たはむれに』の歌、じようだんに一寸お母さんをおんぶして見たらあんまり輕い、つひ涙が出て三足と歩けずに了つたといふのである。涙ぐましい哀調の豊かな歌である。「たはむれに母をせおひて」で一寸切つて、「その餘り輕きに泣きて三歩あゆまず」とや、早口につゞけて讀むと、その哀調がひし〳〵と胸に迫つて來る。『秋近し』の歌、秋近い頃のデリケートな季節感がにじみ出てゐる。詩人らしい敏感さが率直に巧まずに歌はれてゐる。電燈の球に一寸さはつて見る、そのぬくもりが指の皮膚に親しく感ずる——實際秋近き季節感の、誰でもが經驗する筈の事であつて、而もつひ心づかずにゐるデリケートな境地である。

【三四三】　秋立つと

秋立つといまだいはなくに我が宿の合歡木はしどろに老いにけるかも
七人の兒らが遊びに出でて居ず奥に我一人瓶の山茶花
ゆかのうへ水越えたれば夜もすがら屋根の裏べにこほろぎのなく　（伊藤佐千夫）

【讀方】　秋立《あきた》つと

秋立《あきた》つといまだいはなくに、我《わ》が宿《やど》の合歡木《ねむ》はしどろに老《お》いにけるかも。
七人《しちにん》の兒《こ》らが遊《あそ》びに出《い》でて居《ゐ》ず、奥《おく》に我一人《われひとり》、瓶《びん》の山茶花《さざんくわ》。
ゆかのうへ水越《みづこ》えたれば、夜《よ》もすがら、屋根《やね》の裏《うら》べにこほろぎのなく。

【通解】 ○秋立つと……＝秋になつたとまだいひもしないに、もう我が家の合歓木の花はぼさ〳〵に老い込んで了つたものだなア。○七人の……＝七人の子供等はみんな遊びに出てうちに居ず、珍しくひツそりした家の奥で、私は只一人、瓶にさした山茶花を今更のやうにじツと眺めてゐる事です。○ゆかのうへ……＝床の上まで水が越したので、夜が夜中、屋根の裏の邊で何だか妙に淋しさうにこほろぎが鳴いてゐる事だ。

【鑑賞】 『秋立つと』の歌、合歓木は白い蔟生花が美しく咲く。そして秋といふ聲を聞くか聞かぬ中に、妙にボソボソした、例へば牡丹刷毛のそゝけたやうな感じになる。そこを捉へた歌で、「いはなくに」――いはぬのにといふ古調、「しどろに」――ぼさ〳〵にといふ古調、そして「老いにけるかも」といふ咏歎古調までが、一種の愛惜を漂はせて、よくさうした合歓木の花の姿をにじみ出させてゐる。『七人の』の歌、七人の兒――日頃のにぎやかさが思ひやられる、それが「遊びに出て居ず奥に我一人」といふのだから、そのひツそり閑《かん》とした靜けさがよく分る。そこへ「瓶の山茶花」を點出して、その靜けさとよく調和させてゐる。山茶花をじつと眺めてゐる樣子が眼前に髣髴する。山茶花は晩秋十一月頃に咲く、從つてこの歌は秋のひるまの靜けさを歌つたといふわけである。『ゆかのうへ』の歌、ゆかの上まで水が出て、こほろぎは屋根の裏の邊で鳴いてゐるといふ意、何でもない事だが、秋の出水の跡といふ感じが率直によく詠出されてゐる。

【三四四】 花ぐもり

花ぐもりいさゝか風のある日なり晝野火もゆる高遠の山
柿の葉の下闇くらしほと〳〵と暮れても人の麥を搗き居り

落葉して庭は冬木の木枯のよもすがらなる月あかりかな（太田水穂）

【讀方】花《はな》ぐもり

花《はな》ぐもり、いさゝか風《かぜ》のある日《ひ》なり、晝野火《ひるのび》もゆる、高遠《たかとほ》の山《やま》。

柿《かき》の葉《は》の下闇《したやみ》くらし、ほと〳〵と、暮《く》れても人《ひと》の麥《むぎ》を搗《つ》き居《を》り。

落葉《おちば》して、庭《には》は冬木《ふゆき》の木枯《こがらし》の、よもすがらなる月《つき》あかりかな。

【通解】○花ぐもり……＝どんよりとした花曇で、而もいくらか風のある日だ、あれあの高遠の山では、この晝間ちよろ〳〵と野火が燃えてゐるなア。○柿の葉の……＝柿の葉の下の闇は眞暗い、そのくらやみの中で、ほと〳〵と、日がくれたのにまだ誰やら麥を搗いてゐる。○落葉して……＝すつかり落葉がして、庭は冬木に木枯が吹きすさんでゐる、その寂寞たる木の枝に、夜通し寒さうに月あかりがさしてゐる事だなア。

【考察】○野火は野の草を燒く火。○高遠は信州に在る町の名。その町つゞきの山の名だらう。○ほと〳〵とは麥を搗く音。○木枯のの「の」は端的にいへば「にて」「の吹きすさびて」である。

【鑑賞】『花ぐもり』の歌、どんよりとした花曇で、而もいくらか風がある、見れば高遠の山では晝間野火が燃えてゐるといふ情景。田舍の春の日の感じが快い諧調で歌ひ出されてゐる。『柿の葉の』の歌、これも田舍の夏の夕暮れらしい氣分がほんとによく出てゐる。日は暮れて柿の木の葉の下がもう暗い、さうした中に、まだほと〳〵と麥をついてゐる人があるといふのである。上二句できつぱりと切れて、それから「ほと〳〵と、暮れても人の麥を搗き居り」と歌つた調子に、何となく哀調さへも伴ふやうに感ぜられる。「ほと〳〵と」は音の表現として實にいゝが、さて何と口語化したものか、アノ麥を臼でつく音、どうも何といつてもうまく感じが出ぬ。やはり「ほと〳〵と」として置く外あるまい。『落葉して』の歌、木の葉は落ちて、木枯はピュー〳〵と吹いてゐる、夜通し月あかりがさしてゐるといふ情景、落葉の庭の冬の月として如何にもしつくりした情景である。そこへ「庭は冬木の木枯の」といふ一種辿り氣持のやうな調子から、一轉して「よもすがらなる月あかりかな」と言つた所に、さうした情景とぴツたりと合つた諧調が漂つてゐるやうに思ふ。

【三四五】 一つもて

一つもて君をいははん一つもて親をいははん二もとある松
さわ〳〵とわが釣りあげし小鱸の白きあぎとに秋の風吹く
父君よけさはいかにと手をつきて問ふ子を見れば死なれざりけり （落合直文）

【讀方】 一《ひと》つもて

一《ひと》つもて君《きみ》をいははん、一《ひと》つもて親《おや》をいははん、二《ふた》もとある松《まつ》。
さわ〳〵とわが釣《つ》りあげし小鱸《こすゞき》の白《しろ》きあぎとに、秋《あき》の風《かぜ》吹《ふ》く。
父君《ちゝぎみ》よ、けさはいかにと、手《て》をつきて問《と》ふ子《こ》を見《み》れば、死《し》なれざりけり。

【通解】 ○一つもて……＝こゝに丁度二本の松がある、いゝ松だ、一本で天子様をお祝ひしよう、一本で親をお祝ひしよう。○さわ〳〵と……＝さわ〳〵と私の釣上げた小さい鱸の眞白い腭《あご》に、すが〳〵しい秋風が吹いてゐる。○父君よ……＝お父さま、今朝は御氣分はいかゞですかと、行儀よく手をついて尋ねる子を見ては、私はどうしても死なれません。

【考察】 ○さわ〳〵とは釣上げられる魚がはねて水をとばす音を形容した語。この語は古事記に用例のある古い語で、さわやかにとか、さわがしく聲を立て又はやかましく音を立てて等、色々の解があるが何れもこゝには當らない。○あぎとはあご。えらの事をもいふが、こゝはその方ではない。

【鑑賞】 『一つもて』の歌、最も人口に膾炙してゐる歌だ。松が二本ある、一つでは君、一つでは親を祝はうといふだけだが、敬虔な氣持が心持よく歌ひ出されてゐる。「二もとある松」といふ一寸變つた調子が殊更全體の上にいゝ諧調をなしてゐると思ふ。『さわ〳〵と』の歌、釣り上げた小さい鱸の白いあごに秋風が吹くとはいゝ詩材である。同じ秋風でも、これは淋しいといふよりはすが〳〵しい氣分だと思ふ。斯ういふ小さい所に動く季節感を、そのまゝさらさらと歌ふところに歌の大きな一つの境地がある。『父君よ』の歌、病中の所感、行儀よく手をついて病状を尋ねる、いたいけな我が子への愛着は「死なれざりけり」の一句に漲つてゐる。

【三四六】 清き水

清き水ひかれる中をわたり來て月に投げたるわがとあみかな

撫子に露みる朝の川原路わらの草履のふみごこちよき

山にして立てれば海は廣く見ゆ廣きがまゝに淋しかりけり　（尾上柴舟）

【讀方】 清き水《みづ》

清《きよ》き水《みづ》ひかれる中《なか》をわたり來《き》て、月《つき》に投《な》げたるわがとあみかな。

撫子《なでしこ》に露《つゆ》みる朝《あさ》の川原路《かはらみち》、わらの草履《ざうり》のふみご丶ちよき。
山《やま》にして立《た》てれば、海《うみ》は廣《ひろ》く見《み》ゆ、廣《ひろ》きがま丶に、淋《さび》しかりけり。

【通解】　○清き水……＝きれいな水のきら〳〵と光つてゐる中を渡つて來て、月下にパーツととあみを投げました——そのとあみが、銀のやうに輝く水面に氣持よく擴がるのは、ほんとに何ともいへぬ面白さです。○撫子に……＝撫子の花に露の見える朝の川原路を、わら草履でぴしゃ〳〵と踏んで行くその踏心地は、實に何ともいへずい丶もんです。○山にして……＝山で立つてゐて見ると、海は殊更廣く見えます、そして廣いがま丶に、何ともいへぬ淋しさがひし〳〵と胸に迫つてまゐります。

【鑑賞】　『清き水』の歌、「月に投げたる」とあみ、如何にも涼しさうな、い丶實感である。きれいな水の光つてゐる中を渡つて來てといふ動きが、又月下のとあみとぴツたり調和して、どこ迄も氣持のい丶諧調をなしてゐる。『撫子に』の歌、夏の朝、撫子の花が露にぬれてゐる川原路、それは「わらの草履」でこそ「ふみごこちよき」に違ひない。私は子供の頃、よく斯うした路をはだして歩いたものだ。何れにしても涼しい感じをあるがま丶に歌つた所が實にいい。『山にして』の歌、山の上から海を見ると海は特に廣く見える。そしてその「廣さ」から一種いひ難い淋しさを覺えるといふのである。「山にして」は、山にて、山に於てで、その言葉遣ひ迄が、實にしつくりしてゐるやうだ。要するに、上の句と下の句との諧調が一種の淋しみをリズムして、さうした主觀とぴツたり合つてゐる。調に依つて感じを活かした歌だと思ふ。

【三四七】　沈丁花

沈丁花春のゆふべの庭の面ににほひつめたくひろごりにけり
牛のゆく白河路の水車かたりことりといとまあるかな
書くものは皆書きをへて冬の日の暮るゝに間あり雪の降り來る　（金子薫園）

【讀方】沈丁花《ぢんちやうげ》
沈丁花《ぢんちやうげ》、春《はる》のゆふべの庭《には》の面《おも》に、にほひつめたく、ひろごりにけり。
牛《うし》のゆく白河路《しらかはみち》の水車《みづぐるま》、かたりことりと、いとまあるかな。
書《か》くものは皆《みな》書《か》きをへて、冬《ふゆ》の日《ひ》の暮《く》るゝに間《ま》あり、雪《ゆき》の降《ふ》り來《く》る。

【通解】○沈丁花……＝沈丁花の花のにほひが、春の夕べの庭の面に、何だかひやツとするやうなつめたい感じを以て、一面にひろがつてゐる事だ。○牛のゆく……＝牛がのそ〳〵と歩いて行く白河路のところの水車が、かたりことりとゆるやかに廻つてゐる、いやどうも實にのんびりとしたものだなア。○書くものは……＝書くものは皆書いて了つて、短い冬の日の暮れるのにはまだ一寸間がある、所在なくぼんやりしてゐる所へサラサラと雪が降つて來た。

【鑑賞】『沈丁花』の歌、沈丁花は春初に開く香の高い花である、その香が夕方庭一面にひろがつたその感じは、正に「にほひつめたく」であらう。この一語で一首が完全に活かされてゐると思ふ。『牛のゆく』の歌、京白河の路をのそのそと牛が歩いてゆく、その路傍にはかたりことりと水車が廻つてゐる、ほんとに「いとまあるかな」である。春日遅々といふ感じ、正に蕪村の「春の海ひねもすのたり〳〵かな」と同じ詩境である。どこでもよいやうなものの、特に「白河路」がしつくりと利《き》いてゐる。

い、歌だ。『書くものは』の歌、書くだけのものは皆書いたが、まだ短い冬の日の暮れるには間がある。そこへサラ〳〵と雪が降つて來たといふのである。誰しも經驗しさうな事だが、「書くものは皆書きをへて」といふ事が「冬の日の暮るゝに間あり」と結びつき、更に「雪の降り來る」と結びついた所に、凡にして凡ならざる歌境があると思ふ。

【三四八】 何事も人間の子の

何事も人間の子のまよひかや月は久遠のつめたき光
わづらはし朝の人はあざみて行きぬ夕べの人はたゝへて過ぎぬ
いとほしと悲しとかつは思へどもつよきしもとにわが心うつ　（九條武子）

【讀方】 何事《なにごと》も人間《にんげん》の子《こ》の

何事《なにごと》も人間《にんげん》の子《こ》のまよひかや、月《つき》は久遠《くをん》のつめたき光《ひかり》。
わづらはし、朝《あした》の人《ひと》はあざみて行《ゆ》きぬ、夕《ゆふ》べの人《ひと》はたゝへて過《す》ぎぬ。
いとほしと、悲《かな》しと、かつは思《おも》へども、つよきしもとにわが心《こゝろ》うつ。

【通解】 ○何事も……＝何事も皆人の子の迷ひでありませうか、月は永遠不變の冷やかな光を投げて居ります。——自然に何の情がありませう、何の迷ひがありませう。○わづらはし……＝煩はしい世の中です、朝の人は嘲笑つて行きました、夕方の人は讃美して通りました。——斯うして同じ事が、或人からは嘲笑され、或人からは讚美されるのですもの。○いとほしと……＝それはいとほしいとも思ひ、悲しいとも思ひますが、そんな弱い心ではならぬと、強い鞭で心を打つて、われとわが心を戒めて居るのであります。

【考察】 ○人間の子は人の子、人間。「子」は子供・少年といふ意味ではない。○久遠のは永遠に變ることなき。○朝の人・夕べの人、は一般的にいへば甲の人、乙の人といふ思想、それを「朝の人、夕べの人」といふやうに言うたのであつて、「朝・夕」に特別の意味がある譯ではないが、朝はあざみ夕はた丶へるといふ中に、又それだけの感じは盛込まれてゐる。○あざみは嘲つて。おどろきあきれるといふ意の場合もあるが、こ丶はそれではない。普通は「あさむ」と淸んでいふ。○いとほしは可憐だ。「誰が」「何が」と限定した趣ではないが、歌全體の上から見て、自分を自分で可哀さうに思ふといふやうな感じまでが自然とにじみ出てゐるやうに思へる。○悲しは「いとほし」と同義に使はれる事があるが、こ丶は普通の意味に於ける「悲し」であらう。○かつはは一方では。○しもとはむち。

【鑑賞】 『何事も』の歌、永遠につめたい月光を見て人間の心のまよひを悟る、悟つて而も悟りきらぬ人間らしい心のなやみ、歌人らしい哀感がひし〳〵と迫つて來るやうな歌だ。「人間の子のまよひかや」の一語、殊更哀調の深きものあるを覺える。尊い歌だ。『わづらはし』の歌、或人はあざみ或人はた丶へる、實際世の中はわづらはしい、斯ういふ事は、教訓態度で詠めば下手な道歌になつて了ふ。そこを「朝の人はあざみて行きぬ夕べの人はた丶へて過ぎぬ」といふ事實相に詠じて、わづらはしい世相をあるがま丶に具象的に投げつけてゐる所に、一首の歌としての尊い境地があるのである。『いとほしと』の歌、いとほしいとも思ふ、悲しいとも思ふ、然しこんな弱い心ではならぬと、強く自分の心を鞭打つ——豊かな感情に惠まれながら、つ丶ましやかにその感情をコントロールして行かうとする、美しい作者の心境である。心の聲である。

【三四九】 我が家をめぐりては降る春雨の

我が家をめぐりては降る春雨のかそけき音を聞けば耳に滿つ
薄山この面は暮れていたゞきの並穗の白く入日に光る
さく〳〵と草を刈る音しづかにも沼をわたりて聞え來るかな（窪田空穗）

【讀方】 我《わ》が家《いへ》をめぐりては降《ふ》る春雨《はるさめ》の
我《わ》が家《いへ》をめぐりては降《ふ》る春雨《はるさめ》のかそけき音《おと》を聞《き》けば、耳《みゝ》に滿《み》つ。
薄山《すゝきやま》、この面《も》は暮《く》れて、いたゞきの並穗《なみほ》の、白《しろ》く入日《いりひ》に光《ひか》る。
さく〳〵と草《くさ》を刈《か》る音《おと》、しづかにも、沼《ぬま》をわたりて聞《きこ》え來《く》るかな。

【通解】 ○我が家を……＝我が家のまはりをぐる〳〵とめぐつては降るやうなしと〳〵としたかすかな春雨の音を聞くと、妙に耳一杯になつて、如何にも豐かな音の感じがする。○薄山……＝すゝき山の、こちら側はもう日が暮れて了つて、頂上のすゝきの並んだ穗が、白く入日に光つてゐる。美しい眺めだ。○さく〳〵と……＝さく〳〵と草を刈つてゐる音が、如何にも靜かに、沼を渡つてこツちの方へ聞えて來る。何だか胸にくひ入るやうな靜けさだ。

【鑑賞】 『我が家を』の歌、春雨の音は幽かだが而も豐かな感じがする、終日しと〳〵と降る音を聞いてゐると、「我が家をめぐりては降る」とも感じ、「耳に滿つ」とも感ずる、さうした實感のにじみ出た歌である。「かそけき」はかすかなの意の古語で、當然の措辭ではあるが、ぴツたりと利《き》いてゐる。『薄山』の歌、山に一面すゝきが生えてゐる、日は將に西に沈まんとして、こちらの方はもう暗い、頂上のすゝきの穗が入日に白々と光つてゐる、といふ情景。その情景をあるがまゝにうまく一首にまとめてゐる。繪のやうな歌だ。『さく〳〵と』の歌、草を刈る音が沼の向ふの方から聞えて來るといふだけであるが、「しづかにも沼をわたりて」といふ表現がさういふ情景としつくり調和して、いゝ感じを與へてゐる。

【三五〇】　しづかなるたうげ

しづかなるたうげをのぼりこし時に月の光は八谷をてらす
こゝに來て心いた〳〵しまなかひに迫れる山に雪つもる見ゆ
みちのくのわぎへの里に黑き蠶が二たびねむり目ざめけらしも　（齋藤茂吉）

【讀方】　しづかなるたうげ

しづかなるたうげをのぼりこし時《とき》に、月《つき》の光《ひかり》は八谷《やたに》をてらす。
こゝに來《き》て心《こゝろ》いた〳〵し、まなかひに迫《せま》れる山《やま》に雪《ゆき》つもる見《み》ゆ。
みちのくのわぎへの里《さと》に、黑《くろ》き蠶《こ》が、二《ふた》たびねむり目《め》ざめけらしも。

【通解】　○しづかなる……＝靜かな峠を上つて來た時に、月の光は晃々としてあちらこちらの谷間々々を一面に照してゐる、實に雄大な眺めだ。○こゝに來て……＝こゝへ來て妙に心が痛々しく感ずる、見ればすぐ目前に迫つてゐる山に眞白く雪が積つてゐて、何だか心痛ましい情景だ。○みちのくの……＝奥州の我が家鄕では、今頃は、あの黑い蠶が、二眠《にみん》から目ざめて盛んに桑をたべてゐる事だらうなア。

【考察】　○こしは來りし。○八谷は多くの谷々。八つと限つた言葉ではない。○まなかひは眼の間の意から、眼前にの意にいふ。○みちのくのは陸奥の、奥州の。○わぎへは我が家。○二たびねむりは二度眠つてで、二眠にか丶つての意。

【鑑賞】『しづかなる』の歌、靜かな峠を上つて來ると、月がその邊の谷を一面に照してゐるといふだけだが、その實景を實景のま丶に詠じて、豁達な諧調をなしてゐる所に、歌としての麗しさがある。『こ丶に來て』の歌、目睫の間に迫つてゐる山に雪がつもつてゐる、それを見た瞬間、「心いたく〳〵し」く感じたといふ實感を勁適な調子で歌つてゐる、萬葉を思はせるやうな、強い諧調の歌である。『みちのくの』の歌、今頃故郷では蠶が二度目の眠りから覺めたらうなアと想像した趣である。季節感に伴ふ故郷の思ひ出として、實にい丶詩材である。これも率直に生一本《きいつぽん》に感じのま丶を投付けてゐる所に巧まぬうまみが漲つてゐる。

【三五一】　鳶が舞ふ

鳶が舞ふ岡の上なる風車しづかに春の日はしづみける
きら〳〵と海は光りて磯の家松葉牡丹に晝の雨降る
ゆく秋の大和の國の藥師寺の塔の上なるひとひらの雲（佐々木信綱）

【讀方】　鳶《とび》が舞《ま》ふ

鳶《とび》が舞《ま》ふ岡《をか》の上《うへ》なる風車《かざぐるま》、しづかに春《はる》の日《ひ》はしづみける。
きら〳〵と海《うみ》は光《ひか》りて、磯《いそ》の家《いへ》、松葉牡丹《まつばぼたん》に晝《ひる》の雨降《あめふ》る。
ゆく秋《あき》の大和《やまと》の國《くに》の藥師寺《やくしじ》の塔《たふ》の上《うへ》なるひとひらの雲《くも》。

【通解】　○鳶が舞ふ……＝鳶の舞つてゐる岡の上に大きな風車があつて、その向ふの方に、春の日はしづかに沈んで行つた。如何にものんびりした春の夕暮の光景だ。○きら〳〵と……＝きら〳〵と海は光つてゐる、磯の家の庭には松葉牡丹が一杯きれいに咲いてゐて、その上に心持よく晝の雨が降つている、一寸涼しい眺めだ。○ゆく秋の……＝今し秋の暮れて行くこの大和の國の藥師寺の塔の上にはひら〳〵と一片の雲が漂つてゐる、如何にも淋しい晩秋の姿だ。

【鑑賞】『鳶が舞ふ』の歌、岡の上に風車があつて、その上の空で鳶が輪を描いて舞つてゐる、さういふ中に春の日は靜かに沈んだといふ光景、かなり複雑な題材が割合自然に要領よく纏められてゐる。『きら〳〵と』の歌、海岸の家の松葉牡丹に晝の雨が降つてゐるといふ實景、晝と雨と松葉牡丹、きら〳〵と光る海、凡てい丶取合はせである。『ゆく秋の』の歌、非常に「の」の多い歌だが、それが「ゆく秋の淋しい感じを現はす上に相當力強く役立つてゐる、技巧効果として悪くない。「塔の上なるひとひらの雲」は「ゆく秋」とよく調和する、それが何處であつてもい丶わけだが、古典的な「大和の國の藥師寺」である所に、具象的な實感が伴つて、一入い丶やうだ。

【三五二】國境とほのぼり來し

國境とほのぼり來し野のうへにほかり白きはこぶしの花か
高槻のこずゑにありて頬白のさへづる春となりにけるかも
奥山の谷間の栂の木がくりに水沫飛ばして行く水の音（島木赤彦）

【讀方】國境《くにざかひ》とほのぼり來《こ》し

國境《くにざかひ》とほのぼり來《こ》し野《の》のうへに、ほかり白《しろ》きはこぶしの花《はな》か。
高槻《たかつき》のこずゑにありて、頬白《ほゝじろ》のさへづる春《はる》となりにけるかも。
奥山《おくやま》の谷間《たにま》の栂《とが》の木《こ》がくりに、水沫《みなわ》飛《と》ばして、行《ゆ》く水《みづ》の音《おと》。

【通解】○國境……＝國境を遠く登つて來た野の上に、ぽツかりと白い花が咲いてゐる、オゝきれいだ、あれはこぶしの花だらうかなア。高槻の……＝高い槻の木の枝にゐて、頬白がさへづる春になつたなア、實にどうものどかな氣分だなア。○奥山の……＝奥山の谷間の栂の木のかげに、しぶきを飛ばして、サッと流れて行く水の音、まア何といふ爽快な、何といふいゝ音だらう。

【考察】○とほのぼり來しは遙かに遠く登つて來た。○こぶしは「辛夷」と書く。木蘭科の落葉喬木で、早春、白い大きな花を枝のさきに開く。○木がくりには木のかげに。

【鑑賞】『國境』の歌、國境を遠く登つて來て、野にぽツかりと白く咲いてゐる花を見つけた、その瞬間「こぶしの花か」と感じた、そのまゝの感じを率直に歌つてゐる。「ほかり白きは」が、實に強く而もなごやかに響いてゐて、瞬間の驚異的氣分をよく現はしてゐる。『高槻の』の歌、高い槻の木で頬白がさへづる、それは春の情景のうちでも、最も目覺しい詩材の一つである。歌調は所謂萬葉調の純の純なるもので、さうした詩材と寸分のすきもなくぴツたりと調和してゐる。得難い歌だと思ふ。『奥山の』の歌、奥山の谷間の栂の下を勢よく流れて行く水の音、これも實にいゝ詩境である。あるがまゝの光景をそのまゝ率直に歌つて、主觀的な説明や批判は一言も加へてない、それでゐて、そこにじツと見入り聽入つてゐる作者の面影が自然と浮んで來るやうな感じがある。いゝ歌だ。

【三五三】 向日葵は

向日葵は金の油を身にあびてゆらりと高し日のちひささよ
まひる日のあきらかにてれる山原は大いたどりの花さかりなり
故郷は冷たき土のにほひしてこほろぎのなくうす月夜かも　（前田夕暮）

【読方】 向日葵《ひまはり》は

向日葵《ひまはり》は金《きん》の油《あぶら》を身《み》にあびて、ゆらりと高《たか》し、日《ひ》のちひささよ。
まひる日《び》のあきらかにてれる山原《やまはら》は、大《おほ》いたどりの花《はな》さかりなり。
故郷《ふるさと》は冷《つめ》たき土《つち》のにほひして、こほろぎのなくうす月夜《づくよ》かも。

【通解】 ○向日葵は……＝向日葵は金の油を身にあびたやうにきら〱と金色に光つて、ゆらりと高く咲いてゐる、あの大きな花にくらべて、まアあの太陽の小さい事よ。○まひる日の……＝眞ツ晝の日のきら〱と明かに照り輝いてゐる山の原は、大きないたどりの花が今まツさかりに白く咲いてゐる。○故郷は……＝故郷はひやツとするやうな冷たい土のにほひがして、薄明りの月にこほろぎが鳴いてゐる、何ともいへぬ淋しい夜のさまだなア。

【考察】 ○いたどりは「虎杖」と書く。蓼科の多年生草本で、莖の高さは一尺乃至四尺、夏季に、枝の先に近い葉腋に白色又は帯紅白色の花を開く。「大いたどり」は大きいいたどりの意で、別種のものではなからう。

【鑑賞】 『向日葵は』の歌、向日葵の眞黄色な、大きい花にくらべると、太陽が妙に小さく見える、その感じをそのまゝ歌つたのである。「金の油を身にあびて」とは、向日葵の形容として實に上乘なるものだと思ふ。擬人化したお伽噺といふ感じさへ伴ふ、面白い歌だ。『まひる日の』の歌、眞晝の山の原に盛に咲いてゐる大きないたどりの花――あるがまゝの景色をあるがまゝに、さながら眼前に展開するやうに歌つてゐる。『故郷は』の歌、「冷たき土のにほひ」「こほろぎのなく」「うす月夜」――凡て秋の故郷といふ感じがひし〳〵と迫つて來るやうだ。「かも」といふ古調の詠歎詞を使ひながら、全體はなだらかな新しい調になつてゐる。何れにしても靜かないゝ歌である。

【三五四】 山寺の一重の櫻

山寺の一重の櫻散るに似てさびし夜あけの星消ゆるそら
木蓮《もくれん》の散りて干潟の貝めける林のみちの夕月夜かな
鈴蟲がいつこほろぎに變りけん少しものなどわれ思ひけん（與謝野晶子）

【讀方】 山寺《やまでら》の一重《ひとへ》の櫻《さくら》

山寺《やまでら》の一重《ひとへ》の櫻散《さくらち》るに似《に》て、さびし、夜《よ》あけの星消《ほしき》ゆるそら。
木蓮《もくれん》の散《ち》りて、干潟《ひがた》の貝《かひ》めける、林《はやし》のみちの夕月夜《ゆふづくよ》かな。
鈴蟲《すゞむし》がいつこほろぎに變《かは》りけん、少《すこ》しものなどわれ思《おも》ひけん。

【通解】 ○山寺の……＝山寺の一重の櫻が散る――といつた趣で、夜あけの星の消えて行く空は、實にさびしい、何ともいへぬ淡い寂しさです。○木蓮の……＝木蓮の花が散つて、例へば潮の引いたあとに散らばつてゐるきれいな貝のやう、さうした林のみちの夕月夜の美しさ、ほんとに靜かな美しい夕月です。○鈴蟲が……＝鈴蟲がいつの間にこほろぎに變つた事でせう、もう鈴蟲は聞えなくなつて、あんなにこほろぎが鳴いてゐます、して見ると、私は何か少し物など思つてゐたんでせう、しらぬ間に、もうこんなに秋が更けたんですね。

【鑑賞】『山寺の』の歌、「夜あけの星消ゆるそら」を「山寺の一重の櫻散るに似て」とは、實に比喩の妙を極めてゐる。詩人らしい美しい物の見方、感じ方である。「さびし」といふ主観も、その見方感じ方から極めて自然に受け入れられる。いゝ歌だ。『木蓮の』の歌、「干潟の貝めける」とは散つた木蓮の花びらとして動かぬ比喩である。ましてそれが「林のみちの夕月夜」である。前の歌と共に比喩の實感に絶好の詩想を盛り込んだ歌である。『鈴蟲が』の歌、鈴蟲が盛んに鳴いてゐると思ふ中にいつの間に鈴蟲は鳴かなくなつて、こほろぎが鳴くやうになつた。知らぬ間に秋が更けて來たのである。それと心附いた時の輕い驚きといふやうな感じが二つの「けん」で中分なくにじみ出てゐる。「少しものなどわれ思ひけん」と自ら辿る所に、何ともいへぬ柔い主觀が湧いて來る。むやみに強く悲しみを强調し宣傳しない所に、却つてほんとの美しい悲しみが湧いて來る。そしてそこに藝術としての感情美が生じて來るのである。

【三五五】　伊豆の海

伊豆の海春暮れゆけば上げ潮に信天翁の雛ながれ來る
莖赤きゆづり葉うづめたわく〳〵とゆたかに降れる山の白雪
山のかぜ凍りて寒し草燒けば青きけぶりに薄みぞれ降る（與謝野寛）

【讀方】　伊豆《いづ》の海《うみ》

伊豆《いづ》の海《うみ》、春暮《はるく》れゆけば、上《あ》げ潮《しほ》に、信天翁《しんてんをう》の雛《ひな》ながれ來《く》る。
莖赤《くきあか》きゆづり葉《は》うづめ、たわ〳〵と、ゆたかに降《ふ》れる山《やま》の白雪《しらゆき》。
山《やま》のかぜ凍《こほ》りて寒《さむ》し、草燒《くさや》けば、青《あを》きけぶりに、薄《うす》みぞれ降《ふ》る。

【通解】○伊豆の海……＝伊豆の海に、春が暮れて行くと、上げ潮に乗つて、信天翁の雛が流れて來る、外に見られぬ長閑な暮春の海の光景だなア。○莖赤き……＝莖の赤いゆづり葉を埋めて、枝もたわみたわむほど、如何にもゆたかに山へ白雪が降つたなア。○山のかぜ……＝山のかぜがヒューツと凍《い》てついて實に寒い、草を燒くと、チョロ〳〵と青い烟の立つ中に、サラ〳〵と薄みぞれが降つて來る、實にどうも寒い日だ。

【考察】○信天翁は阿房鳥ともいふ、鷗に似て大きく、翼を擴げると一丈もある。體は白くて、少し黄色味を帶び、翼と尾は黑い。南方の島に產する。○たわ〳〵とは枝のたわみしなふ形容。

【鑑賞】『伊豆の海』の歌。春が暮れて行く頃には、伊豆の海の邊へは、上げ潮にのつて阿房鳥の雛が流れて來るといふ、いかにものんびりした春の海の情景。屬目の實景だらうが、空想としても面白い。「信天翁の雛」といふのが、妙に伊豆の海の暮春とぴツたりしてゐるやうだ。『莖赤き』の歌、莖の赤いゆづり葉をうづめて豐かに降つたといふのは、山の雪としてい〻着目である。巧まぬ自然の巧みである。『山のかぜ』の歌、山で草を燒く、その青い烟の中に薄みぞれが降るといふ情景、如何にも山風の「凍りて寒し」と感ぜられる情景である。あるがま〻のい〻詩材を、そつくりすなほに活かした、い〻詩境である。

【三五六】　海ちかき噴井の水の

海ちかき噴井の水のおもしろやこれをながめて秋を忘れむ
砂の上の文字は浪が消しゆきぬこの悲しみは誰か消すらむ
わが机海に向ひて据うるときすこし明るきこゝちこそすれ　（吉井勇）

【讀方】　海《うみ》ちかき噴井《わくゐ》の水《みづ》の
海《うみ》ちかき噴井《わくゐ》の水《みづ》のおもしろや、これをながめて秋《あき》を忘《わす》れむ。
砂《すな》の上《うへ》の文字《もんじ》は浪《なみ》が消《け》しゆきぬ、この悲《かな》しみは誰《たれ》か消《け》すらむ。
わが机海《つくゑうみ》に向《むか》ひて据《す》うるとき、すこし明《あか》るきこゝちこそすれ。

【通解】　○海ちかき……＝海の近くの噴水井戸の水が實に面白い、私はこれを眺めて秋のやるせなさを忘れませう。○砂の上の……＝せめてもの慰めと砂の上に書いた文字は浪が消して行つて了ひました、この私の胸の悲しみは一體誰が消して呉れるのでせう。○わが机……＝机を海に向けて据ゑる時、何だか少し明るい心持がして、一寸は心の憂鬱さも慰められるやうです、妙なものですネ。

【鑑賞】　『海ちかき』の歌、海の近くの噴水、成る程面白さうだ、「これをながめて秋を忘れむ」とは、詩人らしい淡い感傷である。忘られぬ秋の淋しさ、憂はしさのせめてもの慰めである。詩人ならでは得られぬデリケートな心の感じである。『砂の上の』の歌、砂の上に字を書く、何れは戀人の名か、惱ましい胸の思ひか、やるせない悲しみの歌か、それは浪が消して行つた、消されるにつけて悲しみは益々つのる、「この悲しみは誰か消すらん」とは、眞によくさうした場合のやるせない心持を歌つた妙句である。『わが机』の歌、机を海に向つて据ゑる、何でもない事だが一寸面白い、その時「すこし明るきこゝち」

がするといふので、詩人の憂鬱な氣分がよくにじみ出してゐる。「明るき」は勿論氣分の明るさで、部屋が明るいといふ實義ではない。三首共に感傷詩人といつたやうな心持が極めて自然になごやかに溢れてゐて、恐らく誰でもが、或時の自分の氣分がさながら歌ひ出されたやうな好感を感じ得るであらう。

【三五七】　幾山河

幾山河越えさりゆかば寂しさのはてなむ國ぞけふも旅ゆく
うすべにに葉はいちはやくもえ出でて咲かんとすなり山ざくら花
白き雲かゝりては居れ四方の岸の際あざやかに秋晴れにけり（若山牧水）

【讀方】　幾山河《いくやまかは》
幾山河《いくやまかは》越《こ》えさりゆかば、寂《さび》しさのはてなむ國《くに》ぞ、けふも旅《たび》ゆく。
うすべにに葉《は》はいちはやくもえ出《い》でて、咲《さ》かんとすなり、山《やま》ざくら花《ばな》。
白《しろ》き雲《くも》かゝりては居《を》れ、四方《よも》の岸《きし》の際《きは》あざやかに、秋晴《あきは》れにけり。

【通解】　○幾山河……＝幾つの山河を越えてやつて行つたら、淋しさがおしまひになる事だらうか、今日も斯うしてやるせない淋しさの中をとぼ〳〵と旅をしてゆく、あゝこの國のこの淋しさ、行つても〳〵果てになる日はなささうである。○うすべにに……＝薄紅色に葉はいちはやくもサッと萌え出て、山櫻の花は、今しも咲かうとしてゐる、ア、美しい山櫻の姿だ。○白き雲……＝白い雲が掛つてはゐる、が、四方の峯の所はくツきりと如何にも鮮かに際立つて、秋の空はほんとに氣持よく晴れ渡つてゐるなア。

【考察】○越えさりゆかばは越えて段々と歩いて行つたならばの意。○かゝりては居れの「居れ」は「居れど」の略。

【鑑賞】『幾山河』の歌、最も人口に膾炙した有名な歌だ。山を越え河を越え、行けども〳〵淋しい旅は續く、それは旅人のやるせない心の悩み、そして同時に凡ての人の「人生」の悩みである。しみ〴〵と「人生」を觀る時、私共は涙なしにこの歌を詠む事は出來ない。眞に辿り深い歌である。『うすべにに』の歌、山櫻は花の咲く前に葉が先づ美しく出る、その葉の美しさを「うすべにに葉はいちはやくも萌え出でて」とは實に自然の妙である。何といふ素晴らしい自然觀だらう。そして安らかな詩調だらう。ほんとにいゝ歌だと思ふ。『白き雲』の歌、白雲が掛つてはゐるが、四方の峯の所はくツきりと晴れた秋晴れの空だといふのである。「白雲のかゝりては居れ」と「際あざやかに」とが對照の妙を成してゐる。秋晴れとして實にいゝ着眼である。歌調も之に伴つて申分がない。

【三五八】元日や

元日や一舟行かず川静か
ことりとも庭木動かぬ暑さかな
三尺の庭の夜露や天の川（青木月斗）

【讀方】元日《ぐわんじつ》や
元日《ぐわんじつ》や、一《いつ》舟《しう》行《ゆ》かず川《かは》静《しづ》か。
ことりとも、庭木《にはき》動《うご》かぬ暑《あつ》さかな。
三尺《さんじやく》の庭《には》の夜露《よつゆ》や、天《あま》の川《がは》。

【通解】 ○元日や……＝いゝ元日だ、見れば今日は川も誠に靜かで、舟一つ通つて行かぬ、ほんとに靜かな元日だ。○ことりとも……＝庭木一つ、こツとりとも動かぬ、全く風も止んで了つて、實にむし〳〵とした、ひどい暑さだなア。○三尺の……＝三尺の庭――この狭い庭にも夜露が一杯におりてひやツとするやうな夜、見れば空には銀河がすーッと眞白に横たはつてゐる。あゝ、秋！ 秋だなア。

【鑑賞】 『元日や』の句、元日、舟一つ通らぬ川の靜けさ、それは實景であらうが、想像の境地にしても如何にも元日らしい靜けさが感じられる。『ことりとも』の句、風は全く死んで、庭木一つ動かぬ暑さ、何でもないやうだが、「ことりとも」の一語がかなり效果的に、さうした實感を漲らしてゐるやうだ。『三尺の』の句、僅か三尺――と思ふ程に狭い庭の夜露で、袂も露けきほど、そして空には天の川が大きく横たはつてゐるといふ詩境である。ひとり狭い庭の夜露に濡れてじツと空を眺め入つてゐる詩人の姿が、しみ〴〵と思ひ偲ばれるやうな句だ。

【三五九】 一羽とび

一羽とび二羽とび霞む鴉かな
月涼し急雨すぎたる松の上
猛り猪を勢子が取巻くみぞれかな（伊藤松宇）

【讀方】 一羽《いちは》とび

一羽《いちは》とび二羽《には》とび霞《かす》む、鴉《からす》かな。

月涼《つきすゞ》し、急雨《きふう》すぎたる松《まつ》の上《うへ》。
猛《たけ》り猪《ゐ》を勢子《せこ》が取巻《とりま》く、みぞれかな。

【通解】○一羽とび……＝一羽とび二羽とび、鴉が段々と遠く霞んで行く、うら〳〵とした春の眺めだ。○月涼し……＝サツと一しきり、急雨の過ぎた松の上に、あれもう月が涼しく出てゐる、ほんとに涼しい月だ。○猛り猪を……＝手負ひで猛り立つた猪を遠巻きに勢子が取巻いてゐる、そこへパラ〳〵と霙が降つて來た。悲壯な狩場の光景だなア。

【考察】○猛り猪は猛り立つてゐる猪《ゐのし》。こゝは手負ひの猪の荒れ狂ふさまをいうた語。○勢子は獵の時に鳥獸を驅り出す人足。

【鑑賞】『一羽とび』の句、一羽、二羽、鴉が霞んで飛んで行くといふ情景。斯うなると鴉も愛らしい春の景物の一つになる。『月涼し』の句、松の上にさーツと急雨が降つて忽ち晴れて行く、その跡に涼しく月が照らしてゐるといふ情景。何でもない事だが、夏の月の涼しい感じをよく摑んでゐる。『猛り猪を』の句、手負ひで狂ひたけつてゐる猪を勢子が取巻いてゐる、と、そこへ霙が降つて來るといふ、冬の獵場の勇ましい趣である。面白い詩材を捉へて、よくその核心を歌つた句だと思ふ。

【三六〇】わが影に

わが影にあひるより來ぬ水の春
螢呼ぶ子の首丈けの礦草
顏寄せて馬が暮れ居り枯れ柏（臼田亞浪）

【讀方】わが影《かげ》に

わが影《かげ》にあひるより來《き》ぬ、水《みづ》の春《はる》。
螢呼《ほたるよ》ぶ子《こ》の首丈《くびた》けの、磧草《かはらぐさ》。
顏寄《かほよ》せて馬《うま》が暮《く》れ居《を》り、枯《か》れ柏《がしは》。

【通解】○わが影に……＝私の影を見て家鴨がすーッと寄つて來た、如何にものんびりとした水上の春心地である。○螢呼ぶ……＝河原で螢を呼んでゐる子の首丈け程に、河原の草が高く生ひ茂つてゐる。○顏寄せて……＝日暮れ方、カサ〳〵と葉の枯れた柏の木の下で、薄ら寒むさうに馬が顏をくツつけ合つてゐる、淋しい冬の夕暮だ。

【考察】○水の春は水上に漲る春の氣分をいふ。

【鑑賞】『わが影に』の句、水の上にも春らしい氣分がなごやかに流れてゐる、そこへしやがんで眺めてゐると、その映つた影のところへ、餌をくれると思つてか、家鴨《あひる》が寄つて來たといふ趣である。「水の春」といふ感じがよく出てゐる。『螢呼ぶ』の句、「ほーたる來い」と子供等は河原の中で螢を呼んでゐる、その子供等の首丈けもある程、高く河原の草が茂つてゐるといふ情景、如何にも夏の河原らしい情調である。『顏寄せて』の句、日暮方、葉の枯れた柏の木の下に、寒むさうに馬が顏をくツつけ合つてゐるといふ情景、田舍の初冬の日暮れ、柏の葉もカサ〳〵と薄ら寒く鳴つてゐさうな感じがする、その下に「顏寄せて馬が暮れ居り」とは眞にいゝ、詩境である。

【三六一】魚陣うつる

魚陣うつる初凪の空のかもめ哉
西ゆ北へ雲の長さや夕とんぼ
落葉ごと寒鮒網に入りにけり（大須賀乙字）

【讀方】魚陣《ぎよぢん》うつる

魚陣《ぎよぢん》うつる、初凪《はつなぎ》の空《そら》のかもめ哉《かな》。
西《にし》ゆ北《きた》へ雲《くも》の長《なが》さや、夕《ゆふ》とんぼ。
落葉《おちば》ごと、寒鮒網《かんぶなあみ》に入《い》りにけり。

【通解】○魚陣うつる……＝初春、風が止んで靜かに凪いだ海上に、大きな魚群が、例へば戰陣の押寄せるやうな勢で、もみにもんで移つて行く、その動きにつれて、空には鷗の群が輪を描いて舞つてゐる、實に雄々しくも亦長閑な、海と空との初春の光景ではある。○西ゆ北へ……＝秋の夕べ、西から北へ掛けて雲が長くたなびいてゐる、その長い〳〵雲を背景にして、蜻蛉が盛んに飛んでゐる、その雲の長さよ、そしてその蜻蛉の何ともいへぬ可憐な情調よ。○落葉ごと……＝ザブツと網を打つたら、落葉ごと、寒鮒が網に這入つて來た――落葉と一緒になつてぴち〳〵とはねる寒鮒、急いで魚と落葉と選《え》り分ける手許、ほんとに面白い冬の情味だ。

【考察】○魚陣は魚の群れで海面の色まで變るやうな魚の大群をいふ。○初凪は初春の海の凪《なぎ》。「凪」とは風がないで波の平かであること。○西ゆは西より、西の方から。○夕とんぼは夕方舞つてゐる蜻蛉。○寒鮒は寒中に捕る鮒。特に味美とされてゐる。

【鑑賞】『魚陣うつる』の句、初春の海の初凪、魚群が押し寄せて來る、實に「魚陣」といふ感じである。その動きにつれて、空に鷗の群が輪を描いて舞つてゐるといふのである。初春の海の大きくて勇ましい長閑さが、強い調子で遺憾なく詠じ出されてゐる。『西ゆ北へ』の句、秋の夕方、雲の長くたなびいてゐる手前に蜻蛉が舞つてゐるといふ情景、「西ゆ北へ」の語が、廣い秋空を思はせるに十分である。『落葉ごと』の句、寒鮒が落葉ごと網に入つたと唯それだけであるが、唯それだけを唯それだけに歌つて、そこに微妙な句の境地が展開してゐる。詩は必ずしも巧む所に存するのではない。人事でも自然でも、その核心に徹すれば悉く皆詩である。

【三六二】沼波しづまり

沼波しづまり山の日いづらし
月高くして漁火それ〴〵の座につけり
石のしたしさよしぐれけり（荻原井泉水）

【讀方】沼波《ぬまなみ》しづまり

沼波《ぬまなみ》しづまり、山《やま》の日《ひ》いづらし。
月高《つきたか》くして、漁火《ぎよくわ》それ〴〵の座《ざ》につけり。
石《いし》のしたしさよ、しぐれけり。

【通解】○沼波しづまり……＝沼の波もじーッと靜まつた、夜はしら〴〵と明けてゆく様子、あゝ山の頂が急に赤くなつて來た。もう日が出ると見えるナ。○月高くして……＝月は高く晃々と輝いてゐる、漁火はそれぞれの座にをさまつて、靜かに釣絲を垂れてゐる様子。涼しくも靜かな海の姿だ。○石のしたしさよ……＝あの石が今日は特別に親しみ深く思はれる事だなア、時雨がして、しツとりと如何にも趣深く石の面《おもて》が濡れてゐる。

【考察】　凡て井泉水一派の特殊俳句で、欺うした表現が果して俳句と稱してい丶ものか、在來の俳句に正しく一新境地を拓《ひら》いたものか――といふ事になると、遺憾ながら直ちに然りとは答へられぬやうに思ふ。寧ろ俳句から派生した俳句でない一種の短詩と見る方が妥當だらう。が、さうした名目上の論議は姑く別として、兎も角も俳句界の一つの新しい試みとして、從つて現代文學上の一つの企てとして、見遁す事が出來ぬものには違ひない。

【鑑賞】　『沼波しづまり』の句、山の下に一つの沼があつて、その沼の波がしづまり、靜かに夜が明けて來て、山の頂には今し日が出さうに明るく光がさして來たといふ光景だらう。い丶詩境である。『月高くして』の句、段々と出て行つた漁舟の火が、それ〴〵に落着いて糸を垂れてゐる樣子、空には月が高く輝いてゐるといふ趣だらう。夏の夜の內海といつた風の感じが鮮かに出てゐる。『石のしたしさよ』の句、石が時雨に濡れて、妙に親しみを覺えるといふのだらう。庭石か山の石か、何れにしてもその趣を眺めるといふ種類の石である。それに時雨が降つて、親しみを覺えるとは、たしかにい丶詩境である。

【三六三】　松が根の

松が根の笹に及ばず春の雪

一山にひゞく魚板や秋ゆふべ

宵火事の消えて霙となりにけり（大谷繞石）

【讀方】　松《まつ》が根《ね》の

松《まつ》が根《ね》の笹《さゝ》に及《およ》ばず、春《はる》の雪《ゆき》。

一山《いちざん》にひゞく魚板《ぎよばん》や、秋《あき》ゆふべ。

宵火事《よひくわじ》の消《き》えて、霙《みぞれ》となりにけり。

【通解】○松が根の……＝少しは積つたやうだが、松の木の根に生えてゐる笹までは屆かぬ、やッぱり春の雪は淡いものだなア。一山に……＝秋の夕べ、森閑とした禪院の隅から隅まで、パン！パン！　と魚板をたたく音がひゞき渡る。その、胸に喰ひ入るやうな響よ。○宵火事の……＝宵火事が消えて、とう〳〵霙になつた、一さわぎあつた後の、寂《さ》びたる冬の夜の霙の音、實に寂しいものだなア。

【考察】○及ばずは屆かぬ。○一山は寺全體に、寺中に凡て。○魚板は魚形に作つたうつろの木製の具、禪院に懸けてあつて、色々な事を知らせるために打ち鳴らすもの。魚鼓《ぎよく》ともいふ。

【鑑賞】『松が根の』の句、春の雪が僅かに積つたと思つたら、すぐ淡く消えて了つて、結局松の根元の笹までは屆かぬといふ情景である。平凡といへば平凡だが、春の雪らしい感じはよく出てゐる。『一山に』の句、秋の夕べ、森閑とした禪寺にひゞき渡る魚板の音、「秋ゆふべ」の感じとして蓋し最も適切なものの一つであらう。『宵火事の』の句、宵火事があつて一寸一さわぎ、それが消えてあたりの靜まつた所へパラ〳〵と霙が降つて來る、蓋し小さい町の冬の夜といふ感じである。「宵火事の消えて」といひ、「霙となりにけり」といふ間の時間の推移、それに伴ふ淡い寂し味といふやうなものが、内容と表現とのしつくりと一致した中に、よくにじみ出してゐるやうである。

【三六四】 春風や

春風や佛を刻むかんな屑
荒海やしまきの晴れ間陽落つる
千鳥鳴くや雨になりゆく東山（大谷句佛）

【讀方】 春風《はるかぜ》や

春風《はるかぜ》や、佛《ほとけ》を刻《きざ》むかんな屑《くづ》。
荒海《あらうみ》や、しまきの晴《は》れ間《ま》陽《ひ》落《お》つる。
千鳥《ちどり》鳴《な》くや、雨《あめ》になりゆく東山《ひがしやま》。

【通解】 ○春風や……＝春風がそよ〳〵と吹いてゐて、佛様を刻むかんな屑が、その中に輕く舞つてゐる、如何にものんびりとした春の氣分である。○荒海や……＝荒れ狂ふ海、その海上の恐しいしまきの一寸の晴れ間に、今し冬の日は落ちて行く、實に壮にして又凄なる北海の冬の夕景色、物凄い大自然の姿ではある。○千鳥鳴くや……＝千鳥が鳴いてゐる、寒むさうに鳴いてゐる、そして東山の方は段々と雨になつて行く、ほんとに寂しい京の町の冬の眺めよ。

【考察】 ○しまきはしまくこと、即ち烈しく吹きまくる事で、普通には風の烈しく吹きまくる事にいふのであるが、新撰俳諧辭典には「時雨に強風の加はるをいふ」とあつて「一しまき跡先しらぬ堤かな」といふ宗瑞の句を引いてゐる。こゝにも「晴れ間」とあるから暴風雨と考へられる。更にいへば、こゝは「雪しまき」の略で、所謂吹雪の事をいうたものとも見られる。或はさう見て了つた方が句意にふさはしいともいへよう。

【鑑賞】『春風や』の句、佛様を刻むかんな屑が春風に輕く舞つてゐるといふ情景、長閑な、而も敬虔な感じさへ起させる句である。『荒海や』の句、芭蕉の「荒海や佐渡に横たふ天の川」の句と共に、千古の壯吟だと思ふ。蓋し北海の實景、海は荒れて空はしまく、そのしまきの晴れ間に今し冬の日は落ちて行く。何といふ悽壯な、雄大な、大自然の、恐しいばかりの僅かの間の靜けさであらう。「陽落つる」と字足らずに詠じたその表現が、さうした情景——言語に絶した、いきづまるやうな情景とぴツたり一致してゐる。尊い句だ。『千鳥鳴くや』の句、京都の町の冬の實感實景、東山は雨になつて行く、鴨川の方から細く高くそして寒けく千鳥の聲が聞えて來る、なるほど多感な詩人の見遁しがたい句境であらう。

【三六五】島に住めば

島に住めば柑子澤山な正月びより
散る頃のさくら隣のも吹きさそひ來る
鮎をきゝに一はしり小女の崖下りてゆく（河東碧梧桐）

【讀方】島《しま》に住《す》めば

島《しま》に住《す》めば、柑子《かうじ》澤山《だくさん》な正月《しやうぐわつ》びより。
散《ち》る頃《ころ》のさくら、隣《となり》のも吹《ふ》きさそひ來《く》る。
鮎《あゆ》をきゝに、一《ひと》はしり小女《こをんな》の崖《がけ》下《お》りてゆく。

【通解】○島に住めば……＝島に住む身は、斯うしてきれいな柑子の、あつちにもこつちにも一杯になつてゐる中に、長閑なお正月を迎へます。ほんとにいゝお正月のおひよりです。○散る頃の……＝散る頃の櫻は、隣のやつまでさそつて、いやどうも盛んにぱら〳〵と吹き散つて來《き》よるナ。○鮎をきゝに……＝「鮎があるかへ、オイ、ぐツと斯う生きのいゝやつがさ」「ハイ、一寸下へ行つて聞いて來ますべヤ」——小女は如何にも氣さくに、鮎を聞くべく、一はしり崖を走つておりて行く。山の茶屋も一寸乙《おつ》だナ。

【鑑賞】 これも凡て普通の俳句表現とは違つた別派である。『島に住めば』の句、島ではお正月に柑子蜜柑が澤山なつてゐる、如何にも南の島らしい感じ、そして「正月日和」といふ氣分がよく出てゐる。『散る頃の』の句、櫻の散る頃になると、お隣の櫻も吹き散つて來る、なるほど「吹きさそひ來る」といふ感じがする。『鮎をきゝに』の句、玉川の上流の茶屋で詠んだといふやうな感じの句だ。「鮎があるかへ」「ハイ一寸聞いて參ります」——といつた調子で、小さい女中さんが一はしり、小走りに走つて崖を下つて行く。面白い句境だ。

【三六六】 初雷や

初雷や籠の鶉のくゝと鳴く
ぬれ縁にいづくともなき落花かな
晩涼や池の萍皆動く（高濱虚子）

【讀方】 初雷《はつらい》や

初雷《はつらい》や、籠《かご》の鶉《うづら》のくゝと鳴《な》く。

ぬれ縁《えん》に、いづくともなき落花《らくくわ》かな。
晩涼《ばんりやう》や、池《いけ》の萍《うきくさ》皆《みな》動《うご》く。

【通解】○初雷や……＝初雷の音を聞いて、籠の鶉がくツくツと鳴く、同だか斯う急に春めいて、凡てが動き出しさうな氣分になつて來たなア。○ぬれ縁に……＝オヤ〳〵、ぬれ縁に、どこからともなく櫻の花が散つて來てゐる、どこから散つて來たのかなア。○晩涼や……＝夏の夕べの涼しさ、池の浮草といふ浮草が皆動いてゐる。實にすが〳〵しくも涼しい感じだなア。

【考察】○初雷は「はつがみなり」ともいふ、舊暦二月、はじめて雷が鳴る事で、それによつて地中に蟄伏する蟲が穴から出ると考へられてゐる。○ぬれ縁は雨戸の敷居の外にある縁。○晩涼は夏の晩方の涼しさ。新撰俳諧辭典には「夕涼み」と解してゐるが、こゝは「涼しさ」の感じのやうに思ふ。

【鑑賞】『初雷や』の句、初雷が鳴る、籠の鶉がくツくツと鳴く、只それだけだが、初春の感じ、段々と籠の鳥も元氣づいて來る感じがよく歌はれてゐる。『ぬれ縁に』の句、ぬれ縁にどこからともなく落花が舞つて來てゐるといふだけだが、「オヤどこから來たのかナ」と、一寸いぶかしむやうな心持が「いづくともなき」の句によく出てゐて、落花の氣分としつくり合つてゐる。『晩涼や』の句、夏の夕方の涼しさ、そよ〳〵とゆるぎ出た風に、池の萍が皆動いてゐるとは、如何にも「晩涼」らしい、いゝ句境である。

【三六七】　東風そよ〳〵

東風そよ〳〵のれんのはしの旭かな
歸るさに宵の雨知る十夜かな

冬の日やしいしの絹に暮れかゝる（角田竹冷）

【讀方】　東風《こち》そよ〳〵
東風《こち》そよ〳〵、のれんのはしの旭《あさひ》かな。
歸《かへ》るさに宵《よひ》の雨《あめ》知《し》る、十夜《じふや》かな。
冬《ふゆ》の日《ひ》や、しいしの絹《きぬ》に暮《く》れかゝる。

【通解】　○東風そよ〳〵……＝暖かい東風がそよ〳〵と吹いてゐる、そして暖簾の端から美しい朝日が見えてゐる、靜かなのんびりとした春の朝だなア。○歸るさに……＝お十夜にお參りに行つて、歸つて來ると路がしつとりと濡れてゐる、さては宵の間に時雨が降つたものと見えるわい。○冬の日や……＝あのしいし張りの絹に冬の日が寒むさうに暮れかゝつてゐる。短い冬の日だなア。

【考察】　○東風は春の東風。○十夜は「十夜念佛」の略、「御十夜」ともいふ。淨土宗の佛事で、陰暦十月六日から同十五日まで、十夜の間、念佛を修すること。○しいしは「しんし」とも云ふ。織物の幅を張り支へて收縮させぬやうにするもので、普通は竹を弓形にして其の末端を細く尖らし、又は金具をはめ、布の兩耳にさすのである。

【鑑賞】　『東風そよ〳〵』の句、春の東風がそよ〳〵と心持よく吹く、それに輕く吹き上げられた暖簾《のれん》の端から、きれいな朝日が見えるといふ情景。今の新しい町には見られぬ情景だが、明治の町家を想像して見る時、實に春の朝らしいうらゝかさがにじみ出て來る。『歸るさに』の句、「十夜」に詣でての歸りに、宵の間の雨を知つた——時雨がぱらぱらと宵の間に降つて、夜更けにはもう止んでゐる、それを十夜の歸りに知つたといふのである。十夜の夜の宵の時雨、それを歸路の途のしめりなどで氣付いたといふのは、十夜として如何にもいゝ捉へ所である。『冬の日や』の句、絹のしいし張りをして、そこへ冬の日がくれ掛るといふのであつて、これも郊外や田舎でよく見受ける句境である。暮れ易い冬の日の夕方といふ感じをよく摑んでゐる。

【三六八】 元日や一系の天子

元日や一系の天子不二の山
鶯に朝飯おそき下宿かな
馬方の馬にものいふ夜寒かな（内藤鳴雪）

【讀方】 元日《ぐわんじつ》や一系《いつけい》の天子《てんし》
元日《ぐわんじつ》や、一系《いつけい》の天子《てんし》富士《ふじ》の山《やま》。
鶯《うぐひす》に、朝飯《あさめし》おそき下宿《げしゆく》かな。
馬方《うまかた》の馬《うま》にものいふ、夜寒《よさむ》かな。

【通解】 元日や……＝元日！　上に一系の天子様がいらせられる、そしてあの見事な不二の山、何といふ惠まれた國民だ、我ながら誇らしい元日の氣分ではある。○鶯に……＝鶯が靜かに鳴いてゐる、下宿の朝飯は遲い、のどかな春の朝だなア。○馬方の……＝馬方がボソ〱と何やら馬にものを言つてゐる。ひやツとした秋の夜寒――ほんとにうそ寒い晩だなア。

【考察】 ○鶯にの「に」は漠然と四圍の情景をにじみ出させる趣の「に」である。「のために」「によりて」など、普通の文法通りに考へてはいけない。○夜寒は秋の夜に寒氣の身にしみるのをいふ。

【鑑賞】『元日や』の句、日本國民の最も大きなほこり、それは「一系の天子」であり、「不二の山」である。元朝にして誰か鮮かにそのほこりを感ぜざらんやである。『鶯に』の句、鶯が鳴いてゐる、下宿の朝飯は遲い、長閑な春だ、學生は喜んで遲刻しよう。いゝ句だ。『馬方の』の句、馬方がボソ〳〵と馬に物をいつてゐるといふ情調。夜寒といふ心持がほんとによく出てゐる句だ。

【三六九】 瘦馬を

瘦馬をかざりたてたる初荷かな
氷とけて古藻に動く小海老かな
臥して見る秋海棠の木末かな（正岡子規）

【讀方】瘦馬《やせうま》を

瘦馬《やせうま》を、かざりたてたる初荷《はつに》かな。
氷《こほり》とけて、古藻《ふるも》に動《うご》く小海老《こえび》かな。
臥《ふ》して見《み》る、秋海棠《しうかいどう》の木末《こずゑ》かな。

【通解】○瘦馬を……＝あの瘦馬を、美しく飾り立てた初荷、斯うして見ると瘦馬も仲々景氣がいゝ、今日は瘦馬も何だか斯う嬉しさうに見えるなア。○氷とけて……＝氷がとけた、と、去年からの古藻の中に小海老がぴく〳〵動いてゐる、可愛い姿だなア。○臥して見る……＝斯うして病臥してゐて見ると、丁度秋海棠の枝さきが見える、あのホーッとした可憐な花が、特にしみ〴〵と見入られる事だ。

【考察】○初荷は正月の商ひはじめとして、馬や車に商品を積み、美しく飾り立てて囃歌《はやしうた》を歌ひ、市中を練り歩いて、取引先に送り届けるのをいふ。○秋海棠は陰濕の地に生ずる草で、葉はほゞ藷に似てゐて尖つてゐる、莖は赤味を帯び、秋莖のさきに淡紅の花を開く。こゝに「木末」とあるのは、その花を持つた莖頭の事だらう。臥してゐて庭を見ると、丁度その莖頭の所が見える位の高さにまで伸びるのである。

【鑑賞】『瘦馬を』の句、初荷、景氣のいゝものだ、その中には瘦馬を飾り立てたのもある、面白い着眼だ。瘦馬も今日は苦しさうでない、引いて行く馬子も、ほろ醉ひの千鳥足といふ所、紺の法被《はつぴ》の香も高からう。陽氣の中に、何だか斯うホロリとさせられるやうな句だ。『氷とけて』の句、今迄はりつめてゐた氷がとけた、と、古い藻の中に、急に活氣づいたやうに、ぴく〳〵と小海老が動いてゐる。春初の小さい詩境、可愛い詩境である。『臥して見る』の句、「病床にて」と添書きのある句だが、物が「秋海棠」の而も「木末」とあるだけに、さうした添書きなしでも、たしかに病臥の句らしい感じがにじみ出してゐる。

【三七〇】闘鷄の

闘鷄の眼つむれて飼はれけり
夏草に這上りたる捨蠶かな
小春日や石を嚙み居る赤蜻蛉（村上鬼城）

【讀方】闘鶏《とうけい》の
闘鶏《とうけい》の、眼《まなこ》つむれて飼《か》はれけり。
夏草《なつぐさ》に這上《はひあが》りたる、捨蠶《すてご》かな。
小春日《こはるび》や、石《いし》を嚙《か》み居《ゐ》る赤蜻蛉《あかとんぼ》。

【通解】○闘鶏の……＝勇ましく蹴合ひをやつて目をつぶされた軍鶏《しやも》が、そのまゝ飼はれてゐる、雄々しくも又可憐なあの鶏の姿よ。○夏草に……＝夏草の上に捨てられた蠶が這上つて首を振つてゐる、何だか一寸可哀さうなやうな趣だなア。○小春日や……＝初冬のポカ〳〵と暖いやうな小春日和、赤蜻蛉が石にかじりついて、丁度石を嚙むやうに首を動かしてゐる、實に長閑な光景だなア。

【考察】○闘鶏は「鶏合《とりあはせ》」ともいつて、元來は鳥の蹴合ひをいふ言葉であるが、こゝは蹴合ひをやる鳥、卽ち軍鶏《しやも》の事である。「鶏合」は支那から來た古俗で、昔は三月三日、禁中清涼殿の南階で行はれて、從つて民間でも春の行事として行つたものである。こゝも民間の鶏の趣だらう。尤も宮中に奉つた鶏の情景といふやうに古典的に見ても悪くはない。○小春日は初冬の氣候溫和で春に似た靜かな日和。それは陰暦十月頃に多いので、十月の異名を「小春」ともいふ。

【鑑賞】『闘鶏の』の句、軍鶏《しやも》が蹴合ひをやつて目がつぶれた、そしてつぶれたまゝに飼はれてゐる。如何にも壮にして而も悽たる感じである。めくらの軍鶏《しやも》、正にこれ勇士窮巷に老ゆの感である。『夏草に』の句、捨てられた蠶が夏草の上に這上つてゐる、淡い可憐味を覺える句である。夏の田舍の感じがまざ〳〵と目に見えるやうだ。桑不足でわざわざ蠶を捨てる場合もあらうが、こゝは發育がよくなくて選り捨てられたものか、床がへをする時あとに殘つて捨てられたものか、何れにしてもそんなに澤山の蠶ではない樣に思へる句だ。『小春日や』の句、初冬の長閑な小春日、赤蜻蛉が石に止つて、恰も石を嚙むやうな格構をして首を動かしてゐる、い丶句境である。「石を嚙み居る」とは實に思ひ切つたい丶表現である。

作者別索引——採録問題を作者別に分類し、表音式假名遣により五十音順に作者名を排列せり。

入試問題校別索引

奈良女子高等師範學校

津田英學塾

東京女子大學

語句索引

▲『考察』中の主要な語句を采り、▲發音のまゝ五十音順に排別す。

解説／塚本哲三の事績と『現代文解釈法』

佐藤裕亮

＊はじめに

書物は、もっとも身近なものから失われていくものであるらしい。学生時代、日々携え学んだ参考書や単語集、資格取得のために線を引きながら覚えたあの本も、いつの間にか棚から消えて、かわりにその時々の仕事や関心を反映した本が並んでいる。さほど珍しいものでもないし、これから使うこともないだろうから、棄ててしまえと紐をかけ、古紙回収の日に出してしまったという読者も多いのではないだろうか。そして恐らくは、本書『現代文解釈法』もまた、大正から昭和の初めにかけて受験参考書としての役割を全うしたのちに、失われていった書物の一つであった。

学習参考書がその形をととのえたのは、一般に、明治四三（一九一〇）年ごろといわれている。(1)中学卒業生数の急増と、上級学校進学への競争激化をうけて、出版界でも、学生のための学習参考書として、あるいは、上級学校受験のための準備書として用いられることを想定した、夥しい数の書物が企画・刊行されていく。入試準備のための実用書であるから、内容の信頼性はもちろん、その時々の受験制度や出題傾向に適応していくことも強く求められた。大正一〇（一九二一）年ごろより入試に頻出するようになった「現代文」への対応は、その一例として挙げられよう。(2)

本書の初版は大正一四（一九二五）年一月に有朋堂より刊行され、その後、昭和六（一九三一）年二月に新訂版が、昭和一三（一九三八）年四月には更訂版が出されている。本書の底本は、更訂版・昭和一六（一九四二）年三月一日発行の二三六版（本書底本の奥付を参照）であり、各版の刷数はさほど多くはないとみられるものの[3]、大正の末から昭和戦前期にかけて、多くの読者に迎え入れられていた様子がうかがえる。

近代日本における青少年の学習と入試については、すでに多くの研究者によって取り上げられてきた。比較的手に取りやすい著作として、天野郁夫『試験の社会史』や竹内洋『立志・苦学・出世』などがある。また、やや専門的にはなるが、進学案内書や受験雑誌に注目した菅原亮芳『近代日本における学校選択情報』も近年の教育史研究の水準を示すものとして興味深い。このほか、「国語」の入試に焦点を絞って考察したものに、石川巧『「国語」入試の近現代史』や鈴木義里『大学入試の「国語」』などがあり、入試制度の変遷については『入学試験制度史研究』に概観されている[4]。

本書『現代文解釈法』の背景となる事象については、これらの書物を手にとっていただくとして、本稿では少し視点をかえ、本書の作り手、つまり編著者や出版社の側に注目して、簡単な解説を試みたいと考えている。

＊教育者としての塚本哲三

著者、塚本哲三（一八八一～一九五三）について知られることは、ごく限られている。

明治一四（一八八一）年、哲三は岩沢源六の次男として静岡県に生まれた。のち塚本哲英の養子となり塚本姓を名乗る。浜松中学校に学び、中等教員国語漢文科検定試験に合格してのちは、教育者としての道を歩み、熊谷中学校・岩国中学校・立教中学校教諭・立教大学講師などを歴任している[5]。

塚本が受験参考書を手がけたのは、彼がもともと現役の教師であったことによる。日々中学校の教師として上級学校への進学を希望する学生と接し、入学試験の競争が激化の一途を辿る現実と対峙してきた彼は、学生に有用な受験参考書の必要を認め、その執筆・編纂に着手する。明治四三（一九一〇）年には、明治三五（一九〇二）年から四二（一九〇九）年までの入学試験問題を集成した『諸官立学校入学試験漢文問題釈義』と『諸官立学校入学試験国語問題釈義』を、大正二（一九一三）年には国語・漢文学習のための参考書として、藤井乙男の校閲のもと『精説国漢文要義』を有朋堂より刊行。このうち二種類の『問題釈義』は、以来ながく継続されることになる著述業の記念すべき第一歩となった。

当時、数学教育の世界で顕著な活躍を見せつつあった人物のひとりに藤森良蔵がいる。明治四三（一九一〇）年四月、藤森は『幾何学—考へ方と解き方—』を青野文魁堂より刊行、大正三（一九一四）年には山海堂出版部から『代数学—学び方考へ方と解き方—』を、大正五（一九一六）年には『三角法—学び方考へ方と解き方—』を出版、いずれも好評を博している。こうした出版の成功と受験生からの支持に支えられ、ついに藤森は予備校の先駆ともいうべき日土講習会を設立、大正六（一九一七）年には主幹・藤森良蔵、編集主任・塚本哲三の体制で雑誌「考へ方」の創刊に踏み切り、受験雑誌のさきがけとなった。塚本の手がけた参考書の中に、『漢文の学び方—考へ方解き方—』、『国文—学び方考へ方と解き方—』、『作文—学び方考へ方と作り方—』など、考へ方研究社から刊行されているものがみられるのは、藤森良蔵の日土講習会や雑誌「考へ方」との関わりがあるためだ。藤森と塚本との関係については、板倉聖宣の「藤森良蔵と考え方研究社」に言及されているので、関心のある方はご参照いただきたい[6]。

＊有朋堂創業者・三浦理との出会い

中学校の教師であった塚本が、多くの受験参考書を手がけ世に送り出したという事実は、本書『現代文解釈法』をはじめとする刊行物や、先に紹介した事績によって明らかだ。しかし、受験参考書や受験雑誌も、出版社・書店を通じて世に流布した印刷物である以上、その背景には、企画の意義を認め出版に携わった人々との協働があったとみるべきであろう。そのあたりの事情を記した資料もないわけではない。たとえば、永井太三郎・塚本哲三編『三浦理君追想録』に収められた塚本の「太く短かかつた君の一生」の中に、有朋堂書店およびその創業者三浦理と塚本哲三との交わりを垣間見ることができる。

僕が三浦君と知るやうになつたのは、明治四十一年の秋、旧師伊藤太郎先生と勝俣銓吉郎氏とが特殊の英和字典を作られる計画の一部をお手伝した時に始まる。その秋僕は山口県岩国中学を辞して、立教中学の先生になつて上京したのであつた。年は二十八だつたが、其の頃の僕はばかに若く見えたものだ（中略）その翌四十二年には諺語大辞典の索引を引受けさせられた。引受けたのではない、引受けさせられたのである。十二月も大分迫つてからやつと索引が纏つて、三浦君と一緒に京都へ行つた。京大へ赴任されたばかりの藤井博士にお目に懸つて、柊屋でその原稿をお目に懸けた。僕は車に乗せられて、京都見物に廻る事になつた。索引に対してひどいお小言でも出ては僕に気の毒だといふ三浦君の心尽しからだつたと思ふ。所が大体に於てその索引は著者藤井博士の心からの喜びを得たらしい。三浦君と僕との間が深く結びつけられたのも、その索引に起因すると信ずる。

車中――行き途か帰り途か覚えないが、国語と漢文の入試問題解釈を作るといふ約束も成立して、

二書共に四十三年に有朋堂から出して貰ふ事になつた。それが僕の貧弱な著作事業の抑もの第一歩である。(7)

三浦理はもと三省堂書店の出身で、明治三四(一九〇一)年に有朋堂を設立、しばらくは三省堂の辞書や教科書の取次販売をしつつ、しだいに出版へと事業を広げていった。当所は、樺正董の『数学綱要』や南日恒太郎『英文解釈法』『和文英訳法』など、学生向けの参考書等を中心に手がけていたらしい。塚本が計画の一部を手伝ったという「特殊の英和字典」が具体的にどの書物を指しているのか、先の文章からは詳らかではないが、おそらく明治四四(一九一一)年に刊行された勝俣銓吉郎編『英和例解要語大辞典』のことだろう。もっとも、塚本が得意としていたのはむしろ国語・漢文の領域であり、のちに藤井乙男編『諺語大辞典』の索引作りを引き受けるとその能力は遺憾なく発揮され、三浦と塚本の間に信頼関係が兆《きざ》していく。先に紹介した二種類の『問題釈義』と藤井乙男による校閲のもと刊行された『精説国漢文要義』はまさに、この縁によって生まれた書物であった。

*有朋堂文庫・漢文叢書の編纂

立教中学の教師となり、活動の場を東京に移した塚本は、教鞭を執るかたわら有朋堂の編纂事業にも深く関わるようになる。有朋堂は、学生向けの参考書や小型の辞典を中心にさまざまな書物を手がけていたが、なかでも上田万年・関根正直・藤井乙男を監修者に迎え、明治四五(一九一二)年より刊行が始められた有朋堂文庫は、日本文学の精粋を網羅した閲覧・携帯に便利な一大叢書として版を重ね、南日恒太郎の英語参考書や辞書類と並んで、有朋堂を代表する出版物の一つとなっていく。

たしか四十二年の冬に熟語大辞典の業を了へた永井君が米国に行かれて、その後を故萱野徳助君が引受けられ、「思想大辞典」と「有朋堂文庫」とを計画された。萱野君が総指揮官で、思想主任が服部嘉香君、僕が文庫主任といふ事になつた。その後萱野君が雄図空しく、そしてあの犀利深遠な英文の学識を多く世に発表する暇もなく病魔に犯されるやうになつて、ずる〳〵に僕が三浦君の相談相手といふやうな事になつて了つた。
「有朋堂文庫」を中心に、殆ど一切の企画を僕に相談された。殊に三省堂の破綻後、同君の依頼で立教中学の方も辞して専心有朋堂の業に従事する事になつた（中略）実際心から信頼されてゐたと思ふ。万事を任せてくれて、細かい事にかれこれ口を出すやうな事は一度もなかつた。藤森君を助けて雑誌「考へ方」をやり、日土講習会の授業をやるやうになつてからも、苦情がましい一言も言はれなかつた。(8)

有朋堂文庫の第一輯は明治四五（一九一二）年から大正三（一九一四）年一〇月まで続々と刊行され、大正二（一九一三）年から大正四（一九一五）年九月にかけて第二輯も刊行された。その収録範囲は広く、和歌・物語・軍記・随筆・近世小説・浄瑠璃・脚本に及び、現在の新書判に近い判型ながら、必要に応じて簡潔な頭注を付し、漢字にはルビをふるなど、限られた紙面の中で工夫を凝らし、通読のための便宜を図り、多くの読者に受け入れられた。

塚本は初期の段階から有朋堂文庫の企画に参加していたが、大正元（一九一二）年一〇月の三省堂破綻後は、ついに立教中学の職を辞し、途中眼を病みながらもこの編纂事業に心血を注いだ。再版予約の募集や第二輯の会員募集の際には、自ら夜を徹して新聞広告のための原稿を書くほどであったという。(9)第二輯の編纂が終わって暫くのあいだ、塚本は、藤森良蔵の雑誌「考え方」の編集に携わり、日土講習会の教壇に立つが、有朋堂との関係はなおも続き、大正八（一九一九）年から大正一一（一九二二）年にかけて刊行された漢文叢書の編纂において再び中心的な役割を果たしている。

当時、累積四、五万セットを売り上げたといわれた有朋堂文庫は、一般読者に古典テクストを普及・浸透させる先駆的な試みとして大きな成功を収める。(10)のちに、国文学者・歌人として知られるようになる木俣修も、有朋堂文庫の読者の一人であった。雑誌「学校図書館」に掲載されたエッセイ「有朋堂文庫の一冊――すてがたい青春のきらめき」には、一二歳の頃、有朋堂文庫の広告を見て「内容見本」を取り寄せて夢を膨らませ、名古屋へ修学旅行に出かけたおりに古本屋で『近松浄瑠璃集』上を購入、他の巻も漸次買い求め、繰り返し読むうちに文学へ強い関心を抱き、これを生涯の道と定めるに至った――というエピソードが紹介されていて興味深い。(11)

昭和に入り、本文校訂や注釈研究が進むと、有朋堂文庫は研究者からはしだいに顧みられなくなっていくが、他に先駆けて人々の身近に、通読可能なテクストを提供した功績は大きなものがあった。塚本は、教育者あるいは受験参考書の著者であるとともに、出版史のうえでも有朋堂文庫の名とともに記憶されるべき人物であることを、ここでは強調しておきたい。

＊通読―精読のみちをひらく

以上のような編纂事業と前後して、塚本哲三と有朋堂は数々の参考書を手がけている。本書底本の巻末に掲載されている広告には二六種類もの書名が列挙されているが、その代表作として、数次にわたる改訂を経て昭和戦前期に多くの学生に愛読された、『国文解釈法』と『漢文解釈法』が挙げられる。更訂版で七〇〇頁を超える厚みを持ちながらサイズを抑え、国文・漢文それぞれの基本事項はもちろん多くの文例を掲げているこれらの書物は、中学校の教員として活躍し、有朋堂文庫・漢文叢書の編纂に長く携わった塚本ならではの仕事であった。

この二冊にやや遅れて、解釈法シリーズに加わったのが本書『現代文解釈法』である。本書は明治以降の作品「現代文」を学ぶ参考書として編まれたもので、総説篇においてまず現代文の種類や入試問題の傾向について解説し、続いて各校の過去問を、その傾向から摘解・大意・要旨・解説・鑑賞の各篇に大別、計三七〇問を挙げている。また索引として「作者別索引」と「入試問題校別索引」が付されてお

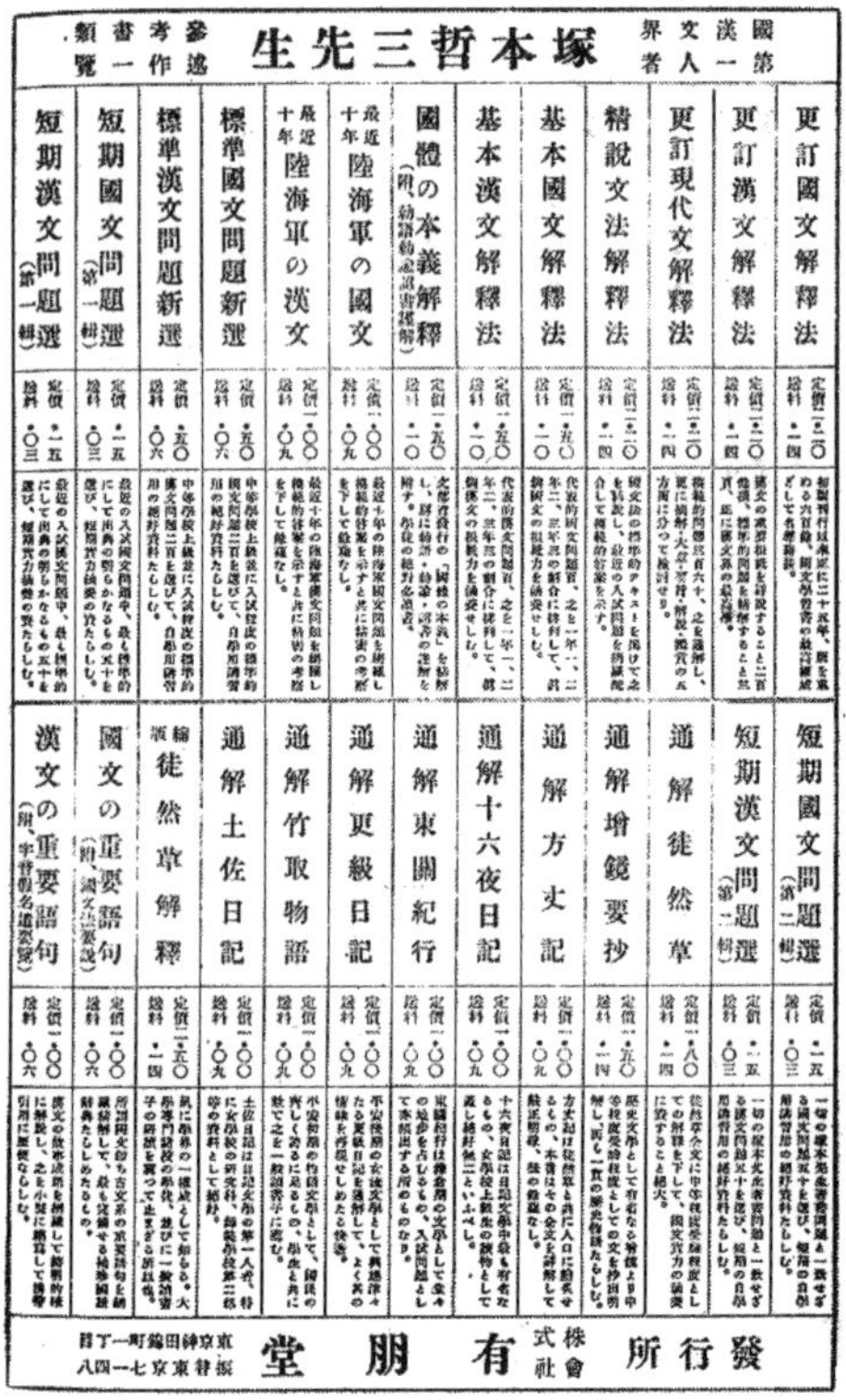

り、どのような文章（やその書き手）が試験問題として選択されていたのかを知ることもできる。

内容はいたってシンプルで、どの問題文においても、まず原文を掲げ、「読方」「通解」「考察」を経て解答へ、というスタイルを基調としている。読者はまずルビのふられた「読方」に導かれながら通読し、得られた自らの理解と「通解」とを比較してみることで、及ばなかった部分を明確にしていく。「考察」では主に、その文章を読む上で必要な語彙を中心に、簡潔な説明が示されており、理解を深めていく上での手がかりをあたえてくれている。もちろん解答のありかたは、摘解・大意・要旨・解説・鑑賞のいずれかによって異なるが、文章に直接し、通読から精読へと進んでいく読者を、その一歩前に立って誘《いざな》おうとする姿勢はかわらない。

この解説のために『現代文解釈法』を読み直す中でふと思い出したのが、安良岡康作『文芸作品研究法』のことだ。安良岡は同書「読む立場の発展」の中で、作品研究が「作品を読むこと」から開始されることを強調し、「通読――精読――達読」という読みの上昇的、発展的過程と「味読」について述べている。(12) いかなる程度の高い読みも「通読」により支えられ発展していく、あるいは、自己の反復熟読の経験によってのみ通読から精読への立場の発展が可能となる――という指摘には、目新しさはないものの、実際の学習・研究においてはしばしば見落とされがちな、色あせない重要な指摘であるように思われる。本文の校訂と注釈を緻密にするだけが研究ではないし、他者の批評をもって自らの読書経験にかえることもできない。

もちろん大正六（一九一七）年生まれの安良岡が、塚本哲三に影響をあたえたなどというつもりはないし、入試問題のために抄出されたごく短い文章を通読することと、文学作品全体を通読することを同列に扱うつもりもないが、塚本の参考書が多くの学習者に受けいれられ、文章を読み、理解を深め、解答へと結び付けていくための手引きとして活用されてきたことは、著者の事績とあわせて、積極的に評価していく必要があるように感じている。

＊今、『現代文解釈法』をどう活用するか

『現代文解釈法』はすでに歴史的な書物であって、現在の「現代文」学習に直接資するものではない。本書のいう「現代文」はあくまで明治より大正に至る文章が中心であり、その範囲は、現代日本における科目としての「現代文」とも一部重なり合うが、そこに見られる内容や文体は、現代を生きる我々にとっては、すでに縁遠いものとなりつつある。塚本は本書の総説篇において、現代文＝明治時代から後の文と前置きした上で、それらを、

①漢文の系統を引いている現代文
②和文の系統を引いている現代文
③欧文の系統を引いている現代文
④それ等の融和した現行の現代文

の四種に分類し、明治中期ごろまでは漢文系と和文系が、第一次世界大戦ごろまでは欧文系が、大戦以降はそれらの融和した文体が中心であったという見通しを示している。続いて彼は、漢文系・和文系・欧文系それぞれの例として藤岡作太郎・樋口一葉・島崎藤村の文章が挙げているのだが、就中、藤岡の「平家の滅亡は重盛の明を待つて知らざる也」をめぐる解釈の誤りに関する例示などからは（本書二頁）、大正〜昭和戦前期の若者であっても、漢文訓読体で書かれた文章を正確に読めなくなりつつある状況が垣間見え、興味深い。

漢文訓読体は「漢文における書き下し文」に近く、漢文訓読に関する基本的な知識があれば、なんとなく読むことはできる。しかし、古田島洋介が指摘しているように、漢文訓読体には「わかったつもりでいながらわかっていないことに気がつきにくい」という落とし穴がある。漢文訓読体とは何か、どのような点に留意して読めばよいのか。そうした疑問については、古田島の『日本近代史を学ぶための文語文入門』などを参照していただければ、ある程度までは了解されるだろう。(13) しかしそれよりのちは「読む」経験を重ねていくほかはない。

漢文訓読体はもちろん、近代日本の文章を読むための力をつけるためには、できるだけその時代の文章に近接する必要がある。本書に収録された文章の選択や内容の一部には、編纂された時代に由来する、ある種の偏りが認められるものの、手軽に、さまざまな文章に接することができるという点で、現在でも一定の役割を果たしうるのではないだろうか。

＊おわりに

有朋堂から『現代文解釈法』が刊行された大正一四（一九二五）年は、教育史の側では「陸軍現役将校学校配属令」公布の年として言及されることが多い。これにより、男子生徒の教練を担当する将校が官立または公立の師範学校、中学校、実業学校、高等学校、大学予科、専門学校、高等師範学校等に配置され、いわゆる軍事教練が行われることになった。すでに大正デモクラシーは退潮傾向をみせ、関東大震災後の大正一二（一九二三）年には「国民精神作興ニ関スル詔書」が、大正一五（一九二六）年には治安維持法が公布され、昭和恐慌を経て、昭和六（一九三一）年九月には満州事変が勃発、日本は急速に国家主義的・軍国主義的な色彩を強めていく。

そうした時代の傾向は、国語教育のあり方や教科内容、教材にも漸次反映されていった。昭和六（一九三一）年と昭和一二（一九三七）年の「中学校教授要目」改正では、国民精神の涵養を目的とした修正が行われている。『現代文解釈法』も先のような状況の変化にあわせて漸次改訂され、その間の試験問題を加えながら、しだいに厚みを増していく。収録された文章の中に、そうした時代を感じさせる表現がみられるのはそのためだ。(14)

これまで、本書をはじめとする塚本の参考書は、教科書ではなく、また学術的著作とも言いがたいことから、教育学や日本文学研究の側からは、主たる分析や考察の対象とされてこなかった。しかし、本書の普及度や時代性を考えれば、大正の末から昭和戦前期のかけての中等教育や、入学試験の実態をうかがうための資料として活用していく途もあろう。研究の進捗を待ちたい。

（1）板倉聖宣「受験参考書」（『世界大百科事典』一三、改訂新版、平凡社、二〇〇七年）。

（2）大正一〇年から昭和一五年ごろまでの入試「現代文」の様子については、石川巧「入試『現代文』のはじまり―旧制高等学校・専門学校を中心に―」（『九大日文』三、二〇〇三年一〇月）、同『「国語」入試の近現代史』講談社選書メチエ四〇五（講談社、二〇〇八年）に詳しい。

（3）当時の出版界の慣例として千部を一版（場合によっては五百部を一版）とする数え方・表示が行われていたことについては、清田昌弘「戦前の受験雑誌にみる出版事情―その広告媒体を利用した鈴木一平の戦略―」（『日本出版史料―制度・実態・人―』二、日本エディタースクール出版部、一九九六年八月）に指摘がみえる。なお同論考では、二〇日、一ヶ月おきに版数が増える事情についても、大修館書店・鈴木一平の例として「まとめて印刷した本文の刷り置きを注文に応じて小口に製本し、検印は著者に直接奥付に捺してもらう都合上奥付の版数を変えて別丁刷りとし、本文末尾に綴り込んだものだ（後略）」と説明しており、塚本哲三『現代文解釈法』についても清田氏が指摘されているような手続きが行われていた可能性がある。

（4）天野郁夫『試験の社会史―近代日本の試験・教育・社会―』（東京大学出版会、一九八三年）、竹内洋『立志・苦学・出世―受験生の社会史―』講談社現代新書一〇三八（講談社、一九九一年）、菅原亮芳『近代日本における学校選択情報―雑誌メディアは何を伝えたいか―』（学文社、二〇一三年）、石川巧『「国語」入試の近現代史』（注2前掲書）、鈴木義里『大学入試の「国語」―あの問題はなんだったのか―』（三元社、二〇一一年）、増田幸一・徳山正人・斎藤寛治郎『入学試験制度史研究』（東洋館出版社、一九六一年）。

（5）菅原亮芳「塚本哲三」（『民間学事典』人名編、三省堂、一九九七年）に略歴あり。なお、山口県岩国中学校に勤務していた点については、塚本哲三「太く短かかつた君の一生」（永井太三郎・塚本哲三編『三浦理君追想録』私家版、一九二九年）に記載がみえる。

（6）藤森良蔵と塚本哲二の関係については、板倉聖宣「藤森良蔵と考え方研究社」（『かわりだねの科学者たち』仮説社、一九八七年）にくわしい。

（7）塚本哲三「太く短かかつた君の一生」（注5前掲書）三一五～三一六頁。

（8）塚本哲三「太く短かかつた君の一生」（注5前掲書）三一七～三一八頁。

（9）塚本哲三と有朋堂文庫の広告に関するエピソードついては、『三浦理君追想録』（注5前掲書）所収の随筆、今津隆治「懐い出」、外島劉「なつかしい思ひ出」を参照。

(10) 有朋堂文庫については、大曽根章介「有朋堂文庫」(『国史大辞典』一四、吉川弘文館、一九九三年)に概要と収載書目が掲げられている。また出版人による言及としては、鈴木省三『日本の出版界を築いた人びと』(柏書房、一九八五年)、佐山辰夫「出版の近代化と企画の継承—『新編日本古典文学全集』編集者は見た—」(「文学・語学」二〇五、二〇一三年三月)などがある。

(11) 木俣修「有朋堂文庫の一冊—すてがたい青春のきらめき—」(「学校図書館」二五五、一九七二年一月)。

(12) 安良岡康作『文芸作品研究法』笠間叢書七四(笠間書院、一九七七年)第二章「読む立場の発展」。

(13) 古田島洋介『日本近代史を学ぶための文語文入門—漢文訓読体の地平—』(吉川弘文館、二〇一三年)。

(14) 戦前における中等教育の教科内容については、財団法人教科書研究センター編『旧制中等学校教科内容の変遷』(ぎょうせい、一九八四年)に詳しく整理されており、参考になる。

(さとう・ゆうすけ)

昭和十六年 三 月 一 日　更訂第二百卅六版發行

昭和十三年四月　四　日更訂版 印 刷
昭和十三年四月　八　日更訂版 発 行

(停)

□更訂現代文解釋法□
定價金二圓二十錢

著作者　塚本哲三

發行者　東京市神田區錦町一丁目七番地　株式會社 有朋堂　代表者 三浦正

印刷者　東京市神田區錦町三丁目廿二番地　佐久間修三

印刷所　東京市神田區錦町三丁目廿二番地　合資會社 有朋印刷社

解釋法檢印之證
不許複製
塚本
株式會社有朋堂

發行所　東京市神田區錦町一丁目　振替口座東京七一四八番　株式會社 有朋堂

本書の底本の奥付

塚本哲三（つかもと・てつぞう）
1981（明治 14）年、岩沢源六の次男として静岡県に生まれる。のち塚本哲英の養子となり塚本姓を名乗る。浜松中学校に学び、中等教員国語漢文科検定試験に合格してのちは、教育者としての道を歩み、熊谷中学校・岩国中学校・立教中学校教諭・立教大学講師などを歴任。1953（昭和 28）年、歿。主著に、『現代文解釋法』と合わせて三部作と称される『国文解釋法』と『漢文解釋法』（いずれも論創社復刊）がある。

解説／佐藤裕亮（さとう・ゆうすけ）
1983 年東京都練馬区生まれ。大正大学文学部史学科卒業、明治大学大学院文学研究科史学専攻博士前期課程修了、同博士後期課程単位取得退学。著書に『鷗外の漢詩と軍医・横川唐陽』（論創社）、共著に『横川唐陽「唐陽山人詩鈔」本文と解題』（論創社）、『明日へ翔ぶ―人文社会学の新視点 2―』（風間書房）がある。

現代文解釋法

2017 年 11 月 20 日　初版第 1 刷印刷
2017 年 11 月 25 日　初版第 1 刷発行

著　者　塚本哲三
発行者　森下紀夫
発行所　論 創 社
東京都千代田区神田神保町 2-23　北井ビル
tel. 03（3264）5254　fax. 03（3264）5232　web. http://www.ronso.co.jp/
振替口座　00160-1-155266
装幀／宗利淳一
印刷・製本／中央精版印刷　組版／フレックスアート
ISBN978-4-8460-1635-7　printed in Japan